毛里求斯、留尼汪和塞舌尔

本书作者
安东尼·汉姆(Anthony Ham)　让-伯纳德·卡里(Jean-Bernard Carillet)

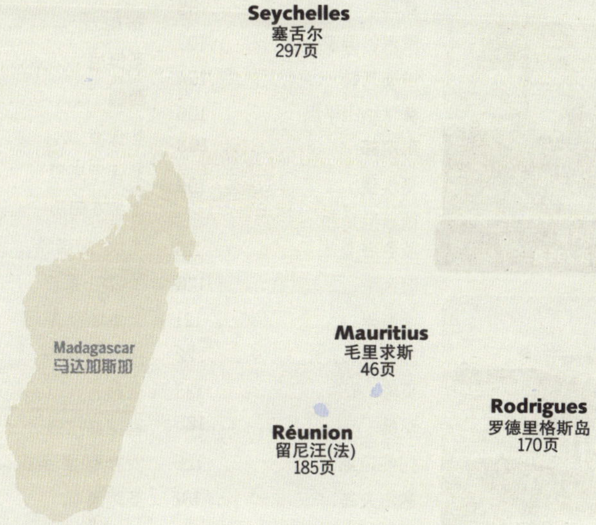

中国地图出版社

计划你的行程

LONELY PLANET ©

马埃岛的西岸，塞舌尔（见299页）

FLORENCE GUILLEMAIN / GETTY IMAGES ©

路易港，毛里求斯（见48页）

在路上

目录

生存指南

特别呈现

欢迎来毛里求斯、留尼汪和塞舌尔

毛里求斯、留尼汪和塞舌尔拥有得天独厚的条件，景色无与伦比，沙滩恬静怡人，这对于寒冬抑郁症患者来说是最好的解药。

从海滩开始探险

你或许无法相信，如果你在美丽的海滩逗留太久，终有一天，你会厌倦无限悠闲地消磨时间。但毛里求斯、罗德里格斯岛、留尼汪和塞舌尔并不仅有美食和休闲，一旦你准备好激发你的肾上腺素，这里也有不少给你惊喜的活动。可以沿着岛上纵横交错的小径徒步，这里既有曲折平缓的小路，又有通向山顶的陡峭小径；可以在温暖迷人的海水里进行水肺潜水，对着超过300种鱼类（还有一两艘沉船的残骸）惊叹。另外，你还可以踏着风筝冲浪板感受海风和海浪的刺激、乘船在神秘的峡谷里探险，或者骑着马欣赏乡村美景。

生活如同一片沙滩

塞舌尔群岛（某种程度上，毛里求斯亦然）拥有也许是世界上最性感的海滩。从人迹罕至、难以到达的小海湾到绵延几英里的月牙形白沙滩，不一而足。虽然它们恒久不变的完美也容易令人审美疲劳，但是整天在海滩上享受明亮的热带阳光，躺在吊床上悠闲地摇晃，跳进海里游个泳或轻啜鸡尾酒——再没有比这更美好的事情了。尽管留尼汪并不符合人们心目中的"阳光明媚的伊甸园"，但它也有很不错的海滩。

丰俭由人

塞舌尔和毛里求斯成为蜜月旅行的热门目的地毫不令人觉得意外：世界上最奢华的酒店在这里竞赛，看谁家的服务能带给"奢华"一词新的定义，他们提供的服务从贴身管家、私人健身游泳池到客房内按摩，应有尽有，甚至连枕头都多种选择，就更别说奢华的水疗了。但是，如果这些服务超出了你的预算，也别因此取消行程。这里也有家庭经营的小型酒店、民宿床位和可以自己做饭的旅馆，能给你提供与当地文化亲密接触的机会，并且，价格不再昂贵到需要你抵押房产。

文化瑰宝

大家会犯的最大错误就是以为这些岛屿只为海滩度假而存在，只有自然景观和刺激的海上活动——其实不然，这里的每一座岛屿都不仅有海滩。每一次游玩都可以成为难以忘怀和激动人心的经历，可以在毛里求斯无数的古老建筑和博物馆里了解其殖民地历史，或者参加音乐节或火上行走仪式、参观老制糖厂或修复过的克里奥尔别墅，甚至仅仅沉浸在风景如画的乡村氛围里，都是一种享受。可以肯定的是文化迷们绝不会感到失望。

我为什么喜欢毛里求斯、留尼汪和塞舌尔

本书作者 让-伯纳德·卡里

第一次去毛里求斯的时候，这里繁多的宗教建筑和丰富的印度教文化遗产令我感到震惊。在罗德里格斯岛的拉帕斯，我有了一次难忘的潜水经历。在随后的行程中，我在留尼汪进行了多次徒步，包括穿越马法特盆地的难忘探险。至于塞舌尔，在6次旅行之后，我承认我很喜欢拉迪格岛，因为这个小岛的生活节奏很慢，物价不高，而且海滩棒极了。我最爱的地方是科科斯海滩，希望可以在那里遇到你！

关于作者的更多信息，见383页。

上图：毛里求斯的黑河（见93页）和莫纳布拉班特山（见106页）

毛里求斯、留尼汪和塞舌尔

德尼岛
在这个世外桃源般的小岛隐居
（345页）
Bird Island
伯德岛
Denis Island
德尼岛
内岛见主地图
Praslin
普拉兰岛
Mahé
马埃岛
AMIRANTES GROUP
阿米兰特群岛
Desroches Island
Île Platte
0 400 km
0 200 miles
OUTER ISLANDS
外岛
ALPHONSE GROUP
阿方斯群岛
Coëtivy Island
ALDABRA GROUP
阿尔达布拉群岛
FARQUHAR GROUP
Aldabra Atoll
Cosmolédo Atoll
St Pierre Island
Providence Atoll
INDIAN OCEAN
印度洋
Assomption Island
Astove Island
Farquhar Atoll
塞舌尔
马埃谷
漫步在普拉兰岛古老的棕榈林
（323页）
拉齐奥海滩
体验世界最可爱的海滩之一（323页）
Aride Island
4°15'S
Curieuse Marine National Park
届里厄斯岛海洋公园
Petite Soeur
Grande Soeur
Curieuse Island
Cousin Island
Praslin
普拉兰岛
Anse Volbert
沃尔伯特海滩
Cocos Island
Felicité Island
Grand Anse
格兰德海滩
Round Island
La Passe
拉帕斯
Marianne
Cousine Island
Baie Ste Anne
圣安妮海湾
La Digue
INNER ISLANDS
内岛
North Island
北岛
Las Mamelles
La Passe
拉帕斯
4°30'S
Silhouette Island
锡卢埃特岛
Brissare Rocks
Ste Anne Marine National Park
圣安妮海洋国家公园
Frégate Island
弗雷格特岛
Beau Vallon
Ste Anne Island
圣安妮岛
Île aux Récifs
Îlot Frégate
Baie Ternay Marine National Park
泰尔奈海湾海洋国家公园
VICTORIA
维多利亚
Cerf Island
塞尔夫岛
Seychelles International Airport
塞舌尔国际机场
海拔
Morne Seychellois National Park
塞舌尔山国家公园
Port Launay Marine National Park
洛奈港海洋国家公园
1500m
1000m
500m
200m
0
Mahé
马埃岛
INDIAN OCEAN
印度洋
4°45'S
塞舌尔山国家公园
探索塞舌尔狂野的一面（313页）
0 20 km
0 10 miles
55°15'E
55°30'E
55°45'E

毛里求斯、留尼汪和塞舌尔 Top 17

1

徒步穿越马法特盆地（留尼汪）

1 这可能是印度洋上最棒的多天徒步行程，在马法特盆地（见241页）徒步的感觉就像是穿越地球的尽头。这片狂野且偏远的土地上布满堡垒般的山脊和深邃的峡谷，你在这里能获得非同寻常的体验。花上4天时间穿越高马法特（Haut Mafate）后，不妨再花4天时间穿越更加与世隔绝的马法特园谷（Bas Mafate）。最棒的是，这些徒步行程可以带你进入安静的小村庄，那里有一些自炊式小屋（gîtes），接待人员热情而诚挚。

德尼岛（塞舌尔）

2 欢迎来到天堂。这么说也许太过老套，但是德尼岛（见345页）这座珊瑚岛比这个星球上的任何地方都更担得起这个美名。在这里，温暖的热带海水轻抚着白沙海滩，离岸的潟湖闪耀着迷幻的蓝色。岛上的顶级度假庄园将浪漫和与世隔绝完美地结合在一起，形成了一种田园牧歌般的独特奢华（没有电视和手机），并且你会发现，同你一起分享这份宁静的只有巨大的陆龟和美丽的鸟类。

SIMEON / GETTY IMAGES ©

PITAMITZ SERGIO / HEMIS.FR / GETTY IMAGES ©

ARCO IMAGES GMBH / ALAMY STOCK PHOTO ©

潜水和观海豚（毛里求斯）

3 印度洋上一些最好的潜水地点就位于毛里求斯西海岸边（见85页）。海水下的岩石构造和大量鱼群让佛力克昂佛勒克（Flic en Flac）附近的水域成为世界一流的潜水地点。最棒的潜点是蓝绿色潟湖边缘陡降的岩层，而佛力克昂佛勒克附近的La Cathédrale简直无与伦比。往南一点点，在塔马兰（Tamarin）附近，鲸鱼和海豚在开阔的水域中游弋。

遗忘时间之地（罗德里格斯岛）

4 被印度洋包围的克里奥尔人的罗德里格斯岛（见170页）有着与其他地方不一样的时间节奏。这里有那么多可以做的事情——逛马蒂兰港（Port Mathurin）繁忙的周六市场；乘船前往科科斯岛；从Graviers沿着海岸一直走到圣弗朗索瓦（St François），途经一些最可爱的海滩；前往南海岸浮潜或者去La Passe St François潜水。不过，首先你得动身来此，远离这个世界的尘嚣。图为马蒂兰港（见171页）的周六市场。

大火山（留尼汪）

5 富尔奈斯火山（见246页）是留尼汪的一颗明珠。从贝尔孔布通道（Pas de Bellecombe）的瞭望点看过去，这座le volcan（这是当地人对它的称谓）呈黑色，非常美，俯视着整座岛屿。即使这是座活火山，你仍然可以爬到火山口边缘，望向深渊——这确实是令人难忘的美景。可徒步和骑马的小径通向顶峰，而乘坐观光直升机可以鸟瞰火山口的终极全景。

拉齐奥海滩(塞舌尔)

6 在普拉兰岛(Praslin Island)的西北角,拉齐奥海滩(见323页)解释了为什么塞舌尔是印度洋上最吸引人的旅行目的地之一。这里的海滩几近完美,简直是梦想变成了现实:金色的沙子,两旁是花岗岩、棕榈树,以及介于蓝绿色和青色之间、美得令人无法置信的海水。在海滩上躺几个小时,浮潜或是在海滩旁的餐馆用餐,这个海滩是会令你乐不知返的温柔乡。

毛里求斯东南部

7 在毛里求斯,选择一个你最喜欢的海滩就像选择一种你最喜欢的冰激凌一样困难——它们全都太棒了!东部和东南部的海滩要比其他地方安静一些,尤其是德斯尼角(Pointe d' Esny)、蓝色海湾(Blue Bay)和贝尔马尔(Belle Mare)的海滩,而且它们邻近费尔奈谷(Vallée de Ferney)的原生森林以及海上的白鹭岛(见116页)。白鹭岛拥有濒危鸟类、巨型陆龟和低矮的乌木丛林,让你感觉它们好像在人类踏上并开垦这片土地之前就已存在于这里。图为白鹭岛的粉鸽(见117页)。

6

7

塞舌尔山国家公园（塞舌尔）

8 因为对完美海滩的极度渴求，很多旅行者都忽视了在这个丰富多彩的公园（见313页）里体验一把的机会。在导游的带领下穿越茂密丛林、海岸上的红树林和崎岖高山以后，你简直无法相信这里和喧嚣的世界属于同一个星球。在探险过程中，你会看到一些稀有的鸟类、爬行动物和植物，更不用提那些令人屏息的美景。

在圣勒乘滑翔伞（留尼汪）

9 绝美的景色和全年都有的稳定上升气流使得圣勒（见215页）成了一个很棒的体验滑翔伞的地点。纵身一跃，在空中飞翔，感受这片宁静和毫无牵绊的自由感。每一次转身都能看到一些美得惊人的自然景象——内陆高耸入云的火山和蓝绿色的潟湖水面——这样的体验对初学者和老手来说同样不可多得。随着双脚稳稳落在白沙海滩上，这次难忘经历就画上了完美的句号。

8

9

JEVGENIJS SULINS / EYEEM / GETTY IMAGES ©

OLIVIER CIRENDINI / GETTY IMAGES ©

民宿和家常美食（毛里求斯）

10 无论是在毛里求斯的西海岸还是罗德里格斯岛（Rodrigues）的宁静高地上，住民宿（见153页）都是了解当地生活的绝佳方式。客房通常朴实无华，但是接待人员热情真挚。晚餐（民宿提供的餐饭）时段，住客和房东共享传统美食。因此，即使奢华的住宿记忆已经远去，在民宿的住宿体验仍旧难以忘怀。

在海滩上享用海鲜

11 当天捕捉的新鲜美食端上了你的餐桌，你可以轻踩着细沙享用。这一切并非幻想，完全可在毛里求斯、留尼汪和塞舌尔的岛屿上实现。龙虾、章鱼、烤鱼、鱿鱼都是印度洋餐桌上的名产。你不用担心难以抉择，因为所有这些都是海鲜餐桌上的常见美食。可以前往特鲁奥克斯毕雪海滩（Trou aux Biches）的Cabanne du Pêcheur（见70页）用餐。最美妙的是，从印度咖喱到克里奥尔酱汁——浓郁的酱料和饮食文化都会给美食添加独特的风味。

圣但尼的建筑瑰宝（留尼汪）

12 圣但尼（见187页）没有海滩的最大好处是迫使你去探索它的内陆，欣赏城市的建筑。19世纪的市政厅、首府办公楼以及众多小型宫殿和宅院，都以新古典主义的风格装饰着这座城市，精美的回廊和雅致的装饰性垂饰（lambrequins）也很有看头。将克里奥尔风格的宅院以及和平共处的清真寺、大教堂、中国塔楼和印度寺庙糅合在一起，马上就显现出国际化的效果，还带有典型的留尼汪风格呢。图为留尼汪总理事会——文化部（见187页）。

ALES-A / GETTY IMAGES ©

黑河谷国家公园和夏马尔（毛里求斯）

13 毛里求斯最引人注目的美景位于岛屿西南部。黑河谷国家公园（见102页）的茂密森林庇护了一群美丽且稀有的鸟类，使它们没有像渡渡鸟那样灭绝，这里还有无数风景独特的徒步线路。在一个早上的徒步以后，一定要在夏马尔（Chamarel）用午餐，这里有大量风味绝佳的餐馆，还有一个坐落在群山中、备受推崇的朗姆酒酿造厂。图为夏马尔瀑布（见99页）。

在塞舌尔观鲨鱼

14 挑剔的潜水者肯定对塞舌尔这个印度洋上最佳潜水地之一的名声有所耳闻。我们喜欢这里的特殊原因是其海洋生物的多样性以及不容错过的标志性活动——在马埃岛（见299页）同鲸鲨和庞大的魟鱼同游。布里塞尔岩石旁边有船只残骸可以潜下去欣赏，还有品种多得惊人的鱼类，但最棒的还是亲近这里常见的鲸鲨时那种战栗的感觉。图为鲸鲨（见311页）。

马埃谷（塞舌尔）

15 如果你能把注意力从海滩挪开的话，普拉兰岛（Praslin Island）的马埃谷（见323页）就是另一种天堂。这个被联合国教科文组织列为世界遗产地的地方有很多濒危鸟类、稀有且异常美丽的海椰子树以及众多本土植物。在马埃谷游玩，可以让自己尽情沉浸在郁郁葱葱的热带雨林里，被鸟儿的小夜曲环绕，在安静的徒步小径上思考人生，这些小径都蜿蜒曲折地穿过片片翠绿的荒野。

植物园和大宅（毛里求斯）

16 毛里求斯的大部分内陆陡峭崎岖，但还是有不少很棒的景点。很多旅行者的必到清单上第一条就是庞波慕斯（Pamplemousses）开阔怡人的植物园（见84页），那里巨大的睡莲叶子必须亲眼所见才能相信。不远处是现存最好的两座殖民时代种植园废墟——植物园以北的拉布尔多奈斯城堡（Chateau Labourdonnais）以及位于南边中部高原（Central Plateau）城镇莫卡（Moka）的尤里卡（Eureka）。图为庞波慕斯的巨大睡莲。

印度教和克里奥尔节日

17 参加印度教节日庆典是令你在毛里求斯或留尼汪的旅程充满活力的一个好办法。其中最大的节日是2月或3月的圣水湖（见101页）朝拜，有超过50万的印度教教徒来到毛里求斯。3月还有五颜六色的洒红节（Holi），10月则是排灯节（Divali），而在12月或1月的渡火节（Teemeedee）期间，印度教教徒们会从火上走过。克里奥尔文化的庆祝节日主要集中在10月，在罗德里格斯岛、塞舌尔和留尼汪都会有庆祝活动。图为毛里求斯扎针节（Cavadee）。

行前参考

更多信息见148页(毛里求斯)、289页(留尼汪)和352页(塞舌尔)。

货币

毛里求斯使用毛里求斯卢比(Rs),留尼汪使用欧元(€),塞舌尔使用塞舌尔卢比(Rs)和欧元(€)。

语言

法语(毛里求斯、留尼汪、塞舌尔)、英语(毛里求斯、塞舌尔)和克里奥尔语(毛里求斯、留尼汪、塞舌尔)。

签证

中国游客有条件免签留尼汪,停留15天内,免签塞舌尔,停留30天内,免签毛里求斯,停留60天内。

现金

主要城镇到处设有ATM。毛里求斯商业银行的自动柜员机接受银联卡。

手机

手机可在境外使用国际漫游;可以购买本地的预付费SIM卡。

时间

格林尼治标准时间(GMT)加4小时,比北京时间慢4小时;没有夏令时。

何时去

旺季
(12月至次年1月,7月至8月)

- 印度教节日和文化活动通常在12月和1月举行。
- 鲸鲨和鲸鱼在7月和8月出现。
- 酒店的房价在圣诞节和新年期间会提高,并且通常要求入住至少一周。

平季
(4月至5月,9月至11月)

- 最佳旅行时间:少雨,没那么潮湿,而且天空更蓝。
- 复活节期间会忙碌起来。
- 适合进行户外活动,尤其是徒步和观鲸。
- 气温适中,海面更加平静,旅客更少。

淡季
(2月至3月,6月)

- 有的度假酒店会推出折扣方案。
- 机票更便宜。
- 毛里求斯和留尼汪的大雨和龙卷风(2月和3月)可能会扰乱旅行计划。

网络资源

Lonely Planet（www.lonelyplanet.com/mauritius，www.lonelyplanet.com/reunion，www.onelyplanet.com/seychelles）提供目的地信息、酒店预订、旅行者论坛以及其他服务。

留尼汪岛旅游局（Île de la Réunion Tourisme，www.reunion.fr）旅游局官方网站；提供各类信息，包括旅游景点、餐馆、住宿、活动，等等。官方中文微博：weibo.com/reunionchina。

塞舌尔旅游局（Seychelles Travel，www.seychelles.travel）旅游局官方网站；提供各类信息，包括旅游景点、住宿、活动，等等。官方中文微博：weibo.com/u/2505450820。

毛里求斯旅游促进局（Mauritius Tourism Promotion Authority，www.tourism-mauritius.mu）毛里求斯主要旅游门户网站；内容通常非常出色，不过有些板块内容不足。有中文板块。

蚂蜂窝（www.mafengwo.cn）毛里求斯和塞舌尔的自助游攻略下载，以及相关的游记和图片。

重要号码

毛里求斯、留尼汪和塞舌尔没有本地区号。要从国外拨打一个电话号码，需先拨国际代码（☎00），然后拨国家代码，最后拨电话号码（去掉0）。

毛里求斯国家代码	☎230
留尼汪国家代码	☎262
塞舌尔国家代码	☎248
报警电话（毛里求斯和塞舌尔）	☎999
报警电话（留尼汪）	☎17

汇率

汇率详情请参考150页（毛里求斯）、290页（留尼汪）和352页（塞舌尔）。

每日预算

经济：低于150欧元

- 留尼汪的小屋（gîte）床位：17欧元
- 客栈里的双人间：60欧元
- 外卖食物：4~8欧元
- 公共汽车车票：0.40~4欧元

中档：150~300欧元

- 酒店或民宿里的双人间：90~150欧元
- 当地餐馆里的午餐和晚餐：20~50欧元
- 在塞舌尔乘船：60欧元
- 短程出租车费用：8~20欧元

高档：高于300欧元

- 度假酒店里的房间（促销价格）：200欧元起
- 顶级餐馆的晚餐：40~80欧元
- 直升机观光：150欧元起

营业时间

银行 周一至周五8:00或9:00~14:00、15:00或16:00，有时周六上午也营业。

政府机构 周一至周四8:30至正午和14:00~17:00，周五8:30~15:00。

餐馆 11:30或正午至14:00和18:30或19:00~21:00（在游客集中的地方会晚一些关门）。

商店 周一至周六8:00或9:00~17:00或18:00。留尼汪的有些商店午餐时间不营业，周一也不营业。

抵达毛里求斯、留尼汪和塞舌尔

希乌萨古尔·兰姆古兰爵士国际机场（毛里求斯，见58页）往返路易港（Port Louis）或居尔皮普（Curepipe）和马埃堡（Mahébourg）之间的公共汽车还算规律，途经机场，停靠在到达大厅外面搭载乘客。不过，大多游客乘坐出租车前往目的地——接待大厅设有出租车服务台，价格固定。

罗兰·加洛斯国际机场（留尼汪，见295页）6:30~18:00，穿梭巴士定时从机场出发开往圣但尼（4欧元，每天12班）。出租车从机场门外到圣但尼市中心（20分钟）收费至少20欧元。

塞舌尔国际机场（见355页）这是塞舌尔的唯一国际机场，位于马埃岛、维多利亚以南8公里。大型酒店提供机场接送服务。机场外就有出租车。

当地交通

汽车 在城市外，租车是无比灵活和方便的游玩方式。可以在主要城镇和机场租到车。在塞舌尔和毛里求斯靠左驾驶，在留尼汪则是靠右驾驶。

飞机 大多数方便的服务是在毛里求斯和罗德里格斯岛之间，还有马埃岛和普拉兰岛之间。

船 这是塞舌尔岛内首选的交通方式，迅速、可靠，但相当昂贵。

公共汽车 价格非常便宜。在这三个国家，使用公共交通工具四处游玩是可行的，但是有时候路线很复杂，而且很慢。

出租车 有时候雇一辆出租车是探索一片区域很棒的方式，特别是你能找到其他游客平摊拼车费用的时候。

更多关于**当地交通**的信息，见157页（毛里求斯）、295页（留尼汪）和356页（塞舌尔）。

如果你喜欢

海滩

拉齐奥海滩，塞舌尔 位于普拉兰岛，也许是你能在印度洋上发现的最美海滩（见323页）。

阳光海滩，塞舌尔 在马埃岛西海岸上，美丽得如同人间仙境（见319页）。

格兰德海滩，塞舌尔 比塞舌尔其他美妙的海滩要安静，但景色绝不逊色于它们（见326页）。

银色之源海滩，塞舌尔 毫无疑问是拉迪格岛最受青睐的人间仙境（见335页）。

Trou d' Argent，罗德里格斯岛 你可以选择罗德里格斯岛东海岸的任何海滩，而这是我们的最爱（见180页）。

南海岸，毛里求斯 五星级度假酒店热爱这片区域是有原因的（见121页）。

莫尔纳山和塔马兰，毛里求斯 毛里求斯西部漂亮的海滩，天边群山如画卷一般（见85页）。

大海滩，留尼汪 在狂野的岛屿南部有悬崖和白沙（见319页）。

艾米达吉-莱班，留尼汪 留尼汪最长、最吸引人的白沙海滩（见209页）。

徒步

富尔奈斯火山，留尼汪 可以爬到活火山的火山口边缘，这是一条经典的徒步线路（见246页）。

盆地游，留尼汪 长达5天的山地穿越简直是地球上最美好的徒步线路之一（见41页）。

高马法特，留尼汪 长达4天的徒步线路，带你穿越几个留尼汪最原始狂野的盆地（见39页）。

马法特园谷，留尼汪 长达4天的徒步线路穿越留尼汪的至高点（见41页）。

黑河谷国家公园，毛里求斯 这些徒步线路穿过鸟类众多的荒野和岛上最后一片丛林（见102页）。

里恩山，毛里求斯 被人们忽视了的一条徒步线路，一路高攀，沿途风景如画，也很适合观鸟（见121页）。

Graviers至圣弗朗索瓦，罗德里格斯岛 秀丽迷人的沿海步道，途经罗德里格斯岛的顶级海滩（见180页）。

塞舌尔山国家公园，塞舌尔 这个国家最好的徒步线路之一（见313页）。

马埃谷，塞舌尔 轻松的短途徒步线路，穿越一片无与伦比的古老棕榈林（见323页）。

野生动植物

屈里厄斯岛，塞舌尔 堪称印度洋上的加拉帕戈斯群岛，岛上有巨大的阿尔达布拉陆龟（Aldabra），它们是印度洋种群最后的幸存者（见331页）。

伯德岛，塞舌尔 在这里安家的有海鸟、巨型陆龟和玳瑁（见345页）。

白鹭岛，毛里求斯 犹如诺亚方舟般的岛屿，有陆龟和粉鸽栖息于此，它们过去在毛里求斯随处可见（见116页）。

黑河谷国家公园，毛里求斯 稀有的鸟类和原始森林，让你体验毛里求斯最初的狂野（见102页）。

费尔奈谷，毛里求斯 可以在此看到红隼，它一度是世界上最濒危的鸟类（见120页）。

大布鲁尔，留尼汪 这个岛屿上最佳的观鸟地点在荒凉美丽的南部（见269页）。

壮观的风景

富尔奈斯火山，留尼汪 这绝对是印度洋上变化最剧烈的地貌了，绝无仅有（见246页）。

锡拉奥盆地，留尼汪 适合徒步的完美乡村，位于一片壮阔到可以伸手摸到蓝天的风景里（见225页）。

萨布尔平原，留尼汪 这片火山岩浆形成的平原沉浸在超凡脱俗的氛围里（见247页）。

上图：塞古尔库金岛的巨型陆龟（见351页）
下图：毛里求斯托舵道斯的Le Touessrok（见129页）

莎拉齐盆地，留尼汪 另一个令人陶醉的山地王国（见235页）。

莫尔纳山半岛，毛里求斯 联合国教科文组织认定的世界遗产拥有绝世美景以及一个悲剧故事（见106页）。

黑河谷国家公园，毛里求斯 瀑布自高原飞流而下，丛林茂密，河谷深邃（见102页）。

锡卢埃特岛，塞舌尔 塞舌尔群岛里最引人注目的岛屿（见344页）。

德尼岛，塞舌尔 田园牧歌般的珊瑚岛勾起人们儿时对于荒岛的想象（见345页）。

浪漫避世之旅

北岛，塞舌尔 结合了人间天堂、詹姆斯·邦德的魅力以及最顶级的奢华(见344页)。

阿方斯岛，塞舌尔 一座偏远的小岛，岛上有一处低调的度假村以及非凡的钓鱼和潜水体验（见346页）。

圣杰兰，毛里求斯 拥有海滩贴身管家、让人沉醉其中的美容护理服务以及金碧辉煌的住处（见133页）。

Le Prince Maurice，毛里求斯 贝尔马尔（Belle Mare）海滩上气氛独特，这座壮美的酒店给人接近天国的感觉（见133页）。

Le Touessrok，毛里求斯 更多的东岸奢华连同它自有的岛屿赋予这里“天堂”的美名(见129页)。

Lux Le Morne，毛里求斯 位于毛里求斯最美的大山脚下，奢华无处不在（见108页）。

每月热门

最佳节庆

湿婆神节，2月/3月
克里奥尔节，10月
渡火节，12月
排灯节，10月
非洲节，5月

1月

1月是所有岛屿的旺季，气候温暖，但降雨甚至龙卷风都有可能出现，后者主要袭击毛里求斯和留尼汪。在圣诞节和新年期间，酒店价格会暴涨。

春节

毛里求斯和留尼汪的春节一般在1月底或者2月初庆祝。除夕那天，家家都在进行大扫除，并且用大红色装饰屋里屋外，这种颜色象征着欢乐，人们还会放鞭炮来驱赶邪灵。

2月

就天气来说，2月和1月差别不大，都是湿润有雨。尽管如此，因为欧洲和其他地区大多数游客已经返程或回学校上学，所以没1月那么拥挤。

湿婆神节（Maha Shivaratri）

这场盛大的朝圣开始于2月或3月，有多达50万名印度教信徒想尽一切办法前往毛里求斯圣水湖（Grand Bassin）。此湖距黑河谷国家公园很近，湖水据说来自神圣的恒河（见101页）。

3月

暖和的天气在3月继续，但可能会下雨。仍有出现龙卷风的可能，但是概率小了不少。所有岛屿都在过节，增添了许多地方特色。

印度教洒红节（Holi Hindu）

在毛里求斯和留尼汪庆祝的洒红节是一个关于色彩的节日，以扔彩色粉末和泼彩色的水而闻名。节日象征着神圣力量战胜了恶魔。在洒红节前夜，人们会点起篝火，象征邪恶的魔鬼胡里卡（Holika）被打败。

鱼节（Fish Festival）

罗德里格斯岛依赖渔业，每年3月的第一周会举行鱼节（Fête du Poisson），标志着打鱼季的开始。此时举行各种纪念活动，包括远征捕鱼以及大快朵颐。

4月

4月来临，天气开始转凉——这通常是此区域受龙卷风影响的最后一个月，此后气温略有下降，基本也不再下雨了。

泰米尔新年（Tamil New Year）

在毛里求斯和留尼汪，只要是有稍大印度社区的地方，泰米尔新年到来时都会举行盛大的庆祝活动，亮点是舞蹈展示。在泰米尔人聚居区，新年意味着所有的事情都会戛然而止。

5月

尽管法国学校不定的放假日期会影响这里的游客人数，但5月通常是不错的旅行时间——更少的游客，更温和的天气，而雨和风基本上都不再是问题。

☆ 非洲节（FetAfrik）

除了罗德里格斯岛，塞舌尔可能是印度洋上最具非洲风情的。这里会用5月末一个载歌载舞的周末来庆祝其非洲起源。非洲节当属这个地区最精彩的节庆之一。

6月

6月通常被视为淡季，一些酒店会降低房价。印度洋的冬季翩然而至，但如果你从没那么炎热的地方前来，就不会有所觉察。

7月

7月温和舒适，气温相对适中，雨水稀少，房价偏低（除非法国学校假期在7月来临）。

☆ 罗德里格斯岛风筝冲浪节（Rodrigues Kitesurfing）

6月末或7月初，全球一些顶级风筝冲浪健将会光顾罗德里格斯岛，参加罗德里格斯岛国际风筝冲浪节（Rodrigues International Kitesurfing Festival），这项庆典自2013年起延续至今。

8月

8月是印度洋上最干燥的一个月，无论气温还是湿度都比不上下半年其他月份。而欧洲的节假日常常推高这里的物价。

9月

9月是印度洋上冬季的延续，会保持凉爽和干燥的气候，不过塞舌尔的气温开始回升，雨季在即，还有可能提前到来。

基督教圣日（Christian Holy Day）

对于很多毛里求斯的基督教徒来说，一年里最重要的日子是9月9号——拉华神父节（Père Laval Feast Day），即拉华神父的忌日。世界各地的信徒来到他位于路易港郊区Ste-Croix的神殿，祈求灵丹妙药。

10月

10月是来塞舌尔游玩的好时间，气候干燥，天气状况比较稳定。在毛里求斯和留尼汪，此时是旅游旺季，不过你可能会在月初找到折扣。

克里奥尔节（Festival Kreol）

10月底是克里奥尔文化大展身手的时候。在克里奥尔人聚居的罗德里格斯岛有一个为期3天的克里奥尔节，而塞舌尔自己的克里奥尔节则会花一周时间展示克里奥尔美食、戏剧、艺术、音乐和舞蹈。留尼汪也会大肆庆祝克里奥尔周。

排灯节（Divali）

留尼汪和毛里求斯都会在10月底或11月初庆祝泰米尔人的排灯节。这个节日是关于印度神罗摩（Rama）战胜了恶魔罗波那（Ravana）的。为庆祝这一壮举，人们会点起无数蜡烛和灯，为罗摩神照亮他被流放后的回家之路。

11月

11月堪称游览诸岛的最佳时节，此时前往毛里求斯和留尼汪更是恰逢其时。天气逐渐转暖，通常年末才有降雨，进入12月才会涌入大批游客。

12月

12月的前半个月就像11月一样，尽管偶尔会有雨来破坏气氛。因为圣诞节临近，物价开始飙至一年中的最高点。

渡火节（Teemeedee）

渡火节是一种印度教和泰米尔人的火上行走庆祝活动，纪念各种神灵。这一庆祝活动全年都有，但是在12月和1月最集中，参与者会踏着散落在地上炽热的余烬走过。

旅行线路

2周 毛里求斯精华

这条线路始于美不胜收的毛里求斯东南海岸，直至内陆以及西南边陲无与伦比的山岳景观。沿途你将会探访本国最美的近海岛屿，探索庞波慕斯美轮美奂的植物园，以及前往黑河谷国家公园参加峡谷漂流。

沿着**德斯尼角**耀眼的白沙滩开启行程。在**蓝色海湾**闪闪发光的蔚蓝色潟湖里浮潜，以生态旅游的方式游玩**白鹭岛**，然后绕到慵懒的**马埃堡**，去周一集市转转。

沿着海岸一路向北。在**托舵道斯**体验一把渔夫的生活方式，然后穿越水晶般清澈的潟湖前往**塞尔夫岛**。穿过高耸的甘蔗林，然后到达美丽的**马勒勒角**。在**大海湾**跳上一艘游艇去风景如画的**北部群岛**，然后在气氛活跃的**特鲁奥克斯毕雪海滩**享用美食。一日环游行程将会包括**庞波慕斯**的植物园和制糖厂，以及可爱的**拉布尔多奈斯城堡**。

最后来到西部海岸，在**佛力克昂佛勒克**逍遥地潜水，然后在**黑河**附近驻扎下来。在这里，可以前往**黑河谷国家公园**体验峡谷漂流、去往**夏马尔**骑车游玩或者前去攀爬标志性的**莫纳布拉班特山**。

2周 留尼汪之旅

从成熟的、产业化的海滩度假酒店到山里的小村庄，从艺术馆到火山，你至少要花两周的时间来体验留尼汪的方方面面。但如果你是徒步行爱好者的话，一个月时间可以轻易被打发掉。这里的徒步行程要走差不多400公里。

圣保罗是一个绝佳的中转站，从这里启程，朝向内陆前往**麦多**，俯瞰马法特盆地的景色。接着去往滨海地带，体验留尼汪最潮城镇之一**布坎·加诺特**的沙滩活动。继续向南仅行驶5分钟，即可到达**圣吉尔-莱班**，这是一个典型的印度洋度假酒店，拥有醉人海滩，夜生活热闹非凡。供你恢复精力的最棒海滩是**艾米达吉-莱班**，很值得花3天时间好好体验一下这里的植物园、博物馆和水上运动。

然后，改道前往**锡拉奥**，你应该空出至少2天时间让自己沉浸在崎岖的山脉美景和悠闲的氛围之中。徒步和峡谷漂流可以令你置身于最美丽的景致之中，这里还有温泉、美酒以及生态旅游。

而后接着去欣赏**圣皮埃尔**的繁华吧——如果可能的话，去盛大的周六市场转转。圣皮埃尔至穆拉村的路程遥远但是沿途风光秀丽，穆拉村显然就是前往全球最易接近火山之一的**富尔奈斯火山**的出发点。

返回圣皮埃尔，驶上顺着风景优美的南海岸延伸的RN2。或许你想去**大海湾海滩**享用野营午餐或者到达**Manapany-les-Bains**休憩歇息，然后去到**圣约瑟夫**附近过夜。继续东行，途经迷人的**圣菲利普**乡村以及**大布鲁尔**的月球地貌。然后，到达**圣罗斯**，在那里，火山岩浆喷到一座教堂的门口，差点儿就喷在圣母玛利亚身上。

在你一直朝岛屿北部前进的时候，也可以走进内陆，然后至少在**海尔村**住上两晚，探索莎拉齐盆地。最终，穿过深受印度影响的**圣安德烈**，向北前进。在首都**圣但尼**，以探索咖啡文化和克里奥尔建筑来结束你的行程。如果你一直在爬火山和徒步盆地的话，这里是回归现代生活的不错去处（但没有大城市的喧嚣）。

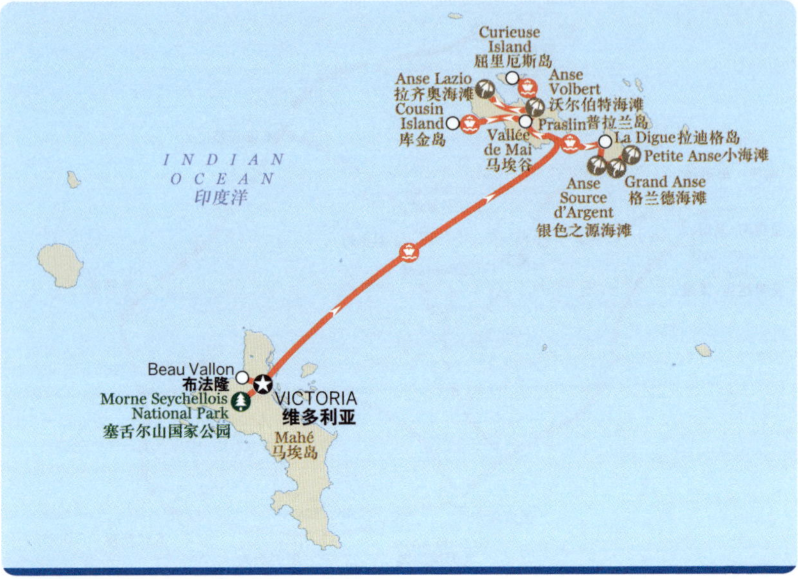

2周 塞舌尔精华

花两周时间来感受塞舌尔群岛是很合适的，你可以空出大量时间来享受这个国家绝佳海滩中的佼佼者。

第一天，在首都**维多利亚**融入岛屿生活，逛逛集市，在植物园的棕榈树之间漫步。然后去**布法隆**体验水上、水下活动，三天时间转瞬即逝。之后的两天可以在海滩上享受阳光，在马埃岛的小径上散步，以及游览**塞舌尔山国家公园**，那里什么都有：一个殖民时代的废墟、一个茶叶厂，还有一些迷人的徒步小径。

然后可以乘船到普拉兰岛，那里简直和天堂一样。你可以在世界遗产**马埃谷**欣赏婀娜多姿的海椰子树，在巨大的棕榈叶子下徒步，然后在**拉齐奥海滩**完美的白色沙滩上安然入睡。这个海滩是我们所知的最完美海滩之一。接下来的四天时间可以在**沃尔伯特海滩**浮潜、潜水和游泳，在**屈里厄斯岛**同巨大的陆龟近距离接触，这个岛上有一个阿尔达布拉陆龟的养殖场。然后去**库金岛**，行走在飞翔的海鸟形成的云朵下面，这个岛上有超过30万只鸟，还有无数特有物种，即使是非专业的观鸟者都会愿意在这里花更多时间观鸟。

从普拉兰岛启程，扬帆前往拉迪格岛——如果你认定普拉兰岛是天堂的话，等你沉浸在拉迪格岛的时候再琢磨琢磨吧。三天是完美陷入拉迪格岛缓慢节奏中所需的时间，去看看**银色之源海滩**，这里有田园牧歌般的海滩，但它绝不是拉迪格岛上唯一完美的海滩。傍晚时分去那里感受一下最好的气氛吧，试着避开海潮，有时候潮水大得让海滩几乎都快消失了。在附近的岛屿周围浮潜，然后在**格兰德海滩**和**小海滩**感受宁静。格兰德海滩美得令人难以置信，还有一个出色的餐馆Loutier Coco，提供极品自助午餐。小海滩只能徒步进入，无拘无束，与世隔绝。时间总是过得太快，是时候返回维多利亚了。

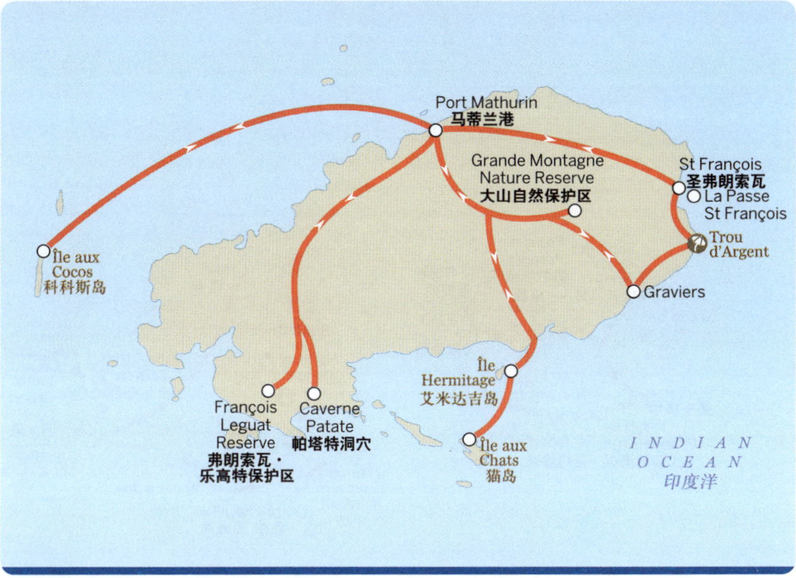

1周 罗德里格斯岛——另一个毛里求斯

一周时间很充足，足够探索这个小巧多山的岛屿之美。可将一周时间分别用在徒步、潜水和乘船前往邻近的小岛上，在这里还能享受海滩生活、去往罗德里格斯岛某处知名家庭餐馆尽享海鲜大餐。

首先花上半天时间在**马蒂兰港**的街道上漫步——确保周六前来，因为此时这个岛的首府才会从沉睡中苏醒，看上去好像全岛的居民都跑到周末市场上闲逛了。利用一天时间专门参观岛上不容错过的两处景致：**弗朗索瓦·乐高特保护区**的巨型陆龟和**帕塔特洞穴**的岩洞。另一天可以用来在**Graviers至圣弗朗索瓦**这条经典的海岸线路徒步，在**Trou d' Argent**会经过一些迷人的海滩。或许这是我们最为钟情的毛里求斯海岸步道。到达圣弗朗索瓦，选择一家出类拔萃的乡村餐馆度过午餐时段，然后原路返回，乘坐长途汽车前往马蒂兰港。翌日，乘船游览**科科斯岛**，那里有安静的海滩和生气勃勃的鸟类聚居地；当天预留几个小时在**大山自然保护区**寻找珍稀鸟类。

说起潜水，你会遇到令你眼花缭乱的选择。通过探索圣弗朗索瓦附近海峡**La Passe St François**开启罗德里格斯岛潜水之旅，海峡位于潟湖边缘，群礁以外还有许多潜点。潜水之后，可到南海岸附近、人迹罕至的**猫岛和艾米达吉岛**周边浮潜，这项活动可能不算刺激，但仍是精彩的一日游。

当然了，在行程之中，你肯定也想花大把时间在海滩上一直躺着，什么都不做，还想在岛上一些最好的家庭餐馆享用海鲜大餐。可以预订Graviers的La Belle Rodriguaise，最后一天到此享用午餐——借此结束完美的罗德里格斯岛一周游。

1周 探访留尼汪南部地区和高原

留尼汪的“狂野南部”和中部平原有火山地貌、巨大峡谷、被海浪冲击过的悬崖，以及风景绝佳的徒步小径。你可以在一周之内不紧不慢地探索这片地区的美。

从**圣罗斯**开始一直向南走，你会发现第一道火山岩浆一直延伸到海边。穿越**大布鲁尔**惊人的熔岩区，在**圣约瑟夫**停留一两晚，在山上感受一下真正的乡村生活。从这里开始，你可以探索风景如画的**郎之万河**山谷，记得带上野餐。

继续往西，来到**大海湾海滩**戏水，然后前往**圣皮埃尔**过夜、尽享热闹夜生活。翌日清晨，去往**卡夫尔平原**的高地参观火山之城（Cité du Volcan）。沿着风景绝佳的丛林一直往上走，到达**富尔奈斯火山**，这是留尼汪最活跃的火山。之后往下走到卡夫尔平原，从这里开始，你可以花上一两天时间徒步走至**圣水湖**，这里有一座世界尽头般的村庄。最后，往**帕尔米斯特平原**走，在那里，你可以徒步穿越贝步尔-贝鲁夫森林，这些经历令人难以忘怀。

1周 毛里求斯南部

在毛里求斯南部地区，极好的海滩和美丽的自然景观完美结合在了一起。

蓝色海湾地如其名，景色美得就像明信片那样，这是一个完美的中转站，可以由此前往岛屿东南部。别错过**白鹭岛**，你可以在那里悄悄地观察粉鸽和巨型陆龟。几个世纪以前，毛里求斯人的故事起源于北面的**旧大港**。人迹罕至的**费尔奈谷**森林是毛里求斯标志性动物茶隼的家，在大部分早晨你都能看到茶隼进食。攀爬**里恩山**很具有挑战性，但非常值得。你可以从蓝色海湾出发，花一天时间去位于中部高原的**莫卡**的尤里卡（Eureka）看看。

之后你可以往西走，在**Rivière des Anguilles**的凡尼尔（La Vanille）稍作停留，然后在**苏亚克**和**贝隆·布尔**欣赏漂亮的海岸。接下来前往被列为世界遗产地的**莫尔纳山**，这里有令人激动的徒步小径。穿越山地前往**夏马尔**，它拥有出色的餐饮业和朗姆酒厂，也是去**黑河谷国家公园**自驾游和徒步的大本营。

计划你的行程

潜水

尽管被潜水胜地马尔代夫抢了些风头，但在毛里求斯、留尼汪和塞舌尔进行水肺潜水正变得越来越流行。这片蓝绿色的美丽海水下拥有无数华丽到令人难以置信的珍宝：彩虹色的小鱼和巨大的远洋生物（是的，包括鲨鱼）游弋其中；美得惊人的深海景色；以及大量的断层和礁石。这里并不是地球上价格最低的潜水胜地（泰国和红海更便宜些），但却是很好的学习并令你爱上水肺潜水的地方。好消息是，除了少数地方以外，这里的潜点从来都不会有太多人。

毛里求斯

想体验海底世界的多样性吗？丰富的海洋生物、美得惊人的海景、有趣的船只残骸……毛里求斯应有尽有，更何况这里还有装备精良、十分专业的潜水教练。毛里求斯几乎被堡礁包围着，堡礁内是蓝绿色的潟湖，为浮潜者、游泳者和潜水新手提供了绝佳的潜水机会。此外，主要潜水地罗德里格斯岛还有很多待你探索的处女潜水地点和了不起的鱼类景观。

何处潜水

北部

北部海岸受到各种水平潜水者的青睐，这一点儿也不奇怪：此处有各式各样的潜水地点，可进行探险式潜水、沉船潜水、急速下降式潜水，还有简单的入门级潜水。

离岛（普拉特、米尔考恩）是亮点，拥有异常出色的潜点和五花八门的水下生物，而且野性十足。西北方向就是特鲁奥克斯毕雪海滩，是通往各种绝佳潜水地点的跳板。

➡ **La Fosse aux Requins**（见64页地图）代表性的潜水地点，黑鳍礁鲨的聚居地，因此闻名遐迩。

最佳潜水地点

沉船潜水

Stella Maru（毛里求斯）

Kei Sei 113（毛里求斯）

Antonio Lorenzo（留尼汪）

Aldebaran（塞舌尔）

潜水新手

Tug II（毛里求斯）

Le Jardin des Kiosques（留尼汪）

Anse Sévère（塞舌尔）

潜水高手

Manioc（毛里求斯）

Shark Bank（塞舌尔）

Haï Siang（留尼汪）

Tombant de la Pointe aux Canonniers（毛里求斯）

➡ **The Wall**(见64页地图)激动人心的水下峭壁。

➡ **Djabeda**(见64页地图)颇具情调的沉船潜点。

➡ **Holt' s Rock**(见68页地图)位于水下25米的巨大岩石群和岩石圆顶。

➡ **Tombant de la Pointe aux Canonniers**(见68页地图)拥有一处令人兴奋的急速下降潜水地点,深达60米。

➡ **Kingfish**(见68页地图)漂流潜水,直至水下28米。

➡ **Waterlily & Emily**(见68页地图)适合初学者的沉船潜点。

➡ **Stella Maru**(见68页地图)一个不容错过的沉船潜点,位于水下25米。

西部

说到潜水,佛力克昂佛勒克区域可称是毛里求斯最佳的潜水地点。这里不受盛行风的干扰,全年条件都很理想,并且能见度通常都很高。

那么西南部海岸呢?莫尔纳山半岛(Le Morne Peninsula)和黑河(Rivière Noire)之间的区域有几个热门潜点,但它们并不会令人觉得惊艳。缺点是能见度不够高,并且海底地形也没什么特点。

➡ **Rempart Serpent**(见88页地图)水下25米一块蜿蜒有致的岩石引来大群鱼类。

➡ **La Cathédrale**(见88页地图)海景非常优美,令人难忘。

➡ **Couline Bambou**(见88页地图)没有La Cathédrale那么拥挤;可以看到万花筒般变化多样的景观。

➡ **Manioc**(见88页地图)深水潜点,颇具情调,深受资深潜水者青睐。

➡ **Kei Sei 113**(见88页地图)适合老手的沉船潜点。

➡ **Tug II**(见86页地图)出色的沉船潜点,栖息着漂亮的鱼类。

➡ **Passe St Jacques**(见86页地图)毛里求斯最佳漂流潜点之一,深度可达3~30米。

东南部

东南海岸附近的水下世界会带给人最惊喜的景致和独特体验。你会看到大量洞穴、隧道和巨大的石拱,它们非常美。除此以外还有众多远洋鱼类。缺点呢?6月至8月,大多数潜点都会受到盛行风的影响——所以做好面对波涛汹涌的海水的准备。

➡ **科罗拉多**(Colorado;见110页地图)长达400米的峡谷,布满裂隙和裂缝。

➡ **Roches Zozo**(见110页地图)靠近并且类似科罗拉多,也是一个不容错过的潜点。

➡ **Grotte Langouste**(见110页地图)一个满是龙虾的洞穴。

➡ **Sirius**(见110页地图)沉船爱好者会喜欢这里。

➡ **蓝色海湾**(Blue Bay;见116页)一个安全、可爱的地方,很适合初学者来学习,可以看到成群岩礁鱼。

东部

东部潜水并不出色,却有两处绝佳潜点。如果不想前往岛上其他地方游览,可去那里潜水。

➡ **Belmar Pass**(见128页地图)拥有漂亮的海景,由于海流汹涌,容易看到灰礁鲨和牛鲨。

➡ **Passe de Trou d' Eau Douce**(见128页地图)不及Belmar Pass壮观,但是值得一去。

罗德里格斯岛

这里是印度洋上最好的潜水地点,是真正的瑰宝。罗德里格斯岛自诩拥有无数

保护海洋

威胁海洋环境的主要因素包括污染、过度开发和不恰当行为,例如使用拖锚和爆炸捕捞。近年,毛里求斯、留尼汪和塞舌尔制定法律,禁止进行破坏性行为,例如采集贝壳和珊瑚、割取鲨鱼鳍和用矛刺捕鱼。并且各自建立海洋保护区,保护至少部分珊瑚礁。如果想要伸出援手,毛里求斯和塞舌尔有很多志愿服务的机会。

第一次潜水

你总是在幻想带着水肺探索水下世界吗？现在机会来了。毛里求斯、留尼汪和塞舌尔对新手来说，都是完美的起点，因为温暖的海水和浅礁提供了很好的训练环境。大多数潜水中心都为新手设置了课程，并且雇有经验丰富的潜水教练。

任何健康状态良好的人都可以接受引导潜水训练（50欧元起），包括8岁以上的儿童。引导训练通常在浅水（3~5米）中进行，一般会持续30分钟，由一名潜水老师引导进行。

如果你选择参加开放水域课程，做好持续4天的准备，这4天包含了教室里的讲座和开放水域的训练。一旦你合格了，你的证书将是永久有效的，并且全世界都认可这个证书。

从未被发掘的潜水地点，适合那些愿意体验不同感受的人。这里遍布珊瑚，而且这些珊瑚你是不会在毛里求斯其他地方看到的，这里的鱼类也多得惊人，此外还有混合着峡谷、石拱和洞穴的令人惊叹的水下景观。

➡ **La Passe St François**（见172页地图）1公里长的海峡，延伸至水下30米，分布着各种各样的珊瑚礁生物。

➡ **Le Canyon**（见172页地图）这是个很有氛围的潜点；峡谷潜行暗礁之下。

➡ **La Basilique**（见172页地图）隧道、洞穴和一些精美绝伦的水下地貌。

➡ **Karlanne**（见172页地图）海洋生物丰富多彩、珊瑚丛生机勃勃。

➡ **La Grande Passe**（见172页地图）很多潜水教练认为这是这片水域里最棒的中等深度潜点之一。

实用信息

潜水条件

尽管在毛里求斯一年四季都可以潜水，但是最佳时期是10月至12月、3月和4月（1月和2月是气旋天气最活跃的时期）。7月和8月，当东南季风最强烈时，海水太过汹涌和浑浊，东海岸和南海岸以及罗德里格斯岛周边都不适合潜水。水下能见度很大程度上取决于天气，因此总是在变化：某些时段，有些潜点只能看到10米深，而其他时候则可以看到40米深。

水流条件也在不断变化，有时几乎感觉不到，有时非常剧烈。水温在8月时低至22℃，而在12月和2月时会高至28℃。

潜水机构

毛里求斯至少有40家潜水中心，大多数都加入了**毛里求斯潜水联合会**（Mauritius Scuba Diving Association，简称MSDA；☎454 0011；www.msda.mu）。联合会加入了世界水中教育联盟（Confédération Mondiale des Activités Subaquatiques，简称CMAS），并且定期对潜水中心进行严格检查。大多数潜水中心也加入一个或更多的国际认证机构，一般是职业潜水教练协会（Professional Association of Diving Instructors，简称PADI）或者CMAS。

毛里求斯很多潜水中心附属于酒店，但他们也愿意为非住客提供服务。总体上看，等待你的是维护良好的设备、不错的设施和专业的工作人员，但这些潜水中心的服务标准不大一样，所以尽量货比三家。

留尼汪

在留尼汪潜水没意思？好吧，这座岛最著名的确实是它的徒步线路，但也没必要瞧不起这里的潜点。你会感到惊喜的：潟湖有很多浅的潜点适合新手，还有更深一些的潜点（25~40米）适合经验丰富的潜水者；另外，这里还有一些特意安排沉没的沉船可以欣赏。

何处潜水

大多数潜点都在布坎·加诺特（Boucan Canot）和圣皮埃尔（St-Pierre）之间的西海岸边。

圣吉尔-莱班（St-Gilles-les-Bains）

如果你想放松地潜水，那么吸引你的是

圣吉尔。在这里潜水主要是看礁石，这些礁石平缓地向下倾斜，形成一系列峡谷，一直到大约25米的多沙海底——在此潜水你会感觉非常安心。远海鱼很少，但是小礁石里的小鱼很多。

➡ **Tour de Boucan**（见198页地图）这个绝佳的潜点适合所有级别的潜水者。极好的水下地形，拥有巨大的圆石为无数的生物提供庇护。

➡ **Le Pain de Sucre**（见198页地图）环境很不错，深处有起伏的地形和很多小生物（小热带鱼、鹦嘴鱼、扳机鱼和龙虾），还有一些海扇，很适合新手。

➡ **Petites Gorgones**（见198页地图）又称Saliba，是个难度较低的潜点，适合所有级别的潜水者。留意三棘带鲉和海龟。

➡ **La Passe de L' Hermitage**（见198页地图）这个潜点令人激动。地形很不错，有一些峡谷和大圆石，很吸引海洋生物。但遗憾的是能见度通常不够高。

➡ **Haï Siang**（见198页地图）最深达55米的沉船只适合经验非常丰富的潜水者。鱼类稀少。

➡ **Navarra**（见198页地图）这个沉船地点状况不佳，却是大量珊瑚礁生物的乐园。想去吗？位于55米深水下，只适合经验丰富的潜水者。

➡ **La Barge**（见198页地图）在圣保罗（St-Paul）附近，这个令人放松的沉船位于不到22米深的海水中。这个沉船地点状况不佳，但是栖息着许多小鱼。新手会喜欢它的！

圣勒（St-Leu）

圣勒的特色是绝佳的海墙潜水和不错的珊瑚群，但是据说，这里鱼类不及圣吉尔-莱班附近丰富。这里的海墙陡峭地往下延伸，深度可达好几十米。

➡ **Tombant de la Pointe au Sel** 圣勒南部的这个潜点被视为留尼汪最佳综合性潜水地点。除了美丽的水下景观以外，这里惊人的海墙还为美丽的鱼群提供了居所，并且潜水者能经常看到远海鱼，尤其是金枪鱼、梭鱼和鲹鱼。适合资深潜水者。

➡ **Le Jardin des Kiosques** 深度3~18米的这个潜水地点对新手来说非常安全，并且气氛很好。满眼都是小峡谷和沟壑。

➡ **La Maison Verte** 一个令人放松的潜点，有不错的珊瑚丛，位于水下6米以内。

➡ **Antonio Lorenzo** 沉船爱好者会径直来到Pointe des Chateaux附近，欣赏这个保存得很好的船只残骸，它位于38米深的多沙海底。鱼类活跃，潜水者可以穿过船体。

圣皮埃尔（St-Pierre）

这片区域适合懂行的潜水者。这里没有被过度开发，而这正是我们喜欢它的原因。在圣皮埃尔和Grand Bois之间有很多从未利用过的潜点。主要看点是地形，有无数的山脊、峡谷和陡峭下降的地形可以欣赏。

➡ **Les Ancres & Le Tombant aux Ancres** 一块倾斜的礁石上装饰着健康的珊瑚丛，你会看到一些旧船锚点缀在礁石上。

➡ **Demhotel** 一个赏心悦目的潜点，靠近Grand Bois，沿着起伏高地分布，高地包含许多嶙峋突兀的玄武岩地貌以及拱形结构。此处鱼类丰富。

实用信息

潜水条件

虽然这里全年都适合潜水，但是最好的时间还是10月至次年4月，此时段的海水是最温暖的（大约28℃）。尽管如此，你可能会想避开2月和3月，因为那是气旋季。8月的海水温度可能会降至21℃。

潜水机构

潜水中心都集中在圣吉尔-莱班、圣勒和圣皮埃尔附近。潜水设施的标准很高。你会发现专业的潜水中心里全是合格的教练，可以为各种水平的潜水者提供服务。员工通常都能讲英语。大多数潜水中心附属于PADI、国际潜水学校（Scuba Schools International，简称SSI）或CMAS——它们都是国际认可的潜水机构。

需要注意的是，你需要一个简单的医院证明，证明你足够健康、可以进行潜水活动，这在法国是必不可少的。你可以从你所在国的医生那里开此证明，或者将证明传真或电邮至潜水中心。也可以在留尼汪找医生开一份这样的证明。

你将看到……

说真的，印度洋西部并不是这个世界上最丰富多彩的海域——加勒比海的部分地区、太平洋南部以及红海里有更多的鱼。但是，这里也绝对不贫瘠——事实上，这里有你想要的一切，从海蛞蝓到巨大的鲸鲨。种类同样繁多，只是数量有所差异。

珊瑚礁鱼类

你喜欢五颜六色的小动物吗？你会在这里遇到令你觉得眼花缭乱的海洋鱼类，它们在暗礁附近游来游去，包括小丑鱼、鹦嘴鱼、神仙鱼、皇帝神仙鱼、蝶鱼以及各种各样的石斑鱼，还经常能遇到海鳗呢。

远海鱼类

远海居民通常是巨大生物，比如金枪鱼和梭鱼，它们有时候会在暗礁附近游来游去寻找猎物。住在这片海域里的鲨鱼中，最常见的是白鳍鲨、锤头鲨和相当温顺的护士鲨，鲸鲨也比较常见。

魟类

塞舌尔和毛里求斯附近最常见的魟是蝠鲼。另外，体型较大、经常出没在马埃岛Shark Bank的是身体呈圆形、尾巴呈带状的窄尾魟，身宽可达2米。而带有蓝色斑点的蓝点魟经常在塞舌尔花岗岩之间的多沙区域出没。

海龟

观赏海龟的最佳地点在塞舌尔，这里有很多玳瑁和绿海龟的繁殖地。

珊瑚

这里的珊瑚并不太多。印度洋的浅水暗礁在1997年和1998年被“珊瑚白化”重创过。在塞舌尔的部分区域，差不多90%的硬珊瑚（长在暗礁上的珊瑚）都灭绝了。它们仍然在挣扎，不过有重新大量繁殖的希望。

塞舌尔

塞舌尔被视为印度洋上最好的潜点之一，几乎可以同马尔代夫相匹敌，尽管名声没有马尔代夫那么大——但是这对你来说更有利。你不必是一个很有经验的潜水者，这里的潜水地点适合所有水平的人。

马埃岛、普拉兰岛和拉迪格岛这三座主要岛屿附近有绝佳的潜点，其他内岛和外岛也有这样的潜水地点。这里的优势是有花岗岩和海底山的水下景观，气氛就像在陆地上一样。

何处潜水

马埃岛（Mahé）

➡ **Shark Bank** 马埃岛的标志性潜水地点，只对经验丰富的潜水者开放。这个名字可能会引起误会，因为这个距布法隆（Beau Vallon，马埃岛）9公里的30米高的花岗岩附近没有多少鲨鱼。但是你会遇到小汽车一般大小的蝠鲼，还有燕魟、梭鱼、蝙蝠鱼、成群的黄色笛鲷和大眼鲷。这里常常有强烈的水流。

➡ **Îlot** 这片马埃岛北部的露出水面的花岗岩由好几块巨大的岩石组成，上面长着几棵棕榈树。这个海峡的水流可能会很急，但是花岗岩吸引了塞舌尔的大量鱼类。金色的杯状珊瑚装饰着峡谷和沟渠，到处都是柳珊瑚和其他的软体珊瑚。从布法隆乘船到这里只需15分钟。

➡ **布里塞尔岩石**（Brissare Rocks）可以从布法隆到达这个位于马埃岛以北5公里处的花岗岩尖顶。这个潜水地点的特色是有大量火珊瑚和密集的鱼类——黄色笛鲷、隆头鱼、鹦嘴鱼和梅鲷，还有石斑鱼和燕魟。这里覆盖着明亮的橙色海绵和白色的柳珊瑚。

JEAN-BERNARD CARILLET / GETTY IMAGES ©

上图：在塞舌尔马埃岛布里塞尔岩石潜水（见314页）

下图：在塞舌尔拉迪格岛附近的科科斯岛浮潜（见337页）

➡ **Twin Barges** 如果你厌倦了近海潜水，那么这两艘邻近的沉船会令你满意的。它们垂直立在布法隆海湾的20米深的海底。

➡ **Aldebaran** 这艘船于2010年在Anse Major附近沉没，最深处有40米，里面住着海鳝、石斑鱼和蝠鲼。

➡ **Alice in Wonderland** 这里以健康的珊瑚丛而闻名，就位于Anse à la Mouche附近。

➡ **Jailhouse Rock** 经验丰富的潜水者可以在此进行刺激的漂流潜水，能看到不少鱼类，位于Pointe Lazare附近。

➡ **Shark Point** 这里一般能看到白鳍礁鲨、护士鲨和灰礁鲨，位于Pointe Lazare附近。

普拉兰岛和拉迪格岛（Praslin & La Digue）

➡ **Aride Bank** 位于阿里德岛（Aride Island）附近，可以从普拉兰岛来到这个朴素的潜点，如果你不介意要到此需要乘船度过沉闷的30分钟的话。这个潜水地点很受本地的潜水高手的欢迎，特色是蝠鲼、鲷鱼、护士鲨、鲹鱼、梭鱼和拿破仑隆头鱼，以及华丽的海扇。

➡ **Booby Islet** 差不多位于阿里德岛和普拉兰岛正中间，这个没有遮掩的海底山总是被鱼群包围着。在不到20米深的海水里，你会遇到鹦嘴鱼、拿破仑隆头鱼、海鳝、海龟、燕魟和护士鲨。

➡ **Anse Sévère** 一个容易的潜点，距拉迪格岛的海岸很近。

➡ **Cousin** 一个容易的潜点，位于库金岛（Cousin Island）附近水域。

➡ **玛丽安娜岛** 拉迪格岛东部的一座小岛，因密集的鱼类而闻名（包括灰鲨、蝠鲼、梭鱼、燕魟和护士鲨），还有起伏的海景。

➡ **White Bank** 有美得惊人的海景（隧道、石拱）和丰富的鱼类，包括成群结队的鲹鱼，有时候还有犁头鳐。

➡ **Ave Maria Rocks** 拉迪格岛西北部的一个海底山。鲨鱼出没、海洋生物丰富多样，因此闻名遐迩。

其他内岛和外岛

对经济状况好的潜水者来说，那些私人岛屿，如弗雷格特岛（Frégate）、北岛（North）、锡卢埃特岛（Silhouette）和德尼岛（Denis），都提供了绝佳的潜水选择，潜点都很原始，而且只有一艘船：你的船。再往远走一些，你会发现阿尔达布拉（Aldabra）、Cosmoledo和Astove这些传奇的潜点。它们是印度洋东部最好的潜点，这片处女地有电鳐出没，而且可以进行刺激的漂流潜水。想去吗？这片区域时有海盗出没，所以不能进入。

➡ **Napoleon**（阿方斯岛，Alphonse Island）Napoleon是阿方斯岛标志性潜水地点之一，通常热闹非凡。来此定能看到拿破仑隆头鱼、白带石鲈、鲷鱼、鲣鱼、巨型海龟、蓝鳍鲹、梭鱼和扳机鱼，位于水下20米以内。海景美不胜收，还有一群规模不小的珊瑚尖礁散布在一片广阔高地上。

➡ **The Abyss**（阿方斯岛）这片风景优美的礁石地带充满暗礁和悬壁，其上覆盖着珊瑚丛和海扇，适合拍照留念。来此或将邂逅东方石鲈，看到燕魟、海龟、巨型石斑鱼和犬齿金枪鱼（裸鲭）。

➡ **The Arcade**（阿方斯岛）Arcade是阿方斯岛最为神奇的潜水地点之一，水下生物异常丰富，珊瑚丛林繁茂旺盛，因而众所周知。鱼类种类数不胜数，足令潜水者眼花缭乱，包括成群的白带石鲈和梅鲷、大眼鲷，以及蓝鳍鲹、蝙蝠鱼、鲷鱼、扳机鱼和河豚鱼。而且，大型海龟经常出没于此。

➡ **The Pinnacles**（阿方斯岛）这个潜水地点，鱼类活动频繁。在陡峭坡面脚下，礁石插入不可思议的深渊；坡面之上，爬满大海扇。无须潜入太深，因为水下不到25米，就经常可以看到花鮨、蓝条鲷鱼、二斑鲷鱼、豆点裸胸海鳝、石斑鱼、蓝鳍鲹，甚至白边真鲨。

➡ **Morane** 距离锡卢埃特岛（Silhouette）50分钟船程，突出亮点就是许多大圆石，零散分布于水下20米一片多沙海底。这是一处生命的绿洲，孕育着大型的黄貂鱼、燕魟、蝠鲼、鲉、鲹和狮子鱼（蓑鲉）以及其他物种。因为水流湍急，这个潜点只适合潜水高手。来此尽管舟车劳顿，但绝对不虚此行。

➡ **Sprat City**（锡卢埃特岛）这个环境怡人的潜点位于锡卢埃特岛北部一大片礁石地带中。各种各样的鱼类云集于此，包括梭鱼、刺鲅、梅鲷和神仙鱼，充斥着多种多样的珊瑚物种。东南季风期间，鲱鱼蜂拥至此，闻名遐迩。

浮潜

如果深潜并不够吸引你的话，你也可以在这三个地方进行浮潜。这是个很好的探索水下世界的方式，并且相比于水肺潜水，这里不需要太多设备和花费，甚至最浅的礁石里都有大量色彩斑斓的生物。在这三个地方的潜水中心都可以租到装备。

毛里求斯

最佳浮潜地点包括蓝色海湾的海洋公园，还有佛力克昂佛勒克和特鲁奥克斯毕雪海滩边的西部海岸，别忘了还有罗德里格斯岛附近的潟湖。

留尼汪

圣吉尔-莱班和拉萨里-莱班（La Saline-les-Bains）西部海岸边的潟湖非常适合浮潜，尤其是在富含海洋生物的艾米达吉-莱班（L' Hermitage-les-Bains）附近。入水之前要牢记注意事项，因为水流可能导致危险出现，同时不要离开指定区域。

塞舌尔

受到遮蔽的潟湖为游泳和浮潜提供了安全的港湾。圣安妮（Ste Anne）和洛奈港海洋国家公园（Port Launay Marine National Parks）是马埃岛附近的最佳潜点。在9月和10月，潜水者有可以同鲸鲨一同嬉戏的机会。在普拉兰岛周边，拉齐奥海滩（Anse Lazio）和沃尔伯特海滩（Anse Volbert）附近是很不错的潜点，或者你也可以乘船从沃尔伯特海滩驶向圣皮埃尔岛（St Pierre Islet）。邻近拉迪格岛的科科斯（Cocos）、格兰瑟尔（Grande Soeur）和玛丽安娜岛周边的花岗岩聚集了大量鱼类。

➡ **Turtle Rock** Turtle Rock 位于锡卢埃特岛东北端岸边。水下大约10米，一系列赏心悦目的珊瑚丛引人瞩目。睁大双眼，留意燕魟、梭鱼、鲹、梅鲷和绿海龟。

➡ **Barracuda Rock** 此处的旅游特色便是水下景色，还有为数众多的小洞穴、石拱和裂隙，它们容纳了成群结队五彩缤纷的小鱼。海水清澈，是绝佳的拍照环境。燕魟、金枪鱼、巨型鲹、护士鲨和蝠鲼游弋于此。

➡ **Lion Rock** Lion Rock 是弗雷格特岛（Frégate）代表性的潜水地点，是一个从主岛可以望见的小岛。水下地形复杂多样，吸引了众多物种，包括护士鲨、燕魟、狮子鱼（蓑鲉）和龙虾。牛鲨和虎鲨定期造访这片水域。

➡ **Little Fregate** 以其丰富的鱼类和水下地形而闻名。

实用信息

潜水条件

在塞舌尔潜水，很大程度上取决于天气状况、水流和风向。不过一年四季均可前来潜水，因为总能找到适合潜水的地带。4月至5月，以及10月至11月的海水最平静。因为水流和风的原因，能见度时好时坏，甚至可降至5米以下。但正常情况下你可以看到25米远。

潜水机构

塞舌尔有大约15个潜水中心，里面有一流的员工和设施。你会在马埃岛、普拉兰岛、拉迪格岛、圣安妮、锡卢埃特岛、德尼岛、北岛和阿方斯岛找到潜水中心。大多数潜水中心都加入了PADI。

在马法特盆地（见241页）边缘瞭望麦多（见200页）

计划你的行程

在留尼汪徒步

徒步是探索留尼汪的最佳方式。这个岛屿由一座巨大的死火山（内日峰，Piton des Neiges）和一座活火山（富尔奈斯火山，Piton de la Fournaise）构成，是徒步爱好者和探险运动发烧友的天堂。当然，其实你只要能欣赏荒野之美，这里就是天堂。

徒步建议

安全第一，做好准备。记住：

出发前

➡ 获取一份详尽且最新的地图。

➡ 启程前再三咨询路况。

➡ 查看天气预报。

➡ 如果独自一人徒步，记得告诉人们你的目的地。

➡ 尽早出发，以便在天黑前到达目的地。

带上……

➡ 舒服的适于徒步的靴子。

➡ 雨天装备。

➡ 大量的饮用水和高能量食品。

➡ 基本的医药包。

何时徒步

最佳徒步时间是旱季，差不多从4月底到10月底，5月、6月、9月和10月可能是最佳月份，7月和8月有些冷。而到了雨季，很多路线走不了。在这个小岛上，各区域的天气情况很不一样。

在一天之内，留尼汪的天气有随着时间推移（按小时变化）而恶化的趋势，这个岛屿的高地似乎很喜欢招惹附近的云朵。所以早早出发是很好的选择，以便应对这些不确定因素。

第二天的天气预报会出现在两个主要电视频道的晚间新闻后。你也可以打电话给Météo France语音服务（☎0892 68 02 00；每分钟0.35欧元）来获取天气预报。可以打给☎0897 65 01 01（每次0.60欧元）来获取龙卷风公告信息。这些服务电话都是讲法语的。也可以上www.meteofrance.re查询。

带什么

在留尼汪徒步，一双好鞋很关键，因为路上都是碎石和石块，有的地方非常陡峭、泥泞或湿滑。

要确保带上饮用水（徒步一天至少2升）、雨天装备、暖和的上衣、帽子、防晒霜、太阳镜、驱虫剂、口哨、手电和一个基本的医药箱，里面要有创可贴（邦迪）、弹性绷带以及缓解肌肉酸痛及治疗水泡的药膏。小屋（gîtes）提供了床单和毯子，但如果你计划在高海拔地区露营的话，你需要一个不错的睡袋，因为在盆地，夜间温度下降得很快。

大多数用餐和住宿的地方只收现金，所以记得带上足够的欧元。在盆地里，只有莎拉齐（Salazie）、海尔村（Hell-Bourg）和锡拉奥（Cilaos）邮局里的自动柜员机可以取到欧元，并且它们也不总是靠得住。

你能在留尼汪与锡拉奥的运动商店和大超市里买到大多数紧急的补给。

徒步线路

主要的徒步线路有两条：Grande Randonnée® Route 1（GR® R1）和Grande Randonnée® Route 2（GR® R2），分支线路则不计其数。GR® R1穿越内日峰（Piton des Neiges），途经锡拉奥、贝步尔-贝鲁夫森林、海尔村和马法特盆地。GR® R2横穿该岛，始于圣但尼，终于圣菲利普，途经三个盆地、卡夫尔平原和富尔奈斯火山。线路3，即Grande Randonnée® Route 3（GR® R3），穿越马法特盆地，并与GR® R1和GR® R2有些重合。

这些线路维护良好，但是热带的雨水可能毁坏路径、冲垮阶梯和扶手。即使徒步经验丰富，仍需做好准备，以应对悬崖峭壁附近那些崎岖艰难的上坡路、湿滑泥泞的下坡路和狭窄逼仄的小径。沿途路标醒目，但是必须携带优质地图，随时查看当前状况；线路偶尔因为修缮关闭，尤其是遭遇狂风暴雨之后。

实用信息

地区信息和预订中心——留尼汪岛旅游服务中心（Centrale d' Information et de Réservation Régionale – Île de la Réunion Tourisme；见195页）提供关于徒

锡拉奥盆地（见225页）的徒步旅行者

步的信息，锡拉奥、莎拉齐、海尔村、圣苏珊娜（Ste-Suzanne）、圣吉尔-莱班（St-Gilles-les-Bains）、圣皮埃尔（St-Pierre）、圣勒（St-Leu）、帕尔米斯特平原（Plaine-des-Palmistes）、圣安妮（Ste-Anne）、圣约瑟夫（St-Joseph）和穆拉村（Bourg-Murat）等地的旅游局办事处也都提供徒步信息，它们还可以帮助预订徒步者小屋（gîtes d'étape et de randonnée），可以提供道路封闭信息。

该机构的网站（www.reunion.fr）是目前最为实用的徒步者网站。支持在线预订住宿。网站www.randopitons.re和www.gites-refuges.com也不错。

紧急情况

如果在徒步过程中发生紧急事件，你可以举起两只胳膊，形成一个"V"字，向在岛上巡视的直升机飞行员示意求助。如果你有手机，可以拨打急救电话☎112。

如需了解道路封闭（état des sentiers）信息，登录网站www.onf.fr/la-reunion/sommaire/loisirs_en_foret/randonner/organiser。

法国徒步者协会（Fédération Française de la Randonnée Pédestre，简称FFRandonnée；www.ffrandonnee.fr）负责拓展和维护GR®徒步路径。

TopoGuides GR® Grande Randonnée *L'Île de la Réunion*（2014年）是关于GR® R1、GR® R2和GR® R3的权威指南书籍，由FFRandonnée出版。书中有比例尺为1:25,000的IGN地图，并且详细描述了旅行线路。书中，GR® R1分为6个阶段描述、GR® R2分为12个阶段描述、GR® R3分为5个阶段描述。

FFRandonnée还出版了TopoGuide PR® *Sentiers forestiers de L'Île de la Réunion*（2011年），介绍25条线路，行程从1小时到6小时不等。

本地Orphie出版社出版的《52条简易步行和徒步线路》（*52 Balades et Ran-*

休憩的徒步者

données Faciles）非常贴心地考虑到了儿童，介绍了少于4小时的远足活动。《62条留尼汪徒步线路》（*62 Randonnées Réunionnaises*）介绍了时间更长的远足活动（也是由Orphie出版的）。

地图

法国国家地理学院（Institut Géographique National; www.ign.fr）出版了6份比例尺为1:25,000的留尼汪地图。这些地图还算比较与时俱进，并且显示出了线路和沿途住所。对徒步者来说，编号为4402 RT的地图是最实用的地图之一，因为它涵盖了马法特盆地和莎拉齐盆地，以及锡拉奥盆地的北部区域。

团队游和向导

留尼汪的徒步路线都建设得很好，并且有明显的路标，但是如果你跟随一位当地向导前去的话，可能会得到更多关于沿途环境的信息。

要同合格的山地向导取得联系，可以通过地区信息和预订中心——留尼汪岛旅游服务中心（见195页）以及当地旅行社。向导的费用可以讲价，并且会因为徒步的距离和难度而不同；一次比较容易的一天徒步，向导费用大约是每人50欧元起（最少4人成团）。

Aparksa Montagne（见228页）

Austral Aventure（见238页）

Kokapat Rando（☎0692 69 94 14，0262 33 30 14；www.kokapatrando-reunion.com）

Réunion Mer et Montagne（☎0692 83 38 68；www.reunionmeretmontagne.com）

Run Évasion（见227页）

食宿

对徒步者来说，住宿一般包括山中小屋（gîtes de montagne；多数位于徒步线路之上偏僻地点）或者徒步者小屋（gîtes d'étape），沿着徒步线路分布。两者均提供

莎拉齐盆地的海尔村（见236页）

宿舍床位和餐饭。谈及舒适程度或者便利设施，两种小屋（gîte）差别不大。几乎所有小屋都配备热水淋浴（太阳能加热）。第三种选择就是家庭经营的民宿（chambres d'hôtes；多数位于徒步路线尽头的村庄）。入住何处主要取决于哪有住房。海尔村和锡拉奥亦有几家酒店，可以享受最后一晚奢华（采用中央供暖系统），然后踏上徒步征程。

不含餐的一夜住宿需要花费16～18欧元。半食宿（含早餐和一顿正餐）的情况，花费约为每人45欧元。

盆地里的一些地方可以免费露营，但一次只能露营一夜。在富尔奈斯火山附近是禁止搭帐篷露营的，原因大家都知道。

大多数小屋提供克里奥尔式套餐，通常都很丰盛，尽管有些人会觉得味道一般。标准正餐包含了咖喱鸡（carri poulet）、熏猪肉（boucané）或者香辣香肠（rougail saucisses）配米饭，通常佐以当地酿造的葡萄酒或者调味朗姆酒（rhum arrangé）。早餐一般只有一杯咖啡，配上甜面包干（biscottes），如果幸运的话会有面包和果酱。

如果你计划自己做饭，你需要带上大量富含碳水化合物的食物。要注意的是，只有很少一些小屋有厨房可以使用，你最好自带一个野营炉。要牢记严禁在丛林的任何区域生火。盆地里的一些村庄有商店，你可以在那里购买品种很有限的食品。

预订

在到达留尼汪之前就把住宿预订好，尤其是在最旺的几个月（7月、8月和圣诞节左右）。其他时候也最好提前几个月预订，尤其是热门目的地，比如Caverne Dufour（前往内日峰）和富尔奈斯火山的小屋。

这些山中小屋都是由留尼汪岛旅游局信息和预订中心经营和管理的，必须提前预订并付款。可在网站或者办公室进行预订和付款。当你付款时，你会得到一张收据，需要把这张收据交给你将下榻的小屋经理。你必须至少提前一天打电话给小屋订餐；如果你愿意的话，也可以在预订住宿的时候就订餐，但餐费必须在小屋里现付。

对那些私人经营小屋来说，就没有这么多限制了；你可以直接通过小屋来预订一切。

最佳多日徒步

高马法特（The Haut Mafate）

高马法特的美无懈可击。亮点包括了丛林密布的Plaine des Tamarins、Rivière des Galets的深邃峡谷、Trois Roches的瀑布，以及Maison Laclos的废墟——据说这片废墟是盆地里最古老的住宅。当然，你也会享受那里无处不在的美景。

要想一览高马法特美景，可以花4天时间进行一次环形徒步，途经拉努瓦尔（La Nouvelle）、罗什-普拉特（Roche-Plate）和马尔拉（Marla）这几个小村庄。这条环形线路可以很容易地同马法特园谷（Bas Mafate）结合在一起（行程再加4天）。

进入高马法特的入口很多，但是最方便的是牛雪山（Col des Bœufs）停车场，就在莎拉齐盆地。从这个停车场前往高马法特的拉努瓦尔，大约需要2个小时。

AZAM JEAN-PAUL / GETTY IMAGES ©

上图: 特鲁瓦巴桑瀑布

下图: 徒步前往富尔奈斯火山(见246页)

生态徒步

徒步时记得以下建议，保护留尼汪的生态环境和美好。

垃圾

- 带走所有垃圾，不要随地乱扔。不要忽略了那些容易忘记的垃圾，比如锡箔纸、橘子皮、烟头和塑料包装袋。空包装袋应该装在专用垃圾袋里。
- 不要掩埋掉你的垃圾：挖坑会破坏土地表层，并且引起侵蚀。埋起来的垃圾很可能会被动物挖出来，它们可能会因此受伤或中毒。
- 最大限度减少废弃物的方法是尽量减少包装，不要带太多食物，够吃就可以了。带上可以多次使用的容器，或者封口袋。
- 卫生用品、安全套和厕纸应该在使用后带走，尽管这么做很不方便，但这些东西不容易进行焚烧处理和分解。

粪便处理

- 粪便对水源的污染会导致各种各样的传染病。尽量使用厕所。在没有厕所的地方，你需要掩埋自己的粪便。

土壤侵蚀

- 在山坡和山腰，尤其是海拔高的地方，土壤很容易受到侵蚀。按照现成的路线走，避免抄小路。
- 如果现有的路线经过一片泥地，就直接穿过泥地吧，这样可以避免它的规模扩大。
- 不要移动任何植物，因为植物可以维持表层土的状态。

IGN出版的1:25,000的4402 RT地形图里包含了这片地区。

高马法特徒步速览

时长 4天

距离 20.4公里

难度 适中

起点/终点 牛雪山停车场

最近的城镇 大岛（Grand Îlet）

马法特园谷（The Bas Mafate）

最热门的环形线路起始于Rivière des Galets山谷，途经马法特园谷的所有村庄，包括奥埃尔（Aurère）、Îlet à Malheur、La Plaque、Îlet à Bourse、Grand Place Les Hauts、Grand Place、Cayenne、Les Lataniers和Îlet des Orangers。全程4天，不过可以根据自己时间的松紧和体力状况延长或者缩短线路。

如果时间允许，可以重返高马法特线路（再加4天）。一条小径连接Îlet des Orangers和罗什-普拉特（Roche-Plate）。从Les Lataniers，亦可到达罗什-普拉特，途经Sentier Dacerle。

IGN出版的1:25,000的4402 RT地形图包含了这片地区。

马法特园谷徒步速览

时长 4天

距离 30公里

难度 适中

起点 Deux Bras

终点 Sans Souci

最近的城镇 Rivière des Galets和Sans Souci

盆地游（Tour des Cirques）

盆地游是留尼汪的经典保留项目，可以给你留下难忘的回忆。3个盆地的精华结合

圣伯努瓦的格朗湖（见276页）

在一起，带给你3种不同的氛围以及多样的风景。附带的奖励是，你将穿越几座有舒适旅馆的小镇。

这条徒步线路的最佳起点就是锡拉奥，那里提供出色的徒步设施，锦上添花的是还有一家水疗养生馆，徒步之后可以来此放松身心。这条线路全长51.5公里，通常需要5天走完，沿途经过内日峰、海尔村、大岛（Grand Îlet）、拉努瓦尔（经过牛雪山）和Col du Taïbit。

盆地游速览

时长 5天

距离 51.5公里

难度 难

起点/终点 锡拉奥

一日徒步游

如果你没有时间进行多日徒步活动，那么也有不少很棒的一日游线路，可以让你品味一下留尼汪乡村。一条不容错过的一日游线路是沿贝尔孔布通道（Pas de Bellecombe）攀登富尔奈斯火山。攀登留尼汪的最高点内日峰也可以在一天之内完成，前提是你的体力足够好，但是大多数人都会选择在Gîte de la Caverne Dufour（见228页）过夜。

另一项与徒步相关的热门活动是探索东南部海岸的火山熔岩隧道。在湿滑的石头上走（或者爬）着穿越隧道和洞穴，这些隧道和洞穴都是由火山喷发形成的。

旅游局有大量关于短途低难度的徒步建议。

岛屿速览

四座独特的岛屿沐浴在印度洋温暖蔚蓝的海水中：毛里求斯、罗德里格斯岛、留尼汪和塞舌尔，它们都配得上天堂的美誉。但这四座岛屿其实各有特色，你可以选择最适合你的那个，然后一头扎进去。毛里求斯在文化和海滨的交融中达到了完美；而留尼汪超现实的群山美景简直是户外活动爱好者的天堂；对海滩狂热的人可能更喜欢塞舌尔，那里的海滩是世界上最迷人的；罗德里格斯岛是被时光遗忘的田园明珠，它会给那些喜欢另辟蹊径的人带来愉悦。

毛里求斯

文化
海滩
水上运动

过去和现在

在岛上举办丰富多彩的节日时，本地人全身心的投入常会令旅行者感叹不已，无论是印度教节日、基督教节日、华人节日还是穆斯林节日。建筑爱好者会很重视参观这个国家的历史建筑，尤其是那些殖民时代的种植园宅邸。

令人兴奋的海滩

说到海滩，你会因为选择太多而眼花缭乱的。这里大多数度假酒店和客栈都通向完美的白沙海滩，海滩外是宝蓝色的清澈海水。好消息是：虽然人有些多，但你还是能找到一片只属于自己的乐土。

水上活动

如果你喜欢将自己的脚（以及全身）泡在水里，那么你会爱上毛里求斯的。这里有你喜欢的一切，从风筝冲浪到皮划艇，再到帆板和极棒的浮潜、潜水，这里应有尽有。哦！在海滩上四处游荡也算。

见46页

罗德里格斯岛

潜水
乡村生活
步行

原始水下世界

为数不多的度假酒店以及保护得非常好的水下环境，使得罗德里格斯岛成了印度洋上最好的潜水地点之一。这里有很多鲨鱼、巨型鲹鱼和梭鱼！

迷失在时光里

一头扎进罗德里格斯岛的首府马蒂兰港的美好里，感受一下缓慢的生活节奏吧。朴实的家庭旅馆、小市场、仿佛冻结在时光里而显得亘古未变的小村庄，以及友善的微笑——你不大可能找到其他可以让你度过一个懒洋洋假期的地方了。

海滨漫步

位于Graviers和圣弗朗索瓦之间的岛屿东部的海岸线十分迷人：一连串难以进入的水道和小海湾被蔚蓝的海水包围着，田园牧歌般的海滩和礁石装点着海岸线。说不定你还能发现海盗的藏宝地呢！

见170页

留尼汪

户外运动
美景
美食

让肾上腺素飙升吧

留尼汪有各式各样的地形变化，是个适合运动爱好者的好地方。旅行者可以参加的活动从峡谷漂流和滑翔伞，到白水漂流和骑马，可谓五花八门。而说到徒步活动，留尼汪可称得上是块宝地了。

秀美的山脉

高耸入云的山峰，苍翠繁茂的山谷，庄严宏伟的顶峰，激动人心的瞭望点，比摩天大楼还要高的瀑布，令人惊叹的丛林和世界上最活跃的火山……留尼汪崎岖起伏的地形会令你屏息。

好胃口

世界上的吃货们，欢庆吧！在留尼汪，即使是最简单的一餐，都会让你铭记在心。想象一下用最新鲜的食材做出来的法式美食，融合一丝克里奥尔和些许印度风味，这种味觉体验绝对不容错过！

见185页

塞舌尔

海滩
野生动植物
绝佳的度假酒店

完美的白沙滩

很多人认为，吸引人的旅游小册子上的蓝绿色大海和耀眼的白沙海滩是经过了数字处理的，但是一旦他们身临此处，他们就会意识到，那些图片根本没有实景美。塞舌尔就是你一直梦想的热带天堂。

观赏野生动植物

这个国家简直就是自然爱好者的梦中家园。各种各样魅力非凡的物种可以随便接近和拍摄。挠挠巨型陆龟的脖子，和巨大的鲸鲨一起游泳，观赏成千上万筑巢的乌燕鸥，或者寻找地球上最小的青蛙。可别忘记带上照相机！

享受奢华

很少有岛屿能像塞舌尔这样集中了世界一流的度假酒店。无论是小型还是浪漫型，是富丽堂皇还是亲近自然的奢华型，你都会在这里找到最适合你的度假酒店。

见297页

在路上

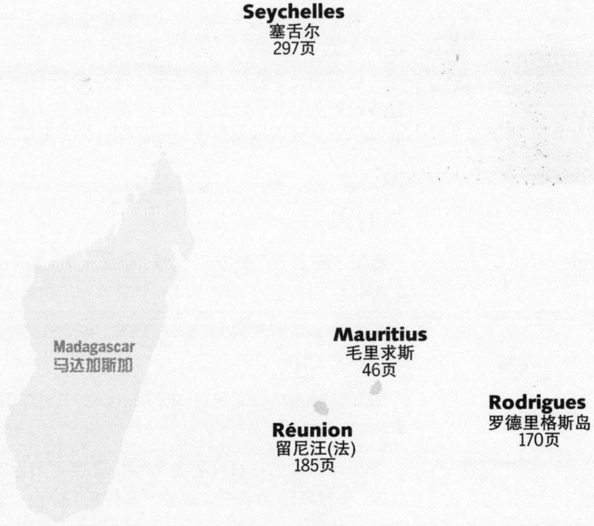
Seychelles
塞舌尔
297页
Madagascar
马达加斯加
Mauritius
毛里求斯
46页
Rodrigues
罗德里格斯岛
170页
Réunion
留尼汪(法)
185页

毛里求斯

人口：134万/☎230

包括 ➡

最佳餐饮

- Eureka Table d' Hôte（见61页）
- Le Château Restaurant（见124页）
- Chez Tante Athalie（见85页）
- Palais de Barbizon（见101页）
- Cabanne du Pêcheur（见70页）
- Lambic（见54页）

最佳住宿

- 圣杰兰（见133页）
- Le Prince Maurice（见133页）
- Lux Le Morne（见108页）
- La Maison d'Été（见134页）
- Le Preskîl（见118页）

为何去

马克·吐温曾经写过“上帝先创造了毛里求斯，再依照毛里求斯的风景创造了天堂”。这句话在绝大程度上是真的：毛里求斯有着闻名遐迩的碧蓝海水、细白沙滩和奢侈的度假村。但是毛里求斯引人入胜的并不仅仅是沙滩。你可以在丛林和群山中观赏鸟类和骑行，体验世界级的潜水和浮潜，乘船游览近乎完美的小岛，或是去美丽的植物园和殖民地风格的种植园徒步观光。不论你选择哪一种，都充满了无限的可能性。真实的毛里求斯融合了多种文化、繁忙交通以及宁静小渔村，它触手可及。

总而言之，毛里求斯是那种即使进行最微小的探索都会有所收获的地方。所以，如果你在这里最大的发现只是酒店里男管家的贴心服务的话，那你真的需要再来一趟了！

何时去

- 毛里求斯是典型的热带气候，终年炎热。夏季从12月持续到次年4月，空气湿度非常大，5月到11月是相对凉爽的冬季。
- 沿海地区夏季气温为25℃~33℃，冬季气温为18℃~24℃，高原地区气温会低5℃左右。
- 气旋出现的高峰期是1月和2月，出现气旋的可能性会持续到4月。
- 旅游旺季大约是11月至次年4月，在圣诞节至新年期间达到高峰，不过其他因素（比如法国学校假期）也会导致物价升高和游客增多。

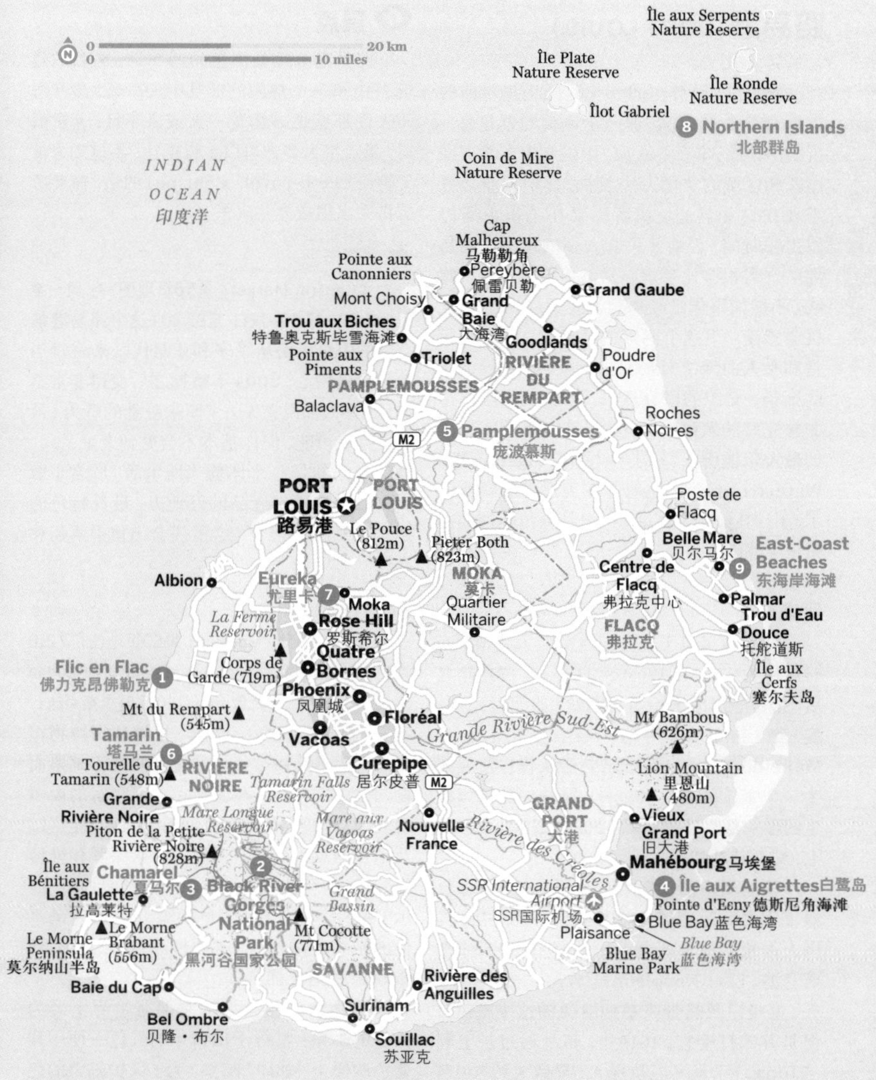

毛里求斯亮点

❶ **佛力克昂佛勒克**（见87页）前往最佳潜水地点潜水和浮潜。

❷ **黑河谷国家公园**（见102页）徒步穿越森林覆盖的峡谷、经过瀑布、寻找濒危鸟类。

❸ **夏马尔**（见99页）驻足这个新兴的美食山村，享用午餐。

❹ **白鹭岛**（见116页）乘船抵达这里，发现毛里求斯昔日的模样。

❺ **庞波慕斯**（见83页）探访一个植物园、一家糖类博物馆以及一处精致的建筑遗迹。

❻ **塔马兰**（见93页）来到西海岸边，寻觅鲸鱼和海豚的踪迹。

❼ **尤里卡**（见60页）欣赏殖民地时期的最佳种植园建筑。

❽ **北部群岛**（见76页）乘坐游艇前往景色迷人的离岸山峰。

❾ **东海岸海滩**（见126页）沿着东海岸，寻找一片理想沙滩。

路易港（PORT LOUIS）

人口：140,430

路易港（读作porloo-ee）是毛里求斯的首都和最大城市，它像一个巨大的万花筒，折射出印度、非洲、欧洲、中国和中东等不同国家和区域的文化。不过除非你因重要公务需要在这里转机，或者你要在毛里求斯停留很长时间，否则并没有太多的理由来路易港——有很多比参观路易港更好的一日游路线。不过如果你已经来到了这里，也可以借此机会感受一下这个国家的脉搏，体验度假天堂和私人海滩之外的另一种生活。喧闹混乱的街道、交织的民族区域，以及一些保存得非常完好的殖民时期建筑，是探索这座城市的最大乐趣所在。除了科当水门（Le Caudan Waterfront），其他地方在天黑之后就关门了，不计其数的人在日落时分从城里返回他们位于中部高原的家。

历史

路易港最早于17世纪由荷兰人建立，当时被称为Noordt Wester Haven。1736年之后，来自法国的统治者贝朗特·弗朗索瓦·马埃·德·拉布尔多内（Bertrand François Mahé de Labourdonnais）带头将它发展成为一个繁忙的首都和港口。他的一尊栩栩如生的雕像矗立武器广场（Place d'Armes）之上，纪念其功绩。

鲜有城市能像路易港那样，遭受许多自然灾害之后还能够重振雄风。19世纪初，英国人占领毛里求斯之前，路易港曾经叫作拿破仑港（Port Napoleon）。1773~1892年，大火、瘟疫以及热带风暴相继蹂躏这座城镇，但是并未打垮它。1819年，霍乱通过护卫舰“Topaz号”从马尼拉侵入，导致大约700名路易港居民丧命。然后，疫情消停下来，直至1866年，疟疾突然在当地肆虐，夺去了3700名居民的性命。大约此时，人们开始迁往气候更加凉爽（更加有利健康）的中部高原（Central Plateau），因此在1892年飓风袭击、摧毁3000座民舍之时，城内人口所幸不多。

20世纪，路易港跻身非洲核心金融中心和港口之列，越来越多熠熠生辉的有玻璃门脸的银行大楼在市中心拔地而起。

景点

路易港有几处出色的博物馆、醒目的建筑杰作和一个热闹的非凡中央市场，离开海滩去往那些地方游览一天或者半日，非常值得。景点绝大多数可以步行抵达，不过想去神父神殿（Père Laval's shrine）的话，需要考虑搭乘出租或公共汽车。

★中央市场 市场

（Central Market；见50页地图；⊙周一至周六 5:30~17:30，周日 至23:30）这个路易港最有名的中央市场从维多利亚时代以来就是当地的经济中心，2004年整顿之后变得非常整洁。很多人都说它失去了原来脏乱的魅力（虽然还是有可能，但你基本不会见到老鼠了），但这里仍然是一个体验当地生活、欣赏小贩叫卖以及购买纪念品的好地方。最具特色的是水果和蔬菜摊位（这里还会出售中草药和春药）。

★蓝色便士博物馆 博物馆

（Blue Penny Museum；见50页地图；☎210 8176；www.bluepennymuseum.com；Le Caudan Waterfront；成人/儿童 245/120毛里求斯卢比；⊙周一至周六 10:00~17:00）尽管这家博物馆专为毛里求斯1847年一便士和两便士邮票而设，但收藏的内容都远比它名字暗示的要多得多。这里展示了毛里求斯岛屿探索、定居以及殖民时期的历史，甚至还包括保罗和维珍妮的传说。作为路易港首屈一指的博物馆，展示了路易港往昔和今日的面貌。不过，行动不便的游客必须注意，邮票展品位于二层（1st floor），没有电梯。

博物馆的镇馆之宝是两张世界上最为稀有的邮票：发行于1847年的红色一便士和蓝色两便士“邮局”邮票。为了保护邮票的色彩，这两张邮票每次只展出10分钟，每个整点过后25分钟为展出时间。这两张邮票被视为国宝，它们甚至有可能是整个毛里求斯岛上最值钱的东西。

在博物馆一层你能够看到一些精美绝伦的古董地图、各个历史时期的版画，以及照片，还有整个国家最有名的艺术品：毛里求斯雕刻家普若斯拍尔·伊皮奈（Prosper d'Épinay）于1884年创作的一尊栩栩如生的

价值百万的邮票

集邮家（对外行来说就是“收集邮票的人”）一提起毛里求斯“邮局”一便士和两便士邮票就兴奋得腿软。发行于1847年的这批邮票上错误地把“邮资已付”印成了“邮局”，虽然在这个错误被发现不久之后，这些邮票就被召回了，但是总督夫人已经用它们寄出了几十张舞会请柬。

现在这些邮票是世界上最珍贵的邮票之一。“波尔多信封”——一封贴着一便士和两便士邮票的寄往法国的信——在最近一次的拍卖上拍出了令人惊愕的380万美元高价。1993年毛里求斯某公司财团花220万美金买下了全新的一便士和两便士邮票，这两张邮票现于路易港蓝色便士博物馆中展出。这是世界上唯一同时向公众展出这两张邮票的地方。

雕像。这尊雕像取材于伯纳丁·德·圣皮埃尔（Bernardin de St-Pierre）的小说《保罗和维珍妮》（*Paul et Virginie*），展现了年轻的英雄抱着心爱之人穿过湍急河流的场景。

阿普拉瓦西·加特　　历史建筑

（Aapravasi Ghat；见50页地图；☎217 7770；www.aapravasighat.org；1 Quay St；⏲周一至周五 9:00~16:00，周六 至正午）**免费** 阿普拉瓦西·加特是位于滨海区的一小片综合性建筑群，曾经是来自印度的契约劳工移民的中转站。游览亮点当属Beekrumsing Ramlallah Interpretation Centre，这里会举办儿童活动。如果提前致电预订（免费）导览游，游览将会尽善尽美。否则，可以参观那些保留下来的原始石质建筑，以及那些真人大小的移民者雕像。

加特地区因在毛里求斯社会历史中的重要地位，在2006年被联合国教科文组织列入《世界遗产名录》。这个景点虽然貌不惊人，却能让岛上的毛里求斯人产生共鸣。英国人在毛里求斯首次试验了他们的契约劳工计划，在1849~1923年，有超过50万的移民在被送往其他种植园或殖民岛屿之前在这里中转。今天，大约70%毛里求斯居民的祖先是从阿普拉瓦西·加特登陆这座岛的。

毛里求斯邮政博物馆　　博物馆

（Mauritius Postal Museum；见50页地图；☎213 4812；www.mauritiuspost.mu；Place du Quai；成人/儿童 150/90毛里求斯卢比；⏲周一至周五 9:30~16:30，周六 至15:30）这座位于中央邮局旁的有趣的博物馆收藏了一大堆世界各国发行的纪念邮票和其他邮政用品。一个较新的展览利用丰富的照片和文物向人们展示了毛里求斯邮政的发展史。最有趣的是关于如何把邮件寄送到遥远的阿加莱加群岛（Agaléga）和圣班登（St Bandon）的展览。

武器广场　　广场

（Place d' Armes；见50页地图）作为城市最壮观的大道，武器广场种着成排的皇家棕榈树，一直通往**政府大厦**（Government House），那是一座1738年建造的美丽的法式殖民建筑。政府大厦外有一座庄严的**维多利亚女王雕像**（statue of Queen Victoria），带着“我不觉得有趣”的表情。位于大道靠近码头一端的**马埃·德·拉布尔多内雕像**（statue of Mahé de Labourdonnais）已经成为路易港在毛里求斯的标志。

自然历史博物馆及毛里求斯研究所　　博物馆

（Natural History Museum & Mauritius Institute；见50页地图；☎212 0639；La Chaussée St；⏲周一、周二、周四、周五 9:00~16:00，周六至中午）**免费** 这座小巧并且令当地人十分自豪的博物馆最吸引人的就是著名的渡渡鸟复原标本（虽然有些破破烂烂的）。苏格兰科学家在19世纪末使用现存唯一完整的骨架组装出了这个长着一副好奇模样的渡渡鸟标本，虽然有专家认为，它可能比真正的渡渡鸟要大一些。

康帕尼花园　　花园

（Jardins de la Compagnie，Company Gardens；见50页地图；⏲10月至次年3月 6:00~20:00，4月至9月 6:00~19:00）康帕尼花园是目前为止这座城市里最吸引人的花园，有茂密的印度榕树、大量雕塑、安静的长凳以及喷泉。白天时花园十分安全，不过到了晚间最好不要在这里逗留，因为这里会变成妓女和瘾君子最喜欢出没的地方。在早期的殖民时代，这座花园曾是法国东印度公司的蔬菜补给

Port Louis 路易港

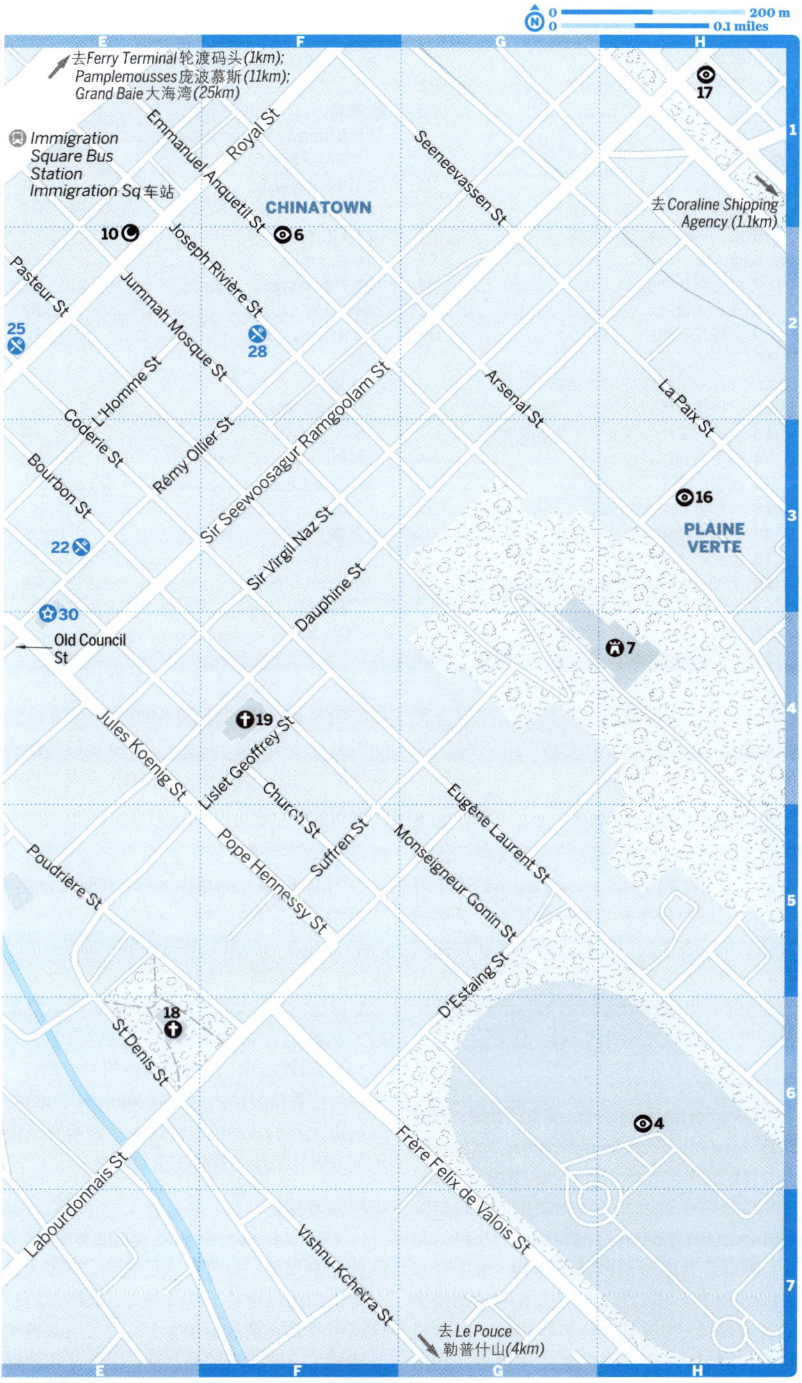

0 200 m
0 0.1 miles
E
F
G
H
1
2
3
4
5
6
7
去Ferry Terminal轮渡码头(1km);
Pamplemousses庞波慕斯(11km);
Grand Baie大海湾(25km)
Immigration Square Bus Station Immigration Sq车站
Emmanuel Anquetil St
Royal St
Seeneevassen St
CHINATOWN
去Coraline Shipping Agency (1.1km)
10
6
17
Joseph Rivière St
Pasteur St
Jummah Mosque St
25
28
L'Homme St
Coderie St
Rémy Ollier St
Sir Seewoosagur Ramgoolam St
Arsenal St
La Paix St
Bourbon St
16
PLAINE VERTE
22
Sir Virgil Naz St
Dauphine St
30
Old Council St
7
19
Jules Koenig St
Lislet Geoffrey St
Church St
Eugène Laurent St
Pope Hennessy St
Suffren St
Monseigneur Gonin St
Poudrière St
D'Estaing St
18
St Denis St
4
Labourdonnais St
Frère Felix de Valois St
Vishnu Kchetra St
去Le Pouce
勒普什山(4km)

Port Louis 路易港

重要景点

1 蓝色便士博物馆 B2
2 中央市场 D2

景点

3 阿普拉瓦西·加特 D1
4 战神广场赛马场 H6
5 圣玛丽和平教堂与神龛 A7
6 唐人街 F2
7 阿德莱德堡垒 H4
8 政府大厦 D3
9 康帕尼花园 D4
10 居玛清真寺 E2
11 马埃·德·拉布尔多内雕像 C2
12 毛里求斯邮政博物馆 C2
13 自然历史博物馆及毛里求斯研究所 D3
14 摄影博物馆 D4
15 武器广场 D3
16 Plaine Verte H3
17 SSR文化纪念中心 H1
18 圣詹姆士大教堂 E6
19 圣刘易斯大教堂 F4

住宿

20 Labourdonnais Waterfront Hotel A2
21 Le St Georges Hotel C5

就餐

22 Bombay Sweets Mart E3
Brasserie Chic （见20）
23 Courtyard C4
24 Deck B2
25 First Restaurant E2
26 Lambic B4
27 Namaste B2
28 Ru Yi F2
Yuzu （见20）

娱乐

29 Keg & Marlin B2
30 市政剧院 E4
31 Port Louis Casino B2
32 Star Cinema B2

购物

33 Bookcourt B2
34 Craft Market B2
MAST （见34）

地。而现在，这里最出名的是当地雕刻家普若斯拍尔·伊皮奈和深受爱戴的音乐家提·弗里尔（Ti-Frère）的雕像。

圣玛丽和平教堂与神龛 教堂

（Chapel and Shrine of Marie Reine de La Paix；见50页地图；Monseigneur Leen Ave）这座现代化的圣玛丽和平教堂与神龛是一个著名的朝拜之地，从这里的观赏花园还能够看到城市的全景。教皇约翰·保罗二世（John Paul Ⅱ）访问毛里求斯时主持的第一次弥撒就是在这里举行的。开放时间不定。

摄影博物馆 博物馆

（Photography Museum；见50页地图；☎211 1705；www.voyaz.com/musee-photo；Old Council St，门票150毛里求斯卢比，◷周一至周五9:00-15:00）这座小而迷人的博物馆位于市政剧院（Municipal Theatre）对面鹅卵石小路的尽头，展出了当地摄影师特里斯坦·布雷维尔（Tristan Bréville）出于对摄影的喜爱而收集的许多藏品。他收藏了许多珍贵的老式相机和照片，包括一些在1840年使用银版照相法拍摄的毛里求斯照片，此时距该技术在法国发明出来才过了几个月的时间。这座博物馆还收集了大量毛里求斯的历史照片，但是只有一小部分展示出来了。

战神广场赛马场 赛马场

（Champ de Mars Racecourse，Hippodrome；见50页地图；☎212 2212；www.mauritiusturfclub.com）这座赛马场最初是一处军事训练基地，1812年毛里求斯赛马俱乐部的成立使这里成了世界上第二古老的赛马场。1968年毛里求斯人在这里宣布独立。赛马季从4月左右开始，到11月底结束，通常比赛在周六或周日。最大的比赛是9月的**少女杯**（Maiden Cup）。想知道比赛的日期可以咨询毛里求斯赛马俱乐部或者从当地的媒体上得到信息。

阿德莱德堡垒 堡垒

（Fort Adelaide，Citadel；见50页地图）阿德莱德堡垒很像一座摩尔人的堡垒。英国人在一座山的山顶建造了这座堡垒，能够看到整座城市及其海港壮丽的全景。过去的兵营被改造成了一排迷人的精品店，是个过几分钟眼瘾的好地方。去堡垒最快的路是Suffren St，需要爬差不多10分钟。

SSR文化纪念中心
文化中心

（SSR Memorial Centre for Culture；见50页地图；☎242 0053；Sir Seewoosagur Ramgoolam St, Plaine Verte；⏲周一至周五 9:00~16:00，周六至中午）免费 这座位于Jardin Plaine Verte附近的小博物馆，是毛里求斯独立之父希乌萨古尔·兰姆古兰爵士（Sir Seewoosagur Ramgoolam）1935~1968年居住过的房子。这里展出了一些关于其生平的有趣展品，包括一些有趣的照片、他的一些物品，以及关于这位受人爱戴的伟人的影片。

唐人街
街区

（Chinatown；见50页地图）中国人一直在路易港的日常生活中占据重要位置，Royal St上的两座“友谊之门”之间的区域就是路易港唐人街的中心区域。在这里你能见识华人社区富裕的商业生活，以及繁忙的中餐馆和杂货店。街上处处回荡着极具特色的麻将声。

居玛清真寺
清真寺

（Jummah Mosque；见50页地图；Royal St；⏲周一至周四、周六和周日 8:00至中午，14:00~16:00）建于1850年的居玛清真寺是毛里求斯最重要的清真寺，建筑风格巧妙地融合了印度、克里奥尔和伊斯兰风格——无论把它放在伊斯坦布尔、德里还是新奥尔良，它都能和当地建筑融为一体。除了每周五和斋月期间，游客都可以前来参观清真寺内部安静的小庭院。

Plaine Verte
景区

（见50页地图）Plaine Verte位于阿德莱德堡垒远端，是路易港的穆斯林聚居区，其面貌和路易港市中心的玻璃大楼形成鲜明对比。人们似乎毫不在意本区面貌，建筑材料（一般采用混凝土）通常完全保持原貌。因此，这片街区虽然人潮熙攘，但是带有一种破败气息。进入胡同，探访那些位置隐秘的面包店，然后前往Papillon Street，游逛街道两边活力四射的织物商店。

圣詹姆士大教堂
主教座堂

（St James Cathedral；见50页地图；Poudrière St）圣詹姆士大教堂于1850年创立，是毛里求斯最为古老的圣公会教堂。内部祥和安静，采用木镶板装饰，并且带有牌匾纪念当地知名人物。

圣刘易斯大教堂
主教座堂

（St Louis Cathedral；见50页地图；Sir William Newton St）圣刘易斯大教堂略显简朴，始于1932年，深受华人社区青睐。

住宿

我们基本上不建议在路易港过夜——可供选择的高质量酒店很少，而且这座城市在日落之后会变得像座鬼城。即便如此，仍有几家住宿地点可供选择，其中两家出类拔萃，位于科当水门。

Le St Georges Hotel
酒店 €€

（见50页地图；☎211 2581；www.saintgeor

> **值得一游**
>
> **神父神殿（PÈRE LAVAL' S SHRINE）**
>
> **神父神殿**（见58页地图；☎242 2129；⏲周一至周六 8:30至中午和13:00~16:45，周日10:00至中午和13:00~16:00）这座纪念法国天主教神父和传教士皮尔·雅克·德西雷·拉瓦尔（Père Jacques Désiré Laval）的神殿，因在信徒参观其坟墓时产生的众多奇迹，而被视为印度洋上的朝圣之地。这名神父死于1864年，教皇约翰·保罗二世1979年到访此处时曾为他宣福。在毛里求斯传教的23年间，他使67,000人成了基督的信徒。
>
> 而现在，不论信奉何种宗教，毛里求斯人都将皮尔·拉瓦尔视为重要人物。远在南非、英国和法国的朝圣者，也会在每年9月9日其逝世纪念日当天来到这里朝拜。看一看坟墓顶上的彩色石膏雕像吧——它已经被祈求神迹的朝圣者们摩挲得十分光滑了。
>
> 在其他的时间里，神殿是非常安静的，不过每周五13:00和17:00的礼拜还是吸引了不少人前来。这里还有一个很大的现代教堂，和一家永久展出皮尔·拉瓦尔的长袍、主教冠、信件和照片的商店。

geshotel-mu.com; 19 St Georges St; 标单/双 2500/3550毛里求斯卢比起; ❄@📶🏊)Le St Georges位于能够俯瞰四周居民区的AAA级塔上，物有所值。房间没有什么出彩之处，但是干净整洁，日常用品一应俱全。酒店的地理位置也不错，距离市中心步行只需要5分钟。

★ Le Suffren Hotel & Marina 酒店 €€€

(见58页地图; ☎202 4900; www.lesuffrenhotel.com; Le Caudan Waterfront; 房间 225欧元起; P❄@📶🏊)Le Suffren比其姊妹酒店Labourdonnais Waterfront Hotel更加时髦而且更加安静，两家酒店间有短短一段水路相连。这里离滨水区虽然只有咫尺之遥，但是会让你觉得已经离开了城市。也许你会更喜欢这样的感觉，也许不会。这家酒店气氛欢快，令人愉悦，带有超酷的休闲酒吧和出色的餐馆，提供时尚的现代客房。

Labourdonnais Waterfront Hotel 酒店 €€€

(见50页地图; ☎202 4000; www.labourdonnais.com; Le Caudan Waterfront; 房间 265欧元起; ❄@📶🏊)Labourdonnais Waterfront Hotel是一家超级时尚商务酒店，客房品质一流、光线充足，就连标准间的面积也很大。酒店刚刚装修一新，复古雅致凸显出来，而且不张扬。所有客房配备宽大浴室，绝大部分的房间都能够很好地欣赏城市和海港的美景，尤其是每个转角处的“角楼间”。

酒店的设施包括健身房、游泳池、商业中心，以及一些小餐馆。

就餐

作为一个多民族聚居的城市，路易港有各式美食。由于中产阶级都居住在城外，许多餐馆只提供午餐——在晚上和周末的时候可以前往科当水门就餐。

市中心

中央市场、唐人街和公交车站是寻找街边小吃的好地方，但事实上，你在城里各处都能看到卖印度三角饼(samousas)、油炸扁豆辣椒丸子(gâteaux piments)和木豆印度薄饼(dhal puri)的小吃摊。通常，小吃摊前顾客排起长龙——酒香不怕巷子深，大家都会立刻知晓哪家摊位最为美味。

Bombay Sweets Mart 甜点 €

(见50页地图; ☎212 1628; www.bombaysweetsmart.com; 7 Rémy Ollier St; ⏲周一至周五 9:30~17:00, 周六 至12:30)Bombay Sweets Mart出售的五颜六色的印度小甜点非常有名，叫作caca pigeon(字面意思为“鸽子粪”)。

First Restaurant 中国菜 €

(见50页地图; ☎212 0685; Royal St和Coderie St交叉路口; 主菜 175毛里求斯卢比起; ⏲周二至周日 11:30~14:30和18:30~21:30)如果评判一家中餐馆好不好的标准是看前来就餐的中国人多不多，那么First一定是一家好餐馆，店里坐满了拖家带口前来享受各种广东美食的人。这家餐馆是唐人街最好的餐馆之一，食物的价格依照其质量来说也是相当合理的。

Ru Yi 中国菜 €

(见50页地图; ☎217 9888; 32 Joseph Rivière St; 主菜 175毛里求斯卢比起; ⏲11:00~14:00和18:00~22:00)在唐人街选择任何一家中餐馆都不会错，但是这家餐馆因其一贯高质量的菜肴而广受欢迎。餐馆的环境并不是很好，但话说回来，又有哪家市内的中餐馆曾经上过设计杂志呢？提供团体套餐，但是需要预订；菜单菜品琳琅满目，包含大多中式经典菜品。

★ Lambic 毛里求斯菜、各国风味 €€

(见50页地图; ☎212 6011; www.lambic.mu; 4 St Georges St; 主菜 275~650毛里求斯卢比; ⏲周一至周四 8:00~22:00, 周五 8:00至深夜, 周六 11:00~22:00)Lambic位于城市喧嚣中心的一座经过翻新的殖民风格建筑中，是啤酒爱好者的天堂，这里提供几十种本地以及进口啤酒，尤其是各种品牌的比利时啤酒。食物涵盖常见的鱼类和肉类菜品，也有一些不常见的当地特色菜，比如克里奥尔野兔。

服务生都精于搭配酒和菜肴(是的，没错——在这里你需要根据酒来搭配菜肴)。如果深色的木质吧台、古色古香的木梁和扇形的餐巾都无法打动你，那么你一定会为覆盖了整面内墙的玻璃酒柜所震撼——里面展示了几百种进口美酒。

Courtyard 欧洲菜 €€

（见50页地图；☎210 0810；St Louis St和Chevreau St交叉路口；主菜 500~1200毛里求斯卢比；⊙周一至周五 中午至16:00）这间欧式风格的餐馆外面环绕着迷人的庭院，内部是经过修复的石质结构，就餐环境时尚。菜单中提供的菜品令人印象深刻，有各式各样的混合风味及新鲜菜肴，比如精选生牛肉片和海鲜。

科当水门

科当综合区有许多不同类型的餐馆和咖啡馆，从热闹的小吃摊到高档的海滨餐馆，应有尽有。

Deck 海鲜 €€

（见50页地图；☎5759 2344；Le Caudan Waterfront；主菜 550~890毛里求斯卢比；⊙周一至周六 中午至15:00和18:30~22:30）Deck没有河岸酒吧那种喧嚣，而且能够欣赏美景（如果忽略附近水面正在汇聚的垃圾），因此深受赞誉。食物不错但是不够有趣——鱿鱼咖喱饭（calamari vindaloo）吸引了我们的注意，不过烤鱼也很不错。

Yuzu 亚洲菜、创意菜 €€

（见50页地图；☎202 4000；www.labourdonnais.com；Le Caudan Waterfront；套餐 1600毛里求斯卢比，主菜550~1300毛里求斯卢比；⊙周一至周五 中午至15:00和19:00~22:30，周六 19:00~22:30）这家漂亮雅致的餐馆位于Labourdonnais Waterfront Hotel，泰国、越南、中国和日本烹饪在此完美融合。可以品尝文火鸭肉泰国红咖喱，配以椰子汁、雪花豌豆和炸茄子，然后享用菠萝和花生点心作为饭后甜品。

Brasserie Chic 各国风味 €€

（见50页地图；☎202 4017；www.labourdonnais.com；Le Caudan Waterfront；主菜 450毛里求斯卢比起；⊙6:30~22:30）这家餐馆出类拔萃，属于Labourdonnais Waterfront Hotel（见54页），提供沙拉、百吉饼、意大利面、砂锅和精美牛排。还有咖喱吧，共有六种咖喱可供选择。

Namaste 印度菜 €€

（见50页地图；☎211 6710；Le Caudan Waterfront；主菜 375~675毛里求斯卢比，套餐 1175~1800毛里求斯卢比；⊙11:30~15:00和18:30~22:30）Namaste是一家颇有情调的餐馆，提供美味的印度北部特色菜，比如唐多里烧烤（tandoori）、烤肉串（tikka）和黄油鸡（butter chicken）。在阳台上找个餐桌。这家店在周六晚上非常热闹，提供售价450毛里求斯卢比的饭食，并播放宝莱坞音乐。

饮品和夜生活

除了活动不断的科当水门以外，路易港夜间并不热闹，太阳落山时人们都会回到中部高原上的小镇上，市区反倒一片寂寥。

☆ 娱乐

市政剧院 剧院

（Municipal Theatre；见50页地图；Jules Koenig St；票价 100毛里求斯卢比起）美丽的市政剧院自1882年建成之后几乎没有改变，也因而成为印度洋区域最古老的剧院。剧院的装饰风格是典型的伦敦剧院风格，分为三层，共有600个座位，穹顶画着天使，挂着枝形吊灯。演出都在晚上——通常20:00开始。

可以从本地报纸上或者给旅行社打电话了解演出剧目。在剧院自己的售票处可以买到演出票。

Keg & Marlin 现场音乐

（见50页地图；☎210 2050；Le Caudan Waterfront；⊙周一至周四 中午至午夜，周五 中午至次日3:00，周六、周日 中午至次日1:00）到了周末，Keg & Marlin是路易港唯一有现场音乐表演的地方。演出的风格非常多变，从摇滚到赛加（séga，非洲传统音乐和舞蹈）都有，此时这个地方气氛真正活跃起来。

Port Louis Casino 赌场

（见50页地图；☎210 4203；www.casinosofmauritius.mu；Le Caudan Waterfront；⊙9:30至次日2:00，赌桌周一至周六 20:00至次日4:00，周日 14:00至次日4:00）这家非常受欢迎的城市赌场大概是午夜时分路易港最热闹的地方了。这里最特别的（也有人觉得是最俗气的）部分是其船舶状的外形，在船首伫立着一座十分威武的狮像。吼！楼下有老虎机和二十一点牌桌，一层有美洲轮盘。进入赌场需要穿相对正式的服装。

Star Cinema 电影院

（见50页地图；☎211 5361；Le Caudan Waterfront；票价150毛里求斯卢比起）这家电影院是路易港最大最好的电影院，有3个放映厅来播放主流的国际大片。影片基本都是法语配音，一天通常会放4~5场电影。

购物

大多数市中心的主干道上，都聚集着很多商贩在售卖相似的产品。Bourbon St上都是卖花的，Coderie St上可以找到贩卖丝绸和纺织品的小贩，而La Chaussée St则是当地人购买电子产品的地方。

科当水门是购买时尚小饰品、书籍、手工艺品和纪念品的好地方，还有高端设计师精

毛里求斯购物指南

毛里求斯逐渐被打造成一处购物天堂，除了主打商品服装以外，毛里求斯的购物选择还包括船模、玻璃器皿、艺术品和编织品等标志性商品。通常而言，路易港提供最为丰富的纪念品和手工艺品，路易港每天都有集市，马埃堡和马蒂兰港（罗德里格斯岛）每周都举办几次集市。

服装

虽然纺织业已经受到来自中国的冲击，但目前仍然是毛里求斯最重要的经济来源之一。在欧洲、澳大利亚和美国销售的许多著名品牌的服装，都是在居尔皮普、弗洛雷亚尔和瓦克阿斯周围的工厂里制造的。从原产地购买可以省下不少钱，而且很多大的供应商都有零售店，在那里你可以用专卖店售价的几分之一抢购它们的产品。

弗洛雷亚尔的弗洛雷亚尔针织衫厂以其时尚的毛衣和其他针织品而出名。这家工厂为Gap、Next以及其他一些国际品牌供货，不过你可以在这些产品被贴上品牌标签之前，在弗洛雷亚尔的商场里，用比最终售价便宜很多的价格购买到它们。

手工艺品

本地生产的篮子、精油、糖、香料、朗姆酒、茶叶和T恤都是非常便于携带的纪念品。路易港科当水门综合区的Craft Market（见57页）为游客提供了最为多样化的选择。在路易港中央市场（见48页）和Grand Baie Bazaar（见78页）中出售的绝大多数手工艺品和纪念品都带有马达加斯加风格，比如皮带、皮包、面具、刺绣和宝石游戏棋。

船舶模型

毛里求斯著名的船模制造工艺让人惊叹。造小船带来了大生意，在整个岛上你都能够买到那些著名船舶的精密复制品，比如“邦蒂号”（Bounty）、“胜利号”（Victory）、“奋进号”（Endeavour）、“金鹿号”（Golden Hind），甚至“泰坦尼克号”（Titanic）。制作船模是1968年才兴起的，一个不知名的毛里求斯人出于兴趣制作了一艘船舶模型，并因此创造了一个产业。

这些船模一般由柚木或红木制成（更便宜的樟木很容易开裂），制作一个大型的船模可花费多达400个小时。一般男工匠负责制作船体结构，女工匠负责绳索和船帆等，她们会把这些部件泡在茶水里以使其显现出被风化后的颜色。

最好的船模制作公司是位于居尔皮普的Voiliers de L' Océan（见63页）。这家公司在路易港科当水门综合区还有一家零售店，名叫MAST（见57页）。

为使你的货物能够安全到家，商店会帮你包裹好模型以便于在行李箱中携带，或者用坚固的盒子装好以便托运，他们会把货物送到你所在的酒店或者离开的机场，所有这些服务都是免费的。

品店。当然，更接地气购物地点当属中央市场（见48页）。

★MAST 手工艺品

（见50页地图；☎5423 8959，211 7170；www.voiliersocean.intnet.mu；Le Caudan Waterfront；⏲周一至周六 9:30~17:00，周日 至中午）船舶模型生产商Voiliers de l' Océan（见63页）在Craft Market外面有一家零售店。

Bookcourt 书籍

（见50页地图；☎211 9146；Le Caudan Waterfront；⏲周一至周六 10:00~18:00，周日 至12:30）这家书店是整个毛里求斯最好的书店，出售不同种类的英语、法语及克里奥尔语书籍，包括旅行指南、地图以及一些介绍毛里求斯的好书。

Craft Market 市场

（见50页地图；☎210 0139；Le Caudan Waterfront；⏲9:30~17:30）Craft Market没有中央市场那么有趣，但是同样也少了许多喧嚣。这个购物中心内部两层设有摊位，出售质量较高纪念品，比如毛里求斯玻璃工艺品、艺术品和精油。

ℹ 实用信息

危险和麻烦

路易港的高速公路以南地带夜间并不安全；工作日期间，下班之后，大多街道冷冷清清。入夜之后旅行者应在灯光明亮的主干道上通行，而不要去康帕尼花园（见49页），那里是各种行为失当者聚集的地方。如果你对自己的路线不是很清楚的话，请乘坐出租车。只要四周行人不少，科当通常比较安全。

在白天，路易港是一座安全的城市，但是在任何地方都应提防小偷，尤其是在市场里和公交车站周围。

紧急情况

警察（☎紧急情况999，总部203 1212；Line Barracks，Lord Kitchener St）

救护车（☎114）

消防队（☎995）

医疗服务

Dr Jeetoo Hospital（☎212 3201；Volcy Pougnet St）提供24小时医疗服务和牙科诊疗，药店24小时营业。医院员工说英语和法语。

Medical Training Pharmacy（☎210 4146；La Chaussée St）市内最好药店之一。靠近康帕尼花园（Jardins de la Compagnie）。

旅游信息

毛里求斯旅游促进局（Mauritius Tourism Promotion Authority，MTPA；见50页地图；☎210 1545；www.tourism-mauritius.mu；4th & 5th fl，Victoria House，St Louis St；⏲周一至周五 9:00~16:00，周六 至中午）这里出售路易港和毛里求斯地图，也可以在这里咨询租车、短途旅行和全国酒店的信息。

ℹ 交通

到达和离开

长途汽车

路易港的两个公交车站都位于市中心。去往北部和东部方向的长途汽车，比如去特鲁奥克斯毕雪海滩（Trou aux Biches）、大海湾和庞波慕斯（Pamplemousses）的，从中央市场东北方向的Immigration Sq（见50页地图）发车。去往南部和西部方向的长途汽车，比如去马埃堡（Mahébourg）、居尔皮普（Curepipe）和佛力克昂佛勒克（Flic en Flac）的，从市中心西南边的Victoria Sq车站（见50页地图）出发。

大多数长途汽车6:00发车，最后一班车大约18:00发车。

目的地	票价（毛里求斯卢比）	用时（小时）	长途车站
弗拉克中心	38	2	Immigration Sq
居尔皮普	38	1	Victoria Sq
大海湾	38	1	Immigration Sq
马埃堡	38	1½	Victoria Sq
庞波慕斯	33	½	Immigration Sq

轮渡

去罗德里格斯岛和留尼汪的轮渡停靠在路易港海港Quai D的客运站，位于城镇西北方向1公里处。

Central Plateau 中部高原

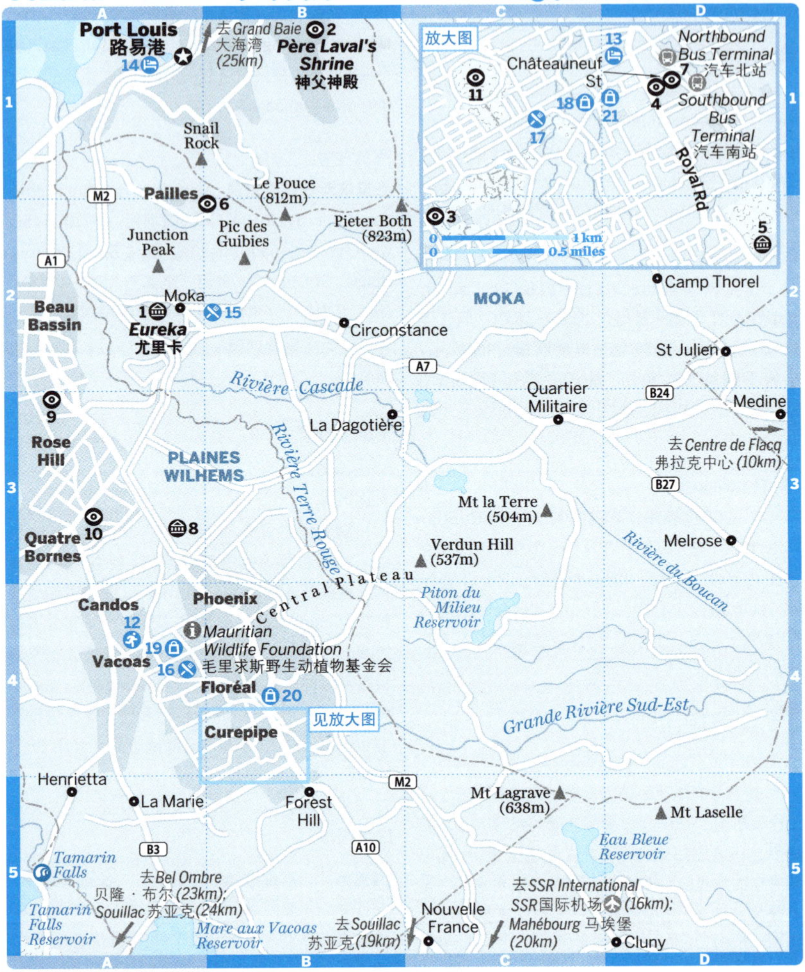

Coraline Shipping Agency (☎217 2285; www.mauritiusshipping.net; Nova Bldg, 1 Military Rd, Port Louis)

出租车

乘坐出租车从路易港去大海湾需要1000毛里求斯卢比。去佛力克昂佛勒克需要1000毛里求斯卢比，去马埃堡需要1600毛里求斯卢比，去贝尔马尔(Belle Mare)需要1800毛里求斯卢比。如果你想自己开车，可以联系岛上任意一家租车代理，他们会把车开到你住的宾馆。

当地交通

抵离机场

没有专门的机场巴士，不过从路易港去马埃堡的长途汽车会停靠**希乌萨古尔·兰姆古兰爵士国际机场**(Sir Seewoosagur Ramgoolam International Airport，简称SSR；见110页地图；☎603 6000；aml.mru.aero)。车站距离航站楼大约300米，靠近大环岛处。从路易港去机场需预留2小时的时间在路上，并确保售票员知道你要去机场，因为司机有时候会绕过通往机场的那条路。

从路易港乘坐出租车去机场需要1200毛里

Central Plateau 中部高原

重要景点

1 尤里卡……A2
2 神父神殿……B1

景点

3 植物园……C2
4 卡内基图书馆……D1
5 奥宾诺山庄……D2
6 帕里斯山庄……B2
7 市政厅……D1
卡尔内之家……（见9）
8 毛里求斯玻璃画廊……A3
9 博巴森-罗斯希尔市政厅……A3
10 卡特勒博尔纳市场……A3
11 塞尔夫火山口……C1

活动、课程和团队游

12 毛里求斯金卡纳俱乐部……A4

住宿

13 Auberge de la Madelon……D1
Eureka Maison d' Hôte……（见1）
14 Le Suffren Hotel & Marina……A1

就餐

15 Escale Créole……B2
Eureka Table d' Hôte……（见1）
16 La Clef des Champs……A4
17 La Potinière……C1

购物

18 Beauté de Chine……C1
19 弗洛雷亚尔广场……A4
20 Galerie des Îles……B4
21 Voiliers de l' Océan……D1

求斯卢比，要花费至少1小时。

自驾

考虑到交通拥堵的状况，在路易港开车游览并不是很方便。一日游的游客可以把车停在科当水门的任意一个停车场。这些停车场7:00~23:00开放，前4小时停车收费50毛里求斯卢比，之后每多停1小时，收费50毛里求斯卢比。从市中心南边一个有标记的环岛处可以通往科当，如果你是从岛的北部开车过来，就必须穿越整个城市，经过水门综合区，然后从一个有路标的辅路调头开往市内。

把车停放在路边的话，一次最多可以停放2小时，可以在任何一个加油站或者一些小的中国商店里买到有标记的停车券，停车时必须把停车券放在仪表板上。

出租车

在通常情况下，请不要在白天交通拥堵的市中心乘坐出租车——你很快就会发现，周围的行人走得比车还快。在晚上，在市区内乘坐短途出租车大约要100~150毛里求斯卢比。一定要在上车前讲好价钱。

中部高原（CENTRAL PLATEAU）

作为大多数毛里求斯人居住的地方，寒冷多雨的海岛中部在极大程度上延续了路易港城市的喧嚣。从首都到居尔皮普几乎没有中断的城市走廊，不过也没有太多值得观赏的地方；事实上，这里实际的景色跟你的朋友去年来游玩时寄给你的明信片上的风景也许大相径庭。

即便如此，对那些想了解沙滩和阳光背后的海岛生活的游客来讲，有一些值得一游的景点藏在星罗棋布的街道中，其中包括一座休眠火山；美丽的种植园和博物馆莫卡的尤里卡（Eureka）；居尔皮普和弗洛雷亚尔的购物地点；以及位于帕里斯、堪称全球唯一的蔗糖种植园主题公园。

到达和离开

中部高原上的城镇和路易港之间有频繁的公交车往来。其他有用的路线包括西海岸连接卡特勒博尔纳（Quatre Bornes）和佛力克昂佛勒克的直通车，和东南方向连接居尔皮普和马埃堡的直通车，后者会经过机场。

帕里斯（Pailles）

人口：11,618

帕里斯山庄（Domaine Les Pailles）位于路易港以外几公里，它使得这里成为快乐的半日游目的地。

景点

帕里斯山庄 游乐园

（Domaine Les Pailles；见58页地图；☎286 4225；www.domainelespailles.net；105毛里求斯卢比；⏲10:00~16:30）帕里斯山庄奇怪的蔗糖种植园主题公园现在已经变成一个文化和遗迹中心。游乐项目包括马车、铁道模型、传统牛拉磨的制糖工坊复制品、酿造庄园自用朗姆酒的酒庄、香料园、四轮越野车环道和一个游乐场。还有几家精品高档餐馆。除了门票费用，游乐项目需要另外付费。

Les Écuries du Domaine 骑马

（☎286 4240；⏲周一至周五 8:00~17:30，周六 至中午）在工作日，你可能会去帕里斯山庄骑马。需要给Les Écuries du Domaine打电话预订。

到达和离开

如想前往帕里斯，可以乘坐从路易港Victoria Sq车站开往居尔皮普的任何一辆长途汽车，在去往帕里斯山庄的路口（有明显的标识）要求下车，从主路步行前往接待中心所花时间不超过半小时。或者你也可以选择从路易港或者莫卡乘坐出租车，10分钟即可到达山庄。

莫卡及周边（Moka & Around）

人口：8846

作为中部高原最有趣的城镇，以及毛里求斯的学术中心和总统官邸所在处，莫卡的历史氛围吸引了很多游客。这里有醉人的美景，有瀑布、山谷，还有耸立在背后的勒普什山（Le Pouce）。不过莫卡最引人入胜的景点要数迷人的殖民时期宅邸尤里卡。这座从19世纪中期基本完好保存到现在的宅邸，是展示毛里求斯种植业历史的一个窗口。

景点

★ **尤里卡** 历史建筑

（Eureka；见58页地图；☎433 8477；www.maisoneureka.com；Moka；参观建筑门票 300毛里求斯卢比，建筑和瀑布 400毛里求斯卢比；⏲周一至周六 9:00~17:00，周日 至15:30）如果你只打算参观一处跟毛里求斯丰富的殖民时期历史有关的景点，尤里卡是最好的选择。这座建于19世纪30年代的克里奥尔风格建筑现在是一座博物馆，也是一台能够带你回到毛里求斯辉煌的种植业时代的时光机。这座庄园的主要部分充分展现了热带建筑的风格，能够在令人难以忍受的炎热夏季保持室内的凉爽。整个庄园有109扇门，以及比游戏《妙探寻凶》（*Cluedo*）里还要多的房间。

房间内部完好保存了当时通过法国东印度公司（French East India Company）进口的家具——注意看看那些有着特殊标记的古老地图、奇怪的洗澡装置——这在150年前是非常奢侈的，还有琴键已经像蛀牙一样腐朽的旧钢琴。

主建筑背后的庭院里，有修剪整齐的草地，周围散布着一些石头小屋，这些小屋以前是仆人的住所和厨房。沿着屋后的小径走15分钟，你就能够到达美丽的**峡谷瀑布**（Ravin waterfall）。

人们相信这座建筑特殊的名字源于欧仁·勒克莱齐奥（Eugène Le Clézio），他在1856年成功竞标买下了它。

食宿

★ **Eureka Maison d' Hôte** 客栈 €€

（见58页地图；☎433 8477；www.maison

徒步中部高原

中部高原四周绵延的群山为游客提供了一些令人难忘的漫步和徒步路线。毛里求斯最好的两处徒步地点是高原北端有拇指状山峰的**勒普什山**（Le Pouce，812米），和西南方向的**警卫室山**（Corps de Garde，719米），后者因其楔形山脊而使得攀爬更加困难。

这两条路线都提供了欣赏沿海平原美景的绝佳视野，不过如果能够请一位本地向导在路途中向你介绍当地的植物和历史的话会更好。如果你决定自己去爬山的话，可以查阅**Fitsy**（www.fitsy.com），该网站提供带有详细全球定位系统和卫星信息的路线图。如果你从起点出发的话，每座山都需要2小时攀登。

eureka.com；房间含早餐 3500毛里求斯卢比）如果你想在尤里卡度过一晚的话，这里有两间由原始小屋改造成的带独立设施和厨房的客房。这家客栈（*maison d'hôte*）的两间客房配备源自法国东印度公司的家具。两间客房之中，St George较小，曾是庄园牧师的工作室。

★ Escale Créole
毛里求斯菜 €€

（见58页地图；☎5422 2332；www.escalecreole.net；主菜 250~600毛里求斯卢比；⊙中午至15:00）这家迷人的私房菜（*table d'hôte*）距离尤里卡大约1公里，靠近Rte Bois Cheri，穿过莫卡的大道沿途路标清晰，指向这家饭店。提供毛里求斯特色菜，例如家常克里奥尔香肠和章鱼清汤配以椰子酸辣酱。饭店主人就是母女二人组Majo和Marie-Christine。预订位置，至少提前一天。强烈推荐来此就餐。

★ Eureka Table d' Hôte
毛里求斯菜 €€

（见58页地图；☎433 8477；www.maisoneureka.com；套餐 800毛里求斯卢比；⊙中午至15:00）如果你不愿意在这里过夜的话，为了加深你对尤里卡的印象，我们建议把参观安排在中午时分，这样你就能够在这家提供套餐的餐馆里放松地享受一顿美餐。这里有各式各样的毛里求斯经典菜肴，比如熏鱼（marlin fumée）、扁豆、咖喱鱼（curried fish），你还能够在这里体验历史氛围。来之前最好先打电话确认一下，因为有时候餐馆会因团体包场而停业。

到达和离开

想要来尤里卡参观，可以从居尔皮普或者路易港的Victoria Sq乘坐长途汽车，在莫卡下车。尤里卡在汽车站以北1公里处，有路牌指示。此外，在整个毛里求斯岛上，有很多的酒店和旅行社组织来尤里卡的半日游，所有出租车司机对此熟悉。

居尔皮普（Curepipe）

人口：85,049

居尔皮普实际上是毛里求斯的第二大城市，是一座繁华的商业中心，因其多雨的气候、火山地貌以及零售业而出名。这个奇怪的名字据说来源如下：1867年疟疾大爆发时，从低处的路易港逃来的人们通过抽烟来消灭藏在烟斗（pipe）里的疟疾病菌（但更为靠谱的说法是，这个名字是为了纪念一座法国小镇）。

居尔皮普是高原城镇中海拔最高的一座，高于海平面550米，夏季格外凉爽。不过对低地人民来说，这里只有两个季节：短时间的大雨季和长时间的小雨季。潮湿的气候使得房屋陈旧发霉。来的时候请记得带一把雨伞。

景点

塞尔夫火山口
火山

（Trou aux Cerfs；见58页地图）从居尔皮普镇中心向西1公里，就能够到达塞尔夫火山口。这是一座深度大约100米、周长约1公里的休眠火山。火山口里长满了茂盛的植物，沿着环绕火山口的小路——很多人在这里慢跑或者散步，你能够很好地欣赏高原的美景。路边有供人休息或沉思的长凳，还有一座监测龙卷风活动的雷达站。

植物园
花园

（Botanical Gardens；见58页地图；⊙5月至9月 6:00~18:00，10月至次年4月 7:00~19:00）**免费** 位于居尔皮普的这座维护良好的花园建立于1870年，用以培育在凉爽环境中生存的植物——庞波慕斯的气候对这类植物来说太闷热了。这里虽然不及庞波慕斯那么景象壮观，但是环境静谧得多。

奥宾诺山庄
历史建筑

（Domaine des Aubineaux；见58页地图；☎676 3089；www.saintaubin.mu/larouteduthe；Royal Rd；成人/儿童 350/175毛里求斯卢比；⊙周一至周六 9:00~17:00）奥宾诺山庄的领主宅邸建于1872年，带有典型的殖民时期风格。1889年，它成了岛上第一座通电的山庄。2000年，这座种植园被改造成了一个博物馆。而如今，这里是历史著名的茶路（见126页）的第一站。异国情调的植物掩映在樟树树阴下，你也可以在改造后的台球厅里品尝美味的茶，放松一会儿。

市政厅
建筑

（Hôtel de Ville；见58页地图；Châteauneuf

St)市政厅是毛里求斯保存得最完整的殖民时期建筑之一，从这里你可以俯瞰居尔皮普中心的一座小公园。建筑上的山墙窗、走廊和被称为"dentelles"的装饰木檐，都展现出了毛里求斯早期种植园的建筑风格。

卡内基图书馆 图书馆、建筑

(Carnegie Library; 见58页地图; ☎674 2278; ⊙周一至周五 9:30~18:00, 周六 至15:00) **免费** 这座石质建筑有独特的新古典主义风格门廊，里面就是市立卡内基图书馆。这里的藏书包括从18世纪保存至今的毛里求斯的稀有图书。

食宿

除了走亲访友，你很难有其他理由在居尔皮普过夜——从这里去岛上任何一处都只需要不到半个小时的车程。所以一日游期间造访居尔皮普，非常方便。

在中部高原旅行

路易港东南边和内陆区域在某种程度上可以视作一片联合城市。虽然大多数游客都会在去海岸的途中从此处匆匆掠过，但事实上，这里的一些景点还是足够你搭乘出租车来一次一日游或半日游的——我们不建议你自己开车，因为这样会浪费探索每个景点的宝贵时间。除了以下介绍的景点之外，你也可以考虑把莫卡、帕里斯和居尔皮普添加在行程内。

罗斯希尔(Rose Hill，本地人念作row-zeel)小镇像一个楔形插入博巴森(Beau Bassin)和卡特勒博尔纳之间，是中部高原城市扩张区域的中心，实质上也是路易港的郊区。建筑爱好者在这里能够欣赏到一座不太常见的克里奥尔建筑，即**博巴森-罗斯希尔市政厅**(Municipality of Beau Bassin-Rose Hill; 见58页地图; St Jean Rd)。这座建于1933年的建筑是一家市政剧院。旁边引人注意的克里奥尔建筑——**卡尔内之家**(Maison Le Carne; 见58页地图; St Jean Rd)——是毛里求斯研究委员会的所在地。

而路易港的另一座卫星城**卡特勒博尔纳**(Quatre Bornes)则没有太多吸引人停驻的地方，不过在周四和周日，你能够看到成群结队的本地人涌向市里的生产和纺织**市场**(见58页地图)，在一个又一个摊位前抢购各式商品。周六还有一个很受欢迎的蔬菜集市。

位于**凤凰城**(Phoenix)的**毛里求斯玻璃画廊**(Mauritius Glass Gallery; 见58页地图; ☎696 3360; mgg@pbg.mu; Pont Fer, Phoenix; 门票 50毛里求斯卢比; ⊙周一至周五 8:00~17:00, 周六 至中午)使用回收玻璃制作特殊的纪念品。你可以在工坊内看到如何用传统工艺制作这些纪念品，这个工坊本身也是一座小型博物馆。

相邻的城镇**瓦克阿斯**(Vacoas)有印度洋区域最古老的高尔夫球场——**毛里求斯金卡纳俱乐部**(Mauritius Gymkhana Club; 见58页地图; ☎696 1404; www.mgc.mu; Suffolk Close, Vacoas; 果岭费 每人 1500毛里求斯卢比)。这是世界上第四古老的球场(更古老的三个球场位于英国和印度)。

另一个可选择的景点是弗洛雷亚尔(Floréal)，号称毛里求斯的"贝弗利山庄"，是位于居尔皮普西北的一处非常时尚的郊区。这一区域也成了弗洛雷亚尔针织厂生产的高质量针织衫的代名词。你可以在位于居尔皮普主干道上的**弗洛雷亚尔广场**(Floréal Square; 见58页地图; ☎698 8011; Swami Sivananda Ave; ⊙周一至周五 9:30~17:30, 周六 至16:00)买几件衣服来填充你的行李箱。

如果你就在附近，我们强烈建议你尝试一下**La Clef des Champs**(见58页地图; ☎686 3458; www.laclefdeschamps.mu; Queen Mary Ave; 套餐每人 1250毛里求斯卢比起; ⊙周一至周五 中午至14:00和19:00~23:00)，这家提供套餐的餐馆也是我们的最爱，主厨杰奎琳·达莱斯(Jacqueline Dalais)是一位星级厨师，自创的菜肴令人印象深刻，她也因这些独一无二的创作在岛上赢得了广泛赞誉——她经常为政府官宴服务，尤其是有外宾来访的时候。菜肴的品相非常精美，搭配着装饰奇巧的餐馆，有一种普罗旺斯的情调。

信不信由你，当地医院（Clinique de Lorette）的自助餐馆在午餐时间会提供不错的乳蛋饼——这是只有本地人才知道的秘密。

Auberge de la Madelon 客栈 €

（见58页地图；☎670 1885；www.auberge-madelon.com；10 Sir John Pope Hennessy St；房间25~45欧元；❄@📶）这家生意红火的客栈价格公道，位置良好，简单小巧，别具一格。套间客房温馨舒适，工作人员乐于助人。

La Potinière 毛里求斯菜 €€

（见58页地图；☎670 2648；Bernardin de St-Pierre St；煎饼和主菜 225毛里求斯卢比起；⏲周二至周六 10:00~15:00和18:30~22:00）居尔皮普最高档的餐馆被单调的水泥外壳所包裹，外表并不起眼，但餐桌上全部铺着挺括的亚麻餐布，摆着闪闪发亮的餐具。这里的菜肴汇聚了地道的毛里求斯风味——棕榈芯、野猪肉和海鲜。

购物

本地人都会来居尔皮普买东西。在从Royal College到Arcade Currimjee这段路上随便逛逛，你就能找到不计其数的打折商品。

Voiliers de l' Océan 手工艺品

（见58页地图；☎676 6986，674 6764；www.voiliersocean.intnet.mu；Winston Churchill St；⏲周一至周六 9:00~18:00）寻找船模展示场地和制作工厂的旅行者应该到Voiliers de l' Océan来看看。这里每个月生产大约200个模型以及其他商品，参观者可以看到正在工作的艺术家。

Beauté de Chine 古玩

（见58页地图；☎676 3270；Les Arcades；Rue du Jardin；⏲周一至周五 9:30~17:30，周六 至13:00）Beauté de Chine是岛上历史最悠久的商店之一，出售许多旧时代的铜器、玉器、丝绸以及古瓷器。

Galerie des Îles 商场

（见58页地图；☎670 7516；Arcade Currimjee；⏲周一至周六 9:30~17:30）Galerie des Îles拥有十多家商铺，出售许许多多本地设计商品和工艺产品。

到达和离开

居尔皮普是一个重要的交通枢纽，有开往路易港（Victoria Sq车站）、马埃堡、弗拉克中心（Centre de Flacq）、莫卡以及岛上其他城镇的车。这里有两个车站：**北站**（northbound；见58页地图）和**南站**（southbound；见58页地图）。大多数车从北边发来（路易港、罗斯希尔、卡特勒博尔纳），马埃堡方向的车从南方过来。终点站位于Châteauneuf St两侧，同Victoria Ave交汇处。

从居尔皮普乘坐出租车去机场需要1000毛里求斯卢比，去大海湾需要1700毛里求斯卢比，去贝尔马尔需要1600毛里求斯卢比，去路易港需要1000毛里求斯卢比，去佛力克昂佛勒克需要1000毛里求斯卢比，去黑河需要650毛里求斯卢比。

北部（THE NORTH）

毛里求斯北部最能体现这个国家旅游业的出色和糟糕的一面（实际确实如此）。作为旅游风暴中心的大海湾（Grand Baie）被过于吹捧了，但是这里能够提供游客所需，例如夜生活、一流餐馆和各种各样短途旅行。然后，你就可以去往别处了。

前往哪些地方？我们推荐大海湾周围的海滨小村：特鲁奥克斯毕雪海滩（Trou aux Biches）、蒙舒瓦西（Mont Choisy）、马勒勒角（Cap Malheureux）和佩雷贝勒（Pereybère）。它们发展迅速，但是保持乡村氛围，海滩游客稀少，这些特色最初吸引游客来到毛里求斯。

这片作为甘蔗种植地的内陆平原名为庞波慕斯，由于契约工曾在此堆放火山岩石而凹凸不平，整个区域平缓地倾斜延伸至海。在这里你能发现连续三个精彩景点：希乌萨古尔·兰姆古兰爵士植物园（Sir Seewoosagur Ramgoolam Botanical Gardens）、拉布尔多奈斯城堡（Château Labourdonnais）和蔗糖体验博物馆（L' Aventure du Sucre）——一座专门介绍毛里求斯殖民时期出口历史的博物馆。

到达和当地交通

在这一区域内部及周边最方便的长途汽

The North 北部

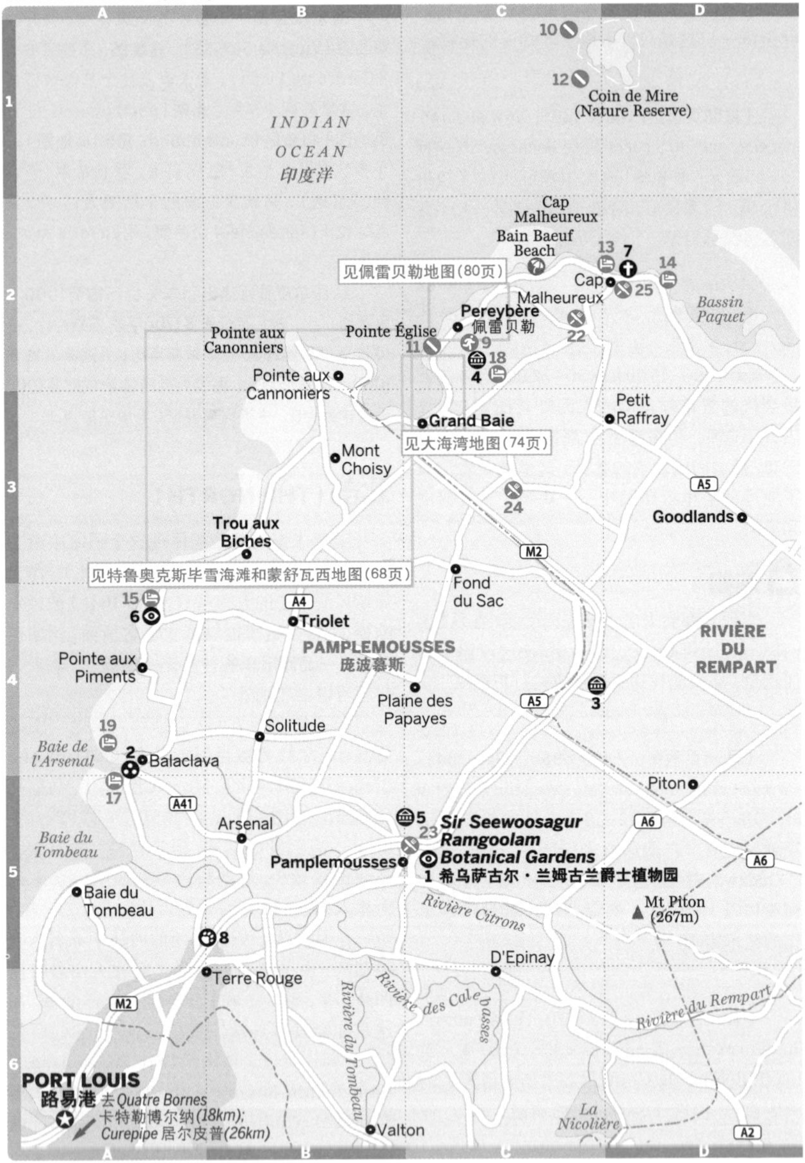

车路线是从路易港Immigration Sq车站乘车，沿着海岸公路去往特鲁奥克斯毕雪海滩、大海湾、佩雷贝勒和马勒勒角的路线。也有从路易港到大海湾的特快直达车。途经庞波慕斯到达格兰高伯（Grand Gaube）的公共汽车会从路易港始发。

想要从机场来这里，需要在路易港换乘长途车。或者花费800毛里求斯卢比从路易港乘坐出租车到巴拉克拉瓦（Balaclava），花1000毛里求斯卢比到达大海湾，或者花1100毛里求斯卢

比到达格兰高伯。往/返机场需要1000毛里求斯卢比。

绝大多数酒店和客栈都出租自行车，也能够帮忙安排租汽车。你也可以自己直接联系租车代理。大多数租车行都在大海湾，在特鲁奥克斯毕雪海滩和佩雷贝勒附近也有一些车行。

The North 北部

重要景点

1 希乌萨古尔·兰姆古兰爵士植物园 C5

景点

2 阿森纳海湾遗址 A4
3 拉布尔多奈斯城堡 C4
4 穆兰·卡瑟画廊 C2
5 蔗糖体验博物馆 C5
6 毛里求斯水族馆 A4
7 红顶教堂 D2
8 红土河鸟类保护区 B5

活动、课程和团队游

9 Chi C2
Djabeda .... （见12）
10 La Fosse aux Requins C1
11 Orca Dive Club C2
12 The Wall C1

住宿

13 Kuxville D2
14 Le Paradise Cove D2
15 Le Récif Attitude A4
16 Lux* Grand Gaube E2
17 Maritim Hotel A5
18 Oasis Villas C2
19 Oberoi A4
20 Veranda Paul & Virginie E2
21 Zilwa Attitude E2

就餐

22 Amigo C2
23 Chez Tante Athalie C5
24 Domaine C3
25 Helena' s Cafe D2
Le Fangourin .... （见5）

购物

Le Village Boutik .... （见5）

巴拉克拉瓦至皮蒙特角（Balaclava to Pointe aux Piments）

巴拉克拉瓦（路易港以北10公里）至皮蒙特角中间这片海滩位于地域开阔的路易港和繁忙熙攘的大海湾之间，这片地带宁静美丽。其间不乏出色沙滩和优质酒店，相比南北那些城镇，气氛更加静谧。

景点

红土河鸟类保护区　　野生动植物保护区

（Rivulet Terre Rouge Bird Sanctuary；见64页地图；☎217 2886；⏲9:00~14:00）免费 鸟类观察爱好者们可以在路易港北部一处有标识的岔路口向东去往红土河鸟类保护区。这里是毛里求斯最大的河口栖息地之一，经过了国际湿地公约（Ramsar）认证。保护区吸引了不计其数的候鸟，大部分鸟类在10月至次年3月出现。

阿森纳海湾遗址　　遗迹

（Baie de l' Arsenal Ruins；见64页地图）如今你仍然能够在阿森纳海湾的遗址Maritim Hotel院子里看到法式兵工厂、面粉厂和石灰窑的遗迹。阿森纳海湾就在皮蒙特角以南。非酒店住客在得到酒店入口处的警卫允许后，进门后向右走30米就能看到遗迹。

毛里求斯水族馆　　水族馆

（Mauritius Aquarium；见64页地图；☎261 4561；www.mauritiusaquarium.com；Coastal Rd，Pointe aux Piments；成人/儿童/家庭 250/125/650毛里求斯卢比；⏲周一至周六 9:30~17:00，周日 10:00~16:00）这个小型水族馆展出一些热带鱼类（包括小丑鱼），不过这里真正的明星是白顶礁鲨和玳瑁海龟。每天11:00可以观赏喂鲨鱼，其他鱼类每天投喂3次。

住宿

这片海岸地带的住宿地点趋向高端和奢华，位于南端，车流绝迹、居民稀少，使得那些酒店真的像世外桃源。

★Le Récif Attitude　　酒店 €€

（见64页地图；☎204 3820；www.recif-hotel-mauritius.com；Royal Rd，Pointe aux Piments；标单/双 园景房 含早餐 85/120欧元起，海景房98/145欧元；❄@🛜🏊）Le Récif是一家时尚的超二星级海滨度假酒店，客房装饰特别迷人，价格异常实惠。公共区域有堆满靠枕的小角落供人放松。还有海滨酒吧、水疗中心、跳水池，以及很多毛里求斯标志性的茅草伞。

★Oberoi　　酒店 €€€

（见64页地图；☎204 3600；www.oberoihotels.com；Pointe aux Piments；房间 含早餐 410欧元起，带私人泳池 660欧元起；❄@🛜🏊）Oberoi酒店广阔的花园、灿烂的海滩和从高处流下的瀑布，都为它增添了奢华的氛围。顶级别墅带有私人游泳池和花园；私密性很好，堪称蜜月情侣最佳选择。酒店内部装饰别具一格地融合了非洲和亚洲的设计风格，低调而奢华。

Maritim Hotel　　酒店 €€€

（见64页地图；☎204 1000；www.maritim.mu；Royal Rd，Balaclava；标单/双 含早餐 215/300欧元起；❄@🛜🏊）这家酒店的老板是德国人，酒店位于海龟湾（Turtle Bay）的避风处，地理位置绝佳。提供美丽迷人、奢华高档的客房。它最特别的地方在于有一座25公顷的公园、一个九洞高尔夫球场，以及网球场和马厩。酒店还有一片很好的海滩，可以进行各种活动，例如浮潜和滑水。有3个餐馆可供住客选择，其中一个位于翻新过的殖民时期的牧师住宅内，异常精美。

到达和离开

没有去巴拉克拉瓦或者阿森纳海湾的公共汽车。从路易港乘坐出租车需要花400~500毛里求斯卢比，具体多少要看你的砍价水平。

从路易港Immigration Sq车站出发，途经大海湾到达马勒勒角的长途汽车会经过特鲁奥克斯毕雪海滩和蒙舒瓦西。沿着海岸高速每500米左右就有一个公交车站。乘坐出租车从路易港去大海湾需要大约600毛里求斯卢比。

特鲁奥克斯毕雪海滩和蒙舒瓦西（Trou aux Biches & Mont Choisy）

闲适的特鲁奥克斯毕雪海滩和旁边的蒙舒瓦西（也拼作Mon Choisy）是发展迅速的旅游胜地，到处都是寻找比大海湾海滩更加出色（以及更加安静）的海滩的游客。长满木麻黄的美丽沙滩从特鲁奥克斯毕雪海滩（意为"流水的洞"）几乎不间断地延伸至沉睡的蒙舒瓦西。特鲁奥克斯毕雪海滩更是拥有一些绝佳食宿地点。

毋庸置疑，开发已经致使这个区域失去

静谧和原始状态，但是仍旧要比大海湾更便宜和更安静。在工作日，绝大部分沙滩上都没什么人，不过到了周末会有很多人抢占适宜野炊的地点。

活动

特鲁奥克斯毕雪海滩和蒙舒瓦西都是重要的水上活动中心。这里提供的活动从乘坐玻璃底小船游览潟湖到帆伞滑翔、滑水、深海垂钓和潜水，应有尽有。

蓝色探险潜水艇 潜水艇

（Blue Safari Submarine；见68页地图；☎265 7272；www.blue-safari.com；Royal Rd, Mont Choisy；成人/儿童 4400/2700毛里求斯卢比；⌚9:00~16:00）如果你想潜水但又不想弄湿自己，蓝色探险潜水艇是个不错选择，能够带你进入水下珊瑚丛中，可以到达水下35米。乘坐一次总共需要大概2小时，有40分钟的时间在水下。建议至少提前一天预约。根据乘客数量，每小时启航一次；海上状况恶劣之时，不会出航。

Boat House 水上运动

（见68页地图；☎5727 0821；⌚9:00~17:00）特鲁奥克斯毕雪海滩的公共海滩上的船屋。出租脚踏船/皮划艇/立式冲浪板（每小时 700/400/1000毛里求斯卢比），并提供其他活动项目，包括玻璃底小船游（每人每小时600毛里求斯卢比起）、充气管滑行（每人600毛里求斯卢比）和帆伞滑翔（每10分钟1600毛里求斯卢比）。

潜水

蒙舒瓦西有无数潜水中心，收费约为每日/夜潜水1500/2000毛里求斯卢比。它们可以安排专业潜水教练协会（PADI）认证课程。

Dive Dream Divers 潜水

（见68页地图；☎265 5552；www.divedreamdivers.com；Mont Choisy；个人潜水 每人 1500毛里求斯卢比，泳池培训外带1/2次入海潜水 每人 2500/3500毛里求斯卢比；⌚周二至周日 8:30~16:30）专业潜水教练协会认证的潜水中心。非常出色，提供令人惊喜的入门潜水培训套餐。靠近Trou aux Biches Rd。

Divers' Ocean 潜水

（见68页地图；☎265 5889；www.diversocean.com；Royal Rd, Mont Choisy；白天/夜间潜水 1500/2000毛里求斯卢比，泳池培训外带1/2次入海潜水 2500/4000毛里求斯卢比；⌚9:00~16:30）法国人开的潜水中心，提供潜水和海底行走项目（每人 1000毛里求斯卢比）。

Blue Water Diving 潜水

（见68页地图；☎265 6700；www.bluewaterdivingcenter.com；Royal Rd, Mont Choisy；白天/夜间 潜水 1400/2200毛里求斯卢比；⌚8:00~16:00）Blue Water Diving是一家不错的潜水中心，它面向初学者和有经验的潜水者。

骑马

巴拉克拉瓦的Maritim Hotel拥有一个马术中心，而**Horse Riding Delights**（见68页地图；☎265 6159；www.horseridingdelights.com；Mont Choisy Sugar Estate；成人/儿童 2100/1900毛里求斯卢比；⌚周一至周五 8:30和15:00）是蒙舒瓦西北部边缘一所出类拔萃马术学校，提供90分钟、跨越200公顷场地的骑马活动，从成群的鹿和巨型陆龟中穿过。

住宿

沿着海岸的这片区域内的每栋建筑似乎都在以某种形式出租。大多数房子都处于中档价位，包括自助公寓、别墅、小屋等，很多都带有露台或阳台以供住客欣赏夕阳。它们不及度假酒店和大型酒店的设施和餐馆，但是私密性好、客房宽敞，真是失之东隅收之桑榆。

Be Cosy Apart Hotel 公寓 €€

（见68页地图；☎204 5454；www.beapart.com；Trou aux Biches；单间/公寓 73/98欧元起；P ❄ 📶 ≋）这些新建公寓非常迷人，紧邻Royal Rd，距离特鲁奥克斯毕雪海滩仅一个街区。所有公寓俯瞰泳池。还有一个新潮咖啡馆。一切元素，从花园地带到服务，均需改进，但是价格实惠、位置不错。

Trou aux Biches & Mont Choisy
特鲁奥克斯毕雪海滩和蒙舒瓦西

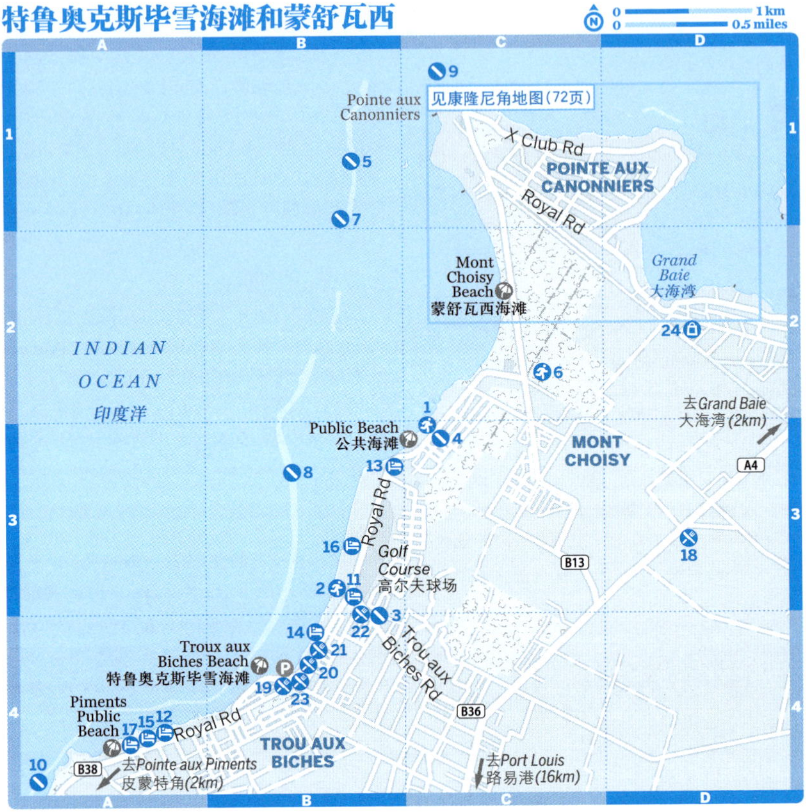

Veranda Pointe aux Biches Hotel

酒店、度假村 €€

（见68页地图；☎265 5901；www.veranda-resorts.com；Royal Rd, Trou aux Biches；房间/家68/80欧元起；P ❄ 📶 ≋）这是一家Veranda连锁酒店，性价比极高，房间内部朴实无华（想象一下家庭客房里的松木双层床），然而外部无疑就像高端热带度假酒店的布局：无边际泳池、水疗中心、水上运动、儿童俱乐部、不计其数棕榈树以及柳条秋千椅。

Le Grand Bleu Hotel

酒店 €€

（见68页地图；☎265 5812；lgbtab@intnet.mu；Royal Rd；标单/双 含半餐 60/80欧元；P ❄ 📶 ≋）Le Grand Bleu是一家中低端酒店，突出特色便是简朴，员工热情友善。客房宽敞但是平淡无奇，Wi-Fi免费，不过仅仅覆盖公共区域。性价比不错，但是食物乏善可陈。这家酒店靠近潜水中心，但是要去海滩需要穿过马路。

★ Trou aux Biches Resort & Spa

酒店 €€€

（见68页地图；☎204 6565；www.beachcomber-hotels.com/hotel/trou-aux-biches-resort-spa；Royal Rd, Trou aux Biches；房间含半餐118~762欧元；❄ @ 📶 ≋）超级奢华是五星级酒店Trou aux Biches Hotel的核心，其海滨套房和别墅都受到了传统风格的启发，设计方案是把原始的乡村元素——比如茅草、柳条和手工切割的岩石——融合进明显的现代风格中。理疗中心、游泳池以及2公里长的沙滩，使得这里成为特鲁奥克斯毕雪海滩最令人向往的地方。

Trou aux Biches & Mont Choisy 特鲁奥克斯毕雪海滩及蒙舒瓦西

★ Le Sakoa

酒店 €€€

（见68页地图；☎265 5244；www.lesakoa.com；Royal Rd, Trou aux Biches；双 含早餐/半餐195/250欧元起；❄@📶🏊）Le Sakoa是特鲁奥克斯毕雪海滩最时尚的一家酒店，高耸的尖顶使它非常易于辨认，也令它显得跟周围的棕榈树一样高大庄严。精美的双层茅草房里空间很大，美丽的沙滩近在咫尺。酒店中央有一个迷人的用深色大理石砌成的无边际泳池，为情侣及家庭游客提供奢侈享受。

Bon Azur

公寓 €€€

（见68页地图；☎204 6565；www.innlov.com/bon-azur-trou-aux-biches-mauritius/；Royal Rd, Trou aux Biches；公寓 250欧元起；P❄📶🏊）公寓客房时髦新潮，每间都带宽大阳台，俯瞰泳池和一小片海滩。因此，这是一个绝佳的住宿地点。海滩不太适合游泳，但是整体状况非常不错：欢迎家庭游客、距离城内餐饮区只有很短车程（或者略长步程）；但是前往超市需要驾车。

Plage Bleu

公寓 €€€

（见68页地图；⊙265 6507；www.plage-bleue-appartements.com；Royal Rd, Trou aux Biches；3卧公寓 250欧元起；P❄📶🏊）Plage Bleu位于一片静谧海滩上，提供宽敞的豪华公寓住宿。公寓全都配备Weber燃气烧烤炉、iPod插接装置和Nespresso咖啡机，所有客房面朝大海。海滩不太适合游泳（脚下就是泻湖泥浆），但是除此以外，再无缺点。

Casuarina Hotel

酒店 €€€

（见68页地图；☎204 5000；www.hotel-casuarina.com；Royal Rd, Trou aux Biches；标单/双含早餐 150/225欧元起；❄📶🏊）Casuarina绝对是最有趣的中档酒店之一，其摩尔式风格和同样别出心裁的房间布局相得益彰。酒店小而雅致，环境舒适。想要去海滩需要穿过马路，即使便宜的房间定价仍然偏高，不过除此之外其他方面都很好。

就餐

大海湾餐饮业的竞争意识已经开始向海岸蔓延。有很多餐馆可供选择，满足各种口味。特鲁奥克斯毕雪海滩尤以精美的中档餐馆闻名遐迩。还有一个超市（见70页）。

Kafé La Zétée

咖啡馆 €

（见68页地图；☎5767 4300；Trou aux Biches；主菜 250~350毛里求斯卢比；⊙周一至周六 9:00~16:00）相比隔壁姊妹店面La Pescatore, Kafé La Zétée氛围清新、通风良好。提供早餐、铁板三明治、三明治、烟熏枪鱼沙拉和每日特色菜品，可能包括柠檬大蒜腌生鱼（ceviche）或者唐多里烤鸡。咖啡同样精美。紧邻Royal Rd。

Bollywood Curry 印度菜 €

（见68页地图；☎5758 2404；A4, Triolet；主菜 150~275毛里求斯卢比；⏲10:30~14:30和17:30~22:30；🖉）虽然环境极为简陋，Bollywood Curry却提供极为出色的咖喱菜品（想象一下嗡嗡作响的霓虹灯和开裂的瓷砖），没有哪家咖喱餐馆能比Bollywood Curry更加地道！你可以在这里品尝到Kormas、印度香饭（biryanis）、玛莎拉（masalas），还有其他令人惊奇的菜肴。从大海湾沿着M2和A4行驶，在通往蒙舒瓦西的岔路口左拐前行500米即可到达。

La Marmite Mauricienne 毛里求斯菜 €

（见68页地图；☎265 7604；Trou aux Biches Rd, Trou aux Biches；主菜 100~215毛里求斯卢比；⏲中午至14:30和18:00~22:00）这家餐馆简洁而温馨，露台上摆放着很多桌子，有令人愉悦的室外就餐氛围（但遗憾的是，Trou aux Biches Rd交通十分繁忙）。餐馆提供的菜肴是毛里求斯风味，主要为海鲜、面条和咖喱。

Snack Kwan Peng 中国菜 €

（见68页地图；Royal Rd, Trou aux Biches；餐 95毛里求斯卢比；⏲9:00~16:00）在午餐时间，人们会排起长长的队伍，等待品尝岛上最简单同时也最可口的中餐。你只需要向店员示意你想吃的菜——牛肉、不同口味的蒸丸子、面条、汤。一顿饱餐，花费很少超过95毛里求斯卢比；饮品另外收费。

L' Assiette du Nord 各国风味 €

（见68页地图；☎265 7040；Trou aux Biches Rd, Trou aux Biches；主菜 100~650毛里求斯卢比；⏲中午至14:30和18:00~22:00）在这家很受欢迎的餐馆，你可以选择在露台上就餐，或者选择鱼缸后面更为雅致的就餐区域。主打海鲜，有中式、印度式和克里奥尔式风味。可以尝试一下香蕉叶炖鱼配马德拉斯酱或者蒜蓉黄油大虾。

Chez Popo 超市 €

（见68页地图；☎265 5463；Royal Rd, Trou aux Biches；⏲周一至周二和周四 9:00~19:00，周五和周六 9:00~20:00，周日 10:00~12:30）在自炊公寓占据主导地位的地方，超市确实重要。Chez Popo货品丰富，但是车位短缺，营业时间有点捉摸不定。

★ Cabanne du Pêcheur 毛里求斯菜 €€

（见68页地图；☎5711 2729；Royal Rd, Trou aux Biches；主菜 450毛里求斯卢比起；⏲中午至22:00）如果你一直待在度假酒店里，你就永远不会获得切身享受。这家海滨小餐馆的老板是Nathalie，员工均为女性，主营美味的当地特色菜，比如虾或鱼配红克里奥尔酱以及茄子咖喱鱼。食物分量充足，餐桌摇摇晃晃，位于水滨，是我们在这片海岸最喜欢的地方。

★ Café International 各国风味 €€

（Flame Grill Cafe；见68页地图；☎5765 8735；Royal Rd, Trou aux Biches；主菜 300~850毛里求斯卢比；⏲周二至周五 15:00~22:00，周六和周日 中午至22:00）这家南非人经营的餐馆很受欢迎，提供世界各地的美味佳肴。汉堡、咖喱、鲜鱼和三明治是主要产品，不过这里的特色菜是排骨和南非牛排，这两道菜实在是太好吃了，我们甚至愿意穿越整个岛屿来品尝一次（我们真的这样做过至少一次）。

友善的德昂（Deon，纳尔逊·曼德拉的前保镖）管理着这家餐馆，这里还有一家二手书店。

★ 1974 意大利菜、海鲜 €€

（见68页地图；☎265 7400；Royal Rd, Trou aux Biches；主菜 350~600毛里求斯卢比；⏲周二至周四 18:30~23:00，周五和周六 中午至14:30和18:30~23:00，周日 中午至17:00）这家带着温暖的陶土色调的精美餐馆是意大利人安东尼奥（Antonio）和茱莉亚（Giulia）的杰作。店里提供的食物包括意大利面和新鲜的当地海鲜——菜单定期变化。

Restaurant Souvenir 毛里求斯菜、各国风味 €€

（见68页地图；☎5291 1440；Royal Rd 和 Trou aux Biches Rd交叉路口，Trou aux Biches；

主菜 150~540毛里求斯卢比；⏲9:00~23:00）Souvenir是特鲁奥克斯毕雪海滩餐饮业一支新秀，而且很受欢迎。提供各种美食，从司空见惯的毛里求斯炒面到牛排，应有尽有。食物通常无可挑剔，但是忙碌之时（经常出现），服务确实不尽如人意；午餐和晚餐高峰时段，建议预订。还有一个饮品丰富的酒吧。

Le Pescatore 海鲜 €€€

（见68页地图；☎265 6337；Mont Choisy；套餐 1500~4000毛里求斯卢比，主菜 850~1470毛里求斯卢比；⏲周一至周六 中午至14:00和19:00~21:00）精美明亮的装饰和能够俯瞰渔船的美丽露台，为这家餐馆带来了绝妙的就餐体验。龙虾配姜和米酒酱这样的菜肴能够让你感受到这家餐馆的水准，不过精美的套餐也同样值得一试。紧邻Royal Rd。

实用信息

希巴尼货币兑换（Shibani Foreign Exchange；☎265 5306；www.shibanifinance.com；Royal Rd，Mont Choisy；⏲周一至周六 8:00~17:30，周日 8:00~11:30）

到达和离开

从路易港Immigration Sq车站出发，途经大海湾到达马勒勒角的普通长途汽车会经过特鲁奥克斯毕雪海滩和蒙舒瓦西。沿着海岸高速每500米左右就有一个公交车站。

乘坐出租车去大海湾需要至少500毛里求斯卢比，但是实际费用根据乘车地点而定。乘坐出租车去佩雷贝勒需要600毛里求斯卢比。

当地交通

在特鲁奥克斯毕雪海滩和蒙舒瓦西地区搭乘一次出租车需要花费大约200毛里求斯卢比。

大海湾（Grand Baie）

人口：10,000

17世纪，荷兰人曾把大海湾称为“De Bogt Zonder Eynt”，意思是“无尽的海滩”（Bay Without End）。如今看来无尽的并非是海滩，而是当地的旅游开发。大海湾的海滩度假村有世界上所有度假村都有的优缺点。优点包括舒适的房间、酒吧和餐馆，缺点包括海边充斥着的混凝土建筑以及兜售纪念品的小贩，这些毛里求斯的小贩们简直是没完没了地硬逼着你买，而不是简单推销而已，这也算是毛里求斯的一大特色。若想远离城市的喧嚣，可选择美丽又安静的Pointe aux Canonniers。

景点

大海湾的独特景点只有几座色彩鲜艳泰米尔寺庙（Tamil temples）。

Surya Oudaya Sangam 印度教寺庙

（见72页地图；Royal Rd；⏲周一至周六 8:00~17:00）Surya Oudaya Sangam位于市区西面，供奉湿婆。游客可以参观，但必须脱鞋才能进入。

湿婆卡利安华斯寺庙 印度教寺庙

（Shiv Kalyan Vath Mandir；见74页地图；Royal Rd；⏲周一至周六 8:00~17:00）这是一座色彩鲜艳的泰米尔神庙，比Surya Oudaya Sangam更为古老。进入前需脱鞋。

活动

大海湾最吸引人之处在于它提供的水上活动。

Croisières Australes 乘船游

（☎263 1669；www.croisieres-australes.mu；成人 27~90欧元，儿童 14~40欧元）拥有大概全城最专业的设备，组织各种各样全天和半天游艇游。

Grand Bay Travel & Tours 乘船游

（见74页地图；☎5757 8754，263 8771；www.gbtt.com；Royal Rd）这是大海湾值得信赖的旅行机构之一，提供全天游艇游前往北部岛屿，每人1600毛里求斯卢比起。同时组织其他旅程。

Yacht Charters 乘船游

（见72页地图；☎263 8395；www.isla-mauritia.com）Isla Mauritia是一艘华丽的帆船，建于1852年，被称为世界上依然活跃着的最古老的纵帆船。价格根据季节、路线和乘船人数而变化。

Pointe aux Canonniers 康隆尼角

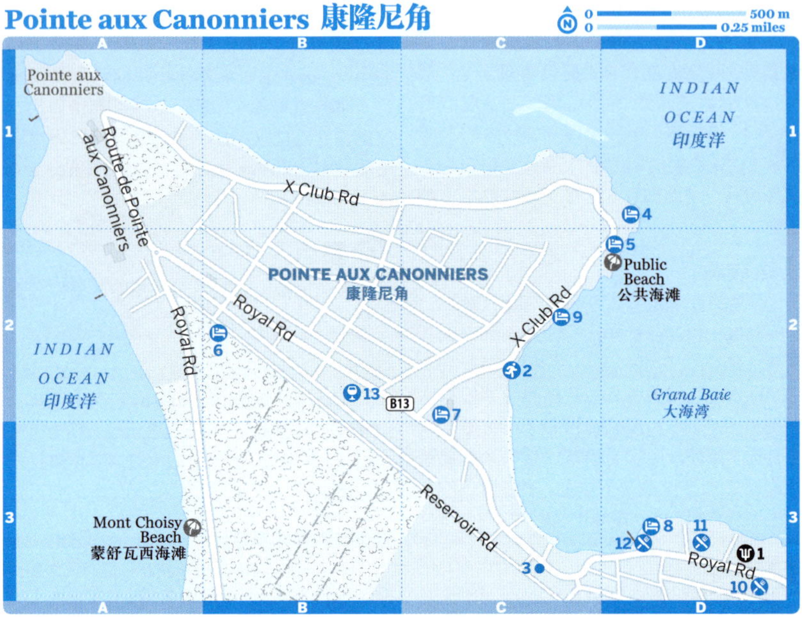

Pointe aux Canonniers 康隆尼角

景点

1 Surya Oudaya Sangam....................D3

活动、课程和团队游

2 Grand Baie Gym & Hydro Spa...........C2
3 Yacht Charters..................................C3

住宿

4 20° Sud..D1
5 Baystone Hotel & Spa.......................D2
6 Esprit Libre..B2
7 Ocean Villas C2
8 Résidence Peramal D3
9 Sous Le Badamier C2

就餐

10 Café Müller D3
11 Coolen – Chez Ram..........................D3
12 Le Capitaine D3

饮品和夜生活

13 Les Enfants Terribles........................B2

Solar Sea Walk 探险运动

(见74页地图；☎263 7819；www.solarunderseawalk.com；Royal Rd；每人1700毛里求斯卢比；⏲9:00~16:30）对非潜水者而言，Solar Sea Walk为你提供了独特的海底行走体验，潜水者需头戴潜水头盔，身系加重带。在"水下漫步"25分钟，船上的太阳能抽水机会持续为你供氧。只要大于7岁就可以体验。高峰期建议你提前一天预订。每天最后一次体验15:00开始。

Grand Baie Gym & Hydro Spa 健身房、水疗

(见72页地图；☎263 9290；3 X Club Rd；会员每天690毛里求斯卢比；⏲7:30~19:30）大海湾健身房和水疗的条件很好，你可以尝试各种水疗，将你自己浸在土耳其浴（hammam）中，或在街对面的咖啡馆吃低脂食物。

Skydive Mauritius 探险运动

(☎499 5551；www.skydivemauritius.com；跳伞13,000毛里求斯卢比）"想要过把瘾吗？" Skydive Mauritius狡黠地眨着眼问。这家新机构为游客提供了游览毛里求斯的全新方式——从3000米高的飞机上一跃而下，地面逐渐在眼前拉近。该运动基地位于东部的Noches Noires，但由于大海湾地区运营商众多，而且交通方便，所以这里是一个不错的出发点。

Sportfisher 钓鱼

（见74页地图；☎263 8358；www.sportfisher.com；Royal Rd；半天/全天每艘船 23,000/26,450毛里求斯卢比；⏰7:00~18:00）这家店位于日落大街（Sunset Blvd）码头旁，拥有4艘船，每艘至多载6人（3位钓鱼者，3位同伴）。记住其规定："所有的鱼都属于所在的船，如果想品尝它们，我们乐意效劳。"

住宿

大海湾有两种不同的酒店：奢华度假村以及远离闹市区的经济性旅馆和公寓。尽管东海岸布满了一个个小酒店，但大海湾的奢华度假村要比人们想象得少。如果你觉得大海湾太拥挤，可以考虑周边的佩雷贝勒。

★ Sous Le Badamiers 客栈 €

（见72页地图；☎263 4391；www.souslebadamier.com；X Club Rd，Pointe aux Canonniers；标单 含早餐 51~66欧元，双 60~78欧元；❄@📶）这家客栈最初成名是因为室内墙上挂满了瓦克（Chez Vaco）漂亮的画，如今以其入口回廊上斑驳的榄仁树影而闻名。房间内的色调柔和，家具主要以藤制为主。整个客栈虽然是极具个性的极简主义风格，但能够让人感到温暖，仿佛回到家中。这样的客栈确实难得。

Résidence Peramal 公寓 €

（见72页地图；☎263 8109；www.residence-peramal.com；Royal Rd；单间 1200~1400毛里求斯卢比，公寓 2000毛里求斯卢比起；❄）该自炊式公寓的性价比很高，坐落在大海湾西入口的一个小海角上。

Pépère Guest House 客栈、公寓 €

（见74页地图；☎263 5790；www.pepere-appartement.com；Royal Rd；标单 20~30欧元，双 30~40欧元，4人公寓 50~60欧元；❄📶）位于市中心，房间装修简单，价钱合理，和善的主人把房间维护得很好。我们到访之时，这个住宿地点对外出售，因此，等你前去，情形或许已经大相径庭。

Trendzone Apartments 公寓 €€

（见74页地图；☎263 8277；www.trendzonemauritius.com；La Salette Rd；1/2卧公寓 55/80欧元；❄📶）公寓客房新潮时髦，或许已有衰败迹象，位于Trendzone精品店上面，坐落于市中心，在Super U超市和海滨之间。

★ Esprit Libre 客栈 €€

（见72页地图；☎269 1159；www.espritlibremaurice.com；Rue Bourdet，Pointe aux Canonniers；房间 含早餐 60~110欧元，套 90~140欧元；❄📶🏊）这家客栈很容易入围全岛性价比最高的住宿地点之列。这家漂亮客栈的主人是两位魁北克人——史蒂法纳（Stéphane）和安德鲁（André）。在经营客栈时，两位主人崇尚自由精神，同时也将一句话记在心中：顾客至上。房间虽简单，但装饰精美。餐馆提供美味的菜肴，吸引了一群本地食客。靠近Royal Rd，路标清晰。

Ocean Villas 酒店 €€

（见72页地图；☎263 6788；www.ocean-villas.com；Royal Rd，Pointe aux Canonniers；房间 含早餐 40欧元起；❄@📶🏊）Ocean Villas的住宿选择范围很广，从简单的酒店房间到至多可住8人的自炊式公寓和带有大浴缸的蜜月套房，一应俱全。酒店设施包括一个很好的游泳池、一小片海滩（可以提供少数水上运动）、一家餐馆和海边的秘密小爱巢。

> **大海湾别墅出租**
>
> 大海湾是毛里求斯大部分度假村的聚集地，有专门的机构出租海滨别墅和公寓。那里有一些价格十分优惠的住宿，尤其是在淡季。
>
> **Grand Bay Travel & Tours**（见74页地图；☎263 8771；www.gbtt.com；Royal Rd）位于大海湾地区，为住客提供各式各样的公寓，从基本型到豪华型都有。
>
> **Idyllic Villas**（☎697 1602；www.idyllic-mauritius.com）管理着一系列私人海滨别墅——在美丽的康隆尼角地区可以寻得价钱实惠的住处。
>
> **CG Villas**（☎262 5777；www.villas-maurice.com）这个住宿预订机构提供位于海湾之上的别墅和公寓。

Grand Baie 大海湾

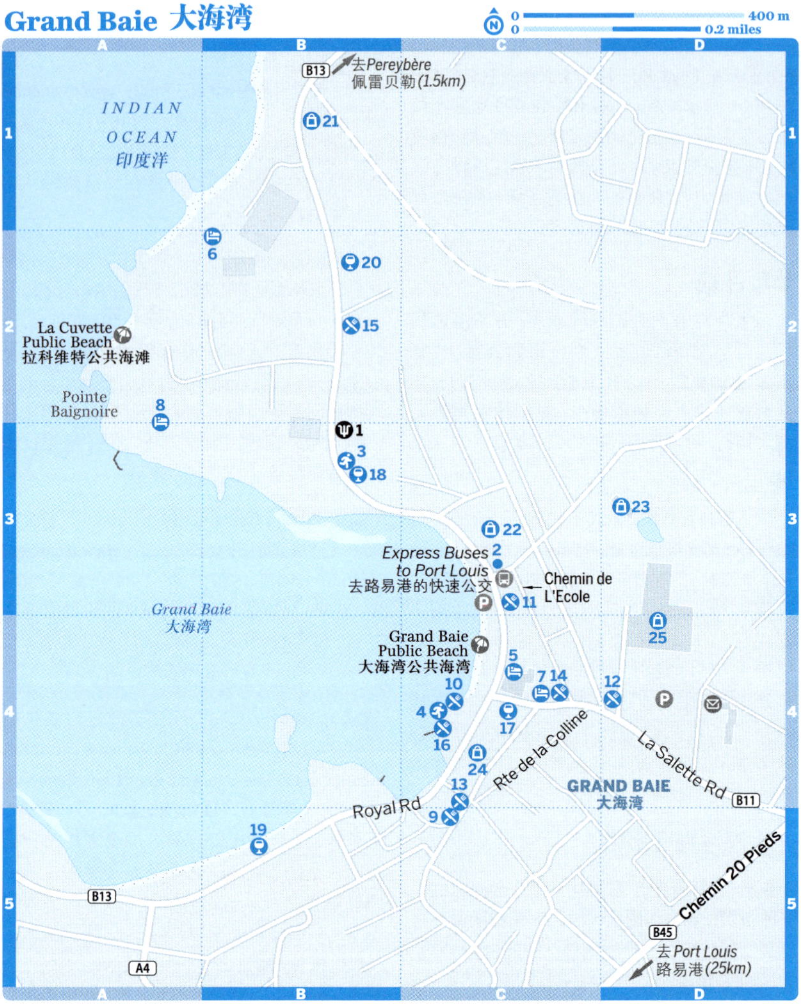

★ 20° Sud

酒店 €€€

（见72页地图；☎263 5000；www.20degressud.com；X Club Rd，Pointe aux Canonniers；双 含半餐 225欧元起；❄@📶🏊）20° Sud或许是岛上最精美的一家酒店，房间低调而别致，呈现种植园风格。墙上刷着整洁白漆，褶皱状的亚麻和优美的深色木制装饰线条与之相映成趣。壮丽的橡木门将客人引入藤条覆盖的公共区域，映入眼帘的是一片郁郁葱葱的树林、漂亮的泳池和舒适的图书馆。不接待12岁以下儿童。

Baystone Hotel & Spa

精品酒店 €€€

（见72页地图；☎209 1900；www.baystone.mu；X Club Rd；海景房/海滨房 含半餐 350/390欧元；P❄@📶🏊）小城中海湾边静谧的海滩上有这样一家精品酒店，这是大海湾上高端酒店中我们最喜爱的一家。许多高端酒店并不像这家酒店那样注重隐私又服务周到。房间里充满了自然光，让人感到格外舒适。

Royal Palm

酒店 €€€

（见74页地图；☎209 8300；www.beachcomber-hotels.com/hotel/royal-palm；房间人均

Grand Baie 大海湾

景点

1 湿婆卡利安华斯寺庙 B3

活动、课程和团队游

2 Grand Bay Travel & Tours C3
3 Solar Sea Walk B3
4 Sportfisher C4

住宿

Grand Bay Travel & Tours ......（见2）
5 Pépère Guest House C4
6 Royal Palm B2
7 Trendzone Apartments C4
8 Veranda Hotel A2

就餐

9 Boulette Ti Kouloir C5
10 Café de Grand Baie Plage C4
11 Cocoloko C3
12 Happy Rajah D4
13 La Rougaille Créole C4
14 Lazy Dodo C4
15 Luigi's B2
Sauterelle ......（见24）
16 Sunset Cafe C4

饮品和夜生活

17 B52 ...... C4
18 Banana Bar B3
19 Beach House B5
20 Stardance B2
Zanzibar ......（见18）

购物

21 Del Sol B1
22 Galerie Vaco C3
23 Grand Baie Bazaar D3
24 日落大街 C4
25 Super U Hypermarket D4

375欧元起；❄@📶🏊）Royal Palm是巨浪集团（Beachcomber group）的旗舰店，将奢华发挥到了极致，该酒店已成为富人和名人的最佳游乐场。服务员身穿水手制服（戴着时髦的水手帽！），细心地用花束作为中心装饰物装点每个房间里。这家酒店紧邻Royal Rd。

Veranda Hotel
酒店 €€

（见74页地图；☎209 8000；www.veranda-resorts.com；标单/双 含早餐 110/160欧元；❄@📶🏊）该酒店装修精美的公共区域给人一种很贵的感觉。两个泳池、良好的设施、近期翻新了的房间更加深了这样的感觉。酒店的沙滩比较一般，但是从酒店位置去市中心比较方便，还有全套水疗服务可以使住客放松身心。紧邻Royal Rd。

就餐

小饭馆聚集在市中心，最佳餐馆常常位于大海湾市中心略靠外的地区，特别是康隆尼角和佩雷贝勒。Royal Rd两旁尽是小贩和菜摊，他们喜欢在公共海滩地区聚集。

★ Domaine
毛里求斯菜 €

（见64页地图；☎263 5286；Narainen St, Upper Vale, The Vale；主菜 75~150毛里求斯卢比；⏲周一 16:00~23:00，周二至周日 11:00~23:00）当你让本地人推荐毛里求斯人的家庭式餐馆，他们通常会推荐Domaine。最好吃的菜就是菜单上的那些本地特色菜，比如生姜、大蒜、姜黄炒章鱼（ourite safrané）和辣椒炒羊肉。这家店不好找，你可能需要找辆私家车或者打车。

本地人的推荐使得这家内陆知名饭店开始吸引游客。在有人告诉老板他的餐馆定价太实惠了之前，赶紧去试一试吧！

上M2往路易港方向的公路，至第一个环岛后左拐下高速公路，便能看见河谷（The Vale）的标志。进入村庄之后，寻找“Snack Mustapha”的标志——主干道在那里向左转弯，右转上左侧第二条铺过的路，至山下约250米处。

★ Boulette Ti Kouloir
毛里求斯菜 €

（见74页地图；丸子 7毛里求斯卢比，面条 80~90毛里求斯卢比；⏲周一至周六 11:30~16:00和18:00~21:30，周日 17:30~21:30）这家店面紧邻Royal Rd，是大海湾最佳小吃店之一。正如它的名字那样，这个微型店面真的只位于一条小小的走廊（ti couloir）上，Yvonne和朋友们烹制丸子和一碗碗炒面，本地食客排起长龙。谈及丸子，可以选择鸡肉、猪肉、鱼、鱿鱼和羊肉馅料。

另辟蹊径

乘船游览北部群岛

米尔考恩、普拉特岛和加布里埃尔岛（Coin de Mire, Île Plate & Îlot Gabriel）

风景独特的米尔考恩（炮手角）距海岸4公里，因为其形状像是用来稳固大炮的楔子，所以有了这样一个名字。该岛如今是自然保护区，栖息着许多种珍稀动物，比如红尾热带鸟（red-tailed tropicbird）和布伊尔蜥蜴（Bojer's skink）。没有双体船会在这里停靠，因为难度太大。除了该岛奇特的形状之外，其他没有什么特别之处——这种景点都是远观更好看些。

大多数当地的旅行社会带你去位于普拉特岛和加布里埃尔岛之间的潟湖，在向北7公里处可以进行浮潜。在加布里埃尔岛的沙滩上，可以进行午餐烧烤。

去往这些岛屿的船只从大海湾出发。你可以上网www.catamarancruisesmauritius.com预订，也可通过当地旅行社或者游艇公司预订。每人1000~1500毛里求斯卢比，含午餐。如果乘坐高速游艇出游，价格较高，为2000毛里求斯卢比左右。

龙德岛和蛇岛（Île Ronde & Île aux Serpents）

龙德岛（圆岛）和蛇岛是两个著名的自然保护区，距离毛里求斯约20公里和24公里。想要上岛是不可能的。讽刺的是，龙德岛不圆但是有蛇，而蛇岛是圆的但是没有蛇；这仅仅是因为最初的地图绘制师犯了个错。

龙德岛约占地170公顷，科学家认为龙德岛上每平方公里所拥有的濒危动物是全世界最多的。许多植物，比如飓风棕榈（只剩下一棵树了）和酒瓶椰子都是岛上独有的。岛上特有的动物包括棱鳞蟒（keel-scaled boa）和雷蛇（可能已经灭绝），另有3种蜥蜴和3种壁虎。在岛上繁殖的海鸟有楔尾海鸥、红尾热带鸟和圆尾鹱（gadfly petrel）。自然学家杰拉德·杜瑞（Gerald Durell）在他的书《黄金蝙蝠和粉鸽》（*Golden Bats and Pink Pigeons*）中对这座岛屿进行了非常形象的描述。

蛇岛更小一些（42公顷），如今已经成了鸟类的圣地。居住在该岛上的鸟类包括乌燕鸥（sooty tern）、小燕鸥（lesser noddy）以及常见的燕鸥，还有蓝脸鲣鸟（masked booby）。蛇岛壁虎（Nactus gecko）和布伊尔蜥蜴也住在岛上。

要来此处，首先沿着La Rougaille Créole的低矮广告牌，经过日落大街购物中心（Sunset Boulevard shopping centre）的停车场，右转，继续前行50米，就在La Rougaille Créole隔壁。

Lazy Dodo　毛里求斯菜、欧洲菜 €

（见74页地图；☎263 6926；La Salette Rd；主菜 250~395毛里求斯卢比；⏲周一至周六 8:00~21:00）这家路边店面不同凡响，提供几种物美价廉食品（沙拉和咖喱540毛里求斯卢比起，午餐主菜配以薯条、沙拉或米饭仅售295毛里求斯卢比），环境轻松，烹制地道毛里求斯和法国美食，音响播放轻柔休闲音乐。这是全城食品和氛围俱佳的就餐地点之一。

Luigi's　意大利菜 €

（见74页地图；☎269 1125；luigis.restaurant.mu；Royal Rd；比萨 170~300毛里求斯卢比，主菜 230~550毛里求斯卢比；⏲周二至周四 18:00~22:30，周五 18:00~23:00，周六 中午至14:30和18:00~23:00）餐馆里并没有华丽的装饰，只有用木火烤得正好的比萨、美味的意大利面和通风良好的餐饮区。毫无疑问，多数时候这里都是客满的状态。

★Sauterelle　毛里求斯菜、法国菜 €€

（见74页地图；☎263 8836；www.sauterellerestaurant.mu；Royal Rd；主菜 390~890毛里求斯卢比；⏲周二至周六 中午至14:30和19:00~22:00，周一 19:00~22:00）这家精品餐馆出类拔萃，能从日落大街（Sunset Boulevard）购物区域脱颖而出。菜品类型多样，包括烤红鲷鱼鱼片配以西柚迷迭香酱，以及咖喱虾配以绿茶面条。服务贴心，上菜紧张有序。

La Rougaille Créole 毛里求斯菜 €€

（见74页地图；☎263 8449；主菜 350~800毛里求斯卢比；⏲12:30~14:30和19:30~22:30）这家店隐藏在日落大街购物中心后面，紧邻Royal Rd，但是有清晰的路标指示。这家饭店待客亲切，烹制绝佳本地菜肴，而且价格合理。大火快炒的螃蟹和克里奥尔酱煮红鱼都非常吸引顾客。

Café de Grand Baie Plage 各国风味 €€

（见74页地图；☎263 7041；Royal Rd；主菜490~850毛里求斯卢比；⏲10:00~22:00）食物不错，但不够出众，包括精美烤肉、海鲜美食和其他国内外食品。不过，来此是为欣赏海湾景色，就餐地点就在水面之上。

Sunset Cafe 咖啡馆 €€

（见74页地图；☎263 4172；Royal Rd；主菜250~690毛里求斯卢比；⏲8:00~22:30）意大利面（其中几种不含淀粉）、烧烤和三明治共同组成一份相当广泛各国风味菜单。位于海滨，所以任何时候来此就餐或者品味奶昔，都是美事一桩。

Happy Rajah 印度菜 €€

（见74页地图；☎263 2241；www.happyrajah.com；La Salette Rd；290~650毛里求斯卢比，午餐特供菜品 230毛里求斯卢比起；⏲11:30~14:30和18:00~22:30）位于Super U超市的入口右边一层，这家印度菜餐馆提供各式印度菜肴。如果你想奢侈一下，就点玛莎拉龙虾。其他可选择的包括咖喱、烤鸡（tikkas）和tandooris dominate（一种印度特色烧烤）。午餐时段的thali套餐同样非常出色。

Cocoloko 各国风味 €€

（见74页地图；☎263 1241；Royal Rd；西班牙小吃 175毛里求斯卢比，主菜 295~725毛里求斯卢比；⏲9:00~23:00；📶）海滩对面的街道上有一个铺满鹅卵石的小庭院，这家店为整个大海湾市中心带来了一种酷和成熟的感觉。普通的各国餐点不太引得起消费欲，但这里的气氛非常适合咖啡、鸡尾酒和户外就餐。提供沙拉、牛排、西班牙小吃、三明治、比萨（或被称为人们所熟知的"Pizzaloko"）。

还有免费Wi-Fi，晚上经常上演现场音乐，16:00~20:00是欢乐时光（happy hour）。如果来此消磨一个漫长、慵懒下午直至夜晚的话，还有许多地方可圈可点。

Coolen – Chez Ram 毛里求斯菜、海鲜 €€

（见72页地图；☎263 8569；Royal Rd；主菜260~480毛里求斯卢比；⏲周四至周二 11:30~14:00和18:30~22:00）在Royal Rd的美食乐园之中，Coolen明显最受青睐，因此当地顾客经常爆满。顾客浏览克里奥尔、印度北部和海鲜菜品菜单之时，侍应奉上一杯朗姆酒。章鱼咖喱搭配木瓜真是无与伦比，记得留点肚皮品尝酒煎香蕉。

Café Müller 咖啡馆 €€

（见72页地图；☎263 5230；Royal Rd；早餐/早午餐 自助餐 310/450毛里求斯卢比，周五自助餐和烧烤 成人/儿童 450/225毛里求斯卢比；⏲周一至周五 8:00~17:00，周六 至16:00）这家迷人咖啡馆的老板是德国人，堪称享用蛋糕、法式薄饼、咖啡和果汁绝佳之地；周六早午餐就在赏心悦目、绿草茵茵花园提供，每天供应自助早餐。周五中午到14:00开设自助餐和烧烤专场。

Le Capitaine 海鲜 €€€

（见72页地图；☎263 6867；www.lecapitaine.mu；Royal Rd；主菜 590~1950毛里求斯卢比；⏲正午至15:00和18:30~22:30）这家餐馆提供一流海鲜菜品，就餐环境喜庆欢快，既时尚又休闲，还有一些海湾景色。菜品包括各式岛上特色，龙虾则是首选。其他美味主菜包括白酒烹整蟹、鲜菇龙虾饺和黄瓜肉丸。晚餐必须预订。

🍷 饮品和夜生活

如果你想在毛里求斯参加聚会，大海湾是最好的选择。这里的许多餐馆，包括Cocoloko，都有热闹的夜生活。市中心北部靠近Luigi's（见76页）的夜店有淡季和旺季，但是去逛逛还是值得的。

★ **Les Enfants Terribles** 夜店

（Ferrari Club；见72页地图；☎5263 1076；Royal Rd，Pointe aux Canonniers；⏲周五和周六19.00至次日3.00）城中夜店首选，这家"小恐怖"（little terrors）拥有一个热闹喧嚣的舞池、令人放松的休息室，以及充满香槟酒的贵宾区。墙上装点着数百张聚会人的照片，显示了这里友好的社交氛围。

Beach House
酒吧

（见74页地图；☎263 2599；www.thebeachhouse.mu；Royal Rd；⏰周二至周日 11:30至深夜）这家酒吧的主人是原南非橄榄球运动员Kabous Van der Westhuisen，平时这家酒吧的热闹程度和观看体育比赛时一样。店主有时裸着上身在酒吧里走，为大家签名。地理位置得天独厚，吸引顾客前来；酒吧建在大海湾翠绿色的潟湖湖畔。

B52
鸡尾酒吧

（见74页地图；☎263 0214；La Salette Rd和Royal Rd交叉路口；⏰周一至周六 10:00至午夜）这家受欢迎的大型酒吧全天提供上好的鸡尾酒，位于市中心一处露天地带。

Stardance
夜店

（见74页地图；☎5977 5566；Royal Rd；门票 250毛里求斯卢比；⏰周五和周六 22:00至次日4:00）城内这个角落，夜店不停更替，所以无论名叫Stardance或者其他，终归都是夜店。Stardance不知能否持久。它举办大型主题夜晚活动，邀请一些岛上一流DJ。

Zanzibar
夜店

（见74页地图；☎263 0521；Royal Rd；⏰23:30至深夜）这家夜店位于Banana Bar和加油站旁，最近几年不停更名，但是活动一直丰富。舞池通常人满为患，音乐非常适合人们舞动双臂。这是一个城中酒吧的好选择。

Banana Bar
酒吧

（见74页地图；☎263 0326；www.bananabeachclub.com；Royal Rd；入场费 150毛里求斯卢比；⏰周一至周六 10:00至次日3:00，周日 中午至次日3:00）这家酒吧位于一个加油站停车场内，真是理想的喝酒聊天场所。周三至周六20:30还有现场音乐。

购物

日落大街
购物中心

（Sunset Boulevard；见74页地图；Royal Rd）日落大街位于市中心Royal Rd两侧，是时髦精品的购物首选，有针织物专卖店Floreal、Maille St和Shibani，哈里斯·威尔逊（Harris Wilson）的男装，以及Hémisphère Sud的皮制品。

Françoise Vrot
艺术品

（见68页地图；☎263 5118；Reservoir Rd；⏰10:00~13:00和15:00~18:30）如果想要买一些原创的工艺品，可以到Françoise Vrot工作室，看看她所描绘的栩栩如生的田间耕作农妇。

Grand Baie Bazaar
手工艺品

（见74页地图；⏰周一至周六 9:30~16:30，周日 至中午）Royal Rd边有一条隐秘的小路，隐藏着一个手工艺品市场。里面的商品范围很广，从毛里求斯工艺品到马达加斯加工艺品都有。商品价钱可商议，但是本身就不贵，这就为小贩省去了很多麻烦。

Galerie Vaco
艺术品

（见74页地图；☎263 6862；Dodo Sq；⏰周一至周六 10:00~17:00）可以来这里买一幅瓦克·巴萨克（Vaco Baissa）风格独特的画作。这个地方紧邻Royal Rd，位于Galito's Restaurant后面。

Del Sol
饰品

（见74页地图；☎757 4917；www.delsol.com；Royal Rd；⏰周一至周六 10:00~18:00）从T恤到指甲油——这些迷人的光敏Del Sol产品在文图拉广场（Ventura Plaza）的精品店里都能买到。

Super U Hypermarket
超市、书店

（见74页地图；La Salette Rd；⏰周一至周四 9:00~20:30，周五和周六 至21:30，周日 至16:30）坐落在距离大海湾闹市250米的内陆地区，Super U超市是目前岛上商品最全的超市，货品门类齐全，包括北部地区种类最多的图书和杂志。

ℹ 实用信息

网吧在大海湾仅存在一季至两季时间。走在市中心主干道上，你便能找到一家。

毛里求斯商业银行（Mauritius Commercial Bank，MCB；Royal Rd；⏰外币兑换所 周一至周六 8:00~18:00，周日 9:00至中午）有自动柜员机。

托马斯·库克（Thomas Cook；Royal Rd；⏲周一至周六 8:30~16:45，周日 至12:30）最佳的非银行货币兑换商。

到达和离开

从机场到大海湾没有直达长途汽车，所以需要到路易港之后在两个车站之间换乘。一般来说，酒店都会提供接机服务。如果不提供，我们建议你在12小时的长途飞行之后乘坐出租车，如果你下榻的不是大酒店，最好提前让酒店帮忙订车。

快速公交（见74页地图）每半小时从路易港的Immigration Sq直达大海湾。到达和去往路易港的快速公交站（Rs 38）都在Royal Rd上，大约位于Royal Rd和La Salette Rd交叉路口向北100米处。去往马勒勒角的普通长途汽车在大海湾会停。庞波慕斯和大海湾之间的长途汽车1小时一趟。去特鲁奥克斯毕雪海滩的普通长途汽车沿海岸线几百米就会停一次。

从机场往返大海湾的单程出租车价格是2000毛里求斯卢比。去庞波慕斯往返加上等待的时间，大约要600毛里求斯卢比左右。

当地交通

自行车

许多酒店和客栈都有自行车出租服务，有的甚至是免费的。虽然价格不同，但是基本上一天要付150~250毛里求斯卢比，如果租几天价格会低一些。大多本地旅行社都出租自行车，可去Royal Rd选选看。

小汽车

大海湾有许多租车公司，佩雷贝勒附近亦有ABC（见82页），你可以砍价，特别是在租好几天的情况下。一般来说，一辆小型掀背车一天的租金是1000毛里求斯卢比。看看你下榻的酒店或客栈是否与本地租车公司有特殊的折扣协议。排量为50cc和100cc的摩托车出租在大海湾十分常见；租摩托车的价格是每天500毛里求斯卢比左右，连租几天价格会更低。

佩雷贝勒（Pereybère）

人口：8450

随着北海岸不断发展，更加难以判断哪里是大海湾和佩雷贝勒（读作peu-ray-bear）的分界了。这里是北海岸除大海湾以外最发达的地区，既是一个繁华的旅游中心，又是一处静谧的度假胜地。不过，年复一年，它变得更像前者。

佩雷贝勒的沙雕艺术家

游览佩雷贝勒主海滩的原因很多，但是不同寻常一点就是欣赏当地居民Sanjay Jhowry的鬼斧神工的沙雕艺术。过去10年，一周两次，友好的Sanjay一直坚持将沙子雕成各种漂亮形状，从高于一般水准的沙堡到需要2天才能完成的6米高杰作；我们到访的这天，他已经完成一个漂亮的埃菲尔铁塔作品。大多数日子里，潮水会冲走他的作品，但是可以问他要相册看，相册包含这些年他创作的超过400件作品的图像。

景点

穆兰·卡瑟画廊 画廊

[Galerie du moulin Cassé；见64页地图；☎263 0672；Old Mill Rd（Chemin de Vieux Moulin Cassé）；⏲周五 10:00~18:00]该艺术馆藏身于一座可爱的糖厂之内，旧磨房画廊中展出了马尔科姆·夏萨尔（Malcolm de Chazal，1902~1982年）的花朵画作，还有戴安·亨利（Diane Henry）的摄影集。最为壮观的展览还要属拱形天花板上悬挂的超过2万个陶瓷装饰品。

Lookout 观景点

（见80页地图）能够欣赏海岸和北部岛屿美景。

活动

Ocean Spirit Diving 潜水

（见80页地图；☎263 4428；www.osdiving.com；Royal Rd；1次/3次潜水 1200/3360毛里求斯卢比；⏲8:00~16:30）这里的老板是法国人，在市中心有办事处，推荐原因是它在佩雷贝勒算是非常出众的潜店了。

Orca Dive Club 潜水

（见64页地图；☎5940 2016；www.orcadiveclub-merville.com）这家专业的潜水中心是德国人开的，设在Merville Hotel中，位于佩

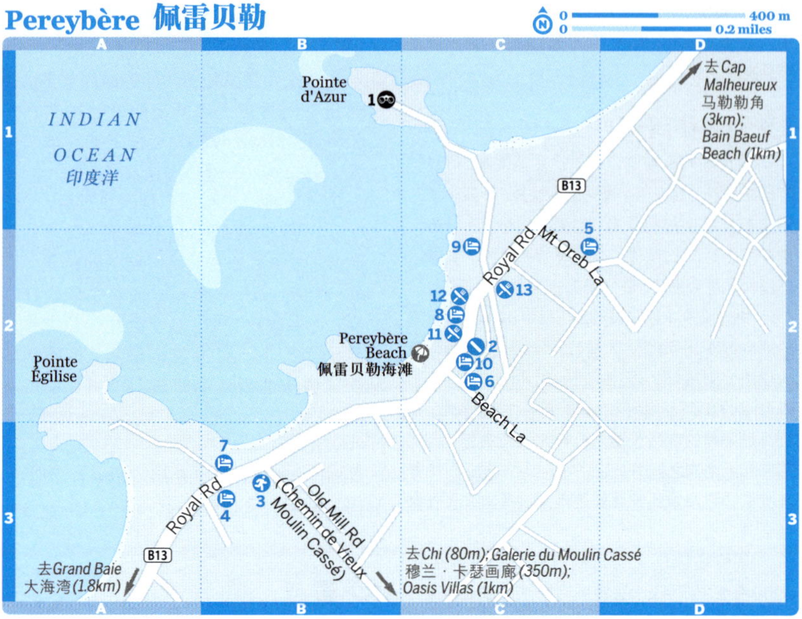

Pereybère 佩雷贝勒

景点

1 Lookout B1

活动、课程和团队游

2 Ocean Spirit Diving C2
3 Surya Ayurvedic Spa B3

住宿

4 Bleu de Toi B3
5 Casa Florida Hotel & Spa C2
6 Flowers of Paradise Hotel C2
7 Hibiscus Hotel B3
8 Le Beach Club C2
9 Ocean Beauty C2
10 Pereybère Hotel & Apartments C2

就餐

11 Caféteria Pereybère C2
12 Sea Lovers Restaurant C2
13 Wang Thai C2

雷贝勒和大海湾之间。

Surya Ayurvedic Spa 水疗

（见80页地图；☎263 1637；www.suryaspa.com；Royal Rd；⏲9:00~20:00）想要放纵地享受一番，去Surya Ayurvedic Spa是非常明智的选择，你可以试试印度推拿，或者试试土耳其浴室（hammam）汗蒸。

Chi 水疗

[The Spa；见64页地图；☎263 9621；Old Mill Rd（Chemin de Vieux Moulin Cassé）；⏲9:00~19:00]90分钟的足浴并添加5种基本精油的价格是1375毛里求斯卢比，与周边酒店内提供的水疗相比，这个价格非常合理。

住宿

主路两旁的沙滩边有一些大型酒店，然而这里主要的住处还是由迷人的小客栈和小酒店组成的，它们主要位于后街上，从市中心和公共海滩稍走一段就到了。

★ Bleu de Toi 客栈 €€

（见80页地图；☎269 1761；www.bleudetoi.mu；Coastal Rd；房间 92欧元起；❄@📶🏊）这家客栈的主人是个友善的比利时人，它在所有的客栈中都显得独具优势。房间虽然简单，但是装修雅致，拱形门格外吸引人。不要错过晚间的套餐（12~18欧元）。如果住得久，价格会更便宜。不接待儿童。

Flowers of Paradise Hotel 酒店 €€

（见80页地图；☎5934 5320；www.hotel-paradise-mauritius.mu；Beach Lane；标单 含早餐75~90欧元，双90~110欧元；❄📶🏊）距离主路有一段距离，但是从沙滩走一小段就能到达，这家非同凡响酒店有一丝精品酒店的感觉，房间和服务都很好。强烈推荐。

Hibiscus Hotel 酒店 €€

（见80页地图；☎263 8554；www.hibiscushotel.com；Royal Rd；含半餐 标单 90~125欧元，双125~180欧元；❄📶🏊）木槿花沿着石子路盛放，穿过丛林般的花园，一个巨大的游泳池和私人海滩便近在眼前（虽然此地颇具争议）。酒店有三层，房间干净舒适。木质家具厚重结实。

Le Beach Club 酒店 €€

（见80页地图；☎263 5104；www.le-beach-club.com；Royal Rd；海景房/园景房 95/75欧元，4人公寓 125欧元起；❄📶）这家结合了单间和两室公寓的酒店实属难得，这是为数不多的拥有小沙滩的酒店，是游泳的理想之地。房间拥有喜庆明媚的热带风情，地理位置十分优越。有什么可以抱怨的吗？也许算是吹毛求疵：客房开始显得陈旧，而且酒店的公共区域太小了，看起来好像是放家具的储藏室。

在到达之前请安排好你的入住时间，前台工作时间有限。

Ocean Beauty 酒店 €€

（见80页地图；☎263 6039；www.ocean-beauty.com；Pointe d'Azur；房间 含早餐 60~225欧元；❄@📶🏊）Ocean Beauty是一家精品酒店，专为蜜月夫妇打造。氛围亲切怡人，但是朴实无华：客房时髦新潮、舒适宜人，但是其他方面乏善可陈。尽管如此，这还是最佳浪漫之地。早餐会为你送到阳台上，酒店可直达迷人的城镇海滩。

Casa Florida Hotel & Spa 酒店 €€

（见80页地图；☎262 6208；web.casaflorida.net；Mt Oreb Lane；标单/双 含早餐1750/2140毛里求斯卢比；❄📶🏊）工作人员热情友善，客房美丽迷人，呈现茶色。因此，这里堪称佩雷贝勒一处物有所值住宿地点。距离海滩5分钟步程。

Pereybère Hotel & Apartments 酒店 €€

（见80页地图；☎263 8320；www.pereyberehotel.com；Royal Rd；双/公寓/套 56/70/75欧元；❄@📶🏊）从公共海滩走过马路就到了酒店。这家历史悠久的酒店从正面看很陈旧，但是房间格外整洁。所谓的海景，更像是透过斑驳树影中的一瞥。一些房间中所谓的按摩浴缸，也就是普通淋浴加了几个豪华的喷嘴和按钮。

Oasis Villas 别墅 €€€

[见64页地图；☎422 8435；www.oasis-villas-mauritius.com；Old Mill Rd（Chemin de Vieux Moulin Cassé）；别墅 222欧元起；❄📶🏊]新潮的亚洲装饰风格有助营造奢华露天酒店环境。这里的安保措施很完善、很私密，你能真正感受到贵宾的待遇。唯一的不足是你需要一辆车才能到达海滩。如果你与家人或朋友一同来旅游，那么这些别墅简直太实惠了。

就餐

佩雷贝勒颇有几家出色的就餐地点，而大海湾的选择更多。

Caféteria Pereybère 咖啡馆 €

（见80页地图；☎263 8539；Royal Rd；主菜250~620毛里求斯卢比；⏰10:30~22:00）这家餐馆开在公共沙滩后面，全天开放，是一家简易的咖啡馆餐馆。该餐馆供应品质一般的烤鱼、咖喱、牛排和薯条，还有其他多种菜肴。食物分量不大，需要现金付费。来此就餐，不是看中菜品水准，而是因为毗邻海滩、价格低廉。

★ **Wang Thai** 泰国菜 €€

（见80页地图；☎263 4050；www.thai.mu；Royal Rd；主菜 290~490毛里求斯卢比，套餐250~500毛里求斯卢比；⏰周二和周三 中午至14:30，周四至周日 中午至14:30和16:30~22:30）这是毛里求斯长久以来的最佳餐馆，泰国菜十分正宗。该餐馆精致又通风，室内摆放着一尊尊佛像，菜肴都以生丝摆盘，价格却可接受。想要犒劳一下你的胃，可选一些主打菜肴，比如香茅海鲜汤（tom yum thalay）、绿咖喱、罗望子酱烧鱼或混合炒面（phad thai）。

Sea Lovers Restaurant 海鲜 €€

（见80页地图；☎263 6299；Royal Rd；主菜 350~750毛里求斯卢比；⏲周三至周一 中午至14:00和18:00~21:00）这无疑是这里设计最巧妙的餐馆之一。美丽的露台直接建在沙子上，家具的风格很有个性。但是服务差强人意、食物不尽如人意。不过这家店还是值得驻足，香蕉叶包鱼排这道菜还可以。

到达和离开

路易港和马勒勒角之间穿梭的长途汽车，在佩雷贝勒和大海湾都停。长途汽车每30分钟一班。

当地交通

你也可以租汽车、摩托车和自行车，向当地旅行社租即可。汽车每天1000毛里求斯卢比起。摩托车排量在50cc或100cc的，一天租金为500毛里求斯卢比。自行车租金每天至多150毛里求斯卢比。多数大海湾的租车公司都会在佩雷贝勒租车和提车。

ABC Car Rental（☎263 1888；www.abc-carrental.com）信誉颇高的连锁租车机构的北方分店。

Ara Tour（☎262 7158；www.aratoursmauritius.com）本地租车机构。

马勒勒角（Cap Malheureux）

人口：5070

毛里求斯北岸有一处绝佳的离岸观赏岛上景色的地方，这就是著名的米尔考恩（Coin de Mire）。虽然如今它似乎已经成为一潭死水，但“Cap Malheureux”（灾难角；因许多船只在此触礁而得名）依然是毛里求斯最重要的历史圣地：1810年，英国殖民者在此最终打败了法国，占领了毛里求斯。走过海岬，就是一个小小的渔村，风景秀丽，叫作马勒勒角。

景点

红顶教堂 教堂

（Notre Dame Auxiliatrice；见64页地图；Royal Rd）红顶教堂是马勒勒角上镜很频繁的一座教堂。建筑内部精美的木工和巨大的贝壳中盛放的圣水都值得一看。这里有一个指示牌，严令禁止新婚夫妇假装在这里举行教堂婚礼并拍照。但是，教堂地界之上，时常能够看到难辨真伪的新婚夫妇连同摄影人员。你可以来这里参加弥撒，时间是周六18:00和周日9:00。

住宿

谈及住宿，马勒勒角或许不及附近大海湾或佩雷贝勒那样选择丰富，但是仍然拥有一些出色的酒店，适合那些希望住宿环境安静、略微远离喧嚣的游客。

Kuxville 公寓 €€

（见64页地图；☎262 8836；www.kuxville.com；Royal Rd；单间公寓/公寓/别墅 70/110/190欧元起；❄📶）在马勒勒角渔村向西1.5公里的地方，有许多住宿选择，但这个地方一直都十分热门。主要选择有干净的套房和至多住4人的公寓；花园房在马路对面，是新建的。这里还有一个小海滩和一所风筝冲浪与潜水学校，主人是可爱的尼克·考克斯（Nico Kux）——详情可查询www.sindbad.mu。

★ **Le Paradise Cove** 度假村 €€€

（见64页地图；☎204 4000；www.paradisecovehotel.com；Anse la Raie；标单/双/套 含半餐 380/520/850欧元起；❄@📶🏊）这是一家五星级精品度假村，专为蜜月夫妇设计。表面并不张扬，实际上，店如其名，奢华无比。位于一个景色迷人小海湾；沙滩在海湾尽头，为住客提供了很好的隐私保障。其他突出的亮点包括拥有高尔夫球场、网球场、免费水上运动项目以及潜水中心。还有，海岬上的“爱巢”（love nests）能够俯瞰北部岛屿。

就餐

除了酒店附属餐馆，这个地区没有太多其他就餐选择。另外，可以考虑前往佩雷贝勒和大海湾，距离不远。

Helena' s Cafe 咖啡馆 €

（见64页地图；☎5978 1909；Royal Rd；主菜 225~490毛里求斯卢比；⏲7:30~16:00）这家咖啡馆赏心悦目、小巧玲珑，位于岛屿北端附近教堂停车场的马路对面。从头到脚呈现海蓝色和白色。提供三明治、铁板三明治和一些主菜，例如烤鸡或烤鱼、面食或米饭。

★ Amigo 海鲜 €€

（见64页地图；☎5251 9264；amigo.restaurant.mu；Le Pavillon，Royal Rd；主菜 225~950毛里求斯卢比；⏰周一至周六 中午至15:00和18:00~22:00）没有人会不喜欢位于马勒勒角镇子后面、靠近甘蔗种植地的这个小餐馆。墙上的字（真的）无不体现了客人对这家餐馆各处的满意、热爱和深深的感情。餐馆里的每个平面都可以随意涂鸦，桌子也一样。这家餐馆为客人提供最好的海鲜。

注意：这家餐馆的名字是由主人（已经不幸去世）和他4个儿子名字的首字母缩写而成。可是该店的主人完全不会说西班牙语。这家店的食物可以外卖。

ℹ 到达和离开

往返于路易港Immigration Sq车站（42毛里求斯卢比）和马勒勒角之间的长途汽车大约每半小时一班，途经大海湾。打车去路易港要花费1000毛里求斯卢比左右，去大海湾是400毛里求斯卢比，去机场是2000毛里求斯卢比。

格兰高伯（Grand Gaube）

格兰高伯位于马勒勒角以东6公里处，毛里求斯北部的开发止步于此，这个小镇保持着小渔村的风貌，有漂亮的沙滩。沿着东岸一直走，走过格兰高伯的一个个小岩石湾才能看到海滩，这段长长的距离使这个传统的毛里求斯风情村落鲜有游客问津。1744年，“圣热然号”（St Géran）轮船因遭遇风暴在格兰高伯沉没，激发了伯纳丁·德·圣皮埃尔的灵感，使他创作出了脍炙人口的爱情故事《保罗和维珍妮》。

活动

Yemaya 皮划艇

（www.yemayaadventures.com；半天/全天1500/2000毛里求斯卢比起）提供海上皮划艇之旅，供游客游览安布尔岛（Île Ambre）。同时，可以安排更远的行程，也可组织山地骑行之旅。

住宿

此处，奢华私属度假村占据主导地位，但是它们不易觉察。事实上，只有入住其内，方知它们存在。

★ Veranda Paul & Virginie 酒店 €€€

（见64页地图；☎266 9700；www.veranda-resorts.com；标单/双 含早餐 125/175欧元起；❄@📶🏊）这家格兰高伯历史最悠久的酒店将为你提供愉快的住宿体验。该酒店规模不大，不会让人有压迫感，但设施之齐全堪称豪华：两个游泳池，数个餐馆，七彩泉水疗，丰富的活动，还有儿童俱乐部。客房宽敞，能够欣赏海景，装修精致。还有一片虽说不大但是迷人的海滩。

Zilwa Attitude 度假村 €€€

（见64页地图；☎204 9800；www.zilwa-hotel-mauritius.com；Royal Rd，Calodyne；房间362欧元起）Zilwa Attitude赏心悦目，是个四星级酒店，具备一切该连锁酒店应有特色。包括景致美轮美奂的无边泳池、出类拔萃的餐馆、配备质朴家具的客房，以及各种各样水上活动，例如风筝冲浪和站立式滑水，还有乘船前往离岸岛屿游览项目。

Lux* Grand Gaube 酒店 €€€

（见64页地图；☎698 9800；www.luxresorts.com；房间 175~2200欧元；❄@📶🏊）该酒店规模宏大，风格时尚，远离喧闹的大众观光区，临海岸而建。在给予顾客亲水体验的同时让其尽享田园牧歌式的美好生活。顾客可以尽情欣赏美丽的海湾和酒店周边的幽雅风景。该酒店充分依托“风水”主题而建，弥漫着浪漫气息。

ℹ 到达和离开

来往于路易港Immigration Sq车站和格兰高伯（44毛里求斯卢比）之间的长途汽车大约15分钟一班。从这里打车去路易港花费为1000毛里求斯卢比，去大海湾要花500毛里求斯卢比，去机场要花2100毛里求斯卢比。

庞波慕斯（Pamplemousses）

人口：8850

庞波慕斯的植物园（位于大海湾和路易港之间）是岛上的主要景点之一，它宁静祥和，有丰富的外国植物。附近还有一家已经停业的制糖厂，现如今已改造为博物馆，吸引了大批游客前去参观。

庞波慕斯这一名称来源于一种类似于葡萄柚的柑橘树（citrus trees），这一树种是荷兰人从爪哇岛引入毛里求斯的。这个小镇具有典型的毛里求斯风情，宁静安逸、游客稀少、有点衰败，和大海湾与特鲁奥克斯毕雪海滩的感觉截然不同。

景点

★希乌萨古尔·兰姆古兰爵士植物园 花园

（Sir Seewoosagur Ramgoolam Botanical Gardens, SSR; Jardins de Pamplemousses, Royal Botanical Gardens; 见64页地图；成人 200毛里求斯卢比，导游费每人50毛里求斯卢比；⏲8:30~17:30）除了伦敦的英国皇家植物园（Kew Gardens），希乌萨古尔·兰姆古兰爵士植物园可以和任何世界顶级的植物园媲美。这里同时也是毛里求斯最热门的景点之一，并且无论从岛上哪个地方出发，到这里都很方便。给植物设立标牌的工作仍然还在进行，强烈推荐游客雇一名对植物园了如指掌的导游，这些导游在植物园入口处就可以找到。行动不便的游客可以乘坐高尔夫球车观光。

植物园的重要展品是一池亚马逊王莲（Victoria amazonica water lilies），原产于南美。新生的嫩叶仿佛皱成一团的球一般缓缓展开，最后伸展成2米宽的经典的茶托形状，这一过程只消几小时光景。花朵被巨大的叶子簇拥在中央，隔天开一次花；花为白色，不开的时候则呈红色。花在温暖的夏季开得最大最美，1月尤其适合赏花。

棕榈树是园艺景观最重要的组成部分，且形态种类各异。其中比较具有代表性的有粗短的酒瓶棕（bottle palms）、高大的王棕（royal palms）以及贝叶棕（talipot palms）；贝叶棕40年才开一次花，且花期一过就会死亡。其他的品种包括：酒椰（raffia）、糖棕（sugar）、孔雀椰（toddy）、蒲葵（fan），甚至还有封蜡棕（sealing-wax palms）。园中还有许多奇异有趣的树种，如格尼帕树（marmalade box tree）、滨玉蕊（fish poison tree）、香肠树（sausage tree）等。

另一个不得不提的看点则是这附近丰富的鸟类——抬头看看马达加斯加福迪雀（Madagascar fody）的深红色身影吧。在园区北侧出口，还有大量圈养的鹿群以及阿尔达布拉象龟（aldabra tortoises）。

植物园是以希乌萨古尔·兰姆古兰爵士的名字来命名的，他是毛里求斯独立后的第一任首相。植物园由马埃·德·拉布尔多内始建于1735年，当时是其Mon Plaisir Château（现在城堡里有小型的照片展览）的一块菜园。附近还有火化希乌萨古尔·兰姆古兰爵士的祭台（其骨灰被撒入印度恒河），而且许多国际知名人士都在附近的花园中种过树，包括纳尔逊·曼德拉和甘地，还有很多英国皇室成员。

1768年，在法国园艺学家皮埃尔·普瓦夫尔（Pierre Poivre）的主持下，这个菜园开始成为独立的园区。和英国皇家植物园一样，这块园区在当时的园艺间谍活动中也扮演了重要的角色。普瓦夫尔从世界各地进口不同植物的种子，试图使法国摆脱对亚洲香料的依赖。植物园在1810~1849年荒废了，直到英国园艺学家詹姆斯·邓肯（James Duncan）将其改造成

值 得 一 游

拉布尔多奈斯城堡（CHÂTEAU LABOURDONNAIS）

如果你来到庞波慕斯植物园和蔗糖体验博物馆游览，还有一个地方也是我们极力推荐的。

作为岛上最具殖民地风情的建筑之一，始建于1859年的**拉布尔多奈斯城堡**（见64页地图；☎266 9533; www.chateaulabourdonnais.com; 成人/儿童 375/200毛里求斯卢比；⏲9:00~17:00）最近重新对游客开放。该城堡由柚木建成，具有意大利新古典主义的风格，比例匀称协调，并完美地融合了维多利亚庄重的室内陈设路线和一些活泼可爱的设计元素。常规的游览路线耗时约45分钟。在游览结束之后，推荐游客去葱郁的花园中散散步，品尝一下现场酿制的朗姆酒，并在城堡享用天天翻新花样的一餐。这里还有一家时髦的礼品店。

要来这里，上M2高速公路往北行驶约3公里至马普（Mapou）出口处，然后跟随路标指示即可。

一个种植棕榈树和其他热带树木的植物园，它才又重新回到了世人的视线里。

蔗糖体验博物馆 博物馆

（L' Aventure du Sucre；见64页地图；☎243 0660；www.aventuredusucre.com；Pamplemousses；成人/儿童 380/190毛里求斯卢比；⏲9:00~17:00）从前的布博兰制糖厂（Beau Plan）已是毛里求斯最负盛名的博物馆之一。馆内不仅有对制糖业的详细介绍，还有关于毛里求斯的历史、奴隶制、朗姆酒贸易以及许多其他方面的信息。在这里逛上几个小时，一定不会让你失望。

原先的制糖厂创建于1797年，一直运营至1999年才宣布停业。厂内的机器大都原封不动地保存了下来，而且以前的工人也随叫随到，回答游客们有关工厂的各种问题，以及解释将甘蔗加工为糖的复杂过程。馆内还配备有视频和交互设备，并为儿童准备了小测验。在参观结束时，你可以尝尝15种不同类别的粗制糖，其中两种是在毛里求斯发明的。

就餐

庞波慕斯确有几家非常出色的午餐地点，不过如果来此享用晚餐，应该考虑花园西面、零散分布的那些价格更加实惠的餐馆。否则，可以往大海湾或者路易港。

★Chez Tante Athalie 毛里求斯菜 €€

（见64页地图；☎243 9266；Centre de Flacq Rd, Mont Gout；套餐 500毛里求斯卢比；⏲周一至周六 中午至14:30）Chez Tante Athalie四周开放，供应的私房菜（table d' hôte）堪称本区首屈一指，提供新鲜简单的克里奥尔食物，俯瞰着一个停着老式汽车的园子。这个地方仿似一片绿洲。从植物园入口出发，跟随路标行驶大约500米至一个丁字路口，左转，再沿有路标指示的车道行驶2公里，下车左手边即是。

Le Fangourin 毛里求斯菜 €€

（见64页地图；☎243 7900；www.aventuredusucre.com；主菜 295~860毛里求斯卢比；⏲9:00~17:00）如果蔗糖体验博物馆里的糖已经让你食欲大开，你可以在这里小啜一杯甘蔗汁。该店是博物馆地段一家新潮的咖啡厅，提供精致的克里奥尔美食和各式甜点饮品。素食系列菜品同样出色。

> **在西部潜水**
>
> 毛里求斯西部是潜水最好的地方，佛力克昂佛勒克有许多不错的潜水中心，一年四季皆宜。以下是我们最喜欢的，都可从佛力克昂佛勒克或者莫尔纳山进入。
>
> **Rempart Serpent**（见88页地图）
>
> **La Cathédrale**（见88页地图）
>
> **Couline Bambou**（见88页地图）
>
> **Passe St Jacques**（见86页地图）
>
> **Manioc**（见88页地图）

购物

Le Village Boutik 饮食

（见64页地图；⏲9:00~17:00）这家广受好评的商店就在蔗糖体验博物馆的旁边，提供各类糖制品和礼物包装，还有用当地甘蔗制成的朗姆酒。售货员鼓励顾客先尝后买。

到达和离开

可以从大海湾、特鲁奥克斯毕雪海滩、格兰高伯和路易港乘坐长途汽车去往庞波慕斯。从大海湾和特鲁奥克斯毕雪海滩发车的长途汽车大约每小时一班，沿途停靠制糖厂博物馆附近和植物园。

从路易港Immigration Sq车站和格兰高伯发车的长途汽车大约每10~15分钟一班，这些长途汽车仅停靠植物园站，可再步行至博物馆（约15分钟）。

西部（THE WEST）

毛里求斯西部有全国最多样的海岸。繁忙的旅游中心佛力克昂佛勒克不一定适合每个人，但是那里也隐藏着宝藏。海岸沿线就是沙湾以及黑河（Rivière Noire）和塔马兰的山地远景。美不胜收的莫纳布拉班特山（Le Morne Brabant）峭壁嶙峋，伫立海岸南端，非常适合拍照留念。进入内陆不远，地势开始陡峭；这片地带包含动物丰富的黑河谷国家公园和令人陶醉的夏马尔——岛上最为可爱的城镇之一。

The West 西部

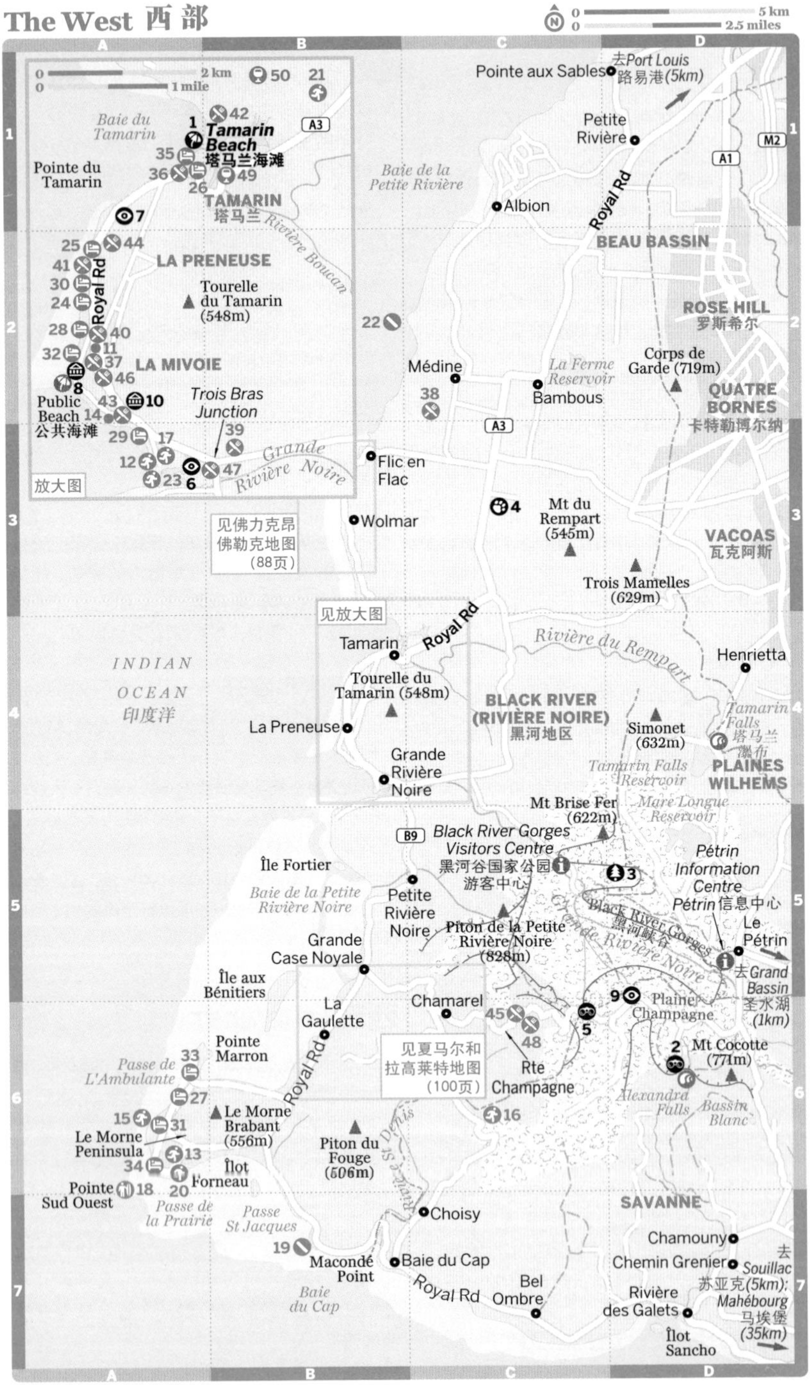
0 5 km
0 2.5 miles
0 2 km
0 1 mile
Baie du Tamarin
Pointe du Tamarin
1 Tamarin Beach 塔马兰海滩
TAMARIN 塔马兰
Rivière Boucan
LA PRENEUSE
Tourelle du Tamarin (548m)
Royal Rd
LA MIVOIE
Public Beach 公共海滩
Trois Bras Junction
Grande Rivière Noire
放大图
A3
Pointe aux Sables
去Port Louis 路易港(5km)
Petite Rivière
M2
A1
Baie de la Petite Rivière
Albion
BEAU BASSIN
ROSE HILL 罗斯希尔
Corps de Garde (719m)
QUATRE BORNES 卡特勒博尔纳
Médine
La Ferme Reservoir
Bambous
Flic en Flac
Wolmar
Mt du Rempart (545m)
VACOAS 瓦克阿斯
Trois Mamelles (629m)
见佛力克昂佛勒克地图 (88页)
见放大图
Tamarin
Tourelle du Tamarin (548m)
La Preneuse
Grande Rivière Noire
Rivière du Rempart
Henrietta
INDIAN OCEAN 印度洋
BLACK RIVER (RIVIÈRE NOIRE) 黑河地区
Simonet (632m)
Tamarin Falls 塔马兰瀑布
PLAINES WILHEMS
Tamarin Falls Reservoir
Mt Brise Fer (622m)
Mare Longue Reservoir
B9
Black River Gorges Visitors Centre 黑河谷国家公园游客中心
Pétrin Information Centre Pétrin信息中心
Île Fortier
Baie de la Petite Rivière Noire
Petite Rivière Noire
Piton de la Petite Rivière Noire (828m)
Black River Gorges 黑河峡谷
Grande Rivière Noire
Le Pétrin
去Grand Bassin 圣水湖 (1km)
Grande Case Noyale
Île aux Bénitiers
La Gaulette
Chamarel
Plaine Champagne
Pointe Marron
见夏马尔和拉高莱特地图 (100页)
Rte Champagne
Mt Cocotte (771m)
Passe de L'Ambulante
Alexandra Falls
Bassin Blanc
Le Morne Peninsula
Le Morne Brabant (556m)
Piton du Fouge (506m)
Rivière St Denis
Îlot Forneau
Pointe Sud Ouest
Passe de la Prairie
Passe St Jacques
SAVANNE
Choisy
Chamouny
Chemin Grenier
去Souillac 苏亚克(5km); Mahébourg 马埃堡 (35km)
Macondé Point
Baie du Cap
Bel Ombre
Rivière des Galets
Baie du Cap
Îlot Sancho

The West 西部

重要景点

1 塔马兰海滩........A1

景点

2 亚历山德拉瀑布观景台........D6
3 黑河谷国家公园........D5
4 卡塞拉自然探险公园........C3
5 戈格斯观景台........C6
6 拉·巴里斯·玛里纳........A3
7 盐路........A1
8 玛尔泰洛塔........A2
9 Plaine Champagne派出所........D5
10 贝壳世界........A2

活动、课程和团队游

11 Chez Philippe........A2
12 Dolswim........A3
13 Haras du Morne........A6
ION Club........（见34）
14 JP Henry Charters Ltd........A2
15 风筝潟湖........A6
16 La Vieille Cheminée........C6
17 莫尔纳山垂钓者俱乐部........A3
18 独眼........A6
19 Passe St Jacques........B7
20 Son of Kite........A6
21 Tamarina Golf, Spa & Beach Club........B1
22 Tug II........B2
Yoaneye Kite Centre........（见33）
23 Zazou Fishing........A3

住宿

24 Bay Hotel........A2
25 Belle Crique........A2
Chalets en Champagne........（见48）
26 Chez Jacques........A1
27 Dinarobin........A6
28 La Mariposa........A2
29 Latitude Seafront Apartments........A3
30 Les Lataniers Bleus........A2
31 Lux Le Morne........A6
32 Marlin Creek Residence........A2
33 Paradis........A6
34 Riu Le Morne........A6
35 Tamarin Hotel........A1
Tamarina Golf, Spa & Beach Club........（见21）
West Island Resort........（见6）

就餐

Al Dente........（见10）
Chez Philippe........（见11）
36 Cosa Nostra........A1
37 Crêperie Bretonne........A2
38 Domaine Anna........C2
39 Frenchie Café........B3
40 Kozy Garden........A2
41 La Bonne Chute........A2
42 La Madrague........B1
43 Lazy Lizard........A2
44 Le Cabanon Créole........A2
45 Le Domaine de Saint-Denis........C6
46 London Way........A2
Mirador........（见4）
47 Pavillon de Jade........B3
48 Varangue sur Morne........C6

饮品和夜生活

49 Big Willy's........B1
50 Le Dix-Neuf........B1

娱乐

Tamarin Hotel........（见35）

购物

Tutti Frutti........（见40）

到达和离开

毛里求斯西部主要的公共汽车线路是从路易港到最南端的黑河。从中部平原的卡特勒博尔纳（Quatre Bornes）到夏马尔也有定期路线。

你的酒店或宾馆应该能安排租车或自行车。

注意：西部只有两个加油站，一个在佛力克昂佛勒克，另一个在黑河。

佛力克昂佛勒克（Flic en Flac）

人口：2378

虽然名字听上去美妙又奇异，佛力克昂佛勒克却和你在旅行社网站上图片里看到的天堂不一样。它的绰号被认为是来自旧时荷兰语名字“Fried Landt Flaak”（自由平坦的土地），其连绵数里的海岸无疑令18世纪到达的探险家们震撼。今天，这个区域正在大量建造公寓、纪念品店、货币兑换点和吝啬的假日租赁。虽然佛力克昂佛勒克的发展走的是大海湾的模式，镇上的十几家俱乐部和餐馆仍然无法吸引聚会群体。

抛开这些因素，这里的海滩仍是毛里求斯最好的。如果你住在任何城外瓦尔马

Flic en Flac 佛力克昂佛勒克

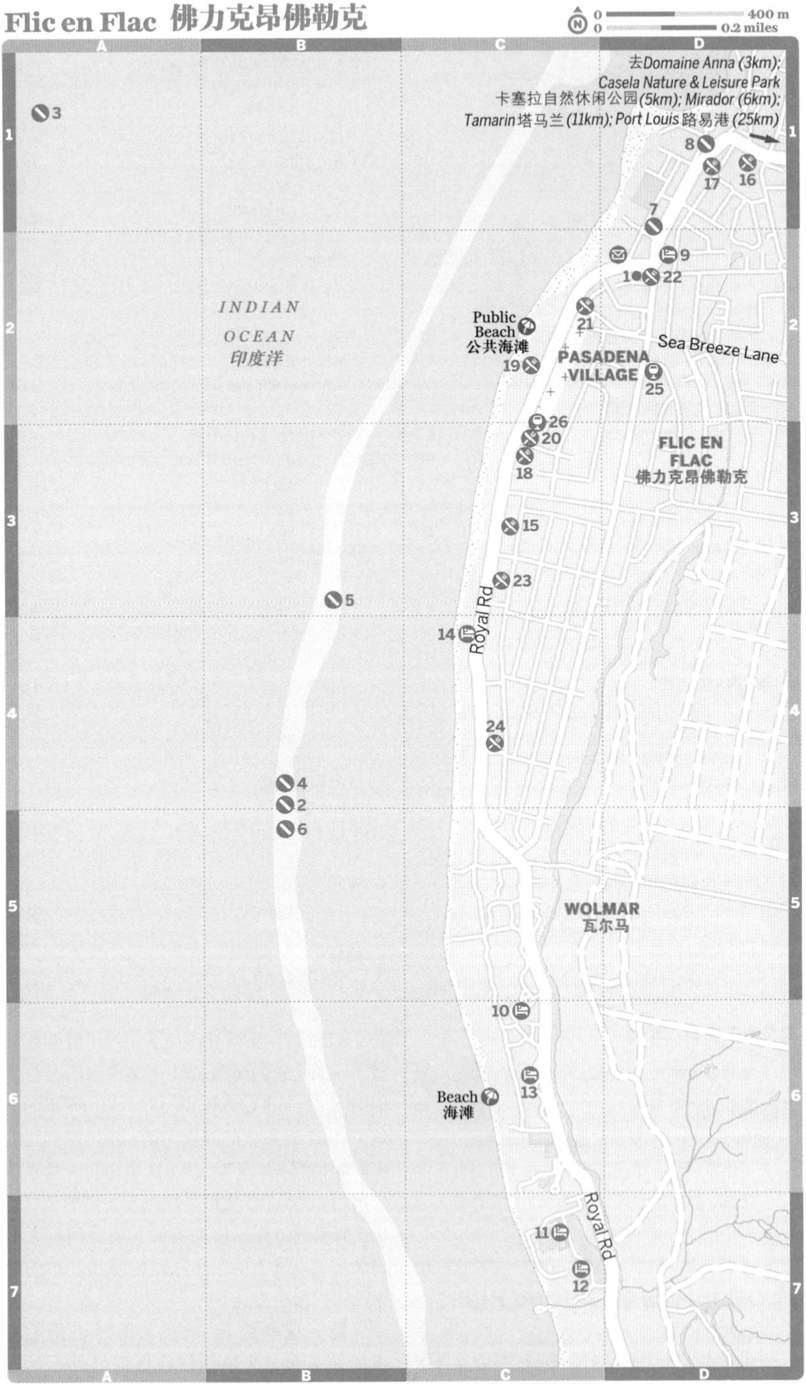

Flic en Flac 佛力克昂佛勒克

活动、课程和团队游
1 Blue Coral Tour D2
2 Couline Bambou B4
3 Kei Sei 113 ..... A1
4 La Cathédrale B4
La Pirogue Big Game Fishing ..... （见10）
5 Manioc B3
6 Rempart Serpent B5
7 Sea Urchin Diving Centre D1
Sun Divers ..... （见10）
8 Ticabo Diving Centre D1

住宿
Aanari ..... （见1）
9 Easy World Hotel D2
10 La Pirogue C6
11 Maradiva C7
12 Sands Suites Resort & Spa C7
13 Sugar Beach Resort C6
14 Villas Caroline C4

就餐
15 Ah-Youn C3
16 Banane Créole D1
17 Canne à Sucre D1
18 Chez Pepe C3
19 Jeanno Burger C2
20 Le Bougainville C3
21 Ocean Restaurant C2
Paul & Virginie ..... （见10）
22 Spar Supermarket D2
23 Twin' s Garden C3
24 Zub Express C4

饮品和夜生活
25 KenziBar D2
26 Shotz C3

（Wolmar）地区的高端度假村，你就能发现星星点点的沙滩、潜水运动和一些可口的餐馆。

景点

卡塞拉自然探险公园　动物园

（Casela World of Adventures；见86页地图；☎401 6500, 452 2828；www.caselapark.com；成人/儿童 740/475毛里求斯卢比；⏲5月至9月 9:00~17:00，10月至次年4月 至18:00）当你来到这片14公顷的自然公园时，你会面临让你眼花缭乱的选择：这里既是动物园（栖息着大型猫科动物、犀牛、长颈鹿和其他非洲哺乳动物），也是一处风景绝佳的保护区，提供一个巨型滑梯、亲密接触动物的机会，以及一系列令人心跳加速的运动，如飞索、峡谷漂流和沿着栖息斑马、黑斑羚、非洲大羚羊、犀牛和猴子的周边地域驾车游览。卡塞拉位于主路拐向佛力克昂佛勒克的拐弯以南1公里处。

这里还有迎合儿童的宠物园、游乐场、巨型陆龟，以及钓鱼和迷你高尔夫运动。如需完整的价格表，请登录网站查询，或在公园主要入口的问询处花一点儿时间计划好行程安排。

只付入园费，你就可以自由漫步整个园区，内有陆龟、多种珍奇鸟类和一些灵长类动物。一定要经过Mirador餐厅，从这里可以看到海岸平原的完整景色。入园费用同时包含一趟游览车旅程，其间到达观景点，俯瞰广袤无垠、绿草茵茵的围场，观察狮子、猎豹和土狼；还有另外一趟乘车游，穿越更加广阔区域，观赏斑马和鸵鸟等。

这个公园还有著名的15分钟与老虎“互动”活动（750毛里求斯卢比），意味着你可以真正和老虎处在一个围场之内，只需拿一根棍子即可。还有1小时的“与狮同行”体验（3750毛里求斯卢比）。我们不推荐以上两项活动。它们都是野生动物，虽然事先喂饱，游客被袭击的事件不常见，但是类似事件仍有发生，且会要求参与者事先签订损失赔偿表。动物权利组织已经提出质疑，关注这些地方大型猫科动物的生存质量。他们同时提出疑问，当动物衰老之后无法参与活动时，又该何去何从。

活动

一些毛里求斯的最佳潜水点就在佛力克昂佛勒克附近翠绿的潟湖，那里的浅滩会骤然变深了。这一地区最有名的景点是La Cathédrale，有标志性的石拱和层层叠叠的洞穴。

除了潜水商店，瓦尔马大部分高级酒店也都有自己的潜水设施，并对外开放。登录www.msda.mu可查询合格的已经投保的潜水经营者名单。

Sea Urchin Diving Centre 潜水

（见88页地图；☎453 8825；www.sea-urchin-diving.com；Royal Rd；初学者/非初学者2000/1200毛里求斯卢比；⏲周一至周六 8:00~18:00，周六潜水 9:00、11:30和13:30）这家德国人经营的潜水中心非常专业，也很方便，沿着主路就能找到。

Sun Divers 潜水

（见88页地图；☎5972 1504；www.sundiversmauritius.com；1次/3次 潜水 1700/4400毛里求斯卢比；⏲周一至周六 8:00~16:00，周日 至中午，潜水 每天 9:00、中午和14:30）Sun Divers位于La Pirogue酒店（见91页），是该地区最顶尖的潜水运营者之一，也是岛上最早提供全套设备的运营商之一。开设PADI课程以及水下摄影教学。潜水每次最少3人。如自带设备可享受优惠。

Ticabo Diving Centre 潜水

（见88页地图；☎5973 6316，453 5209；www.dive-ticabo.com；Royal Rd；日间/夜间 潜水1200/1700毛里求斯卢比，5次潜水套餐 5500毛里求斯卢比；⏲周一至周六 8:30~16:00）城内主路沿线分布许多值得推荐的专业潜水中心，Ticabo Diving Centre便是其中之一。

Blue Coral Tour 乘船游

（Italy Tour；见88页地图；☎257 7202；Pasadena Village，Royal Rd；⏲周一至周六 8:30~18:30，周日 9:00~13:00）这家意大利人经营的专业潜水机构组织半天观赏海豚和浮潜之旅，还有前往塞尔夫岛（Île aux Cerfs）和加布里埃尔岛（Îlot Gabriel）的全天游览，还可以安排垂钓活动。

La Pirogue Big Game Fishing 钓鱼

（见88页地图；☎483 8054；www.lapiroguebiggame.com）La Pirogue Big Game Fishing位于La Pirogue酒店，可为游客安排垂钓之旅以及其他乘船游。

住宿

佛力克昂佛勒克中心并非十分繁华，到处都是简陋的公寓和大楼。在佛力克昂佛勒克南边的瓦尔马地区，你能在沙滩上找到一些迷人的豪华酒店。

和往常一样，如果你想要奢华的选择，最好通过旅行社预订，会有不少折扣。门市价在价目表中列出。

观赏海豚

同海豚一起游泳是毛里求斯西海岸最受欢迎活动之一。宽吻海豚和飞旋海豚就在佛力克昂佛勒克和塔马兰附近海域嬉戏。多数清晨，它们出现在海湾——许多乘船游旅行机构早上8:00出发，花费一两个小时观赏海豚，同时可以送付费游客入水浮潜，亲密接触这种动物。

乘船旅游，观察海豚的行为，我们非常在意这些活动造成的影响。

这些船只有时超过20个，都有外置发动机，配备一个瞭望台，然后朝着发现海豚踪迹的方向行进。目的非常明确，就是尽可能靠近海豚，然后送游客下水，以便他们能够亲密接触海豚。但是根据我们的经历，多数旅游机构的行为只会骚扰海豚，还有可能给这些温顺的动物带来巨大压力。

人类接触野生海豚科学行为规范指出，人们很难辨别一种行为是否会对这种动物造成冒犯或者压力。如果行为不当，这些接触可能影响海豚吃食、休息、生育和其他行为。这种追赶海豚的行为可能也会对于单个海豚以及整个种群的健康和良好造成影响。船只螺旋桨可能弄伤海豚，海豚也有可能依赖人类取食，因为有些人为了吸引海豚前来，会向水中投食。

如果确实打算下水同海豚共游，请同它们保持距离。如果它们游近，不要触摸它们，建议旅游组织者尽量同海豚保持距离。我们推荐一个当地机构Dolswim（见94页），他们做得不错。

Easy World Hotel 酒店 €

（见88页地图；☎453 8571；easy-world-beach-apartments.holiday-rentals.mu/；Royal Rd；房间/单间公寓 890/1200毛里求斯卢比；🅿❄@📶）虽然破旧，但是基本设施都有，酒店价格便宜，位置便利，坐落于横跨城区的主路上。可以选择一间楼上的房间，虽然爬上楼比较辛苦，但是海风十分舒服。老板还在附近开设一处店面，到这儿之后可以问问情况。

Aanari 酒店 €€

（见88页地图；☎453 9000；www.aanari.com；Royal Rd；标单/双 92/121欧元起；❄@📶🏊）位于帕萨迪纳（Pasadena）之上，Aanari精品酒店集合高雅与东方雕塑美于一身，极大摆脱了市井氛围。房间充满亚洲风情：涂漆家具、花瓣和丝绸床尾垫。酒店最大的卖点是落地窗装饰的水疗中心和位于屋顶的健体中心。

一切所需，近在咫尺。这一点算作优势还是劣势，人们看法各不相同。

Villas Caroline 酒店 €€

（见88页地图；☎453 8580；www.villa-caroline-hotel-mauritius.mu；Royal Rd；标单/双 120/130欧元起）相比周边其他住宿地点，这家酒店略为低调，并且深受家庭游客青睐。客房魅力迷人，许多窗户直接面对海滩。还有一个潜水中心，泳池多得用不过来。

★ **Maradiva** 酒店 €€€

（见88页地图；☎403 1500；www.maradiva.com；Wolmar；别墅 560~4565欧元；❄@📶🏊）修剪整齐的草坪上遍布豪华别墅，紧邻Royal Rd。这里从进门到海边餐馆休息室都提供充满魅力、安静又无可挑剔的服务。房间很大，布置也十分美观。还有专属泳池。

★ **La Pirogue** 酒店 €€€

（见88页地图；☎403 3900；www.lapirogue.com；房间 含半餐 250欧元起；❄@📶🏊）毛里求斯最古老的度假胜地与旁边的Sugar Beach有共同的管理者，但是两家店的感觉完全不一样。La Pirogue提供了可爱的渔村氛围，别墅群落沿着500米的沙滩延伸。

对一些人来说，度假村可能日渐陈旧，但是对大部分游客来说，此地代表了毛里求斯最具特色的样子。

> **假日租赁**
>
> 说到廉价的假日租赁，佛力克昂佛勒克比岛上任何一个海滨城市都出色。由于沿海公路位于沙滩和开发地点之间，这些住宿选择都不是位于沙滩上的，还好仍能欣赏到大量沙滩美景。
>
> 其中最有名的租赁经营者是**Jet-7**（☎453 9600，467 7735；www.jet-7.com），它管理一些住宿地点。

Sugar Beach Resort 度假村 €€€

（见88页地图；☎403 3300；www.sugarbeachresort.com；Royal Rd，Wolmar；标单/双 含半餐 166/235欧元起；❄@📶🏊）这是一座经营极佳的度假村，有效仿种植园的建筑和殖民风格的草坪，接待大量崇尚时尚并且热爱海滩的游客。非常适合家庭入住（想象一下一群孩子在泳池中嬉戏并且在晚餐时欣赏节目），与隔壁La Pirogue的客人共享设施。

Sands Suites Resort & Spa 度假村 €€€

（见88页地图；☎403 1200；www.sands.mu；Wolmar；双 含半餐 239欧元起；❄@📶🏊）酒店有绝佳的景致，从海边泳池到塔马兰海滩，再到莫尔纳山，这家精致低调的酒店的热带风情在木质结构的大堂中弥漫。房间色调微妙，浴室宽大，还有阳台可欣赏海景。酒店内有两个餐馆、一个水疗中心以及许多体育活动，包括潜水中心。这个度假村靠近Royal Rd。

就餐

预算充裕的旅行者倾向于留在高档酒店里享用“半餐”，而精打细算的人常常自己做饭或者在街市上选择便宜的餐食。因此，佛力克昂佛勒克市中心出色的餐馆也就很少。

美食家应该预订顶级酒店内的餐馆，或开车沿着黑河找一家难忘而又不拘一格的餐馆。

Jeanno Burger 汉堡包 €

（见88页地图；☎5202 4500；Royal Rd；主菜 60~175毛里求斯卢比；⏲周二至周日 11:00~

21:00）马路和海滩之间的这个小吃车绝对堪称首屈一指（虽然新鲜菠萝摊点的生意能够与之一较高下）。提供美味汉堡，忠实的食客排起长龙。摊位只有一个人打理，所以忙碌起来，顾客需要等待。但是似乎没人在意，因为其他地方情况可能更糟。

Ah-Youn 中国菜、毛里求斯菜 €

（见88页地图；☎453 9099；Royal Rd，主菜150~350毛里求斯卢比；⏲中午至15:30和18:00~22:00）我们不知道是不是应该说Ah-Youn的服务和菜量都是最好的，但是似乎确实是这样。不要担心，东西都很好吃。这里比城内许多其他餐馆都好。这家餐馆主营中餐，但现在也慢慢加入了毛里求斯风味。

Spar Supermarket 超市 €

（见88页地图；Pasadena Village，Royal Rd；⏲周一至周六 8:00~20:00，周日 至13:00）这家超市货品丰富，适合自炊游客。

★Zub Express 印度菜、中国菜 €€

（见88页地图；☎453 8867；www.zub-express.com；286 Coastal Rd；主菜 125~950毛里求斯卢比；⏲周五至周三 10:00~21:30，周四 17:00~22:00）融合印度和中国烹饪听起来不可思议，实际上并不很难。典型融合菜品包括出色的印度比尔亚尼菜、精心烤制的鱼肉和龙虾，还有其他奇思妙想，例如鱼肉黄油马萨拉。服务热情周到，难怪这家店面受到游客和本地人一致好评。

★Canne à Sucre 毛里求斯菜 €€

（Chez May；见88页地图；☎917 8282；Royal Rd；餐 800毛里求斯卢比起；⏲8:00至中午和16:00至深夜）这家餐馆比较特殊，展现了旅游热点佛力克昂佛勒克毛里求斯生活的真实风貌。May把她的街边小酒吧变成了一个舒适的餐馆，充满了毛里求斯海岸风情。这家餐馆提供多道菜肴的克里奥尔宴席——米饭、鸡肉、章鱼、克里奥尔香肠和一些从未听说过的蔬菜——还有甜点和朗姆酒。

需要提前一天预订，但不要让它拖慢你的行程，也不要错过它。

★Domaine Anna 中国菜、海鲜 €€

（见86页地图；☎453 9650；Médine；主菜350毛里求斯卢比起；⏲周二至周日 11:30~14:30和18:30~22:30）到这里需要租车或乘出租车，但绝对不虚此行。坐在殖民风格的亭阁中，你将获得佛力克昂佛勒克最好的就餐体验。中餐菜单主要由大厨Hang Leung Pah Hang自创，口味一流。毛里求斯本地人定期从各地赶来，享用螃蟹、鱿鱼和龙虾。

Paul & Virginie 毛里求斯菜 €€

（见88页地图；☎403 3900；www.lapirogue.com；La Pirogue；主菜 600毛里求斯卢比起；⏲周一至周六 12:30~14:30和19:30~22:00，周日 12:30~14:30）茅草屋顶平台穿越泳池上空，朝向海面延伸，因此，这家餐馆呈现浪漫的就餐氛围。食物可媲美环境——烤鱼、棕榈芯沙拉、咖喱和海鲜，形式多样——服务无可挑剔。并非入住La Pirogue酒店才能来此就餐，但是需要提前预订。

Le Bougainville 毛里求斯菜 €€

（见88页地图；☎453 5959；Royal Rd；主菜260~550毛里求斯卢比；⏲周四至周二 10:00~22:30）这家餐馆提供毛里求斯美食、海鲜、中餐，有时带有印度风味。就是一家典型的佛力克昂佛勒克路边餐馆。菜品缺乏创意，但是品质稳定。如果不想远离海滩，可以来此就餐。

Twin's Garden 毛里求斯菜、各国风味 €€

（见88页地图；☎453 5250；Royal Rd；主菜350~680毛里求斯卢比，周五自助 600毛里求斯卢比；⏲中午至15:00和19:00至深夜）这家店有沿着海边公路排开的室外桌子，提供烤龙虾配当地朗姆酒和大蒜黄油，以及罗德里格斯岛蜂蜜浸羊腿等菜肴。周五晚上有自助餐、现场赛加（séga）表演，以及乐队表演的20世纪60~80年代的歌曲。我们更喜欢其他几个晚上，不过因人而异。

快餐车

更实际一点的游客可以沿着北边公共海滩寻找停泊在垂枝麻黄树下的快餐车，它们提供水果、薯片、饮品、烤肉串，还有各种各样的棍子面包，一般都不到60毛里求斯卢比。这个景点不光有美食，还能看到莫尔纳山。

Ocean Restaurant 海鲜、中国菜 €€

（见88页地图；☎453 8549；Royal Rd；主菜 150~475毛里求斯卢比；⊙10:00~15:00和19:00~21:00；✎）相对佛力克昂佛勒克一般餐馆的环境，这里要高雅一点，提供精美海鲜菜品。

Chez Pepe 意大利菜 €€

（见88页地图；☎453 9383；Royal Rd；主菜220~400毛里求斯卢比；⊙11:30至深夜）这家餐馆气氛热闹，提供意大利佳肴，例如比萨、海鲜意面和托斯卡纳乡村荤菜，还有当地特色菜，例如烟熏枪鱼沙拉。虽然饮食并非特别令人印象深刻，但这是佛力克昂佛勒克海滨大道沿线的最佳餐饮地点之一。

Mirador 毛里求斯菜、各国风味 €€

（见86页地图；☎452 0845；Casela World of Adventure；主菜 300~475毛里求斯卢比；⊙10:30~16:00）最好在午餐时间到达卡塞拉，试试这家餐馆现煮的美食。迷人的露天咖啡座能看到大海和西边的平原，这家店提供一系列各国风味和本地风味，包括小吃、沙拉、铁板三明治和比萨。

Banane Créole 毛里求斯菜 €€

（Le Papayou；见88页地图；☎453 9826；Royal Rd；主菜 200~500毛里求斯卢比；⊙周一至周六 9:30~15:00和18:00~22:00）这里的服务有时伴着微笑，而有时伴着怒视，不过也算是它独特魅力的一部分了。菜单菜品价格不高、不拘一格，融合外国美食（例如比萨）以及本国菜肴，例如咖喱；品尝一下招牌甜点papayou（煮熟的木瓜加糖和冰激凌），再加上一杯佛力克昂佛勒克最好的现磨咖啡。

饮品和夜生活

帕萨迪纳附近有许多酒吧（经常会未见其形而先闻其声），穿过海滩公路再往南就到了。没有任何精彩项目，不过旺季可能热闹非凡。

KenziBar 酒吧

（见88页地图；☎453 5259；⊙周二至周六 18.30至午夜）从海滨区往回走一两个街区就到了，这是佛力克昂佛勒克夜生活最好的去处，亦是为数不多除了喧闹还有其他特色的地方。有使舌头发麻的朗姆宾治（rhum arrangés）、喷火的火炬、现场音乐（周五和周六）以及住在那里的一条脏脏的渴望关爱的流浪狗——欢迎来到毛里求斯！

Shotz 酒吧、夜店

（见88页地图；☎453 5626；www.shotz.mu/the-club/；Royal Rd⊙周五和周六 23:00至次日4:00）既是高级酒吧也是夜店，魅力四射，一切仿佛都来自高档度假村高墙以内。

实用信息

邮局（Post Office；见88页地图；⊙周一至周五 8:15~11:15和中午至16:00，周六 至11:45）位于帕萨迪纳（Pasadena Village）建筑群的马路对面，栖身在一栋淡蓝色的箱式房屋之内。

到达和离开

每15~20分钟就有长途汽车从路易港开往佛力克昂佛勒克和瓦尔马，也有沿海长途汽车定期开往佛力克昂佛勒克，许多游客会选择这些便宜且即招即停的服务。从路易港到佛力克昂佛勒克打车约1000毛里求斯卢比，到机场2000毛里求斯卢比，到莫尔纳山1500毛里求斯卢比，到贝尔马尔1800毛里求斯卢比，到黑河500毛里求斯卢比。

当地交通

所有的酒店和旅行社都可以帮忙安排自行车和汽车租赁服务。自行车收费250毛里求斯卢比，手动挡汽车900毛里求斯卢比，自动挡的1200毛里求斯卢比。穿城主路上有许多这样的代理，大部分提供的服务是一样的，收取的佣金也一样。

塔马兰和黑河（Tamarin & Rivière Noire）

人口：11,725

这片被沙滩环绕、位于佛力克昂佛勒克和莫尔纳山之间的土地被大多数毛里求斯人称为黑河。作为岛上最后一个被开发的沿海区域，这里的乡镇在过去几年发展飞快。尽管现代设施突然涌现，但黑河令人感到更加活跃而且更加安静。这里度假村很少，而且相距很远，如想出外活动，可以前往海洋和山地。惊险刺激的徒步、风景优美的海岸线、一流的垂钓场所和有趣的历史遗址都近在咫尺。

景点

★塔马兰海滩 海滩

（Tamarin Beach；见86页地图）当地人喜欢给塔马兰海滩及其辉煌的冲浪历史涂上一抹怀旧的色彩。实际上在许多方面，这片布满细沙的海湾给人的感觉就像是回到了旧日时光——尤其是位于市中心的Tamarin Hotel，看起来像是自《大白鲨》（*Jaws*）在电影院上映后就再也没有重新装修过。但由于塔马兰不存在各式各样高耸的度假酒店，它仍然是很受欢迎的旅游去处，它的海滩具有本国最为壮观的背景（朝北望去）。

这片区域一度被称为Santosha Bay。这里也曾为逐浪儿提供了地球上最好的冲浪场所。事实上，在没有得名为“Santosha”之前，当地人拒绝给这片海滩起名，因为他们不想让外来者发现这片隐秘的冲浪天堂。现在，海浪和海流已经变化，铁杆冲浪者已经沿着海岸前往莫尔纳山。

塔马兰海滩和南边的瓦尔马之间的步行道风景优美，且仅限步行（不建议女士单独出行）。

贝壳世界 博物馆

（World of Seashells；见86页地图；☎5259 0197，483 1938；Coastal Rd；成人/儿童 250/125毛里求斯卢比；⊙周一至周六 9:30~18:00）这个博物馆有点奇特、引人入胜，收藏有8000余枚贝壳，展柜大约70个。位于Ruisseau Créole购物中心。这些都是Eric Le Court的毕生所爱，多数贝壳来自毛里求斯。附带一家小商店。

拉·巴里斯·玛里纳 港口

（La Balise Marina；见86页地图；☎483 7272；www.labalisemarina.com）广告牌随处可见——通过创建毛里求斯第一个欢迎豪华游艇停靠的港口，拉·巴里斯·玛里纳有望彻底改变毛里求斯的旅游业。码头及其毗邻的商店和公寓的综合设施建设正在有条不紊地进行，但一旦完成，黑河区域可能就会变得熙熙攘攘，呈现一派热闹的旅游景象。

玛尔泰洛塔 博物馆、堡垒

（Martello Tower；见86页地图；☎471 0178；⊙周二至周六 9:30~17:00，周日 至13:00）免费 在19世纪30年代，英国仿照位于科西嘉岛的马泰塔（Mortella Point）在此修建了5座“玛尔泰洛塔”（名字的变化说明元音显然不是英国人最看重的音素），来保护这一新建立的殖民地免受侵犯（这里指的是法国人，因为他们涉嫌支持奴隶叛乱）。这座位于La Preneuse的堡垒现在是一个小型博物馆，解说词展示了堡垒的精妙设计——墙壁厚达3米，配备了攻击范围超过2公里的铜炮，这显然是堡垒设计的点睛之笔。

盐路 历史遗迹

（La Route du Sel；见86页地图；☎483 8764；Royal Rd）这里与茶路不太相似，这片紧挨着主干道的盐场开发于18世纪，现在成了摄影爱好者的必去之处。遗憾的是，这里暂时关闭，原因表面上看就是缺乏资金。然而，因为这是毛里求斯最后一个产盐之地，所以应该前来。提前询问是否开门。

活动

尽管徒步黑河几乎是不可能的，但它可作为理想的徒步大本营，前往内陆方向的黑河谷国家公园以及南面的莫尔纳山半岛。

★Chez Philippe 烹饪课程

（见86页地图；☎5250 8528，483 7920；www.facebook.com/chez.philippe.75；Coastal Rd；成人/儿童 1500/900毛里求斯卢比）Philippe经营这家非同凡响的烹饪学校，开设小班课程（最多5人），覆盖各国的烹饪技能：本地特色、亚洲口味、意大利风味、海鲜等。首先关注他的Facebook教程，然后报名参加课程。周四和周五（有时周六）开课，全程3小时，涵盖三道菜。然后品尝自己的作品。

周三15:30开设2小时儿童课程。

Dolswim 观赏野生动物

（见86页地图；☎5422 9281；www.dolswim.com；La Jetée Rd，Black River；成人/儿童 观赏3000/1800毛里求斯卢比，观赏海豚 1700/1000毛里求斯卢比起）在西海岸组织海豚观赏之旅的机构之中，Dolswim一枝独秀，因为它所组织的旅程更加环保——员工经过当地海洋和保护机构培训。通常，7月至10月或11月，它也组织观鲸之旅，此时座头鲸沿着西海岸迁

深海钓鱼

毛里求斯附近海域的渔场供养着多种大型海洋食肉动物，如枪鱼、刺鲅、金枪鱼和鲨鱼等，吸引了来自全球各地的大型鱼类垂钓者。一年一度的钓鱼大赛在每年的11月和2月于黑河举行。

钓鱼比赛对于环境的影响比商业捕捞要小得多。但是钓上来的鱼的数量和重量明显减少了——相较于其20世纪70年代的鼎盛时期而言，这体现了渔业的衰退。现在很少能够钓到400公斤以上的鱼。对那些想要体验钓到大鱼的惊喜而又不愿意剥夺这些巨型海洋生物生存权利的垂钓者来说，使用"标记并放生"的方法是一个不错的选择。

垂钓者的奖品可以是枪鱼的长矛状吻或是一些肉片，但是当日所捕获的所有战利品都归运营商所有。通常运营商也会将一天的收获卖给当地的餐馆。

大多数的大型酒店都可以提供船只。黑河区域、特鲁奥克斯毕雪海滩和大海湾也有几家当地的私人运营商。大多数装备的租赁时间不得少于6小时，通常一艘船可以承载3名垂钓者和3名游客。每艘船的花费预计最多20,000毛里求斯卢比。

往北部。

Tamarina Golf, Spa & Beach Club　高尔夫

（见86页地图；☎401 3006；www.tamarinagolf.mu；Tamarin Bay；⏲9/18洞 场地费 3000/5000毛里求斯卢比）豪华的Tamarina Golf, Spa & Beach Club是一个由罗德尼·赖特（Rodney Wright）设计的18洞高尔夫球场。俱乐部占地206公顷，横跨一个古老的狩猎庄园，该庄园坐落于沿海城镇和隐约可见的内陆山脉之间。餐馆以及100多栋可以租赁的别墅（见96页），是这片庄园的最大特色。

Zazou Fishing　钓鱼

（见86页地图；☎5729 9222, 5788 3804；www.zazoufishing.com；Ave des Rougets, Tamarin）作为一个信誉良好的运营商，Zazou Fishing提供十分优惠的出游路线，每船最多可乘6人。

莫尔纳山垂钓者俱乐部　钓鱼

（Le Morne Anglers' Club；见86页地图；☎483 5801；www.morneanglers.com；Colonel Dean Ave；⏲6:30~20:30）在摇摇欲坠的黑河警察局旁边就可以看见它的标志。除了出海垂钓外，这个俱乐部也提供观景租船游览之旅。

JP Henry Charters Ltd　乘船游

（见86页地图；☎5729 0901；www.blackriver-mauritius.com）组织出海垂钓。穿越黑河主路沿线，标有这个地点路标。

住宿

这里显然没有大型高档度假村，黑河区域明显倾向于老派的客栈；安静的别墅和引人入胜的民宿隐藏在狭窄的林荫小道深处。

黑河区域浓郁的住宅氛围意味着有大量的私人公寓和别墅可供游客租赁。

Chez Jacques　酒店 €

（见86页地图；☎5741 3017, 483 6445；www.guesthousechezjacques.com；Lagane's Place, Tamarin Beach；标单/双 带风扇 1200/1800毛里求斯卢比，带空调1400/2200毛里求斯卢比；❄@📶）在前往塔马兰海滩的途中挤上一条小道，就能找到著名的Chez Jacques。40年以前，Jacques的父母亲开门接纳到访冲浪者，尽管冲浪者人数锐减，但是这里仍然颇有氛围，就像岛上那些青年旅舍。

Jacques能够帮助水上运动发烧友配备装备。亦会定期组织吉他即兴演奏会。

Tamarin Hotel　酒店 €€

（见86页地图；☎483 6927；www.hotel-tamarin.com；Tamarin Beach；标单/双 90/115欧元起；❄@📶🏊）以前全然就是20世纪70年代风格，如今风格大变，虽然公共区域仍旧带有复古格调。客房色彩鲜亮，装饰当代艺术，摆放鲜花。即使并不入住，也可来此感受轻松舒爽氛围，体验夜间音乐会。还有泳池、一片适合社交的沙滩和一个赏心悦目的餐厅。

水上运动爱好者可以在前台咨询冲浪课程的相关信息。

La Mariposa　公寓 €€

（见86页地图；☎5728 0506, 483 5048；

www.lamariposa.mu; Allée des Pêcheurs, La Preneuse; 公寓 含早餐 100~180欧元;)这个沿海修建的公寓周边环绕着野生热带花园，双层公寓的建筑格局呈L形，是个安静的好去处。房间通透，装饰简约，淡黄色的墙壁、深红色的窗帘和圆形的阳台保证了你在这里可以欣赏到毕生难忘的落日美景。同时，这也是毛里求斯为数不多的公开表示不排斥同性恋住客的旅馆之一。

Marlin Creek Residence 客栈 €€

（见86页地图; 483 7628; www.ilemauricelocation.fr; 10 Colonel Dean Ave; 双/平房 含早餐 89/155欧元; ）作为黑河区域特有的住宿群风景中较新加入的成员，这个客栈距离蔚蓝色的海湾码头不过一步之遥。隔壁渔民们的喧闹之声让这里充满地方特色。客房非常迷人，但或许木质气息太重；有一个罕见的狭长泳池。

★ Bay Hotel 精品酒店 €€€

（见86页地图; 483 6525; www.thebay.mu; Ave des Cocotiers, La Preneuse; 标单/双 120/205欧元起; ）能找到这家酒店真是一件幸事！令人惊喜的是，它虽然保持了精品酒店的别致，但也维持了相对较优惠的价格。白墙围绕的庭院中矗立着两层楼的小建筑，房间的装修周到而细致（颜色鲜亮的枕头、新鲜的热带花朵、脱俗的洁白床上用品和极具艺术气息的墙上饰品）。不可错过的是海边餐馆和后院的泳池。每人支付20欧元可获得半餐服务。还有瑜伽课程，以及水疗养生服务。

★ Les Lataniers Bleus 客栈 €€€

（见86页地图; 483 6541; www.leslataniersbleus.com; 双 165欧元起; ）如果你想要体验毛里求斯的民宿（chambre d'hôte），那么Les Lataniers Bleus是你最好的选择，因为它最好地体现了当地人热情周到的服务。可敬的Josette Marchal-Vexlard是这个家庭的户主，她令人无法抗拒的魅力和极具感染力的笑容总让人感觉宾至如归。这个坐落于海边的客栈空间宽敞。房子设计了各种细节，来满足住客对于舒适度的需求，甚至在树干里还隐藏了电插座，这样住客就可以坐在沙滩上更新自己的朋友圈了！在走廊上吃私房菜是认识其他宾客的好机会，你也可以借机向和蔼可亲的女主人了解岛上的生活状态。

Latitude Seafront Apartments 公寓 €€€

（见86页地图; www.homefromhome.mu/accommodation/latitude/; Royal Rd; 2卧公寓 165~200欧元，3卧公寓 176~357欧元; P ）这栋精美公寓2015年末开业，由非洲人经营，提供绝佳、宽敞的公寓客房，有些自带戏水池，采用简约风格。这里有迷人无边泳池、烧烤设施，房间里有咖啡机。有船舶码头，但是没有海滩。不要选择后排面对停车场的房间。

West Island Resort 度假村 €€€

（见86页地图; 483 1714; www.westislandresort.com; 2卧公寓 352欧元起; P ）未来的住宿地就是这样的？拉·巴里斯·玛里纳的奢华公寓堪称这个地区高档旅游浪潮发展的典型代表。它提供度假村所能提供的所有设施，还有机会让住客体验这个国家最为出色的东西。

Belle Crique 公寓 €€€

（见86页地图; 403 5304; www.belle-crique-mauritius.com; Coastal Rd; 公寓 235欧元起; P ）这些公寓美丽新潮、天生质朴，成为这条路段上顶级的住宿点。当代艺术作品、设计师级别的家装、Nespresso咖啡机和Weber烧烤设施使得这里像家一样。一般三晚起住。

Tamarina Golf, Spa & Beach Club 度假村 €€€

（见86页地图; 404 0150, 404 8502; www.tamarina.mu; Tamarin; 别墅 300~700欧元）高尔夫球爱好者应该考虑在这里租赁一栋豪华别墅，住在这里则享有优先打高尔夫球的特权。由于这个度假村与主路之间有大树隔开，没有过往车辆，你可能觉得自己进入了毛里求斯的一处世外桃源。

就餐

城内拥有大量就餐选择。一般来说，这个地区的就餐价格比毛里求斯其他地方要高，因为它的主要目标客户是移居国外的南非人和富裕的毛里求斯本地人。

那些热衷搜寻街头小吃的人通常可以在塔马兰海滩（位于Tamarin Hotel的对面）发现售卖蒸丸子（boulette）的小贩。小贩们通常在周末的中午至19:30出摊。据当地人说，这里卖的肉丸是毛里求斯岛上最好的。

Crêperie Bretonne 法式薄饼 €

（Mam Gouz；见86页地图；☎5732 8440；Coastal Rd；沙拉 300毛里求斯卢比起，法式薄饼 80~275毛里求斯卢比）真不知道这个赏心悦目的路边店面是否能够撑到现在，我们路过或者到访之时，未曾见过店内生意红火。但是它的法式薄饼香甜可口，令人垂涎欲滴，完全不同于咖喱和海鲜菜品。

Cosa Nostra 意大利菜 €

（见86页地图；☎483 6169；Anthurium Lane和Royal Rd交叉路口，Tamarin；比萨 250毛里求斯卢比起；⏲周二至周日 午餐和晚餐时段）这个比萨餐厅因为两样东西而出名：超薄饼皮比萨（你会发誓你吃到的只有馅料没有饼皮）和龟速上菜（慢到你会产生这样的错觉：你的比萨是服务生跑回意大利本土取来的）。

Le Cabanon Créole 毛里求斯菜 €

（见86页地图；☎483 5783；Royal Rd，La Preneuse；主菜 200毛里求斯卢比；⏲11:00~21:30）热情友好的服务以及一盘又一盘辛辣的克里奥尔家常菜，让这个家族经营的餐馆成了旅行者常年最喜欢的去处之一。每日供应的菜肴品种有限，例如辣香肠（rougaille saucisses）和咖喱鸡，而像龙虾或整条鲜鱼这样的每日特推可以提前预订。晚上就餐最好预订，餐馆里的座位很少。提供外卖服务。

Pavillon de Jade 中国菜 €

（见86页地图；☎483 6151；Trois Bras Junction，Royal Rd，Grande Rivière Noire；菜肴 100~350毛里求斯卢比；⏲中午至15:00和18:30~21:30）这家经济实惠的中国餐馆位于一家颓败的超市上方，自豪的老板拒绝把这片地盘卖给巴里斯·玛里纳（Balise Marina）项目的奋梦开发商。全是常见的中国菜。

London Way 超市 €

（见86页地图；☎696 0088；Royal Rd，Grande Rivière Noire；⏲周一、周二和周四 8:30~19:00，周五和周六 至20:00，周日 至12:30）这家超市似乎有点破旧，却是黑河区域货品最全店铺，如果你入住自炊公寓，这是绝佳购物地点。

★ Frenchie Café 咖啡馆 €€

（见86页地图；☎463 6125；www.frenchiecafe.mu；主菜 350毛里求斯卢比，早午餐 每人 600毛里求斯卢比；⏲8:00至午夜）这是岛上最为独特的咖啡馆之一，由法国人经营，提供生牛肉片、快餐和更加实惠（但是价格更高）的主菜，还有早餐和周日早午餐。这里也是新潮鸡尾酒吧，周六晚间举行DJ表演。位于通往黑河谷国家公园游客中心（见104页）的途中；来此的岔路几乎位于拉·巴里斯·玛里纳（见94页）对面。

★ La Bonne Chute 毛里求斯菜、海鲜 €€

（见86页地图；☎483 6552；Royal Rd，La Preneuse；主菜 350~700毛里求斯卢比；⏲周一至周六 11:00~15:00和18:30~22:30）不要因为这家餐馆与加油站毗邻就望而却步，La Bonne Chute可口的菜肴和极具吸引力的花园环境早已为它赢得了良好的口碑。从油封鸭到焗虾，到我们品尝过的最好的棕榈芯沙拉，大厨每次都能将味道做到刚刚好。留点儿肚子来品尝自制的甜点。Mario、Juliette和其他家庭成员待客热情。

Kozy Garden 西班牙小吃、各国风味 €€

（见86页地图；Coastal Rd；主菜 350~600毛里求斯卢比，西班牙小吃 200毛里求斯卢比起；⏲周一至周六 9:30至午夜）这个精致的地方非常特别，带有一个时髦鸡尾酒吧和池边餐座，堪称西部最为时尚的就餐地点之一。菜品包括用芝麻或者四种调料烹制的半熟金枪鱼和蜂蜜鸭胸。西班牙小吃吧全天营业，但是餐馆主菜只有午餐和晚餐时间提供。

Chez Philippe 熟食 €€

（见86页地图；☎483 7920；chez.philippe@orange.mu；Coastal Rd；主菜 350毛里求斯卢比起；⏲周二至周六 9:30~18:30，周日 9:00至正午）Chez Philippe既是一所著名烹饪学校，又有一个非常出色的小型熟食店，出售外卖食品，例如沙拉、意式宽面和本地特色创意菜品。

还有鹅肝酱、奶酪和特有甜品——意大利式甜点深受当地民众喜爱。

Lazy Lizard 各国风味 €€

（见86页地图；☎483 7700；Nautica Commercial Centre, Royal Rd；主菜 200~500毛里求斯卢比；⏲周一和周二 8:00~15:00，周三至周六 至22:00）这个华丽的咖啡馆刚刚装修一新，提供简餐（三明治、意大利面、煎蛋）；周五晚上是寿司之夜，周六晚上是汉堡啤酒之夜，气氛轻松愉悦。如果想要硬菜，可以品尝只有晚间提供的烤鱿鱼或者烤剑鱼。

Al Dente 意大利菜 €€

（见86页地图；☎483 7919；Ruisseau Créole Shopping Complex, Grande Rivière Noire；意大利面 250~500毛里求斯卢比，比萨 180~460毛里求斯卢比；⏲10:30~14:30和17:30~23:00）优质意大利菜品，例如生牛肉片、家常意大利面和红烩牛膝非常地道，仿佛令你身处意大利。餐馆位于时髦的Ruisseau Créole购物区后面，走下几步就到。

La Madrague 各国风味 €€

（Beach Club；见86页地图；☎483 0260；www.tamarinahotel.com；Tamarina Golf, Spa & Beach Club, Tamarin Bay；主菜 350~750毛里求斯卢比，周日早午餐 800~1200毛里求斯卢比；⏲中午至22:00）这个餐馆看起来像是豪华度假胜地的池畔餐馆。La Madrague藏于塔马兰高尔夫球场的入口边上那条尘土飞扬的小岔路。菜单主打标准的各国风味菜肴（例如俱乐部三明治和羊排），但是真正诱人的是装饰着闪闪发光的黑色大理石的无边游泳池。

你可以在椰树下消磨掉一整个晴天，而当你准备好要与沙子来个亲密接触时，只要奔向楼下半私人的海滩就可以了。

饮品和夜生活

黑河区域明显比大海湾或者佛力克昂佛勒克地区更安静，这个社区的人更喜欢家庭聚会而不是在喧闹的俱乐部里度过夜晚。但是，这里也有一些地方适合晚上出去玩。黑河区域有很多餐馆都有极棒的深夜狂欢。不过，这里沿着海岸乘坐出租车到佛力克昂佛勒克也只需15~25分钟。

Le Dix-Neuf 酒吧

（见86页地图；☎483 0300；Tamarina Golf, Spa & Beach Club, Tamarin Bay；⏲中午至19:30）这个酒吧藏身于Tamarina专属高尔夫球场围墙之后，新潮时髦，就像一个栖身在俱乐部会所之内的旅馆。非常适合日落啜饮。留意一下：透过黑木酒吧后面的五角形窗户，可以到附近山峰锐利、屋顶模样的山脊。

Big Willy's 酒吧、夜店

（见86页地图；☎483 7400；www.bigwillys.mu；Royal Rd, Tamarin；⏲周二至周五 15:00至次日2:00，周六 9:00至次日2:00，周日 11:00至次日2:00）老板是南非人，这里常年是外籍人士喜爱的地方。如果你喜欢DJ舞曲和看电视直播的橄榄球赛，Big Willy's就是你的地盘啦。一切都是纯粹的乐趣。

☆ 娱乐

★ Tamarin Hotel 爵士乐

（见86页地图；www.hotel-tamarin.com；⏲20:30）老板深爱爵士乐，沉浸于音乐会（他是萨克斯手），于是这里便成为岛上最好的现场音乐演出地点之一。周二，爵士乐暂停，当地的赛加（séga）音乐粉墨登场，然后恢复如初，一周的其他时间依次上演强节奏爵士乐、比波普爵士乐、波萨诺伐舞曲和灵魂音乐，还有现代爵士主乐。

购物

Tutti Frutti 家庭用品

（见86页地图；☎483 6866；www.tuttifrutti.mu；Coastal Rd；⏲周一至周六 9:30~20:00）迷人的Kozy Garden西班牙小吃吧隔壁的许多展览室里摆放了精美的家庭用品和家装用品，体现了毛里求斯海岸生活的精髓。

到达和离开

从路易港开往塔马兰的长途汽车大约每小时发一班，开往卡特勒博尔纳（Quatre Bornes）的长途汽车每20分钟一班。这些长途汽车也会经停La Preneuse。打车从路易港到塔马兰大约需要1000毛里求斯卢比，到机场大约需要1800毛里求斯卢比，到佛力克昂佛勒克600毛里求斯卢比，到莫尔纳山700毛里求斯卢比，到贝尔马尔1800毛里求斯卢比。

夏马尔（Chamarel）

人口：790

夏马尔以其安静的田园氛围、凉爽的微风和世界一流朗姆酒而闻名岛内，是一个无与伦比的小村庄，完全不同于毛里求斯海岸地带以及那些海滩。这里，餐饮出类拔萃，闻名遐迩的七色土和夏马尔酿酒厂就在这里。它是通往黑河谷国家公园的西大门。

景点

★夏马尔好奇角 博物馆

（Curious Corner of Chamarel；见100页地图；☎483 4200；www.curiouscornerofchamarel.com；Baie du Cap Rd；成人/儿童 50/25毛里求斯卢比，含所有展览 275/150毛里求斯卢比；⊙9:30~17:00）这个地方不拘一格，完全不同于岛上其他地方。这里实际上就是一个幻想和艺术交互展览馆，拥有一个200面镜子的迷宫、一个激光室和许多其他新奇项目，绝对能勾起你的好奇心（颠覆你的看法！）。这有一家咖啡馆、谜题物品商店，总体感觉新奇有趣。位于通往七色土岔路的对面。

★夏马尔酿酒厂 博物馆

（Rhumerie de Chamarel；见100页地图；☎483 4980；www.rhumeriedechamarel.com；Royal Rd；成人 含品酒活动 350毛里求斯卢比，儿童 175毛里求斯卢比；⊙周一至周六 9:30~16:30）夏马尔酿酒厂坐落于夏马尔种植园延绵不绝的山坡上，是一个运作中的酿酒厂，同时也是博物馆，向游客展示朗姆酒的酿造过程。作为海浪酒店（Beachcomber hotel）大亨最为钟爱的项目，这个在2008年开始运作的酒厂使用了一种特殊的环保酿造工艺，使得所有原料都可以再生利用。这里酿造的朗姆酒非常可口，可以用来完美结束你的工厂导览游行程。合理安排行程，以便能够在博物馆的餐馆L' Alchimiste（见101页）用午餐。

夏马尔瀑布 瀑布

（Chamarel Waterfall；见100页地图）从七色土的入口处到彩沙的半路上（1.5公里处），可以看到夏马尔瀑布风景秀丽的观景台。这个垂帘式瀑布的垂直高度超过95米。提前与Vertical World（见103页）预约，你就可以从瀑布顶端一路绕绳滑降至瀑布下方的水潭。

七色土 地标

（Terres de 7 Couleurs；Chamarel Coloured Earths；见100页地图；☎483 8298；成人/儿童 200/100毛里求斯卢比；⊙7:00~18:00）七色土为何能成为常规景点，迄今为止对我们来说仍是一个谜。经过长途跋涉的游客们到这里之后常常会觉得它们很平庸，但如果你降低自己的期望值，并把在这里的短暂旅程当成是一段奇怪的顺道一游，你便更有可能欣赏这里丰富变幻的美丽彩沙——多彩的颜色主要是由熔岩冷却不均匀造成的。这个地点距离夏马尔4公里。

在七色土地界内部3公里的地方，陆龟被圈养在这片彩色的土地上。

整片地产都曾是Charles de Chazal de Chamarel的私人财产，他在拿破仑战争期间曾盛情款待了当时被囚禁在毛里求斯的马修·福林达斯（Matthew Flinders）。

活动

La Vieille Cheminée 骑马

（见86页地图；☎483 5249；www.lavieillecheminee.com；1/2小时的小道骑马 1300/1600毛里求斯卢比）La Vieille Cheminée是一个有乡间小屋的农场，提供导游陪同的骑马活动，你可以在乡间小道和森林茂密的山谷里潇洒地策马奔腾。

Yemaya 山地自行车

（☎283 8187, 5752 0046；www.yemayaadventures.com）可以安排由"骑行狂热爱好者"（cycle-path）Patrick Haberland带领的半天或全天的Yemaya骑行冒险之旅，装备可由他们提供。同时也提供穿越黑河谷国家公园的徒步之旅。

住宿

夏马尔的住宿条件远远不及餐饮水准。因此，许多游客来此进行一日游。即便如此，还是有些非常不错的住宿地点。

★Le Coteau Fleurie 客栈 €€

（见100页地图；☎5733 3963；www.coteauf

Chamarel & La Gaulette 夏马尔和拉高莱特

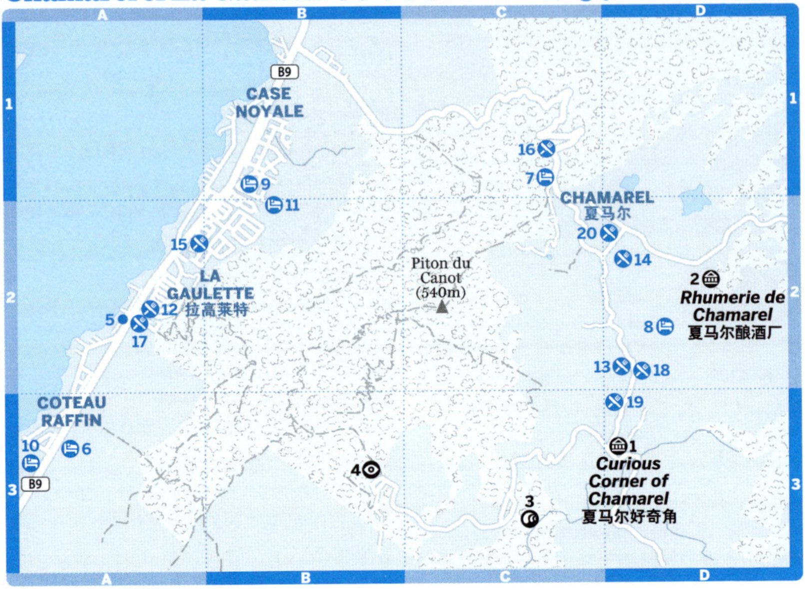

Chamarel & La Gaulette 夏马尔和拉高莱特

重要景点

1 夏马尔好奇角 D3
2 夏马尔酿酒厂 D2

景点

3 夏马尔瀑布 C3
4 七色土 B3

活动、课程和团队游

5 Ropsen A2

住宿

6 La Reine Créole A3
7 Lakaz Chamarel C1
8 Le Coteau Fleurie D2
9 Maison Papaye B1
10 Pingo Studios A3
11 Rusty Pelican B2

就餐

12 Chez Meilee A2
13 Chez Pierre Paul D2
14 Domaine du Cachet D2
15 Enso A2
L' Alchimiste .... （见2）
16 Le Chamarel Restaurant C1
17 Le Prestige A2
18 Les Palmiers D2
19 Mich Resto D3
Ocean Vagabond .... （见5）
20 Palais de Barbizon D2

leurie.com; Royal Rd, Chamarel; 房间 每人 含早餐50欧元; @）这家可爱的民宿（chambre d' hôte）与留尼汪高耸入云的山脊遥遥相望，看起来远离毛里求斯的任何地方。这家古朴的客栈很好地继承了这里的克里奥尔风格，被果树、咖啡树以及茂密的丛林环绕着，主人Geneviève和Gérard为到访的旅客提供了休憩的好去处。

Chalets en Champagne 小屋 €€

（见86页地图; ☎5988 7418; www.leschaletsenchampagne.mu; 110 Rte Champagne, Chamarel; 每人 2000毛里求斯卢比; ❄）这些美丽的原木小屋可以容纳4人或8人，坐落在半山腰上，被古老的热带树木所环绕。小屋完全融入了周围的树林中（想象一下茅草屋顶和石头铺就的浴缸），但同时巧妙结合了现代科技

（空调、DVD播放机等）。徒步者们大概会很喜欢旅馆周边做了标记的小径，它们纵横交错地穿过这片绿树成荫的地带。

★ Lakaz Chamarel 度假屋 €€€

（见100页地图；☎483 5240；www.lakazchamarel.com；Piton Canot；含半餐 标单 145~340欧元，双 195~490欧元；P❄📶🏊）这个位于夏马尔附近乡村的"专属度假屋"集合了质朴（但非常优雅）的乡间小屋。这里的华丽森林景观、花园和溪流会为你提供逃离尘世喧嚣的幸福感受。客房装饰为狩猎风格，十分别致。不容错过的是宁静的温泉和装饰着女神石雕的迷人游泳池。

就餐

夏马尔因云集了许多散布在山顶周边提供私房菜（tables d' hôtes）的饭馆而誉满岛内。最近，不厚道的出租车司机（虽然不多）利用该地区在美食家中鹊起的声名来榨取利益，他们向游客收取过高的车费并向当地餐馆收取巨额佣金。我们建议租用私家车来探索这片区域，并在你闲暇时选择就餐的地方。

注意，多数餐馆只有午餐时段营业。

★ Palais de Barbizon 毛里求斯菜 €

（见100页地图；☎495 1690；lebarbizon@yahoo.fr；Ste-Anne Rd；套餐450毛里求斯卢比；⏲中午至16:00）Babizon可能看着不怎么起眼，但是实际上非比寻常。Marie-Ange掌控厨房，横扫她的家传菜谱中传统的毛里求斯风味菜肴。Rico L' Intelligent（真是个好名字！）在桌边招待客人。这个馆子里没有菜单，而是提供饮品佳肴，例如朗姆潘趣酒、大米、五种蔬菜、鱼或鸡。

★ L' Alchimiste 毛里求斯菜 €€

（见100页地图；☎483 7980；www.rhumeriedechamarel.com；Rhumerie de Chamarel，Royal Rd；主菜 500~750毛里求斯卢比，套餐 1000~1500毛里求斯卢比；⏲周一至周六 中午至15:00）这个位于夏马尔酿酒厂里的别致餐馆的菜单令人印象深刻，并一定能让你心满意足，亮点就是源自周边山里的野味和棕榈芯。厨师的理念绝对是美食家级别的，他致力于把毛里求斯人最钟爱的美味打造成赏心悦目的大餐，例如将野猪与夏马尔朗姆酒一起烹调。

Mich Resto 毛里求斯菜、各国风味 €€

（见100页地图；☎438 4158；www.michresto.mu；Royal Rd；⏲11:00~16:00）这家餐馆一

值得一游

圣水湖（GRAND BASSIN）

据传说，在湿婆神和他的妻子雪山女神帕尔瓦蒂（Parvati）乘坐着由花朵做成的精妙装置环绕地球时，他们被一个坐落在翠绿海洋中的小岛给迷住了。头顶恒河（主要是为了保护地球不受洪水之灾）的湿婆神决定降落。在他降落的过程中，他头顶的恒河水有几滴掉落到了一个火山口，形成了一个湖泊。恒河对于自己的水掉落到一个无人居住的小岛上表示很不满意，但湿婆神说，居住在恒河岸边的居民总有一日会定居于此，并年年朝圣。在他们朝圣的过程中，这个湖泊里的水会被作为神圣的祭品奉上。

这个令人目眩神迷的小岛自然就是毛里求斯了。而这个传说中的火山口湖就是圣水湖（Grand Bassin，也做Ganga Talao，印度教的朝圣地），是一个著名的朝圣地。到了每年的湿婆神节（Maha Shivaratri），岛上接近50万名印度教徒都会到这里来祭奠湿婆神。这个持续超过3天的盛大节日通常会在2月或3月举行（阴历），也是印度本土以外举办的最大的印度教庆祝活动。

虔诚的朝圣者会一路背着kanvar（一个装饰着纸花的轻木框架或拱形）从自己的村庄走到圣水湖。这可不是容易完成的壮举——2月是毛里求斯最炎热的月份，而且在举行庆祝活动时几乎总是在下雨。一旦朝圣者到达了圣水湖，他们就会进行印度教的礼拜仪式（puja），通常会在湖畔焚烧香和樟树，同时供奉食物和鲜花。

贯受到游客好评，环境要比该区其他餐馆雅致，侍应热情友善，所售沙拉算是我们尝过的最佳之一，海鲜出类拔萃。2015年开业，是个享用午餐好地方。

Le Domaine de Saint-Denis 毛里求斯菜 €€

（见86页地图；☎5728 5562；www.domainedesaintdenis.com；Chamarel；主菜 600毛里求斯卢比起，套餐 1500毛里求斯卢比起；⏰只接受预订）特色食谱来自Jacqueline Dalais的厨房，Jacqueline Dalais被民间称为毛里求斯美食的"第一夫人"，她所掌管的这家餐馆也是美食界的一大珍宝。如果菜单上有的话，必点的是配有橄榄油和柠檬的扇贝薄片。餐馆的招牌立于夏马尔通往黑河谷国家公园的路边。

Varangue sur Morne 毛里求斯菜 €€

（见86页地图；☎483 6610，483 5710；Plaine Champagne Rd；主菜 650毛里求斯卢比起；⏰中午至16:00）这个曾经的狩猎小木屋很有名，个中原因不难理解。这家餐馆坐落于树木丛生的山坡上，地理位置极佳，可以望见绵延不断的森林延伸入海。这里的菜单一流，菜品昂贵（有人说虚高）但是绝佳：炖野猪、法国朗姆酒烧大虾、棕榈芯沙拉配烟熏枪鱼，以及一长串眼花缭乱的鸡尾酒。建议提前预订。

Chez Pierre Paul 毛里求斯菜 €€

（见100页地图；☎483 5079；Rte Champagne；主菜 450毛里求斯卢比起，套餐 750毛里求斯卢比；⏰中午至16:00）不要幻想这里有过于华丽的菜式。这里只有简单的克里奥尔美食，但是每次都能让你觉得无比过瘾。也不要让那些空荡荡的桌子阻挡了你对此处美食的探索——这家餐馆可是城里其他餐馆的强劲对手。

Domaine du Cachet 毛里求斯菜、海鲜 €€

（见100页地图；☎483 5259；sdigumber@hotmail.com；La Montagne；主菜 600毛里求斯卢比起，套餐 1500~2300毛里求斯卢比；⏰11:30~16:00）这家餐馆外观呈现蜂蜜色，已经今非昔比。但有非常出色的毛里求斯美食，主打棕榈芯沙拉、章鱼咖喱、烟熏枪鱼等。餐馆位于Baie du Cap Chamarel Rd，位于邮局和七色土之间。

Les Palmiers 印度菜、毛里求斯菜 €€

（见100页地图；☎483 8364；Royal Rd；主菜 500毛里求斯卢比起；⏰中午至16:00）这个颇受欢迎的地方生意兴隆，主要是因为菜单上的咖喱、煎扁面包（faratas）和安静宜人的就餐环境。

Le Chamarel Restaurant 毛里求斯菜、各国风味 €€

（见100页地图；☎483 4421；le-chamarel.restaurant.mu；La Crête；⏰中午至15:00）这家餐馆坐落在夏马尔以西，在去往黑河的下行道路约1公里的山坡上。我们到访时正在装修。虽然装修期间我们无法评论，但可以肯定的是，餐馆重新开张之际，来此能够欣赏西海岸如画的全景。

ℹ 到达和离开

虽然从卡特勒博尔纳到夏马尔有长途汽车，但我们强烈建议使用私人交通工具。不要乘出租车到夏马尔，因为当地的出租车司机如果将游客带到各个景点和各式提供私房菜（tables d'hôtes）的餐馆，他们就会拿到高昂的佣金。

黑河谷国家公园（Black River Gorges National Park）

这是毛里求斯最大、最好的国家公园。无垠的山脉延绵起伏，茂密的森林覆盖了毛里求

> **ℹ 徒步的准备**
>
> 如果你决定自助游玩，那么你需要自备私家车，因为几乎没有公交车会到达小道的入口处。最佳选择是先打车，在入口处下车，然后叫车到公园另一端出口处接你。
>
> 我们的建议是在一头扎进野外之前，你最好登录**Fitsy**（www.fitsy.com）查询相关的信息。这个网站非常好用，提供了关于道路的详细GPS和卫星定位信息。
>
> 需要注意的是，公园里没有可以购买食物和饮料的地方。确保你带够了饮用水和补充能量的零食。为了确保旅程顺利和愉快，你还需要驱蚊器、雨具和便于行走的鞋。不管沿海地段有多热和多晴朗，公园里面通常都是潮湿和多雨的。你可以考虑带上望远镜，方便观赏野生动物。

徒步黑河谷国家公园

黑河谷国家公园中有许多纵横交错的小径，就像四处散开的鞋带一般。虽然所有的步道起点在某条或某两条贯穿整个公园的主路上都有明显的标记，但是很多步道会迅速隐没在灌木丛中，让远足者很快迷失方向。因此很值得在游客中心停留一阵，拿一份临时地图来研究一下各条步道目前的状况。如果你真的想要认真探索公园和领略它壮丽的风光，那么我们建议你雇用一个导游。当然你也可以提前联系游客中心，打听下雇用护林员作为向导的相关事宜。

如果你选择了一条终点站为黑河谷国家公园游客中心（Black River Gorges Visitors Centre）的单向步道，那么你需要提前安排出租车接你，因为这是一条较长路程，需要1~2个小时才能到达有车经过的海岸道路。

游览公园的最佳时段是9月至次年1月，此时正值花季。寻找一下罕见的渡渡树（tambalacoque）、黑檀和野生番石榴。观鸟者可以留心观察毛里求斯红隼（9月至次年2月为最佳观赏月份）、粉鸽、回声鹦鹉和毛里求斯鹃鵙（Mauritius cuckoo-shrike）。

徒步小径

黑河峡谷的主要步道如下。如果你的时间仅够进行一次长途跋涉，那么你可以在Macchabée Trail、Macchabée Loop和Parakeet Trail之间三选一。

Macchabée Trail（10公里单程，强度很大，4小时）步道起点是Pétrin信息中心（Pétrin Information Centre），沿着高原徒步可以到达令人惊叹的Macchabée观景台（Macchabée Viewpoint），然后一路下行至黑河谷国家公园游客中心。

Macchabée Forest Trail（14公里往返，强度适中，3小时）步道起点是Pétrin信息中心，整条线路往返都在高原上，其间会穿过一些风景秀美的热带森林。

Macchabée Loop（8公里往返，强度适中，3小时）沿着高原徒步至Macchabée观景台，然后沿原路返回Pétrin信息中心。

Parakeet Trail（8公里单程，强度很大，3小时）步道起点是Plaine Champagne派出所（Plaine Champagne Police Post）。警岗位于戈格斯观景台（Gorges Viewpoint）和亚历山德拉瀑布（Alexandra Falls）的中间，从夏马尔方向来的柏油路上。然后沿着山脊一路下行到峡谷，再沿着黑河一路徒步至黑河谷国家公园游客中心。

Mare Longue Reservoir（12公里往返，强度适中，4小时）步道的起点和终点都是Pétrin信息中心，路线经过了一个矮原始森林和一个大型水库，游览的区域属于公园人迹罕至的北端。

斯岛上大约2%的表面积。这个公园的重要性无须夸大——它是毛里求斯岛上的森林和许多本土物种的最后一片栖息地。这也是毛里求斯岛上景色最为壮观的一隅。如果你仅从海边出发进行一日游，那么就来这里吧。

这里曾经是黄金猎场，在1994年被列为保护区。因为当时科学家在这里发现了超过300种开花植物、9种地方特有的鸟类和数量超过4000的巨型果蝠的种群。这里也是毛里求斯岛上最濒危的3种鸟类的栖息地——毛里求斯隼（Mauritius kestrel）、回声鹦鹉（echo parakeet）和粉鸽（pink pigeon）。引进的野猪、猕猴和好奇的鹿也徜徉在这片古老的乌木丛林中，而且经常能够见到。

活动

Otélair　探险运动

（☎251 6680；www.otelair.com）Otélair组织徒步、爬山、绳降和峡谷漂流之旅，其中许多都在黑河谷国家公园之内展开。

Vertical World　探险运动

（☎697 5430，251 1107；www.verticalworldltd.com）这种经历真是非同凡响、令人难忘，

探险者将会参加Vertical World的峡谷漂流之旅，沿着一座座陡坡跋涉而下。

实用信息

下列两个游客中心的工作人员都可以提供关于不同小径的建议，通过说明文字简要地介绍该地区的野生动物，以及分发相当粗略的地图。

黑河谷国家公园游客中心（见86页地图；☎258 0057；⏲周一到周五 7:00~17:00，周六和周日 9:00~17:00）公园的西面入口，位于Black River's Trois Bras Junction东南7.5公里处。

Pétrin信息中心（见86页地图；☎471 1128，5507 0128；⏲周一至周五 8:00~15:15）公园的东面入口处。

到达和离开

鲜有公共交通工具穿越公园。往返苏亚克（Souillac）和瓦克阿斯（Vacoas）或居尔皮普的汽车还算规律，途经Pétrin信息中心，同样，亦有汽车往返居尔皮普或卡特勒博尔纳（Quatre Bornes）和夏马尔之间。最好自驾或者搭乘出租车前往徒步小径起终点。汽车沿着Coastal Rd行驶，距离黑河谷国家公园游客中心1~2小时步程。

塔马兰瀑布（TAMARIN FALLS）

这个瀑布群位于毛里求斯的中心居尔皮普西南方向约8公里处的黑河谷（Black River Gorges）的边缘，包含了7个风景优美的瀑布（也有说法认为是11个），这对那些喜欢挑战性徒步旅行的人来说，是极妙的奖励和回报。

但是在没有导游陪同的情况下，不要尝试接近瀑布。当地的导游（收费为500~1000毛里求斯卢比）通常会在居尔皮普附近一个叫Henrietta的小镇的长途汽车站附近候客，虽然我们更喜欢联系Yanature（见107页）。

半天或全天的Vertical World或Otélair独木舟峡谷漂流期间，游客可以从一个瀑布顺着水道环绕向下漂流到另外一个瀑布，这种经历非比寻常、令人难忘。这两家运营商组织的活动都从Henrietta出发。

拉高莱特（La Gaulette）

人口：2375

黑河南部地区的群山比任何地方都要更靠近海岸。在这里，你会发现松树林、红树林与温柔拍打着海岸的波浪交融在一起，但是在去往破落衰败居住区的路上，基本没有什么树木。之后，一个掩藏在附近小山下的小镇出现了。这是一个安静的地方，闲适的渔夫生活方式毫不费力地与无忧无虑的冲浪氛围完美融合。拉高莱特欢迎你！

活动

Ropsen 团队游

（见100页地图；☎255 5546，451 5763；www.ropsen.net；Royal Rd）La Gaulette的顶级旅游提供商，同时也组织双体船游、海豚观赏游和海岛旅游，并提供汽车租赁和住宿等服务。

住宿

在风筝冲浪爱好者中日益流行的拉高莱特是最佳性价比的典型代表。目前村里有几家非常出名的旅馆可供选择。

★ Maison Papaye 客栈 €

（见100页地图；☎451 5976，5752 0918；www.maisonpapaye.com；房间 含早餐 50~80欧元；❄@📶🏊）远离大海的一条住宅区街上有一栋栋壮观的民宅，而这家富丽堂皇的民宿（chambre d'hôte）就隐藏其间。虽然民宿粉刷得雪白的外观、三角形屋顶和蔓长春花的百叶窗都暗示了这栋建筑可能修建于殖民地时期，但是实际上这栋建筑的历史不过短短几年。民宿的主人以这样的风格来修建他们退休后居住的地方，主要是为了让人们不要忘记毛里求斯过去曾是殖民地的历史，而主人们也用他们的实际行动延续着传统。在他们绿荫覆盖的阳台上，每晚的菜单都会提供克里奥尔风格的套餐（15欧元）。这个民宿有最低入住4晚的规定。

Pingo Studios 公寓 €

（见100页地图；☎5755 9773；Royal Rd，房间 45欧元起；P❄📶）这些自助式公寓位于拉高莱特和莫尔纳山之间，让旅行者们纷纷竖起大拇指，毕竟他们很难找到这样价位中等，又可以饱览莫尔纳山景的住宿之选。房间很大，朴实无华但却非常舒适。

Rusty Pelican 客栈 €

（见100页地图；☎5978 9140；www.rusty-pelican.com；公寓 59欧元起；❄@🛜≋）这家很棒的客栈位于小镇北端，是拉高莱特的一系列住宿选择中的一颗明珠。房间自然光充沛，并配有完美的浴室。客栈会给你一部手机，方便你在入住期间打电话（你只需要支付通话费用即可），并且会热心地帮助你规划行程。

Ropsen 公寓、别墅 €

（☎451 5763，5255 5546；www.ropsen.net；Royal Rd；单间公寓和公寓 30～60欧元，4人别墅100～125欧元；❄@🛜）从现代化的单间公寓到大型的多间卧室公寓，Ropsen提供了大范围的高品质选择，使你开始认为位于拉高莱

值得一游

自驾游：黑河谷国家公园

虽然我们强烈建议你徒步游览黑河谷国家公园，但如果无法进行徒步游，你仍然能够通过别的方式游览这一地区的美丽风光。开始路线推荐之前，先提醒一句：如果可能，尽量避免在周末自驾出游，因为到了周末，平时安静的道路就会被驾驶缓慢的当地人挤满，他们还会时不时地把车停到路边然后去寻找野生的浆果。

从毛里求斯西海岸的Case Noyale（拉高莱特以北大约1.5公里，黑河以南约7公里）沿着海岸公路出发，起点处有个路标指向内陆的夏马尔；如果你需要寻找一个地标，那么在拐角处后面一点的地方有座奶黄色的教堂。穿过沿海平原之后，道路会变得越来越陡峭，并且穿越的森林也会越来越茂密。在离开海岸公路大约4公里后，在接近第一个山脊的地方，望向右手边，你就可以将沿海平原和海景尽收眼底。

在穿越夏马尔的过程中，你可以忽略通向七色土（见99页）的标识，因为那里的风景远不如前方国家公园的壮丽美景，然后左转穿过夏马尔。经过通往夏马尔酿酒厂（见99页）的入口之后，在森林中继续穿梭上爬，行驶大约6公里后就可以抵达**戈格斯观景台**（Gorges Viewpoint；见86页地图）。如果天气晴朗，你在这里欣赏到的穿过峡谷的美景将是整个毛里求斯岛上最好的。在你的左手边可以看到**小黑河火山**（Piton de la Petite Rivière Noire；黑河山的顶峰，高828米），还可以留心观察毛里求斯隼、热带鸟类和果蝠。

沿着铺好的道路继续前行2公里，你就会经过**Plaine Champagne派出所**（见86页地图；Parakeet Trail步道的起点），从这里的岔路继续前行2公里就会到达**亚历山德拉瀑布**（Alexandra Falls）。从主路右转，从路旁仪仗队似的整齐划一的高大树木下穿过，然后沿着小径开往瀑布**观景台**（见86页地图）。在那里，你能欣赏到Mt Cocotte（高771米）的壮阔云雾林，也可以俯瞰南部海岸。

回到主路上后，在越过亚历山德拉瀑布岔路口大约2.5公里处的环岛右转开往Chamouny，然后沿着下山的道路一直向前开并穿过越来越稀疏的森林。大约3公里后，驶入道路右手边（西边）没有铺设地面的停车场，从这里泥土和岩石组成的低矮山脊向下看，可以欣赏到一个名为**白湖**（Bassin Blanc）的火山口湖的秀美景色。如果你在这里停留的时间足够长，你可能看到这个地区一些罕见的珍稀鸟类飞过，虽然这里并不是它们的繁衍生息之地。

返回山上，从环岛直行。行驶2公里后，右转并沿着通往圣水湖（见101页）的标识前行。行至距岔路口约2.5公里处，你就能看到毛里求斯岛上印度教徒的这个重要的朝圣地。远在你到达之前，你就会看到大量看护这片圣地的奇怪的催眠湿婆雕像。

往回开2.5公里回到主路上，在一个丁字路口你会看到Pétrin信息中心（见104页）。即使你没有徒步的打算，也可以停好车之后在附近溜达一下，你会发现（截至现在）一个关着粉鸽的围栏，这些鸽子正准备被放归山林。

特的每一栋房子都是Ropsen名下的别墅，并且都可以租赁！如果你坚持要看海景，那么它能为你提供整个岛上最为瑰丽壮观的远眺海景。几乎所有Ropsen名下的房产都配备了Wi-Fi，而没有带手提电脑的住客可以在Ropsen办公室的终端电脑上查收自己的邮件。

La Reine Créole
民宿 €

（见100页地图；☎451 5558；www.mauritius-lrc.com；103 Rue des Manguiers；标单 29~59欧元，双 41~75欧元）这家民宿魅力迷人，由Marc和Corinne经营，客房宽大，令人感到亲切，环境安静；一些房间能够欣赏美景。

就餐

主街穿越小镇，两旁有成排的小型自助购物的小杂货店（superettes），其主要功能是满足大量自炊旅行者的需求。该地区的餐馆很少。如果想要更多的就餐选择，可以考虑开车到夏马尔或黑河区域。

Chez Meilee
毛里求斯菜 €

（见100页地图；☎451 6218；Coastal Rd；主菜 250毛里求斯卢比起；⏲中午至15:00和18:00~21:30）Chez Meilee就是一个普普通通街边咖啡馆，服务热情周到，提供本国以及中式菜品。可从炸虾开始品尝；咖喱无甚特色，但是烹制手法地道。如果提前一天预订，他们会去潟湖钓来新鲜鱼虾，然后烹制。

Le Prestige
毛里求斯菜 €

（见100页地图；☎451 6107；Coastal Rd；主菜 175毛里求斯卢比起；⏲中午至15:00和18:00~21:00）简单淳朴的毛里求斯食品占据主导——咖喱和海鲜，毫无疑问，这里就是因为这些成为绝佳就餐地点。

Enso
地中海菜 €€

（见100页地图；☎451 5907；1st fl，Village Walk Supermarket Centre；主菜 290~790毛里求斯卢比；⏲周二至周六 18:00至深夜；📶）这个地方以休闲酒吧和餐馆融合的风格作为特色来标榜自己，确实是酷劲十足。这里有休闲桌球，周六晚上还有DJ镇场。食物本身并不华丽，却通常可口——想想比萨、意面和海鲜。食物简单反倒更加出色，这个原则同样适用于形形色色的烧烤或海鲜菜品。

Ocean Vagabond
比萨 €€

（见100页地图；☎451 5910；Royal Rd；比萨 360~790毛里求斯卢比；⏲周三至周一 17:00~22:00）美味的比萨、DVD营造出的冲浪者气氛以及周六晚上的欢乐时光，这些元素在人少时看着平平无奇，但是一旦宾客如潮水般涌来后，这里瞬间就会变得不一样了。美食包括海鲜沙拉和鸡肉咖喱。

到达和离开

卡特勒博尔纳和海角海湾之间的长途汽车（每20分钟一班）会停靠在拉高莱特。从路易港到这里没有直达的车。因此，你要么转道卡特勒博尔纳，要么就从路易港坐长途汽车到黑河，然后再转车过来。

如果要打车往返刘易斯港和拉高莱特，大约需要花费1200毛里求斯卢比，从拉高莱特到机场是1800毛里求斯卢比。不要从这里打车去夏马尔，最好租车（见158页）。

莫尔纳山半岛（Le Morne Peninsula）

标志性的莫纳布拉班特山（Le Morne Brabant；556米）是一座惊人的岩石峭壁，在毛里求斯西南部的大部分区域都可以看见。而它所坐落的美丽半岛也因它而得名。半岛的形状似锤头鲨，并拥有几个毛里求斯最好的海滩，现在已经成了高端酒店的聚集地。

从这个半岛到海角海湾（Baie du Cap）的海岸线是毛里求斯的一流海岸线，而且万幸它未经开发。

活动

虽然该地区的高档酒店基本铺满了半岛上临近海滩的所有地段，但海滩仍然向公众开放。没有入住沿海高档酒店的游客，可以在主干道上找到多个通向海滩的入口。半岛南端亦有一些进入方便的沙滩。

徒步

莫尔纳山在2008年被列入联合国教科文组织《世界遗产名录》，也是众多明信片上抢手的出镜明星。它的岩石高耸直入天际，然后缓缓回落，没入蔚蓝的海洋。但是，只

莫尔纳山：悲哀的岩石

虽然几乎没有当地人居住于此，但莫尔纳山半岛在毛里求斯文化中很重要，能引起居民深深的共鸣。传说，19世纪初有一群奴隶逃亡到半岛上避难，躲在山顶生活以保证自己的自由。据说这群奴隶开始逃亡之前并不知道奴隶制度已经被废除，在看到一队士兵向悬崖行进时变得十分惊恐。他们坚信这群士兵出现是为了把他们抓捕回去，因此大量奴隶从悬崖上跳下身亡。而这座岩石也因此而得名，莫纳的含义是“悲哀的”。虽然没有历史记录来证实这个故事，但这个重要的故事对毛里求斯来说影响深远，同时在促成莫尔纳山在2008年成为联合国教科文组织（UNESCO）认定的世界遗产的过程中也起到了关键作用。

有少数游客才意识到，从山顶上俯瞰的风光才是无敌的壮丽景色。登上峭壁的过程中，你会穿越原始森林，只有在这片森林中，才有可能发现毛里求斯的国花耳环树（boucle d' oreille）。当你攀爬到500米的高度时，向西边和南边望去，色彩缤纷的珊瑚礁在你眼前一览无余。越是往上，步道攀爬的难度就会越大。而体力和移动能力有限的游客，仍可以在中间点（260米）欣赏到美景。

★ Yanature 徒步

（Trekking Île Maurice；☎5428 1909，5731 4955；www.trekkingmauritius.com；3~4小时徒步 每人 1500毛里求斯卢比；⏲4月至10月 周一至周六 7:00，11月至3月 周一至周六 6:00）探索莫纳布拉班特山的最佳方式就是参加Yanature组织的徒步之旅。创始人Yan是一个狂热的自然爱好者，他的家族已经在毛里求斯生活了八代人。Yan生长于莫尔纳山脚下，整个青少年的岁月都用在了穿梭蜿蜒崎岖的小径上。他和其他向导Henri和Nicolas从Gambier家族（莫尔纳山下土地的主人）那里获得了带领游客游览的独家许可。

在游览完莫尔纳山后，你可以考虑参加Yanature组织的其他徒步之旅穿越黑河谷国家公园，或参加到塔马兰瀑布和警卫室山的徒步游。那些同时参加多条线路游览的游客可以拿到折扣。

骑马

Haras du Morne 骑马

（见86页地图；☎450 4142；www.harasdumorne.com；Le Morne；60/90/120分钟 骑马 3000/3500/4500毛里求斯卢比）这个高档马术中心提供的骑马活动十分昂贵，但是他们安排的骑马路线经过的地方（环绕在莫尔纳山周围的森林和海滩）也是整个毛里求斯岛上最美丽的。这个地方紧邻Royal Rd。

冲浪

这里是毛里求斯岛上终极冲浪运动的进行地：独眼（见153页）。

帆板运动和风筝冲浪

这里既有印度洋季风（据说每年有300天的风势都很理想，我们无法判断真假），又有受保护的西部水域，还有不错的风光作背景，因此，莫尔纳山半岛非常适合帆板运动和风筝冲浪。谈及后者，初学者应从风筝潟湖（Kite Lagoon）开始；南风最为猛烈、捉摸不定。

Son of Kite 风筝冲浪

（见86页地图；☎451 6155，5972 9019；www.sonofkite.com；课程每人每小时 32.50~75欧元，租赁每小时 25欧元）不同阶段的玩风筝冲浪的人（从新手到职业选手）都可报名参加由Son of Kite推荐的课程，由专业人士指导。

Yoaneye Kite Centre 风筝冲浪

（见86页地图；☎5737 8296；www.yoaneye.com；114 Villa Mona，Le Petit Morne；课程 每人 40欧元起）Yoaneye Kite Centre是国际风筝冲浪协会（IKO）下属的一个中心机构，为初学者以及经验丰富的风筝冲浪者提供相关课程，同时组织立式单板冲浪。

风筝潟湖 风筝冲浪

（Kite Lagoon；见86页地图）风筝冲浪初学者应从半岛西面的风筝潟湖开始；南风最为猛烈、捉摸不定。

ION Club 风筝冲浪、帆板运动

（见86页地图；☎450 4112；www.ionclub

值得一游

贝尼提耶岛（ÎLE AUX BÉNITIERS）

该地区最有名的景点是贝尼提耶岛，它在岸边的彩色礁石上，略高于海平面。这个小岛的面积远大于其他潟湖中露出水面的岩层（留意观看那些看起来像是沙漏上半部分的凸起岩石），岛上有一个适合野餐的美丽海滩、一个小的椰子农场和一群候鸟。

巡岛员十分有当地特色，总是带着一群欢快的狗，而且狗的数量还在日益增长。注意，虽然海滩允许公众进入，但岛屿内部禁止进入。

大多数停靠在拉高莱特的渔船提供小岛的短途旅行活动。提供岛上游览服务的船只运营商的数目逐年持续增长，但提供的服务大同小异：拥挤的双体船游和沙滩上的野餐。你可以访问www.catamarancruisesmauritius.com了解情况，每人花费大约60欧元即可全天出游。请注意，很多船只运营商会将到贝尼提耶岛的岛上游览路线与观赏海豚（见90页）的游览路线捆绑。

mauritius.com/en）全球冲浪俱乐部ION Club在莫尔纳山里开设了教学培训学校；并且租赁装备给那些能对自己行为负责的人。每小时的私人课程的价格约为75欧元。

住宿

这片区域很大程度上是五星级住宿的区域，如果你寻求的是一段闲散的海滩假日，那么这片位于若隐若现莫尔纳山下的扇形海滩将是你度过毛里求斯岛上假期的好去处。如果想要四周游荡一下，你需要租私家车（或者按照一日游的支付方式乘坐出租车）。

★ Lux Le Morne 度假村 €€€

（见86页地图；☎401 4000；www.luxresorts.com；Coastal Rd；房间 385欧元起）当你渴求一处毛里求斯世外桃源之时，或许脑海浮现的就是这里。这个度假村完美无瑕：客房奢华、餐馆一流、泳池美轮美奂、水疗顶级，还组织水上运动。

Dinarobin 酒店 €€€

（见86页地图；☎401 4900；www.dinarobin-hotel.com；Coastal Rd；双 含半餐 310欧元起；❄@📶🏊）又一个令人陶醉的海滨居住胜地。这个有172间套房的庞大园区得名于毛里求斯岛的第一个绰号，是在10世纪时由阿拉伯商人取的。这个地方的评级是“五星级以上”，而它也确实不负众望，带有5个泳池、4个餐厅、1个高尔夫球场和1个令人舒爽的水疗中心。

Paradis 酒店 €€€

（见86页地图；☎401 5050；www.beachcomber-hotels.com；双 含半餐 260欧元起；❄@📶🏊）令人惊叹的美丽海景、奢华的住宿环境、一个高尔夫球场和无数活动，你还需要更多吗？千万不要错过这家酒店内部的Blue Marlin餐馆里提供的新鲜海鲜。

Riu Le Morne 度假村 €€€

（见86页地图；☎650 4203；www.riu.com；双 含半餐 210欧元起；❄@📶🏊）除了与世隔绝、美轮美奂的海滩，Riu Le Morne的优势就是丰富多彩的活动，包括风筝冲浪。仅供成人入住，因此带有一些蜜月气息，还有现场迪斯科，以及艺术工坊可以发挥你的创造力。

东南部（THE SOUTHEAST）

毛里求斯东南部魅力无限、令人神往。在这片不同凡响的海岸地带，抬头可见里恩山（Lion Mountain）。这里拥有翠绿的海湾（如蓝色海湾）、悠长的沙滩（德斯尼角）和一些毛里求斯最佳的野生动物观察点（白鹭岛和费尔奈谷），主要居住点马埃堡结合了粗砂岩和流动海岸景致，还有精彩绝伦的周一集市。旧大港（Vieux Grand Port）是四百多年前毛里求斯人类历史的发源之地。

ℹ 到达和离开

马埃堡是这个区域的主要交通枢纽，出发的长途汽车可以抵达东部和南部海岸几乎所有的目的地。马埃堡到蓝色海湾之间的区域是安排自驾游或租赁自行车游览的绝佳地带。

从**SSR国际机场**（见58页）到马埃堡、德斯尼角和蓝色海湾之间打车大约15分钟。

马埃堡（Mahébourg）

人口：17,042

迷你的马埃堡（读作my-boor）有让人无法抵御的魅力，满眼都是普通娱乐项目：一个有趣的博物馆、一个喧闹的市场、辛辣的街边小食、经济实惠的住宿条件、风景如画的背景，以及位于北边和南边的迷人海滩。我们仍旧听说了要把马埃堡海滨建成像路易港的科当一样的宏伟计划，但是要想实现需要数年时间。

这个建于1805年的小镇得名于该镇法国总督马埃·德·拉布尔多内。它过去曾是繁忙的港口，但现在繁华不再，只剩下了一支小型的渔民舰队和网格状密密麻麻的破旧建筑。

景点

逛完马埃堡所有四处散落的景点只需要几个小时，还可以留出充分的时间去漫步后街，并沿着海滨散步。步行可以到达所有地方，但你也可能想要租辆自行车，骑出去参观饼干厂。

★周一集市 市场

（Monday Market; foire de Mahébourg; 见114页地图; ⏲8:00~17:00）千万不要错过市中心靠近海滨的周一集市。这个市场一开始重点售卖丝绸和其他纺织品，但是现在你可以发现热闹的农产品区、俗气的小古董摊和热气腾腾的小吃摊。这里是尝试当地特色小吃的理想场所，如油炸扁豆辣椒丸子（gâteaux piments）、木豆印度薄饼（puri）和印度三角饼（samousas），通常装在摩托车后座上的盒子里出售。这个市场每天开放，周一规模翻倍。

不用多久就能找到那些蜿蜒分布的摊点，但是市场每个角落都值得探访一番。

★国家历史博物馆 博物馆

（National History Museum; 见110页地图; ☎631 9329; Royal Rd; ⏲周三至周六和周9:00~16:00，周日 至中午）**免费**这个博物馆包含一些有趣的文物，包括毛里求斯岛早期的地图和上原生动物的绘画，当然包括了渡渡鸟，这里的玻璃箱了里仍然装着一些渡渡鸟的骨头。博物馆里还陈列着一些已经灭绝的物种，如红秧鸡（red rail）和罗德里格斯岛的愚鸠（Rodrigues solitaire）。这里真正的古董是一个雕刻品，上面刻着荷兰绅士骑在一对巨大的陆龟背上。雕刻中的那种陆龟也跟渡渡鸟一样灭绝了。

这座曾是殖民地豪宅的博物馆原来属于Robillard家族，并在毛里求斯岛的历史上发挥了重要作用。正是在这座建筑中，1810年在旧大港战役（Battle of Vieux Grand Port，这也是唯一法国舰队处于上风的海上战役）中受伤的法国和英国舰队的指挥官被送来疗伤。这场战役的胜利在博物馆中被一再重复，并随之展出了从英国在战斗中被击沉的护卫舰“Magicienne号”上打捞上来的物品——大炮、霰弹枪和非常重要的红酒瓶子。

“圣热然号”（St Géran）船上的残骸里的钟和残存的西班牙硬币同时在展出。该船于1744年在毛里求斯东北部海岸附近沉没，也因此激发伯纳丁·德·圣皮埃尔写出了著名的爱情故事《保罗和维珍妮》。

博物馆最近增加的展品包括：改装后拿回来的火车车厢和拿破仑在那场臭名昭著的打败英国的战役中用过的船只翻版。

劳尔特饼干工厂 博物馆

（Rault Biscuit Factory; 见110页地图; ☎631 9559; www.biscuitmanioc.com; 成人/儿童140/100毛里求斯卢比，含品尝 175/125毛里求斯卢比; ⏲周一至周五 9:00~15:00）从1870年起，劳尔特家族就开始在其位于马埃堡北郊的小型饼干工厂生产木薯饼干。自那时起，这个工厂就没有出现过什么大的变动。这些酥脆的方形小饼干几乎完全依赖手工制成，所用的秘制配方也是一代一代流传下来的。做好的小饼干会放到烤炉上的扁平烤盘中，烤炉底下熊熊燃烧的是干燥的甘蔗叶。20分钟的短暂游览可能以品尝样品结束，当然也会配上一杯好茶。

这个小工厂位于卡文迪什桥（Cavendish Bridge）的远端，穿过桥之后在棕色和白色相间的工厂标识处左转并沿着进一步的指示走。这里也低价出售成包的饼干（我们推荐黄

The South & Southeast 南部和东南部

油味的，这一结论是通过愉快的试吃得出来的)，单包的价格是65毛里求斯卢比。

圣母天使教堂　　教堂

(Notre Dame des Anges；见114页地图)圣母天使教堂的奶油色塔尖主宰了马埃堡的天际线。教堂最初修建于1849年，但随着时光流逝，它经历了好几次修复，最近的一次在1938年。你可以到里面看一眼它气势恢宏的木制屋顶。全天的任何时刻，都会看到当地群众到此供奉受人爱戴的拉瓦尔神父(见53页)，他的雕像立于进门后的右手边。

清真寺　　清真寺

(Mosque；见114页地图)这是马埃堡的核心清真寺，是当地重要地标。

活动

这里最流行的活动就是乘船去海岛上游玩，如白鹭岛、Île de la Pass、Île aux Vacoa和Île au Phare，或者更加北部、人气超旺的塞尔夫岛。大部分旅程包括浮潜以及午餐。数十辆船舶停靠在马埃堡以及蓝色海湾岸边，等待顾客，提供的服务基本类似。

Croisières Turquoise

浮潜

（见110页地图；☎631 1640；www.croisieresturquoise.com；Coast Rd；人均2000毛里求斯卢比）这个机构组织一日乘船游前往塞尔夫岛，从距离Le Preskîl hotel较近的Pointe Jerome登船地点出发，时间为9:30，返程时间为16:30。价格包括浮潜和烧烤午餐。

Case Nautique

潜水、皮划艇

（见114页地图；☎631 5613；casenautique@gmail.com；Rue Shivananda 和 Rue de Labourdonnais交叉路口；皮划艇租赁每天 500毛里求斯卢比，浮潜每2小时 750毛里求斯卢比）如果酒店不提供设备，可以来此租赁，同时组织前往塞尔夫岛以及其他岛屿的浮潜旅程。

Jean-Claude Farla

乘船游

（☎423 1322，631 7090）我们选择的运营商是本地传奇Jean-Claude Farla。他拿了6次全国游泳比赛的冠军，并参加过印度洋地区的游泳比赛。他是当地唯一一个提供传统的22英尺独木舟出海游的人（其他人的是带马力驱动装置的动力船）。泛舟于蔚蓝色的海面，并在兴之所至时停下来浮潜或自由潜水，

The South & Southeast 南部和东南部

重要景点

1	蓝色海湾海洋公园	G3
2	白鹭岛	G3
3	国家历史博物馆	G3
4	圣奥宾	D5
5	费尔奈谷	G2

景点

6	博伊斯·谢里茶叶种植园	D3
7	弗雷德里克·亨德里克博物馆	G2
8	格里斯格里斯海滩	D5
9	双科科斯岛	G4
10	克里斯特尔谷	H1
11	哭泣之石	D5
12	彩色谷	C4
13	凡尼尔	D5
14	马修·福林达斯纪念馆	A4
15	荷兰人登陆纪念碑	G2
16	劳尔特饼干工厂	G3
17	罗伯特·爱德华·哈特博物馆	D5
18	罗切斯特瀑布	C5
19	特瓦萨纪念馆	A5

活动、课程和团队游

20	科罗拉多	G4
	Coral Diving	（见36）
21	Croisières Turquoise	B1
22	贝隆·布尔山庄	A5
23	莱图瓦勒山庄	G1
24	Grotte Langouste	G4
25	里恩山	G2
26	毛里求斯野生动植物基金会	B1
27	Roches Zozo	H4
28	Sirius	G3

住宿

29	Andréa	D5
30	Astroea Beach	B2
	Auberge de St Aubin	（见4）
31	Blue Beryl	A3
32	Chez Henri	B2
	Heritage Awali	（见22）
	Heritage Le Telfair	（见22）
33	La Hacienda	G2
34	Le Blazon	B2
35	Le Jardin de Beau Vallon	G3
36	Le Preskîl	B1
37	Noix de Coco	B1
38	Pingouinvilla	A2
39	Shandrani	G4
40	Shanti Maurice	C5
41	Villa Vakoa	B1

就餐

42	Blue Bamboo	B3
	Charka Steakhouse	（见36）
	Escale des Îles	（见50）
43	Green Palm Restaurant	C5
	Hungry Crocodile Restaurant	（见13）
44	Jonquille Maryse	A3
45	La Belle Créole	A1
46	La Falaise Rouge	G2
47	Le Batelage	C5
48	Le Bougainville	A3
49	Le Château Restaurant	A5
50	Le Gris Gris	D5
	Le Jardin de Beau Vallon	（见35）
51	Le Rochester Restaurant	C5
52	London Way	G3
	St Aubin Table d' hôte	（见4）

半天的价格是20欧元。

乘坐独木舟到塞尔夫岛，并在中途停靠游览Île de Flamant和Île aux Mangénie享用午餐，费用为50欧元。最好提前至少2天致电咨询他是否有空（最少6人）。

住宿

在古色古香的马埃堡，你不太可能会找到任何富丽堂皇的大酒店，但是你能找到四散分布的、简单又环境良好的各色客栈，这使得马埃堡成了经济型旅行者的理想驻扎地。留宿于更靠近海滨的德斯尼角是另一个不错又安静的选择。

Chill Pill

民宿 €

（见114页地图；☎5787 4000；www.chillpillmauritius.com；Rue Shivananda 6；双 含早餐 56欧元起；❄📶🚭）客房简朴但明亮，铺设瓷砖地板，能够欣赏海景，因此是个不错住宿地点。此处，马埃堡开始消失，无垠海洋映入眼帘。对于那些钟爱海陆交织景色的人而言，这里是理想的住宿地点。

Tyvabro

客栈 €

（见114页地图；☎631 9674；www.tyvabro.com；Rue Marianne；双 含早餐 27欧元；❄📶）这个家庭式经营的客栈得到的评价很高，主要是由于它友好热情的服务。小而贴心的一些配套装置，如室内的DVD播放机和带吊床的温馨屋顶，弥补了房间中家具过时的不足。

Hotel les Aigrettes 酒店 €

（见114页地图；☎631 9094；www.hotellesaigrettes.com；Rue du Chaland和Rue des Hollandais交叉路口；含早餐 标单/双 小间 800/1000毛里求斯卢比，大间 1100/1400毛里求斯卢比；❄📶🚭）Hotel les Aigrettes貌似一直在修建的过程中，感觉像是由一堆房间和凸出的阳台堆叠起来的几层楼高的积木塔。房间很干净（有的房间甚至可以看到海景），我们选择了32号房——去浴室（虽然不是共享的）要穿过整个大厅，但是整个房间的舒适度和视野的结合非常出色。老板的笑容非常灿烂。

Coco Villa 客栈 €

（见114页地图；☎631 2346；www.mahecocovilla.net；Rue Shivananda；标单/双 含早餐 1000/1500毛里求斯卢比；❄📶🚭）这个依水而建的客栈的最大特色就是简单且光线充足。多数客房能够直接欣赏海景，它位于马埃堡南郊，靠近城镇，所以拥有很多便利条件，同时又有静谧的海岸氛围。

Nice Place Guesthouse 客栈 €

（见114页地图；☎631 9419；www.niceplace.orange.mu；Rue de Labourdonnais；标单/双 600/700毛里求斯卢比起，带公共浴室 400/500毛里求斯卢比；❄📶）店如其名，这是一个简单的客栈，但房间环境不错，虽然有些过于简朴和老旧。客栈老板是一对有爱的印度夫妇。在同等价位下，它是镇上最好的一家客栈。

ONS Motel 酒店 €

（见114页地图；☎5918 0811；www.onsmotel.com；Royal Rd；房间 30~55欧元；❄📶）如果你有一位毛里求斯老奶奶，这里或许就是她所经营的地方，采用花朵装饰，宾至如归。客房简朴，但是非常宽大，而且酒店一贯受到游客好评。

在东部和东南部潜水

东南海岸附近的主要亮点就是千变万化的水下地形——这有各种急降地势、隧道、巨石和洞穴。如果幸运，还能碰到一些凶猛的深海动物，例如，鲨鱼、金枪鱼和梭鱼。

继续往北，就到无与伦比、水流湍急的潜水地点，靠近贝尔马尔和托能道斯。

这座岛的东部和南部海岸有极少的几处潜水中心，不过大部分主要的度假村应该可以帮你联系一家。你也可以登录www.msda.mu查看所有有执照且已投保的潜水服务运营商的名单。以下几个地方是很不错的潜水点。

Sirius（见110页地图），紧邻马埃堡：18世纪沉船，位于水下20~25米。

科罗拉多（Colorado；见110页地图），紧邻德斯尼角和蓝色海湾：水下35米潜水，周围常见鲨鱼。

Roches Zozo（见110页地图），紧邻德斯尼角和蓝色海湾：水下40米潜水，那是礁石和开放水域交界的地方。

Belmar Pass（见128页地图），紧邻贝尔马尔：强劲水流，适合鲨鱼和梭鱼生存。

就餐

马埃堡有许多隐藏在深深小巷中只有当地人才能寻到的美食。如果你打算顺道来探访一下这个地方，确保周一过来，因为那是当地**市集**规模最大的时候。你能享用丰富多彩的坊间美食，因为当地的小贩会向排队等候的消费者兜售各色风味小吃。

★**La Vielle Rouge** 海鲜 €

（见114页地图；☎631 3980；Rue de Hangard和 Rue des Mares交叉路口；主菜 180~350毛里求斯卢比；⏰10:00~23:00）鱼肉和海鲜新鲜烹制，或许带有一些亚洲风味，因此Le Vielle Rouge成为城内的一个出色餐饮地点。服务热情周到，特色菜品包括生姜酱鱿鱼或者蒜蓉酱鲜虾。后花园的户外就餐环境赏心悦目。

★**Pyramide** 毛里求斯菜 €

（见114页地图；☎631 9731；Rue de Labourdonnais；烤肉串 55毛里求斯卢比，小/大 印度香饭 85/115毛里求斯卢比；⏰周一至周六 9:30~16:00或17:00）这位街边小吃店中的"英雄"位于市场对面、加油站旁边。美味的印度香饭（米

Mahébourg 马埃堡

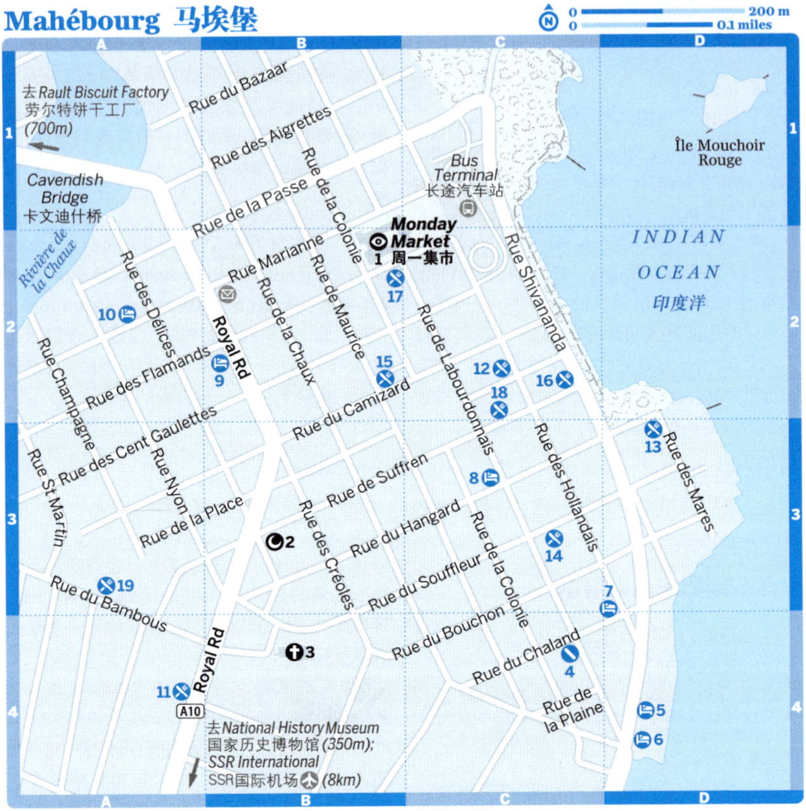

Mahébourg 马埃堡

重要景点

1 周一集市……B2

景点

2 清真寺……B3
3 圣母天使教堂……B4

活动、课程和团队游

4 Case Nautique……C4

住宿

5 Chill Pill……D4
6 Coco Villa……D4
7 Hotel les Aigrettes……D3
8 Nice Place Guesthouse……C3
9 ONS Motel……B2
10 Tyvabro……A2

就餐

11 Chez Patrick……A4
12 La Colombe……C2
13 La Vielle Rouge……D3
14 L' Ajoupa……C3
15 Le Bazilic……B2
16 Les Copains d' Abord……C2
17 Pyramide……B2
18 Saveurs de Shin……C2
19 Tabagi Bambous……A3

饭、各种东方香料以及肉或鱼一起煮成的小吃）和“烤肉串”（沙拉、肉和酱料一起裹入法棍面包）看起来似乎源自工厂的厨房，因为渔民和小贩们排着队等着享受他们的午餐美食。

不管是在店里吃还是打包带走，点餐的地方都是进门后右手边的小柜台。烤肉串可以做成加辣椒或不加辣椒的口味，不管你吃哪一种，味道都是绝佳的。

Shyam 毛里求斯菜 €

(☎5764 2960；烙饼和木豆印度薄饼12毛里求斯卢比；⏰11:00~16:00)想要吃到城里最好的木豆印度薄饼(dhal puri)，来找Shyam(你也可以叫他"Sam")准没错。他骑着轻便小摩托车在城里转悠，从他摩托车后面的空水族箱里挖出美味的小吃。周一时你会在集市(见109页)看到他。如果其他时间你迫不及待想要吃到木豆印度薄饼，给他打个电话，他就会把美食送到你面前。

而当下午学生放学时，他总是会出现在各大公立学校门口。

Le Bazilic 毛里求斯菜、各国风味 €

(见114页地图；☎5788 9534；Rue de Maurice；主菜150~300毛里求斯卢比；⏰10:00~20:00)常见的炒面、烧烤海鲜和章鱼咖喱都在这里出售。菜品没有太多创意，但是都是常见经典菜品。

Saveurs de Shin 中国菜、毛里求斯菜 €

(见114页地图；☎631 3668，5751 5932；Rue de Suffren；主菜150~395毛里求斯卢比；⏰周三至周一 10:00~14:00和18:00~22:00)这个距海边只有一个街区的地方可能看起来貌不惊人，但实际上菜品质量很好、价钱很低并且分量很大，无论对于说什么语言的人，这都是无法抵抗的最佳组合。半/全只北京烤鸭的性价比高得惊人，价格分别是450毛里求斯卢比和800毛里求斯卢比。除了北京烤鸭，你还可以在丰富的菜单中选择任何食品，而且都不会失望。

L' Ajoupa 毛里求斯菜、各国风味 €

(见114页地图；☎5290 1268；Rue du Souffleur；小吃和主菜50~250毛里求斯卢比；⏰周二至周四 10:30~15:00和18:30~22:00)L' Ajoupa是一个值得格外嘉奖的地方，绿树成排的舒适花园隐藏在斑驳的尖桩栅栏后面。这是一个与朋友小酌和品尝一些炸鱼条(poisson frit)、米饭或汉堡等小食的完美去处。

Tabagi Bambous 毛里求斯菜 €

(见114页地图；☎5796 0070；Rue du Bambous；烙饼10毛里求斯卢比；⏰7:30~21:30)深色、光线昏暗的便利店(tabagis)一般分布在毛里求斯各个乡镇的街道两旁。如果你还没有到访过任何一个这样的便利店，那么异常火爆的Bambous就是你奉献自己便利店初体验的最佳选择。在宝莱坞的女主角们在电视上不停地拨弄自己珠光宝气的戏服时，经营者Amrita则不断地分发标志性的烙饼(rotis)。

Amrita自身就是个不走寻常路的人，在毛里求斯岛上不太发达的地区经营自己的生意，对一名妇女来说本来就是件罕见的事。

La Colombe 毛里求斯菜 €

(见114页地图；☎631 8594；Rue des Hollandais；主菜175~350毛里求斯卢比；⏰11:00~15:00和18:00~21:30)迪斯科灯光、媚俗的装饰和微笑的工作人员恭候你的光临，这家店位于距离人行漫步道有一段距离的一条小巷里。店内特别推荐菜品有鹿肉和少数海鲜菜品。周六晚上通常会变得更加热闹和活跃，有时候碰巧能赶上赛加之夜。

Chez Patrick 毛里求斯菜、中国菜 €

(见114页地图；☎631 9298；Royal Rd；主菜225~350毛里求斯卢比；⏰11:30~15:00和18:00~22:00)Patrick深受当地人和游客的欢迎，主要因为它朴实无华的氛围和地道的克里奥尔风味。菜品丰富多样，从章鱼咖喱到克里奥尔蛤蜊，这里7道菜的海鲜盛宴(675毛里求斯卢比)是整个毛里求斯南部地区性价比最高的，甚至其中3道菜都配有薯条、沙拉和蔬菜。

London Way 超市 €

(见110页地图；☎696 0088；⏰周一、周二和周四 8:00~19:00，周五和周六 至20:00，周日至12:30)London Way超市时髦新潮，位于通往德斯尼角的主路上。

Les Copains d' Abord 毛里求斯菜、海鲜 €€

(见114页地图；☎631 9728；Rue Shivananda；主菜375~1000毛里求斯卢比，小吃90~225毛里求斯卢比；⏰10:00~15:00和18:00~21:00)Les Copainsd' Abord在镇南侧的海滨长廊中占据着一个令人羡慕的地理位置。美味的毛里求斯菜(新鲜的海鲜咖喱、虾炸丸子、棕榈芯沙拉、美味的辣香肠和野猪排配罗德里格斯岛蜂蜜)、巧妙的装饰和现场音乐的配合十分完美，常常会让你忘了菜单价格有时过高的事实。

实用信息

HSBC（☎631 9633；Royal Rd）

毛里求斯商业银行（Mauritius Commercial Bank；简称MCB；☎631 2879；Rue des Délices）

Thomas Cook（Rue Marianne；⊙周一至周三、周五和周六 8:30~16:30，周四 至15:30）来往市场方便，汇率不错。

到达和离开

马埃堡的长途汽车站（见114页地图）是当地重要的交通枢纽。每半小时就有往返路易港的特快长途车（38毛里求斯卢比，2小时），路易港有连接大海湾和其他地方的交通线路。几乎所有但不是全部的长途汽车都会停靠机场，在上车之前需要确认。从马埃堡去往蓝色海湾的班车大约每30分钟一班。

从马埃堡往北开，途经旧大港（Vieux Grand Port）然后抵达弗拉克中心的长途汽车大约每20分钟一班。往南，途经Rivière des Anguilles抵达苏亚克的长途汽车没有这么频繁。

从SSR国际机场到马埃堡之间打车大约15分钟，需要花费500毛里求斯卢比。如果打车从马埃堡到路易港，需要1600毛里求斯卢比，到佛力克昂佛勒克需要1600毛里求斯卢比，到贝尔马尔需要1300毛里求斯卢比。

当地交通

你会找到各种各样的本地汽车租赁服务，它们同时提供去往机场的服务。你的旅馆也可以帮你联系车辆。

德斯尼角和蓝色海湾（Pointe d'Esny & Blue Bay）

德斯尼角和蓝色海湾拥一些全岛数一数二的美丽沙滩，它们是许多游客最为青睐的毛里求斯角落。同时，许多有意前往白鹭岛自然保护区的游客，都会将德斯尼角作为起点。

景点

★白鹭岛 岛屿

（Île aux Aigrettes；见110页地图）白鹭岛自然保护区是十分受欢迎的生态游目的地，占地26公顷，距海岸线仅800米。这里是毛里求斯海岸森林珍贵的幸存物种以及一系列本土和濒危野生动植物的栖居之所。只有参与导览游项目才可以参观这里，这些导览游从Le Preskîl附近的Pointe Jérome出发。亮点包括观察阿尔达布拉象龟、黑檀、野生兰花，还有濒危的粉鸽和其他珍稀鸟类。

正如你在白鹭岛导览中所知，这是毛里求斯最后一个几乎保留原样的地方，与5个世纪前第一批探索者所看到的没有差别——除此之外，其他地方都已经被人类开发了。毛里求斯野生动植物基金会（Mauritian Wildlife Foundation）负责管理该保护区并开展团队游活动。

> **游览白鹭岛**
>
> **毛里求斯野生动植物基金会**（Mauritian Wildlife Foundation，简称MWF；见110页地图；☎5258 8139，631 2396；www.mauritian-wildlife.org；Coastal Rd，Pointe Jérome；短行程 含换乘船费成人/儿童 800/400毛里求斯卢比；⊙售票处 周一至周六 9:00~16:00，周日 至中午；团队游 周一至周六 9:30、10:00、10:30、13:30、14:00和14:30，周日 9:30、10:00和10:30）管理该保护区，并安排白鹭岛所有的团队游行程；团队游收入用于保护区保护工作。整个行程一般需要1.5~2小时，从Pointe Jérome启程，位于Le Preskîl酒店东南大约250米。可以通过电话或电子邮件预约，亦可亲自来到登船地点对面的办事处办理。
>
> 同时组织距离更远的“生态游”，全程2~2.5小时。参加这些旅程，可在岛上停留更长时间，因此或许能够遇到在那里工作的科考人员。团队游包括大量徒步跋涉；穿上舒服鞋子，带上帽子、防晒霜和水。行程末尾，可以参观一个小型博物馆和商店。

★蓝色海湾海洋公园 野生动物保护区

（Blue Bay Marine Park；见110页地图）为了保护海底丰富的珍稀珊瑚礁免受不断入侵的人类活动干扰，政府给予了蓝色海湾“海洋公园”的地位。但除了明确规定禁止高速船只进入之外，整体的保护计划并不十分严谨，当地的环保主义者担心珊瑚礁白化将不可避免。如果这个担心成为事实，将是很遗憾的事情，因为这片海域是整座岛上最佳的浮潜地。

海洋公园在类似白鹭岛的岛屿上并没有“官方指定”团队游，但是参与浮潜项目或者乘坐玻璃底游船出海（大约每人每小时200毛里求斯卢比）都可以观赏受保护的珊瑚礁。

双科科斯岛 岛屿

（Île des Deux Cocos；见110页地图；www.iledesdeuxcocos.com）双科科斯岛位于蓝色潟湖的边缘，曾经是毛里求斯的英国统治者海斯凯斯·贝尔（Hesketh Bell）公爵宴请宾客的地方。如今，这里成群的奢侈酒店仍然保持了为游客提供娱乐服务的传统。在这里，游客可以舒适地游泳，在海边消磨时光，到海里浮潜，度过悠闲的一天。这里还有欢迎酒、丰盛的自助午餐以及朗姆酒品尝服务。岛上任意一家奢侈酒店均可为你安排进岛交通，也可通过网络安排。

资金充裕的游客可以租下岛上唯一一栋别墅（由贝尔建造于一个世纪前），每晚租金高得令人咋舌，大约2000欧元，随季节变化会有几百欧元的出入。

活动

乘船游

蓝色海湾和位于其北方的马埃堡一样，都有不少游船运营商提供乘坐玻璃底游船至附近岛屿游览远足的行程。在选择水手长的时候，游客们应当格外小心，因为近年来，在这一区域出现了越来越多的贩毒者和瘾君子；在交易付钱之前一定要征求当地人或者你的酒店工作人员的意见。同时，这里的海浪瞬息万变，只有经验丰富的导游知道何时才是出海的最佳时机。推荐以下旅行机构：

- Jean-Claude Farla（见111页）
- Le Preskîl（见118页）
- Case Nautique（见111页）

白鹭岛的野生动植物

1985年，毛里求斯野生动植物基金会（MWF；见116页）签下了白鹭岛租约，开始一项艰难的任务：消除白鹭岛上的外来动植物物种，例如，老鼠和野猫。同时，它也开展了大规模的种植项目，全面移除外来植物物种，重新引进本土植物。在基金会开展工作之前，这里是很受欢迎的一日游目的地，许多本土的植物都被砍伐用作柴火。唯一的例外就是一片占地面积虽小却十分重要的黑檀树林。这片树林存活了下来，里面有些树木已经有400多年历史了。大多数导览游路线都会经过这片树林。

基金会着手将毛里求斯的濒危物种重新引入保护区，希望它们能在这里找到庇护所，在免受天敌干扰的适宜自然环境下繁衍。白鹭岛保护区，以及其他几个区域，如圆岛（紧邻北海岸）和黑河谷国家公园（位于毛里求斯西南部），一起成了毛里求斯抗击物种灭绝的堡垒，而且取得了巨大的成功。如今，白鹭岛生活着50只粉鸽（野外现存粉鸽总数仅为470只）、25对橄榄绣眼鸟（olive white-eyes，现存总数为100~150对）和150只毛里求斯福迪雀（Mauritian fodies，总数400只）。在大多数导览游路线上，你很有可能能遇上粉鸽，但是想见到其他鸟类就得靠运气了。

有趣的是，并不是所有的濒危物种都能在这里安居乐业。毛里求斯红隼被引进至此，但并没能在这里找到合适的栖息地（由于树冠过于低矮且没有足够的猎物），所以它们飞到了对岸，在主岛上找到了合适的住所，包括附近的克里斯特尔谷（见120页）和费尔奈谷（见120页）。

在这里你还可以看到的其他动物明星包括大约20只成年阿尔达布拉象龟或塞舌尔象龟（以及不少幼龟），它们是最后一群巨型印度洋象龟，这是毛里求斯仅有的几处可以在野外看到这种神圣象龟的地方之一。同时，你还有机会看到5只关在笼子里（濒危）的毛里求斯果蝠和450只左右的特尔菲尔长尾蜥蜴（Telfair's skinks），后者是印度鼩鼱的最大天敌，而印度鼩鼱是白鹭岛仅存的哺乳动物。

➡ Croisières Turquoise（见111页）

潜水

毛里求斯东南海岸有几处不错的潜水海域。这些水肺潜水的热点大部分都是峭壁潜水和速降式潜水，因为这里有十分有趣的突降40米的岩石结构，吸引了大量五光十色的鱼类。最值得注意的潜水点有科罗拉多（见28页）和Roches Zozo（见28页）。

Coral Diving 潜水

（见110页地图；☎604 1084；www.coraldiving.com；潟湖/海底 潜水 1800/2000毛里求斯卢比；⏲8:30~16:30）友善的托尼（Tony）是毛里求斯经验最丰富的潜水员之一，他经营的Coral Diving是东南部主要的水肺潜水运营商，主要位于Le Preskîl的沙滩地带，但是对外开放。海洋潜水包括对于初学者的泳池培训。

住宿

德斯尼角和蓝色海湾是南部旅游的中心，这里的住宿条件也有不少值得称赞的地方。紧邻机场的马埃堡区域有不少高端度假村、私属别墅、公寓楼和民宿。

Chez Henri 客栈 €

（见110页地图；☎631 9806；www.henri-vacances.com；Coastal Rd；房间 含早餐1800毛里求斯卢比；❄@）住在亨利（Henri）和马约（Majo）温馨的民宿里的感觉，就像你到乡下探望很久没见的叔叔阿姨一样。房间由树木和柳条装饰，每间房都配有一个实用的厨房。绝对不要错过精致的晚餐，包含3道菜（500~600毛里求斯卢比），你将在天台用餐。来此居住或者就餐，可以和其他住客交流，听亨利讲述他的冒险故事，他特别喜欢使用双关语（懂法语的人能更好地理解）。

Le Blazon 客栈 €

（见110页地图；☎5771 7917，631 1699；www.residence-leblason.com；房间 含半餐 60欧元起；❄🏊）距离海滨主路一个街区、朝向内陆方向。Le Blazon拥有纯粹的居民区氛围，因为车流很少。四间客房占据两层，还有一个客用厨房和一个迷人的日本桑拿浴。

Blue Beryl 客栈 €€

（见110页地图；☎631 9862；www.blueberyl.com；Coastal Rd；房间 含早餐 60~80欧元）无论你怎样认为，德斯尼角和蓝色海湾的许多甚至大多住宿地点与海滩之间都相隔一条道路。Blue Beryl亦不例外，提供装饰简朴的单间，多数直接面对海滩。空调房加收5欧元；每人多付10欧元，即可享受半餐服务。

Noix de Coco 客栈 €€

（见110页地图；☎5772 9303；www.noixdecocoguesthouse.com；Coastal Rd；房间 含早餐 64~81欧元；❄）多莱特（Dorette）开的这家温馨的客栈十分欢迎来自各地的游客。有些房间可以欣赏海景，但是你肯定会花更多时间在沙滩阳台上玩。

Villa Vakoa 别墅 €€

（见110页地图；☎431 1099，5727 3216；www.pointedesny.com；Pointe Jérome；别墅 150~300欧元；❄🏊）这栋别墅面积很大，为双层建筑，坐落于Le Preskîl以南300米。房间拥有石灰华的地板、美式风格的厨房和宽敞的卧室。可以睡下六个人。

Pingouinvilla 公寓 €€

（见110页地图；☎637 3051；www.pingouinvillas.com；Rue Daurades，Blue Bay；单间 每天/每周 50/325欧元，公寓 60/420欧元；❄📶）这个设施完善的公寓楼群魅力迷人，距离海滩几个街区之遥。一周进行两次客房清洁服务。

★Le Preskîl 度假村 €€€

（见110页地图；☎604 1000；www.lepreskil.com；Pointe Jérome；标单/双 含半餐 130/201欧元起；❄@📶🏊）绝佳的地理位置，隐蔽的沙滩？这里就有！蓝绿色潟湖和绵延的丛林山脉的浪漫景色？这里也有！这座四星级的度假村仿似天堂一般，我们找不到任何理由不住在这里。客房迷人，地界宽敞，计划重新装修，堪称岛上最佳住宿地点之一。

除了常见的水上运动和活动之外，Le Preskîl还有一个儿童俱乐部、专业水肺潜水和一艘专用游艇，搭载游客前往附近的海洋公园和塞尔夫岛。

Astroea Beach 精品酒店 €€€

（见110页地图；☎631 4282；www.southerncrosshotels.mu；Coastal Rd；标单/双 含半餐 200/300欧元起；P❄@📶🏊）面对德斯尼角的沙滩，这个精致住宿地点扮演奢华精品酒店的角色。所有客房采用白色和碧绿色装饰，宽敞迷人，许多能够欣赏海景。还有Ylang SPA、带海景的出色餐厅和各种各样水上运动和旅程。

Shandrani 度假村 €€€

（见110页地图；☎601 9000；www.beachcomber-hotels.com；标单/双 89/178欧元起；❄@📶🏊）这家舒适的度假村同样欢迎全家出游的旅客，它坐落于蓝色海湾南侧的一个私人半岛上，周围植物繁茂。这里有3处海滩，还有所有你期盼的高端设施，但是价格要比想象的实惠很多。

这个度假村拥有4家餐馆、高尔夫球场、网球场、潜水中心等。

Le Jardin de Beau Vallon 历史酒店 €€€

（见110页地图；☎631 2850；www.lejardindebeauvallon.com；Rue de Beau Vallon；标单/双 2300/3200毛里求斯卢比；❄📶）Beau Vallon主要以其餐馆闻名，餐馆位于这座18世纪殖民时期庄园主住宅的第一层。这里的几个套间和平房绝对能给你带来难忘的经历，但是从这里需要开车10分钟才能到达海滩。

稍新一些的平房建成了一排，离主建筑稍远，装饰有种植园风格的木条和柳条。

就餐

虽然这里很有住宅区的氛围，但在海岸公路上确实还有几家值得推荐的餐馆。尤其蓝色海湾，拥有几家不错餐馆。如果已经来此几天，需要换换口味，可去马埃堡，距此不超10分钟车程。

Jonquille Maryse 毛里求斯菜 €

（Chez Maryse；见110页地图；☎978 8211；Coastal Rd；主菜 250毛里求斯卢比起；⏲11:30~15:00和18:00~21:00）从毛里求斯政府获得"女性权利"奖之后，为人友善的玛丽斯（Maryse）和她的家人一起在她家后院开了一家小餐馆。厨师在黄色的锡制屋顶下烹饪克里奥尔美食，开心的食客们聚集在随意搭配的餐桌上享用。

★ **Le Jardin de Beau Vallon** 毛里求斯菜 €€

（见110页地图；☎631 2850；www.lejardindebeauvallon.com；Rue de Beau Vallon；主菜 200~600毛里求斯卢比；⏲中午至15:00和19:00~22:00）这座迷人的殖民地风格建筑在过去的几十年中经历了仔细的翻新和修整，周围是茂密的内陆灌木树丛和高高的甘蔗叶。浪漫的深色木制镶板、宜人的海岛风情和慵懒旋转的树叶状吊扇，营造出一种绝佳氛围。要是工作人员能和餐馆的环境一样好，那就再好不过了……

★ **Blue Bamboo** 意大利菜、毛里求斯菜 €€

（见110页地图；☎631 5801；Coastal Rd；比萨 240~390毛里求斯卢比，主菜 380~480毛里求斯卢比；⏲11:30~15:00和18:00~23:00）这家餐馆有许多吸引人的地方：种满了绿色植物的舒适回廊、可口的铁盘比萨、友好的老板，以及二楼宜人的休息室。除了周一，楼上的酒吧每天18:00至午夜开放。在旺季，如果你想预订竹林庭院的座位，最好还是提前打电话确认。

La Belle Créole 毛里求斯菜 €€

（Assiette du Pêcheur；见110页地图；☎631 1069；Royal Rd；主菜 450~900毛里求斯卢比）绝佳克里奥尔美食（如咖喱鹿肉或香辣灌肠）结合美丽迷人的潟湖湖畔的户外就餐环境（带上驱蚊剂），使得这里成为该地区最佳就餐地点之一。它位于马埃堡和德斯尼角的中间地带。

Charka Steakhouse 牛排 €€

（见110页地图；☎604 1000；Le Preskîl，Pointe Jérome；主菜 590~880毛里求斯卢比；⏲19:00~22:30）Charka位于Le Preskîl度假村深处，但是对外宣称是独立餐馆。这里是肉食爱好者的必到之处。高品质新鲜南非牛排在新潮环境中用心烤制，周围采用非洲面具或者狩猎梭镖装饰。必须预订，不是酒店住客更要预订。

Le Bougainville 毛里求斯菜 €€

（见110页地图；☎631 8299；Coastal Rd；主

菜250~450毛里求斯卢比；⏲10:00~22:00）露天阳台上微风徐徐、友好的氛围和紧邻蓝色海湾沙滩的方便位置使Le Bougainville成为当地人和游客十分喜爱的聚会场所。这里菜品丰富，有沙拉、比萨、鱼、咖喱等。

ℹ 到达和离开

来往于马埃堡的长途汽车每30分钟一班。乘坐出租车需要花费350毛里求斯卢比，前往机场需要花费500~600毛里求斯卢比。

Pointe Jérome Embarkation Point（Île aux Aigrettes Departure Point；见110页地图）渡船从此出发，前往白鹭岛。

JH Arnulphy（Chez Henri；☎631 9806；www.henri-vacances.com）JH Arnulphy的亨利（Henri）是个非常可靠的租车人员。一辆小车每天起租价为1450毛里求斯卢比，没有公里限制。

ℹ 当地交通

这一区域的所有客栈都可以为你安排汽车租赁。可以试试与JH Arnulphy（见120页）的亨利联系，租车每天1450毛里求斯卢比起。Arnulphy还提供自行车租赁，每天150毛里求斯卢比起。

旧大港（Vieux Grand Port）

人口：3150

旧大港位于马埃堡以北，是毛里求斯历史的摇篮，这个岛屿的第一批人类居民于1598年9月9日因Wybrandt Van Warwyck的指令在此登陆。之后，荷兰人在现在的旧大港所在地以北3公里处建造了一座堡垒。在1710年前，这里一直都是荷兰东印度公司（Dutch East India Company）的总部，之后，荷兰人抛弃了这座岛屿。这个地方就被法国人占领了。

许多游客沿着东海岸旅游过程中在此逗留。游览此处所有景点只需一两个小时。

👁 景点

★费尔奈谷　　野生动物保护区

[Vallée de Ferney；Ferney Valley；见110页地图；☎5729 1080，634 0440；www.valleedeferney.com；团队游每人750毛里求斯卢比，喂茶隼200毛里求斯卢比（团队游免费）；⏲10:00~15:00]这个保护区为了保护一片400年的森林而建，是世界濒危猛禽毛里求斯红隼的重要栖息地。来此一游最有可能一睹茶隼风采。导游带你踏上一条3公里步道，沿途为你指出迷人动植物。中午（11:30之前到达），员工在步道起点饲喂茶隼。这项团队游必须预订（可以通过电话、网络或者前往La Falaise Rouge）。

作为许多特有物种的重要栖息地，费尔奈谷将在未来几年内成为一个重要的保护区和生态游目的地。毛里求斯野生动植物基金会负责培训导游并制定保护区政策，计划引进一系列濒危物种，包括粉鸽和回声鹦鹉。

费尔奈谷同时也因为最近一次保护区示威游行而闻名。当时，这个游行是为了抗议一家外国道路建设公司试图直接穿过保护区腹地建造高速公路。虽然这个提议并未实施，但却给保护区留下了伤痕——路边看到的用红颜料涂抹的树木意味着它们本来要被砍掉，为道路建设让路。

在海岸公路上，通往这片200公顷的保护区的岔路标识清晰，岔路口位于旧大港以南2公里处。

克里斯特尔谷　　野生动物保护区

（Kestrel Valley；Domaine d' Anse Jonchée；见110页地图；☎634 5011）风景秀丽的克里斯特尔谷是一片被森林覆盖的山地，原先是爪哇鹿的狩猎场。它占地950公顷，也是许多本土鸟类的保护区，其中包括毛里求斯红隼——世界上最珍稀的猛禽之一。公园内共有4条设有明确标识的小径（长度为2公里到6公里不等）。本书写作之际，克里斯特尔谷对外关闭，官方对它进行修整，但是未来并不明朗。

荷兰人登陆纪念碑　　纪念碑

（Monument to Dutch Landing；见110页地

> **一场著名的战役**
>
> 宁静的毛里求斯小镇旧大港看上去和巴黎相差甚远，但这个地方也很有历史。旧大港是毛里求斯居民区的发源地，但是这里更是巴黎凯旋门上镌刻记载的唯一一次法国海军战斗胜利的战场。1810年法国和英国军队的战场遗址在马埃堡的国家历史博物馆（见109页）展出。

图）一个纪念碑，标记1598年9月9日荷兰人第一次登陆的地点。

弗雷德里克·亨德里克博物馆 博物馆

（Frederik Hendrik Museum；见110页地图；☎634 4319；⌚周一至周六 9:00~16:00）**免费**展出荷兰和法国统治者当时留下的一些陶土管、酒瓶和其他对象。博物馆也记录了荷兰人在毛里求斯的历史。

活动

★里恩山 徒步

（Lion Mountain；见110页地图）里恩山外观就像斯芬克斯，一眼就能认出。那有一条行程艰难但是收获颇丰的半日徒步线路，途中能够欣赏绝佳海岸风景。即使你决定独自出游，而且步道起点就在警察局旁边、旧大港北部，我们还是建议你雇佣一名导游。

主步道非常清晰，沿着山脊延伸，穿越岩石地带到达山顶，可以登录www.fitsy.com查询有关这个步道详细的GPS信息。穿越岩石地带、到达"狮头"平地之前，会有一片荆棘地带。从这里，能够遍览这个岛屿内陆地区。然后原路返回。预留三四个小时作为返程时间。

食宿

★La Hacienda 别墅 €€

（见110页地图；☎263 0914；www.lahaciendamauritius.com；Lion Mountain；房间70欧元起，P ❄ @ 📶 ≋）La Hacienda位于里恩山山坡之上，有四间无与伦比的别墅，景色堪称岛屿这一面最佳。别墅设施齐全，带有厨房，景色优美、空间足够，更不必说那仿若仙境的位置，脱离尘嚣。

La Falaise Rouge 毛里求斯菜 €€

（见110页地图；☎471 2017；主菜 450~800毛里求斯卢比；⌚11:00~15:00）这是费尔奈谷保护区附属餐馆，实际上只有几公里远，海岸主路附近有明显路标。菜品包括本地取材的咖喱鹿肉和烤鹿肉，水边环境锦上添花。这个餐馆又是保护区游览的预订窗口。

到达和离开

游览旧大港最好的方式就是乘坐私家车，而大部分旅游运营商都可以给你安排一个半天或者一天的行程，前往东南部某地。选择公共交通工具也是可行的，但是会十分不方便。马埃堡到弗拉克中心之间的长途汽车沿着海岸公路行驶，途经旧大港、Anse Jonchée和Bambous Virieux，大约20分钟一班。

南海岸（SOUTH COAST）

毛里求斯的南海岸，俗称Savanne，有全国最原始也最美丽的风景。在这里，你会看到玄武岩悬崖、掩蔽的沙湾、隐秘的瀑布和许多传统渔村。在海岸线尽头，你可以看到一片片的甘蔗田和茂密的森林，为山坡披上了生机勃勃的绿色外衣。因为地形复杂，长期以来，人们认为这片地域很难开发，因此直到最近才有开发者关注这片地带。

除了Rivière des Anguilles和苏亚克之外，这片区域没有其他主要的城镇了。你可以把这两个地方当作根据地，再去周边的公园和保护区探索。但是，我们建议你住在别的地方，然后乘坐私人交通工具来此进行一日游。

到达和离开

许多人租赁小汽车游览南海岸，或者游览当

值得一游

来图瓦勒山庄（DOMAINE DE L' ÉTOILE）

这座十分受欢迎的**森林保护区**（Terr-Ocean；见110页地图；☎448 4444，729 1050；www.terrocean.mu）坐落于海岛的东部及东南部边缘，位于一片2000公顷的未经破坏的土地上——这片土地非常适合骑马、徒步或乘四驱车游览。你还可以选择参加山地自行车活动、导览徒步游以及射箭等活动。既然来到这里，就去山庄里的餐馆享受美食。

如果你足够幸运的话，没准还能看见几只爪哇鹿（Javanese stag）藏在森林深处——保护区内共生活着1000只爪哇鹿。

日包租出租车。自驾游览，可能行驶速度较慢，这有一些僻街小道，就像毛里求斯其他地方那样，其中的车流仿佛蜗牛爬行。但是整个行程走下来收获不小。

长途汽车定时往返于苏亚克和马埃堡、路易港以及居尔皮普之间；许多途经Rivière des Anguilles。从苏亚克出发的长途汽车沿着海岸行驶，几乎每小时一趟。

苏亚克(Souillac)

人口：4392

南海岸沿线最大的城镇就是苏亚克，距离Rivière des Anguilles7公里远。许多游客沿着南海岸旅行当中来此进行一日游，或者将它作为凡尼尔动物园（见124页）之旅当中的一站。城镇本身没有太多好玩的地方，但是周边有不少有趣的景点和一些出色餐馆，非常值得一游。

另辟蹊径

勒苏弗勒尔(LE SOUFFLEUR)

勒苏弗勒尔是一处只有当地人知道的隐蔽景点，需要花点心思（和一辆四驱车）才能找到。但是只要你问问当地人，他们肯定会说这里绝对值得你去一探究竟。

它位于苏亚克和蓝色海湾中间的海岸线上。这个半成形的洞穴位于悬崖的一侧，波涛汹涌时，高达20米的水柱如喷泉般从洞穴内喷涌而出，是一处奇异的地理景观。当海浪拍打峭壁时，海水透过悬崖的裂缝喷出，就像鲸鱼从喷水孔喷水一样。你到的时候如果海面还算平静，你会发现附近有一处天然陆桥，值得你拍上几张照片。它是另一座天然洞穴顶部塌陷后形成的。

要想去这个隐秘的地点（岩穴），要先到L' Escalier附近的Savannah制糖厂，穿过这片建筑，然后沿着一条蜿蜒的小径到达海边。如果你没有获得穿过制糖厂的许可——原则上你需要获得许可，我们推荐你带上一个当地人，否则你绝对找不到这里。

景点

格里斯格里斯海滩　　海滩

（Gris Gris Beach；见110页地图）苏亚克城中心东部，一片绿草茵茵的悬崖顶部能够欣赏黑岩海岸无限风光。一条小路带你到荒芜空荡的格里斯格里斯海滩（Gris Gris beach）；这里有一块木质标志，警告人们在此处游泳十分危险。“格里斯格里斯”传统上是指“黑魔法”。看着这片曲折的海岸线，你就知道它为何得名了。还有一个版本说这片海滩是以一只小狗命名的，一位法国地图绘制师在1753年带着他的小狗（！）到此游览。

哭泣之石　　地标

（La Roche Qui Pleure；The Crying Rock；见110页地图）从格里斯格里斯海滩的海岬尽头再向前走600米，你可以看到一个明显的标识。哭泣之石看上去很像一个正在哭泣的男人——你需要站很久，等待海浪击打岩石，才能看到眼泪流出，看到这一场景心里会有一种奇特的满足感。

罗切斯特瀑布　　瀑布

（Rochester Falls；见110页地图）罗切斯特瀑布并非毛里求斯最壮观的瀑布，不过如果你离这里不远，还是值得专程前来。你可以沿着主路上的临时路标穿过苏亚克——这条路十分迂回但不危险，不过路上有很多石头，路况不太好。街边会有许多小贩以告诉你何处可以停车为名收取小费，下车后步行5分钟，会有一大批小贩从甘蔗地里涌向你，要做好准备。

罗伯特·爱德华·哈特博物馆　　博物馆

（Robert Edward Hart Museum；见110页地图；☎625 6101；⊙周一、周三至周五 9:00~16:00，周六 9:00至中午）**免费** 罗伯特·爱德华·哈特（Robert Edward Hart，1891~1954年）是一位著名的毛里求斯诗人，在法国人和英国人中都十分受推崇。但是我们至今还没有在当地遇到过听说过他名字的人。他的住所名叫La Nef，是一处有趣的珊瑚石小屋，在1967年作为罗伯特·爱德华·哈特博物馆向公众开放。展品包括哈特书信、戏剧、演讲和诗歌的原稿和影印稿，以及他的小提琴、眼镜和英式洗手间。

国家科学研究院（National Institute of Sciences）颁发给哈特"心灵感应、催眠术及个人魅力贡献奖"，这个奖项较难懂，若有说明会更易理解些，遗憾的是题注只有法语。这里十分适合雨天观光。

住宿

这一区域的最佳住处要数附近的Andréa（见125页）。其他住宿地点，不太值得推荐，都人气不高，或者依附于一些受欢迎的餐馆。

就餐

最佳就餐地点位于市中心东西两侧，尤其出色的那些位于格里斯格里斯地区。如果落座海边就餐，就要选择那些提供海鲜的地点——坐在餐桌旁，或许能看到他们捕捞海鲜。

★ Le Gris Gris 毛里求斯菜、海鲜 €

（Chez Rosy；见110页地图；☎625 4179；Gris Gris Beach；主菜 285~400毛里求斯卢比；⊙11:00~16:00）罗西（Rosy）的餐馆装饰着柳条和塑料家具，是一个很朴素的地方，但这里的食物从来不会让你失望——当地人和游客都非常喜欢自制的毛里求斯和中国菜肴。

Le Rochester Restaurant 毛里求斯菜 €

（见110页地图；☎625 4180；主菜 275~400毛里求斯卢比；⊙周三至周一 中午至15:00和18:00~21:00，周二 中午至15:00）阿帕杜女士（Madame Appadu）是个很有魅力的人，她经营的这家家庭餐馆，位于一座老式殖民地建筑内，紧挨着通往苏里南（Surinam）的一座桥。在露天平台的绿荫下，你可以尽情享用美味的克里奥尔、印度及中国菜肴。餐馆楼上有3间客房，没什么特别之处。

Le Batelage 毛里求斯菜 €€

（见110页地图；☎625 6083；www.lebatelage.com；Village des Touristes, Royal Rd, Port Souillac；主菜 600~1250毛里求斯卢比；⊙中午至15:00和18:00~21:00）这家餐馆需要你沿着主路一直开到苏亚克西边，在这里你可以一边吃饭一边欣赏美丽的海景。这里的食物（毛里求斯菜和海鲜）价格略高，但是环境如此出众，还是值得一试的。服务时好时坏，大型游客团到访之时比较懈怠。

Escale des Îles 毛里求斯菜、海鲜 €€

（见110页地图；☎625 7014；Gris Gris；主菜 250~925毛里求斯卢比；⊙9:30~21:00）Escale des Îles位于俯瞰格里斯格里斯海滩那个停车场的对面，就在一栋色彩鲜亮的大楼之内，深受大型旅行团青睐。特色菜品包括海鲜、毛里求斯菜、中国菜、欧洲菜和意大利菜。品类繁杂，真是兼容并包。应能令你大快朵颐。

到达和离开

从马埃堡开往苏亚克，途经机场和Rivière des Anguilles的长途汽车每半小时左右有一班。从路易港出发的长途汽车每小时一班，中途停靠Rivière des Anguilles。居尔皮普也有多趟班车往返，其中3班走海岸公路，途经Pointe aux Roches。途经海岸公路前往海角海湾（从这里，你可搭乘车辆继续前往西海岸）的车每小时一班。

贝隆·布尔（Bel Ombre）

人口：2417

贝隆·布尔虽然没有佛力克昂佛勒克和大海湾的海滩风光，但是这里已经急速发展成狂野的南部海岸线上一处舒适的旅游胜地了。深受高端人群青睐，但是公共海滩仍旧受到当地人喜爱。

景点和活动

特瓦萨纪念馆 纪念馆

（Trevassa Monument；见110页地图）纪念馆位于贝隆·布尔山村以西1公里，为了纪念英国蒸汽船"特瓦萨号"（Trevassa）于1923年的沉没而建。它沉没在距离毛里求斯2600公里处。16名生还者在救生船上度过了25天，终于被海水推到了贝隆·布尔的岸边。

贝隆·布尔山庄 户外

（Domaine de Bel Ombre；见110页地图；☎623 5522；www.domainedebelombre.mu；Bel Ombre）贝隆·布尔最主要的景点就是贝隆·布尔山庄，它是一个甘蔗种植园内的开放自然保护区，1816~1833年由查尔斯·特尔菲尔

(Charles Telfair)开发。如今，它已经发展出了多种商业模式，包括一个高级高尔夫球场、殖民地磨坊遗址以及Valriche自然保护区——十分适合骑行、徒步或者开四驱车游览。前往潟湖，可以进行帆板运动、潜水或浮潜，或者搭乘玻璃底船只漂流。

食宿

奢华的贝隆·布尔山庄拥有两家五星级酒店，均由Verandah Resorts经营。经济型和中端游客应该另觅他处。

Heritage Awali 酒店 €€€

(见110页地图；☎601 1500；www.heritageresorts.mu；Domaine de Bel Ombre；房间 227欧元起；P ❄ @ 🛜 ≋)Heritage Awali融合了非洲元素，大量的面具、非洲鼓和部落艺术品随处可见。这里还有一座高尔夫球场，也提供水疗服务，给你带来终极享受。

Heritage Le Telfair 历史酒店 €€€

(见110页地图；☎601 5500；www.heritageresorts.mu；Domaine de Bel Ombre；标单/双 277/355欧元起；P ❄ @ 🛜 ≋)Heritage Le Telfair凝聚了这座岛屿昔日殖民地的奢华宏伟的风格，拥有华丽的客房、广阔的地方、非凡的服务和对细节的极致追求。采用天然纤维、柔和色调和一种经典木质和粉刷风格，使得这里成为住宿佳地。

★ Le Château Restaurant 创意菜、毛里求斯菜 €€€

(见110页地图；☎623 5522；主菜1200毛里求斯卢比起；⏲周一至周四 中午至15:00，周五和周六 中午至15:00和18:30~21:00)贝隆·布尔山庄保护区有12家不错的餐馆。这么多餐馆当中，我们觉得首选应是Le Château，它由一个老的贝隆·布尔植物园房子巧妙改造而成。这里的传统毛里求斯菜融合了现代特色，绝对能给你带来非凡的用餐体验。

到达和离开

为了前往贝隆·布尔旅游，多数游客选择从他们下榻酒店租小汽车或者出租车。你可以乘坐班车由居尔皮普经由Nouvelle France和Chemin Grenier去往贝隆·布尔。

南海岸周边

南海岸内陆地区的景点足以让你玩上一天，这里有野生动植物公园、几处优雅的殖民地建筑和彩色土景观，还有几家精致的酒店。

景点和活动

★ 圣奥宾 历史建筑

(St Aubin；见110页地图；☎626 1513；www.saintaubin.mu；不含/含餐厅套餐 450/1100毛里求斯卢比；⏲周一至周六 9:00~17:00)圣奥宾是一座精致的种植园房子，可追溯到1819年；最初这座房子建在工厂旁边，但为了晚上能够安静地睡觉，房主在20世纪70年代搬到了这里。现在，这里已经不再生产蔗糖了，但在花园里，还有一座传统的朗姆酒厂以及种植火鹤和香草的苗圃——游览当中，你可以了解到香草生产的全部神奇历史。

圣奥宾之旅的最大亮点就是在庄园主宅中享用迷人的**私房菜**(见110页地图；☎626 1513；主菜 395~1375毛里求斯卢比；⏲中午至15:00)。这里的餐馆最具有殖民地时期的风格——精致的枝形吊灯照着洁白的桌布和古老的木制家具。套餐使用了种植园内的水果和蔬菜，如棕榈芯、菠萝、芒果、红辣椒等。建议你提前预订。

如果你想要在这里过夜，**Auberge de St Aubin**(见110页地图；☎626 1513；www.saintaubin.mu/larouteduthe/fr/auberge_st_aubin.aspx；每人 含半餐 2200~3400毛里求斯卢比；❄)拥有3间客房，位于主建筑附近的种植园牧师住宅内。位于前侧的房间有迷人的殖民地特色和古老的木地板，四柱床上铺着棉布；后侧的两间房更现代化，但少了些特色。

凡尼尔 动物园

(La Vanille；Réserve des Mascareignes；见110页地图；☎626 2503；www.lavanille-reserve.com；Rivière des Anguilles；成人/儿童 周一至周五 425/235毛里求斯卢比，周六和周日 250/115毛里求斯卢比；⏲8:30~17:00)这座动物园兼保护区十分适合与孩子来郊游。这里有世界上数量最多的圈养巨型陆龟(超过1000只)。来凡尼尔动物园光是看这么多昆虫标本(超过23,000

海角海湾（BAIE DU CAP）

海角海湾标识着毛里求斯最美海岸线之一的东端（往西，朝向莫尔纳山半岛延伸）。当你驾车驶过这片海岸线，与其说你是来参观的，不如说是来欣赏的。但是这里有一个不太张扬的景点**马修·福林达斯纪念馆**（Matthew Flinders Monument；见110页地图）。

这个纪念馆位于海角海湾以西500米的岸边。它建立于2003年，为了纪念马修·福林达斯这位英国航海家和地图制作师来到毛里求斯200周年。当时，他并不十分受欢迎；这个可怜的小子不知道当时英法正在交战，他很快就因此入狱长达6年。如果想了解这个故事，你可以读读Huguette Ly-Tio-Fane Pineo的书，名字叫*In the Grips of the Eagle: Matthew Flinders at the Île de France*（1803~1810年）。

这条海岸线上的长途汽车很少。海角海湾是从苏亚克和卡特勒博尔纳（途经塔马兰）发车的长途汽车的终点站。大约每20分钟，发出长途汽车。

种！）就已经很值了。这里还有一个尼罗鳄（总数2000只）养殖场，这种鳄鱼可以长到7米长。完整游览这个动物园至少需要1小时。

乌龟绝对是亮点，这要归功于阿尔达布拉和辐纹陆龟（radiata）的育种计划取得的巨大成功。你在动物园里有机会亲眼看到阿尔达布拉象龟繁殖。

园内有一家**Hungry Crocodile Restaurant**（La Crocodile Affamé；见110页地图；主菜150~650毛里求斯卢比；⏲11:00~17:00），专门提供特色食物——鳄鱼咖喱、鳄鱼汉堡、鳄鱼煎饼配沙拉、香草酱鳄鱼……这里也有传统菜肴，如意式肉酱面和牛肉汉堡。不要忘了携带防蚊剂，午餐期间享用饕餮盛宴的可不止你一个。

凡尼尔位于苏亚克西北几公里、Rivière des Anguilles以南2公里。

彩色谷 地标

（La Vallée des Couleurs；见110页地图；☎251 8666；www.lavalleedescouleurs.com；Mare Anguilles；成人/儿童 250/125毛里求斯卢比；⏲9:00~17:00）虽然这里的土壤有23种颜色，七色土（见99页）只有7种颜色，但彩色谷在岛上的名声却没有七色土大。不过，这里有一条风景优美的天然小径，途经水流潺潺的瀑布、让人难以忘怀的风景、爬行的陆龟和绽放的热带花朵。在保护区环路游览一圈大概需要1小时。

博伊斯·谢里茶叶种植园 博物馆

（Bois Chéri Tea Plantation；见110页地图；☎617 9109，餐馆 471 1216；www.saintaubin.mu；Grand Bassin；不含/含 餐馆套餐400/700毛里求斯卢比；⏲周一至周六 9:00~17:00，餐馆 10:30~15:30）这座占地250公顷的茶叶工厂及博物馆坐落于Rivière des Anguilles以北12公里处，周围是一望无际的甘蔗田。参观茶叶加工之旅全程1小时，最后可以在一个小型展览上通过机器和照片了解这座岛屿的茶叶历史。整个游览最棒的部分无疑是最后的品尝部分。我们建议上午来此游览，因为其中大部分活动都在中午之前结束。

游览结束后，你可以在这里吃午餐——工厂内的餐馆提供的美食完美运用了当地食材。河边的美景也同样引人入胜。

食宿

南海岸沿线，以高端奢华住宿为主，两处非常不错、很有新意的中档场所除外。多数游客来此一日游。

奢华度假村以外，确有一些赏心悦目、价格实惠的就餐地点，特别是圣奥宾甘蔗种植园和贝隆·布尔山庄。苏亚克有不错中档餐馆。

Andréa 小屋 €€

（Relais des Lodges；见110页地图；☎471 0555；www.relaisdeslodges.com；标单/双 含半餐2800/4600毛里求斯卢比；❄ ✉）Andréa有10座温馨的小屋，靠海，有三角形屋顶和镶有玻璃的墙壁，朝向崎岖的爱尔兰式海岸。还有一个泳池和一所知名餐馆。房价包含导览徒步游，穿越甘蔗地之外的森林。住客可以安排四驱车旅程和组队骑行；12月至次年6月之间，可以游览附近甘蔗园。

★ Shanti Maurice 酒店 €€€

（见110页地图；☎603 7200；www.shantimaurice.com；St Felix；房间 含早餐 419欧元起；P ❄ 📶 🏊）Shanti Maurice是南海岸最温馨的住所之一，也是岛上标志性度假村之一，浑身透出奢华气息。所有宽大客房面朝大海，海滩美轮美奂，14公顷热带地域景色绝伦。还有瑜伽、儿童俱乐部、水上运动、健身房、水疗和体贴入微员工，足以令住客心旷神怡。

Green Palm Restaurant 印度菜 €€

（见110页地图；☎625 8100；Coastal Rd，Riambel；主菜 225~495毛里求斯卢比；⏲11:00~15:30和18:30~22:30）路边餐馆Green Palm位于苏亚克西边一处宁静的名为Riambel的小村庄，提供可口的印度菜。主打特色就是馕（naan），但是食品都很不错。马路对面、穿过树林的海滩非常迷人，在这里用餐绝对让你十分难忘。

东部（THE EAST）

毛里求斯东海岸又名"狂野海岸"（La Côte Sauvage），闻名遐迩。相比西海岸佛力

茶路（LA ROUTE DU THÉ）

茶路（www.saintaubin.mu/larouteduthe）连接了岛屿上留存的三座殖民地建筑，是游客了解毛里求斯岛种植园历史的窗口。行程第一站是居尔皮普附近的奥宾诺山庄（见61页），那里的克里奥尔牧师住宅被改造成了博物馆。接着继续向南走到博伊斯·谢里茶叶种植园（Bois Chéri Tea Plantation）。最后一站是庄严的圣奥宾（St Aubin），那里有茂密的花园和朗姆酒厂。你可以不用管路线停靠点的名字，只需要知道这趟行程的重点远远不止茶叶——每个点都有迷人的套餐和博物馆，圣奥宾甚至还提供复古风格的住宿。

真正的建筑爱好者和历史学家应该考虑倒着玩，最后在行程结束前深入游览华丽的尤里卡（见60页）。

克昂佛勒克以及北海岸大海湾的生意红火、夜生活和纪念品摊位，这里真是别有一番天地。这里确有度假区，但是毛里求斯东面似乎并未遭受大规模旅游侵扰。而且，毛里求斯一些最佳海滩位于这片宁静海岸。因此，这片与世隔绝地带能吸引那种抵达机场之后还要转乘直升机前来的游客就不足为奇。

来到东部，最近的旅游城镇就是托舵道斯，尽管近旁就是宏伟酒店，这个城镇仍然保留渔村那种休闲氛围。这是游览深受欢迎的塞尔夫岛的出发点。

到达和离开

毛里求斯东部主要的交通枢纽是弗拉克中心这一内陆城镇。如果你乘坐长途汽车从路易港、中部高原城镇或马埃堡到南部，你需要在这里换乘。

在此，你可以前往东部沿海的其他村庄，但是有些长途汽车的车次很少。在弗拉克中心站，你可以乘车前往帕尔马尔（Palmar）和拉菲特站（Poste Lafayette），还有不间断的长途汽车开往朗帕河，但是这里没有车可以到贝尔马尔。打的来往沿海城镇和弗拉克中心估计需要至少500毛里求斯卢比。

托舵道斯（Trou d' Eau Douce）

人口：5672

这个"甜水洞"地处许多主要城镇的交界处，让这里成了岛屿东部的主要旅游中心。从某些角度看，这是一个美丽的小地方，似乎有些忧郁气质。渔夫们在大海上辛苦一上午之后会到这里把网打开查看今天的渔获，妇女头顶菜篮在这里走来走去。

但是这个地方能够吸引游客，还有其他原因：海特别蓝，托舵道斯前往旅游胜地塞尔夫岛十分方便，而塞尔夫岛又是一日游旅客十分热衷的目的地。

因此，这座海边的小城有很多兜售商品的小贩，但他们不会纠缠太久，它可以作为探索东海岸的基地，尤其对预算较紧张的人来说。

景点和活动

毛里求斯的两座最佳高尔夫球场位于

值得一游

自驾游：岛屿中心

毛里求斯的海边和内陆地区区别十分明显，但由于整个毛里求斯面积很小，所以只用驾车开一小段路程，你就可以体验到不同的风景。

从东部的任意一点出发，开车前往**朗帕河流域**（Rivière de Rempart）的中心。接着，朝西南方向行驶，穿越一些小镇（有些几乎无法辨别），如**贝勒·维·莫雷勒**（Belle Vue Maurel）和**巴洛**（Barlow）。路标可能让你有些困惑，但要记住，经过巴洛之后，你要沿着B21公路上指向路易港的路标走。一路过巴洛，你就可以看到终点方向内陆高山的美景。离开朗帕河大约11公里以后，你会遇到一个十字路口，请左转前往**La Nicolière**。你会看到两旁仪仗队似的树木形成了一个长达2公里的拱形，之后往右转，继续跟着指向La Nicolière的路牌前行。

当路过越来越多的甘蔗田后，交通就没有那么拥堵了（终于没有大卡车了！），不远处就是堤坝墙。经过这堵墙之后，你会在茂密的森林和美丽的西部海岸平原风景中向东方行驶。开大约4.5公里的上坡路以后，你会经过一片种满农作物的高原。大约2公里后在丁字路口（请注意“Selazi Forest Service”的标志）左拐，跟着前往圣皮埃尔（St-Pierre）的路牌前行。看到那么多现代建筑、甘蔗田和拥堵的交通，你就知道自己已经回归文明世界了，但是这途经的所有地区，包括**里帕里斯**（Ripailles）以西及其周边地区——**卡勒巴斯**（Calebasses，632米高）、**皮埃特·博斯**（Pieter Both，823米高）、**大山峰**（Grand Peak，326米高）和**勒普什山**（Le Pouce，812米高）都很美。

从里帕里斯开始，基本上都是下坡路。在圣皮埃尔，你可以右转（向东）经过Quartier Militaire回到岛屿东边；另一个选择是在莫卡停留，去参观尤里卡（见60页）宁静的热带风情宅邸。

这个地区——伯纳德·兰格（Bernhard Langer）设计的塞尔大岛上的Touessrok's fairway masterpiece以及位于Anahita resort complex的梦幻球场Ernie Els。

维多利亚1840　画廊

（Victoria 1840；见128页地图；☎480 0220；www.maniglier.com；Victoria Rd；⏰周一至周五 7:30~22:00）维多利亚1840值得去一探究竟，这里原来是一座老式蔗糖作坊，经过认真翻新，现在用于存放Yvette Maniglier的一些作品。他是一位很有魅力的法国画家，曾得到亨利·马蒂斯（Henri Matisse）长达1年的教导。充满工业气息的砖头和引人注目的现代艺术完美地融合在一起，只有前往画廊餐馆Le Café des Arts（见131页）用餐，才能进入画廊。

天然温泉　温泉

（Natural Spring；见128页地图）真正的托舵道斯其实是一个人造的石洞，紧邻国家海岸警卫队办公室。从哥特式教堂出发，沿主路行至岔路口，继续下坡可至码头，转到岔路上直走，天然温泉就在你的右侧。一般暴雨过后，政府供水就会受到污染，这时当地人就会来这里打水。

Johaness Entertainment　乘船游

（见128页地图；☎4800872；www.johaness.com；Royal Rd；前往塞尔夫岛之旅 每人 1500~1800毛里求斯卢比）Johaness是一家比较职业的旅游机构，组织高速快艇游或游艇游，前往塞尔夫岛。9:30从托舵道斯启程，15:30返回。包括一顿烧烤午餐，也会预留时间浮潜和探索岛屿。

住宿

相比东海岸的其他地方，托舵道斯可提供的住宿选择是最多的，你可以找到各种价位的住处。这里的大部分高端住宿点都离市中心比较远，你需要乘坐出租车或者私家车才可以到达。

从东海岸一直到海岛的北部，你可以看到豪华酒店一字排开。

The East 东部

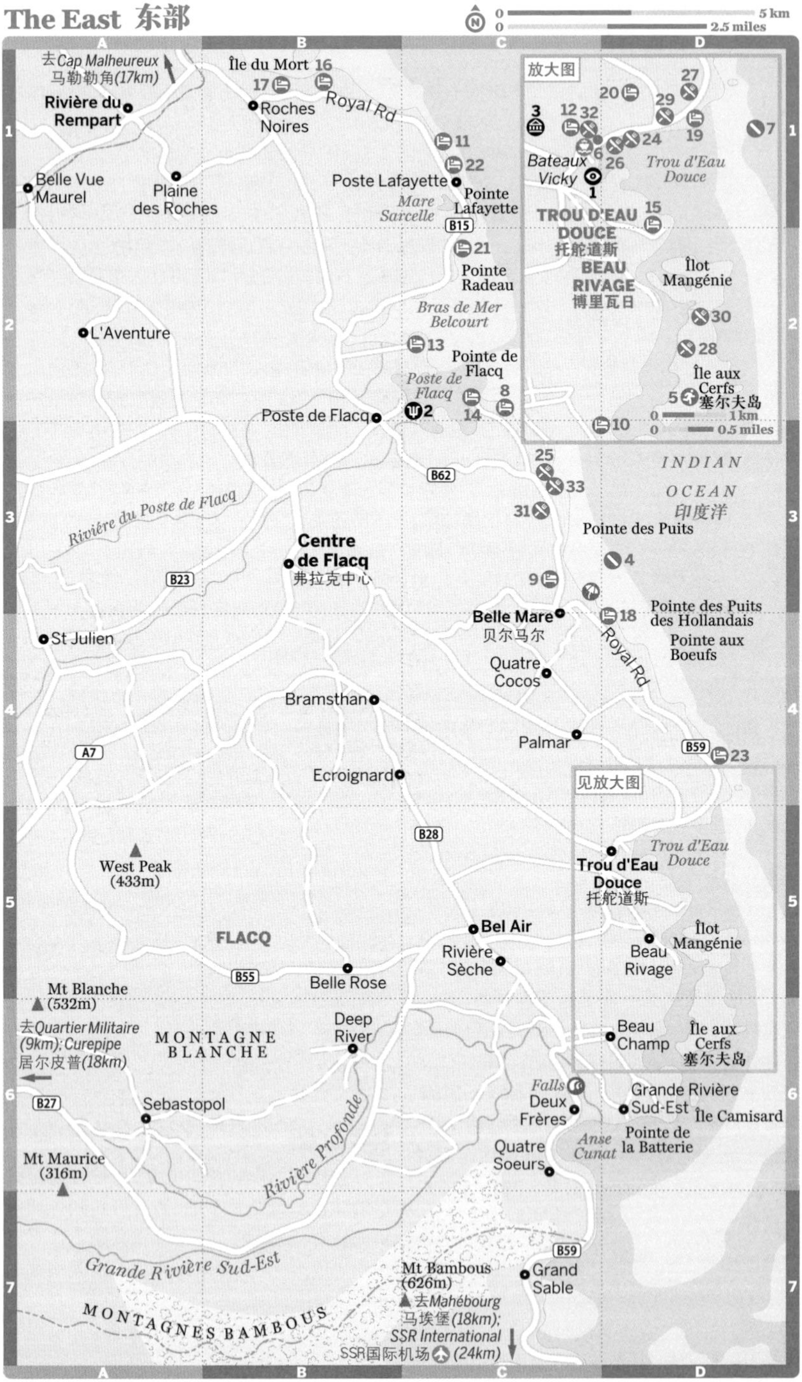
0 5 km
0 2.5 miles
去Cap Malheureux
马勒勒角(17km)
Rivière du Rampart
Île du Mort
Roches Noires
Royal Rd
Belle Vue Maurel
Plaine des Roches
Poste Lafayette
Pointe Lafayette
Mare Sarcelle
Pointe Radeau
Bras de Mer Belcourt
L'Aventure
Pointe de Flacq
Poste de Flacq
Poste de Flacq
Rivière du Poste de Flacq
Centre de Flacq
弗拉克中心
INDIAN OCEAN
印度洋
Pointe des Puits
St Julien
Belle Mare
贝尔马尔
Pointe des Puits des Hollandais
Pointe aux Boeufs
Royal Rd
Quatre Cocos
Bramsthan
Palmar
Ecroignard
见放大图
West Peak (433m)
Trou d'Eau Douce
托舵道斯
Bel Air
FLACQ
Rivière Sèche
Îlot Mangénie
Beau Rivage
Belle Rose
Mt Blanche (532m)
去Quartier Militaire (9km); Curepipe
居尔皮普(18km)
MONTAGNE BLANCHE
Deep River
Beau Champ
Île aux Cerfs
塞尔夫岛
Falls
Deux Frères
Grande Rivière Sud-Est
Île Camisard
Sebastopol
Anse Cunat
Pointe de la Batterie
Mt Maurice (316m)
Rivière Profonde
Quatre Soeurs
Grande Rivière Sud-Est
Mt Bambous (626m)
Grand Sable
MONTAGNES BAMBOUS
去Mahébourg
马埃堡(18km);
SSR International
SSR国际机场(24km)
放大图
Bateaux Vicky
Trou d'Eau Douce
TROU D'EAU DOUCE
托舵道斯
BEAU RIVAGE
博里瓦日
Îlot Mangénie
Île aux Cerfs
塞尔夫岛
0 1 km
0 0.5 miles

The East 东部

景点

1 天然温泉 C1
2 萨加尔湿婆庙 C2
3 维多利亚1840 C1

活动、课程和团队游

4 Belmar Pass D3
5 塞尔夫岛高尔夫俱乐部 D2
6 Johaness Entertainment C1
7 Passe de Trou d' Eau Douce D1
Pedi:Mani:Cure Studio （见14）

住宿

8 Belle Mare Plage C2
9 Émeraude Beach Attitude C3
10 Four Seasons Resort at Anahita C3
11 La Maison d' Été C1
12 Le Dodo C1
13 Le Prince Maurice C2
14 圣杰兰 C2
15 Le Touessrok D1
16 L' Ilot B1
17 Radisson Blu Azuri Resort & Spa B1
18 Residence D4
19 Tropical Hotel Attitude D1
20 Villa La Fourche D1
21 Villa La Mauricienne C2
22 Villa Lafayette C1
23 Villa Mahé D4

就餐

24 Chez Tino D1
25 East Side C3
26 Gilda' s Restaurant D1
27 Green Island Beach Restaurant D1
Indian Pavilion （见14）
28 La Chaumière Masala D2
La Maison d' Éte （见11）
Le Café des Arts （见3）
29 Le Four à Chaud D1
30 Paul & Virginie D2
31 Seasons Restaurant & Bar C3
32 Snack Pelouse C1
33 Symon' s Restaurant C3

Le Dodo
公寓 €

（见128页地图；☎480 0034；christa0307@hotmail.com；Royal Rd；公寓 25~35欧元；）Le Dodo看上去像个孤儿院，这里有陈旧的家具，装修也明显不搭，但不知道为什么，看起来还挺自然的。主人很友善，整套公寓都使用了复古风格的固定装置。你可以要一间楼层较高的公寓，虽然这里没有电梯，但高处可以欣赏到错落有致的村庄和蔚蓝的大海，绝对让你终生难忘。

Villa La Fourche
公寓 €

（见128页地图；☎5745 6888；www.villalafourche.com；2间卧室的公寓 50欧元起；）这套公寓位于后街，远离海边的喧闹，十分安静，是大家庭出行的不错选择，但是这里的家具略显陈旧，就像其他这个价格层次的住宿地点一样。

★ Tropical Hotel Attitude
酒店 €€

（见128页地图；☎480 1300；tropical-hotel-mauritius.com；Royal Rd；标单/双 70/83欧元起；）这家酒店是Attitude连锁酒店的一家，新潮时髦但是价位合理。位于托舵道斯的北郊，紧邻水边，是一家性价比高的轻奢酒店。客房整体以白色亚麻为主，大部分都面朝大海。强烈推荐。

★ Le Touessrok
酒店 €€€

（见128页地图；☎402 7400；www.shangri-la.com/mauritius/shangrila/；房间 275欧元起；P）Le Touessrok是整座岛上最棒的度假村之一，也确实实至名归。走过半岛美丽的沙滩，能看到这家酒店摩尔式的建筑风格完美地融入了周围的丛林背景中。为了与其他五星级酒店区别开来，这个度假村还拥有两座沿海岛屿：著名的塞尔夫岛和一座鲁滨逊漂流记式的专属岛屿Îlot Mangénie。

★ Four Seasons Resort at Anahita
酒店 €€€

（见128页地图；☎402 3100；www.fourseasons.com/mauritius；Beau Champ；别墅 含早餐 750~5000欧元；P）这座Four Seasons度假村是Anahita大型奢侈综合区的一部分，位于托舵道斯以南不远处的Beau Champ。特色便是各式迷人度假小屋。建筑方式就是就地取材，如热带木材和火山岩，但又完美地结合了现代便利设施。

这里有四座石制游泳池、一家水疗机构

和一个厄尼·埃尔斯（Ernie Els）设计的无与伦比的高尔夫球场，足以让人眼前一亮。大多客房拥有专属豪华泳池。

Villa Mahé 别墅 €€€

（见128页地图；☎452 1010；Royal Rd；别墅 180欧元起；❄📶）想要价格合理，又想奢侈一把，那就到这家由Montocchio家庭经营的受欢迎的度假屋吧。白色的外观配上殖民地风格的百叶窗，使这座房子充满了海岛风情。这栋半独立式的房子（三晚起住）可以容纳10人，在它的阳台上，你可以欣赏到美丽的海景。

就餐

信步走进你遇到的第一家店，随手拉过一张桌子、一把椅子，你就可以十分惬意地享受美食，托舵道斯就是这样的地方。毕竟这里是渔夫之乡，所以一定要去吃海鲜。如果你要寻求更为高端的体验，你可以到Le Touessrok旗下的任一餐馆奢侈一下。

Snack Pelouse 海鲜 €

（见128页地图；☎5702 8604；Royal Rd；主菜 150~400毛里求斯卢比；⏲9:00~21:00）你可能很容易错过这个小餐馆，它位于主路附近。但是，这是一个不错的就餐地点，因为环境闲适，还有城内一些最为新鲜鱼肉菜品。货品种类不多，多数路过来买货品的人最终会留下来吃午餐。

Gilda's Restaurant 意大利菜、毛里求斯菜 €

（见128页地图；☎428 0498；主菜 100~500毛里求斯卢比；⏲周三至周一 8:00~22:00）意大利面、南印度咖喱和酸橘汁腌鱼全都出现在菜品多样的菜单之上。顾客可以落座后面高台露台之上，一边享用美食，一边欣赏美景。

★ **Chez Tino** 毛里求斯菜 €€

（见128页地图；☎480 2769；Royal Rd；主菜 450毛里求斯卢比起；⏲周一至周六 8:30~22:00，周日 至16:00）去往二楼露台，欣赏美景。Chez Tino保持简约风格，烹制超级可口的毛里求斯菜肴，而且主打海鲜产品（尤其是龙虾）。推荐菜包括咖喱章鱼配青木瓜和柠檬烤鱼。

Green Island Beach Restaurant 毛里求斯菜 €€

（见128页地图；☎251 7152；Royal Rd；主菜 200~525毛里求斯卢比；⏲周二至周日 13:30~

值得一游

前往塞尔夫岛之旅

塞尔夫岛周围海水清澈，许多人认为，这里就是明信片背景似的热带岛屿。旅游旺季，这里游客如织、生意兴隆。此时，塞尔夫岛成为自己名气的受害者，不过，对于前往毛里求斯的游客而言，它仍然是最为精彩的岛屿旅程内容之一。这里有世界级高尔夫球场、4公里沙地仙境，棕榈树下仿若天堂。

Le Touessrok的住客，包括那些已经预订高尔夫运动的顾客，蜂拥而至塞尔夫岛，免费享用这个宾馆的一切。对于其他每个人而言，托舵道斯的每位船主似乎随时待命，带领游客前往岛屿。咨询所住酒店，安排一家可信的旅游机构，或者可以选择**Bateaux Vicky**（见128页地图；☎480 0775，5755 1483；m_dardenne@outlook.com；塞尔夫岛 往返 每人 450毛里求斯卢比）。这是渡船或水上客运船班，每半小时发出一班，从托舵道斯到塞尔夫岛，首班9:00出发，末班16:30返回。

另外一种游览岛屿的方式就是参加受人欢迎的双体船或高速游艇一日游，行程通常包括浮潜、日光浴和一顿丰盛的烧烤午餐（每人 1000~1800毛里求斯卢比，根据所选食物而定）。一日游通常9:30左右启程，直到15:30（如果你从托舵道斯出发）。

岛上多数海岸酒店也组织前往塞尔夫岛的一日游，或者登录www.catamarancruisesmauritius.com查询行程列表。在托舵道斯，可以前往Johaness Entertainment（见127页）。

21:30）工作人员热情友好，提供各种国内外美食，经常完美搭配。吃点辣香肠（rougaille saucisses）和一片比萨——菜色很丰富，而且价格十分合理。

Le Four à Chaud 海鲜 €€

（见128页地图；☎427 4117；Royal Rd；主菜525~1650毛里求斯卢比；⊙周日至周五 中午至15:00和19:00至午夜，周六 19:30至午夜）前往托舵道斯市中心这家最棒的餐馆，品尝海鲜拼盘（fruits de mer）和鸡尾酒盛宴。提前预订那仅有的几张能够欣赏海景的阳台餐桌。要注意一点，这里只提供海鲜。名字是个文字游戏：它位于古老的石灰窑（four à chaux）对面。

★ Le Café des Arts 毛里求斯菜 €€€

（见128页地图；☎480 0220；www.manigl ier.com；Victoria Rd；套餐 2900~3600毛里求斯卢比；⊙周一至周六 19:30~22:00）这家迷人的餐馆位于一个旧磨坊里，这个磨坊已经被改造成了风格奇异的画廊维多利亚1840（见127页），邪恶的帆布画装饰着满是裂缝的砖墙。这里的食物是现代创意和传统海岛风味的完美结合，是新旧融合的典范。午餐可以预订，最少两人，提前24小时。

ℹ 实用信息

托马斯·库克外币兑换（Thomas Cook Foreign Exchange；Royal Rd；⊙周一至周六 8:30~16:30）

ℹ 到达和离开

路易港和托舵道斯之间没有直达车，你需要在弗拉克中心换乘，在这里，去往托舵道斯的长途汽车每半小时一班。从弗拉科中心到托舵道斯打车需要花费500~600毛里求斯卢比，从托舵道斯到机场1800毛里求斯卢比，到路易港1700毛里求斯卢比。

塞尔夫岛（Île aux Cerfs）

就像玛丽莲·梦露和埃及艳后克里欧佩特拉一样，塞尔夫岛似乎也因它的美丽而遭受厄运。这里曾经只有少数爪哇鹿栖息（用于狩猎而从爪哇捕获），如今，这里到处都是小商贩和游客。他们在这里享受热带阳光或在清澈的海水里嬉戏。鲁莽的游人和夏令营般的气氛最初让人很恼火，但是很少有人意识到这座岛屿骄傲地拥有长达4公里的海岸线。只要走1公里，你就会欣赏到只属于自己的宜人的海洋美景。

活动

塞尔夫岛高尔夫俱乐部 高尔夫

（Île aux Cerfs Golf Club；见128页地图；www.ileauxcerfsgolfclub.com；Île aux Cerfs）岛屿上的大部分地区属于修剪整齐的18洞塞尔夫岛高尔夫俱乐部。这个球场由伯纳德·兰格设计，可能是世界上风景最棒的高尔夫球场之一。一些酒店住客免收场地费，非住客打18洞收费89欧元。欢迎非住客光顾，但是需要提前预订。

住宿

岛上没有住宿，但是托舵道斯水域对面却有各式酒店。可以参加游艇一日游从岛上任何地点来此。

就餐

所有前往塞尔夫岛的游船都能在行程中安排一次价格高昂的烧烤午餐。如果你已经支付了船费但还没有支付额外费用的话，你可以选择自己带食物，或者考虑一下岛上为数不多的就餐地点。

Paul & Virginie 海鲜 €€

（见128页地图；☎402 7426；主菜 250~500毛里求斯卢比；⊙中午至15:30）这是一处社交地，位于水上运动中心，提供一系列美味的鲜鱼和海鲜，十分受旅游团的青睐。它是塞尔夫岛餐饮缩影：环境迷人，经营过分，甚至有些过度。

La Chaumière Masala 印度菜 €€

（见128页地图；☎402 7400；www.masala-ile-aux-cerfs.restaurant.mu；Île aux Cerfs；主菜325~750毛里求斯卢比；印度套餐 375毛里求斯卢比起；⊙中午至16:00）这家令人难忘的餐馆提供的印度菜肴迎合了欧洲人的口味，餐桌一律摆放在树的高处。

ℹ 到达和离开

Le Touessrok（见129页）的住客，包括仅在该

塞尔夫岛的周六夜晚

参照Ibiza和Nikki海滩，在每年10月到次年3月，Le Touessrok（见129页）的高层会让塞尔夫岛的每个周六晚上都变成大舞台。彻夜的狂欢一般从23:00开始，DJ的音乐声会一直持续到次日凌晨5:00。入场券为500毛里求斯卢比，包含游船服务和一杯饮品。

酒店预订一场高尔夫球赛的宾客，可以免费由酒店前往塞尔夫岛。一般人则需要从一堆让人眼花缭乱的交通工具中选择一种，不管标示上怎么说，都要知道到塞尔夫岛没有任何公共交通——所有的服务都是由私营运营商提供的。

许多托舵道斯的渔夫现在都在经营游船，往返塞尔夫岛的水上出租船服务只需450毛里求斯卢比。你可以让你的酒店为你安排一个可靠的运营商或者试试Bateaux Vicky。出租船在9:00~16:00之间运营，基本每隔20~30分钟就会出发一次，最后一班船会在16:30或17:00返回（塞尔夫岛每天17:00正式闭岛）。乘船需要15~30分钟到达目的地，所需时间取决于你的出发点。你不需要提前预订。

许多这些当地运营商同时也提供前往Grande Rivière Sud-Est瀑布（650毛里求斯卢比）的行程。

另一种常用登岛方式是选择游艇或者高速快艇一日游前往塞尔夫岛，一日游一般都包含浮潜、日光浴的项目和一顿丰盛的烧烤午餐（每人 1000~1800毛里求斯卢比 根据个人所选食物）。一日游通常9:30左右启程，15:30结束，如果你从托舵道斯出发。岛上多数海岸酒店组织前往塞尔夫岛的一日游，或者登录www.catamarancruisesmauritius.com查看行程安排。在托舵道斯，可以试试Johaness Entertainment（见127页）。

贝尔马尔和帕尔马尔（Belle Mare & Palmar）

从托舵道斯以北直至弗拉克角（Pointe de Flacq），在这长达10公里的海滩上，你可以欣赏到毛里求斯最佳的白色沙滩和蔚蓝大海。贝尔马尔和帕尔马尔两地可能一眨眼就错过，但是这里也是许多豪华度假村的所在地。这里有很长的公共海滩，包括托舵道斯以北4~8公里范围内的海滩。

景点

萨加尔湿婆庙 印度教寺庙

（Sagar Shiv Mandir；见128页地图；⏲黎明至黄昏）这座白色印度教寺庙位于一座小岛上，以一座狭窄的陆桥和陆地相连。在位于圣杰兰的餐馆Indian Pavilion（见134页）里，你可以欣赏到这座寺庙的最佳美景。

活动

水上运动

毛里求斯东海岸有不少著名的潜水地，包括附近的Belmar Pass（见128页地图），靠近礁石与贝尔马尔东北海洋相遇之处。

这一区域的五星级酒店都提供不错的水肺潜水装备，包括圣杰兰（见133页）和Belle Mare Plage（见133页）。请登录www.msda.mu查看所有注册运营商。

高尔夫

高端住宿的扩张意味着这片区域有很多高尔夫球场。除了南边的Anahita和Le Touessrok（见129页）高尔夫球场外，Belle Mare Plage（见133页）和圣杰兰（见133页）同样也有高尔夫球场。

水疗

大部分毛里求斯的高端度假村内都有水疗服务，但如果你想寻求十分独特极致的体验，你可以试试Pedi:Mani:Cure Studio。

Pedi:Mani:Cure Studio 水疗

（见128页地图；☎401 1688；www.bastiengonzalez.com；Le Saint Géran, Pointe de Flacq；⏲10:00~19:00）这家位于圣杰兰的水疗机构由著名的法国足病医生Bastien Gonzalez开设。这里的特色水疗服务（5500毛里求斯卢比）可以让人放松手脚，让它们重焕生机。

住宿

贝尔马尔和帕尔马尔的沙滩边坐落着一

家又一家高端酒店，而且一家比一家诱人。还有许多华丽的海边别墅。

你应该提前通过旅行社预订大部分度假村，因为市场价实在高得离谱。

★ Émeraude Beach Attitude 酒店 €€

（见128页地图；☎415 1107；emeraudebeach-hotel-mauritius.com；Belle Mare；标单/双含早餐 90/104欧元起；❄@🛜🏊）面朝贝尔马尔的公共沙滩，Émeraude坐落在一片花园里，这里微风徐徐，相对于周边高墙里的五星级度假村，这里对游客来说更别具一格。20多栋半独立且十分舒适的小别墅都有三角屋顶，中间是社交游泳区域，还有一家露天餐馆和酒吧。

★ Le Prince Maurice 酒店 €€€

（见128页地图；☎413 9130；www.constancehotels.com；Pointe de Flacq；标单/双 含半餐 440/550欧元；P❄@🛜🏊）走进玄关，你马上就会感受一股宁静气息——这是一个将奢侈做到极致的世界。大堂的大理石建筑一气呵成，流线形的无边泳池只能用壮阔来形容，矗立在泳池上方的套房延续着永恒的优雅。这是毛里求斯最为美丽的酒店之一。

大量的露天亭阁和优雅的茅草屋让人不禁联想起古时香料贸易时期，一切现代设施被十分巧妙地隐藏了起来，男仆穿着色调柔和的衣服穿梭在酒店内，服务每一位有需求的客人。这里有游泳池、水疗、通往贝尔马尔海滨高尔夫球场的通道，还有漂浮餐馆（你会看到的）等。

★ 圣杰兰 酒店 €€€

（Le Saint Géran；见128页地图；☎401 1688；www.oneandonlyresorts.com；Pointe de Flacq；套 含半餐 350欧元起；❄@🛜🏊）圣杰兰是所有毛里求斯经典奢华酒店中最精致的一家。而且这里的住客也会同意这个说法。这个度假村的回头客比岛上的其他任何高端酒店都多——顾客是名副其实的电影明星和知名人士。宽敞的房间，标志性的亮蓝色屋顶，一望无边的海景——每名住客都可以欣赏到这样的绝美景色。

度假区内有丰富的水上运动，还有魅力四射的儿童俱乐部。如有需求，你还可以要求它提供一流的管家服务。在餐饮方面，圣杰兰也已经到达了他人无法企及的高度。在这个度假村内的所有餐馆中，世界级的Indian Pavilion真是首屈一指。

Residence 酒店 €€€

（见128页地图；☎401 8888；www.cenizaro.com/theresidence/mauritius；Belle Mare；标单/双含早餐 203/271欧元起；❄@🛜🏊）Residence让人联想起被人遗忘了的殖民地时期印度的宏伟庄严，一大片酒店房间占据了一大片美丽的沙滩。房间装饰得很简约，白色的帷帐随处可见，墙上挂着达尔文风格的动物素描。完美阐释这一理念：这是家外之家，而非一家酒店。

Belle Mare Plage 酒店 €€€

（见128页地图；☎402 2600；www.constancehotels.com；Pointe de Flacq；标单/双 200/275欧元起；❄@🛜🏊）Belle Mare Plage是毛里求斯最为赏心悦目的酒店之一，尽善尽美。宜人的大厅里可以闻到香草和依兰树的芳香，穿过大厅就可以看到美丽的海滩和一系列高端设施。高尔夫球爱好者很喜爱这里的两座冠军赛级别的高尔夫球场和一家十分受推崇的高尔夫球学校。你还可以感受专业按摩理疗师的纯熟手法，然后前往绝佳餐厅大快朵颐。

就餐

由于酒店的服务十分全面，所以宾客们很少会选择到其他地方就餐。所有的酒店也

> **ℹ 贝尔马尔别墅（BELLE MAR VILLAS）**
>
> 如果你更喜欢私人别墅，离开宏伟的五星级酒店和布局凌乱的休闲度假村绝对是不错的选择，而且是好静人士的完美选择。这些别墅里也有每日仆人和看门人服务（额外付费的话你甚至还可以请一个厨师）。
>
> **EasyRent**（☎452 1010；www.easyrent.mu）和**Idyllic Villas**（www.idyllic-mauritius.com）管理一系列房产，花费为每晚150~1000欧元。

欢迎非住客到其餐馆就餐，而且这里的选择很多。虽然价格很贵，但是食物的质量几乎无可挑剔，如果你在庆祝特殊的日子，不妨到酒店的餐馆试一试。

其他地方，路边餐馆提供毛里求斯和中国美食，海鲜非常常见。贝尔马尔城内有几家规模较小的超级市场。

Seasons Restaurant & Bar 海鲜、毛里求斯菜 €€

（见128页地图；www.orchidvillas.mu；Royal Rd, Belle Mare；主菜 280~1250毛里求斯卢比；⌚周二至周六 中午至14:30和18:00~21:00，周日中午至14:30）这家餐馆是Orchid Villas的一部分，位于路边，不能欣赏海景，但这里的食物和服务都很棒。你可以试试这里的烤龙虾蘸克里奥尔酱和柠檬香草酱。

Symon' s Restaurant 海鲜、毛里求斯菜 €€

（见128页地图；☎415 1135；Belle Mare；主菜 350~780毛里求斯卢比；⌚11:00~22:00）除了人满为患的星级酒店餐馆之外，Symon是贝尔马尔地区的最佳选择之一。这里有一系列印度、毛里求斯和中式美食。虽然不能欣赏什么美景，但至少你不用抢银行才吃得起。一些食物十分可口，如咖喱章鱼配椰奶，以及每日新鲜烧烤。

East Side 毛里求斯菜、中国菜 €€

（见128页地图；☎415 1254；Royal Rd, Belle Mare；主菜 350~450毛里求斯卢比；⌚11:00~22:00）这家路边的餐馆提供还不错的海鲜料理、一些当地的食物（如藏红花章鱼），以及一系列中式料理。虽然不值得大书特书，但价格公道，而且如果你正好要开车前往东海岸的话，在这里用餐还是很方便的。

Indian Pavilion 印度菜 €€€

（见128页地图；☎401 1888；Le Saint Géran, Pointe de Flacq；主菜 1000~1450毛里求斯卢比，套餐 2900毛里求斯卢比；⌚12:30~15:30和19:00~22:00）Indian Pavilion占据了一个开放式游廊，由条状的丛林树枝编成，上面覆盖有茅草做的遮阳篷。宾客们一边欣赏潟湖、山川和一座形似泰姬陵的寺庙，一边品尝各种当代北印度美食，如唐多里烤龙虾或香草沁虾，配以孜然蒲牢和腰果酱。

ℹ 到达和离开

长途汽车往返帕尔马尔和弗拉克中心以及拉菲特站（Poste Lafayette），但是没有车辆前往贝尔马尔。搭乘出租车前往弗拉克中心的长途车站花费大约500毛里求斯卢比，搭乘出租车直接前往路易港花费1800毛里求斯卢比。

弗拉克站和黑岩（Poste de Flacq & Roches Noires）

人口：8500

相对于贝尔马尔的海滩，这里确实更加寂静偏远，但是这个位于海岛北部的宁静地区有着独特的克里奥尔风格，几乎和高端商业开发绝缘。外出度假想要寻找安静旅游地的游客，可以到这里布满岩石的海边租一栋温馨的私人别墅享受享受。

食宿

弗拉克站很少有度假村，所以这里的高端别墅租赁比奢侈酒店更实惠（尤其是当你和朋友或者家人一起旅行时）。请联系CG Villas（☎262 5777；www.villas-maurice.com）或EasyRent（☎452 1010；www.easyrent.mu）来安排你的住宿，他们在这一区域管理着不少海边别墅。

★ La Maison d' Été 精品酒店 €€€

（见128页地图；☎410 5039；www.lamaisondete.com；Poste Lafayette；房间 含早餐150~205欧元；❄@📶🏊）我们尚未听到任何关于毛里求斯高端民宿之一La Maison d' Été的负面评价，我们知道原因。法裔毛里求斯店主好钢用在刀刃上：池边客房魅力无穷，每个都用格调高雅的岛上元素装饰。这里还有一个迷人的餐馆（见135页）、两个泳池和一个私属海滩。

新近装修，更加雅致，而且价格几乎未涨。

★ L' Ilot 别墅 €€€

（见128页地图；☎452 1010；www.lilot.biz；Royal Rd, Roches Noires；2人别墅 300~1500欧元；❄📶）不要待在一个五星级度假村，应该去往更好的地方，拥有专属岛屿！这个4卧杰作位于一个小岛，通过一个石块水泥桥与陆地连接。这栋别墅装饰尽善尽美，休息厅始终阳光充足。

Radisson Blu Azuri Resort & Spa

酒店 €€€

（见128页地图；☎402 3700，402 6200；www.radissonblu.com/en/hotel-mauritius-azuri；Rivière du Rempart；房间 200欧元起；🅿❄@📶🏊）这家酒店拥有一切你期待这个信誉不错连锁酒店所能提供的东西。既有大酒店设施，又有一种微妙的亲近感。客房洁白，面向花园或者海滩。酒吧和餐馆数量够多，住客无须外出，也许这正是你想要的假日生活。

Villa La Mauricienne

别墅 €€€

（见128页地图；☎262 5777；www.villas-maurice.com；Royal Rd，Poste Lafayette；别墅 656欧元起；❄📶🏊）这个富丽堂皇的住所采用大面积茅草和竹子屋顶，感觉完全就是亚洲风格，满眼尽是紫红色和橘色。主卧套房位于露天阳台上方，能够俯瞰巨大的泳池和一大片私属沙滩。

Villa Lafayette

别墅 €€€

（见128页地图；☎262 5777；www.villas-maurice.com；Royal Rd，Poste Lafayette；别墅 305欧元起；❄🏊）这个传统毛里求斯海滩住所感觉有点地中海风格，因为色彩呈现蓝白相间。泳池藏身一个内里庭院，后院面对一片人迹罕至沙滩和海洋。装修与其说奢侈，不如说很温馨，而且非常舒适。

★La Maison d' Été

毛里求斯菜 €€

（见128页地图；☎410 5039；Poste Lafayette；比萨 250毛里求斯卢比，主菜 290~1600毛里求斯卢比；⏲周一至周六 中午至15:00和19:00~21:30，周日 19:00~21:30）La Maison d' Été（见134页）的这家餐馆就像一个独立店面，提供优质的毛里求斯美味和创意食品。老板经常亲自下厨，每当烹制当地取材的菜品配以国际知名葡萄酒，他就特别小心翼翼。还有周六自助午餐菜单。如果不是住客，提前致电预约。

ℹ 到达和离开

多数沿着东海岸运行的长途汽车经过黑岩。

了解毛里求斯

今日毛里求斯

谈及国际形象，毛里求斯并不显眼，当地人也乐得如此。政治稳定、经济稳健，不受全球金融危机太大的影响，社会也比较安定，这些状况并不引人注目，但是综合考虑，你会发现，毛里求斯是个怡然自得的地方。当然，事实并非如此简单，不过也没那么复杂。

经济发展

毛里求斯经济的卓越成就并未得到认可。1968年独立之时，这个国家除了甘蔗没有其他资源。50年后，毛里求斯居民的生活条件受到这个地区其他国家居民的羡慕。多年以来，毛里求斯民众呼吁改变经济政策，摆脱对甘蔗业的依赖，然后摆脱对纺织业的依赖，因为纺织业面临中国的激烈竞争，如此等等。毛里求斯经受住了这些考验，朝着前总理保罗·贝朗热（Paul Bérenger）描述的“大跃进”而努力，毛里求斯成为“知识岛屿”，谨慎进入国际银行体系，毛里求斯成为呼叫中心。这些举措大有裨益。2010年至2015年，当全球发达国家焦头烂额之时，毛里求斯保持3%~4%的经济增长。2015年，毛里求斯失业率低于8%，人均GDP达到将近20,000美元，这些不是抽象的经济数据，而是经济持续向好、人民受益的实际表现。

政治固化？

毛里求斯政治环境良好——政府更替一直通过投票进行，政治辩论很少进入敏感的领域。但是如果同毛里求斯人谈起政治，你会很快发现，毛里求斯政治方面存在两个突出问题。首先，毛里求斯政治就是某些人以及他们家族的自留地，毛里求斯独立以后，三个人物始终活跃在政治舞台：安纳德·贾格纳特（Anerood Jugnauth，现任总理，1982年以来总共出任6届总理）、保罗·贝朗热（Paul Bérenger，法裔毛里求斯团体政治领导人、20世纪80年代初以来6届反对党领袖）、两届总理纳威·兰姆古兰（Navin Ramgoolam，独立领导人Sir Seewoosagur之子）。许多毛里求斯人议论，同一批人执政将近40年，难有实质变革。一成不变的政治环境导致的第二个问题就是民族矛盾从未得到有效的解决，并且仍在酝酿之中。1999年，毛里求斯出现了短暂而激烈的民族冲突。

极端天气

毛里求斯可能不是全球变暖导致海平面上升最终消失的海洋岛屿之一，但这并不意味着毛里求斯不会受到气候变化影响。如果谈起天气条件，毛里求斯（还有罗德里格斯岛）周遭环境恶劣——飓风季1月开始，而且，毁灭性飓风一直以来都是毛里求斯人生活的一大威胁。即使如此，2013年3月末一场狂风暴雨袭击毛里求斯之时，它仍旧毫无准备，洪水瞬间奔涌，尤其在路易港，造成11人死亡。过后，总理纳威·兰姆古兰将遭难原因归结为天气变化。虽然许多人认为总理这么说就是转移民众对于政府未能建好基础设施的注意力——洪水多为排水不畅引起——人们都不确定到底天气变化有无责任。

旅游影响

如果谁敢质疑旅游业是否带给国家利益，他一定是个勇敢的人。毕竟，几十年以来，旅游业在推动经济繁荣中发挥巨大作用。而且，这个国家睿智地定位为奢华旅游目的地，因此不像那些中端旅游目的地，在经济形势不好之时，旅游业遭受重创。但这并不意味着这里不存在严重的问题。罗德里格斯岛严重缺水，已经影响酒店（更不必说普通罗德里格斯岛居民）运营，人们担心从长远来看，旅游业会对岛上资源造成巨大威胁。虽然旅游业能够发挥巨大作用，推动修复栖息地、帮助保护东海岸濒危物种（就像白鹭岛和费尔奈谷），但是人们越来越担心，西海岸那些受人欢迎的活动，例如，潜水和观赏海豚是否能够长久，以及这些活动对于环境的影响。

历史

毛里求斯在欧洲殖民者到来之前并无本土居民，不像其他许多小岛那样，在被殖民之后的很短时间内本土居民便惨遭杀戮。毛里求斯的历史没有这些残忍的篇章，至少在奴隶制度出现之前是这样的。这对了解该国文化中人们的隐忍和随遇而安来说，是至关重要的历史起点：没有人能够在这样的种族熔炉中宣称自己优于他人。

第一批殖民者

虽然阿拉伯贸易者早在10世纪就已经知道了毛里求斯——他们歧视地称为“荒岛”（Dina Arobi），第一批发现这些无人岛的欧洲人却是大约1507年到达的葡萄牙人。同样地，相比于在此定居，他们对贸易更感兴趣。

1598年，一群荷兰水手在该岛的东南岸登陆——如今此地被称为旧大港，并宣称该岛属于荷兰。在之后的40年中，荷兰人将毛里求斯作为巴达维亚（爪哇岛）的供给基地，之后才决定在近原始登陆点的地方定居。定居遗址和一座博物馆依然能够在马埃堡附近的旧大港见到。

然而，该殖民地从未真正繁荣，荷兰人也在1710年遗弃了它。但是，他们留下了影响：荷兰人是渡渡鸟灭绝的罪魁祸首，他们还引进了非洲来的奴隶、爪哇岛的鹿、野猪、烟草，以及最重要的甘蔗。

法兰西岛

荷兰放弃毛里求斯5年之后，法国人成了该岛的殖民者。Guillaume Dufresne d’Arsel船长驶过如今的留尼汪，并于1715年宣称毛里求斯属于法国。该岛更名为法兰西岛，然而在1735年总督贝朗特·弗朗索瓦·马埃·德·拉布尔多内到来之前，什么都没有发生。总督是毛里求斯的第一位殖民时期的英雄。他不仅将路易港转变为繁荣的海港，更成立了第一家糖厂，修建了公路网。

1744年，当“圣热然号”在东北沿海地区的暴风雨中沉没后，毛里求斯最有名的历史事件发生了。船难激发了伯纳丁·德·圣皮埃尔的创作热情，他撰写了浪漫小说《保罗和维珍妮》，该书成了当时的畅销书。

18世纪末，英国人在印度洋占据优势，路易港成为海盗船与私掠船的港湾，国家雇用海军与敌船抗衡。最著名的法国裔毛里求斯海盗是罗伯特·斯考夫（Robert Surcouf），他破坏了英国航运。

1789年，毛里求斯的法国殖民者承认法国大革命的成果，并去除总督一职。然而一些

迪戈·加西亚岛（DIEGO GARCIA）和对查戈斯群岛人的驱逐

在英国殖民史上持续时间最长的背叛行为，是在20世纪60年代和70年代暗地里驱逐查戈斯群岛人离开自己的家乡，目的是将主要岛屿迪戈·加西亚岛租借给美国作为军事基地。

1965年，英国将查戈斯群岛从毛里求斯领土中独立分割出去，因为这块土地，毛里求斯与英国之间持续着主权纷争。1965~1973年，岛民被安置在毛里求斯与塞舌尔。如今，有5000人住在路易港的贫民窟里，生活在贫困线之下，他们为回到故土持续抗争。1982年，岛民从英国获得400万补偿金，这笔补偿金用于补偿岛民放弃自己的权利——当时许多岛民不明白自己签署的法律文件所包含的意义。

2000年，英国高等法院判决承认岛民被非法驱逐，并支持他们拥有返回的权利。然而，情况并未改变，所以岛民继续打官司。2003年10月，法官驳回了他们获得更多赔偿的要求，尽管法院承认英国政府的行为十分无耻，并且之前的补偿金不够。2007年5月，岛民在伦敦上诉法院胜诉，政府行为属于滥用职权，受到了谴责。法官坚决维持原判，这说明岛民可以自由回到岛屿的判决即时生效（除了迪戈·加西亚岛）。2008年，该案件被推翻。查戈斯群岛在2016年之后将不再属于美国军事领地，岛民则继续在欧洲人权法院争取自己的权利。

约翰·比格（John Pliger）在他的《偷国》（*Stealing a Nation*，2004年）纪录片中表达了自己的看法。你可以在网上看到。更多帮助查戈斯群岛岛民的方法详见www.chagossupport.org.uk。想要了解更多有关查戈斯群岛岛民的信息，详见大卫·范恩（David Vine）的书《岛屿之耻》（*Island of Shame*）。

政策当时难以令人接受：他们在1794年巴黎废除奴隶制时拒绝释放其奴隶。

英国统治期间

1810年拿破仑战争期间，英国人进入毛里求斯，该举动是英国控制印度洋宏伟计划中的一部分。当法国人在旧大港之战中战败，局势便急转直下。数月之后，英国军队在马勒勒角北部海岸登陆，接管了毛里求斯。

新的英国统治者将这个岛改名为毛里求斯，但允许法国裔毛里求斯人保留他们的语言、宗教、法律体系以及他们赖以生存的甘蔗种植园。1835年奴隶终于被解放，此时岛上的奴隶已经超过了70,000人。随后，他们被印度和中国来的劳力所取代。500,000印度人因为被许以更好的生活而来到毛里求斯，然而却发现他们的生产生活条件极端艰苦，薪酬也少得可怜。

凭借壮大的人数，印度劳工逐渐在毛里求斯取得了话语权。1901年，当印度政治精神领袖甘地（Mahatma Gandhi）到访毛里求斯并呼吁公民权利时，印度劳工的抗争收获了额外的动力。1958年，普选权的推广成为关键事件，其中最重要的人物是希乌萨古尔·兰姆古兰（Seewoosagur Ramgoolam）。他是1936年工党的建立者，领导了独立之战，毛里求斯于1968年实现独立。

独立

毫无疑问，希乌萨古尔·兰姆古兰爵士成了刚刚独立的毛里求斯的总理。他在位13年，直到1985年去世都受到极大的尊敬，许多公共建筑物都以他命名。

在希乌萨古尔·兰姆古兰爵士死后，毛里求斯的政治版图由以下三人主导：社会主义军事运动党（Mouvement Socialiste Militant，MSM）的印度领袖安纳德·贾格纳特、法国裔毛里求斯人保罗·贝朗热及其左翼毛里求斯军事运动党（Mouvement Militant Mauricien，MMM），还有希乌萨古尔·兰姆古兰爵士之子纳威·兰姆古兰，他是毛里求斯工党的领袖。1982年，前两党组成了联合政府，贾格纳特任总理，保罗·贝朗热任财务大臣。之后，根据复杂多变的毛里求斯权力网络，两人时而权力共享，时而针锋相对，活跃了毛里求斯政坛。1995年与2005年，纳威·兰姆古兰和他的社会联盟打败了MSM-MMM同盟。

在经济方面，毛里求斯经历了一个小奇迹。直到20世纪70年代，毛里求斯的经济可用一个字来概括：糖。糖出口量超过了总出口量的90%，到目前为止，绝大多数丰饶的土地都被糖作物覆盖了，制糖业解决了大多数人的就业问题。但甘蔗作物常常遭受气旋天气的严重摧残，世界糖价的下降也会带来苦果。

自20世纪70年代起，政府便推广纺织、旅游和金融服务，这些很多都基于海外投资。很快，毛里求斯成了世界上最大的纺织出口国之一，Ralph Lauren、Pierre Cardin、Lacoste以及其他世界名牌都在该岛上生产。旅游收入也迎来了飞跃，政府将毛里求斯定位为高端市场。

政府战略颇具成效。20世纪80年代和90年代，毛里求斯每年的经济增长率为5%，相当稳健。失业率由1980年的42%降至2000年的6%以下，整体生活水平有所提升。即便如此，克里奥尔人（欧洲人与黑人的混血后代）的失业率和贫困率依然很高。面对多数印度裔人时，许多克里奥尔人感到缺乏政治话语权，因而十分沮丧。1999年，受到歌手卡亚（Kaya）死于警方拘留所消息的影响，紧张的气氛蔓延至路易港的街道，卡亚一直致力于为弱势的克里奥尔人争取权利。暴乱使整个国家陷入了整整4天的停滞状态，政府不得不做出政治让步。

文化

毛里求斯常常被看作种族宗教和谐的典范，与多数国家相比的确如此。表面上看，毛里求斯几乎没有冲突的迹象。然而，种族分歧依然存在于占据多数的印度教徒和占据少数的穆斯林和克里奥尔人之间，这些种族问题成为毛里求斯政治危机之一。这些问题只在选举期间浮出水面，此时的政党并不拒绝打种族牌。

生活水平

受益于经济增长和政治稳定，近年来毛里求斯人的生活水平不断上升，多数住房都通水通电。然而，贫富差距仍不断扩大。据估计，前20%人口收入占总收入的45%，10%的人口依然生活在贫困线以下。工人的工资每月只有6000毛里求斯卢比，老师每月赚12,000毛里求斯卢比。集市和清真寺周边有一些人们行乞，然而街道上可见的贫困迹象相对少一些。

毛里求斯人十分重视教育——不仅是为了获得好工作，也是将它作为自己的目标之一。律师、医生、老师十分受人尊敬。对许多人来说，最大的成功莫过于成为公务员，但是在商人收入上升的情况下，这一想法有所改变。

毛里求斯礼仪

毛里求斯人的宽容名不虚传。尽管如此，在毛里求斯，你仍需要遵守一些行为礼仪。

服饰 海滩装可以在海滩上穿，但如果你在别处穿得太少，可能会被冒犯或引来麻烦。裸泳是禁止的，虽然妇女在一些酒店泳池可以上半身裸露，但是沙滩上这样的情况几乎不可见。

寺庙和清真寺 短裙和吊带衫不能穿，通常需要脱鞋，通常会有指定的位置摆放鞋子。许多庙宇和清真寺不允许拍照，许多印度教寺庙会要求你去除所有的皮制用品，如皮带。在清真寺里，你可能会在特定区域被要求裹住头，记得带上围巾。千万不要触碰神明的雕塑。

国家认同?

相对来说，毛里求斯是一个拥有多样人口的年轻国家。虽然对于许多毛里求斯人来说，种族认同才是原始认同，但如今，毛里求斯人强烈的国家认同感甚至超越了种族和文化。

各种力量将毛里求斯人结合在一起，其中最重要的是语言——不是官方英语，而是克里奥尔语，这是70%～80%人口的第一语言，几乎所有毛里求斯人都能听懂。另一个共同纽带是所有人都是移民，或是移民的后代。食物和音乐也很重要，尤其是对家庭生活来说。

毛里求斯也是一个紧密相连的小社会。如此亲密的居住距离打破了界限，增进了不同团体之间的相互了解。尊重与宽容渗透在整个社会的方方面面，尽管种族紧张之火有时会突然燃烧。

家庭生活及女性角色

大致看来，如今每个种族团体的生活方式与该国祖先一致，尽管他们已经成了第二代、第三代毛里求斯人。

几代人通常住在一个屋檐下，以大家庭为主要社会单位——根据周末野餐时的家庭规模判断。毛里求斯对保证社会稳定的最少人数有所规定。如果有需要，人们会依靠家庭生活。毛里求斯人通常在25岁结婚。大多数的妻子在家里照顾生活起居，丈夫外出赚钱。在印度家庭当中，包办婚姻还很常见，因为印度种姓制度依然盛行。在所有的人群中，宗教或宗教组织仍然在社会生活中占中心地位。

在其他地方，这种传统婚姻模式正在瓦解，因为年轻人更加有个性，更加西化。年轻人更愿意与异族人交流，越来越多的人与异族通婚。

推动这种变化的另外一股力量则是消费主义的兴盛，以及广大印度和华人中产阶级的出现。中产阶级夫妇更愿意组建自己的小家庭，生更少的孩子，有的妻子甚至外出工作。数据显示结婚率呈略微下降的趋势，但是在过去的20年中，离婚率翻了一倍。

在毛里求斯，为妇女争取平等依然有很长路要走。许多妇女被迫接受低工资、低技能的工作，最典型的是在纺织厂工作或当清洁工。在私企，即便高素质的妇女在公共领域表现更出色，也难以升职。2003年，政府通过了性别歧视法案，建立了独立部门来调查性别歧视案件，包括职场性骚扰。同时，该部门也旨在提高职员追求平等机会的意识。

毛里求斯妇女

- 每10万个新生儿的产妇死亡率：53
- 男/女寿命：71.94/79.03岁
- 成年男/女受教育普及度：92.9%/88.5%
- 出生率：1.76个孩子/每位妇女

人口统计

- 人口：134万人
- 人口增长率：0.64%
- 15岁以下人口比率：20.74%
- 平均年龄：34.4岁
- 城市人口比例：39.7%
- 人口密度：651.7人/平方千米（高于荷兰，属于世界最高水平）

毛里求斯人

毛里求斯人主要分为5种：印度裔毛里求斯人（68%）、克里奥尔人（27%）、华裔毛里求斯人（3%）、法国裔毛里求斯人（1%），还有一类新的人——南非侨民（1%）。另一个你可能想到的小族群是查戈斯群岛人。

印度裔毛里求斯人

印度裔人口（大多数信仰印度教）是曾经来到岛上甘蔗地工作的劳工后代。如今，印度裔毛里求斯人有劳工和农业团体撑腰，在岛上拥有许多中小企业，特别在生产和零售贸易行业。中部高原城市有鲜明的印度特色。

印度裔人也是公民生活的主体。当地选举本质上以种族结盟，印裔毛里求斯人是公民的多数，所以总能赢得选举。2003~2005年的总理法国裔毛里求斯人保罗·贝朗热，是该国首位当选的非印度裔总理。

克里奥尔人

紧随印度裔毛里求斯人的另一个大族是克里奥尔人。克里奥尔人是非洲奴隶的后代，还掺杂着欧洲血统。克里奥尔人是社会中的弱势群体。尽管在毛里求斯的宪法中，各种形式的歧视都属违法，但克里奥尔人在社会、经济和政治方面还是被边缘化了。

大多数克里奥尔人薪水很低，以渔业和农业领域艰难维持生计，形成了恶性循环。他们很难找到工作，很大一部分原因是受教育程度低，而很少有克里奥尔孩子完成中等教育，因为他们需要工作来支撑家庭。这样的循环让他们对生活的预期也很低。

罗德里格斯岛是毛里求斯克里奥尔文化

卡亚（KAYA）

对毛里求斯来说，这是黑色的一天，对所有克里奥尔人来说更是如此：1999年2月21日，歌手约瑟夫·托匹兹（Joseph Topize，又名卡亚）在拘留所中死亡，死因似乎是警察虐打。卡亚被拘留的原因是在非法集会上吸食大麻。

赛加是一种独特的结合雷鬼音乐和传统赛加节拍的音乐形式。作为赛加的引领者，卡亚时常为国内弱势的克里奥尔人发声。他死于印度裔警方拘留所的消息分裂了毛里求斯社会各种族，导致国内4天的暴乱，许多人死亡，整个国家陷入混乱。

尸检排除了警方的嫌疑，但该事件迫使印度裔人主导的政府承认与克里奥尔人之间的问题，即自独立以来，克里奥尔人一直对自己贫穷状况的愤怒与不满。这样的愤怒在歌手死后的18年中依然蔓延。

与上述暴力事件不同的是，卡亚的歌充满了正能量。经典专辑《赛加经历》（*Seggae Experience*）传达着歌手的独特视角。

的中心，其中克里奥尔人占总人口的98%。

华裔毛里求斯人

毛里求斯人中的30,000万华裔人口大多参与到商业活动中。虽然他们人数少，但是华裔社区在国家经济中扮演着十分重要的角色，但他们不愿意参与政治。大多数人作为创业者来到毛里求斯并定居下来（特别是路易港），每个村庄至少有一个中国人经营的商店。

法国裔毛里求斯人和南非侨民

法国裔毛里求斯人是有钱白人的后代，那些白人是18世纪来到毛里求斯的第一批欧洲移民，很快占领毛里求斯最好耕地。多数糖厂、银行和其他大企业都由法国裔毛里求斯人控制，他们住在居尔皮普周围豪华的山区别墅中，同时拥有海滩上绝大多数豪华度假屋。其中很多人已经离开毛里求斯，在南非、澳大利亚和法国定居。实际上，现在毛里求斯的南非侨民（集中于西海岸）要多于法国裔毛里求斯人。

宗教

毛里求斯宗教、种族和高度的宗教宽容度有密切的关系。清真寺、教堂和印度教寺庙距离特别近，这在这个国家随处可见，最有名的就是在弗洛雷亚尔，这些寺庙之间仅隔着一堵墙，甚至这墙还是两座寺庙共有的。

官方统计表明印度教人口占总人口的48.5%，所有人都来自印度，或者在种族划分中属于印度人。节庆在印度信仰中至关重要，年历被丰富多彩的庆典活动占据。

在毛里求斯，有部分人仇视印度裔人，不是因为宗教，而是因为印度裔人掌握了大多数国家政治生活和管理工作。如今毛里求斯经济活跃，所以社会上仅仅是对歧视有所抱怨，如只有男孩有工作。然而当经济不稳定时，当前的情况可能会改变。

四分之一的人口是罗马天主教徒。多数克里奥尔人信奉天主教，经过多年发展，其中还吸收了一点点巫术色彩。多数法国裔毛里求斯人也信仰天主教，一些印度裔人和华裔人通过婚姻而改变信仰。

五分之一的人口为穆斯林。和印度教徒一样，毛里求斯穆斯林源于印度。在毛里求斯，伊斯兰教与其他宗教并存，所以相对自由，穆斯林常常去清真寺，妇女也佩戴头巾。

华裔毛里求斯人的宗教崇拜是最不引人注目的，中国新年是一个很大的例外，路易港

马尔科姆·德·夏萨尔（MALCOLM DE CHAZAL）

无人能够超越马尔科姆·德·夏萨尔在20世纪毛里求斯艺术领域的影响。他是现代毛里求斯文学之父，又是超现实主义艺术家，创作的画作充满希望和热情——其中最著名的就是《蓝色渡渡鸟》（*Blue Dodo*）。佩雷贝勒的穆兰·卡瑟画廊也有其作品的特点。

每年都有盛大的庆典。

艺术

毛里求斯的文学以及美术遵循法国传统，音乐却沿袭了非洲传统，热烈而奔放。

文学

毛里求斯已经成为许多历史小说的背景，但是逐渐崛起的本国作家才令毛里求斯感到无比骄傲。

毛里求斯作家的作品

如果你想阅读毛里求斯20世纪的小说，那么就试试马尔科姆·夏萨尔的作品。他最著名的作品是*Sens Plastique*，另有英文版，还有*Petrusmok*。夏萨尔是一位古怪的隐士，但是他启发了一代当地作家。他的作品结合了诗歌与哲学，充满了精练的短语，如“远离有着肮脏眼神的干净人”。

如今依然健在的享誉世界的毛里求斯作家有卡尔·德·苏扎（Carl de Souza），他的小说*Le Sang de l'Anglais*着眼于毛里求斯人与其家乡之间的矛盾关系；*La Maison qui Marchait Vers le Large*则将场景设置在路易港，以种族间的矛盾作为主题；*Les Jours Kaya*是一本着眼于卡亚死后反对暴力的重要小说。

其他当代小说家包括Ananda Devi、Shenaz Patel和Nathacha Appanah-Mouriquand。很可惜，他们的作品是法语的，所以仅在法国发行。

以毛里求斯为背景的书籍

毛里求斯对世界文学的最大贡献结合了岛屿历史，是伯纳丁·德·圣皮埃尔的浪漫小说《保罗和维珍妮》，这本小说出版于1788年。在毛里求斯，英文版随处可买。作者笔下的景致异常优美，然而他极端说教式的赚人眼泪的小说可能不合现代人的口味。

约瑟夫·康拉德（Joseph Conrad）隐晦的爱情小说《珍贵的微笑》（*A Smile of Fortune*），被收录于《陆地与海洋》（*Twixt Land and Sea*，1912年）中，该小说描述的场景在毛里求斯，但是小说内并没有吹嘘毛里求斯之美。故事发生在19世纪，描述了当时的集市和黑奴、克里奥尔人、苦工以及法国人。游客来到毛里求斯后，能够非常容易感受到康拉德所描绘的毛里求斯：“海洋中的珍珠……吸饱了人间所有甜蜜。”然而，游客会发现，相比于书中描绘的人物，现代居民无疑更好相处。

> **让马里·古斯塔夫·勒克莱齐奥（JMG LE CLÉZIO）**
>
> 毛里求斯可以（某种程度）宣称自己拥有一位诺贝尔文学奖得主。2008年诺贝尔文学奖得主、法国作家让马里·古斯塔夫·勒克莱齐奥的父亲是毛里求斯人，他也以毛里求斯为背景撰写了许多小说，其中《探矿者》（*Le Chercheur d'Or*）被翻译成英文。

音乐和舞蹈

如今你可以在任何地方听到赛加（séga），然而在20世纪早期，赛加却过了时。在20世纪50年代早期，由于克里奥尔歌手Ti-Frère的歌《阿妮塔》（*Anita*）的流行，赛加再次恢复生机。尽管Ti-Frère在1992年去世，但他依然是毛里求斯最著名的赛加明星。最近的克里奥尔音乐团体或歌手都跟随其风格，比如Cassiya、Fanfan和多产的Jean-Claude Gaspard。

赛加在罗德里格斯岛的发展稍稍有些不同。在此，鼓（séga tambour）扮演着更重要的角色。岛上的手风琴乐队以他们令人惊讶的曲目而闻名，包括华尔兹、波尔卡舞曲、四对方舞曲以及苏格兰舞曲。他们向过往的欧洲水手学习，逐步吸收当地民谣。如今，他们是岛上聚会的重要组成部分。

一种更为新颖的毛里求斯音乐形式是由克里奥尔音乐家卡亚发明的，混合了赛加与雷鬼的音乐元素。卡亚与他的乐队Racine Tatane一起，为不满的克里奥尔人发声。悲剧的是，此位歌手于1999年2月死于警方拘留所。追随着卡亚的步伐，Ras Natty Baby与Natty Rebels成为最著名的赛加团体之一；当Ras Natty Baby在2003年因贩运海洛因入狱时，唱片大卖……

赛加!

赛加是舞蹈与音乐的强有力的结合，当非洲奴隶受到不公正待遇时，他们为转移注意力而构思了赛加。结束了甘蔗地一天的辛苦工作，一些非洲奴隶在海滩围着篝火，在鼓点的伴奏中跳赛加。

由于沙滩的影响（有人说是由于奴隶的脚铐），赛加的步法并不花哨。所以现在，当跳起赛加时，脚步不能离开地面。身体的其他部分弥补了脚步的不足，当篝火烤到炙热时，看起来非常性感。在赛加的旋律与节拍中，你能感受到赛加与拉丁美洲萨尔萨（salsa）、加勒比海卡里索普（calypso）和非洲起源的联系。这是一场私人的、发自肺腑的舞蹈，舞者渐渐被音乐主宰，迷失在鼓点声中。

按照传统，舞蹈由拉瓦纳手鼓（ravanne）伴奏，这是一种简易的山羊皮鼓。鼓声由慢速开始，渐渐变为脉动般的节奏，这样的节奏常常使演奏者与旁观者都忘乎所以。如果你足够幸运，你能够在海滩聚会和家庭烧烤聚会中看到有人自发地跳这种舞。否则，你就只能在酒吧、餐馆以及多数酒店的毛里求斯自助餐会上看到赛加表演，但是这些表演就相对不那么真实了。

最近，一种家庭音乐、印度传统音乐以及雷鬼的混合音乐雷格乐（ragga）受到了欢迎。毛里求斯的雷格乐团体包括Black Ayou和the Authentic Steel Brothers。

视觉艺术

历史上，毛里求斯艺术家多跟随欧洲的脚步，特别是法国。奇怪的是，一些18、19世纪描绘毛里求斯风景的雕刻或者油画，都很容易被误认为刻画的是欧洲。位于路易港的蓝色便士博物馆的经典雕塑《保罗和维珍妮》，以及在战神广场赛马场上的国王爱德华七世的雕像，都是由毛里求斯最著名的雕刻家普若斯拍尔·伊皮奈创作完成的。

当代毛里求斯艺术受旅游市场影响，有一位艺术家的作品常常被模仿，那就是瓦克·巴萨克（Vaco Baissac）。他的画作最为明显标志就是色块都用黑色描边，像是一扇彩色玻璃窗。他的Galerie Vaco位于大海湾。

其他在商业上非常成功的艺术家包括Danielle Hitié，他详细描绘了集市和乡村景色；Françoise Vrot以栩栩如生描绘田间妇女而出名。两个艺术家的作品都在大海湾的画廊展出，在那里Vrot还有工作室。

留意更有创意的当代艺术家的展览，比如，Hervé Masson、Serge Constantin、Henry Koombes和Khalid Nazroo。这些艺术家在国际上都获得了成功，然而在当地却较少为人所知。

建筑

毛里求斯许多建筑遗迹已经湮没于水泥丛林，但是谢天谢地，一部分殖民地时期的建筑保存下来，对游客来说成了旅游亮点。

殖民建筑

2003年，政府成立了国家遗产基金来管理和保护国内的历史建筑。18世纪和19世纪的种植园房屋保存完好，如今你还能够看到它们遥遥立于在甘蔗地中。许多房子为私人所有，对外关闭，如莫卡边的Le Réduit现在是总统官邸。许多其他建筑变为博物馆和餐馆。

第一批法国殖民者带来了自己独特的建筑风格。若干年过去，建筑改良，与湿热的热带气候相适应。正是因为如此，许多大种植园房屋才能在大规模破坏之中保存下来。

许多这些建筑中看上去浮夸的装饰性元素——如拱形的屋顶和装饰性的屏风——都是为了通风和保持干燥。最明显的特点是木瓦屋顶上的装饰性塔楼和成排的阁楼窗户。这些婚礼蛋糕似的建筑下藏着拱形的屋顶，使得空气能够流通。另外一个明显的特征是宽阔、通风的游廊（varangue），那里的酒椰叶百叶窗、风扇和盆栽植物创造了凉爽的环境。

屋顶、窗户和悬壁通常都有精巧的、蕾丝般的装饰性垂饰（lambrequins），纯用于装饰。它们变化很多，有的是简单重复的花纹，有的则是复杂的雕刻，所有的装饰都以植物主题为主导。

装饰性木镶边、木瓦屋顶、游廊，抑或是锻铁阳台，都能在殖民时期的小镇房子中看到。房子越重要，越会用砖甚至石头建造，因为这样能够更好地抵挡气旋天气和白蚁。在路易港，政府大厦和其他建筑，如武器广场，都是很好的例子。

当代建筑

在当代大胆的建筑艺术中，最近最值得一提的是路易港的科当水门建筑工程。科当水门地处市中心，建筑师决定将武器广场的传统建筑元素融入其中。更多的灵感来源于附近钢筋水泥的船厂建筑。

慵懒休闲的马埃堡将要建起科当一样的建筑群，这些计划已经成型，不过最近几年实施受阻。该国首个豪华游艇港口拉·巴里斯·玛里纳即将完工，就在黑河崭露头角。

最佳殖民建筑

以下殖民时期的建筑对大众开放，非常值得参观。除了建筑物本身的历史和美学价值，参观这些建筑表明其美和价值得到了承认，更多的建筑会得益于此而受到保护。

- 尤里卡（见60页），莫卡
- 政府大厦（见49页），路易港
- 拉布尔多奈斯城堡（见84页），马普
- 国家历史博物馆（见109页），马埃堡
- 市政厅（见61页），居尔皮普
- Le Jardin de Beau Vallon（见119页），马埃堡附近
- 奥宾诺山庄（见61页），居尔皮普
- 圣奥宾（见124页），Rivière des Anguilles
- Le Château Restaurant（见124页），贝隆·布尔

饮食

整座毛里求斯岛上的饮食都很相似——浓郁可口的混合印度香料以及新鲜当地食材，深受中国、法国、非洲饮食的影响。罗德里格斯岛的饮食相较则有许多不同，不那么辣，常用新鲜水果和豆子做原料。

主食与特色菜

毛里求斯人日常主食是米饭和面，尽管人们的饮食习惯多与其民族背景有关。华裔毛里求斯人的早餐一般是面条和茶，法国裔毛里求斯人喝牛奶咖啡（café au lait）、吃牛角面包，印度裔毛里求斯人则吃薄饼（chapatti）。然而，到了午餐时间，几乎所有人都会吃上一顿热餐，如辛辣的海鲜咖喱（carri）或面条（mines），再配上一杯冰啤酒。晚餐是一天中最重要的一餐，通常和家人一起吃。

肉类是食物的重要组成部分，特别是在中国和法国饮食中，马埃堡以鹿肉和野猪肉为主，克里奥尔特色香肠深受喜爱——毛里求斯的关键主菜（无论哪种文化）就是鱼和海鲜。旗鱼，通常都是烟熏，是毛里求斯人的最爱，淡菜、对虾、龙虾和鱿鱼也同样受到喜爱。章鱼（ourite）是特别的亮点，会出现在各式菜肴中——沙拉、藏红花炖菜或者咖喱（有时会有青木瓜）。每天的特色鱼是基本不会错的选择。

街头小吃中，木豆印度薄饼（dhal puri）和蒸丸子（boulettes）尤为出众。

饮品

毛里求斯人喜欢喝鸡尾酒，你可以频繁品尝到开胃酒（apéro）或潘趣酒（ti punch）——通常是以朗姆酒为基础的水果鸡尾酒。

毋庸置疑，朗姆酒是毛里求斯的国酒。虽然许多专家都认为毛里求斯生产的朗姆酒不及加勒比的酒，但毛里求斯依然拥有许多出色的品牌，特别是绿岛酒（Green Island），其中的黑朗姆酒更是一绝。如想深入了解当

地朗姆酒，一个绝佳办法就是光顾夏马尔酿酒厂（见99页），到那儿可以观看朗姆酒制作过程、美餐一顿和品尝产品。在毛里求斯，抛开悠久的朗姆酒生产历史，大众也十分喜爱威士忌，这是英国150年统治遗留的产物。

全民最爱的啤酒是凤凰酒（Phoenix），从20世纪60年代开始生产，也常常在世界比赛中获奖。另一种啤酒蓝马林（Blue Marlin）也很不错。

毛里求斯人也很爱喝茶，你一定要试试全国都在卖的博伊斯·谢里茶（Bois Chéri）。香草茶最有名，即使在烈日炎炎之下依然能够保持清新的口感。在博伊斯·谢里茶叶种植园（见125页），你有机会参观其制作过程并品尝，这个种植园位于毛里求斯南部。

在印度和穆斯林节日期间，你也可以品尝到美味的印度酸奶饮品（lassi）和杏仁奶（添加杏仁和豆蔻）。

吃喝好去处

游客餐馆和本地人爱去的餐馆常常不同，特别是在大型度假村地区。然而，在路易港和中央高地的餐馆中，这种情况却不明显，它们有着混合的客户群。

几乎所有的餐馆都有英文菜单，再不济也有能说英文的服务员，所以沟通起来几乎没有障碍。

餐馆里有许多菜会一起上，在好的餐馆，这说明不同的菜是由不同的厨师做的，基本上大厨只做一种菜，其他的菜则由别人来做。在此只有一点需要说明：想要吃到好吃的咖喱，千万别去中国餐馆。

全国最好的吃饭选择是私房菜（tables d' hôtes）；家庭旅馆经常提供。吃套餐能够让你体验当地人的生活，你可能会与旅馆主人夫妇和他们的孩子一起吃饭，有时别的旅行者或旅馆住客也会加入，你能在许多道菜之间享用传统美食。去吃套餐最好提前一天预订。提前预订很重要，虽然有时候也可以直接询问——有时人数比较多的预订可临时加入。

私房菜的克里奥尔元素非常显著。如果你来毛里求斯竟然没有吃过一次私房菜，就算错过美食文化的精髓。

快餐

毛里求斯快捷的吃饭好去处有很多。公交车站和中心广场上临街叫卖的小贩，购物中心和集市中随处可见的外卖店，都能为你提供实惠的本地食品，包括印度、法国、中国菜。除了一小部分高级餐馆，其他几乎所有的餐馆都能提供外带。

在毛里求斯的路边摊，咖喱饭（biryani）、印度烙饼和未发酵的薄面饼（farattas）很受欢迎。街头小吃一般价格为5~10毛里求斯卢比，如在市场、公共海滩或市中心售卖的烙饼、木豆印度薄饼（dhal puris）和蒸丸子（boulettes）。

市场热闹，值得前往品尝受人欢迎的辣味蛋糕（gâteaux piments），这种食品现场烹制。你也应该品尝一下美味可口的木豆印度薄饼、木豆印度薄饼（dhal puris）、萨莫萨三角饺和鹰嘴豆粉香草或者洋葱炸丸子（bhajas）。

印度和中国餐馆提供快捷、低价饭食和小吃。记得买些印度开胃菜肴，例如，caca pigeon（一种印度小吃）或者著名的中国叉烧（char siu）。

素食者和严格素食者

素食者在毛里求斯过得下去，但是因为可选范围比较小，所以他们会感到失望。印度餐馆是最好的选择，但可选择的基本上都只有蔬菜咖喱（carri de legumes）。中国餐馆对素食者来说也不错，但可选的克里奥尔餐馆和法国餐馆就比较少了。即便如此，几乎所有餐馆的菜单上都有蔬菜咖喱。鱼素食者的胃会被毛里求斯菜肴宠坏，因为几乎所有的餐馆都提供新鲜海鲜和新鲜捕获的鱼类，味道简直完美。

严格素食者就餐更难，但只要跟酒店打好招呼，酒店也会准备严格素食。再次重申，印度餐馆可选的食物更多。

习惯与风俗

每个族群的饮食习惯都大相径庭。有的用手进食，有的周五不吃肉，有的不吃猪肉，总之，很难给出一个统一的结论。

与酒店和民宿自助餐不同的是，毛里求斯的早餐通常比较简单且不正式。午餐也通常是不正式的，周末的午餐要正式一些，家人与朋友聚集在一起，在餐桌上共度美好时光。餐馆里，有为周末午餐特备的菜单。晚餐前是一段比较正式的时间，通常提供餐前点心（gajacks）和开胃酒（apéro）或小杯潘趣酒（ti punch）。晚餐时通常提供红酒或啤酒。

用餐与饮酒是非常重要的社交活动，需要非常注意餐桌礼仪。本地人对于餐桌礼仪的要求十分严格，挑食和混食都是非常不礼貌的。在餐馆需注意着装得体，除非在海滩上，其他情况下穿沙滩装或穿得太暴露都不合适，一般来说，休闲又整洁的着装就可以了。一些高档酒店要求顾客着装整洁，对于男性而言，应当穿长裤，甚至带领的衬衫。当地人邀请你一起用餐时，记得带上小礼物（可以是一束花或一瓶酒）。

如果参加与宗教有关的传统印度或中国聚餐，依照当地人的规定行事。一般来说，主人都会让你感到舒适自在。如果对当地习俗或上菜顺序有疑问，请主动询问。如果有机会参加印度或中国的婚礼，那么一定不要错过，因为那绝对是一场美食的盛宴。

环境

毛里求斯的面积虽小，地貌却十分丰富，那些美丽的珊瑚礁和壮观的露出地面的岩层形成了该国的无数风景，值得探索。其实，使毛里求斯环境越发有趣的是野生动物，这里有巨型陆龟和逐渐复苏的濒危鸟类。

土地

毛里求斯位于火山带，该火山带也包括留尼汪。虽然毛里求斯历史悠久，但与留尼汪相比，受到火山影响较小。

这座岛上的最高山峰位于西南部，从这里开始，地势下降至中部高原，之后抬升，与路易港后方和东部延绵的班布斯山脉相连。

与留尼汪不同，毛里求斯没有活火山，但剩余的火山活动活跃。死火山口和火山湖就是很好的例子，如居尔皮普的塞尔夫火山口和圣水湖。在数亿年中，火山产生了数百万块岩浆岩，因为要将这些岩浆岩清理出甘蔗地，农场工人觉得非常烦恼。即便如此，毛里求斯遍地都是岩浆岩石堆。有的被堆成了漂亮的金字塔，如同纪念碑一样屹立着。

毛里求斯也有许多无人岛，其中最著名的是罗德里格斯岛，距离毛里求斯东北部海岸600公里。罗德里格斯岛也是一座火山岛，被两倍大的潟湖包围。

毛里求斯对查戈斯群岛（见137页）提出领土诉求，该群岛曾是英属印度洋领地的一部分，颇具争议地被割让给美军至2016年，并且有可能再延期20年。

野生动植物

当然，毛里求斯的野生动物不只是渡渡鸟。事实上，目前岛上动物濒临灭绝的情况已经得到改善，得益于最近几年在动物保护方面取得的成功。

毛里求斯野生动植物基金会（MWF；www.mauritian-wildlife.org）成立于1984年，是了解毛里求斯野生生物的最佳信息来源，致力于保护和管理该国很多稀有物种。毛里求斯野生动植物基金会积极建立国家公园和保护区。在濒危鸟类数量和当地植物保护方面，该基金会获得了极大成功。你可以去他们的办公室找到很多不太容易获得的信息，而且其网站是十分有用的资源，通过电子邮件咨询具体问题，一般都能得到回复。当然，到了毛里求斯，参观基金会管理的白鹭岛是很有必要的。

哺乳动物

毛里求斯仅有一种本土哺乳动物，即奇妙的果蝠。在每到傍晚，果蝠便恢复活力外出觅食。

毛里求斯其他的哺乳动物都是由殖民者引进的。猫鼬（mongoose）的出现是过去一次草率生态管理的结果。19世纪末，猫鼬由印度引入毛里求斯，目的在于控制携带瘟疫的老鼠数量。原本希望只进口雄性猫鼬，但一些雌性猫鼬也偷偷混入其中并在毛里求斯繁殖。很快，毛里求斯的猫鼬便随处可见。除此之外，还有圣水湖和黑河的猕猴、因鲜肉需求而从荷兰引进的爪哇鹿，野猪也是引进的，目前在偏远的森林里活动。

还有两种蝙蝠：一种名字阴森，叫作毛里求斯坟墓蝙蝠，另一种叫毛里求斯洞穴蝙蝠。但是它们都不是毛里求斯原有物种。

海洋哺乳动物

毛里求斯西海岸最常见海洋哺乳动物。飞旋海豚是塔马兰海湾最常见哺乳动物，那里也能见到宽吻海豚。观赏海豚之旅可从西海岸许多地方出发，但是我们非常担忧（见90页）这些旅程会对当地海豚群体造成影响。

许多种类的鲨鱼栖息毛里求斯水域，不过只有潜水进入礁石地带外围，才有机会邂逅它们；鲜有鲨鱼闯入潟湖浅水区。常见种类包括灰礁鲨、公牛鲨（东海岸）、黑鳍鲨和豹鲨（北部），以及白鳍礁鲨（西部）。

从7月或8月直至10月或11月，座头鲸沿着毛里求斯西海岸迁徙，就在南极和赤道附近温暖水域之间畅游，然后繁衍产卵。巨头鲸被认为是毛里求斯西海岸的常驻民，所以全年在此，不过人们通常认为它们要比座头鲸更难看到。

谈及毛里求斯观鲸活动，同毗邻的马达加斯加相比，似乎不太起眼。这有两个原因：其一，主季节（但不是唯一）被认为是淡季，国内游客非常稀少；其二，不像观赏海豚，观鲸需要前往远海，走到潟湖以外范围，所以需要全天旅程。

爬行动物和龟

毛里求斯、留尼汪和塞舌尔曾经是地球上巨型陆龟数量最多的地区，巨型陆龟是加拉帕戈斯群岛特有的动物，目前在毛里求斯和罗德里格斯岛上都有。罗德里格斯岛曾是地球上陆龟最密集地带。这种密集状况并未持续太久，毛里求斯和罗德里格斯岛的陆龟种类在殖民地时期就已面临灭绝。因为海员和殖民者发现它们很易捕获，而且源源不断；陆龟只需很少食物就可存活，真是远洋旅程的理想食物。

这个地区唯一存活的陆龟种类就是阿尔达布拉巨型陆龟，来自塞舌尔，2000年引入白鹭岛，随后几年，引入其他地方。野生陆龟数量自此大幅攀升。观赏它们最佳地点就是白鹭岛；苏亚克附近的凡尼尔；罗德里格斯岛的弗朗索瓦·乐高特保护区（François Leguat Reserve）。

本土爬行动物主要包括红绿相间的昼行壁虎（day gecko）和特尔菲尔长尾蜥蜴（有爪蜥蜴），两者都可在白鹭岛见到。如果见到爬行动物，不用紧张，因为毛里求斯的爬行动物不具危险性。

鸟类

渡渡鸟可能是毛里求斯曾经最著名的"居民"了（其他一些动物在殖民初期灭绝，其中包括红秧鸡和愚鸠），但毛里求斯应该因拯救其他濒危鸟类而闻名。事实上，根据2007年的一项学术研究表明，毛里求斯拯救的濒危鸟类（5种）比世界其他地方都要多。

然而，你最常看见的鸟类多为引进的鸣禽，如马达加斯加福迪雀，印度八哥（Indian mynah）和红耳鹎（red-whiskered bulbul）。10月到次年5月，路易港北部河口的红土河鸟类保护区为迁徙水鸟提供了重要的栖息地，这些鸟包括杓鹬（whimbrel）、灰斑鸻

渡渡鸟之死

首次到达毛里求斯船只的航海日志显示，当时数百只胖到飞不起来的鸟纷纷聚集到海滩观察陌生人的到来。因为没有天敌，这些巨大的鸽子近亲轻易就被饥饿的水手捕获，这些鸟被称为"渡渡"，意思是"蠢货"。仅仅用了30年时间，过往的水手、他们宠物和其他有害动物（狗、猴、猪和老鼠）就使渡渡鸟绝种了。最后一次发现渡渡鸟的踪迹是在17世纪60年代。

渡渡鸟不仅灭绝速度惊人，它们存在过的证据也少得惊人。18世纪欧洲留下了一些证据：丹麦的哥本哈根大学中保存着一个干燥的鸟喙，同时英国的牛津大学保存有完整的头部和足部。直到今日，我们对于渡渡鸟的认识还只是基于17世纪水手的描绘。

然而，1865年，当地教师乔治·克拉克（George Clark）在沼泽中发现了渡渡鸟的骸骨，该地区如今已成为国际机场。该骸骨在爱丁堡由科学家重新拼接，成为后来的渡渡鸟复原工作的基础，如今该骸骨陈列在路易港的自然历史博物馆中。在白鹭岛的黑檀林中，还有一尊精确的青铜制渡渡鸟塑像。

(grey plover)以及常见的弯嘴滨鹬(curlew sandpiper)。

毛里求斯红隼(Mauritian kestrels)

1974年,官方认定,可爱的毛里求斯红隼(它们曾经生活在这个岛上的每个角落)成为地球上最濒危的生物之一。据悉,当时只有4只存活在野外且其中只有一只是具有繁殖能力的雌性茶隼。另外还有两只被人工圈养。这种鸟陷入悲惨境地的原因我们都不陌生:杀虫剂中毒、栖息地破坏以及打猎。圈养繁殖项目和野外抗天敌巢箱的建立,使其数量得到了惊人的恢复,目前达到了400只,一部分位于东南(250只),一部分位于西南(150只)。

看见它们的最好机会就是它们的繁殖季(东南部8月至次年2月;西南部9月至次年2月)。最可能看见它们的地点是费尔奈谷、里恩山和克里斯特尔谷;黑河谷国家公园也有机会看到,不过有点偏僻。

粉鸽(pink pigeons)

美丽的粉鸽曾处于灭绝边缘,继而被人类拯救。1986年,一度数量庞大的粉鸽在黑河谷国家公园南部附近的白湖地区锐减至12只。那年,由于老鼠的影响,5种鸟的保护都不成功。这些动物面临着厄运。加强圈养繁殖项目和野生鸟类的重新引进,使鸟类数量迅速上升。如今在黑河谷国家公园和白鹭岛大约有470只(上一次统计是43只)。毛里求斯野生动植物基金会正在努力,希望未来的某一天,欧洲动物园中圈养粉鸽能够成为毛里求斯项目的一部分,确保物种基因多样性。

回声鹦鹉(echo parakeets)

鲜艳的回声鹦鹉在毛里求斯也近乎灭绝。1986年,仅有8~12只存活。更糟糕的是,在该岛上曾经存在的6种本土鹦鹉中,回声鹦鹉已经是最后一种了。再一次,圈养繁殖、重新引进和严格的动物保护使回声鹦鹉的数量恢复到540只,这些就发生在黑河谷国家公园内。注意:回声鹦鹉与新引进的红领绿鹦鹉(ringed parakeet)相似,而后者分布广泛,在毛里求斯更为常见。

能够看到它们的最好地方就在Parakeet Trail和Macchabée Trail沿线,以及Mare Longue Reservoir周边。

其他动物

橄榄绣眼鸟是毛里求斯的一种小型鸣禽,野生数量目前为150对,其中35只生活在白鹭岛。毛里求斯福迪雀也居住在白鹭岛上,未来此地将成为重新引进项目的基地。

在罗德里格斯岛上,罗德里格斯柳莺(从20世纪70年代的30只上升至如今的4000只)和罗德里格斯福迪雀(1968年的6对至如今的8000只)的恢复成果在整个野生动物保护记录中都是无可匹敌的。

离岸岛屿,如普拉特岛(Île Plate)和加布里埃尔岛(Îlot Gabriel),以及米尔考恩、龙德岛和蛇岛附近都是观赏海鸟的佳地。注意,船只可能不在后面三个岛屿停靠。

植物

毛里求斯的900种植物中有三分之一是该岛独有的。许多这些本土植物无法与番石榴和女贞树等引进植物竞争,同时也常常被引进的鹿、猪和猴子食用。大量森林砍伐与单一作物的生长加剧了该问题的恶化,目前仅有不到1%的毛里求斯原始森林依然完整。

在热带岛屿中,毛里求斯的椰子树数量并不多。相反,木麻黄(也称filaos)占据了大部分岛屿。这些高大又纤弱的树木具有防风作用,非常适应沙地的生长环境。政府将它们种在海岸上,防止水土流失。因为同样的原因,桉树也被广泛种植。

其他常见的树木有巨型印度菩提树(Indian banyan)和美丽的开红花的凤凰木(flamboyant)。

这里还有一簇簇红艳艳的火鹤花,它们有唯一一片光滑的花瓣和突出的黄色肉穗状花序。该植物源于南美洲,在19世纪引入毛里求斯。初见火鹤花,你会以为它是塑料做的。火鹤花摘下后能够存活三周,所以是一种非常受欢迎的观赏植物。如今火鹤花用以出口,数量繁多,它们能够装点酒店和公共场所。

最容易发现这些以及其他珍稀植物的地方就是庞波慕斯的植物园。

红树林如今在毛里求斯生长得十分繁盛。最初为减少沼泽的数量,防止按蚊繁殖,

重要国家公园及保护区

公园	特色	活动	最佳观赏期
巴拉克拉瓦海洋公园	潟湖、珊瑚礁、龟类繁殖地	浮潜、潜水、玻璃底船观光	全年
黑河谷国家公园	树木茂密的山脉、毛里求斯红隼、回声鹦鹉、粉鸽、黑檀树	徒步、观鸟	观赏花卉：9月至次年1月
蓝色海湾海洋公园	潟湖、珊瑚、鱼类	浮潜、潜水、玻璃底船观光	全年
白鹭岛自然保护区	珊瑚岛、黑檀树林、粉鸽、橄榄绣眼鸟、阿尔达布拉象龟、特尔菲尔长尾蜥蜴	生态旅游、观鸟	全年

红树林被砍伐。后来，人们发现红树林是热带鱼类的重要的觅食场所，便开始大规模重造红树林，特别是在东海岸地区。

国家公园

自1988年起，一些国际组织就与政府一同合作，在毛里求斯建立保护区。如今有3.5%的土地已成为以生态保护或休闲为目的的国家公园或是自然保护区。

最大的公园是黑河谷国家公园，建于1994年，位于毛里求斯西南部。该国家公园覆盖68平方公里的土地，保护各种野生环境，从松树林到热带灌木，涵盖了毛里求斯最大的原始森林。

最重要的两个自然保护区是白鹭岛和圆岛（后者如今不向公众开放），两个保护区都以本地物种替代引进动植物，将种群存量恢复到自然状态。

1997年，海洋公园在蓝色海湾（近马埃堡的东南海岸）和巴拉克拉瓦（西海岸）建成，但是大量的游客使有力的管理难以实施。同时也应鼓励当地渔民减少破坏性技术捕鱼。

在毛里求斯东海岸近拉菲特站的Bras d' Eau有一座新的小型国家公园。

环境问题

毛里求斯的自然环境为快速的发展付出了沉重的代价。因为面临经济衰退，政府以前所未有的力度鼓励更多游客的到来，来填补制糖业和纺织业规模缩小带来的经济缺口。然而，不断扩大的游客规模加剧了岛上基础设施的压力，同时也带来了许多问题，如环境退化和电、水、交通等需求的过度增长。

更让人担忧的是沿海地区的建设工程，几乎所有的海滩都被开发，多数开发都跟旅游有关。但是，毛里求斯人坚持将环境问题放在第一位：比如，一份在蓝色海湾的双科科斯岛上建酒店的计划书因遭到当地人的强烈抵制而不得不作废。自然资源保护论者对建设穿过东南地区原始森林的高速公路计划表示了强烈的反对，并成功阻止这一计划的进行。

如今，政府要求建设新项目时要将环境影响作为考虑，比如，建设海滨酒店、码头和高尔夫球场，甚至开发海底步行之类的活动。对罗德里格斯岛上酒店开发的管理特别严格：酒店必须体积小、单层，而且必须是以传统风格建成的，远离潮水最高点记号至少30米。在罗德里格斯岛上，淡水短缺是个问题，所以新建的酒店必须能够进行自主水循环。

为了缓解环境恶化的情况，政府建立了一支特殊的环境执法队伍来执行法律法规，以及教育当地居民，甚至还设置一条热线（☎210 5151）供人们举报不当行为。

海洋环境受到过度开发的危害最大。大海湾沿海地区受到的影响特别大，因为在特定地区，有过多的潜水者和船只聚集。更糟的是，泥沙淤积和化学污染导致珊瑚严重破坏，鱼群数量急剧下降。西海岸附近不受管理的观赏海豚之旅（见90页）同样引起人们担忧，会对动物群体产生影响。

生存指南

ℹ 出行指南

签证

毛里求斯对中国公民免签，持白本护照即可出关放行。你可以在毛里求斯机场入境时得到长达60天的停留期，但需持有明确往返日期的有效机票，和在毛里求斯停留期间的足够花销。

你可以在政府网站（www.passport.gov.mu）获得更多信息。政府还会要求你提供已付费的定期回程交通证明（虽然很少有此要求）。

签证延期

你可以在**护照和移民局**（Passport & Immigration Office；☎210 9312，传真210 9322；Sterling House，Lislet Geoffrey St，Port Louis）申请签证延期3个月。你必须提交一张表格、两张护照尺寸证件照、护照、入境机票和财产证明。同时，你还需要出具两封信件——一封需要你自己书写并解释你需要申请签证延期的原因，另一封需要由你当地的"保证人"书写（可以是给你提供住宿的人或机构）。如果你能出具上述材料，那基本不会有什么问题。但是由于不少游客在签证过期后滞留毛里求斯，所以有时候移民局也会比较严格。

保险

一份可以覆盖偷盗、丢失和医疗的旅行保险是必要的。有些保险会特别排除一些危险活动，如水肺潜水、摩托车骑行甚至徒步。一定要注意仔细阅读条款中的小字，确保保险政策涵盖救护车以及紧急情况下回国的机票费用。如果你有潜水计划，我们强烈推荐你从DAN（www.diversalertnetwork.org）购买潜水专用保险。

目前国内比较大的境外旅行保险公司有**美亚保险**（☎400 8857857；⏲周一至周五 9:00~17:30；http://www.aigdirect.com.cn/home_3664_451371.html）、**中德安联保险**（☎400 8883636；http://www.allianz.com.cn/）以及**平安保险**（☎400 8895512；http://baoxian.pingan.com/）等。保险费用50元/份起，根据金额和覆盖范围有所不同。可登录上述网站了解和选择适合自己的旅游险种。

你也可以在www.lonelyplanet.com/travel_services上查看国际旅游保险。你可以随时购买、延期或者索赔，即使你已经在路上了。

货币

毛里求斯的货币单位是毛里求斯卢比（Rs），等于100分（¢）。这里有5、20和50分，以及1、5和10毛里求斯卢比的硬币。纸币面额包括25、50、100、200、500、1000和2000毛里求斯卢比。虽然卢比是毛里求斯的货币，几乎所有别墅、客栈和酒店（和不少酒店附属的高端餐馆）还会使用欧元标注价格，因为卢比价格的市场波动比较大。因此，在这些地方，支付欧元也是可以的（有些地方甚至要求你支付欧元）。

毛里求斯不能直接兑换人民币，你需要在国内换好美元或者欧元（有一些小额零钱会比较方便，不用换很多，银联卡提现的汇率会更好些），到了当地再换成毛里求斯卢比。

自动柜员机

毛里求斯到处都是自动柜员机，罗德里格斯岛上也随处可见，所以取钱相当方便。一般你可以在银行外面找到自动柜员机，机场、大型超市和商场也会设置。大部分机器接受维萨卡（Visa）和万事达卡（MasterCard），以及Cirrus and Plus系统的其他类似银行卡，因为美国运通（Amex）和毛里求斯商业银行（MCB）之间有商业合作。但要注意，银行手续费有时候可能会很高，所以在前往毛里求斯之前请向你本国的银行咨询。

国内日常使用的银联卡可以在境外带有银联标志的商户直接使用，刷卡消费可直接以人民币结算，省去一笔货币转换费——付款时请一定向收银员强调走银联通道。毛里求斯商业银行是毛里求斯最大的银行，已与中国银联合作，并开通了上千家商户。该行境内的自动柜员机上可以受理银联卡。银联商户主要分布在机场、风景名胜区、纪念品商店、酒店、餐厅等。

发卡银行会对银联卡的境外提取现金规定限额（一般为单卡每日累计提取外币等值不超过人民币1万元），并收取一定手续费，详情请查询银行网站。恒丰银行、华夏银行（每天前三笔）、平安银行（每天第一笔）境外取款免手续费，花旗银行在境外花旗自动取款机取款免手续费，它们都深受旅行者欢迎。

信用卡

维萨卡和万事达卡是最通行的卡，美国运通也正在迎头赶上。几乎所有的旅游纪念品店、餐馆和住宿点都可以接受信用卡支付，汽车租赁公司、旅行社等也同样能接受。与旅游业不相关的商铺还是希望能收取现金。

有些地方会收取额外费用，一般都在总额的3%左右，称为"银行手续费"，尤其是一些价格较低的汽车租赁公司。保险起见，一定要多问。毛里求斯商业银行、巴克莱银行（Barclays）、国家银行和汇丰银行（HSBC）等大部分银行都可以提供信用卡预付现金服务。请记得携带你的护照。

有些租车行以复印信用卡的方式收取租车押金，退车时再把复印件还给你，我们建议你最好不要这样做，因为很容易导致卡片被复制和盗刷。

汇率

当下汇率见www.xe.com。

人民币	CNY1	MUR 5.19
港币	HKD1	MUR 4.60
澳门币	MOP1	MUR 4.43
新台币	TWD1	MUR 1.14
美元	USD1	MUR 35.7
欧元	EUR1	MUR 38.4
英镑	GBP1	MUR 44.76
塞舌尔卢比	SCR1	MUR2.69

货币兑换处

你可以在大型银行、兑换局和大型酒店兑换主要货币，兑现旅行支票。有时，货币兑换局的汇率比银行的更合适，但区别不太大，而且顾客更少。但是储备资金不足之时，许多就会关门，事先并不告知。酒店的汇率一般最不合算，而且还会向旅客收取额外服务费。毛里求斯没有黑市。

一般来说，兑现等额旅行支票会比兑换现金更合算。对于货币兑换，银行不收取手续费。但对于旅行支票，不同的银行政策不同。有些银行，例如，汇丰银行，会收取总额的1%且不低于200毛里求斯卢比的手续费。而毛里求斯商业银行和国家银行收取50毛里求斯卢比，可兑现10张以下支票。兑换货币时请不要忘记携带你的护照。请保存好兑现表，因为你离开时若想把毛里求斯卢比兑换回外国货币，你需要出示兑换表（不过并非所有机场兑换处要求出示）。

小费

在毛里求斯，给小费并不流行，也绝对不是必需。高端酒店和餐馆有时会收取总价10%~15%的费用作为服务费。

许多度假酒店，鼓励给予小费，但是多数希望你能投钱进入"小费箱"作为一揽子小费，一般设在接待处，而非给予各个员工小费。

使领馆

中国驻毛里求斯共和国大使馆（☎467 4600，传真464 6012，454 9111；www.ambchine.mu/chn；Royal Road，Belle Rose，Rose Hill；⏲周一至周五8:30~12:00和14:30~17:00）

海关条例

在毛里求斯，年满16岁的游客可以携带200支香烟或250克烟草、1升烈酒、2升红酒、麦芽酒或啤酒、250毫升淡香水，以及不超过100毫升的香水。

对于食品、植物以及动物，需要出示许可证方可携带入境。其他禁止或限制携带的物品包括捕鱼枪，以及象牙、贝壳、海龟甲等《濒临绝种野生动植物国际贸易公约》（*Convention on International Trade in Endangered Species*，CITES）

实用信息

➡ **电源** 220伏、50赫兹交流电；英式三脚插座和欧式两脚插座都很常见，有时同一房间采用以上两种——所以准备两种插头。

➡ **报纸** 法语报刊*L'Express*（www.lexpress.mu）和*Le Mauricien*（www.lemauricien.com）；英语周刊*News on Sunday*和*the Mauritius Times*（www.mauritiustimes.com）。

➡ **广播** 当地大量商业电台均使用克里奥尔语和印度语广播，你还可以在此收听BBC世界服务（BBC World Service）及美国之声（Voice of America）。最受欢迎的电台包括Kool FM 89.3 Mhz和Taal FM 94.0 Mhz。

➡ **吸烟** 室内公共场所以及公共交通工具之上禁止吸烟；室外餐馆、海滩、一些酒店客房以及一些工作场所，可以吸烟。趋势走向禁烟，所以政策可能越来越严。

➡ **电视** 毛里求斯国家广播公司（Mauritius Broadcasting Corporation，简称MBC）经营的3个免费电视频道MBC1、MBC2和MBC3，以及其他许多收费频道。节目语言一般为克里奥尔语，但少量国外引进的节目会使用法语、英语和印地语。

➡ **度量衡** 毛里求斯使用公制。

禁止材料的制品。当你离开毛里求斯时，携带上述物品出境也是违法行为。

旅游信息

尽管到毛里求斯自由行的旅客肯定是少数，但有两家公司专注于为这种类型的旅客提供服务。它们在机场都设有柜台，可以为你提供酒店预订服务（尽管这种情况很少，因为鲜有游客不提前预订住宿就来毛里求斯）、常用旅游地图和岛屿相关基本信息。

毛里求斯电信的24小时电话服务也十分实用：**旅游信息**（Tourist Info；☎152）。在白天或是夜间的任何时候，你可以拨打电话，服务人员会使用英语，且乐于帮你解决问题。

毛里求斯旅游促进局（MTPA；☎208 6397；www.tourism-mauritius.mu）是负责向国外市场推广毛里求斯旅游资源的国营机构，在全岛各处设有服务亭，但说实话，在高峰时段，许多服务亭内没有工作人员，好不容易找到了有工作人员的服务亭，他们给我们的地图却是过时的，能提供的实用信息也十分有限。你最好还是咨询旅行社、酒店工作人员，或者其他习惯旅客提问的人吧。

毛里求斯酒店餐馆协会（Association des Hôteliers et Restaurateurs de l' Île Maurice ☎637 3782；www.mauritiustourism.org）是高质量酒店、客栈及餐馆组成的协会。协会正开始提供客栈加机票的打包服务，旨在使旅客获得本土体验的同时还可以享受优惠的机票价格。欲知详情，请登录该协会网站。

活动

你可能认为毛里求斯就是海滩而已，事实上，到了水中，可以开展各种活动，例如，潜水、浮潜和风筝冲浪，还有皮划艇、深海垂钓以及立式滑水。离开水边，还能进行远足、骑马以及世界顶级的高尔夫。

双体船和游艇

双体船一日游是毛里求斯最受欢迎的活动之一，年复一年，这些旅程更加精彩。每天都有成百上千的游客登上游船近距离欣赏蔚蓝的潟湖、波涛汹涌的大海，或停靠在近海小岛和浅珊瑚礁上游览。大部分这种远足游都包含烧烤午餐以及/或预留浮潜时间。

最浪漫的莫过于许多运营商都提供的日落游船。如果你想寻找更为传统的体验，你会发现许多马埃堡及周边海滩的渔民把他们的渔船改造成了小型休闲游艇。大部分行程会包含自助午餐、酒水和浮潜费用。切记在选定一艘游船前货比三家，有些双体船并没有可以停靠岛屿的执照。大部分游船可以通过旅行社和酒店预订。请登录www.catamarancruisesmauritius.com获得更多信息。

一些受欢迎的行程包括：

塞尔夫岛（见131页）——一座位于东海岸且紧邻托舵道斯的迷人岛屿。你还可以从马埃堡以及其他地方出发前往这里。塞尔夫岛行程是晕船人士的不错选择，因为船只全程都在宁静的潟湖上行驶。

加布里埃尔岛和普拉特岛（见76页）——大海湾是游船活动另外一个主要集散中心，几十艘游船会朝着这两座位于北部的小岛前行。我们比较推荐这条路线，因为这两座小岛的礁石很原始，海滩更安静，而且由于竞争者众多，所以价格上涨得不太明显。

贝尼提耶岛（见108页）——位于岛屿西侧，这条线路十分受欢迎，可以安排半日游或者一日游，还有机会观赏到海豚。

高尔夫

一座岛屿天堂如果没有几处世界级的高尔夫球场绝对是不完整的，毛里求斯就有一些非常不错的，其中许多位于五星级度假村。

以下就是我们最爱的球场：

- Four Seasons Resort at Anahita（见129页），托舵道斯附近——Ernie Els设计的球场。
- 塞尔夫岛高尔夫俱乐部（见131页），托舵道斯——位于田园牧歌的塞尔夫岛；伯纳德·兰格设计的球场。
- 圣杰兰（见133页），弗拉克角——位于东海岸。

> **徒步：警示标识**
>
> 一般来说，在徒步的过程中，你要留意类似“Entrée Interdit”（禁止进入）这样的标识，因为这样的标识意味着你已经进入了狩猎区。“Chemin Privée”（私人路段）标识通常是针对驾驶者的，大多数土地的主人不会刻意针对奇怪的路人。如果你不确定是否应该在某个地方行走，最好询问一下。

- Tamarina Golf, Spa & Beach Club（见95页），塔马兰海湾——位于西海岸，气势恢宏的综合球场。
- 贝隆·布尔山庄（见123页），贝隆·布尔——位于南海岸，设施维护良好。
- 毛里求斯金卡纳俱乐部（见62页），瓦克阿斯——论及存在历史，全球排名第四，印度洋上排名第一的球场。

徒步

对于那些有兴趣尝试普通海滩活动之外的项目的人，毛里求斯还提供了一些有吸引力的徒步活动。最佳徒步路线在西部和中部高原。

去哪儿徒步

虽然我们没有进行这项徒步，但是当地人向我们保证说，可以徒步穿越整个南海岸，从蓝色海湾直到苏亚克。

徒步的区域大多数在中部高原和海岸平原的交界线上。毛里求斯岛东南部的大部分区域都有穿越岛上最古老森林的魅力步行小道。

然而，我们最爱的毛里求斯徒步路线如下：

- Macchabée Trail（见103页），黑河谷国家公园
- Parakeet Trail（见103页），黑河谷国家公园
- 莫尔纳山（见107页），莫尔纳山半岛
- 勒普什山和警卫室山（见60页），中部高原
- 里恩山（见121页），毛里求斯东南部

网络资源

Fitsy（www.fitsy.com）为独自出游的徒步者提供了难以置信的丰富资源，提供了详细的GPS信息和卫星图片，为徒步者勾勒出每条步道。不过，我们建议你在毛里求斯岛上的任何一条主要步道徒步时雇用一个向导。这样做不仅仅是为了保证你一直在正确的步道上行进，一个知识渊博的向导也可以提供相当宝贵的关于当地植物群和动物群的知识。

徒步经营者

岛上共有四家主要户外运动经营者。除此，向你下榻酒店询问徒步向导事宜。

- Yemaya（见99页）徒步路线穿越黑河谷国家公园。
- Yanature（见107页）唯一有权组织登上莫尔纳山旅程的公司。
- Vertical World（见103页）徒步线路穿越黑河谷国家公园以及西部其他地方。
- Otélair（见103页）徒步线路穿越黑河谷国家公园。

骑马

毛里求斯有一些非常适宜骑马的荒芜乡村，有大量的马场。你能够在西边找到一些牧场；南边有一处很有趣的农场；北边也有一些场地。一些可供选择的场地包括：

- La Vieille Cheminée（见99页），夏马尔
- Les Écuries du Domaine（见60页），帕里斯
- Horse Riding Delights（见67页），蒙舒瓦西
- 莱图瓦勒山庄（见121页），毛里求斯东南部
- Haras du Morne（见107页），莫尔纳山半岛

风筝冲浪和帆板运动

风筝冲浪和帆板运动在过去的10年呈跨越式的增长，你会发现在莫尔纳山附近的西南海岸云集着上百冲浪者，罗德里格斯岛是另一个逐渐被风筝冲浪运动者喜爱的地方；这片岛屿举办罗德里格斯岛国际风筝冲浪节，时间为6月末或7月初。

我们首选的风筝冲浪和帆板运动地点：

- 莫尔纳山（见107页）海角以南适合专业人士、以西风筝潟湖适合初学者；出色的风筝冲浪学校。
- 罗德里格斯岛（见179页）两所出色的风筝冲浪学校，还有罗德里格斯岛国际风筝冲浪节。
- 马勒勒角（见82页）位于北部；拥有一所非常知名的风筝冲浪学校。

冲浪

塔马兰西海岸原来有一个小景点，由澳大利亚和南非的冲浪者们在20世纪70年代建立（那部关于冲浪的电影*The Forgotten Island of Santosha*就是在这里制作的），但是在20世纪80年代时被海浪摧毁了。

现如今，塔马兰附近的亮点包含了由当地和

网上预订

了解更多Lonely Planet作者的推荐，请登录hotels.lonelyplanet.com。你可以找到完全客观的推荐意见，包括最佳住宿地点。最好的一点是，你还可以在线预订。

留尼汪的冲浪者形成的小团体。你可以随时加入正在进行的活动，并从塔马兰当地那些老牌机构租赁冲浪板，如Tamarin Hotel（见95页）。

现在莫尔纳山（见107页）已经成了冲浪的最佳去处，它的冲浪季节一般始于7月初。独眼（One Eye）被认为是毛里求斯终极冲浪地点。据说这样命名是因为当冲浪者到达海上最佳位置、抓住完美波浪之时，就会看到莫尔纳山岩石上有一个小孔（或者眼睛）。

营业时间

以下只是通常营业时间。较大海边度假城镇的商店一般营业时间更长，而罗德里格斯岛的商店和办公场所一般要比以下所述更早关门。

银行 周一至周五 9:00~15:15（大海湾和佛力克昂佛勒克等游客聚集地的银行，营业时间会延长）

政府机关 周一至周五 9:00~16:00，周六 9:00至中午（宗教节日和公共假期期间关闭）

邮局 周一至周五 8:15~16:00，周六 8:15~11:45（最后45分钟只提供邮票销售服务；工作日，许多门店在午餐时段11:15至中午歇业）

餐馆 中午至15:00和19:00~22:00；很多餐馆周日歇业

商店 周一至周五 9:00~17:00，周六 8:00至中午；周四许多商店13:00左右歇业

节假日

新年（New Year）1月1日和2日

扎针节（Thaipoosam Cavadee）1月/2月

中国春节（Chinese Spring Festival）1月/2月

奴隶制废除日（Abolition of Slavery）2月1日

湿婆神节（Maha Shivaratri）2月/3月

印度新年（Ougadi）3月/4月

国庆节（National Day）3月12日

劳动节（Labour Day）5月1日

圣母升天日（Assumption of the Blessed Virgin Mary）8月15日

甘尼许节（Ganesh Chaturti）8月/9月

排灯节（Dipavali）10月/11月

契约工到来日（Arrival of Indentured Labourers）11月2日

开斋节（Eid al-Fitr）11月/12月

圣诞节（Christmas Day）12月25日

住宿

毛里求斯岛的住宿选择很多，主要包括三种

> **住宿价格范围**
>
> 以下价格范围是指带浴室双人间。如果未加特别说明，价格不含早餐。
>
> **€** 低于75欧元（大约3000毛里求斯卢比）
>
> **€€** 75~150欧元（3000~6000毛里求斯卢比）
>
> **€€€** 高于150欧元（6000毛里求斯卢比）

类型：包含全套设施的度假屋出租、当地人经营的客栈和大型酒店及度假村。

旅行季节

一般来说，旅行旺季为10月到次年3月，主要集中在欧洲冬季的几个月份。在每年12月底到次年1月初，旅行价格飞涨。旅行淡季，旅行者可以预见价格的下跌（5月到9月），也称为“绿色季节”。

公寓和别墅

在毛里求斯租一个度假公寓或别墅是最经济的选择了，尤其是当有多人同行的时候。这里有成百上千的住宿可供选择，从小面积公寓到适合电影明星享受的海边豪宅，应有尽有。如果你正与家人或朋友出行，租一处高端住宅人均花费只有每晚25欧元，和早期岛上的青年旅舍价格差不多。但是要记住，即使租房整体的性价比较高，事实上还是一分钱一分货的，房价并不包括餐食。

大部分住处均为私人所有，并由代理公司负责管理临时租用事宜。可供选择的很多，除了少许低端的住宿点外，都会让你感受到宾至如归的服务，甚至还提供每日清洁服务。房内有设施齐全的厨房、空调，代理商还可提供门房服务（请提前确认）。

几家较大的代理：

- Idyllic Villas（见133页）
- CG Villas（见134页）
- Jet-7（见91页）
- EasyRent（见133页）

客栈和民宿

如果你想在岛上寻找有别于“全包式”的住宿体验，你可以试试毛里求斯的客栈和民宿。这类住宿由当地人经营——多数情况下为家庭经营，他们

对待客人通常十分热情。你可以体验真正的毛里求斯。事实上，住在民宿，你有时还有机会和主人一起进餐，就是私房菜，这种经历十分难得。

过去几年，政府开始对所有旅游业相关的房产强制实施管理政策。例如，所有业主需要对应急按钮和24小时安保服务缴费，业主不得不上调房价（有时会超过经济型的价位）来弥补这一部分费用。因此，岛上的民宿开始面临威胁，尤其在经济衰退时期，许多提供"全包式"服务的度假村开始提供"可议价格"来吸引游客。如今，岛上有越来越多的住宿点承诺提供"本土化的体验"。在德斯尼角，你可以找到很多这样的住处，在罗德里格斯岛，民宿尤其受欢迎。

酒店和度假村

Rounding out the sleeping circuit是毛里求斯最著名的住宿品牌，这种梦幻般的度假胜地会出现在杂志或电视的信用卡广告里。即使在全球经济衰退时期，这种奢华的酒店还是如雨后春笋般拔地而起。

毛里求斯主要有两种类型的酒店：海岸奢侈度假村和老式且急需翻新的中等价位酒店。但是我们并不推荐后者，因为许多高端酒店都会提供假日优惠与老式酒店竞争，而且许多客栈（一般都更便宜）的设施维护更好。

高档酒店分为三星、四星以及五星。三星酒店绝对已经能够满足你的需求了，五星酒店的价格对许多游客来说太高。建议你提前向旅行社咨询机票加酒店的打包套餐。事实上，你不应该以市场价预订高端酒店，因为旅行社的价格会更低。如果你打算过一个奢侈的假期，酒店价格最低每人每晚150欧元起（含半餐），并急速攀升至1000欧元。

地图

虽然毛里求斯主打旅游业，但这里确实缺少一本像样的地图。

最实用的地图就是谷歌卫星地图了。如果你手头没有打印设备，你可以试试**法国国家地理学院**（Institut Géographique Nationale, IGN; www.ign.fr）开发的地图，环球旅行家（Globetrotter）旅行地图也是不错的选择，在当地书店或超市均有售。

除此之外，你还可以找找ELP出版社出版的《毛里求斯和罗德里格斯岛旅游地图》（*Tourist Map of Mauritius & Rodrigues*）——我们在庞波慕斯的Le Village Boutik（见85页）找到了这本书（售价230毛里求斯卢比）。

就餐价格范围

以下价格范围指的是一份标准的主菜。除非另外注明，价格均包含服务费和税费。

€ 低于400毛里求斯卢比

€€ 400~800毛里求斯卢比

€€€ 高于800毛里求斯卢比

邮政

毛里求斯邮政服务通常快捷可靠。一般而言，下班前45分钟，邮递业务停止，这段时间，只出售邮票和信封。

电话

毛里求斯的电话服务还是比较可靠的。事实上，毛里求斯是移动电话服务收费最便宜的国家之一。

国营的**毛里求斯电信**（Mauritius Telecom; www.mauritiustelecom.com）垄断了座机市场，手机服务市场还是相对开放的。

拨打电话至澳大利亚、欧洲或美国收费为每分钟25毛里求斯卢比。非高峰时间（周一至周五22:00至次日6:00，周六至周一 中午至次日6:00）拨打电话花费降低25%。

从外国向毛里求斯拨打电话时候，需要拨打毛里求斯国家代码（☎230），再加7位数的当地号码（除了手机，手机号码是8位，以5开头）。毛里求斯没有地区代码。

手机

毛里求斯和罗德里格斯岛地区的信号很好，手机是十分便捷的沟通工具。事实上，很多毛里求斯人都拥有多部手机。

如果你有一台全球移动通信GSM手机且"未被锁"，可以从**Orange**（☎203 7649; www.orange.mu; Mauritius Telecom Tower, Edith Cavell St, Port Louis）或**Emtel**（☎572 95400; www.emtel.com）买一张SIM卡，可以省下不少钱。初始套餐花费100毛里求斯卢比，包含价值86毛里求斯卢比的话费和20MB流量。你可以在任何地方买到话费充值卡。购买SIM卡时，一般需要携带你的护照和保证人的签名。如果不购买本地SIM卡，开通国际漫游的手机也可以在毛里求斯通话、上网，具体资费标准请查询各大运营商网站。

本地通话收费一般为每分钟1.20或3.60毛里求斯卢比，取决于你是否拨打给同一网络的用户。若拨打国际电话，在标准毛里求斯电信话费基础上会再收取几卢比的费用，打到中国每分钟约8毛里求斯卢比。

购买SIM卡套餐，即使只给家里拨打一个电话，也比单独购买一张当地电话卡要合算得多。不过使用iPhone的旅行者需要注意，当地暂时还没有小卡出售。

上网

大部分城镇都至少有一个网吧，大部分度假村、酒店及客栈也提供上网服务。无线上网正在逐渐普及，但大部分无线上网服务都仅限于在公共场所使用，有些住处会在客房内提供无线上网服务。

时间

毛里求斯时间为格林尼治标准时间加4小时，包括本土和罗德里格斯岛地区，与北京时间相差4小时。路易港中午时分，北京时间为16:00。毛里求斯没有夏令时，因为地处赤道附近，一年四季日出日落时间相差不大。

厕所

毛里求斯绝大多数厕所（至少那些你可能用到的）都是坐便器而非蹲便器。

很多免费公厕靠近海滩；如厕之时，你会发现多数厕所定时打扫、整洁干净。

旅行安全

参加任何冒险运动之时，都要注意安全，确保保险条款覆盖意外情况。来此你将面临的最大烦恼可能都是环境方面的（如蚊子、晒伤或偶尔的胃部不适）。

印度洋是一片温暖的热带海洋，所以你需要注意一些水底危险物。幸运的是，很少有游客受到严重的伤害，最多就是珊瑚虫割伤（一般十分疼痛）。

椰子

躺在椰子树下看上去十分惬意，但是确实因此发生过一些悲剧。所以当你在椰子树下走的时候请小心，千万不要躺在（也不要把你的车停在）椰子树下。

龙卷风

毛里求斯位于龙卷风带。大部分龙卷风出现在12月（更可能是1月）到次年3月之间，偶尔会出现在4月末。尽管直接伤害并不常见，但几公里之外的暴风雨能带来强风。多数酒店和其他住宿地点设有应对措施（如防范禁闭和灵活就餐方案）以便应对危险。

一旦监测到气旋，警告系统会告知人们危险等级。毛里求斯共有4个警告等级。收音机和电视机都会播放警告并发布定期公告。想了解现在的警告请登录metservice.intnet.mu。

偷盗

毛里求斯很少发生窃案，即使这样，还是需要防范。

在度假村以外的地方，小偷和非法闯入行为是非常常见的。小偷常出没的地方包括海边和塞尔夫岛。最好的防范方法就是不要携带贵重物品到海滩——千万不要将你的物品放在一个地方无人看管，以免引起小偷注意。

在市场等拥挤的地方一定要格外小心，避免将贵重物品随意搭在肩膀上。乘坐公共交通工具旅行时，随身放置你的物品。

租车时，最好不要将任何贵重物品放在车上。如果没有别的选择，请将所有东西藏在外人看不到的地方。有可能的话，请将车停在安全的停车场或至少是繁忙的地方——千万不要把车停在隐蔽的地方，尤其在夜间。

不要将重要文件、现金和贵重物品放在房间显眼处。大部分酒店在客房内都设有保险箱供你使用。如果没有的话，你可以将贵重物品保存在前台保险箱内，并索要收据。大部分酒店都是可靠的，但是为了确保万无一失，请把你的物品打包在一个体积较小、双拉链且可挂锁的行李袋内，或者将所有文件放在一个大信封内并使用签名印章密封，任何人若打开都会有痕迹。请清点现金和旅行支票再交给前台保险柜，取回时请再次清点确认没有丢失。

如果你发现有物品失窃，请向警察报案。重新找回的机会虽然很渺茫，但是如果你想得到保险公司赔偿的话，必须出具你已向警察报案的声明。

法律事宜

外国人在当地旅游时应当遵循当地法律，不会因其游客身份受到任何特殊待遇。如果你陷入法律纠纷，请联系大使馆。

一般情况下，你不用害怕警察，因为毛里求斯的警察很少会骚扰外国人。如果你上前寻求帮助，他们十分礼貌。开车时使用手机肯定会被警察拦下来，如果遇到类似的小麻烦，表明你是游客，对当地情况不了解，一般都会轻易脱身（讲英语更有帮助）。

儿童

带孩子来毛里求斯没有什么问题。考虑到孩子们的喜好，这里推荐几本不错的英语卡通连环画（由当地出版社Editions Vizavi Ltd出版），作者是Henry Koombes，包括*In Dodoland*、*SOS Shark*和*Meli-Melo in the Molasses*。

想了解更多信息，请见Lonely Planet的《带孩子旅行》。

实用信息

大部门高端酒店都有专门的儿童设施（如儿童乐园），或者专供儿童嬉戏的小型儿童游乐场。许多高档酒店还提供保姆服务。租赁别墅让全家出游变得更加便捷。许多酒店甚至民宿都提供家庭房。多数酒店提供轻便小床，尽管数量有限，所以预订之时记得要求一个，并且抵达之前几个星期提醒他们一下。

记着，一些高端度假村对外宣称“只接待成人”。这种做法相比那些只接待蜜月情侣或者浪漫旅程顾客的酒店和度假村而言，真的不算什么。换句话讲，就是不欢迎儿童。如果你正通过网络预订，选项里没有添加儿童，那么可能就是不接待儿童。

一次性尿布可于各个超市购买，大多租车公司提供各种儿童安全座椅，不过数量有限（公司越小，可选范围越小）。餐馆和其他公共场合几乎没有婴儿间。在公共场合喂奶不太合适（酒店或者度假村内一般可以）。不过，只要谨慎小心，不太可能感到难堪。

最适合儿童的景点

除了海滩以外，毛里求斯还有许多适合家庭一日游的好去处。但要知道的是，有些活动是有最低年龄要求的——在告诉孩子之前，请提前电话咨询或者登录相关网站查询。我们最推荐的适合携带孩子出游的景点包括：

- 凡尼尔（见124页），Rivière des Anguilles
- 白鹭岛（见116页），德斯尼角
- 浮潜，任何地方……
- 卡塞拉自然探险公园（见89页），佛力克昂佛勒克
- 毛里求斯水族馆（见66页），皮蒙特角

残障旅行者

毛里求斯为行动不便的旅客提供了较为便捷的服务。现代建筑均含有符合国际标准的残障设施，但公共卫生间、人行道和电梯内此类设备并不十分完善。大部分高端酒店均提供轮椅、电梯，一些客房设有特殊配备的卫生间。在大型酒店配有足够的工作人员可以提供帮助，如果你要出去远足或者乘船旅行，你还可以雇用一个助手与你同行。还有一点，一些马房、潜水中心和运动运营商可以为残障旅行者提供定制化服务。

所有公共交通均不能提供轮椅服务。所有使用轮椅的人必须依靠私人交通工具出行。

同性恋旅行者

毛里求斯对同性恋的态度是矛盾的。一方面，大部分毛里求斯人是年轻的进步分子，男女同性恋均受法律保护、不受歧视，宪法保护个人隐私，而且，毛里求斯已经签署《联合国性取向和性别认同宣言》（*UN Declaration on Sexual Orientation and Gender Identity*）。但是同时，同性性行为是违法的，毛里求斯人骨子里还是有一丝保守。

鉴于后者，同性恋的生活还是比较隐晦的，主要出现于网络、私下以及特殊场合的派对上。在本书撰写时，岛上还没有同性恋酒吧或俱乐部，但有通过短信形式组织的月度地下俱乐部之夜。靠近塔马兰的La Mariposa（见95页）是我们发现唯一一处对外宣称接受同性恋的地方。

同性恋游客在这里没有什么好担心的。我们也从来没有听说过由于同性伴侣在度假期间同住一间房而产生过任何问题。但是请注意尽量避免在酒店之外的地方过分亲昵，要知道，你认为可能十分正常的行为在这里不一定得到同样的认可。

女性旅行者

在毛里求斯，女性不会有太大的危险，独自旅行并不会感到不自在。但是，还是请尽量避免在树木茂密的森林小径独自散步，或深夜在度假村外游荡，尤其不要去灯光昏暗或者没有路灯的地方。路易港就是一个例子，天黑之后千万不要在此地游荡，尤其不要靠近康帕尼花园（因为这里是皮条客和吸毒者会集的地方）；科当水门一直是个例外，任何时候都是人头攒动的。

志愿服务

毛里求斯没有太多志愿服务机会，但是野生动植物和海洋保护区有一些。可以通过**毛里求斯野生动植物基金会**（Mauritian Wildlife Foundation，简称MWF；见58页地图；☎697 6117；www.mauritian-wildlife.org；Grannum Rd, Vacoas；⏲周一至周五 9:00~17:00）申请为期6个月的志愿服务，**Working Abroad**（www.workingabroad.com）以及其他机构可以安排前往珊瑚礁保护区进行1周至6个月不等的志愿服务。

工作

毛里求斯少有游客工作机会。不过也有例外，比如经验丰富潜水者可在毛里求斯的潜水中心就职，亦有游艇船上工作（通常没有报酬）。对于后者，可以咨询科当水门的码头或者黑河的拉·巴里斯·玛里纳（见94页）。

到达和离开

进入毛里求斯

进入毛里求斯通常不太麻烦，因为对于许多国家公民，无须签证。如有海关检查，通常也很简单快捷。

飞机

毛里求斯有直达航班前往澳洲、亚洲、中东、非洲和欧洲。去往其他地方，或许需要从南非、中东或者欧洲转机。

机场和航空公司

毛里求斯本土唯一的机场就是希乌萨古尔·兰姆古兰爵士国际机场（见58页）。

目前国内北京、上海、香港三个城市有直飞毛里求斯的航班。

毛里求斯航空（www.airmauritius.com）是国家航空公司。它有很好的安全记录，还有不错的国际网络。

海路

毛里求斯船运公司（Mauritius Shipping Corporation；见174页地图；☎831 0640；www.mauritiusshipping.net；Rue François Leguat；⏲周一至周五 8:15~15:00，周六 至11:00）提供远程游轮服务，每周至少在留尼汪和毛里求斯之间往返一次。我们还未遇到一位通过这种方式到达或者离开毛里求斯的游客，但是这种方式确实存在。

当地交通

毛里求斯的当地交通比较方便。但是为了节省时间，租车自驾能够在90分钟以内从岛上一处到达其他任何地方。如果你正处于这种奇怪旅程之中，可以考虑当天租辆出租车。双体船是前往离岸岛屿的完美工具。除此之外，还有慢速但是可信的公交网络连接多数城镇。

飞机

唯一国内定期航班就是毛里求斯内陆的希乌萨古尔·兰姆古兰爵士国际机场（见58页）和**加埃唐·杜瓦尔爵士机场**（Sir Gaetan Duval Airport，Plaine Corail Airport；见171页地图；☎832 7888；www.airportofrodrigues.com）之间的航班。这条航线每天至少往返两趟航班，由毛里求斯航空运营，飞行时间大概1.5小时。这趟航班深受青睐，所以一定尽早提前预订。

毛里求斯航空同时还提供从SSR国际机场到主要酒店的直升机游服务。到岛上的任意一家酒店，花费23,000毛里求斯卢比，1小时全岛游花费37,000毛里求斯卢比，且最多搭乘2名乘客；15分钟短途游花费15,000毛里求斯卢比。欲知详情或订座，请联系**毛里求斯航空直升机服务**（Air Mauritius Helicopter Services；☎603 3754；www.airmauritius.com/helicopter.htm），或让你的酒店为你安排行程。

自行车

在毛里求斯，自行车并不是实用的长途交通工具——因为这里交通十分拥堵，司机根本不会照顾骑自行车的人——但是骑自行车进行海边短

> **抵达毛里求斯**
>
> 往返路易港或居尔皮普和马埃堡之间的长途汽车还算稳定，途经希乌萨古尔·兰姆古兰爵士国际机场，从到达大厅外接驳乘客；如果没有等到这趟车，就到楼上出发大厅。要去其他地方，就得在这三个城市其中一个倒车。多数游客搭乘出租车前往目的地——到达大厅设有出租车服务台，价格固定。费用约为：前往路易港1500毛里求斯卢比，前往马埃堡500毛里求斯卢比，前往大海湾2000毛里求斯卢比。

途游是不错的。因为海边地势平坦，你一定会惊叹自己一天竟然骑了那么远的路。相对于内陆来说，海边通常（并非一定）更加安静一些。

一般来说，路况都不错，但在乡间小路上，尤其在岛的西部骑行，要注意坑洼地段。请避免夜间在任何地方骑行，因为大部分道路夜间灯光都很昏暗。

大部分酒店和客栈都能为你安排自行车租赁（一般为山地自行车）。虽然很多住宿点会免费提供自行车给住客，但如果你的住宿点不提供该服务的话，每天250毛里求斯卢比就可以租到一辆质量上乘的自行车了。一般你需要支付5000毛里求斯卢比的押金，你可以选择现金支付或者复印你的信用卡。大部分自行车的状况都不错，但是在出发前请仔细检查刹车、变速器和踏板（有些踩上去很不舒服）。所有自行车都配有一把锁；要记住使用这把锁，尤其是当你要把你的车停在海边或者商店外的时候。

船

许多私人运营商提供前往沿海岛屿的游艇游，或者浮潜和钓鱼的短途游。通常都是双体船，也有快速游艇之旅。了解前者信息，登录www.catamarancruisesmauritius.com。

除此之外，M/V Anna以及M/S Mauritius Trochetia这两艘游轮，每月组织2~4次客运服务，往返于路易港（毛里求斯）和马蒂兰港（罗德里格斯岛）。行程一般持续将近36小时。船上客房共分四等，从二等舱到豪华房。船班由毛里求斯船运公司运营（见157页）。

长途汽车

长途汽车旅行经济又有趣——你可以和当地人聊天，虽然你不能自己开车驰骋，但这却是一个便捷可靠的出行方式。毛里求斯没有全国范围的长途汽车服务。这里有几家大型的地区性长途汽车公司和大量个体经营公司。

长途汽车一般都是满载的，尤其是在主线路上。但是每一站上下车的乘客都较多。如果你上车时是站着的，下车时一般都会是坐着的。

要注意，携带大件行李箱和背包上车时，如果行李需要额外占座，你很有可能需要为其付费。少数游客在携带大件行李搭乘满载长途汽车时曾被拒绝上车，虽然这种情况不太发生。

在任何情况下，最好选择直达车，因为普通的长途汽车几乎每开几米就要停靠一下，需要多花1倍的时间才能到达同样的目的地。乘坐普通长途汽车从马埃堡到居尔皮普需要1小时，从居尔皮普到路易港需要1小时，从路易港到大海湾同样需要1小时。

长途汽车一般是单层的，有十分酷炫的名字，如“公路勇士”（Road Warrior）“坏男孩”（Bad Boys）和“街道统治者”（The Street Ruler）等。开着这种名字响亮的汽车，有些司机也做起了F1赛车手的美梦，这也不难理解。幸运的是，频繁的停车让速度不至于太快。长途汽车的失修状态不一，但总体都在升级。

时间表

目前没有已发布的时间表。当地人就是最好咨询资源，他们可以帮你找到一个地方到另一个地方最方便的方法。

长途汽车的运营时间为6:00~18:30，但往返于路易港和居尔皮普之间的长途汽车运营到23:00。一般情况下，主要线路上的车每隔15分钟左右发车一次，直达车发车量稍少一些。乡村地区的长途汽车很少，而且发车间隔很久。

票价

短程票价15毛里求斯卢比起，最高是路易港至马埃堡的全程票价，为38毛里求斯卢比。空调直达车可能会贵上几个卢比。你可以从售票员或行李搬运工（售票员的“助手”）处购买车票；请记得随身携带零钱。请保管好你的车票，因为检票员经常会上车查票，如需下车请按铃。无法提前订票。

小汽车和摩托车

在毛里求斯和罗德里格斯岛，最方便快捷的出游方式就是租车。由于租车游客人数众多，价格偏高，但是如果租用时间超过一个星期，你应该可以享受优惠价格。

租车

想要租车，一般情况下，司机需要年满23岁（有些公司只要求最低年龄为21岁），且持有驾照至少一年，租车费用一般提前支付。你可以通过信用卡（维萨卡和万事达卡最为常用）支付，小型公司对信用卡支付还会收取3%的“手续费”。原则上，所有外国人需要持有国际驾照。但是很少有租车公司对此有强制要求，但是最安全的方法还是带一本以防警察要求你出示。

当地运营商提供的最小的掀背式小客车收

费大约为每天1000毛里求斯卢比(包含保险和无限制里程),国际连锁的专业机构收费为每天1200毛里求斯卢比或者更多,有时候价格甚至会攀至每天1600毛里求斯卢比起。除此之外,你还需要支付押金,一般为15,000毛里求斯卢比,可以退;大部分公司会复印你的信用卡来取代押金支付。如果出现事故,警察会明确指出赔偿的最初的15,000毛里求斯卢比需要由司机来支付,不过范围更广的保险有时可以应对额外的赔偿金额。

虽然岛上有很多运营商,但是旅游旺季(欧洲冬季假期)最好提前预订。以下的汽车租赁公司在机场有柜台,或者可以将车直接开到机场给你。

ABC(☎216 8889; www.abc-carrental.com; 3B, SSR International Airport)

Avis(☎405 5200; www.avismauritius.com; 4B, SSR International Airport)

Budget(☎467 9700; www.budget.com.mu; 1A, SSR International Airport)

Claire & Sailesh Ltd(☎631 4625, 5754 6451; www.clairesaileshltd.com)

Europcar(☎637 3240; www.europcar.com; 3A, SSR International Airport)

Hertz(☎670 4301, 604 3021; www.hertz.com; 17A, SSR International Airport)

Kevtrav Ltd(☎465 4458; www.kevtrav.com; St Jean Rd, Quatre Bornes)

Ropsen(☎451 5763; www.ropsen.net; Royal Rd)

Sixt(☎427 1111; www.sixt.com; 7B, SSR International Airport)

摩托车租赁

这里只有几家提供摩托车租赁服务的公司,这其实很遗憾,因为骑摩托车是游览静谧海岸公路的很好方式——尤其是在交通十分自由的罗德里格斯岛。你偶尔能找到125cc型号的车,大部分车都是100cc或更小排量的。在这里,小型摩托车被称为scooter。

提供摩托车租赁服务的城镇包括大海湾、佛力克昂佛勒克、马埃堡和马蒂兰港。最好的方式是询问你酒店的工作人员。你要知道大部分摩托车租赁都是"非正式的",所以如果出现事故将不能得到保险公司的赔偿。

停车

在毛里求斯大部分地区,停车都是免费的,不成问题,但是最好不要将你的车停在一个隐蔽的地点。

在市内停车是收费的。在路易港有指定的停车区域,在其他地方你则需要将车停靠在街道边,大部分城镇里是需要购买停车券的——如果你不是很清楚可以询问当地人。你可以在加油站购买,10张券50毛里求斯卢比起,每张券可供停车30分钟。这种券全岛通用。一般情况下,夜间及周末时间,将车停在街道上是免费的;但每个城镇的确切时间会有一定区别,标识牌上有注明。

路况和危险

多数道路状况不错,虽然需要注意坑坑洼洼和没有明显标记提醒的减速带。首次来到毛里求斯驾车的司机需要注意,除了连接机场和大海湾的高速公路(虽有转盘),许多公路可能很窄。这些公路一般情况下还行,但是如果考虑到汽车、卡车、骑行者这些因素,那么有点危险。最好办法就是尽量求稳,小心谨慎。小心提防那些强行超车的车辆。

甚至有时候在高速公路上,你会看到行人悠然自得地穿梭其间。在大部分地区,危险一般都源于其他司机而不是道路。毛里求斯的司机不太会互相体谅,更不用说给摩托车让路了。公交大巴尤其喜欢超车,飞速进站,挡在其他车辆之前让乘客上下车;所以当看到大巴的时候请一定要格外小心。在夜间,你会遇到不按照交通规则开灯的汽

气候变化和旅行

任何使用碳基燃料的交通工具都会产生二氧化碳,这是人为导致气候变化的主要原因。现代交通以飞机为主,耗费燃料以每公里人均计算或许比汽车少,但其行驶的距离却远很多。飞机在高空所排放的气体(包括二氧化碳)和颗粒同样对气候变化造成影响。许多网站提供"碳排量计算器",以便人们估算个人旅行所产生的碳排量,并鼓励人们参与减缓全球变暖的旅行计划,以抵消个人旅行对环境所造成的影响。Lonely Planet会抵消其所有员工和作者旅行所产生的碳排放影响。

车、完全不亮灯的自行车和不注意交通安全的行人。在夜间开车时，如果你感到自己撞上了什么东西，请立即前往最近的警察局。骑摩托车的人还需要关注天气，因为在这里，晴空万里突然下起倾盆大雨的情况是会发生的。

道路规则

当地的汽车司机似乎认为不开车头灯可以省电，当地的警察管理交通的能力也让人担忧，他们更善于指挥行人。路易港交通拥堵情况可能十分严重，大海湾情况稍好。

虽然这里斑马线很多，但是过马路还是要当心。如果你指望司机会遵守文明交通礼仪，或他们会担心保险，那你会被撞倒在地。

汽车靠左行驶，市中心限速30公里/小时，高速公路110公里/小时——限速一般会有标识。尽管如此，很多人还是不遵守限速规定，岛上交通事故频发。高速公路有许多环状交叉路口，试图超过110公里/小时行驶是十分危险的。

司机和乘客都需要系上安全带。由于缺少呼气测醉器，最高酒精限度（法律上为0.5克/升）由警察决定，也许就是一杯啤酒的量。

搭便车

在世界的任何国家，搭便车都不是一件能确保安全的事情，所以我们不推荐。决定搭便车的旅行者应清楚这是冒险行为，虽然概率很小，但可能会导致严重后果。计划搭便车的游客最好结伴出行，并且让你认识的人知道你的行踪。

出租车

毛里求斯的出租车司机众多，有时候甚至你会觉得这里的所有成年男性都是出租车司机。出租车司机会冲着在路易港或大海湾游览的游客喊，询问是否需要服务，或者聚集在酒店门口。上车前谈好价钱是关键——在这里计价器基本上是没用的，如果在上车前你没有讲好价钱，那你很有可能会被痛宰一顿。你在车上的时候，大部分司机都会让你下次继续用他的车；一不小心，你可能就答应下了一个一日全岛游。如果你不感兴趣的话，一定要态度明确地拒绝，因为大部分司机不会轻易放过你的。

许多客栈经理或房主都可以和当地出租车司机协商价格，以此来减少住客被宰的概率。这样谈好的价格一般都可以接受，尤其是通过小客栈与司机协商的；他们也可以安排机场接送服务，价格也比较优惠。当你渐渐了解行情之后，你就可以自己讲价了。你会发现其实每个地方价格都差不多——你可能偶尔可以讲下100~200毛里求斯卢比，但如果你没能和司机谈到你心目中的理想价格，也不要灰心（毕竟他们比你更了解出租车行业）。

夜间出租车收费会略高。如果你想享受舒适的空调，无耻司机可能要求额外付费。需要了解的是有些出租车在等候时间收取每分钟1毛里求斯卢比的费用。这个费用看起来不起眼，但如果你需要停车吃午饭或者徒步观光，加起来就很多了。最好的方法就是和司机商定一个包含等待时间的总价格。

机场设有出租车柜台，提供从机场到任何地方的打车价格。

租用出租车

花费2000毛里求斯卢比左右，你就可以包一辆出租车一天的时间，到海边游玩。若想降低费用，你还可以拼车出行，因为包车价格不会按人数计算。商定价钱和路线之后，如果能以书面形式写下细节会更好。虽然大部分的司机都可以使用法语和英语，但是在出发之前还是确认一下，以免你得忍受一天的沟通障碍。如果你足够幸运的话，你的司机可能是一个非常棒而且见多识广的导游，但要记住，大部分司机带旅客到某些特殊的餐馆、商店或景点是收取佣金的。如果你想按照自己的意愿选择餐馆，那你必须要十分坚持。再次提醒，小客栈一般都能推荐可靠的司机。

共享出租车

为了贴补费用，有些出租车会在这一区域充当公共汽车的替代品。出租车司机会提供短途服务，在公共汽车站等候乘客，只收取高于公共汽车车票一点点的费用。这种服务被称为“共享出租车”或者“出租车火车”。值得注意的是，如果你招手拦下一辆共享出租车，你可能会像乘公共汽车一样被塞进沙丁鱼罐头，只不过是把大罐头换成了小罐头；但是如果你招手拦下了一辆空的出租车，你可能就需要支付全部费用了。

天堂掠影

这里有无与伦比的海滩、令人难忘的原生态景观、众多冒险项目、独具魅力的传统节日，还有各种历史遗迹——毛里求斯、留尼汪和塞舌尔会让人乐此不疲。这难道就是天堂吗？体验一下就知道了。

目录

上图：塞舌尔的普拉兰岛（见322页）

1

2

SPANI ARNAUD / HEMIS.FR / GETTY IMAGES ©

. 留尼汪高地国家公园（见289页）的徒步之旅 **2.** 留尼汪的
白水漂流（见277页） **3.** 塞舌尔的五彩缤纷珊瑚礁

户外探险

这些散落在蓝色印度洋中的风景秀丽的岛屿当然会让人想慵懒地躺在沙滩上，或者完全陶醉于大自然的各种感官享受中。不过，一旦啜饮完手中的鸡尾酒，你可能会更希望让热血沸腾起来。大量冒险项目正等着你来体验呢。

水下活动

由于众多独特的地理优势，毛里求斯、留尼汪和塞舌尔成了潜水爱好者们的胜地。繁盛的珊瑚礁、峡谷地形、浅水区大陆架、激动人心的沉船残骸、海底山脉和变化多端的海岸线，这些可以让浮潜者和潜水者瞬间进入多彩的海底世界。海水清澈而温暖，从成群结队的小巧热带鱼到体型最庞大的深海动物，都会出现在你的左右。

峡谷漂流

若要去感受壮观的自然景象，没有什么能比得上去留尼汪的锡拉奥盆地（Cirque de Cilaos）或莎拉齐盆地（Cirque de Salazie）探索气势磅礴的大峡谷了。在那里你会想尝试各种跳跃方式，纵身跃进水晶般清澈的天然池水中或是绳降。在毛里求斯，探险爱好者可以在塔马兰的7个滑道沿绳索降落。

徒步

从简单的自然小径到更具挑战性的徒步路线，留尼汪交错纵横的路径网提供了徒步旅行的各种选择。毛里求斯和罗德里格斯岛也有让人交口称赞的徒步项目。最大的惊喜要数塞舌尔群岛了，那里拥有闻名遐迩的世界顶级沙滩，群岛勾勒出的优美曲折的海岸线，还有迷人的丛林徒步。

白水漂流

位于留尼汪岛东部的河流风景如画，是水上漂流爱好者的乐园。在Rivière des Marsouins、Rivière des Roches和Rivière Langevin三条河可以获得最佳的漂流体验，你的血液一定会随之沸腾起来。

1. 毛里求斯路易港的印度教寺庙（见48页） 2. 毛里求斯跳印度舞的人 3. 毛里求斯的红顶教堂（见82页） 4. 毛里求斯的渡火仪式

CULTURA RM EXCLUSIVE / PHILIP LEE HARVEY / GETTY IMAGES ©

历史和文化

尽管很多人冲着毛里求斯、留尼汪和塞舌尔非同寻常的沙滩和自然风光而来，不过受一批又一批迁居于此的移民的影响，这些岛上的文化也越来越丰富和多元。对建筑和节庆情有独钟的文化爱好者到了这里就仿佛来到了天堂。

多元文化

在这里，你几乎可以看到所有想象得到的肤色和发色，他们的血统中混合着非洲人、印度人、中国人、阿拉伯人和法国人的基因。所以，如果你在大一点儿的城市中看到天主教堂、泰米尔寺庙、清真寺和佛塔几乎并肩而立，千万不要感到奇怪。

克里奥尔式建筑

在留尼汪、毛里求斯和塞舌尔可以看到一些保存完好的殖民时期的建筑。从富丽堂皇的种植园庄园、迷人的宅邸，到低调的克里奥尔民居和宏伟的殖民建筑，这些仿佛要带着人们重温法国的东印度公司时代。你肯定会对它们肃然起敬。

文化和宗教节日

欢快的节日可以让游客了解当地的文化。在10月或11月，这三个地方都在庆祝排灯节（Divali，印度的宗教节日）。而在毛里求斯和留尼汪，12月或1月举办的火中行走典礼让人印象深刻。塞舌尔则对其热闹非凡的狂欢节引以为傲。

音乐和舞蹈

在印度洋的这一区域，小至村寨，大到都市，音乐和舞蹈都是日常生活的一部分。6月里，来自整个印度洋海域及其周边地区的一些顶级马洛亚、赛加、莎莎舞、瑞格舞和电子乐表演者齐聚圣皮埃尔（St-Pierre），欢度为期三天的Sakifo节。

1

2

WESTEND61 / GETTY IMAGES ©

. 塞舌尔普拉兰岛的乔治艾特海滩（见327页） **2.** 塞舌尔拉迪格岛的科科斯海滩（见337页） **3.** 塞舌尔拉迪格岛的银色之源海滩（见335页）

田园诗般的海滩

这样天花乱坠的宣传的确是可信的：在大溪地的波拉波拉岛（Bora Bora）之外，你会发现塞舌尔和毛里求斯拥有最梦幻、最迷人的海滩。自己从下面挑选吧！

科科斯海滩（拉迪格岛）

来到科科斯海滩（见337页）的沙滩，就好像来到了天堂，霜白色的沙滩连着碧绿海水，仿佛流苏一般。此地只能步行抵达，所以这是一个非常僻静的所在。

乔治艾特海滩（普拉兰岛）

这是一个梦幻般的地方：海水的粼粼波光和白得耀眼的沙滩，会让人有点儿难以置信地禁不住揉一揉眼睛。尽管这里已经被划分到一个度假村内，但是乔治艾特海滩（见327页）仍然是普拉兰岛的公共财产，所以你可以铺上你的大毛巾躺倒在沙滩上。

银色之源海滩（拉迪格岛）

好吧，直到我们亲眼看到银色之源海滩（见335页）绿宝石般清透的海水和柔软细腻的沙滩时，才发现旅游手册里说这是“世界最上镜的海滩”绝非炒作。站在兀立于海岸线上的花岗岩群山顶上观看，这片海滩更加令人震撼！

德斯尼角（毛里求斯）

这就是毛里求斯南部最负盛名的海滩——德斯尼角（见116页）。这里的海水广阔、晶莹，泛着波光，而且这般清澈见底的海水是绝不会让那些游泳和浮潜的人失望的。

罗德里格斯岛东海岸

在海岛东部，位于Graviers和圣弗朗索瓦（见180页）之间，这条蜿蜒曲折的海岸线上散布着一个个美丽的海湾和一片片迷人的海滩。这些细长海滩的惊艳之处就在于它们彻底与世隔绝，那里人迹罕至，甚至没有路。

塞舌尔的奢华酒店

终极蜜月之旅

这里有白色的沙滩、隐秘的海湾、珊瑚色的落日晚霞、时尚的酒店和宁静的水疗中心，所以，新婚燕尔和那些追寻迷人热带风光的度假者早就把塞舌尔和毛里求斯列在愿望单的榜首了。

圣杰兰（毛里求斯）

圣杰兰（见133页）度假村是一个奢华亮丽、让人留恋的地方，而且各个方面的服务都非常令人满意——既高档时尚，又不会过于正式，浪漫但不会显得过于安静。这里也欢迎家庭入住，但不允许孩子过于吵闹。

德罗什岛（塞舌尔）

对于那些寻找甜蜜天堂的情侣，普拉兰岛的Château de Feuilles（见329页）是个绝佳的落脚地点。位于一个风景美丽的海角，四周景致无与伦比。这个甜蜜温馨的世外桃源提供9间石墙别墅，分布于修剪整齐的热带花园之中。超级浪漫的池边餐厅和山顶按摩浴缸更是锦上添花。

锡卢埃特岛（塞舌尔）

如果你既要享受浪漫，又要体验户外活动与实惠的奢华，那你就应该选择锡卢埃特岛（见344页）。在这里，别致的洋房点缀着本已美得让人瞠目的海岛。岛上可以潜水、浮潜、钓鱼和徒步。

弗雷格特岛（塞舌尔）

如果你想体验那种搁浅荒岛的幻想，就来对地方了。弗雷格特岛（见345页）的16栋豪华别墅美好得会让你意犹未尽不舍得离去，还可以去安静的水疗中心做美容护理。

弗雷格特岛（见345页）

罗德里格斯岛

包括 ➡

最佳餐饮

- La Belle Rodriguaise（见183页）
- Chez Robert et Solange（见182页）
- Le Marlin Bleu（见175页）
- Mazavaroo（见182页）
- Cases à Gardenias（见183页）

最佳住宿

- Tekoma（见182页）
- Bakwa Lodge（见181页）
- Cases à Gardenias（见181页）
- La Belle Rodriguaise（见181页）
- Chez Bernard & Claudine（见180页）

为何去

这座孤芳自赏的小火山岛位于毛里求斯主岛东北部600公里处，岛上多山，并且被广阔的蓝绿色环礁湖包围，就像一颗绝美的珍宝。它同自己的姐妹岛屿毛里求斯很少有往来，更别说外部世界了。

虽然经常被称为“25年前的毛里求斯”，但除了迷人的淡桃红色海滩，其实罗德里格斯岛同它的邻岛并无太多相似之处。岛上大约有4万人口，主要是非裔和克里奥尔人——这一点和种族大熔炉般的毛里求斯主岛区别很大——你不会在多山的罗德里格斯岛发现半棵甘蔗。这里的生活节奏同样也很慢，这给了全岛一种与快节奏的现代生活脱节的氛围。这里的美食、优美的自然景观以及大量的活动，都会给你留下绵长的美好回忆，有如一片美好的世外桃源。

何时去

- 11月至次年2月是旺季，价格高昂；从1月起有刮龙卷风的可能性。住宿和机票很难订到，所以如果你计划这时候前来，需要提前很久预订。
- 10月、3月和4月在很多地方也被视为旺季，但是通常人不会那么多。此时的水下能见度很高，适合潜水和浮潜。总的来说，这个时间段岛上很舒服。
- 5月至9月，价格回落，温度也没那么高了，龙卷风风险也很小。

马蒂兰港（Port Mathurin）

人口：6000

这个小小的港口是岛屿的中心，也是最大的城镇，或者可以称为它的首府。或许你想用“昏昏欲睡”这个词来形容它，但是在白天，小镇充满了一种友好的氛围，在喧闹的市场摊位那里更是如此。除了去银行、超市以及少数几个餐馆，在这里能做的事情并不多。

景点

★周六市场 市场

（Saturday Market；见174页地图；⏲4:30~10:00）周六市场差不多是罗德里格斯岛最忙碌的地方了，这里是全岛购买生鲜食材和纪念品的好去处。虽然市场在周六以外的其他时间也开放，但是只有在周六岛民蜂拥而至的时候才最热闹。市场位于邮局附近的桥边上。如果你在10:00以后去的话，那里就没什么看头了。

英官邸 建筑

（La Résidence；见174页地图；Rue de la Solidarité）英官邸建于1897年，是马蒂兰港现存最古老的建筑之一，最早是英国首席专员的官邸。现在这栋建筑被用作新地区议会的活动场所，因此内部是不对公众开放的。不过你可以从对面旅游局的阳台上看到建筑的内部结构。

住宿

如果你是乘汽车旅游，把马蒂兰港作为活动基地是再好不过了，坦白说，比起其他地方，这里的消费质量相对较低，坐出租车一般都很便宜。酒店和旅社最多的地方是位于小

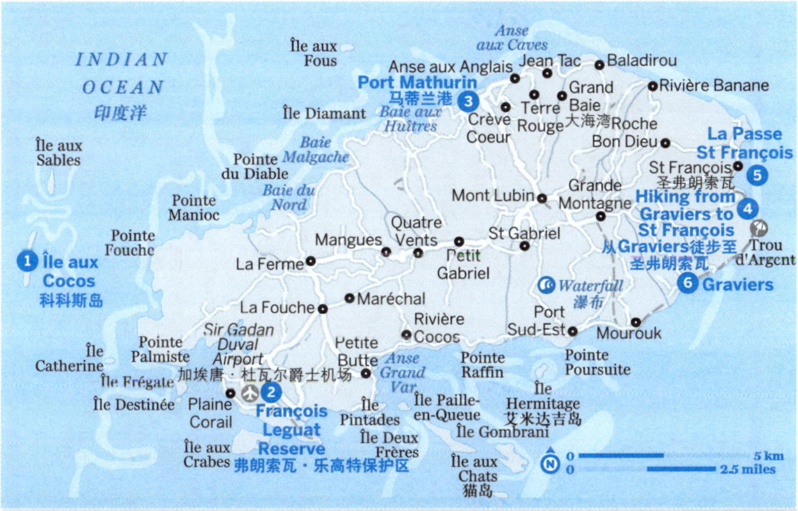

罗德里格斯岛亮点

❶ **科科斯岛**（见177页）乘船前往漂亮的海鸟聚居地，这里面积不大，与世隔绝，宛若人间天堂。

❷ **弗朗索瓦·乐高特保护区**（见177页）在这个宜人的地方跟成百只好奇的大乌龟一起嬉戏。

❸ **马蒂兰港**（见171页）早起以后，沉浸在岛上最繁忙的市场热闹的氛围里。

❹ 从**Graviers**徒步至**圣弗朗索瓦**（见180页）沿着小岛东北的海岸线在罗德里格斯最棒的海滩上漫步。

❺ **La Passe St François**（见179页）在东部海岸尽情潜水。

❻ **Graviers**（见181页）在滨海的La Belle Rodriguaise客栈品味特色美食并入住。

Rodrigues 罗德里格斯岛

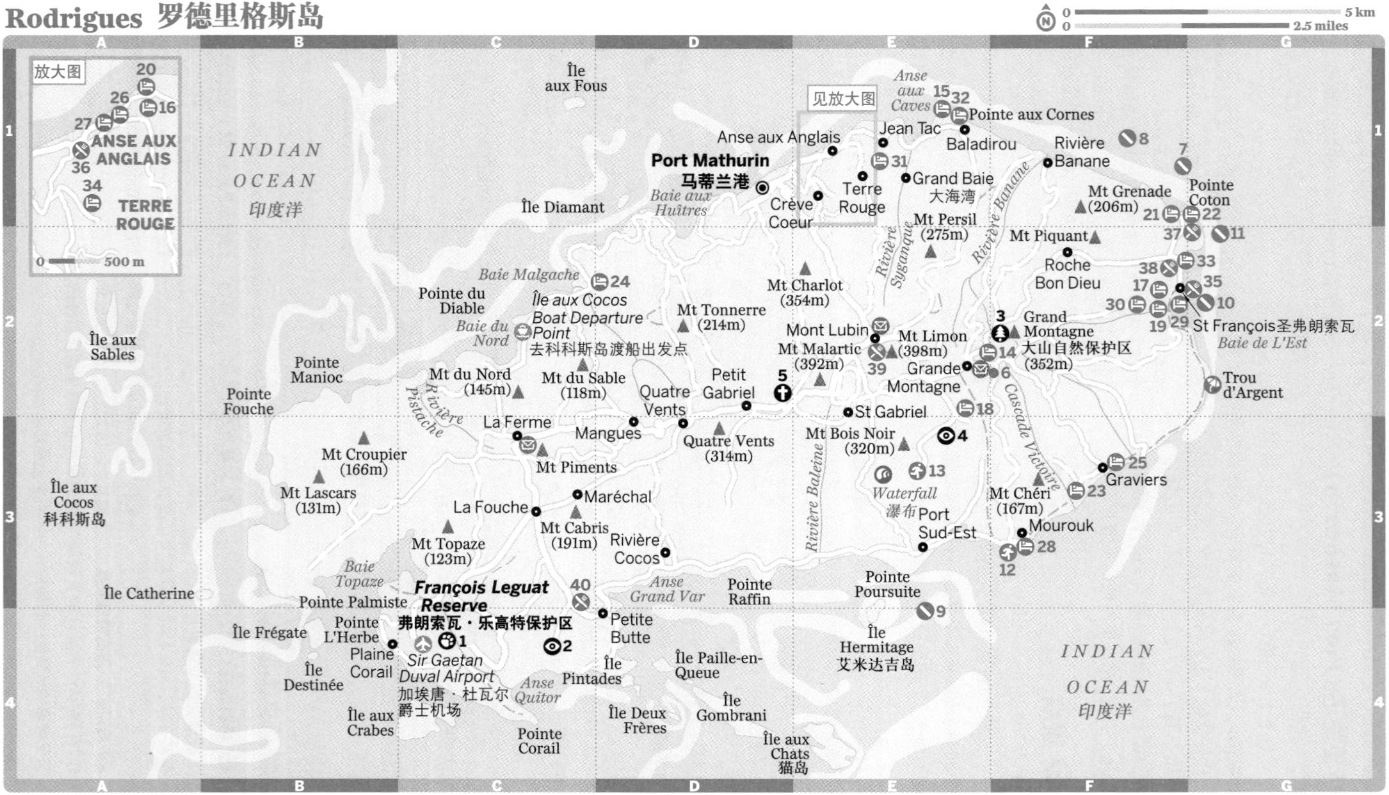

Rodrigues 罗德里格斯岛

重要景点

1 弗朗索瓦·乐高特保护区......C4

景点

2 帕塔特洞穴......C4
3 大山自然保护区......F2
4 五宫花园......E3
5 圣加布里埃尔教堂......D2

活动、课程和团队游

6 2000 Tours......F2
Bouba Diving......(见28)
Club Osmosis......(见28)
Cotton Dive Centre......(见21)
7 Karlanne......F1
8 La Basilique......F1
9 La Grande Passe......E4
10 La Passe St François......G2
11 Le Canyon......G2
12 Nest Kitesurfing School......F3
13 Tyrodrig......E3

住宿

14 Auberge de la Montagne......E2
15 Auberge du Lagon......E1
16 Auberge Lagon Bleu......A1
17 Auberge St François......F2
Bakwa Lodge......(见28)
18 Cases à Gardenias......E2
19 Chez Bernard & Claudine......F2
Chez Jeannette......(见4)
20 Coco Villas......A1
21 Cotton Bay Hotel......F1
22 Kafe Marron......G1
23 La Belle Rodriguaise......F3
24 La Cabane d' Ete......D2
25 La Paillote Creole......F3
Lagon Sud......(见25)
26 Le Récif......A1
27 Les Cocotiers......A1
28 Mourouk Ebony Hotel......F3
29 Piment Guesthouse......F2
30 Pirate Lodge......F2
31 Residence Foulsafat......E1
32 Residence Kono Kono......E1
33 Tekoma......F2
34 Ti Pavillon......A1

就餐

Cases à Gardenias......(见18)
Chez Jeanette......(见4)
35 Chez Robert et Solange......G2
La Belle Rodriguaise......(见23)
36 Le Marlin Bleu......A1
37 Madame Larose......G2
38 Mazavaroo......F2
39 Mengoz Snack......E2
40 Resto La Caverne......C3

镇以东2公里的Anse aux Anglais。

La Cabane d' Ete 公寓 €

(见172页地图; ☎831 0747; www.lacabanedete.com; Baie Malagache; 标单/双 含早餐 35/50欧元)Baie Malagache位于马蒂兰港西南。La Cabane d' Ete提供有趣的紧凑小公寓。房间被竹林环绕，还可以看到粉刷的痕迹。酒店距罗德里格斯岛很远。你可以通过马蒂兰港的Rotourco(见176页)预订房间。

La Varangues 客栈 €

(见174页地图; ☎832 1882; lavarangues@gmail.com; 含半餐 每人 1000~1500毛里求斯卢比; P ❄ 📶)一方面，La Varangues方位绝佳(阳台上的视野很棒)，同时，它又过于偏僻(去哪儿都必须乘车)。同一栋楼内还有一家同名餐馆(见176页)，味道很不错。房间干净整洁，维护得很好。虽然没有游泳池，可能会让它流失一些客源，但性价比绝对是很高的。

Hébergement Fatehmamode 公寓 €

(见174页地图; ☎5499 2020; www.hebergement-fatehmamode.com; Rue Max Lucchesi; 不含半餐/含半餐每人 500/800毛里求斯卢比起; ❄)公寓位于小镇中心，跟岛上很多其他消费一样，这里的房间仅提供最基本服务，价格非常实惠。

Ti Pavillon 客栈 €

(见172页地图; ☎875 0707; www.tipavillon.com; Anse aux Anglais; 标单/双 1200/1700毛里求斯卢比; ❄ @ 📶)Ti Pavilion和Auberge du Lagon的老板是同一批人。客栈里的人都很友好，价格实惠，房间清新简单，以大方的原色装饰。公共区域充满各式各样来自不同地区的装饰物件。

Port Mathurin 马蒂兰港

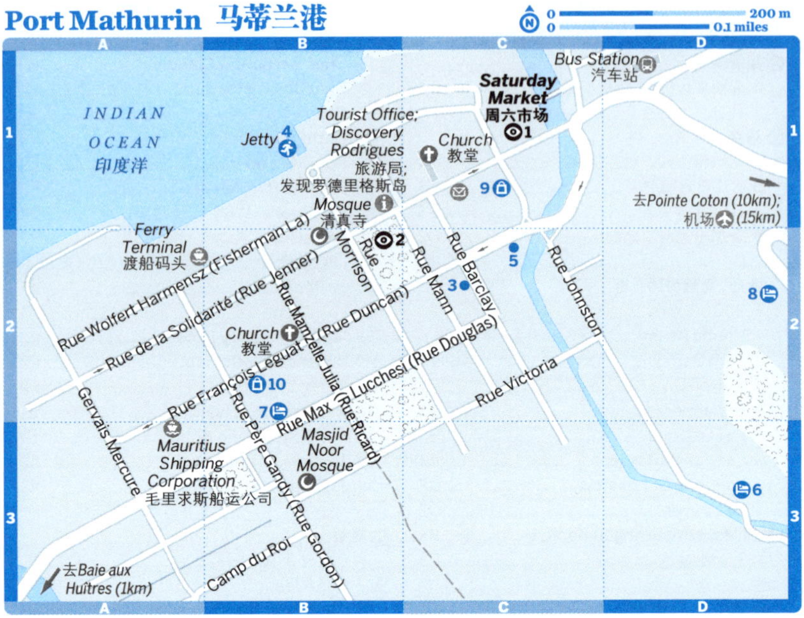

Residence Foulsafat 客栈 €

（见172页地图；☎831 1760；www.residencefoulsafat.com；Jean Tac；含半餐 60欧元）Residence Foulsafat位于山顶，一眼望去是无尽的蓝色，令人难以忘怀。旅店服务态度很好，共有五栋房子，每一栋都有不同的主题，特色鲜明。我们觉得最好的还是蜜月小屋，有石砌的墙壁，铺有姜饼色地毯的阳台，极具吸引力。

Auberge du Lagon 客栈 €€

（见172页地图；☎831 2825，5875 0707；www.tipavillon.com；Jean Tac；标单/双 含早餐 46/63欧元，含半餐 60/87欧元）Auberge du Lagon位于Anse aux Anglais以东的Jean Tac的一条碎石小路上。客栈很精致，视野开阔无比，给人一种脱俗的感觉。花园里的植物还没有完全长好，但房间却给人一种精巧惬意的感觉，极简的风格中又融入了精心挑选的赭色和深橘色。还有一个休闲酒吧和无边泳池。

如果你爱山胜过爱海，可以去他们家的另一间客栈，位于山上的Ti Pavillon。

Residence Kono Kono 平房 €€

（见172页地图；☎831 0759；www.lekonokono.com；Jean Tac；标单/双 50/80欧元）装修简单得不能再简单，但这个位于Anse aux Anglais东

部Jean Tac的地方却自有其独特之处。这里有一种轻松的氛围，视野非常开阔，房间都有砖砌墙壁、瓷砖地板，色彩柔和，干净整洁。

Le Récif
客栈 €€

(见172页地图；☎831 1804；www.lerecifhotel.com；Caverne Provert；标单/双 含半餐2600/3800毛里求斯卢比；❄)从位于Anse aux Anglais东面悬崖上的这家旅馆阳台上可以欣赏到翠绿色环礁湖的无敌美景。虽然我们觉得这家客栈收费有些太贵了，安静的时候这里有一种被世人遗忘的荒芜感，但是房间很宽敞，而且可以看到岛上其他地方看不到的日落。

Escale Vacances
客栈 €€

(见174页地图；☎831 2555；www.escale-vacances.com；Rue Johnston，Fond La Digue；标单/双 含早餐 61/94欧元，含半餐 70/112欧元；❄🏊)Escale Vacances毗邻小镇中心，是马蒂兰港最高档的客栈，由殖民时期的一栋大楼改造而来，感觉有点像一栋老式的校舍。房间很安静，装修非常精致。

Coco Villas
客栈 €€

(见172页地图；☎831 0449；www.rodrigues-cocovilla.com；Caverne Provert；含半餐 每人1400~2000毛里求斯卢比；❄📶)这家家庭经营的客栈简单朴素，比同一条路上的Anse aux Anglais安静很多。房间并没有什么特别之处，但价格却是很公道的。

Les Cocotiers
酒店 €€€

(见172页地图；☎831 1058；www.lescocotiersbeachresort.com；Anse aux Anglais；标单/双 含半餐 131/186欧元；❄📶🏊)Les Cocotiers位于沿海大道尽头，是游客很不错的选择。这里服务热情，还有氛围轻松的餐厅、诱人的泳池，以及广受欢迎的潜水中心。各种各样的绘画装饰着房间的墙面，与床上各种颜色的羽绒被互相搭配。接待处的服务可能不是很全面。

就餐

马蒂兰港很有几家餐馆，但大多都位于小镇东部的Anse aux Anglais地区。

自炊游客可以去Rue de la Solidarité和Rue Mamzelle Julia上的几家小型食品商店购买食材。你也可以在邮局附近的水果摊上买到新鲜的水果（只有周一至周六早上才有）。随便吃一餐的话，花几毛里求斯卢比就可以在Rue de la Solidarité上的商店里买到pain fouré（馅料面包）和面条。

Le Marlin Bleu
海鲜 €€

（见172页地图；☎832 0701；Anse aux Anglais；主菜225~350毛里求斯卢比；⏲周三至周一9:30~15:00和17:00~22:00）受到游客交口称赞的Le Marlin Bleu是Anse aux Anglais最热闹的餐馆，它那富有传奇色彩而且非常友好的经营者会确保每个人在这里度过一段快乐

当 地 知 识

罗德里格斯岛美食

去罗德里格斯岛游玩的亮点，就是在岛上众多提供私房菜（tables d'hôtes）的餐馆中的一家品尝独特的当地美食。罗德里格斯人烹制出的各式各样的美食同邻居毛里求斯人做出来的很不一样：没那么辣，并且大多数食物里放的油很少。虽然章鱼美食在主岛上也很受欢迎，但对章鱼真正的热情其实来自罗德里格斯岛。

在岛上最好、最有名气的“私房菜餐馆”里用餐，花费为400~700毛里求斯卢比，而且你应该至少提前一天打电话预订。

根据作者、旅馆老板以及主厨弗朗索瓦·巴普蒂斯特的建议，以下是罗德里格斯不可错过的美食。

- Ourite——一种用柠檬汁、橄榄油、胡椒、洋葱和盐调配的章鱼沙拉。章鱼干味道有点强烈，并不适合所有人。
- Vindaye d'ourite——煮熟的嫩章鱼肉加姜末（生姜或姜根）、大蒜、醋、柠檬汁调味，再撒少量特色香料。
- 克里奥尔香肠——在当地风干并加工储藏的各种肉类。
- La torte Rodriguaise——一小块木瓜、菠萝或椰子加上由当地一种叫作corn-floeur的根茎制成的奶油。

的时光。食物很好吃(我们特别喜欢海鲜沙拉),有海鲜、比萨和各种当地菜品。超清屏幕上播放的现场直播的足球比赛(或者别的什么由头)会让一些食客在厨房关闭以后还在酒吧里待上很长时间。

La Varangues 毛里求斯菜 €

(见174页地图;☎832 1882;主菜 275~395毛里求斯卢比;⏲9:00~15:00和18:00~22:00)La Varangues是一个绝佳的选择,这里供应新鲜的本地菜肴且价格合理,走廊上的餐桌让你可以饱览马蒂兰港和礁湖的美景,老板非常友好,也是最近才接手这个黄金店面。店址在Mont Lubin通往马蒂兰港的那条路上,大约在半山腰上。

Aux Deux Frères 毛里求斯菜、各国风味 €

(见174页地图;☎831 0541;Patriko Bldg 一层,Rue François Leguat;比萨 215毛里求斯卢比起,主菜 295~425毛里求斯卢比;⏲周一至周六 8:30~14:30,周五和周六 18:30~22:00)餐馆位于旅行社聚集的广场旁边,这家马蒂兰港最干净整洁的餐馆,内部环境非常时髦,供应本地和各国美食。以生姜烟熏枪鱼作为开胃菜很不错,量小而简单,但是口感十足。这里也提供比萨、烤猪肉串和克里奥尔式香肠(如果有的话,点克里奥尔香肠)。

购物

Rue de la Solidarité和Rue Mamzelle Julia是主要的购物街,但即便在这两个地方,也只有少数几家俗套的商店。找找用旋叶松(vacoa)的干树叶做的篮子和帽子,还有用椰子纤维做的小工艺品和椰子壳首饰。本地特色食品包括腌柠檬、辣椒和蜂蜜。

Care-Co 手工艺品

(见174页地图;Rue de la Solidarité;⏲周一至周五 8:00~16:00,周六 至正午)这里售卖的椰子壳制品、蜂蜜和船只模型都是由残疾人(大多数是养蜂人)做的。

Island Books & Clothing Spot 书籍

(见174页地图;☎440 0040,832 1564;Rue Francois Leguat;⏲周一至周五 8:30~16:00,周六 至14:00)这家小书店有大量的关于罗德里格斯岛和毛里求斯的书籍,包括(有库存时)法语版的科科斯岛动植物指南。还有一家位于机场的分店,只在航班到达和离开时开门,但店里有时候可能会没人。

岛上旅游

JP Excursions(见174页地图;☎5875 0730,831 1162;www.jpexcursion-rodrigues.com;Rue Barclay)专业团队提供全套服务,包括乘船观光、汽车租赁、潜水、钓鱼以及风筝冲浪。

2000 Tours(见172页地图;☎5765 2100,831 4703;www.rodrigues-2000tours.com;Rue Max Lucchesi,Grande Montagne)本地经营者带你游览科科斯岛,并提供汽车租赁、潜水以及风筝冲浪服务。

Rotourco(见174页地图;☎831 0747;www.rotourco.com;Rue François Leguat)提供去科科斯岛的旅游服务以及汽车租赁服务。

实用信息

发现罗德里格斯岛(Discovery Rodrigues;见174页地图;☎832 0867;discoveryrodrigues@intnet.mu;Rue de la Solidarité;⏲周一至周五 8:00~16:00,周六 至正午,周日 至10:00)同旅游局合用办公室和员工,这家机构主要负责前往科科斯岛的行程。他们也组织去那儿的团队游,但是不组织前往岛上的乘船活动。

马蒂兰港药店(Port Mathurin Pharmacy;☎831 2279;Rue de la Solidarité;⏲周一至周五 7:30~16:30,周六 至15:00,周日 至11:00)这是岛上唯一一家药店。

罗德里格斯区图书馆(Rodrigues Regional Library;⏲周一至周五 9:00~16:30)图书馆外面可以连接免费的无线网络,不需要密码,但网速很慢——不过这在岛上也是很难得的。

旅游局(Tourist Office;见174页地图;☎832 0867;www.tourism-rodrigues.mu;Rue de la Solidarité;⏲周一至周五 8:00~16:00)旅游局就在英官邸(见171页)对面,别看它很小,但是很有帮助。

到达和离开

老式的阿斯霍克雷兰德牌(Ashok Leylan)班车将马蒂兰港和岛上其他地方连接起来,但你可能需要在Mont Lubin转车。Mont Lubin是全岛制高点，也是众多道路会合的地方。

罗德里格斯岛周边

罗德里格斯岛还有很多其他引人入胜的角落，大多在马蒂兰港以外，尤其集中在南部和东部海岸周边以及崎岖的内陆地区。

景点

罗德里格斯岛有众多金色的海滩，其中最壮观的位于东部沿岸，但除了这些海滩，还有一些景点值得一去，包括几个洞穴和几处有名的建筑。

★ **弗朗索瓦·乐高特保护区** 野生动物保护区

（见172页地图；☎832 8141；www.tortoisescavereserve-rodrigues.com；Anse Quitor；成人/儿童 含乌龟保护区和岩洞320/160毛里求斯卢比，只参观乌龟保护区200/100毛里求斯卢比；⏲9:00~17:00，团队游9:30、10:30、12:30和14:30）弗朗索瓦·乐高特曾在1691年写道，罗德里格斯岛有如此多的乌龟，一个人可以脚不触地地踩着龟背走上超过100步。很遗憾的是，罗德里格斯岛的巨型象龟已经灭绝。但是这片保护区正在重建岛屿最早发现者所描述的伊甸园。几百只象龟（这是一个繁殖计划的成果）在地上漫步，还有过去4年中栽种的十万余棵本土树木。你也可以游览一下洞穴。

岩洞内部，热情的导游会一边指出那些奇形怪状的岩石，一边探讨这座岛屿有趣的地质变迁史。记得要看一下灭绝鸟类的胫骨，它们就在洞穴的岩石顶上。

还有一个小小的围场，里面是几只巨大的果蝠（这座岛上唯一一种本地特色的哺乳动物）。还有几只刚从马达加斯加引进的濒危的犁头龟。当地的博物馆讲述了这座岛屿的历史

值得一游

乘船观光1：科科斯岛（ÎLE AUX COCOS）

罗德里格斯岛的礁湖周围散布着17个小岛，也许最有趣的就是科科斯岛了。全岛长约1.5千米，最宽处为150米，是一个自然保护区，也是印度洋上唯一一个四种鸟类——短尾玄鸥、白顶玄鸥、燕鸥和乌燕鸥——都繁衍的小岛。小岛南部作为限制区已经被围栏隔开。在其他地方，你都可以欣赏到一种原始的美感——短尾玄鸥和白顶玄鸥都极其温顺，就跟第一批水手抵达毛里求斯和罗德里格斯岛时，这里所有其他的野生动物（包括结局悲惨的渡渡鸟）一样。

保护区由发现罗德里格斯岛（见176页）负责看管——工作人员会迎接所有到达船只，并为游客就岛上情况做一个简短的介绍（一般为法语）。但该机构不组织游船观光。如果你想乘船游览的话，可以通过酒店或旅游机构提前安排，或直接同船东联系。

多数观光起点都在Pointe du Diable，预订的时候，最好和船东确定一下。如果你没有车，船东也许会安排人去酒店接你。出发时间可以是7:00~10:00的任何时候，依潮汐情况而定，观光来回各需1小时。你很可能会在岛上停留3小时左右——记得把泳衣带上。

如果通过酒店安排，去科科斯岛旅游的花费大约为每人1500毛里求斯卢比，但是如果直接联系船东，花费会少很多（1000~1200毛里求斯卢比）。费用包括乘船观光、停车位以及野餐午饭。

船东推荐：

Rico François（☎875 5270）Pointe du Diable发船。

Tonio Jolicouer（☎5875 5720）Pointe du Diable发船。

Berraca Tours（☎875 3726）Pointe du Diable发船。

Joe 'Cool'（☎5876 2826）Pointe du Diable发船。

Christophe Meunier（☎5875 4442，429 5045）Anse aux Anglai发船。Christophe也用帆船（而不是舷外马达船），有时间的话，他还会安排浮潜。

与变迁，并提供了关于灭绝物种solitaire（同样已灭绝的渡渡鸟的一个远亲）的详尽信息。

保护区位于岛屿的西南部，在机场东北1.5公里外的主路上设有不明显的路标。

帕塔特洞穴 洞穴

（Caverne Patate；见172页地图；团队游 120毛里求斯卢比；⏲团队游 9:00、11:00、13:00和15:00）帕塔特洞穴位于岛屿的西南一隅，是一片迷人的点缀着石笋和钟乳石的洞穴群。可以通过导览游的方式参观洞穴，导游会为你指出那些形状奇特的岩石，有的像渡渡鸟，有的像白金汉宫，甚至还有的像温斯顿·丘吉尔！长达700米的隧道并不难走，但是在雨天时会比较湿滑。最好穿抓地力强的鞋子，并且带上一件轻便的上衣。到地下去之前留意一下在头顶飞翔的白尾热带鸟，甚是壮观。

通往洞穴群的路标就在从La Ferme（从机场到罗德里格斯的主干道上）到Petite Butte的路上。开往La Fourche的公共汽车可以把你拉到这个岔路口。

大山自然保护区 自然保护区

（Grande Montagne Nature Reserve；见172页地图；☎832 5737；www.mauritian-wildlife.org；Grande Montagne；⏲周一至周五 8:00~15:00）这座自然保护区是罗德里格斯岛上的最后一片丛林，也是全岛地势最高的地方。毛里求斯野生动植物基金会（Mauritian Wildlife Foundation，简称MWF；见116页）在这里种植了超过15万棵本土植物，而这里生态系统的恢复使罗德里格斯岛的织雀和鸣鸟得以存活下来。林中山径纵横交错——虽然没有很明显的路标，但也不会轻易迷路。

你可以在保护区的入口处索取一份实用又免费的《大山自然保护区指南》（*Grande Montagne Nature Reserve Field Guide*），它可以帮助你识别林中的植物和鸟类。我们来这后不久，MWF将会接管保护区的管理工作和翻译中心。

五官花园 花园

（Jardin des 5 Sens；见172页地图；☎831 5860；Montagne Bois Noir；门票 含团队游和品尝之旅 250毛里求斯卢比；⏲团队游10:00、11:00、13:00、14:00和15:00）这座漂亮的小植物园里

> **值得一游**
>
> **乘船观光2：猫岛和艾米达吉岛（ÎLE AUX CHATS & ÎLE HERMITAGE）**
>
> 欣赏罗德里格斯东部海岸风光最好的方式，就是花上半天时间来一次礁湖乘船观光。Port Sud-Est、Mourouk和Graviers众多的旅行社以及所有的酒店都可以为你安排行程，通常包括一两个小时的浅潜（在一个水流较急的水域）、一顿在猫岛（东部礁湖地区一座较大的岛屿）上的烧烤午餐，之后再去参观艾米达吉岛，一座因为其超凡的美景（可能还有隐秘的宝藏）而出名的小岛。预计花费为每人1000毛里求斯卢比。

种满了罗德里格斯的本土植物，在这儿消磨上1小时是个很不错的选择。如果你对植物感兴趣的话，就更应该过来瞧瞧了。计划好你的时间，就可以在园中的Chez Jeanette（见183页）享用午餐。

圣加布里埃尔教堂 教堂

（St Gabriel Church；见172页地图）这座异常雄伟的教堂位于罗德里格斯岛中心，它是路易港教区最大的教会之一。教堂建于1936~1939年，是由本地的志愿者从全岛各个角落艰辛地搬运石头、沙土和珊瑚而建成的。基督教是岛民生活中不可分割的一部分——每逢周日，成百上千的罗德里格斯居民都会聚集到这里。

活动

观鸟

罗德里格斯岛在观鸟爱好者中间非常有名，主要是因为长期栖居于此的两个品种：罗德里格斯蟀鸟（如今有超过4000只，20世纪70年代最少的时候只有30只）和罗德里格斯织雀（1968年只有6对，如今多达8000只）。这些鸟遍布岛上各处，但观赏它们最好的机会是在大山自然保护区（见178页）徒步旅行途中。

潜水

罗德里格斯的海洋环境保护得非常好，

最佳潜水地位于东部和南部海岸。

主要的潜水中心都在一些酒店的范围内，但是非住客也是可以去潜水的——只要提前致电通知就行了。每次潜水和所需设备的费用在1800毛里求斯卢比左右。

潜水最好的季节正好是岛上的旅游旺季。10月至12月，能见度高，海水平静，有可能有鲨鱼，海水温度在28℃以上。1月和2月情况跟这个差不多，但可能有龙卷风危险。3月至9月，风力普遍较大，海水温度低至23℃。

罗德里格斯岛最受欢迎的潜水点：

La Passe St François（见172页地图）一条1公里长、30米深的通道，栖息着各种各样珊瑚礁物种。

La Basilique（见172页地图）隧道、洞穴以及壮观的海底地形。

La Canyon（见172页地图）一个真正充满氛围的潜水点：礁石之下的峡谷。

Bouba Diving 潜水

（见172页地图；☎5920 0413，5875 0573；www.boubadiving.com；1次/3次潜水 包括装备1850/5270毛里求斯卢比）Mourouk Ebony Hotel里的专业潜水中心。

Cotton Dive Centre 潜水、风筝冲浪

（见172页地图；☎831 8001，831 8208；www.cottonbayhotel.biz/diving；⏰8月歇业）在Cotton Bay Hotel。

钓鱼

Rod Fishing Club 钓鱼

（见174页地图；☎875 0616；www.rodfishingclub.com；Terre Rouge）这座岛上领头的深海钓鱼专家组成了Rod Fishing Club，由Yann Colas经营。他是"Black Marlin号"的船长，这艘船经常从马蒂兰港出海钓鱼。你可以在他们的网站上预订活动，然后在码头同他们会面。

徒步

徒步是探索这座岛屿上自然瑰宝的最佳方式——尤其是那些天然的、尚未被开发的海滩。由Association Rodrigues Entreprendre Au Féminin出版的《罗德里格斯绿色地图》（*Carte Verte de Rodrigues*）中标出了这座岛上8条最热门的徒步线路，并且提供了使用公共交通工具到达每条小径起点的详尽信息。这本书现在不太好找。

那本绿色地图可以在马蒂兰港市中心的书报亭买到（100毛里求斯卢比），就在Alfred Northcoombes大楼旁边。如果发现书报亭关门了（经常发生），或者书卖光了（也经常发生），你可以拨打☎876 9170，他们会邮寄一本给你。一些酒店也可能有那本书。

风筝冲浪

所有的专业人士一致认为罗德里格斯岛

CAFÉ MARRON：世界上最稀有的植物

1980年，一位老师让他的学生们每人带一种本地的植物，以完成学校的一个项目。其中一个学生带的植物难倒了所有人。最后，来自英国皇家植物园（Kew Gardens）的专家断定，这种植物是被认为早已绝迹的café marron（Ramosmania rodriguesii）。几个世纪以来，当地人食用这种植物滋补壮阳，治疗性病。它被发现的消息流传开来。人们修起围栏将其保护，但当地人总是有办法采伐café marron。1986年，一项国际行动得以施行：一段café marron的枝丫由罗德里格斯空运到伦敦，24小时之内，便已到达英国皇家植物园。

正是利用这些被剪下的枝丫，毛里求斯野生动物基金会（Mauritian Wildlife Foundation）才得以在它的植物保育室里培育更多的café marron。但café marron还没有完全脱离危险——其中一株就在大山自然保护区（见178页）内被偷（树龄更小、还未开花的替换树身上有标注，可以从一大排树中分辨出来），基金会保育室里的一株也已失窃。即便如此，超过50株已经在保护区内成功种植。至今没有发现其他野生café marron，但最近，第一株已经开始结果实了——这在活着的人的记忆中还是第一次。

东北的沿海大道

岛上最有名的大道(在绿色地图上排第四)是位于东部的Graviers至圣弗朗索瓦沿线,这条路位于海边,很经典,大约需要2个小时走完。沿着这条路,你会路过岛上最惊艳的沙滩,包括Trou d'Argent——印度洋最美丽的弯头滩之一,它几乎完全被低矮的峭壁包围,也有很多人相信这是一个海盗窝藏赃物的地方。

如果你是乘公共交通出行,我们推荐你把Graviers作为起点——早上有很多汽车开往Graviers,但下午车就特别少了,下午的话圣弗朗索瓦车比较多。

是世界上最适合风筝冲浪的地方之一。Club Osmosis(见172页地图;☎5875 4961;www.kitesurf-rodrigues.com)和Nest Kitesurfing School(见172页地图;☎5724 1773, 832 3180;www.thenestkitesurfing.com;Anse Mourouk)是风筝冲浪的最好去处。

6月底或7月初,来自世界各地的顶尖风筝冲浪手相聚罗德里格斯岛参加罗德里格斯国际风筝冲浪节,这一盛会自2013年开始举办。

高空滑索

Tyrodrig 探险运动

(见172页地图;☎499 6970;www. facebook.com/ tyrodrig. ilerodrigues;Montagne Bois Noir;每人1000毛里求斯卢比;⏲9:00~12:00和13:00~17:00)如果你觉得沿着一个架在峡谷上的绳索滑下去很好玩的话,那么整个Tyrodrig都将是你的天地。五条绳索悬在空中,最长的有420米,最短的110米,绳索距地面有50~100米。这里是印度洋地区最长的高空滑索,它在Mont Lubin到大山之间的主路上设有路标。

节日

鱼节 文化节

(Fête du Poisson;⏲3月的第一个星期)罗德里格斯岛到处是鱼,鱼节标志着捕鱼季的开始。庆祝方式多种多样,包括鱼展,以及品尝各种食物。

克里奥尔节 文化节

(⏲10月下旬)克里奥尔节持续三天,其间全罗德里格斯岛人民都会举行传统的克里奥尔庆祝活动。

罗德里格斯国际风筝冲浪节 体育节

(⏲6月或7月)6月底或7月初,世界顶尖的风筝冲浪手聚集罗德里格斯岛参加这个风筝冲浪节,2013年以来,每年都有举办。

住宿

酒店和旅馆主要集中在马蒂兰港以东2公里处的Anse aux Anglais,东海岸的圣弗朗索瓦以及南部沿海。而位于相对安静的地区的旅馆则给人一种远离俗世的感觉。

★Chez Bernard & Claudine 客栈 €

(见172页地图;☎831 8242;cbmoneret@intnet.mu;St François;含半餐 每人1300毛里求斯卢比)圣弗朗索瓦以它极度远离俗世而出名,这个都铎式的旅馆是你在此处住宿的唯一选择。旅馆搬到了位于后面的一栋更新的楼内,房间维护得很好,非常宽敞、明亮、清新。食物很美味,老板人也很热情,你还可以随时到东部的海岸散步。

La Paillote Creole 客栈 €

(见172页地图;☎5701 0448;www.lapaillotecreole.chezvotrehote.fr;Graviers;含早餐/含半餐 每人 800/1000毛里求斯卢比)简单但精致的圆形茅屋,瓷砖地板,干净整洁的地面,La Paillote Creole在经济型旅行者中口碑非常好。花园还需要一些时间才能长好,但老板人非常热情,整个店给人一种与世无争的轻松感。

Chez Jeannette 客栈 €

(Le Tropical;见172页地图;☎831 5860;www.gite-letropical.com;Montagne Bois Noir;每人 含半餐1400毛里求斯卢比;📶)这幢坐落在山上高处的漂亮房子有一部分是由石头建成的,8个宽敞、简单的房间都非常安静。餐厅提供美味的食物,旁边还有一个自家的植物园(见178页),真是山中放松的好去处。

Piment Guesthouse 客栈 €

(见172页地图;☎831 8260;www.ilerodri

guesgitepiment.com; St François; 含半餐 每人1000毛里求斯卢比; ❄️📶）这里的房间可能有点缺少生气，但干净整洁，而且很宽敞，有些还带有厨房。老板人非常友好。到海边只有5分钟的路程，整个建筑也很安静。

Auberge St François
客栈 €

（见172页地图；☎831 8752, 5254 8655; www.auberge-rodrigues.com; St François; 房间/单间 40/60欧元起；❄️）位于海滨，景色宜人，有两层，每层都是长长的一排舒适的房间和略微逊色的公寓。

Auberge de la Montagne
客栈 €

（见172页地图；☎5875 0556, 831 4607; villa@intnet.mu; Grande Montagne; 每人 600毛里求斯卢比，含早餐/含半餐 800/1500毛里求斯卢比；❄️）位于小岛多山的中心地区，管理运营都是由巴普蒂斯特（Baptiste）一家负责，旅馆外面就是一片美丽的果园。曲折的走廊（多次扩建的结果）带你走进三间楼上的房间，虽然有点陈旧，但是非常舒适。

Auberge Lagon Bleu
客栈 €

（见172页地图；☎831 0075; www.aubergelagonbleu.com; Caverne Provert; 标单/双/标三 600/800/1000毛里求斯卢比；❄️）这家位于通向Jean Tac路上的旅馆风格很随性，里面挂着不少柳条编织篮和生动的艺术作品。客人可以聚在铁皮屋顶和悬挂的晾衣绳下的饭厅聊天。墙上的彩色壁画装饰着斯巴达风格的卧室。选择含半餐的话，每人需要多交600毛里求斯卢比。

★ La Belle Rodriguaise
客栈 €€

（见172页地图；☎832 4040; www.labellerodriguaise.com; Graviers; 含半餐 单间 2450~3350毛里求斯卢比，双 3800~5600毛里求斯卢比；❄️🏊）拉伐尔（Laval）和弗朗索瓦·巴普蒂斯特（Françoise Baptiste）迷人的滨海寓所为箱式造型，每天都沐浴在阳光中，观海视线没有任何遮挡。山上，还有一个不规则形状的湖泊和位于弯曲的走廊上的惬意的餐厅。这里的氛围真的让人备感亲切，食物（见183页）相当美味，整个地方给人一种远离俗世的感觉。旅馆附近就是古朴的小镇Graviers。

★ Cases à Gardenias
客栈 €€

（见172页地图；☎832 5751; Montagne Bois Noir; 每人 含半餐60欧元；@📶）Cases à Gardenias是全岛上最别具风格的一家旅馆。一对可爱的比利时-毛里求斯夫妇用他们的自豪与欢乐构建了这栋房子。漂亮的植物园风格的卧室摆放着可爱的磨砂石家具（手工制造）。客人可以在果园里散步，或者帮助养蜂人从蜂房中取出黏稠的蜂蜜。

这里没有设置路牌——在Mont Lubin和大山之间的主路上转到通往Chez Jeannette的岔路上，走上1公里就能看到那座桃红色的房子了。非住客也可以来这里就餐（见183页）。

Kafe Marron
客栈 €€

（见172页地图；☎5706 0195; www.kafemarron.com; Pointe Coton; 房间 2200~3200毛里求斯卢比；P❄️📶）Kafe Marron距Pointe Coton安静的海滩就一个街区远，这是一个时髦的小型旅馆，奉行传统旅店理念的同时，又融入了现代提供早餐和住宿的家庭客栈的舒适。房间都铺了地板，空间很大，还有一点设计感。老板叫Dorothy Lavendhomme。Kafe Marron真的是个不错的选择。

Lagon Sud
客栈 €€

（见172页地图；☎5927 0976; monagravier@gmail.com; Graviers; 标单/双 含半餐 2400/3400毛里求斯卢比）虽然缺少一点生气，但Lagon Sud却自有它的魅力。主楼的房间真的很不错——打开窗户，让海风吹进来——你和沙滩的距离仅仅就是几棵树和一条鲜有人走的沙地小道罢了。

★ Bakwa Lodge
酒店 €€€

（见172页地图；☎686 7662; www.bakwalodge.com; Var Brulé, Mourouk; 标单/双 112/192欧元起；P❄️📶）岛上最漂亮的住宿地点之一是这家全白色的酒店，它低调而奢华，就位于路尽头的Mourouk。房间很大，以旧独木舟的切块装饰，而且每一个房间都能享受到大量的自然光，大多数房间同时拥有室内和室外淋浴设施。这里的海滩也很不错，对很多游客来说这最大限度地填补了没有游泳池的遗憾。

★ Tekoma

酒店 €€€

（见172页地图；☎265 5244；www.tekoma-hotel.com；St François；双 含半餐 243~375欧元；❄@📶🏊）🍃它应该是罗德里格斯岛最好的一家酒店了，这家豪华的酒店在2012年底才开始营业。一座座超级舒适的独立小屋散布在一个岩石海角周边，海角下面是一个很不错的海滩，那里异常静谧宜人。它还计划完全使用再生能源来提供电力，而且这里的食物棒极了。

Mourouk Ebony Hotel

酒店 €€€

（见172页地图；☎832 3351；www.mouroukebonyhotel.com；Mourouk；标单/双 含半餐 130/200欧元起；❄🏊）这家酒店位于一条崎岖山路的尽头，从远处就很容易认出它那橙黄色的屋顶。酒店里有一个漂亮的花园，园里满是兰花和各种野花，一直延伸到美妙绝伦的海滩边上。酒店大堂里摆放着手工染制的柳条躺椅，阵阵轻柔的克里奥尔音乐轻拂而过。房间虽然没什么特色，却很舒适。

Cotton Bay Hotel

酒店 €€€

（见172页地图；☎831 8001；www.cottonbayhotel.biz；Pointe Coton；标单 含半餐 175~278欧元，双225~350欧元，套275~450欧元；❄📶🏊）Cotton Bay是岛上最早建成的一家酒店，在经营了20多年之后仍然广受欢迎。酒店设计以可爱的克里奥尔图案为主题——花朵装饰、竹帘和热带风情的印花点缀着房间。酒店还附带一个独木舟主题餐馆，客人还可以乘坐一艘私人的双体船出游，当然还有无边的淡金色的沙滩。

Pirate Lodge

酒店 €€€

（见172页地图；☎831 8775；www.piratelodge.com；St François；套 含早餐 150欧元起；🏊）这些提供4~6个床铺的公寓位于一个风景如画的棕榈林里，被鸟儿的莺歌燕语包围，非常迷人。在建筑的外部设计上你可以看到色彩斑斓的克里奥尔风格的细节，室内设计则十分现代化——宜家式的小装饰品点缀着客厅和设备齐全的厨房。

🍴 就餐

岛上除了马蒂兰港，就餐的地方大都在当地家庭里；但也有几家经营得很好的小餐馆。Mourouk Ebony Hotel和Cotton Bay Hotel的餐馆也对非住户开放。自炊游客在每个小渔村都可以找到superette（小型自助式食品商店），但这些店里供应并不是很齐全。

★ Chez Robert et Solange

海鲜 €

（见172页地图；☎5733 1968；St François；主菜 150~500毛里求斯卢比；⏲周二至周日 8:00~15:00）毛里求斯和罗德里格斯岛上有一种做法我们很欣赏：渔民们会在海边的露天桌子上烹制捕获的鱼。要在罗德里格斯岛找这种体验，最好的地方就是Chez Robert et Solange了，它与沙滩和那些一流的食物距离不过100米，中间只隔了一些树木。如果你想有一顿龙虾盛宴，来这里就对了（每公斤1500毛里求斯卢比）。

Madame Larose

毛里求斯菜 €

（见172页地图；☎876 1350；Pointe Coton；主菜 350毛里求斯卢比起；⏲正午至15:00和18:00~22:00）Madame Larose位于通向Pointe Coton海滩的路上，这间餐馆是当地一颗小明珠，没有不必要的服务，周围环境也一般，但是食物都很美味而且卫生。店里供应新鲜鱼肉、特色的salade d'ourite（章鱼肉沙拉）、优质鸡肉咖喱以及美味沙拉。

Mazavaroo

毛里求斯菜 €

（见172页地图；☎5724 2282；St François；主菜 275~395毛里求斯卢比；⏲周日至周五10:00~15:00）在美丽的东部海岸进行远足活动的游客不妨来这个气氛放松的小餐馆享用午餐，品尝一下餐馆自制的海鲜（烟熏枪鱼、烤鱼、对虾和龙虾），还有餐馆的特色菜ceviché de thon jaune，这是一道用黄鳍金枪鱼制作的菜品。

Mengoz Snack

快餐 €

（见172页地图；Rte de l'Autonomie，Mont Lubin；主菜 50~150毛里求斯卢比；⏲周一至周六8:00~16:00）这里的食物都特别简单，但是这正是我们喜欢它的原因。这家小餐吧位于岛上主路前往大山（Grande Montagne）、马蒂兰港和西南部的岔道旁边，提供炒饭或者面条，通常会有一个主菜，如烩菜。

Resto La Caverne 毛里求斯菜 €

（见172页地图；Petite Butte；主菜 250毛里求斯卢比起；⏲11:00~14:00和18:00~21:00）如果你去参观帕塔特洞穴（见178页）或者弗朗索瓦·乐高特保护区（见177页），那么不妨来这家安静的本地小餐馆用餐，它位于一家小杂货店楼上。这里做的章鱼菜品味道令人难忘。餐馆就在前往帕塔特洞穴岔路的对面。

★ La Belle Rodriguaise 罗德里格斯菜 €€

（见172页地图；☎832 4040，8324359；Graviers；三道菜套餐 650毛里求斯卢比；⏲正午至14:30）弗朗索瓦是一本很受欢迎的罗德里格斯菜烹饪书的作者，这里的菜品改良了他的配方。客人们在微风拂面的阳台上用餐，从那里可以看到一望无边的海景。餐馆主要针对的是酒店的住客，但是你也可以提前打电话订座位。

Chez Jeanette 罗德里格斯菜 €€

（Le Tropical；见172页地图；☎831 5860；www.gite-letropical.com；Montagne Bois Noir；餐 400~500毛里求斯卢比；⏲11:00~14:00和19:00~21:00）在这家隐藏于山间的友好的客栈（见180页）里，你将品尝到传统的毛里求斯风味。餐盘里总会有店主自家菜园种植的各种蔬菜。

Cases à Gardenias 罗德里格斯菜 €€

（见172页地图；☎832 5751；Montagne Bois Noir；餐 500毛里求斯卢比起）这家待客热情的客栈（见181页）提供各种自制美食：红酒、蜂蜜、新鲜水果、罐头和腌肉。

ℹ 当地交通

公共汽车

最大的汽车站（见174页地图）在马蒂兰港。除了机场大巴以外，最有用的公共汽车线路是到大海湾、到东部的Pointe Coton以及到南部海岸的Gravier、东南部港口和Rivière Cocos的这几条。除了大海湾这条线路以外，其他所有线路都会经过岛屿中心的Mont Lubin。大部分公交车线路在周一至周六的7:00 16:00都有车，发车间隔为30~60分钟，周日就时有时无了。根据你的目的地不同，票价为15~40毛里求斯卢比。

罗德里格斯岛汽车租赁

尽管在罗德里格斯岛有很多正规的汽车租赁选择，但如果你通过所住的旅馆租车的话，程序就比较随便了。这可能意味着你一抵达就有人在机场把提车钥匙送到你手上。然后你就可以上路了，沿途把送钥匙的人在他选择的地点放下。这可能是受人青睐的罗德里格斯式的行事方法，值得注意的是如果发生意外，很可能是没有任何保险的——坚持购买保险或者寻找提供保险的租赁方。

小汽车

罗德里格斯岛的公路系统近些年得到了很大的改善，柏油公路通向岛上的大多数地方。虽然现在在岛上已经不再需要驾驶四轮驱动车，但是大多数租来的车还是结实的皮卡。

可以通过大多数酒店和旅馆以及当地旅行社租车，他们的服务范围遍布全岛。每天需要的花费至少在1200毛里求斯卢比左右，而且轿车和皮卡车的租费通常是一样的。最重要的是要在出发前确认车子有足够的汽油——岛上只有三家加油站（分别在马蒂兰港、Mont Lubin和机场附近，彼此相距不远）。

推荐三家可以提前联系的租赁机构：

- JP Excursions（见176页）
- 2000 Tours（见176页）
- Rotourco（见176页）

自行车和摩托车

如果你下榻的酒店或者旅馆不提供自行车和摩托车出租服务的话，你可以联系马蒂兰港的Rotourco或其他旅游机构。现行费用为自行车每天200毛里求斯卢比，摩托车每天600~650毛里求斯卢比。给摩托车加满一次油需要花费350毛里求斯卢比。除非你想锻炼，我们推荐你选择摩托车，因为内陆大部分地区比较崎岖。

出租车

罗德里格斯岛的大多数出租车都是四驱皮卡车，费用是500~1000毛里求斯卢比，具体价格取决于你的目的地。你也可以雇一辆出租车带你在岛上游玩，每天的费用为2000~3000毛里求斯卢比。

了解罗德里格斯岛

今日罗德里格斯岛

尽管争取更多自治权的运动有所进步，罗德里格斯岛仍感到自己被毛里求斯主岛的政策制定者所忽略，一些人在酝酿下一步行动。就罗德里格斯岛本身而言，完全独立仍然是一些人的强烈愿望，在2010年的4月就曾发起过一次罗德里格斯岛独立运动（Muvman Independantis Rodriguais，简称MIR），两位竞选者以“罗德里格斯人”而不是“毛里求斯人”的身份竞争政府职位。尽管这一运动没能成功，但是独立问题是不会就这么轻易烟消云散的。

与此同时，罗德里格斯岛的地区议会正在试图处理一些至关重要的问题，如人口增长、贫困和严重缺水。罗德里格斯岛的缺水问题非常严重，已经到了全年限量供应的程度。新的酒店和很多已有的酒店被迫去寻找可持续的供水选择（包括海水淡化），这也是长期困扰该岛的一个问题。

历史

罗德里格斯岛是以葡萄牙航海家唐·迪亚戈·罗德里格斯（Don Diégo Rodriguez）的名字命名的。1528年，他作为欧洲人第一个发现了这座了无人烟的岛屿。荷兰水手是第二批来访的人，但是他们没有多做停留。几年后的1601年，法国人来到了这里。

最早，罗德里格斯岛只是一个船只躲避风暴的地方，他们也在此添加淡水和肉类的补给。那时候人们尤其以这里的巨型象龟为荣，因为它们能够在船上养上好几个月。成千上万的巨型象龟后来被陆续带走或者杀掉，直到完全绝种。罗德里格斯岛还有一种叫solitaire的不能飞的鸟，它们的命运和它们的远亲渡渡鸟一样，最后都灭绝了。

第一次真正意义上的殖民化尝试发生在1691年，当时法国人弗朗索瓦·乐高特以及7个因为遭受宗教迫害而逃离家乡的胡格诺派教徒来到这里，为的是寻找“希望之地”。岛上的庄稼长势喜人，这儿的动植物也让人叹为观止。即便如此，两年以后犹如天堂般的岛上生活也开始乏味起来，尤其是因为没有女性的陪伴。乐高特和他的朋友们没有自己的船（他们来时搭乘的船并没有按照约定回来接他们），于是他们用漂流木建造了一艘小艇，最后到了毛里求斯。

1735年，法国人在罗德里格斯岛建立了永久殖民地，并且将少量的人马安顿在了马蒂兰港，但是这个殖民地一直都没有发展起来。所以当英国人在1809年入侵时（他们想要寻找一个方便攻打法属毛里求斯的基地）几乎没有遇到什么抵抗。

1967年，罗德里格斯人以高达90%的投票率决定不从英联邦独立出来（而毛里求斯其他地方则投票坚决要求脱离英联邦）。这也体现了两座岛屿之间在前景上的巨大差异。在独立之后，罗德里格斯岛继续强调他们的诉求与本国其他地方有很大不同，而且中央政府往往忽略了他们。

赛尔日·克莱尔和他成立于1976年的组织Organisation du Peuple de Rodrigues（OPR）发起了一次独立运动。2001年，他的耐心和政治斡旋最终有了回报，罗德里格斯岛被允许有了一定的自治权，特别是在社会和经济事务领域以及对自然资源的管理方面。次年，罗德里格斯人选举出了18名议员。地区议会于2002年正式成立，并由赛尔日·克莱尔担任首席专员。

留尼汪

人口：845,000/☎262

包括 ➡

最佳餐饮

- Les Letchis（见278页）
- L' Eveil des Sens – Le Blue Margouillat（见217页）
- Auberge Paysanne Le Palmier（见268页）
- Le QG（见245页）
- Le Saint-Michel（见206页）

最佳住宿

- Senteur Vanille（见206页）
- Rougail Mangue（见265页）
- Villa Belle（见254页）
- Diana Dea Lodge & Spa（见279页）
- Dan' n Tan Lontan（见269页）

为何去

留尼汪是印度洋上的最后一个冒险之岛。这片弹丸之地上的景观丰富至极，令人叹为观止。这座风景优美的魔幻岛屿像一面玄武岩盾牌，从海面上升起，掩映在绿色之中，俨然是微型的夏威夷。这里可以期待的东西很多：郁郁葱葱的森林、奔腾不息的瀑布、令人难忘的山景、曲折的道路、荡气回肠的全景、充满活力的海滨城市以及星罗棋布的白沙或黑沙海滩。令人生畏的富尔奈斯火山（Piton de la Fournaise）是世界上最容易到达的活火山之一，更为它锦上添花。难怪留尼汪能够成为自然和户外爱好者的梦想之地。在这里，徒步远足是首选活动，不过溪降运动、滑翔伞、漂流、骑马、潜水、观鲸以及登山也值得尝试。

留尼汪还有许多吸引文化爱好者的东西，比如，令人着迷的克里奥尔、非洲、印度、中国和法国文化遗产，众多珍贵的建筑和充满生气的节日足以让你深入了解当地文化。

何时去

- 留尼汪只有两个截然不同的季节：从12月到次年4月是炎热多雨的夏季，从4月底到11月是凉爽干旱的冬季。沿海地区的平均温度为冬天22℃、夏天27℃，山区则会分别降到11℃和18℃。
- 旅游高峰期是从7月至9月初的法国学校假日，10月到新年假期也很繁忙，但在此之后，游客潮会在气旋天气多发的2月和3月平寂下来。
- 较干燥的冬季最适合徒步远足，因为某些小道在潮湿的时候根本无法通行。东海岸比西海岸潮湿得多。
- 观鲸季从6月持续到10月。

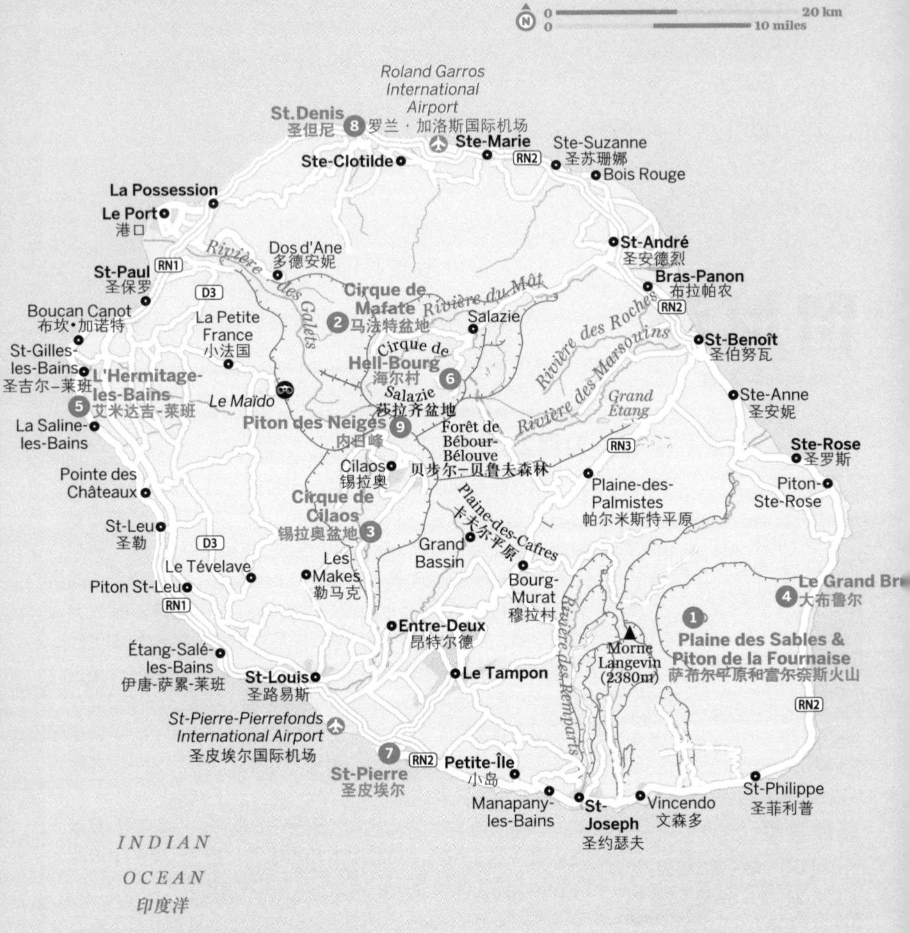

留尼汪亮点

❶ 尽情欣赏**萨布尔平原和富尔奈斯火山**（见246页）火星般的景致。

❷ 探索**马法特盆地**（见241页）那些无与伦比的地形地貌。

❸ 来到**锡拉奥盆地**（见225页）奇特精彩的悬崖峭壁地带，进行峡谷漂流。

❹ 眺望**大布鲁尔**（见269页）月球表面般的荒芜地貌，满眼都是凝结的黑色熔岩。

❺ 全身心投入**艾米达吉-莱班**（见209页）岛上迷乱的夜生活。

❻ 进入风景如画的**海尔村**（见236页），欣赏那些克里奥尔式房屋。

❼ 探索**圣皮埃尔**（见249页）殖民时期的遗迹和精彩的夜生活。

❽ 在**圣但尼**（见187页）的克里奥尔式建筑中探寻历史遗迹。

❾ 冲上**内日峰**（见226页）的峰顶，欣赏震撼人心的景色。

圣但尼(ST. DENIS)

人口: 145,300

喜欢法国的游客在留尼汪首府圣但尼(发音为san-de-nee)会感到很舒服。要不是棕榈和凤凰木提醒你正身处阳光更明媚(也更热)的地方,你很容易将圣但尼误认为法国城市。街道上遍布潮流商铺、啤酒店、小酒吧和面包房。

留尼汪的多数旅游景点都位于岛外,因此大多数旅行者只是为租辆汽车而在这里短暂停留,然后驾车去往更加精彩的地方。但是圣但尼并不是只值得匆匆一瞥而已。很快你就会发现,在表面的法国风情下,这座城市还拥有一个毋庸置疑的克里奥尔灵魂,隐藏在四处遍布的殖民地和宗教建筑中,展现着轻松随意的多民族氛围。

如果这还不够的话,这里常常有供你享乐的机会:在装潢时髦的咖啡馆一边品着咖啡一边欣赏赛加(séga,非洲传统舞蹈音乐)或玛洛亚(maloya,留尼汪传统舞蹈音乐)原声音乐,又或者在美食家餐厅尽情享用精致的晚餐。

历史

圣但尼于1668年由勒尼奥(Regnault)总督建立,他以一艘在这里搁浅的船为这个定居点命名。但直到马埃·德·拉布尔多奈斯(Mahé de Labourdonnais)总督在1738年将首府从圣保罗(St-Paul)迁到这里之后,圣但尼才真正开始发展;这座港口总体上更加掩蔽,容易守卫,而且水资源更充足。

19世纪开启了圣但尼的黄金时期。随着金钱从糖料种植园涌入,城镇上的富人为自己建立了豪华的宅邸,有些宅邸现在仍然沿着Rue de Paris和周围的街道矗立。但在19世纪初,糖类市场大跌,黄金时期迎来了惨淡的结尾。直到1946年,圣但尼成为新的地区首府后,它的财富才开始恢复。为应对涌入的公务员、金融家和办公室职员,城市沿着海岸向东并朝着背后的山区迅速扩张。直到今天吊车还随处可见,因为圣但尼还在努力容纳日益增长的人口。

景点

圣但尼没有沙滩,但它拥有许多保存完好的殖民地建筑,反映了这座城市在19世纪的全盛时期。这些殖民地建筑主要沿着Rue de Paris、Ave de la Victoire、Rue Pasteur和Rue Jean Chatel这几条街道排列。这里还是令人印象深刻的宗教建筑的集中地。

基舍南公馆 历史建筑

(Maison Kichenin; 见188页地图; 42 Rue Labourdonnais)这座保存完好的克里奥尔式宅邸修建于18世纪90年代,它被认为是最古老的圣但尼同类建筑之一。花园中比例匀称的喷泉是一大亮点。

留尼汪总理事会——文化部 历史建筑

(Conseil Général de la Réunion - Direction de la Culture, Villa du Département; 见188页地图; 18 Rue de Paris)你不能错过这座别墅——它是圣但尼克里奥尔建筑中最雅致的一座,拥有华丽的游廊、精美繁复的雕饰,以及一座修剪整齐、附带喷泉的花园。它修建于1804年。

省政府 历史建筑

(Préfecture; 见188页地图; Place de la Préfecture)作为圣但尼最宏伟的建筑之一,省政府在1734年竣工后首先用作咖啡仓库,后来又成为法属东印度公司的总部所在地。

前市政厅 历史建筑

(Former Hôtel de Ville, Town Hall; 见188页地图; Rue de Paris)许多人都认为位于Rue de Paris北端的前市政厅是城市中最美丽的建筑;它属于新古典主义风格,成排的柱子、栏杆、亮黄色的外观以及漂亮的钟楼都让它无比威风。

龙托奈宫 历史建筑

(Palais Rontaunay; 见188页地图; 5 Rue Rontaunay)修建于1854年的龙托奈宫是一座布尔乔亚式别墅,保存着19世纪的优雅风范。

德雷蒙德-巴雷公馆 历史建筑

(Maison Deramond-Barre; 见188页地图; 15 Rue de Paris)这座修建于19世纪30年代的殖民地建筑曾是法国前总理雷蒙德·巴雷(Raymond Barre)的家宅,也是诗人兼画家莱昂·迪尔科斯(Léon Dierx)的出生地。保存完好的外表及其和谐的比例值得一看。

St.Denis 圣但尼

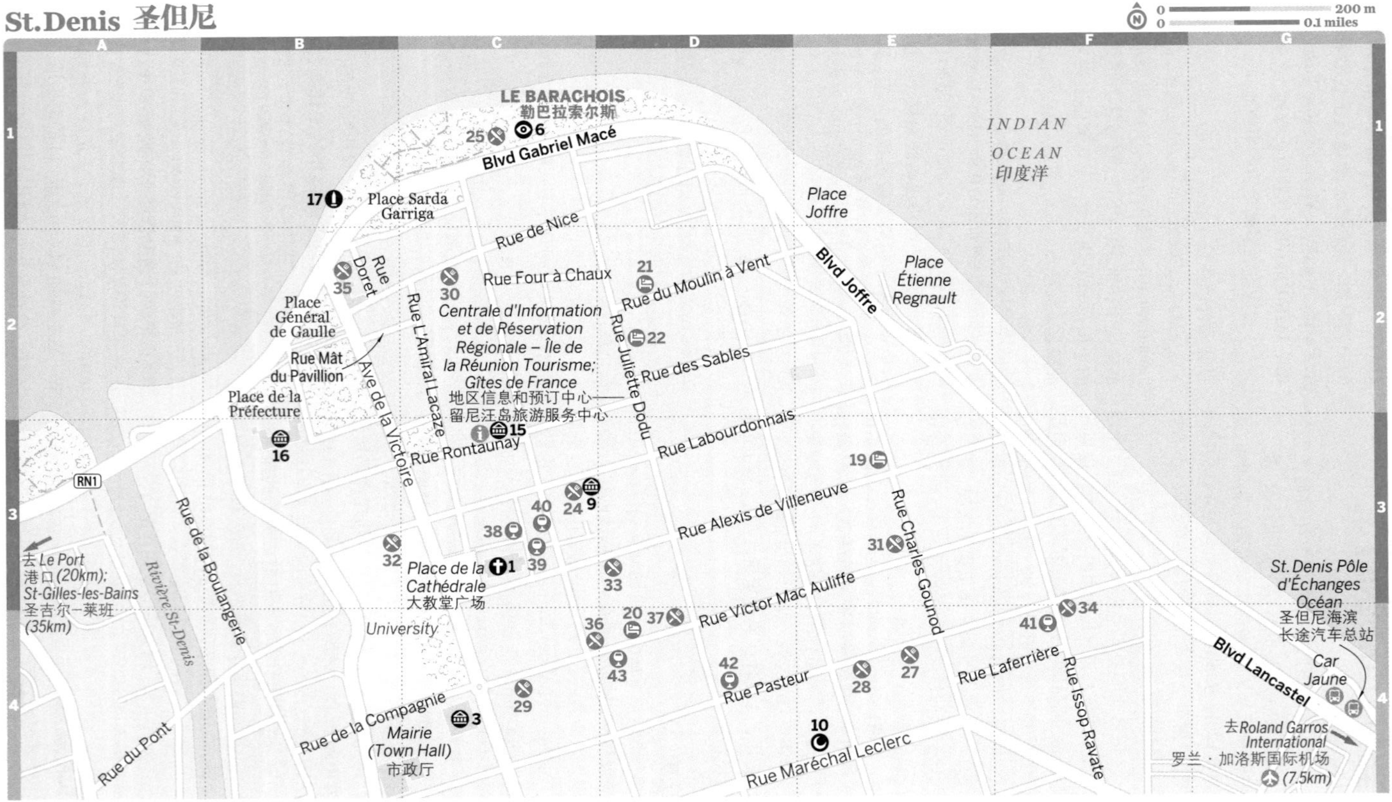
0 200 m
0 0.1 miles
A
B
C
D
E
F
G
1
2
3
4
LE BARACHOIS
勒巴拉索尔斯
6
25
Blvd Gabriel Macé
INDIAN
OCEAN
印度洋
17
Place Sarda
Garriga
Place
Joffre
Rue de Nice
Place
Étienne
Regnault
Blvd Joffre
Rue
Doret
35
30
Rue Four à Chaux
21
Rue du Moulin à Vent
Place
Général
de Gaulle
Rue L'Amiral Lacaze
Centrale d'Information
et de Réservation
Régionale – Île de
la Réunion Tourisme;
Gîtes de France
地区信息和预订中心——
留尼汪岛旅游服务中心
Rue Juliette Dodu
22
Rue des Sables
Rue Mât
du Pavillion
Ave de la Victoire
Place de la
Préfecture
16
15
Rue Rontaunay
Rue Labourdonnais
19
RN1
24
9
40
38
39
Rue Alexis de Villeneuve
Rue de la Boulangerie
32
Place de la
Cathédrale
大教堂广场
1
33
31
Rue Charles Gounod
去Le Port
港口(20km);
St-Gilles-les-Bains
圣吉尔-莱班
(35km)
Rivière St-Denis
University
36
20
37
Rue Victor Mac Auliffe
43
42
Rue Pasteur
28
27
41
34
Rue Laferrière
Rue Issop Ravate
St. Denis Pôle
d'Échanges
Océan
圣但尼海滨
长途汽车总站
Blvd Lancastel
Car
Jaune
29
Rue de la Compagnie
3
Mairie
(Town Hall)
市政厅
10
Rue Maréchal Leclerc
Rue du Pont
去Roland Garros
International
罗兰·加洛斯国际机场
(7.5km)

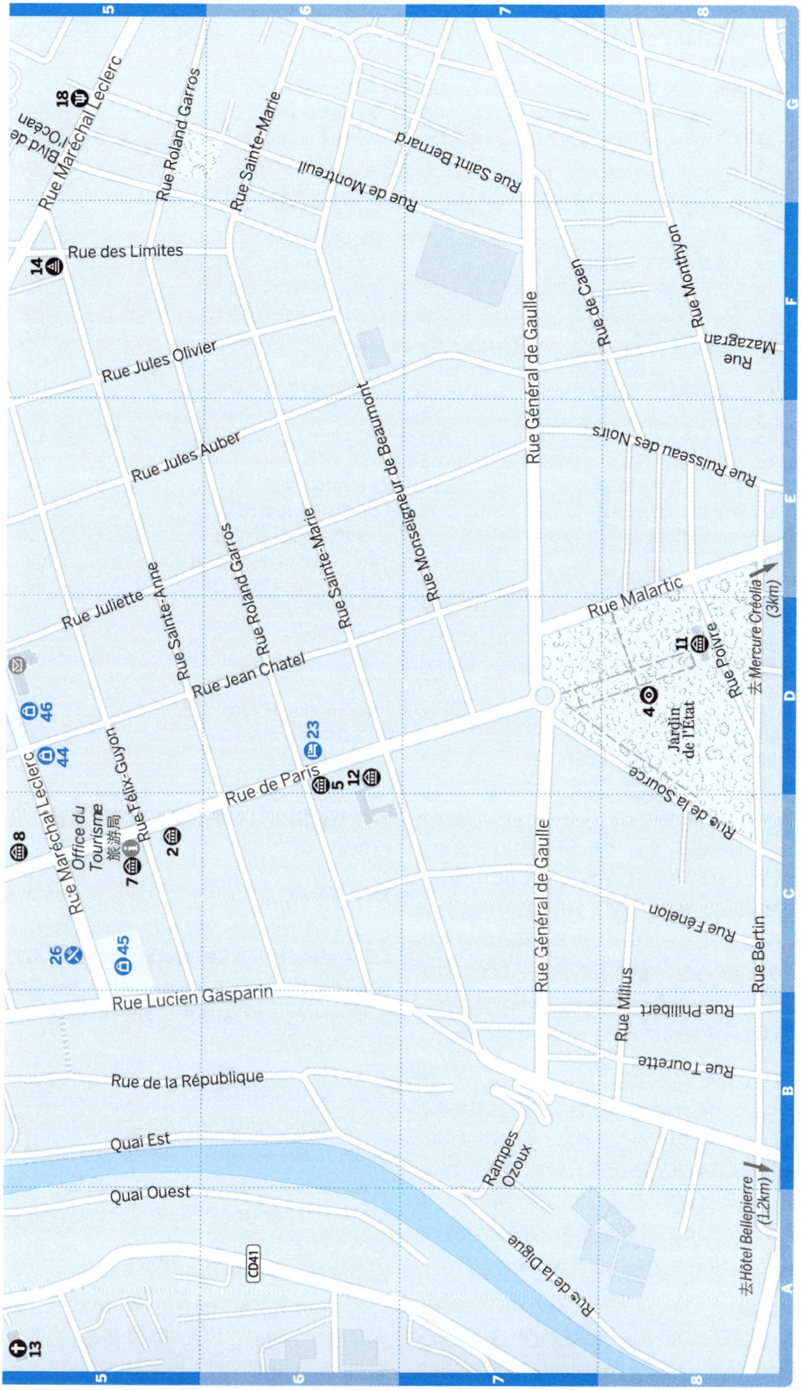

5
6
7
8
A
B
C
D
E
F
G
Blvd de l'Océan
Rue Maréchal Leclerc
Rue Roland Garros
Rue Sainte-Marie
Rue de Montreuil
Rue Saint Bernard
Rue des Limites
Rue Jules Olivier
Rue Jules Auber
Rue Juliette
Rue Sainte-Anne
Rue Roland Garros
Rue Sainte-Marie
Rue Monseigneur de Beaumont
Rue Général de Gaulle
Rue de Caen
Rue Monthyon
Rue Mazagran
Rue Ruisseau des Noirs
Rue Malartic
Rue Jean Chatel
Rue de Paris
Rue Félix-Guyon
Office du Tourisme
旅游局
Jardin de l'État
Rue Poivre
去 Mercure Créolia (3km)
Rue de la Source
Rue Général de Gaulle
Rue Fénelon
Rue Bertin
Rue Milius
Rue Philibert
Rue Tourette
Rue Lucien Gasparin
Rue de la République
Quai Est
Quai Ouest
Rampes Ozoux
Rue de la Digue
CD41
去 Hôtel Bellepierre (1.2km)
18
14
46
44
23
5
12
8
7
2
11
4
26
45
13

St-Denis 圣但尼

努尔·E.伊斯兰清真寺 清真寺

（Mosquée Noor E Islam；见188页地图；121 Rue Maréchal Leclerc；⏲9:00至正午和14:00~16:00，礼拜时间除外）作为圣但尼最具标志性的建筑之一，这座大清真寺高高的宣礼塔占据了市中心。它的内部为白色和绿色，是平和沉静之地。圣但尼的伊斯兰社区非常传统，所以如果你想前往的话，衣着举止要得体。

圣但尼大教堂 教堂

（Cathédrale de St.Denis；见188页地图；Place de la Cathédrale）沿着Ave de la Victoire漫步，你就会来到圣但尼大教堂，它是一座托斯卡纳风格建筑，建于1829~1832年。作为大教堂有点寒酸，因为它更像一座新英格兰教会教堂，带有一个乳白色的尖顶。

关帝庙 佛教

（Pagode Guan Di；见188页地图；Rue Sainte-Anne；⏲周一、周三和周日 8:30~11:00）眨眼之间你就可能错过这座宝塔，如今华人社区在使用它。

泰米尔寺庙 印度教寺庙

（Tamil Temple，Kovil Kalikambal Temple；见188页地图；259 Rue Maréchal Leclerc）圣但尼的这座印度教寺庙虽小，但色彩大胆鲜艳，在繁忙街道上的一排商店中十分醒目。游客不能进入寺庙内部。

里昂·迪尔科斯博物馆 博物馆

（Musée Léon Dierx；见188页地图；☎0262 20 24 82；28 Rue de Paris；成人/儿童 2欧元/免费；⏲周二至周日9:30~17:00）这座博物馆位于建于1845年的前主教宫中，囊括了留尼汪最重要的现代艺术品收藏。这里有出自卢梭、高更和伯纳德等艺术大家之手的绘画、雕塑和陶瓷艺术品（展品每三个月更换一次）。你还能在这里看到留尼汪诗人兼画家里昂·迪尔科斯（1838~1912年）的一些画作。

图片／鸟瞰留尼汪的塔卡玛卡瀑布　供图／视觉中国

lonely planet

“只要决定出发，最困难的部分就已结束。那么，出发吧！”

托尼·惠勒（Tony Wheeler），Lonely Planet 联合创始人

MRS019220

艺术外借 画廊

（L' Artothèque；见188页地图；☎0262 41 75 50；26 Rue de Paris；⌚周二至周日 9:30~17:30）免费 这座当代艺术画廊经常举办当地和邻国艺术家的作品展览。它位于一座漂亮的浅黄色别墅中。

卡勒尔之家 博物馆

（Maison Carrère；见188页地图；☎0262 41 83 00；14 Rue de Paris；3欧元；⌚周一至周六 9:00~17:00）这座经过精心修复的大厦可追溯至19世纪20年代，它是克里奥尔建筑的一个美丽典范，有一条精致的走廊，屋檐前装点着繁复的雕饰。它完美地阐释了这座城市的殖民地历史。旅游局也在这里办公。

历史自然博物馆 博物馆

（Musée d' Histoire Naturelle；见188页地图；☎0262 20 02 19；Jardin de l' État；2欧元；⌚周二至周日 9:30~17:30）在这座坐落于市政公园之内的博物馆，可同狐猴以及其他剥制动物标本近距离接触。除了引人注目的狐猴，二楼还有精彩的昆虫和鸟类展览。

市政公园 花园

（Jardin de l' État，Botanical Gardens；见188页地图；Rue Général de Gaulle；⌚7:00~18:00）免费 建于1763年的美丽的市政公园位于Rue de Paris南端，是一个休整的好地方，并且你可以在这里认识众多热带植物。历史自然博物馆就坐落在公园深处。

勒巴拉索尔斯 水滨

（Le Barachois；见188页地图）这座海滨公园是一个在圣但尼吹海风的好地方，它的边缘有一排面朝大海的大炮。这里有一个法式滚球（与保龄球类似的运动）场、一些咖啡馆以及一座为在留尼汪出生的飞行员罗兰·加洛斯（Roland Garros）设立的**纪念碑**（见188页地图；Place Sarda Garriga），它若无其事地斜倚在一个螺旋桨上。

解救圣母教堂 教堂

（Notre-Dame de la Délivrance；见188页地图；⌚8:00~18:00）解救圣母教堂（1893年）位于经常干涸的圣但尼河对面的山坡上，因圣埃克斯佩蒂特（St Expédit）的塑像而闻名。雕像就在门内，衣着仿似一个年轻罗马士兵。

住宿

大多数酒店都是专为商务旅行者设计的多层水泥块，十分沉闷。廉价宿舍已经濒临消失，高端住所也极为有限。住宿全年需求旺盛，强烈建议预订。

Chez Nicole Maillot 民宿 €

（☎0262 53 81 64；http://chambresdhotesnicolemaillot.jimdo.com；54 Rue Nono Robert，La Confiance-les-Bas，Ste-Marie；双/标三含早餐55/67欧元；P 📶 ≋）这个民宿位于机场上方的山间，往返圣但尼（10公里）、机场（5公里）和东海岸非常方便，是理想的旅游大本营。三间客房没有什么过人之处，但是幽静的环境、美丽的海景、热带花园和小型泳池使这里与众不同。

不提供餐饮（除了早餐），但是设有公用厨房。最少两晚起住。

Hôtel Phoenix 酒店 €

（见188页地图；☎0262 41 51 81；http://phoenix-hotel.e-monsite.com；1 Rue du Moulin à Vent；标单48欧元，双51~56欧元，含早餐；❄ 📶）这家小酒店坐落在一条宁静的街道上，距离市中心只有几步之遥。2016年，客房粉刷一新，并且计划翻新卫生间。就整体而言，这个地方干净且物有所值，尤其是考虑到房价还包含早餐。这里有空调（仅19:00至次日7:00）和免费Wi-Fi。

某些房间正对一面混凝土墙；争取选择5号、6号或7号房间，它们都有阳台。

★La Maison d' Edith 民宿 €€

（☎0692 69 66 05；www.maisondedith.com；59 Chemin Commins，La Montagne；双含早餐 100~110欧元；P 📶 ≋）主人热衷于克里奥尔文化，并且以修缮这个地方表达对于此地之灵的敬慕。客房总共三间，有着仿古家具、克里奥尔式天花板，以及精致的纺织品。带你的爱人来这里吧！最佳优势就是开阔的花园，能够欣赏无限海景，还有一个无与伦比的泳池。是放松身心的绝佳场所。

不足之处：卫生间不在客房之内。民宿

位于La Montagne，距离圣但尼大约10公里（10~15分钟车程）——你需要一辆汽车。

La Villa des Cannes 民宿 €€

（见272页地图；☎0692 06 45 22，0262 37 32 13；www.lavilladescannes.com；17 Lotissement Lisa，Chiendent，Route du Paradis，Ste-Marie；双/四含早餐 150/230欧元；P❄📶🏊）这家精品酒店风格的民宿，由一对去过许多地方的法国夫妇经营，位于Ste-Marie之上的山间。提供三间绝佳的客房，装饰风格独特。Sarkova客房可能并非人人喜欢——卫生间与卧室共享空间。泳池波光粼粼，颠簸一天之后来此畅游，真是身心舒爽。

这里不太容易找到，建议登录网站查询确切位置。

Central Hôtel 酒店 €€

（见188页地图；☎0262 94 18 08；www.centralhotel.re；37 Rue de la Compagnie；标单56~96欧元，双76~108欧元，含早餐；P❄📶）因其便利的位置而受到认可，距离餐厅、酒吧和商店都很近。它提供的酒店客房平淡无奇，看起来都是一副模样，没有多少岛屿风情。但是，拥有专属停车场（只有12个车位），所有卫生间2016年翻修一新。一些客房带有阳台。如果携带沉重行李箱，最好入住二楼客房，因为没有电梯。

Austral Hôtel 酒店 €€

（见188页地图；☎0262 94 45 67；www.hotel-austral.fr；20 Rue Charles Gounod；标单81~91欧元，双95~105欧元；P❄@📶🏊）这家庄重的酒店并不像它自以为是的那样是三星级宾馆，但房间足够舒适，位置绝佳，卫生间2015年装修一新，设施良好，还有一个小游泳池。专用停车场位置有限（尽量早到占个位置）。

如果想在这里住下的话，就选择高层——房间和风景都是越高越好。301号、302号、306号、307号和308号房间能够欣赏绝佳海景。

Hôtel Bellepierre 酒店 €€€

（☎0262 51 51 51；www.hotel-bellepierre.com；91bis Allée des Topazes；标单 187~207欧元，双 200~224欧元，套 254欧元起，含早餐；P❄📶🏊）在这个位于市中心以南大约3公里的宁静绿洲，感觉生活节奏也会慢下来。客房宽敞、设施齐全、温馨舒适，符合你对四星级住宿的期待。亮点就是那个中等大小的泳池，融入大海，似乎伸向天际。

新楼内的客房最为安静，能够欣赏惊艳的海岸景色。美食爱好者能够在此一饱口福，店内餐厅深受好评。

Villa Angélique 精品酒店 €€€

（见188页地图；☎0262 48 41 48；www.villa-angelique.fr；39 Rue de Paris；标单 145~185欧元，双 165~195欧元，含早餐；❄📶）Villa Angélique是圣但尼最接近精品酒店的一家，它位于一座精心翻修过的历史建筑中，气氛典雅。它对殖民地风格装饰进行了现代的改动：这里有磨光木地板、美丽的木质家具、闪闪发亮的卫生间和美轮美奂的床铺。餐厅闻名遐迩（对外开放）。一个缺点：没有专用停车场。

Mercure Créolia 酒店 €€€

（☎0262 94 26 26；www.mercure.com；14 Rue du Stade，Montgaillard；双110~215欧元；P❄@📶🏊）Mercure Créolia位于市中心以南4公里的一个宁静社区中，来到这家酒店所花的精力会被海岸美妙的风景弥补。房间注重功能性，朴实无华，装饰也并不特殊，但是环境和令人放松且专业的氛围能够充分弥补稍微过时的风格。

便利设施包括一个酒吧、一家餐厅和一个健身房。注意，较便宜的房间只能俯瞰停车场。这里最大的优点是游泳池，它是留尼汪最大的泳池之一。事先在网上预订能帮助你得到最优价格。

Le Juliette Dodu 酒店 €€€

（见188页地图；☎0262 20 91 20；www.hotel-jdodu.com；31 Rue Juliette Dodu；标单 110~165欧元，双160~190欧元，套215~250欧元，含早餐；P❄@📶🏊）这是一家19世纪早期克里奥尔风格的酒店，住在这里会觉得自己就像一位殖民地时期的总督。虽然廉价的房间比较幽闭，并不出彩，但接待处仍然有古典遗风——为了满足人们的虚荣心，这里有古老的家具、鼓鼓囊囊的扶手椅以及旧式地砖，还有一个游泳池和一家舒适的餐厅。有利条件：带有专用停车场（车位不多）。它距离勒巴拉索尔斯南边只有2分钟的路程。

就餐

感谢法国人对美食的热情，圣但尼如今是吃货的天堂，各式美食能够迎合所有口味和预算。

值得一提的是，许多酒吧也提供食物。

Perlin Pain Pain 面包房 €

（见188页地图；☎0262 23 01 21；www.perlinpainpain.re；43 Rue de la Compagnie；三明治和小吃 3.50~10.50欧元；⏲周一至周六 5:30~19:30，周日至正午；📶）这家面包房拥有圣但尼最佳烘焙食品和熟食，提供一系列美味可口的食物，包括奶油糕点、羊角面包、圆面包（macatias）、三明治、汉堡包和贝果（bagel）。如想啜饮一杯提神醒脑的咖啡、游览城市之后想要吃顿快捷实惠的午餐，这里都是理想的场所。早餐也很好。店后餐厅窗明几净、赏心悦目。

Le Caudan 印度菜 €

（见188页地图；☎0262 94 39 00；38 Rue Charles Gounod；主菜8~13欧元；⏲周二至周六 10:00~22:00，周日至周一 至14:00）这个毫不起眼的社区小店位于一座克里奥尔式小房子中，提供美味的印度和毛里求斯小吃以及现成的菜肴。自制的印度香饭（biryani）是这里的特色。一杯alouda（甜味的乳制饮品）或一杯豆蔻茶水可以为一餐画上圆满的句号。食物可外带。

L' Igloo 冰激凌 €

（见188页地图；☎0262 21 34 69；www.ligloolefetglace.re；67 Rue Jean Chatel；冰激凌 2~13欧元，主菜 10~21欧元；⏲周一至周四 11:30至午夜，周日 15:00~23:30；📶）这家令人垂涎欲滴的冰激凌店位于圣但尼闹市区，30余种口味、分量十足就是它的特色。将你的注意力从略为俗气的蓝白色南极风格壁画中转移出来，品尝滋味丰富、回味无穷的香蕉圣代（Banana Split）；爱吃巧克力的人可以选择Palette aux 6 Chocolats，共有6种口味可选。午餐时段提供小吃和简餐（沙拉、鸡蛋饼）。

Le Massalé 甜品 €

（见188页地图；☎0262 21 75 06；30 Rue Alexis de Villeneuve；甜品 0.50欧元起；⏲周一至周四、周六和周日 11:30~19:00，周五 15:00~19:00）这家小店拥有众多色彩鲜艳的印度小吃和甜点，可堂食亦可外卖。最受欢迎的种类包括萨莫萨三角饺（samosas）以及糖果粉或苹果绿的balfi（牛奶为主的甜品），还有gulab（豆蔻味油煎饼）。可以一边吃，一边喝alouda。

Camions Bars du Barachois 快餐 €

（见188页地图；Blvd Gabriel Macé；主菜 3~7欧元；⏲11:00~14:00和18:00至午夜）如果想少花钱，那么这些物美价廉的滨海餐车就是理想的补给站。这里提供分量充足的三明治和其他各种食品，从咖喱到沙拉，应有尽有。口味乏善可陈，但是餐车营业至很晚，周日也不例外。

★ Le 144 各国风味 €€

（见188页地图；☎0262 11 24 07；www.le-144.com；12 Rue de Nice；主菜 12~23欧元，套餐 16欧元；⏲周二至周六 正午至14:30和19:00~22:00；📶）这家餐馆非常前卫，位于一栋克里奥尔式房屋之内，内部时髦新潮、色彩缤纷。出色的餐厅店面让这里成为圣但尼氛围最佳的就餐场所之一。提供经过改良的欧洲风味菜品。本地美食家对于意大利烩饭和配有瑞士烧奶酪（raclette cheese）的"Burger144"赞赏有加。

Le Reflet des Îles 克里奥尔菜 €€

（见188页地图；☎0262 21 73 82；www.lerefletdesiles.com；114 Rue Pasteur；主菜14~25欧元；⏲周一至周六 正午至14:00和19:00~21:30）这家广受赞誉的餐厅是在圣但尼品尝货真价实的克里奥尔食物的最佳地点，提供总计15种出色的咖喱（carris）和炖菜（civets）。如果你的口味比较清淡的话，也有西式鱼肉和其他荤菜。餐单被翻译成英语——这在留尼汪并不常见。

Le Comptoir du Potager 新派法国菜 €€

（见188页地图；☎0692 85 59 31；www.facebook.com/AuComptoirDuPotager；8bis Rue Labourdonnais；套餐 20~23欧元；⏲周一至周五 正午至13:45，周五和周六 19:30~21:30）对于现代法式小馆而言，这个波希米亚风格的店面出类拔萃。可从黑板上的粉笔字菜单中挑选各种创意混搭菜，无论如何，不要错过精美的自制甜品。菜单简明扼要，每三周变换一次。午餐时段，眨眼间顾客盈门，建议预订或者提早前往。

La Calade

地中海菜 €€

（见188页地图；☎0262 20 32 32；www.facebook.com/La Calade Restaurant；88 Rue Pasteur；主菜 15~24欧元；⏰周二至周六 正午至14:00和19:00~22:00；📶）店面入口很不显眼，店主是法国大厨，自从开设这个餐馆以来就很受关注。无论落座鲜花盛开的花园，还是走进精美雅致的餐厅，均能享用到地道的地中海美食：超级新鲜、有滋有味、物有所值。

Snack-Bar Chez Jean-Marc

克里奥尔菜 €€

（见188页地图；☎0262 21 46 70；Rue du Maréchal Leclerc；主菜 12~16欧元；⏰周一至周六 11:45~14:30）这家小饭馆不太起眼，藏身市场之内（后面），食物简单，但是新鲜可口。这是感受街道气息和体验当地生活的理想地点。

Bistrot de la Porte des Lilas

法国菜 €€

（见188页地图；☎0262 41 40 69；www.bistrotdeslilas.fr；38bis Rue Labourdonnais；主菜 12~24欧元，午餐套餐 19~24欧元；⏰周一至周六 正午至14:00和19:30~22:00）这个餐馆环境温馨，提供精致的法国特色菜品，带有一些异域风味。午餐套餐售价19欧元，物美价廉。店后设有露天餐座。

Kim Son

越南菜 €€

（见188页地图；☎0262 21 75 00；13 Rue du Maréchal Leclerc；主菜 9~16欧元；⏰周一至周五 正午至14:00，周三至周六 19:00~21:30）Kim Son是圣但尼一家经典越南餐馆，20多年以来一直提供健康的越南美食。必点菜包括越南沙拉和春卷。

L' Arto Carpe

法国菜 €€

（见188页地图；☎0262 21 55 40，9 Ruelle Edouard；主菜 14~23欧元；⏰周二至周六 正午至14:00和19:00~22:00，酒吧 周二至周六 10:00至午夜；📶）这家餐馆活力四射，藏身于大教堂后面的一个步行小巷。位于一座经过修复的石质建筑之内，如果你对味道浓重的克里奥尔经典菜品已经厌烦，不妨到这里换换口味。菜单简洁，使用当季的新鲜食材，食物制作创意十足、装盘赏心悦目。西班牙小吃（5~11欧元）18:00起售。这里同时又是一家酒吧。

Le Roland Garros

法式啤酒馆 €€

（见188页地图；☎0262 41 44 37；2 Place du 20 Décembre 1848；主菜 16~22欧元，午餐套餐 15欧元；⏰正午至午夜；📶）这家圣但尼餐馆有种巴黎小馆的感觉——顾客盈门、服务周到。提供精美的法式啤酒馆食物，菜品覆盖面广，足以满足多数人的口味。它的鞑靼牛肉（tartares）和每日特色菜都非常值得品尝。对了，周日营业（这在圣但尼很罕见）。

★ La Fabrique

创意菜 €€€

（见188页地图；☎0262 19 80 60；www.lafabriquerestaurant.re；76 Rue Pasteur；主菜 24~27欧元，午餐套餐 25~28欧元，晚餐套餐 45欧元；⏰周二至周六 正午至14:00，周五和周六 19:45~22:00；📶）在年轻大厨Jehan Colson带领之下，创意美食成为这家餐馆的主导菜品。这里有着舒适的用餐环境、小巧的阳台、工业风的装饰，以及美味的菜肴。烹饪已经在此升华为一种艺术。在这里能够吃到采用极品食材烹制的多汁烩菜。酒单亦是亮点，提供精选法国酒品。

L' Atelier de Ben

创意菜 €€€

（见188页地图；☎0262 41 85 73；www.atelier-de-ben.com；12 Rue de la Compagnie；主菜 24~30欧元，午餐套餐 23~27欧元；⏰周二至周六 正午至13:15和19:30~21:15）法国主厨伯努瓦·旺托克斯（Benoît Vantaux）真是一位奇异人士，创造出神奇的烹饪配方，融合法国、克里奥尔和亚洲特色，形成无与伦比风格，完美搭配法国酒水。精美饮食还包括几种出色的甜品。

🍷 饮品和夜生活

留尼汪的大部分夜生活都集中在艾米达吉-莱班（L' Hermitage-les-Bains）和圣皮埃尔（St-Pierre）海岸，不过在圣但尼也有一些过得去的夜店供你享乐。最热闹的地区位于大教堂旁边，在这一两个街区之内，汇聚着数家酒吧。

Le Passage du Chat Blanc

酒吧

（见188页地图；☎0692 97 00 05；www.

facebook.com/passage974; 26 Rue Jean Chatel; ⌚周三至周日 17:00至午夜）这个酒吧深受欢迎，新潮人士蜂拥而至。除了鸡尾酒比较有名，大多数夜晚有现场音乐——浩室音乐、非洲打击乐、摇滚乐、电子音乐。

Café Edouard
酒吧

（见188页地图；☎0262 28 45 02; 13 Ruelle Edouard; ⌚周一至周六 10:00~23:30; 📶）可以来这家热闹的酒吧闲逛，设有室外座椅，提供许多精选啤酒和烈酒。午餐和晚餐时段提供价格合理的酒吧食物。

KT Dral
酒吧

（见188页地图；☎0692 95 92 00; www.facebook.com/ktdral; 5 Ruelle Saint-Paul; ⌚周一至周六 10:00~23:30; 📶）藏身于大教堂背后的一条小巷里，这家气氛友好的酒吧在周末会聚集不少漂流爱好者，这里的活跃氛围和鸡尾酒同样吸引人。不要错过周四或周五晚上的现场乐队表演。忽略这里的食物。

O' Bar
酒吧

（见188页地图；☎0262 52 57 88; 32 Rue de la Compagnie; ⌚周一至周四 10:00至次日1:00，周五至周六 10:00至次日2:00; 📶）这是位于市中心的时髦酒吧，街边的露台可以让你观察形形色色的人。食物一般。18:30开始供应西班牙小吃。

Le Zanzibar
酒吧

（见188页地图；☎0262 20 01 18; 41 Rue Pasteur; ⌚酒吧 17:00至午夜，餐厅 周一至周六 正午至14:00和19:00~22:00，周日 19:00~22:00）这个"热带法式小馆"既是酒吧，又是餐馆，是热爱交际的当地人的休闲场所，提供绝佳的热带酒水。饿吗？为了保持精力，吃点鞑靼金枪鱼或自制汉堡吧。

Le Prince Club
男同性恋酒吧

（见188页地图；☎0692 38 28 28; 108 Rue Pasteur; ⌚周五和周六 22:30至次日4:00）既是酒吧又是夜店，欢迎同性恋光顾。

购物

半步行的Rue Maréchal Leclerc和Rue Juliette Dodu是主要购物街。

L' Effet Péi
服装

（见188页地图；☎0262 29 25 60; www.leffetpei.re; 54 Rue du Maréchal Leclerc; ⌚周一至周六 9:00~18:30）来此购买岛上出产的T恤、泳衣、裙子、短裤、连衣裙和饰品，装满行李箱。男性、女性、儿童用品，一应俱全。

Boutique Pardon
服装

（见188页地图；☎0262 41 15 62; www.shop-pardon.net; Rue Maréchal Leclerc和Rue Jean Chatel交叉路口；⌚周一至周六 9:00~18:30）这家时髦的精品店提供岛上生产的衬衫、T恤、裙装和配饰。

Grand Marché
市场

（见188页地图；2 Rue Maréchal Leclerc; ⌚周一至周六 8:00~18:00）这个市场出售各种杂货，包括马达加斯加木制手工艺品、香料、编织篮、刺绣、T恤、家具以及各式各样的小摆设。

实用信息

医疗服务

加尔达圣文森特诊所（Cabinet Médical de Garde Saint-Vincent; ☎0262 477 210; Rue de Paris和Rue Maréchal Leclerc交叉路口；⌚周一至周五 19:00至午夜，周六 14:00至午夜，周日 8:00至午夜）在正常办公时间之外营业的小诊所（有两名医生）。

费利克斯居永医院（Centre Hospitalier Félix Guyon; ☎0262 90 50 50; Allées des Topazes, Bellepierre）留尼汪的主要医院，提供24小时医药和牙科服务，工作人员说英语。

旅游信息

地区信息和预订中心——留尼汪岛旅游服务中心（Centrale d' Information et de Réservation Régionale – Île de la Réunion Tourisme; 见188页地图；☎0810 1600 00; www.reunion.fr）提供信息，帮助游客预订活动、民宿、酒店和山中小屋（gîtes de montagne）。同时提供徒步信息。

Gîtes de France（见188页地图；☎0262 72 97 81; www.gites-de-france-reunion.com）提供家庭经营的民宿（chambres d' hôtes）信息。

旅游局（Office du Tourisme; 见188页地图；☎0262 41 83 00; www.lebeaupays.com; Maison Carrère, 14 Rue de Paris; ⌚周一至周六 9:00~18:00; 📶）圣但尼旅游局坐落于一栋历史

建筑中，拥有说英语的工作人员并能提供大量信息、地图和小册子。它还运营着很棒的文化团队游项目，专注于圣但尼丰富的建筑遗产（最少两人成团，10欧元）。在这里还可以预订山中小屋（gîtes de montagne）。有网络和Wi-Fi（免费使用1小时）。

到达和离开

飞机

除非另有说明，下列航空公司在圣但尼设有办事处。所有航空公司在机场也有办事处，一般每天都办公。

奥斯特拉尔航空公司（Air Austral; ☎0825 01 30 12; www.airaustral.com; 4 Rue de Nice; ⊙周一至周五 8:30~17:30）

法国航空公司（Air France; ☎3654; www.airfrance.com; 7 Ave de la Victoire; ⊙周一至周五 9:00~17:00, 周六 8:30至正午）

马达加斯加航空公司（Air Madagascar; ☎0892 68 00 14; www.airmadagascar.com; 31 Rue Jules Auber; ⊙周一至周四 8:15~12:15和13:30~17:00, 周五 至16:00）

毛里求斯航空公司（Air Mauritius; ☎0262 94 83 83; www.airmauritius.com; 13 Rue Charles Gounod; ⊙周一至周五 8:30~17:30）

Corsair航空公司（☎3917; www.corsair.fr; 2 Rue Maréchal Leclerc; ⊙周一至周五 9:00~17:30）

XL航空公司（XL Airways; ☎0892 69 21 23, 法国+33 360 04 01 03; www.xl.com）在圣但尼没有办事处。

长途汽车

圣但尼海滨长途汽车总站（St.Denis Pôle d' Échanges Océan; Gare Routière; 见188页地图; ☎0810 12 39 74; www.carjaune.re; Blvd Joffre）是主要的长途汽车站，坐落于海边。**Car Jaune**公司（见188页地图; ☎0810 12 39 74; www.carjaune.re）从这里开始提供各项服务。关于Car Jaune的信息，包括它在全岛各处以及机场班车的所有路线和时间表（horaires），都可以在长途汽车总站的服务台查询。一些更有用的路线如下：

O2路线 向西抵达圣皮埃尔，途经港口（Le Port）、圣保罗、圣吉尔-莱班（St-Gilles-les-Bains）、圣勒（St-Leu）、伊唐-萨累-莱班（Étang-Salé-les-Bains）、圣路易斯（St-Louis; 2小时，每天大约10趟，周日班次减少）。

E1或E2路线 向东抵达圣伯努瓦（St-Benoît），途经圣苏珊娜（Ste-Suzanne）、圣安德烈（St-André）和布拉帕农（Bras-Panon; 2.80欧元，1小时，每天大约15趟，周日班次减少）。

ZO（快车）向西直达圣皮埃尔（5欧元，1小时，每天大约18趟，周日5趟）。

ZE（快车）向东抵达圣伯努瓦，途经圣安德烈（5欧元，1小时，每天大约15趟，周日3趟）。

小汽车和摩托车

在圣但尼开车没有太大意义，除非你把这个城市当作探索留尼汪岛上其他地方的大本营。如果是那样的话，你可以在机场租车，或者让租车公司送到酒店门口以节省机场的额外收费（大约29欧元）。这里有许多独立和国际租车机构（见295页）。

当地交通

圣但尼相对较小，在市中心，交通依靠步行即可。

出租车

市区的出租车一般比较贵，贯穿市区至少会花8欧元。

在白天找出租车没什么问题，但在夜晚会比较困难，你可能必须打电话叫车。**Taxis Paille-en-Queue**（☎0262 29 20 29）是一家可靠的公司，可提供24小时服务。

西部（THE WEST）

欢迎来到留尼汪的阳光海岸。这里又称留尼汪的里维埃拉（Riviera）或者背风海岸，不管你如何称呼它，这片45公里长的海滨地区从圣保罗绵延至圣路易斯，沿途遍布度假村和郊区。它拥有众多已开发的旅游设施和景点，包括留尼汪岛上最好的海滩。

海洋、沙滩和阳光不是西海岸唯一的保留曲目。在陆地和海洋上还有众多活动可以参与，包括潜水、观鲸、滑翔伞运动和山地骑行。

虽然旅游业的开发在圣保罗南部已经有些失控，但是游客可以很方便地离开山脉夹道的塔马兰路线（Route des Tamarins），探

值得一游

多德安妮（DOS D' ANE）

见识了圣但尼繁忙的街道，在开始探索南部的海滨度假区之前，驱车前往与世隔绝的村庄多德安妮，它位于港口（Le Port）的后山上（沿D1公路），会为你提供新鲜的空气。

这里是在岛上腹地进行徒步旅行的绝佳基地。你可以从这里取道Rivière des Galets路线进入马法特盆地（Cirque de Mafate）。寻求较短的路途，**努瓦尔海角**（Cap Noir）的凉亭拥有很棒的风景，它距离多德安妮以北的努瓦尔海角停车场（设有路标）只有大约20分钟的路程；或者去**罗什沃尔布泰尔**（Roche Verre Bouteille）观景台赏景，那里距离停车场步行只需不到1小时。可以将这两个观景台串连成一次环形徒步（大约1.5小时）。

如果你喜欢安宁、平静，**Les Acacias – Chez Axel et Patricia Nativel**（☎0262 32 01 47; 34 Rue Germain Elisabeth; 铺 20欧元，铺含半餐 38欧元，双含早餐 50欧元；P）是无可挑剔之选。这里简朴但是干净，氛围轻松。住房就是两个民宿（家庭经营客栈）和四个一尘不染的六床宿舍。一天的跋涉之后，还能享受一顿丰盛贴心的晚餐（22欧元），露台上北海岸的风景令人赞叹。

另一个选择是**Auberge du Cap Noir – Chez Raymonde**（☎0262 32 00 82, 0262 32 07 66; 3 Allée Pignolet, Dos d' Ane; 双/四含早餐 47/92欧元；P）。位于山腰的理想位置使它拥有令人心醉神迷的海景视野。这 家朴素，接地气的民宿配备四间干净的客房，价格也不会让你望而却步。皮纽雷太太（Madame Pignolet）烹饪留尼汪特色美食很有一套——她做的红薯慕斯配巧克力酱（mousse de patate au coulis de chocolat）真是人间美味。

Kar' Ouest（www.karouest.re）运营Rivière des Galets和多德安妮（大约15公里）之间的长途汽车（8A路线）。开车的话，从Rivière des Galets出发沿着D1公路行驶。

索有趣的腹地和大地的馈赠——想象一下山坡上成片的甘蔗田和柳杉林，镶嵌着别具一格的村庄。

圣保罗（St-Paul）

人口：24,000

尽量选择周五或周六早上前往圣保罗，此时，当地市场全面开张。这个生机勃勃的城市还有一些建筑景致，包括一些保护完好的殖民时期建筑（沿着海岸分布）。狭长的黑沙海滩令人神往，但是禁止游泳。如想找到更加安全的水域，就去附近的布坎·加诺特（Boucan Canot）。

景点

马林公墓 公墓

（Cimetière Marin; Rue de la Baie）大部分来到圣保罗的游客都会造访位于城镇南端维护良好的马林公墓。这里埋葬了许多有名的留尼汪人，包括诗人勒贡特·德·列尔（Leconte de Lisle，1818~1894年）以及绰号"秃鹰"的海盗"刀疤眼"奥利维·雷瓦索（Olivier 'La Buse' Levasseur），后者于1720~1730年在印度洋上横行。

印度教寺庙 印度教寺庙

（Hindu Temple; Rue St-Louis）这座五彩缤纷的寺庙建于1871年，位于一条与海滨平行的大街上。

食宿

圣保罗住宿地点不多，因此，多数游客选择住在圣但尼［距离圣保罗只有20分钟车程（不堵车情况下）］，或者布坎·加诺特和圣吉尔-莱班的度假城镇（位于圣保罗以南几公里处）。

虽然圣保罗住宿地点不多，餐饮业却相当活跃，餐馆林立，从欧洲美食餐厅到小吃餐车（camions-snack），应有尽有。记得留点精力游览海滨大道上热闹非凡的市场。这个市场周五全天开放，周六早上开放。商品琳琅满目，包括本地蔬菜、水果、调料和美味小吃，真是丰富多彩。

Western Réunion 留尼汪西部

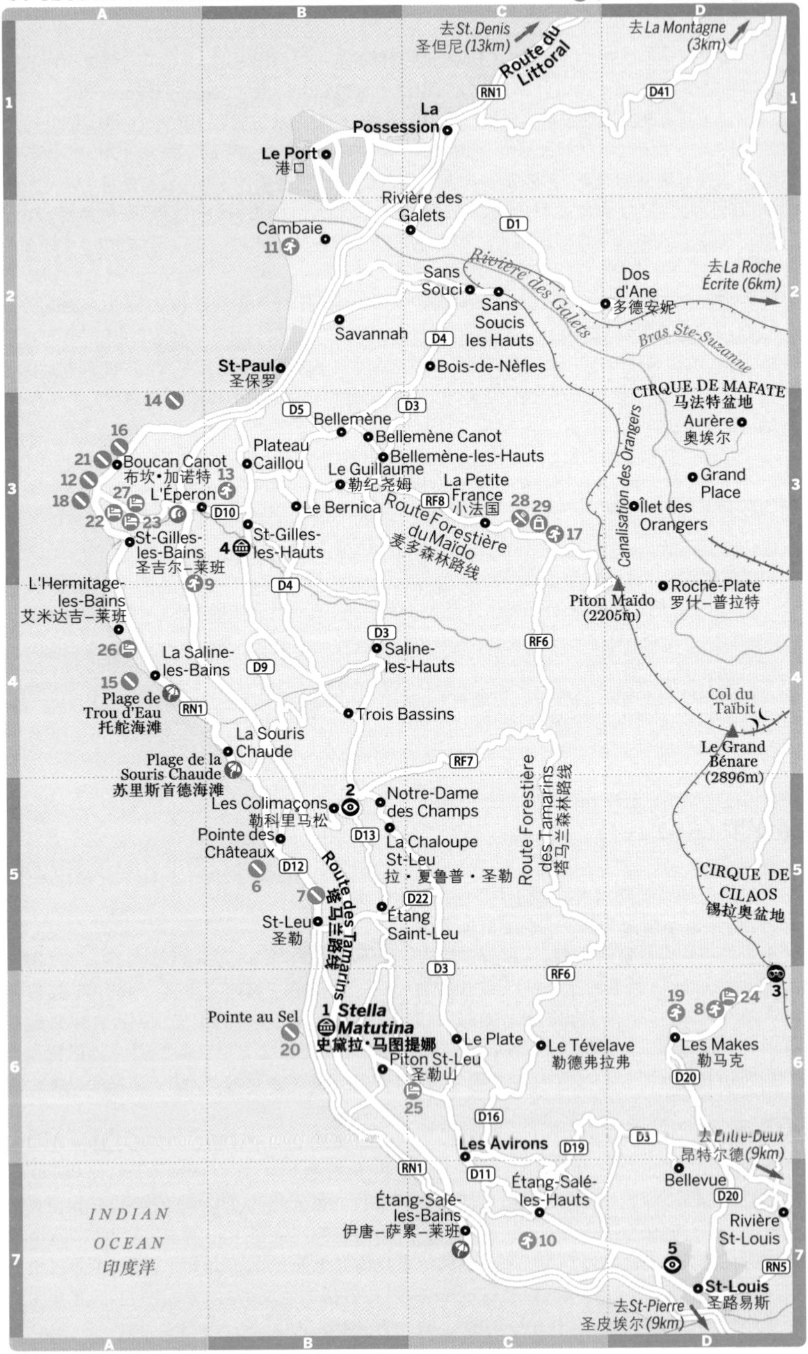

Western Réunion 留尼汪西部

重要景点

1	史黛拉·马图提娜	B6

景点

2	马斯卡林国家植物保护区	B5
3	拉福奈特	D6
4	维莱尔博物馆	B3
5	戈尔制糖厂	D7

活动、课程和团队游

6	Antonio Lorenzo	B5
7	蓝色海洋	B5
8	拉福奈特马术中心	D6
9	Corail Hélicoptères	A3
10	鳄鱼公园	C7
11	Felix ULM	B2
12	Haï Siang	A3
13	Helilagon	B3
14	La Barge	A3
15	La Passe de L' Hermitage	A4
16	Le Pain de Sucre	A3
17	麦多游乐园	C3
18	Navarra	A3
	Ô Passagers du Vent	（见11）
19	天文台	D6
	Petites Gorgones	（见21）
20	Tombant de la Pointe au Sel	B6
21	Tour de Boucan	A3

住宿

22	La Villa Chriss	A3
	Le Balcon Créole – Chez François et Michèle Huet	（见2）
23	Le Saint-Michel	A3
24	Le Vieil Alambic – Chez Jean-Luc d' Eurveilher	D6
25	Les Lataniers	C6
26	Lux	A4
27	Senteur Vanille	A3

就餐

28	Au Petit Gourmet	C3
	Le Saint-Michel	（见23）
	Sarah Beach	（见7）

购物

29	Distillerie du Maïdo – Chez Nanou Le Savoyard	C3

Kia Ora 民宿 €€

（☎0262 25 31 68; www.kiaorarun.com; 204 Rue St-Louis; 双 90欧元，带公共卫生间 68欧元，含早餐; ❄📶✉）民宿主人去过许多地方，三间民宿（chambre d' hôte）客房非常整洁，早餐美味可口，就餐地点位于一个俯瞰泳池的露台。其中一个客房带有专用设施，但是注意卫生间没有门。

★ **La Magie des Glaces** 冰激凌 €

（☎0262 45 25 48; 1 Rue Edmond Albius; 冰激凌和法式薄饼 1.8~7欧元; ⊙周二和周五至周日 10:00~12:30和14:00~19:00，周三和周四 14:00~19:00）圣保罗首屈一指的冰激凌店会让你垂涎欲滴。提供各种传统和奇特口味的冰激凌，采用优质食材制作。柑橘味和香草味出类拔萃。同时提供可丽饼、酥皮点心、巧克力慕斯和蛋白杏仁饼干。如果能够欣赏海景，就完美了。

Nature 克里奥尔菜、自助餐 €€

（☎0262 71 45 89; 228 Rue Saint-Louis; 主菜 13~20欧元，自助午餐 15欧元; ⊙周一至周六 正午至14:00，周四至周六 19:15~21:30; 📶）Nature是那种很易错过、当地人喜欢推荐的“隐秘地点”。提供物美价廉的自助午餐，包含10余种克里奥尔菜品，采用新鲜简单的食材制作。环境令人愉悦，餐厅装饰赏心悦目，设有几张户外餐桌。还有外卖柜台（5~8.5欧元）。

Le Jardin 欧洲菜 €€

（☎0262 45 05 82; 456 Rue St-Louis; 主菜 15~25欧元; ⊙周一、周二和周四至周六 11:30~14:00和18:30~21:00）这家氛围绝佳的餐馆位于城镇北端，特色包括一个露天餐厅、一个休息区和一个游泳池，可令顾客放松身心。该餐馆深谙美食之道，提供法国特色菜，还有比萨。服务热情周到，也是啜饮佳地。

Le Bout' Chandelle 法国菜 €€

（☎0262 27 47 18; 192 Rue Marius et Ary Leblond; 主菜 17~24欧元，午餐套餐 17~35欧元; ⊙周二至周六 正午至13:30和19:00~21:00）这家餐馆栖身于一座远离海浪喧嚣的宜人房屋中，是一个品尝带有克里奥尔风味法国特色菜的好地方。

Le Grand Baie 法国菜、克里奥尔菜 €€

（☎0262 22 50 03; www.facebook.com/

restaurantlegrandbaie; 14 Rue des Filaos; 主菜12~21欧元; ⌚周二至周日 11:45~14:00和19:00~22:00)来到这个位于马林公墓隔壁的"世外桃源",定能找到填饱肚子的东西。菜单包括各种沙拉,还有法国菜和克里奥尔菜。户外露台非常宽敞,海湾景色一览无余,就餐体验无与伦比。

La Bas Ter La 创意菜 €€€

(☎0262 57 10 51; 4 Rue Eugène Dayot; 午餐主菜12~16欧元,晚餐主菜19~25欧元; ⌚周二至周五 正午至13:30和19:15~21:30,周六 19:15~21:30; 📶)La Bas Ter La是圣保罗的高端就餐地点之一,位于一条僻静的街道上,距离海滨不远。提供非常出色的改良法国菜,餐厅非常时尚。菜单按时变动,如果拿到菜单,不如尝试一下采用木瓜和依兰调味的苹果挞(tarte-Tatin,一种苹果和挞皮倒置的法式甜品)。

ℹ 到达和离开

圣保罗位于Car Jaune运营的从圣但尼至圣皮埃尔的长途汽车路线上。朝任一方向行驶的快车每1~2小时都会经过一次圣保罗(周日班次较少),非快车的班次更多。更多信息见www.carjaune.re。

当地长途汽车公司**Kar' Ouest**(☎0810 45 65 20; www.karouest.re)运营从中央汽车站开往Le Bernica、小法国[La Petite France; 继续开往麦多(Le Maïdo)]、维莱尔(Villèle)和勒纪尧姆(Le Guillaume)等地方。

圣保罗高原 (Les Hauts de St-Paul)

远离海滨喧嚣的圣保罗高原是一片青翠的世界,这里是一个探索小道的好地方。沿着D5道路从圣保罗出发,然后就凭你的直觉前进吧(但要带一张好地图)。你会遇到一些拥有美丽名字的小村庄,如Sans Soucis les Hauts、Bois-de-Nèfles、Bellemène-les-Hauts、勒纪尧姆、Le Bernica……这些村庄就像它们的名字一样可爱!清晨出发以欣赏最棒的海滨景色。

🛏 食宿

这个地区,住宿地点稀少。坦率地说,最好的安排就是入住布坎·加诺特或圣吉尔-莱班的酒店或公寓,然后到这里进行一日游。多数村庄都有一些简朴的就餐地点。

La Caz des Orangers 客栈 €

(☎0692 08 23 12, 0262 44 50 32; www.lacazdesorangers.com; 24 Impasse Cernot, Sans Soucis les Hauts; 双54欧元,标单/双带公共卫生间30/36欧元,含早餐; P📶)这家酒店藏身于Sans Soucis les Hauts,在圣保罗东北方向大约10公里处。它的服务和设施非常普通,但是待客热情。下榻于此的主要理由是:如果你要经Canalisation des Orangers徒步前往或离开马法特盆地(Cirque de Mafate),起点就在山上200米处。它有一个宽敞的起居室、装饰简约的卧室。三个舒适双人间位于另外一栋大楼。

加15欧元,可提供晚餐。注意,住客在马法特徒步旅行期间,可在此处免费存车以及行李。非住客在此停车,白天花费2欧元,过夜花费10欧元。

ℹ 到达和离开

除非时间特别充裕,否则需要车辆。长途汽车从圣保罗开往各地,但是在高原乘车很不方便。

麦多及周边 (Le Maïdo & Around)

准备迎接一场视觉震撼吧:麦多远远高于圣保罗和圣吉尔-莱班,位于马法特盆地的边缘,是留尼汪最令人难忘的观景点之一。观景台位于海拔2205米的山峰上,从上面可以俯瞰盆地并回望海岸。你应该在清晨抵达——如果可能的话最好在7:00前——不然你只能观赏云彩了。

去此处的旅途中就充满了乐趣。麦多森林路线(Route Forestière du Maïdo)从圣吉尔-莱班之上的勒纪尧姆(Le Guillaume)直达麦多(14公里),可以让你驾车穿行在柳杉林中欣赏美丽的风景。沿途还会发现其他乐趣。

提醒一句:周日会有上百个野餐家庭在路旁的树阴下安营扎寨,可能出现交通堵塞。

活动

麦多游乐园 户外

（Le Relais du Maïdo；见198页地图；☎0262 32 40 32；Route du Maïdo, PK6.5；⏰周三至周日9:00~17:00）位于海拔1500米的麦多游乐园有点儿像主题公园，大部分设施是为儿童准备的，包括骑小马（6欧元）、四轮摩托车（5~10欧元）和射箭（6欧元）。

森林探险 户外

（La Forêt de L' Aventure；☎0692 30 01 54；Route Forestière des Cryptomérias, La Petite France；成人/儿童 20/15欧元；⏰周三、周五、周六和周日 根据预约）森林探险为"人猿泰山"们设立了两条奇妙的环形探险路线，覆盖方圆3公顷，路线中有各种关卡，包括提洛尔滑道（Tyrolean slides），还有为儿童（5岁以上）提供的"微型森林"。这里位于小法国以北大约500米，有路标指示，在蒸馏作坊L' Alambic Bègue后面。

令人兴奋的速降

麦多壮美的山坡是山地自行车爱好者的天堂，尤其是那些享受让重力代替人力的家伙们。总长35公里、海拔落差2205米的下坡路穿过成片的罗望子、柳杉林和甘蔗田，途中还可以欣赏到潟湖和海岸的美丽风光。

留尼汪兰多山地车俱乐部（见205页）是一家专业机构，为各种水平的山地车爱好者提供众多的山地骑行之旅。最受欢迎的是"麦多经典路线"（Classique du-Maïdo），从观景台直达海岸。即使你是初学者也不用害怕，速度并不会快到摔断脖子。沿途有许多站点，向导会在那里讲解当地的动植物。旅途持续半天，费用包括租车、抵达出发地点的交通（小型货车）以及向导，每人大约60欧元（最少4人成行）。12岁以上的儿童也可以参与。

如果你想让车闸再松开一点儿，可以选择"Maxi Cap Ouest"（80欧元）山地速降。

徒步

麦多附近有一些徒步路线可供选择。从这里出发，沿着盆地边缘艰难跋涉可抵达勒格兰贝纳尔峰（Le Grand Bénare；海拔2869米），那里也是一个令人难忘的观景台。往返预计6小时。徒步旅行者们还可以沿着罗什-普拉特道路（Sentier de Roche-Plate）从麦多前往马法特盆地。

食宿

如果打算早起前往麦多，小法国村庄就是非常方便的落脚点。

Au Petit Gourmet和Chez Doudou周末生意非常火爆——建议预订用餐。

Chez Rose Magdeleine 民宿 €

（☎0262 32 53 50；13 Chemin de l' École, La Petite France；双含早餐 45欧元）这家物有所值的民宿由一个热情亲切的克里奥尔家庭经营，能够让你真正有宾至如归之感。装饰毫不赘余，4个房间都非常干净。它紧邻小法国的主路，非常适合作为清晨出发前往麦多的大本营。晚餐按需供应（22欧元）。

Au Petit Gourmet 克里奥尔菜 €€

（见198页地图；☎0693 92 46 34；430 Route du Maïdo；主菜 11~15欧元；⏰正午至14:00）这个朴实无华的小型餐馆是前往麦多途中的一个出色就餐地点。菜品超级新鲜，采用本地食材烹制，美味可口。径直前来品尝当日咖喱或者咖喱鸡肉，最后用法式可丽饼甜蜜收尾。

Chez Doudou et Alexandra 克里奥尔菜 €€

（☎0262 32 55 87；394 Route du Maïdo, La Petite France；自助餐 23欧元；⏰周四至周日 正午至14:00）Chez Doudou有一种独特的懒散魅力，但周围的环境像农场仓库，没有什么值得称道的风景。提供朴实无华的当地食物。卷起袖子准备消灭克里奥尔式咖喱和所有传统配菜吧。周末非常拥挤——建议预订。

购物

小法国因其蒸馏精油的传统技术而闻名，原料采用天竺葵、日本柳杉和香根草叶（很好闻！）。你可以通过这里的小店铺购置一些香水、肥皂和其他自然养生产品。沿着小法国的主道就可以找到它们。

L' Alambic Bègue 精油蒸馏作坊

（☎0692 64 58 25；www.alambicbegue.jimdo.com；403 Route du Maïdo, La Petite France；⏰8:30~18:00）一家历史悠久的蒸馏作坊，声誉很好，出售许多精油和健康产品。

Distillerie du Maïdo – Chez Nanou Le Savoyard 精油蒸馏作坊

（见198页地图；☎0692 61 75 43；www.ladistilleriedumaido.com；700 La Petite Savoie, La Petite France；⏰8:30~17:30）你可以在这里购买精油、香水、香皂和其他自然健康产品，这里还出售调味朗姆酒（rhum arrangé）、蜂蜜和果酱。

到达和离开

Kar' Ouest（见200页）运营一班每日（周一至周六）3趟的班车，将徒步旅行者从圣保罗带到罗什-普拉特道路的起点，后者是徒步进入马法特盆地的人行小路，马法特盆地在山峰之下4公里处截断了这条道路。上山的第一趟班车清晨6:00出发，下山的最后一趟班车17:20离开（2路线，1.8欧元，1小时）。

布坎·加诺特（Boucan Canot）

人口：3400

去布坎的必备物品：紧身比基尼、酷炫墨镜（山寨货会被人嘲笑）、防晒霜。这座充满活力的度假小镇被称作留尼汪的圣特罗佩（St-Tropez），而且绝不是浪得虚名。

景点

布坎·加诺特海滩（Plage de Boucan Canot） 海滩

布坎·加诺特的主海滩被认为是留尼汪最好的海滩之一，当你看到蜿蜒的银白色沙子映衬着棕榈和木麻黄树以及黑色的玄武岩和悬崖时，你就会明白为什么了。周末非常拥挤。2015年12月一道610米长的防鲨网安放于海边，保护着84,000平方米的游泳区。不要离开安全区。

小布坎海滩（Plage de Petit Boucan） 海滩

位于布坎·加诺特主海滩的南端。这个海滩更小、更安静，这里禁止游泳，没有救生员。

住宿

想要好好享受布坎·加诺特，你应该找一些俯瞰海滩的绝佳住所。

Résidence Les Boucaniers 公寓 €€

（☎0262 24 23 89；www.les-boucaniers.com；29 Route de Boucan Canot；双82欧元；P ❄ 📶）这些自炊式单间和公寓已经显得有些破败，但是位置无可挑剔，位于海滩附近公路对面。记得预订能够欣赏海景的套间。住宿两晚以上（含两晚），房价降至76欧元。

Le Boucan Canot 度假村 €€€

（☎0262 33 44 44；www.boucancanot.com；32 Route de Boucan Canot；标单 185~250欧元，双 220~295欧元，套 280欧元起，含早餐；P ❄ 📶 🏊）这是布坎·加诺特的标志性酒店，位于海滩北端的一片岩石海角上。虽然谈不上魅力迷人，但是客房明亮、设施完善，而且能够欣赏海景。因其位置有利，这个四星级酒店阳光充足，傍晚也不例外。另外一个亮点就是食物，Le Cap餐厅提供出色的点单美食。

Le Saint-Alexis Hotel & Spa 度假村 €€€

（☎0262 24 42 04；www.hotelsaintalexis.com；44 Route de Boucan Canot；双 160~290欧元，套300欧元起；P ❄ @ 📶 🏊）Le Saint-Alexis是一座布局奇特的四星级度假村，位于主海滩的南端。所有客房环绕一个中央庭院分布，这意味着根本无法欣赏海景。房间的装潢很漂亮，不过角落的客房缺乏自然光。便利设施包括一个小型温泉疗养馆和一个宽大U形、环绕大楼的泳池。

建议预订可直接通往泳池的rez-de-piscine客房。可以在露台享用早餐（25欧元），同时欣赏极致海景。经常进行网上促销，更加物有所值。

就餐

沿着海滨大道有许多小吃摊和散发着闲适气息的咖啡馆兼餐厅。

La Case Bambou 法式薄饼 €

（☎0262 59 20 84；35 Route de Boucan-

Canot；主菜 3~15欧元；⏲周三至周日 正午至14:30和19:00~22:00）来此品尝令人回味无穷的可丽饼、冰激凌、华夫饼和三明治。周末顾客爆满。

Le Bambou Bar 法式啤酒馆 €€

（☎0262 24 59 29；35 Route de Boucan Canot；主菜10~24欧元；⏲周二至周日 正午至14:30，每天 19:00~22:00）作为一家久负盛名的餐厅，Bambou Bar的装潢充满特色——想象一下茅草覆盖的屋顶、大量木头和绿色植物。从咖啡、鸡尾酒到比萨、克里奥尔式主食、海鲜、汉堡、沙拉以及肉类菜肴，菜单上应有尽有。

La Boucantine 法国菜、克里奥尔菜 €€

（☎0262 33 62 10；29 Route de Boucan Canot；主菜 13~23欧元；⏲周四至周二 正午至14:00和18:00~21:30）海滨比较好（也比较安静）的餐厅之一，有一个诱人的露台供欣赏可爱的海景。腌制柠檬和橄榄炖鸡（tajine de poulet aux citrons confits et olives）以及当天捕获的海鲜非常棒。还有令人垂涎的甜点，包括可丽饼和巧克力蛋糕。

Le Ti Boucan 各国风味 €€

（☎0262 24 85 08；32 Route de Boucan Canot；主菜14~22欧元；⏲8:30~22:00；📶）在繁忙的海滨步行区，这家欢乐的餐厅往往是人群聚集之处，菜品兼容并包。鱼类爱好者可以尝试琳琅满目的鞑靼菜品（如鞑靼金枪鱼），而肉食者可以选择牛柳或莎朗牛排，还有丰富的沙拉。服务友好，室外平台令人愉悦。

Le Bistrot de Pépé Gentil 法式小馆 €€€

（☎0262 22 12 78；15 Place des Coquillages；主菜 22~30欧元；⏲周一至周六 19:00~21:30）这个备受好评的饭店带有复古气息，提供各种各样的美味佳肴（典型的法式小馆食物）。小牛肉甜面包（ris de veau）和煎比目鱼（sole meunière，鱼用黄油干煎，配柠檬和西芹）是两道特色菜，菜单根据市场和季节不断调整。

餐厅就位于一个非常普通的广场上，核心优势就是食物和雅致氛围。

Le Beau Rivage 新派法国菜 €€€

（☎0262 43 69 43；www.lebeaurivage.re；58 Rue de Boucan Canot；主菜 27~38欧元，午餐套餐25~30欧元，套餐 50~72欧元；⏲周二至周五 正午至13:45和19:00~21:30，周六 19:00~21:30）这个深受好评的餐馆提供绝佳的法国美食，稍微经过改良。就餐地点位于一个宽敞新潮、俯瞰海滩的露台之上。晚上前来，氛围更是浪漫，特别适合情侣用餐。按照布坎·加诺特的标准，午餐套餐非常超值。

ℹ 到达和离开

Car Jaune在圣但尼和圣皮埃尔之间运营的02路线班车会从布坎·加诺特的中心穿过。圣但尼-布坎·加诺特全程（2欧元）需要50分钟。更多信息见www.carjaune.re。

圣吉尔-莱班（St-Gilles-les-Bains）

人口：6500

每逢周末，圣吉尔-莱班的大型度假村综合区总塞满了游客，白沙滩、餐厅、夜店都充斥着喧闹的气氛。不过工作日这里的氛围会轻松得多，你也不用在沙滩上苦苦寻找可以铺毛巾的地方。这里有许多水上活动，从潜水到深海捕鱼，丰富多彩。

👁 景点

黑罗什海滩 海滩

（Plage des Roches Noires；见204页地图）黑罗什海滩位于小镇中心，人群拥挤，整齐地

> **预防鲨鱼攻击**
>
> 近年来，鲨鱼对冲浪者和游泳者的攻击已经成了留尼汪地区一个重大问题，尤其在圣勒（St-Leu）、布坎·加诺特（Boucan Canot）、圣吉尔-莱班（St-Gilles-les-Bains）、特鲁瓦巴桑（Trois-Bassins）以及伊唐-萨累-莱班（Étang-Salé-les-Bains）沿岸地区。布坎·加诺特和圣吉尔-莱班沙滩已经安置了防鲨网。游泳一定要在指定区域和有监护人员的区域，留意警示信号。可以从Prevention Requin Réunion网站（www.prr.re）和它的官方Facebook主页上获取最新信息。

St-Gilles-les-Bains 圣吉尔-莱班

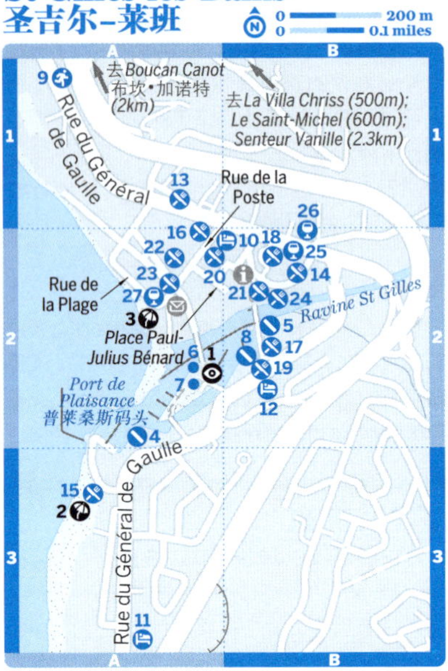

排列着日光浴浴床和阳伞。不过尽管如此，它仍然是一片美丽的沙滩，非常适合家庭游玩，拥有浅水区和众多餐厅。2016年，为了提高安全性，这里安放了一张防鲨网。注意警示标识，不要离开安全区域。它位于普莱桑斯码头（Port de Plaisance）的北端。

布里桑斯海滩 海滩

（Plage des Brisants；见204页地图）布里桑斯海滩位于普莱桑斯码头的南端，是一片美轮美奂的白沙沙滩，但禁止游泳（没错，因为鲨鱼）。非常适合日光浴。

留尼汪水族馆 水族馆

（Aquarium de la Réunion；见204页地图；☎0262 33 44 00；www.aquarium-delareunion.com；Îlot du Port；成人/儿童 9.50/6.50欧元；⏲10:00~17:30）留尼汪水族馆位于现代化的普莱桑斯码头综合区，拥有一系列很棒的水下展示窗口，可观赏龙虾、梭鱼、石斑鱼和小型鲨鱼。

活动

乘船游览

圣吉尔的潟湖闪闪发光，探索它的最好方式是乘船游览。众多经营者提供沿着海岸

St-Gilles-les-Bains 圣吉尔-莱班

景点

1 留尼汪水族馆 A2
2 布里桑斯海滩 A3
3 黑罗什海滩 A2

活动、课程和团队游

4 留尼汪蓝色海洋 A2
青枪鱼 （见4）
5 珊瑚礁潜水 B2
6 仙女夫人 A2
7 碧海蓝天 A2
Maevasion （见5）
8 蓝色之海 B2
9 留尼汪兰多山地车俱乐部 A1
留尼汪钓鱼俱乐部 （见4）
海洋世界-维西奥比尔 （见7）

住宿

10 Hôtel de la Plage B2
11 Hôtel des Palmes A3
12 Thimloc B2

就餐

13 Bistrot Case Créole A1
14 Chez Bobonne B2
15 Chez Les Filles A3
16 Chez Loulou A2
17 Chez Marie B2
18 Chez Nous B2
19 La Case à Pains B2
20 La Frite Une Fois A2
21 Le DCP B2
22 Le Glacier de Marie B A2
23 Le Joyau des Roches A2
24 Le Natur' Elle B2

饮品和夜生活

25 Cubana Club B2
26 Esko Bar B2
27 L' Acacia A2

前往圣勒或圣保罗的乘船游览（promenades en mer）和玻璃底船游览（observation sousmarine）路线，还有“遇见海豚”（safaris dauphin）、观鲸游览（6月或7月至9月或10月）、日落巡航和长达一天的双体船游览。每天都有团队游，但取决于天气状况。

碧海蓝天 划船

（Le Grand Bleu；见204页地图；☎0262

33 28 32; www.grandbleu.re; Îlot duPort; 成人10～90欧元，儿童 5～45欧元; ⏲每天）这家运营商的声誉很好，拥有类型最多的乘船团队游路线，从日落巡游到观赏鲸和海豚，应有尽有。价格根据游览时间（最短的旅程只有45分钟）和船型而定。

海洋世界-维西奥比尔 划船

（Sealife-Visiobul; 见204页地图; ☎0262 24 49 57; www.facebook.com/visiobulreunion; Îlot du Port; 成人/儿童13/8欧元; ⏲根据预约）这家公司专门运营玻璃底船游览。同时组织观鲸和海豚之旅，还有日落巡游。

仙女夫人 划船

（Lady La Fée; 见204页地图; ☎0692 69 12 99; www.ladylafee.com; Port de Plaisance; 半日游50欧元; ⏲根据预约）这家小公司在西海岸沿线提供双体船半日游和一日游，行程灵活。鸡尾酒日落之旅收费35欧元。

潜水

圣吉尔的水域有大量潜水的机会（包括探索沉船），无论你的水平如何。

留尼汪蓝色海洋 潜水

（Bleu Marine Réunion; 见204页地图; ☎0262 24 22 00; www.bleu-marine-reunion.com; Port de Plaisance; 潜水体验/单次潜水60/50欧元; ⏲周二至周日 8:00～17:00）这是一家组织良好的成熟潜水商店，提供全套水下探险活动，包括潜水之旅、浮潜之旅（30欧元）和认证课程。3次/6次潜水套餐费用144/280欧元。

珊瑚礁潜水 潜水

（Corail Plongée; 见204页地图; ☎0262 24 37 25; www.corail-plongee.com; Port de Plaisance; 潜水体验/单次潜水 60/48欧元; ⏲周一至周六 8:00～17:00，周日至正午）Corail Plongée是声誉很好的潜水运营商。提供全套潜水入门课程，同时组织潜水之旅和浮潜之旅（25欧元）。4次/6次潜水套餐费用184/268欧元。使用高氧潜水，每次加收5欧元。

蓝色之海 潜水

（Ô Sea Bleu; 见204页地图; ☎0262 24 33 30; www.reunion-plongee.com; Port de Plaisance; 潜水体验/单次潜水 60/50欧元; ⏲8:00～17:00）专业潜水商店，提供全套水肺潜水活动。4次/6次潜水套餐费用190/280欧元。还有浮潜之旅（35欧元）、认证课程和观赏海豚之旅。

山地自行车

留尼汪兰多山地车俱乐部 山地自行车

（Rando Réunion Passion; 见204页地图; ☎0262 45 18 67, 0692 21 11 11; www.descente-vtt.com; 3 Rue du Général de Gaulle; 出游 59～90欧元; ⏲根据预约）这个专业机构组织各种各样山地自行车旅程，适合所有等级的骑行者。最受人欢迎的旅程就是Classique du Maïdo，从麦多观景台前往海岸。骑行老手可以选择Maxi Cap Ouest或La Méga。价格包括接送费用。

游钓

圣吉尔是欧内斯特·海明威（Ernest Hemingway）粉丝们的良好基地。西海岸水域中经常出现成群枪鱼、剑鱼、旗鱼、鲨鱼和金枪鱼。钓鱼游（4～6人）的花费是每半天/全天400/800欧元起。推荐三家机构：

留尼汪钓鱼俱乐部（Réunion Fishing Club; 见204页地图; ☎0262 24 36 10; www.reunionfishingclub.com; Port de Plaisance; 半天出游 100欧元; ⏲7:00～17:00）业内翘楚，垂钓之旅组织良好。

Maevasion（见204页地图; ☎0262 33 38 04; www.maevasion.com; Port de Plaisance; 半天出游100欧元; ⏲8:00～17:00）一贯经营出色。

青枪鱼（Blue Marlin; 见204页地图; ☎0692 65 22 35; www.bluemarlin.fr; Port de Plaisance; ⏲7:00～17:00）历史悠久的经营机构。价格根据参与人数而定。

住宿

该地区有许多住处，但在假期和周末几乎所有地方都会被预订光了。更吸引人的酒店和民宿旅馆位于小镇北部的乡村，或者南部的艾米达吉-莱班。

Hôtel de la Plage 酒店 €

（见204页地图; ☎0692 80 07 57, 0262 24 06

值得一游

维莱尔博物馆（MUSÉE DE VILLÈLE）

维莱尔博物馆（见198页地图；☎0262 55 64 10；St-Gilles-les-Hauts；2欧元；⏰周二至周日 9:30～12:30和13:30～17:00）位于Panon-Desbassayns夫人故居，她是一位咖啡和蔗糖大亨，有钱有势，有过很多惊人之举，包括曾拥有多达300个奴隶。这栋房屋只能通过导览游参观，它建于1787年，摆满了高贵华丽的家具。游览之后，还可以逛逛房屋外围和一个面积为10公顷的花园。

传说她是一个极其残忍的女人，即使富尔奈斯火山（Piton de la Fournaise）爆发之时，也仍然可以听见受她折磨的人的惨叫声。展品包括拿破仑送给Panon-Desbassayns夫人的一面挂钟；一套带有保罗和维珍妮图案的瓷器；伯纳丁·德·圣皮埃尔（Bernardin de St-Pierre）写的爱情故事；还有一个重要的收藏，那就是一幅Panon-Desbassayns夫人的肖像，画中的她戴着红色头巾，看起来非常邪恶。标识使用法语和英语。

37；www.hoteldelaplage.re；20 Rue de la Poste；标单带公共卫生间 30欧元，双 70欧元，带公共卫生间45～60欧元；❄📶）这家酒店已经经营很久了，有点儿像青年旅舍，它的吸引人之处在于中心（但是吵闹）位置以及丰富多彩的公共区域。8个房间大小不一、光线有异、吵闹不均。因此，入住之前一定多看几间，相互对比。114号、115号和116号房间最好。早餐花费6欧元。住宿三晚以上有价格优惠。请提前预订。

白天，车位比较紧张。接待处7:00至正午营业。

Thimloc 汽车旅馆 €

（见204页地图；☎0262 24 23 24；www.thimloc.fr；165 Rue du Général de Gaulle；双 60～65欧元；❄📶）七间毗邻的客房，位于主街附近一个花园之内。这些客房乏善可陈，光线不足，但是非常干净，配备小巧便捷的外部厨房，而且距离海滩、商店和餐馆很近。路对面就有一家出色的面包房。

Hôtel des Palmes 酒店 €

（见204页地图；☎0262 24 47 12；www.hoteldespalmes.fr；205 Rue du Général de Gaulle；双75欧元；P❄🏊）这家二星级酒店位于圣吉尔和艾米达吉之间，提供一系列丰富多彩、宽敞开阔的别墅，但它的位置不是特别理想——夹在去往艾米达吉的公路和主路之间。游泳池毫不起眼。算是一个不错的备选住宿，22号、24号、26号、32号、34号或36号房间尤其值得选择。这些房间位于酒店中间位置，噪音较小。

★La Villa Chriss 民宿 €€

（见198页地图；☎0692 82 41 00；http://chambre-hote-luxe-reunion.com；Rue d'Anjou；双含早餐120～140欧元；P❄📶🏊）这个精品酒店式的客栈（maison d'hôte）位于山的一侧，由两个都叫克莉丝汀（Christine）的人经营（这里因此得名），住在这里能够驱散旅途劳顿。酒店提供三间绝佳客房，装修带有当代元素。早餐非常美味，就餐地点位于池边，能够欣赏令人沉醉的海岸景色。不太适合儿童。

★Senteur Vanille 别墅 €€

（见198页地图；☎0262 24 04 88，0692 78 13 05；www.senteurvanille.com；Route du Théâtre；平房双 75～100欧元，别墅四 160～200欧元；P❄📶）寻求安宁者的真正目的地，Senteur Vanille会让你感觉进入了伊甸园，到处是芒果、荔枝和番木瓜果树。可以住进宽敞、装备齐全的别墅（家庭游客理想住所）或可爱至极的克里奥尔式平房。没有游泳池，但是前往布坎·加诺特海滩，只需沿一条小路走20分钟即可到达。

最短的住宿时间是3晚，美妙的环境使你很容易达到这一要求。酒店在去往St-Gilles-les-Hauts的方向，距镇中心以东数公里，总加油站（Total petrol station）旁的一条小巷中有路标。不接受信用卡。

Le Saint-Michel 酒店 €€

（见198页地图；☎0262 33 13 33；www.hotelsaintmichel.fr；196 Chemin Summer；标单 76欧元，双 96～110欧元，含早餐；P❄📶🏊）这家非常出色的小酒店坐落在一个热带花园之内，位于城镇郊区，经过修缮，焕然一新。提供29

间客房（一些能够欣赏海景）。较为宽敞的客房位于新楼。店内餐厅提供带有克里奥尔风味的法国美食。距离市中心和海滩只有2分钟车程。

就餐

圣吉尔汇聚众多食肆，不过水准参差不齐，比岛上其他地方更加多变。

除了餐厅之外，你还能在主街道上找到几辆贩卖比萨的流动餐车（camions-pizzas），它们很便宜，夜晚营业。

Le Natur' Elle　冰激凌、自助餐馆 €

（见204页地图；0262 33 21 09；www.facebook.com/restaurant.lenaturelle；2 Place Paul Julius Bénard；1/2勺甜筒 1.50/3欧元，主菜 9~16欧元；周二至周六 8:30~18:30；）来到这家出类拔萃的冰激凌店，面对20余种冰激凌和刨冰，如果犹豫太久，可能永远无法排到队伍前列。不要选择大众口味，选择未曾体验过的：依兰味（ylang ylang）、藏红花和小豆蔻味（kulfi）、玫瑰味或紫罗兰味。还有其他美味，如无与伦比的蛋白杏仁饼。同时提供早餐，午餐时段供应每日特价食品。

可以打包带走，不耽误其他活动，也可在阴翳蔽日的露台享用。

La Frite Une Fois　快餐 €

（见204页地图；0262 77 89 52；www.facebook.com/lafriteunefois974；14 Rue de la Poste；主菜 3~8欧元；周二至周日 11:00~15:00和18:00~20:30）这家小馆2016年开业，由比利时人经营，藏身海滩附近的一个小街道上。自制的法式炸薯条（frites）非常有名。同时提供汉堡和三明治（mitraillettes）。因为距离海滩只有几个街区之遥，所以从这打包食物前往海滩享用非常方便。

Le Glacier de Marie B　冰激凌 €

（见204页地图；0262 24 53 06；13 Rue de la Poste；冰激凌和小吃 2.30~10欧元；周二 13:00~19:00，周三至周五 11:00~19:00，周六和周日 至19:30）在这家令人垂涎的冰激凌店中，你会失去所有自制力。在众多的口味选择中，荧光紫的火龙果尖叫道“试试我吧”，香草味和天竺葵味非常值得品尝。其他美食包括薄煎饼、华夫饼和冰沙。

La Case à Pains　面包房 €

（见204页地图；0262 96 33 01；www.lacaseapains.com；29 Rue du Général de Gaulle；三明治 4欧元起，午餐套餐 4.50~8欧元；6:30~19:00）如果你想要来次海边野餐，那这家店值得光顾，它有沙拉、酥皮点心和精心制作的三明治。招牌美食就是一系列香草味面包（pain frotté à la vanille）。还提供早餐。设有户外餐桌。

Chez Loulou　快餐 €

（见204页地图；0262 24 40 41；86 Rue du Général de Gaulle；主菜 5~7欧元；周一至周六 7:00~13:00和15:00~19:00，周日 7:00~13:00）这是方圆数公里最具标志性的克里奥尔式房屋，绿松石立面朝向主街道。这里的食物非常有名：令人垂涎欲滴的萨莫萨三角饺、改良小圆面包（macatias）、羊角面包、香蕉蛋糕和水果馅饼。午餐时间还提供优质三明治和外卖食品。

想要上网？这里还有一台电脑，可以上网。

★ Bistrot Case Créole　法式小馆 €€

（见204页地图；0262 24 28 84；www.bistrotcasecreole.re；57 Rue du Général de Gaulle；主菜 10~19欧元；周二至周五 正午至14:00，周二至周六 19:30~21:30）这家餐馆位于闹市，食物一直美味可口、价格合理，因此闻名遐迩。菜品带有现代风味，但是基本沿袭了留尼汪和法国传统。工作日期间，这里推出丰盛的自助晚餐，主打各种咖喱美食，仅售19欧元（周五和周六21欧元）。如果能够欣赏海景该有多好！

Chez Marie　法国菜、克里奥尔菜 €€

（见204页地图；0262 24 98 87；Port de Plaisance；主菜 10~17欧元，套餐 14.50欧元；12:30~14:30）这个温馨的小餐馆带有小巧玲珑的露台可以俯瞰海港，食物朴实无华但是精心烹制，非常适合随意落座、享用快捷便宜的午餐。特点就是新鲜和实惠。章鱼沙拉深受好评，并且菜单上任何一种主打菜品（沙拉、鞑靼金枪鱼、牛排等）都会令你无法忘怀。留点肚子，品尝美味可口的自制甜品。

Le Joyau des Roches 克里奥尔菜 €€

（见204页地图；www.facebook.com/Le.Joyau.des.Roches; 3 Rue de la Poste; 主菜12~19欧元，套餐15欧元；周三至周一 11:30~14:00和19:30~22:30）这家餐厅距离海滩咫尺之遥，拥有一张诱人的菜单，其中展示了所有克里奥尔经典美食。用餐环境优雅，拥有优雅的装潢以及热带植物。提供几种招牌菜品，包括美味绝伦的棕榈芯沙拉（palm-heart salad）、香蕉花腊肠（saucisse baba figues）和焗木瓜。同时提供外卖（5~10欧元）。

Chez Les Filles 各国风味 €€

（见204页地图；Plage des Brisants; 主菜9~19欧元；周二至周日 正午至15:00，周四至周日 19:00~22:00）这个海滨饭馆由一帮干劲十足的员工经营，就在布里桑斯海滩上，是这片海岸上我们的最爱。他们的菜量着实不小，提供常见的鱼类和肉类菜肴，还有沙拉和用料十足的三明治（3欧元起）。餐桌摇摇晃晃。同时又是酒吧。

Le DCP 海鲜 €€

（见204页地图；0262 33 02 96; www.restaurant-dcp.fr; 2 Place Paul Julius Bénard; 主菜12~25欧元；正午至14:00和19:00~22:00）这是嗜鱼顾客的天堂：这家闻名遐迩的餐馆备有各种各样的鱼，每天从港口运来。可以烤、蒸、烘或生吃。鞑靼菜品在岛上首屈一指。位于旅游局附近。

★ **Le Saint-Michel** 法国菜、克里奥尔菜 €€€

（见198页地图；0262 33 13 33; 196 Chemin Summer; 主菜 24~28欧元，午餐套餐 20~25欧元，晚餐套餐 40欧元；正午至14:00和19:30~21:30）位于同名酒店的内部餐厅，是圣吉尔美食家的首选。泳池边的用餐台十分诱人，工作人员热情友好，食物美味可口。Le Saint-Michel不会令你感到失望。菜品既有高雅独创美食，又有历史悠久的经典口味，如牛柳。而且这里总有上好的葡萄酒搭配美食。

必须预订泳池附近的抢手餐桌。

Chez Nous 各国风味 €€€

（见204页地图；0262 24 08 08; www.cheznous974.com; 122 Rue du Général de Gaulle; 主菜19~25欧元；周一至周五 正午至14:00，每天 19:00~23:00）这家醒目的小酒馆深受所有客人的喜爱。黑板上的菜单写着美味的肉类和鱼类菜肴，某些菜式带有异国风味。人多时服务会慢得让人望穿秋水。设有酒吧区，氛围休闲。

Chez Bobonne 创意菜 €€€

（见204页地图；0262 39 27 96; 3 Rue St-Alexis; 主菜 22~32欧元；周一至周六 19:30~22:30）来这家美食餐厅，尽情享用法国美味佳肴。装修新潮，灯光很有情调。菜品不多，用粉笔写在板上，每周变换。还有一张周到的红酒单。远离闹市。

饮品和夜生活

圣吉尔是留尼汪的最佳泡吧地之一（与圣皮埃尔同等地位），这里的气氛会让你觉得自己身处法国蓝色海岸（Côte d'Azur），因为这里感觉很像法国内陆（Zoreilles）。多数活动地点沿着Rue du Général de Gaulle和华丽时髦的海滨分布。午夜之后，酒吧逐渐消停下来，欢乐中心开始转向艾米达吉。大多酒吧也提供食物。

L'Acacia 酒吧

（见204页地图；0262 27 36 43; 1 Rue de la Poste; 周二至周日 11:00至午夜）滨海区一家时尚的露天酒吧兼餐厅。点杯莫吉托，落座楼上露台，欣赏极致海景。食物时好时坏。

Cubana Club 夜店

（见204页地图；0262 33 24 91; 122 Rue du Général de Gaulle; 周二至周六 19:00至次日5:00）在妖艳的红色窗帘下，用几杯烈酒和萨尔萨舞曲打发晚上的时间吧。

Esko Bar 酒吧

（见204页地图；0262 33 19 33; www.facebook.com/eskobar.reunion; 131 Rue du Général de Gaulle; 周一至周六 19:00至次日1:00）这家时髦的酒吧拥有很棒的鸡尾酒、出色的西班牙小吃（6欧元起）和主题夜——查看Facebook页面。

实用信息

旅游局（Office du Tourisme; 见204页地图；0810 79 77 97; www.ouest-lareunion.com;

1 Place Paul-Julius Bénard; ⏲10:00~13:00和14:00~16:00; 📶)拥有乐于助人的讲英语的工作人员，有免费Wi-Fi，可预订山中小屋。

ℹ 到达和离开

Car Jaune运营的圣但尼与圣皮埃尔之间的非快车长途汽车路线(O1路线)沿着Rue du Général de Gaulle穿过圣吉尔的中心。前往圣但尼(2欧元)需要花至少1小时。更多信息见www.carjaune.re。

艾米达吉-莱班(L' Hermitage-les-Bains)

人口：6200

艾米达吉拥有一大批留尼汪岛的主要度假村，还有许多精选餐厅和娱乐地点，以及可能是留尼汪风景最优美的海滩。这里赋予了留尼汪岛度假胜地的气质。

👁 景点

艾米达吉缺乏具体景点。悠长的沙滩就是核心景致。

艾米达吉海滩 海滩

(Plage de L' Hermitage; 见210页地图)木麻黄树围绕的艾米达吉海滩位于圣吉尔的布里桑斯海滩(Plage des Brisants)南边，这是一个享受日光浴的好地方。在这里游泳很安全，周围有堡礁保护，还有救生员巡视。周末常常人满为患。比较适合浮潜。

伊甸公园 花园

(Le Jardin d' Eden; 见210页地图; ☎0262 33 83 16; www.jardindeden.re; 155 RN1; 成人/儿童8/4欧元; ⏲10:00~18:00)它位于艾米达吉主街道对面，伊甸公园不只对植物和园艺爱好者有吸引力，对于任何一个对热带植物感兴趣的人，这里都绝对值得逗留1小时。公园划分成数个专门的区域，分别被赋予有趣的主题，如印度教神圣植物、药用植物、可食用热带植物、香料和催情植物等。

🛏 住宿

艾米达吉-莱班的沙滩为许多度假村提供临海的优势。还有一些海滨民宿和中档酒店。

Camping Ermitage Lagon 露营地 €

(见210页地图; ☎0262 96 36 70; www.campingermitage.re; 60 Ave de Bourbon; 露营每个地点1~6人 19~35欧元; P📶)这个露营地拥有现代化的便利设施，但与艾米达吉的夜店离得很近，所以周末可能不会很安静。阴凉较少，但距离沙滩很近。你能以40~52欧元的价格租到一整个旅行帐篷(safari tent)——按照艾米达吉的标准是相当合算的。

Résidence Coco Island 客栈 €

(见210页地图; ☎0262 33 82 41, 0692 37 71 12; www.cocoisland-reunion.com; 21 Ave de la Mer; 标单 41~70欧元，双49~79欧元; ❄📶🏊)这家客栈很受预算有限的旅行者欢迎，有23个乏善可陈的房间，它们的大小、形状和风格各不相同，决定前不妨都浏览一遍。较便宜的房间共享厕所，但有个在角落的小淋浴隔间。所有房间配备空调。客人可以使用公用厨房和接待处旁边花园中的小泳池。住宿5晚以上有优惠。每天可以享受30分钟免费Wi-Fi。

Les Bougainvilliers 客栈 €

(见210页地图; ☎0262 33 82 48; www.bougainvillier.com; 27 Ruelle des Bougainvilliers; 双58~68欧元; P❄📶🏊)想要有些个性的话，尝试一下这家拥有15个房间的小客栈吧。结实的床垫、鲜艳的墙壁、一个游泳池，再加上一个公用厨房和一个布满鲜花的花园，所有这一切距离沙滩不过5分钟步行路程。提供免费自行车。不足之处？它有些拥挤——游泳池几乎直接与楼下房间的露台相接。

Les Créoles 酒店 €€

(见210页地图; ☎0262 26 52 65; www.hotellescreoles.com; 43 Ave de Bourbon; 双 110~120欧元; P❄📶🏊)在留尼汪，物美价廉的酒店是稀缺之物，而这家小酒店能帮你省去苦苦寻觅的麻烦。客房舒适新潮，围绕泳池分布。感觉有点局促，但是居住体验令人愉悦。设施包括一个酒吧和一个餐馆(午餐时段开放)。一个小缺点：它不在海滩上。记得确认网站上的淡季打折优惠信息。

Le Récit 度假村 €€€

(见210页地图; ☎0262 70 05 00; www.hotellerecif.com; 50 Ave de Bourbon; 双含早餐

L'Hermitage-les-Bains 艾米达吉-莱班

L' Hermitage-les-Bains 艾米达吉-莱班

景点

1 伊甸公园 B1
2 艾米达吉海滩 A2

住宿

3 Camping Ermitage Lagon A2
4 Le Récif A1
5 Les Bougainvilliers B4
6 Les Créoles A1
7 Résidence Coco Island B3

就餐

8 Au K' Banon A4
9 Coco Beach A4
10 La Bobine A4
11 La Marmite B4
12 Le Manta B4
13 L' Epicurien A2
14 Snack Chez Herbert B4
Snack Chez Racine Jessica ..... （见14）

饮品和夜生活

15 La Gueule de Bois A2
16 La Villa Club A2
17 L' Arena A2
Le Loft .... （见17）
18 Moulin du Tango A2

210~390欧元；P ❄ 📶 🏊）这个三星级度假村占地宽广，虽然不够奢华，但是包含各种选择，是旅行的可靠大本营，拿到优惠价格时更是上佳之选。家具和公共区域有点过时，不要期待看到前沿设计。主要卖点就是位置（距离海滩咫尺之遥），还有众多便利设施，包括两个泳池、一个餐馆和一个网球场。

深受家庭游客青睐——它是一个靠近海滩，安全又安静的地方。学校假期期间，这里会开设儿童俱乐部。

Lux 度假村 €€€

（见198页地图；☎0262 70 05 00；www.luxresorts.com；28 Rue du Lagon；双 185~250欧元；P ❄ 📶 🏊）Lux位于艾米达吉海滩的最南端，一片克里奥尔式别墅分布于宽阔地界之内，向奢华的殖民地建筑致以优雅的敬意。便利设施包括三家餐厅、一个大游泳池、一个酒吧，直接通往海滩。从价格来看，我们本来指望会有一个水疗馆。

就餐

多数酒店自带餐厅，并且欢迎外来顾客前来用餐。还有数家迷人的海滩餐馆。往北仅仅一小段车程，就能到达圣吉尔-莱班，那里有更多就餐地点可供选择。

Snack Chez Racine Jessica 克里奥尔菜、三明治 €

（见210页地图；☎0692 98 91 35；42 Blvd Leconte de Lisle；主菜 3~8欧元；⏲周四至周一11:00~17:30，周二至15:00）供应美味、实惠、便宜的克里奥尔食品和分量十足的三明治，因此这里顾客盈门也不足为奇。为了感受真实的本地就餐体验（或许有点粗鄙），不妨来这家简陋的小馆，它位于一条同海滩平行的街道上。提供外卖。

Snack Chez Herbert
克里奥尔菜、三明治 €

（见210页地图；☎0262 32 42 96；40 Blvd Leconte de Lisle；主菜3~7欧元；⏲周二至周日11:30~17:30）这家很受欢迎的餐厅提供廉价且卫生健康的克里奥尔式主食，还有小吃、沙拉、三明治和其他零食，值得一去。将你的食物带到沙滩，或者在有遮阴的人行道上抢占一张（塑料）桌子，还能看看路对面的在玩法式滚球的人们。

★Le Manta
海鲜 €€

（见210页地图；☎0262 33 82 44；www.le-manta.re；18 Blvd Leconte de Lisle；主菜14~17欧元；⏲正午至14:00和19:00~21:30；📶）这家备受尊敬的餐厅隐藏在一个茂密的花园中，拥有众多精选鱼类和肉类菜式，还有一些克里奥尔式经典菜肴和沙拉。美味的特色菜包括融合了烟熏枪鱼和金枪鱼的曼塔沙拉（salade Manta）以及蘑菇炒小牛肉（sauté de veau aux cèpes）。不，它没在沙滩上——而在路对面。

L'Epicurien
克里奥尔菜、法国菜 €€

（见210页地图；☎0692 86 49 47；3 Rue des Îles Éparses；主菜 15~23欧元；⏲正午至14:30和19:00~21:30）美味、实惠、低价的克里奥尔和法国菜品，包括烤牛肉、咖喱、沙拉和烤鱼。毫无疑问，这里非常有人气。确实没有特色，但也值得光顾，社交氛围浓郁。位于海滩附近。

La Marmite
克里奥尔菜、自助餐 €€

（见210页地图；☎0262 33 31 37；34 Blvd Leconte de Lisle；自助午餐 18~35欧元，自助晚餐 20~47欧元；⏲周一至周六 正午至14:00和19:00~22:00，周日 正午至14:00；📶）这家最受欢迎的餐馆历史悠久，是西海岸品尝地道克里奥尔美食的最佳地点。你最好前一天少吃一点，因为La Marmite的午餐和晚餐都是自助式，菜品包括各种炭烤咖喱菜肴（carris）和沙拉。

Au K'Banon
法国菜、海鲜 €€

（见210页地图；☎0262 33 84 94；www.kbanon.net；Plage de L'Hermitage；主菜 16~23欧元；⏲9:00~11:00，周五和周六 正午至14:30和19:00~22:00，酒吧 周一至周四和周日 11:00~18:00，周五和周六 至23:00；📶）浪漫温馨！Au K'Banon就在沙滩，提供优质、新鲜的食物，就其五星级地理位置而言，价格确实不高。提供各种口味的菜品：鱼类菜肴、烤肉、沙拉和甜品。如果你中意它的环境，品尝一下鸡尾酒（6.50欧元起）。同时提供早餐。

Coco Beach
法国菜、克里奥尔菜 €€

（见210页地图；☎0262 33 81 43；www.facebook.com/coco.beach.hacienda；Plage de L'Hermitage；主菜 12~20欧元；⏲正午至14:00和19:00~22:00，酒吧 11:00~23:00；📶）这家俯瞰沙滩的经典老店提供烤鱼和烤肉、沙拉和西班牙小吃（17:30后）。这里还是一个闲逛消遣的好地方，潇洒地握着渡渡鸟啤酒（Dodo beer），悠闲地享受热带风情吧！周五、周六和周日有现场音乐。

胃口很大？直接去吃周五、周六和周日的“畅吃”自助餐（all-you-can-eat buffet，20欧元）。周日的克里奥尔早午餐（20欧元）亦是亮点。

La Bobine
欧洲菜 €€

（见210页地图；☎0262 33 94 36；www.la-bobine.com；Plage de L'Hermitage；主菜 17~25欧元；⏲11:00~23:00；📶）这家欢快的餐厅颇有异国情调，它的位置绝佳，正好位于海滩上——如果露台再靠近海水一些，你就不得不游过来吃饭了。菜单涵盖面广，主打沙拉、鱼和肉类菜品，以及自制甜品。还有一个小吃部（营业至17:00），提供各式三明治、沙拉和简餐（8~13欧元）。

这里同样是一个品尝鸡尾酒（7欧元起）的好地方。周四晚间上演现场音乐。

🍷饮品和夜生活

派对，派对，派对！艾米达吉的周末嗨翻天。这里的夜店水平绝对是留尼汪之冠，迪斯科舞厅的密度也是全岛最高的。狂欢开始得很晚——午夜之后，夜店通常在早上5:00左右关门。并不需要盛装打扮，但如果你穿着短裤或人字拖就会被拒之门外。

所有海滩餐馆都有酒吧，餐馆打烊之后，酒吧仍要营业很久。

L'Arena
夜店

（见210页地图；☎0262 38 12 05；www.

facebook.com/arena.ermitage; 1 Rue des Îles Éparses; ⏲周三、周五和周六 22:00至次日5:00）L'Arena一直以来生意红火，不断地吸引着帅气、美丽、衣着光鲜的人们，来此跟随萨尔萨舞曲、基宗巴（kizomba，一种安哥拉舞蹈）舞曲和拉丁摇滚舞曲（以及其他音乐）起舞吧。

La Villa Club 夜店

（见210页地图；☎0692 60 19 00; www.lavilla-club.com; 71 Ave de Bourbon; ⏲周五和周六 23:00至次日5:00）艾米达吉的顶尖夜总会，精彩尽在周五和周六晚上，舞池挤满了人。热带音乐、电子音乐和舞曲占据着播放列表。

Le Loft 夜店

（见210页地图；☎0692 67 44 54; www.facebook.com/leloftsaintgilles; 1 Rue des Îles Éparses; ⏲周四至周六 23:00至次日5:00）一家律动的夜店，各类舞曲都有一点儿。还有卡拉OK。

Moulin du Tango 夜店

（见210页地图；☎0262 24 53 90; www.moulin-du-tango.re; 9 Ave de Bourbon; ⏲周三、周五和周六 22:00至次日5:00）这家舞厅以其主题夜而闻名，在这里和人群一起扭动吧。

La Gueule de Bois 酒吧

（见210页地图；☎0262 22 90 06; www.facebook.com/lagueuledebois974; 5 Rue des Îles Éparses; ⏲周三至周日 19:00至午夜）这个欢快的小屋的名字是一个法国短语，意思是"宿醉"，考虑到这里提供的鸡尾酒烈酒（9欧元），这个名字倒是很贴切。周日晚上邀请现场乐队前来表演。也提供食物。

到达和离开

Car Jaune运营的圣但尼（2欧元，1小时）和圣皮埃尔之间的非快车长途汽车路线（O2路线）会经过艾米达吉。更多信息见www.carjaune.re。

拉萨里-莱班（La Saline-les-Bains）

人口：2900

如果你觉得附近的圣吉尔和艾米达吉的场面有些令人吃不消的话，前往拉萨里-莱班吧。尽管就位于艾米达吉南侧的海岸，它却有截然不同的氛围。这里更加沉稳，拥有更多选择，不那么千篇一律。

景点

主海滩拥有一片绵延的白沙，通常没有北边圣吉尔或艾米达吉的沙滩那样拥挤。它拥有浅而平静的水域，非常适合家庭休憩。

苏里斯首德海滩 海滩

（Plage de la Souris Chaude; La Souris Chaude, La Saline-les-Bains）不喜欢晒出来的印记？朝向正南，将你的毛巾铺在苏里斯首德海滩上，那里是裸体主义者（刚刚允许）和男同性恋（去沙滩北端）的最爱。它一直不太受游客们的关注，因为有点儿难找。

托舵海滩（Plage de Trou d'Eau） 海滩

托舵海滩位于主海滩南端，是个放松和游泳的好地方。

活动

立式单桨冲浪是悠闲地探索潟湖的好方式。**Ecole de Stand Up Paddle du Lagon**（☎0692 86 00 59, 0262 24 63 28; La-Saline-les-Bains; 课程25欧元起；⏲10:00~17:00）提供1~2小时课程，教练具有专业资格。海滨的餐厅Planch'Alizé（见213页）出租独木舟、皮划艇和鸭掌船（每小时6欧元起）。

住宿

L'Amarina 客栈 €

（☎0693 97 02 81, 0262 33 81 60; www.facebook.com/Amarinareunion; 30 Rue des Ormeaux; 双带公共卫生间 40~45欧元，单间 55~60欧元；📶❄）这家经营良好的客栈于2014年重新装修，由新的管理人员接管，成为低端游客的一个绝佳落脚点。占地不大，只有5个配有风扇的房间和2个带有整洁卫生间的单间。所有套间整洁干净，但是没有空调，盛夏月份，房内似乎不太通风。

马法特（Mafate）房间拥有一个大露台，能够欣赏美丽海景。锡拉奥（Cilaos）单间面积大，同时拥有专用露台。公用区域包括一个起居室、厨房和游泳池（8:00~19:00）。客栈位于一个居民区，距离海滩10分钟步程。

附近还有一家比萨店和一家面包房。只收现金。

Le Vacoa
酒店 €

（☎0262 24 12 48; www.levacoa.com; 54 Rue Antoine de Bertin; 双59~65欧元; ）这座双层迷你度假村（résidence hôtelière）距沙滩5分钟步行路程，虽不会令你兴奋，但是它拥有15个新潮时髦、设施齐全（虽然很小）的客房，围绕着中心庭院。白天可能会有公路噪声。出色的方面包括一个客用厨房和一个小型泳池。

★ La Closerie du Lagon
公寓 €€

（☎0692 86 32 47, 0262 24 12 56; www.closerie-du-lagon.fr; 78ter Rue Lacaussade; 双 110欧元; P）这座令人陶醉的公寓位于沙滩旁一栋宁静的豪华别墅中（但是公寓无法欣赏海景），拥有所有现代化的生活设备，体贴和蔼的阿兰（Alain）和查尔斯（Charles）是这里的主人。氛围亲密、时髦，对同性恋友善。最少居住两晚。优势：免费自行车。只收现金。

Le Dalon Plage
平房 €€

（☎0692 04 94 26, 0262 34 29 77; www.ledalon.jimdo.com; 6 Allée des Tuits Tuits, La Souris Chaude; 单间双 75~85欧元，标单/双含早餐 55/60欧元; P）苏里斯首德海滩距离这个欢快的对同性恋友善的住处只有几步之遥。客人可以（如果不是被鼓励的话）在闪闪发光的泳池中裸泳。接受不了？那就从设施齐全的两套单间中选择一个呼呼大睡；价格较低那间要比价格较高那间光线昏暗。还有一个朴实无华小房间，但需要共享房东房内的卫生间。

开满鲜花的花园是一场视觉的盛宴——弗朗索瓦（François；两个房东之一）是个园艺家。

La Maison du Lagon
酒店 €€

（☎0262 24 30 14; www.lamaisondulagon.com; 72 Rue Auguste Lacaussade; 标单 78~123欧元，双 98~133欧元，套 190欧元，含早餐; P）这个酒店拥有许多紧凑的客房和公寓，大小不一。但是只有四个套间能够直接欣赏海景。客房内部已经没有昔日风采，但是相当干净，而且地理位置极好，紧靠海滩。入口处有一个小型泳池，还有一个小型厨房。

给予情侣住客的建议：预订独立的Zen度假屋（115欧元），这是一个甜蜜温馨住所。车位有限（只有4个）。

Akoya Hotel & Spa
豪华酒店 €€€

（☎0262 61 61 62; www.akoya-hotel.com; 6 Impasse des Goélands; 双 220~350欧元，套 360~400欧元; P）这家豪华酒店2015年末开业，是目前西海岸最为奢华的酒店。这里拥有一片三层小楼，四周风景美丽。提供许多便利设施，包括两家知名餐馆、一家酒吧、一个大型水疗中心，最棒的是，还有一个高端无边泳池，能将海洋景色一览无余。提醒一下：你需要穿过马路到达海滩。

104间客房按照高标准配备设施，但是只有一半能够欣赏海景。

Hôtel Swalibo
酒店 €€€

（☎0262 24 10 97; www.swalibo.com; 9 Rue des Salines; 标单110~150欧元，双140~190欧元，含早餐; P）如果你能得到网上优惠特价的话，这座两层楼的小（某些人会说"狭窄"）酒店很划算。房间有鲜艳的墙壁，围绕着一个闪闪发光的游泳池，设施很齐全。但是一楼的一些房间缺乏自然光，家具急需更新。附带一家餐馆。距离沙滩200米。

就餐

★ Planch' Alizé
欧洲菜、三明治 €€

（☎0262 24 62 61; www.planchalize.net; 25 Rue des Mouettes; 主菜12~25欧元; ⌚每天 正午至14:30, 周三至周日 19:00~21:00, 酒吧 9:00至深夜; ）旅行者和当地人都蜂拥至这家熙熙攘攘的小型沙滩餐厅（paillotte）寻找可口的海鲜、肉类菜肴、丰盛沙拉和诱人甜品，包括法式薄饼和令人惊喜的天竺葵法式炖蛋（crème brûlée au géranium）。所有食物的价格都很公道。这里还是个一天当中任何时间都能小酌的好去处。

尽量早点来，选择能够俯瞰沙滩的餐桌。想要小吃的话，可以去临近的外卖窗口，那里出售美味的三明治、沙拉和自制甜点（3欧元起）。周五18:30之后有时会有现场乐队演奏。出租日光浴浴床、浮潜装备和立式桨板。

La Bodega 欧洲菜 €€

（☎0262 35 66 69；Plage de Trou d' Eau；主菜 15~22欧元；⏰正午至15:00和18:30~21:30，酒吧 9:00~22:00）这个餐馆值得一提，因为露天平台凉风习习，可俯瞰潟湖，还有令人难忘的海景和令人愉悦的氛围。提供花样繁多的菜品，包括西班牙小吃和海鲜。如果想吃三明治或华夫饼（3欧元起），可去小吃区。食物并不突出，靠近海滩的地理位置才是吸引游客的关键所在。周五和周日晚间上演现场音乐。

La Bonne Marmite 克里奥尔菜 €€

（☎0262 39 82 49；Route du Trou d' Eau；主菜 12~16欧元，自助晚餐 19欧元；⏰周一至周六 19:00~21:30）扑向La Bonne Marmite（Good Cooking Pot；神奇烹锅）物超所值的晚餐自助吧！这里有12种健康的咖喱菜肴，让你大快朵颐。距离沙滩很近（可惜刚好看不到海，真让人遗憾）。

Le Copacabana 法国菜 €€€

（☎0262 24 16 31；www.copacabana-plage.com；20 Rue des Mouettes；主菜18~27欧元；⏰每天 9:00~10:30和正午至15:00，周五和周六 19:00~22:00，酒吧 9:00~19:00；📶）这家时尚酒吧兼餐厅拥有得天独厚的地理条件，就位于海滩上。在这里可以享受精心烹制的鱼类和肉类菜肴，以及很棒的自制甜点。Le Copa还是夜晚小酌或随时品尝新鲜果汁的时尚去处。遗憾之处？它挺贵的。同时出租日光浴浴床。

到达和离开

Car Jaune运营的圣但尼与圣皮埃尔之间的非快车长途汽车路线（02路线）会经过拉萨里-莱班（从圣但尼出发，2欧元，1.25小时）。更多信息见www.carjaune.re。

圣勒（St-Leu）

人口：33,600

制糖业的好日子已经结束了，如今向前看的圣勒转变成了户外运动爱好者的胜地。这里是（合法）寻求刺激的地方：你会想加入那些从高原降落到潟湖的滑翔伞爱好者的行列。潜水爱好者也敢发誓说这里的水下陡坡是岛上最好的。

圣勒拥有几座漂亮的石砌建筑，可追溯至法国殖民时代，如市政厅（mairie）和对面的教堂。其他景点包括海滨旁边阴凉的公园，以及一片深受家庭欢迎的受保护的海滩。

圣勒还是探索海岸和高原的好地方。

景点

萨莱特圣母教堂 教堂

（Notre-Dame de la Salette；见215页地图；Sente la Salette）萨莱特圣母教堂是一座白色的小教堂，坐落在城镇东边的山麓下，由当地人修建于1859年，是为了祈求圣母帮助人们抵御当时肆虐全岛的霍乱。无论是运气还是神助，圣勒得以免遭这种传染病的影响，于是每年9月19日都有成千上万的信徒来此虔诚地表示谢意。

克罗尼亚 博物馆

（Kelonia；☎0262 34 81 10；www.museesreunion.re/kelonia；46 Rue du Général de Gaulle，Pointe des Châteaux；成人/儿童 7/5欧元；⏰9:00~17:00）不要错过这个提倡生态意识的海洋和海龟研究中心，它位于圣勒以北2公里。有展品、交互式显示屏和大型水缸，你可以在其中近距离地观察留尼汪周围海域发现的5种海龟，特别是绿海龟（Chelonia mydas）。可组织导览游。

孩子们很喜爱这个地方，不过精心组织的展览也同样会给成人留下深刻的印象。

活动

潜水

从Pointe au Sel到圣勒南端的潜水点拥有留尼汪最美的水下景色，而更靠近圣勒的潟湖是观赏珊瑚的好地方。

蓝色海洋 潜水

（B' leu Océan；见198页地图；☎0262 34 97 49；www.bleuocean.fr；25 Rue du Général Lambert；潜水体验/单次潜水 60/53欧元；⏰8:00~17:00）专业潜水中心，能够满足从初学者到进阶潜水员等各种水平的人的需要。5次和10次潜水套餐收费240/440欧元。价格包含装备租赁费用。

St-Leu 圣勒

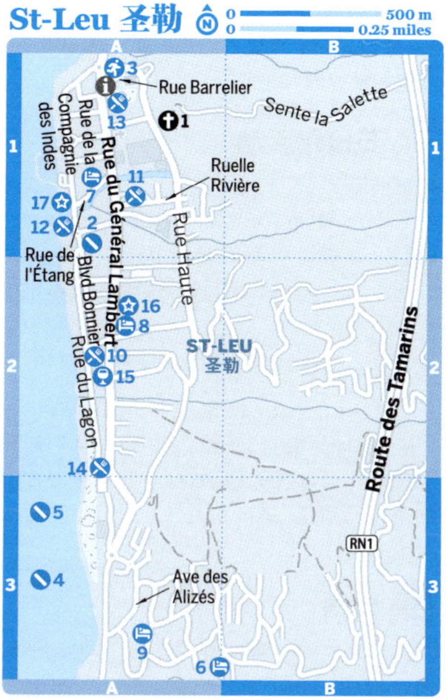

St-Leu 圣勒

伊克瑟苏斯 潜水

（Excelsus；☎0262 34 73 65；www.excelsusplongee.com；Impasse des Plongeurs, Pointe des Châteaux；潜水体验/单次潜水 62/52欧元；⏲8:00~17:00）这家高效的潜水机构提供各种潜水体验，适合所有水平潜水者。3次/6次潜水套餐收费150/288欧元。价格包含装备租赁费用。

Abyss Plongée 潜水

（见215页地图；☎0262 34 79 79；www.abyss-plongee.com；17 Blvd Bonnier；潜水体验/单次潜水 62/47欧元；⏲周一至周六 8:00~17:00，周日至正午）这家运营商声誉很好，拥有观赏珊瑚礁和沉船等各种潜水线路，并开办潜水课程。3次和6次潜水套餐收费135/260欧元。价格包含装备租赁费用。

留尼汪潜水 潜水

（Réunion Plongée；☎0262 34 77 77, 0692 85 66 37；www.reunionplongee.com；13 Ave des Artisans；潜水体验/单次潜水 65/52欧元；⏲8:30~16:30）证书齐全的小型机构。4次/6次潜水套餐收费192/282欧元。

滑翔伞

圣勒是世界上最好的滑翔伞地之一，这里常年拥有上升暖气流。如果你是新手的话，可以和一名经验丰富的运营者一起展开双人滑翔伞。最受欢迎的起飞场海拔800米，高居小镇之上。还有一座海拔1500米的起飞场。从山上降落的这段经历棒极了，你可以俯瞰令人心醉的潟湖和海岸。6岁以上的儿童便可以尝试。

Azurtech 滑翔伞

（☎0692 85 04 00；www.azurtech.com；Pointe des Châteaux；双人飞行 75~110欧元；⏲8:00~17:00）一个历史悠久、最受喜爱的机构。组织各式各样的双人飞行，包括40分钟的"必玩"飞行，推荐参加。欢迎5岁以上儿童参加。

Parapente Réunion 滑翔伞

（☎0262 24 87 84，0692 82 92 92；www.parapente-reunion.fr；1&103 Rue Georges Pompidou，Route des Colimaçons，Pointe des Châteaux；双人飞行 75~110欧元；⏲8:00~17:00）声誉不错的运营商。组织各式各样双人飞行，包括无与伦比的"日落飞行"，飞跃潟湖上空。

Bourbon Parapente 滑翔伞

（见215页地图；☎0692 87 58 74；www.bourbonparapente.com；4 Rue Haute；双人飞行 80~110欧元；⏲8:00~17:00）一家经验丰富的组织机构。组织各式各样双人飞行，全程20~40分钟。欢迎5岁以上儿童参加。

冲浪

布坎·加诺特、Pointe des Trois Bassins和圣吉尔-莱班发生过几次鲨鱼袭击事件之后，冲浪的场面再也不像从前那样热闹了。在冲浪前最好向当地人寻求建议。

> **圣勒潜水**
>
> 圣勒拥有一流的海墙潜水地和保护得很好的珊瑚群，但据说圣吉尔-莱班沿岸的鱼比较少。这里的海墙陡峭地往下延伸，可达好十几米深。
>
> **Tombant de la Pointe au Sel**（见198页地图）地处圣勒南面，很多人觉得这是留尼汪最佳的综合性潜点。除了美丽的景色，这面陡峭的海墙还能让人欣赏到非常有趣的海洋鱼类生活，通常可以很清楚地欣赏远海鱼类，尤其是金枪鱼、梭鱼和狗鱼。这里很适合经验丰富的潜水者。
>
> **Le Jardin des Kiosques**（见215页地图）这个深度从3米到18米的潜水地点对新手来说非常安全，并且氛围很好。满眼都是小峡谷和沟槽。
>
> **La Maison Verte**（见215页地图）一个令人放松的潜水地点，水深不到6米的地方就有美丽的珊瑚丛。
>
> **Antonio Lorenzo**（见198页地图）沉船爱好者会径直来欣赏这个保存完好的船只残骸，它位于Pointe des Chateaux水深38米的多沙海底。海洋生物很活跃，潜水者甚至可以潜到船体内部去。

节日和活动

勒登博节 剧院

（Leu Tempo Festival；www.lesechoir.com；⏲5月）非常受欢迎的戏剧节，在圣勒的Le Séchoir-Le K举行。节目包括舞蹈、马戏和音乐。5月初举行。

萨莱特圣母节 宗教

（Fête de Notre-Dame de la Salette，Festival of Notre Dame de la Salette；⏲9月）信徒们蜂拥至萨莱特圣母教堂（见214页）朝拜施展神迹的圣母马利亚，集市和大街上的庆祝活动持续十多天，9月举行。

住宿

圣勒没有度假村。住宿地大多都是小型酒店，位于僻街小巷或者城市郊区。需要驾车前往海滩。

Résidence Les Pêcheurs 小屋 €

（见215页地图；☎0262 34 91 25，0692 85 39 84；http://les.pecheurs.pagesperso-orange.fr；27 Ave des Alizés；双/四 52/82欧元；P 📶 ❄）这个住宿地点干净整洁、待客友善、经营良好，位于城市南边一个安静的居民区。包含6间平房，能够欣赏一些海景。客房宽敞、实用、设施一应俱全，但是没有空调（只有电风扇）。附近没有海滩，但是住客可以到泳池爽一把。三晚起住。性价比很高。

Palais d' Asie 公寓 €

（见215页地图；☎0262 34 80 41，0692 86 48 80；lepalaisdasie974@wanadoo.fr；5 Rue de l' Étang；双 40~45欧元；P ❄ 📶 🏊）圣勒最好的廉价住处之一，不过"Palais"（意思是"宫殿"）明显属于用词不当。位于小镇中心，房间装饰简约但实用。是的，它的确有自己的（超小）游泳池。住宿两晚以上价格可优惠35~40欧元。

Repos Laleu 公寓 €€

（见215页地图；☎0262 34 93 84；249 Rue du Général Lambert；双/四60/75欧元；P ❄ 📶）

提供8个设施齐全的单间和2个宽敞公寓，位于镇中心。住一周的客人优先。

Iloha Seaview Hotel 酒店 €€

（☎0262 34 89 89；www.iloha.fr；44 Rue Georges Pompidou，Route des Colimaçons，Pointe des Châteaux；标单 75～85欧元，双 90～170欧元，别墅 130～190欧元；P❄️📶🏊）这是一家非常优质、综合性的酒店兼度假村，位于城北Route des Colimaçons的一处宽敞地界之内。房间干净整洁、别墅设计简单，适合各类旅行者。亮点包括两个泳池、两家餐馆、一个水疗中心和精心照料的花园。能够观赏潟湖。登录网站，查询特价信息。

★ Le Blue Margouillat 精品酒店 €€€

（见215页地图；☎0262 34 64 00；www.blue-margouillat.com；Impasse Jean Albany；双 175～240欧元；P❄️📶🏊）这家位于圣勒南部边缘的酒店为当地酒店业增添了一股迷人的魅力，有14个客房，房间设计和装饰充满艺术感，还有一家获奖餐厅、一个诱人的泳池和很棒的风景。即便如此，构造怪异的卫生间——无门无墙，只有一张厚帘——可能会令有些人感到不适。

如想欣赏最佳海景，那就选择楼上的客房。

就餐

L' Orange Givrée 自助餐馆 €

（见215页地图；☎0692 48 94 39；2 Rue Barrelier；主菜4～10欧元；⏰周一至周六 11:30～15:30）眨眼之间，你就可能错过这家位于旅游局旁边的时髦小餐厅的狭小入口。它提供开胃沙拉、每日特色菜（plats du jour）、卷饼、三明治、果汁以及其他菜肴，价钱实惠。一定要留点儿肚子，品尝好吃得要命的香蕉蛋糕。

★ Au Bout La Bas 欧洲菜 €€

（见215页地图；☎0262 55 98 72；37 Rue du Lagon；主菜10～20欧元；⏰周二至周六 正午至14:00和19:00～22:00）这家洋溢着欢乐气氛的热带餐厅位于一条与海滨平行的街道上，提供物有所值的食物。你可以选择汉堡配自制薯条、内容丰富的沙拉或美味的开口面包（tartine）。自制甜点就像它们的名字那样美味。嗯，巧克力蛋糕。

Sarah Beach 各国风味 €€

（见198页地图；☎0262 10 23 37；www.facebook.com/restosb；44 Rue du Général Lambert；主菜 17～22欧元；⏰周四至周一 正午至13:45和19:00～21:30）这家餐馆位于城市北入口，地理位置绝佳，可以俯瞰潟湖。既然周围环境如此出众，许多喜欢待在户外的人仅仅因为这个位置优势，就来到这个微风习习、靠近大海的游廊就餐。食物兼容并包、价格合理，美味可口，尤其是本店特色pierrades（在加热石板上烤制薄鱼片或肉片）。

Villa Vanille 欧洲菜 €€

（见215页地图；☎0262 34 03 15；www.restaurant-lavillavanille.fr；69 Rue du Lagon；主菜 11～22欧元；⏰11:45～14:15和19:00～22:00）这家生机勃勃的餐馆才不会用塑料椅子，取而代之的是柚木家具和一个宜人的露台。拥有城内最丰富的菜单。你可以选择蔬菜沙拉、精美鞑靼金枪鱼、肉类菜肴以及冰激凌。吃完饭后无所事事地躺在路对面的沙滩上——这才叫生活！

Le Zat 克里奥尔菜、海鲜 €€

（见215页地图；☎0262 42 20 92；14 Rue de la Compagnie des Indes；主菜 14～18欧元；⏰12:30～15:30；📶）这家朴实无华的露天餐馆靠近海港，专业烹制鱼类和肉类菜品，还有沙拉。自制甜品同样出色。菜单每天变化，手写在一个黑板上。这里也是一个品尝热带酒水和西班牙小吃的好地方。

★ L' Eveil des Sens–Le Blue Margouillat 新派法国菜 €€€

（见215页地图；☎0262 34 64 00；www.blue-margouillat.com；Impasse Jean Albany；主菜 26～38欧元，套餐 69～109欧元；⏰每天19:30～21:00，周日 正午至13:00）这家雅致的餐馆位于Le Blue Margouillat酒店之内，是西海岸最受青睐的高端就餐地点。Marc Chappot的创意菜品制作有方，摆盘精巧。所有菜品都有滋有味。另外一个特色就是浪漫的氛围，餐桌设在泳池周边或者殖民时期风格的露台之上。过去几年，价格不断上涨，但是在此就餐确实令人久久难忘。

Il Etait Une Fois 法国菜 €€€

(见215页地图；☎0692 68 96 19；1 Ruelle Rivière；主菜24~29欧元；⊙周二至周六 19:00~21:00)藏身于和主街道垂直的一条小巷中，这家名叫“很久以前”的餐馆提供与众不同的饮食。这里没有菜单，每天的菜肴取决于当季产出和厨师的心情。充满野趣和植物的露台也是个就餐的好地方。

饮品和夜生活

虽然圣勒无法媲美艾米达吉-莱班或圣皮埃尔，但是亦有一些非常适合夜生活的地点。

Le Zinc 酒吧

(见215页地图；☎0262 22 29 11；228 Rue du Général Lambert；⊙周四至周日 17:00至午夜)Le Zinc是圣勒最热闹的地方(缺少竞争者，很容易辨认)。来这里找乐子吧，这里有各类人群、很棒的鸡尾酒和一流音乐，每晚都有DJ或者现场乐队表演。

娱乐

Le Séchoir – Le K 演出场所

(见215页地图；☎0262 34 31 38；www.lesechoir.com；209 Rue du Général Lambert)留尼汪的主要演出场所之一，表演现代戏剧、舞蹈和音乐，还有木偶戏、马戏以及其他文化活动。组织者还会在当地举办露天音乐会或放映露天电影。和旅游局联系，查询最近的演出。

Rondavelle Les Filaos – Chez Jean-Paul 演出场所

(见215页地图；☎0692 58 58 38；www.lesfilaos-chezjeanpaul.re；17 Rue de la Compagnie des Indes；⊙7:30~20:30)就像蜜蜂被蜂蜜吸引一样，在每个周日的晚上，圣勒人会蜂拥至这个简朴的海边露天酒吧欣赏现场乐队演奏。演奏曲目包括电子音乐、玛洛亚(maloya，留尼汪传统舞蹈音乐)、摇滚乐和爵士乐。白天供应便宜的三明治、鲜榨果汁和冰啤酒。

实用信息

旅游局(见215页地图；☎0262 34 63 30；www.saintleu.re；1 Rue Barrelier；⊙周一 13:30~17:30，周二至周五 9:00至正午和13:30~17:30，周六 9:00至正午和14:00~17:00；📶)位于穿过小镇中心的主街道的北端，有丰富且实用的小册子和乐于提供帮助的说英语的工作人员。在这里还可以预订山中小屋。提供免费Wi-Fi。

到达和离开

Car Jaune在圣但尼(2欧元，1.25小时)和圣皮埃尔(2欧元，1.25小时)之间运营的长途汽车路线会从圣勒中心穿过。汽车站位于市政厅附近。更多信息见www.carjaune.re。

圣勒周边

在圣勒经历精彩之后，接下来最好的放松方式就是探索小镇上方山坡上的村庄了。蜿蜒的道路两旁景色极好，氛围轻松惬意。

景点

从圣勒向北，沿着有许多S形弯道的D12(即Route des Colimaçons)，在调头经**圣勒火山**(Piton St-Leu)去往海岸之前，在D3向正南转道，去往**拉·夏鲁普·圣勒**(La Chaloupe St-Leu)，那里有一座鲜艳的**印度教寺庙**(Hindu temple)值得一看。如果想要远离这些，你可以沿着上山的道路驶过名叫**勒科里马松**(Les Colimaçons)的山村，直到塔马兰森林路线(Route Forestière des Tamarins)。这条道路穿行38公里，穿过勒德弗拉弗(Le Tévelave)至麦多的山坡地带——惊险刺激。无论选择哪条路线，都要带上一本优质的道路地图或GPS装置，因为沿途容易迷路。

★史黛拉·马图提娜 博物馆

(Stella Matutina；见198页地图；☎0692 33 32 03；www.museesreunion.re/musee/stella-matutina；6 Allée des Flamboyants；⊙周一 13:00~17:30，周二至周日 9:30~16:45)这是留尼汪最受青睐的博物馆，经过全面修缮，2015年重新开业。博物馆位于通往圣勒火山和Les Avirons的D11路边，圣勒以南4公里处，展示内容主要与制糖业相关，不过也关注留尼汪岛的历史，尤其是奴隶时代和殖民时期。它包含一个最先进的4D影院，还有一个商店和一个自助餐厅。

马斯卡林国家植物保护区　花园

（Conservatoire Botanique National de Mascarin；见198页地图；☎0262 24 92 27；www.cbnm.org；2 Rue du Père Georges, Les Colima；⊙周二至周日 9:00~17:00）保护区位于圣勒北边的山坡上（Route des Colimaçons上），这个迷人花园藏身于一个19世纪克里奥尔式宅院之内，展示了许多令人瞩目的本土植物种类，并且带有清晰的介绍文字。还有许多来自印度洋周边的植物种类。圣心教堂（Église du Sacré-Coeur）就在附近。这座庄严宏伟的教堂建于1875年，采用熔岩建成。

食宿

在距离圣勒10公里范围内，有几个宁静的村庄提供充满田园气息的住宿处。许多地方都自夸可以俯瞰海岸。

多数村庄有杂货店和几家小吃店。民宿也能按照住客需求提供餐食。如果想要更多就餐选择，最好的办法就是驾车前往圣勒。

Le Balcon Créole - Chez François et Michèle Huet　民宿 €

（见198页地图；☎0692 67 62 54，0262 54 76 70；www.balcon-creole.fr；202 Chemin Potier, Les Colimaçons；双含早餐 50~60欧元；P 📶）这里的4个房间闪闪发光、鲜亮又色彩缤纷，真是一天舟车劳顿之后的惬意休息场所。两间较贵的客房能够欣赏极致海景。说到鱼类菜肴，你算来对地方了（晚餐26欧元）。从植物园出发的上山道路旁有路标指示。

如果你想要住4晚以上的话，选择宽敞的克里奥尔式小屋（度假屋/自炊住宿），它位于满是鲜花的花园中。

★ Les Lataniers　公寓 €€

（见198页地图；☎0262 34 74 45，0692 25 13 38；www.les-lataniers.com；136ter Rue Adrien Lagourgue, Piton St-Leu；双 85~140欧元，四 120~140欧元；P 📶 🏊）这是一家让人惊喜的公寓，装修很有味道，有一个美丽的花园和一个很好的游泳池，能直接看到大海。4间公寓都很大，设施齐全且采光良好。这里是徒步旅行者的理想基地，因为主人就是一个徒步旅行爱好者，可以提供许多岛上步行路线的信息。Les Lataniers位于圣勒火山的南部边缘，朝向Les Avirons。

最少三晚起住，能住一周以上最好。

Caz' Océane　民宿 €€

（☎0692 74 63 94，0262 54 89 40；www.chambredhoteslareunioncazoceane.com；28 Chemin Mutel, Notre-Dame des Champs；标单 55欧元，双 65~85欧元，含早餐；P 📶）这家舒适的民宿位于一个叫Notre-Dame des Champs的小村庄里，由一对比利时夫妇经营，是个值得信赖的落脚点。没人会嫌这里的4个房间装饰过度，它们都很整洁有序。房东可以烹煮广受好评的晚餐（25欧元），房价包含一顿丰盛早餐。能用英语和德语交流。

更大的亮点是，配备视野极佳的极可意水流按摩浴缸（Jacuzzi），非常适合徒步旅行之后放松身心。

到达和离开

如想游览圣勒上方的山地，需要自驾。

勒德弗拉弗（Le Tévelave）

人口：1600

勒德弗拉弗位于Les Avirons上方的群山之中，是一个宝石般的小村庄，需要沿着一条崎岖蜿蜒的道路曲折地开10公里。它能提供原汁原味的田园生活，并且是徒步爱好者的理想基地。在这里你能真正感受到野趣和出世之感，远离海岸的喧嚣。村庄尽头是前往塔马兰森林路线（Route Forestière des Tamarins）的起点。这条路穿过一片柳杉林，经过36公里之后到达麦多（Le Maïdo）下方。道路沿线有许多野餐地点。

食宿

L' Écorce Blanc　旅馆 €€

（☎0692 02 16 30；www.lecorce-blanc.com；46 Rue Francis Rivière, Le Tévelave；双含早餐 65~90欧元；P 📶）这家友好的农场客栈（ferme auberge）高居1040米之上，因其货真价实的家常菜（25欧元，通过预约）深受当

地人喜爱。遗憾的是，室内餐厅气氛枯燥。除了餐厅（用餐时间很吵），同一栋建筑内还有4个用木板隔开的舒适房间；它们拥有优质寝具和闪闪发光的卫生间。

不过要小心的是：沿着600米的上坡路开到这家农场客栈需要良好的驾驶技术。

到达和离开

长途汽车很少，所以要想前往勒德弗拉弗，需要自驾。

伊唐-萨累-莱班（Étang-Salé-les-Bains）

人口：14,000

伊唐-萨累-莱班远离圣吉尔的喧嚣，是一个低调的度假村，来这里休闲的多数是当地人而不是外国游客，不过它的黑沙海滩对消息灵通的日光浴者和游泳者来说，已经不再是一个秘密了。

景点和活动

很少有游客知道伊唐-萨累-莱班可以潜水，这里几乎无人涉足。

伊唐-萨累-莱班海滩（Plage de L' Étang-Salé-les-Bains） 海滩

小镇北部边缘绵延的烟灰色海滩非常适合晒日光浴、游泳，这里的日落也很美。大多数沙滩附近的海水很浅，下降的坡度很缓。安全区域四周设有浮标，区域以外禁止游泳。

鳄鱼公园 动物园

（Croc Parc；见198页地图；☎0262 91 40 41；www.crocparc.re；1 Route Forestière；成人/儿童 10/8欧元；⊙10:00~17:00）想让孩子开心？绕一点路来这家伊唐-萨累-莱班附近（有路标指示）的动物园游览一番吧。这里共有大约100只鳄鱼，还有鬣蜥蜴和乌龟。周三和周日16:00进行喂食演示。

海洋潜水 潜水

（Plongée Salée；☎0262 91 71 23；www.plongeesalee.com；5 Rue Mottet de Narbonne；潜水体验/单次潜水 66/55欧元；⊙根据预约）这家潜水机构声誉很好，只组织小型潜水团。共有大约15个潜水场地，适合各种水平的潜水者；登录网站查询活动安排。

食宿

你会在海滩沿线找到一些快餐车，还有几家深受青睐的餐馆在海滩的平行街道上。

Les Sables Noirs 青年旅舍 €

（☎0262 38 04 89，0692 08 06 28；88B Ave Raymond Barre，Étang-Salé-les-Hauts；铺 15欧元，双带公共卫生间 40欧元；❄📶）如果并不是非得靠近海滩不可的话，这家由埃弗利娜（Evelyne）运营的青年旅舍对于节俭的旅行者来说就是天赐的福利。它有一个7人间宿舍（带空调）、一个11人间宿舍（带电风扇）以及几个双人间，所有房间都非常干净、实用。设施包括一个公用厨房和后面的一个大型露台。

位于Étang-Salé-les-Hauts，距离伊唐-萨累-莱班只有4公里，靠近教堂。乘坐公交车前往海滩并不费事。

Camping Municipal de l' Étang-Salé-les-Bains 露营地 €

（☎0262 91 75 86；www.camping-reunion.com；Rue Guy Hoarau；露营每个地点22~28欧元）这个井然有序的露营地共有70个绿荫覆盖的露营点，距离海滩有一小段步行路程。洗浴设施经过翻新，状况很好。

Zot Case en Natte 别墅 €€

（☎0262 26 5773，0692 82 33 26；3 Impasse Alamanda，Route des Canots；别墅 2~3晚 268欧元；P❄📶）这个地方有点难找，隐藏在Étang-Salé-les-Hauts的一个小巷之中，不过，如果你对新奇事物颇有兴趣，那就很有必要费点周折来此。想象这幅画面：一栋迷人的克里奥尔式房屋，容纳三间配备镶木地板、气氛温馨的客房。欢迎长期住宿。

Framissima Floralys & Roseaux des Sables 酒店 €€

（☎0262 91 79 79；www.floralys.re；2 Ave de l' Océan；双 70~115欧元，四 95~180欧元；❄📶🏊）这家经营良好的三星级酒店位于小镇中心环岛旁一个3公顷的迷人花园中，距离海滩2分钟步行路程。包括两部分：一部分是Floralys，拥有时髦新潮但是缺乏个性的客房，位于一簇小屋之中；另一部分是Roseaux des Sables，拥有高档、设施齐全的别墅，位于酒店的远端。

Le Bambou 法国菜、克里奥尔菜 €€

（☎0262 91 70 28；56 Rue Octave Bénard；主菜9~24欧元；⊙周四至周二 11:30~21:30；📶）这家经营良好的餐厅位于主环岛附近，菜单厚得翻不完，并且因此闻名，主打各式沙拉、比萨、意大利面、可丽饼、克里奥尔经典菜品、烤肉和烤鱼。食物并非美味至极，但是一天任何时刻想要填饱肚子，这里都是不错的选择。工作日，11欧元的午餐套餐非常实惠。

ℹ 实用信息

旅游局（☎0820 203 220；www.sud.reunion.fr；74 Rue Octave Bénard；⊙周一至周六 9:00至正午和13:00~16:30；📶）位于镇中心环岛的旧火车站中，在这里可以预订山中小屋。同时出售书籍、地图和工艺品。有免费Wi-Fi。

ℹ 到达和离开

Car Jaune运营的圣但尼与圣皮埃尔之间的非快车长途汽车路线（S02路线）途经伊唐-萨累-莱班（Étang-Salé-les-Bains）。这座城镇同时位于Car Jaune运营的圣约瑟夫至圣保罗的海滨长途汽车路线（S3路线）上。更多信息见www.carjaune.re。

圣路易斯（St-Louis）

人口：52,600

如果说圣吉尔和艾米达吉非常欧化并且旅游气息浓重的话，圣路易斯恰恰与之相反，在旅行者之中鲜为人知。这里是西海岸的泰米尔文化中心，你很快就能感受到这座城市散发的确凿无疑的热带风情。城区没有什么特别不可思议的地方，但值得在这里短暂驻足餐馆一些宗教建筑，包括一座泰米尔寺庙、一座壮观的清真寺和一座岛上最大的教堂。

许多游客来圣路易斯是为了搭乘前往锡拉奥的长途汽车，或者参观戈尔制糖厂，这家制糖厂位于城中心以西1.5公里。

👁 景点

戈尔制糖厂 制糖厂

（Sucrerie du Gol；见198页地图；☎0262 91 05 47；www.tereos-oceanindien.com；Rond-Point du Gol, St-Louis；成人/儿童 8/5欧元；⊙7月至12月 周二至周六 9:00~19:00，预订团队游）圣路易斯周边的一个亮点（也是主要地标，拥有大烟囱）就是位于城中心以西1.5公里的这家古老制糖厂。你可以在甘蔗的收获期（7月至12月）来这家制糖厂游览，它是留尼汪岛上仍然在运作的两座制糖厂之一。

🛏 食宿

圣路易斯市中心没有可以落脚的地方，我们觉得也没有理由住在这里。这里距离圣皮埃尔不到10分钟车程。

主路沿线开有几家小吃店和小餐馆。想要更多就餐选择，就去附近的圣皮埃尔。

ℹ 到达和离开

Car Jaune运营的圣但尼和圣皮埃尔之间的长途汽车会经过圣路易斯。前往锡拉奥的长途汽车（1.80欧元，1.5小时）从汽车站出发。更多信息见www.carjaune.re。

昂特尔德和勒蒂米泰尔（Entre-Deux & Le Dimitile）

人口：6260

昂特尔德是一个温馨的小村庄，高居圣皮埃尔以北18公里的山中，它的名字（意思是"二者之间"）源自它位于两个山谷（Bras de Cilaos和Bras de la Plaine）之间的山脊上。昂特尔德是一个美丽的住宿地点，富有乡村风情。

👁 景点

昂特尔德拥有许多克里奥尔式小屋，这是一种传统村舍，被精心照料的肥沃花园环绕着，其中许多小屋正在重建。当地还有深远的手工艺传统，包括使用一种叫"choca"的类似芦荟的植物叶片制作的拖鞋。

蒂米泰尔空间文化博物馆 博物馆

（Espace Culturel Muséographique Dimitile-Camp Marron，简称ECM；见224页地图；☎0692 39 73 26；Le Dimitile；门票2欧元，带语音导游5欧元；⊙根据预约）这个朴实无华但是管理良好的博物馆紧邻勒蒂米泰尔山顶，完美诠释

另辟蹊径

勒马克和拉福奈特(LES MAKES & LA FENÊTRE)

作为留尼汪的秘境之一，勒马克拥有田园诗般的氛围和优美的环境。它蜷伏在高原之上，从圣路易斯出发，沿着一条蜿蜒的次级公路前进12公里即可到达。在海拔接近1200米的高度呼吸新鲜的高山空气是值得回味一生的治愈体验。

如果游览勒马克而不走通往**拉福奈特**(The Window；见198页地图)观景点的森林道路，那简直就是一种罪过。只需从勒马克出发上山走10公里，当你抵达观景点时，一定会被这里的美景惊呆：整个锡拉奥盆地(Cirquede Cilaos)以及周围直插天空的陡峭山峰会永远地留在你的记忆里。拉福奈特也是一个很棒的野餐地点。提示：在云朵密布前尽早抵达。

该地区也非常适合眺望星空。**天文台**(Observatoire Astronomique；见198页地图；☎0262 37 86 83；www.ilereunion.com/observatoire-makes；18 Rue Georges Bizet，Les Makes；成人 4~10欧元，儿童 2.50~5欧元；⏲)提供从21:00至午夜的观星活动。最好提前打电话确定是否可以参观。**拉福奈特马术中心**(Centre Équestre de la Fenêtre；见198页地图；☎0692 19 25 65；31 Rue Montplaisir，Les Makes；每小时 16欧元；⏲周二至周六 根据预约)可以组织含导游的骑马之旅，就在勒马克周边的森林。这是全身心感受美景的一种绝佳方式。

如果你沦陷在迷人的勒马克(毫无疑问你会的)，可以住在**Le Vieil Alambic – Chez Jean-Luc d' Eurveilher**(见198页地图；☎0262 37 82 77；www.levieilalambic.com；55 Rue Montplaisir，Les Makes；双含早餐 55欧元；P 📶)，这家民宿位于通往拉福奈特的道路上，海拔1000米。有4个平淡无奇但整洁的房间(没有景观)以及传统套餐(25欧元起)。入住三晚或者更久，价格可以便宜5欧元。

乘坐公共交通工具前往勒马克不是明智选择。你需要一辆汽车。

了marronage(逃离种植园生活的行动)以及留尼汪的奴隶历史。遗憾的是，营业时间捉摸不定；具体咨询昂特尔德的旅游局或者提前致电。

活动

勒蒂米泰尔 徒步

(Le Dimitile；见224页地图)徒步攀爬标志性的勒蒂米泰尔(海拔1837米)非常艰难，但是收获颇丰，能够欣赏到锡拉奥盆地震撼人心的景色。抵达观景点有几条路线可供选择。旅游局可以提供不同路线的实用信息和示意图。

最短的路线叫作**Sentier de la Chapelle**，从D26道路的末端(那里有一小块停车区域)出发，距离昂特尔德大约10公里，海拔1100米。往返需要艰苦跋涉5小时。

为了充分感受这里的气氛，不如在山顶附近的小屋过夜。勒蒂米泰尔具有重要的历史意义；19世纪后半叶，许多逃跑的奴隶都在该地区避难。

观景点前，就是蒂米泰尔空间文化博物馆(见221页)。

Kreolie 4x4 团队游

(☎0692 86 52 26；www.kreolie4x4.com；一日游含午餐 100欧元；⏲根据预约)这个颇受好评的旅游机构组织精彩的四轮驱动车团队游，专业经营一日游项目，景点包括昂特尔德和勒蒂米泰尔的观景点(海拔1837米)。向导见多识广，可以讲述关于本地动植物的有趣故事(讲法语)。

节日

Fête du Choca 博览会

(Festival of Choca；⏲7月)这个节日展览choca叶所制工艺品；举办地点位于昂特尔德。

住宿

Gîte Valmyr – Le Boucan des Cabris Marrons 小屋 €

(见224页地图；☎0692 98 34 73；Le Dimitile；铺含半餐 37欧元；⏲周三至周六)距离可以俯瞰锡拉奥盆地全景的观景台不远，适合热爱大自然和打算徒步的人住宿。住宿都是简朴的6~10

卧宿舍。老板Valmyr Talbot是个典型本地人，他的这个小屋以活跃氛围著称。建议预订。

Gîte Émile 小屋 €

（见224页地图；☎0692 67 24 54；Le Dimitile；铺含半餐37欧元）在勒蒂米泰尔山上，提供基本住宿，有5~12人间的宿舍。从小屋到观景点需要步行30~45分钟。

Villa Oté 民宿 €€

（☎0692 41 60 38，0262 39 03 43；www.villaote.com；29 Rue Maurice Berrichon；双含早餐95欧元；P 📶 🏊）这是个被精心打造的地方，带有赏心悦目的花园和一个绝佳泳池，四周分布迷人的客房。三个房间各有特色，每间都带专用入口。不足之处：没有空调，没有风扇。泳池9:30~19:00开放。员工能说一些英语。晚餐费用27欧元。

L' Échappée Belle 民宿 €€

（☎0692 55 55 37，0262 22 91 31；www.lechappee-belle.com；13 Impasse du Palmier；双含早餐 105欧元；P @ 📶 🏊）藏身于市政厅后面的一条死胡同中，这家拥有四间明亮的现代化客房的民宿同时拥有许多优点——尤其是它宽阔的热带花园以及游泳池，绝对是个一天旅行后放松身心的好地方。还有一个公共厨房、一个按摩浴缸，一个花园餐厅。不足之处：没有空调。

就餐

Le Régal des Hauts 比萨、克里奥尔菜 €

（☎0692 72 81 45；3 Rue Jean Lauret；主菜 6~12欧元；⏲周一至周六 11:30~13:30，每天18:30~21:30）这个生气勃勃的餐馆靠近市政厅，提供的木炭烤比萨相当令人满意。它们呈现红色或白色（含或不含西红柿底料），又薄又脆。如想品尝当地口味，试试Victoria（含菠萝和鸡肉）或者Creole（含烟熏香肠和香料）。这里也很擅长制作克里奥尔菜品。

L' Estanco 快餐 €

（☎0262 44 14 28；1 Rue Payet；主菜 7~13欧元；⏲周二至周日 11:30~13:45，周二至周五18:45~19:45）这里的食物不会让人印象深刻，但餐厅的位置极其靠近中心，还可以吃晚餐——这一点在昂特尔德很难得。

Le Royal Palmiste 克里奥尔菜、自助餐 €€

（☎0262 42 09 90；12 Rue de l' Eglise；自助餐 15欧元；⏲周二至周日 11:30~13:45）这家餐馆简朴但是温馨，位于一座别致的小屋之内，并不惊艳，但每次都可以让你吃到健康的克里奥尔美食。提供物美价廉的自助午餐，主打大约8道菜品，包括choca（一种味道奇特的蔬菜）。提供外卖（6~8欧元）。

L' Arbreà Palabres 克里奥尔菜、各国风味 €€

（☎0262 44 47 23；29 Rue Césaire；主菜11~16欧元；⏲周二至周日 正午至13:30）想要尝试一下与常见的“西红柿沙司香肠”（sausage rougail）和咖喱鸡不同的菜单，可以尝试下这家可爱餐厅，它在旅游局附近的一座克里奥尔式房屋中。根据市场上出售的农产品，菜单每天都会变化。你还可以在餐厅后面露台的一棵巨大荔枝树下享用晚餐。

Le Longanis 克里奥尔菜 €€

（☎0262 39 70 56；www.le-longanis.com；9bis Rue du Commerce；主菜 12~15欧元；⏲周四至周二 11:30~13:45，周一和周四至周六19:00~21:00）这家典型的克里奥尔风味餐厅位于镇中心，提供非常便宜且让人胃口大开的饭菜。选择一份每日特色菜，再配一份沙拉就足够了。提供外卖（6欧元）。

实用信息

旅游局（☎0262 39 69 80；www.ot-entredeux.com；9 Rue Fortuné Hoareau；⏲周一至周六 8:00至正午和13:30~17:00）位于进村道路上的一座美丽的克里奥尔小屋中。工作人员可以安排含导游的村庄游（一般说法语；成人/儿童 10/5欧元），并提供在该地区步行（包括攀登勒蒂米泰尔）的宣传单以及当地手工艺者的宣传单。

到达和离开

Car Jaune的S5路线运营一班在昂特尔德和圣皮埃尔的汽车站之间往来的长途汽车（2欧元，40分钟），周一至周六每天5~7班，周日每天2班。

盆地（THE CIRQUES）

锡拉奥盆地、莎拉齐盆地和马法特盆地非常神奇，它们就像三叶草那样连接在一起，

The Cirques & Les Hautes Plaines 盆地和高原

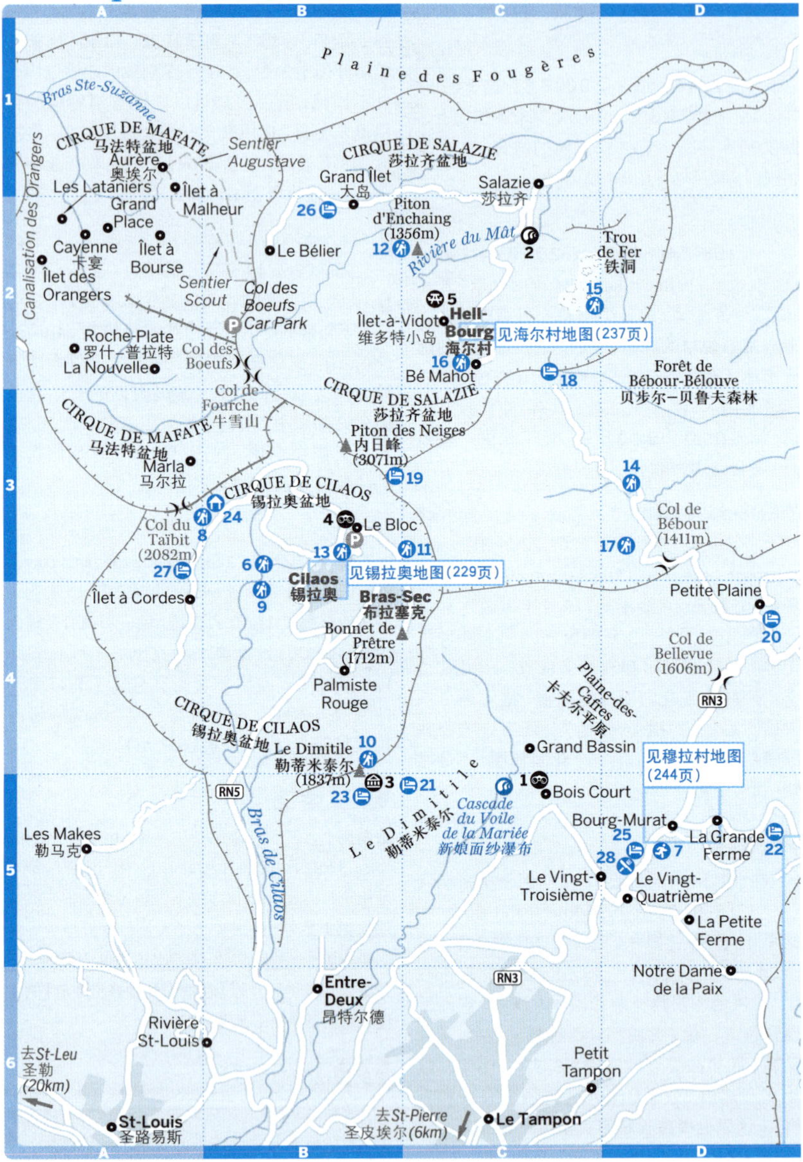

是留尼汪的核心与灵魂，与其他岛屿有着截然不同的气场——它们更加关注自身、更加神秘、更加传统。快节奏的海滨享乐生活好像远在数光年之外。

这片崎岖的地区如今成了人们寻求刺激的乐园，这里有令人惊愕的山景、众多标识清晰的小路以及急待探索的迷人峡谷。就算你不喜欢户外冒险，游览这些非常上相的野外景色也是值得的。

18世纪逃跑的奴隶们首先定居在这里，

其后代仍然居住在盆地的一些村庄里。住在这里的人毫不动摇地坚守着自己的传统生活方式。

每个盆地风格各异，规划旅程之时，尽可能一网打尽。

锡拉奥盆地的“绿色生活”

通过拜访**芝科特小岛**（Îlet Chicot；见224页地图；☎0692 08 08 21，0692 72 27 17；Îlet Chicot；木屋每人含半餐 40欧元；⏲周一至周日 10:00~15:00），你会对锡拉奥盆地的环境和传统生活有更好的了解，不过这里只能步行前往。瓦罗（Hoarau）一家致力于让你生动地体验传统生活。从D242走10分钟即可到达这里，距锡拉奥大约6公里（右侧有路标）。它有一座种满果树、药草和芳香植物的有机花园。想体验丛林趣味？选择三个木屋（ticases）之一住下，它们是用香根草的秸秆建造的。住宿条件很简朴，不过能够在大自然之美中徜徉并俯瞰锡拉奥的美景就已经很棒了。没有电灯，你能看到最美丽的星空。

锡拉奥盆地（Cirque de Cilaos）

这里的景色再宏伟不过了。想象一下犬牙交错的火山山峰、幽深的沟壑以及仿佛来自格林童话的森林。有时打着旋的云朵又增添了几分奇异之感。在这个地区，与世隔绝的小村庄最能吸引人。谈及户外运动，锡拉奥盆地堪称首屈一指。

在踏上通往这里的道路时，系好安全带并深吸一口气：从圣路易斯出发向北37公里抵达锡拉奥盆地的RN5道路是留尼汪“最好”的公路（这样说算是意味深长）——在抵达这个圆形剧场的途中，蜿蜒曲折的公路共有400多个转弯，沿途惊心动魄的景色连绵不绝。一路平安！

ℹ 到达和离开

要想搭乘公共交通工具前往锡拉奥盆地，只有一种途径：从圣路易斯搭乘长途汽车（37公里）。圣路易斯汽车站定时发出班车，前往锡拉奥。来到锡拉奥，你会发现，这里有班车开往布拉塞克（Bras-Sec）和科德斯小岛（Îlet-à-Cordes）。

锡拉奥（Cilaos）

人口：5500

锡拉奥的风景如梦如幻，让人感觉仿佛身处阿尔卑斯山中。一个名字就能说明一

The Cirques & Les Hautes Plaines 盆地和高原

景点

1 Belvédère C5
2 新娘面纱瀑布 C2
3 蒂米泰尔空间文化博物馆 B5
4 拉·罗什·梅尔维尔斯 B3
5 马特河 C2

活动、课程和团队游

6 Bras Rouge B3
7 阿尔蒂·梅伦斯马术中心 D5
8 Col du Taïbit B3
9 La Chapelle B4
拉·罗什·梅尔维尔斯 .... （见4）
10 勒蒂米泰尔 B4
11 Le Kervéguen C3
12 安彻音火山 B2
13 自然小路 B3
14 Sentier Botanique de la Petite Plaine D3
Sentier de la Tamarineraie .... （见18）
15 Sentier du Trou de Fer C2
16 Source Manouilh C2
17 Tour du Piton Bébour D3

住宿

18 Gîte de Bélouve C2
19 Gîte de la Caverne Dufour B3
20 Gîte du Pic des Sables & Chambre d' Hôte des Agrumes D4
21 Gîte Émile C5
22 Gîte Marmite Lontan D5
23 Gîte Valmyr – Le Boucan des Cabris Marrons B5
24 Îlet Chicot B3
25 La Ferme du Pêcher Gourmand D5
26 Le Cimendef – Chez Noeline et Daniel Campton B2
27 Le Tapacala A3

就餐

La Ferme du Pêcher Gourmand（见25）
28 Le Vieux Bardeau D5

切——**内日峰**（Piton des Neiges；海拔3071米）。这座高耸的标志性山峰在锡拉奥镇就像磁铁一样吸引着徒步爱好者。但并没有拼命的必要：几个博物馆以及大量短途步行路线意味着你可以以更轻松的节奏享受这处壮观的自然奇景。

作为所有盆地中最大的定居点，锡拉奥坐落于海拔1200米的地区。在19世纪曾被开发成水疗度假村，如今该镇的经济仍然依靠旅游，特别是徒步旅行和峡谷漂流，农业和瓶装矿泉水产业也是这里的支柱产业。该地区以出产扁豆、刺绣以及葡萄酒而闻名。

锡拉奥在周末会迅速热闹起来。不过虽然很受欢迎，但这里没有大型酒店和吵闹的迪斯科舞厅，只有低调的小规模营业场所。

景点

拉·罗什·梅尔维尔斯 观景点

（La Roche Merveilleuse; Marvellous Rock; 见224页地图）可步行或乘车前往Marvellous Rock鸟瞰锡拉奥全景。从锡拉奥出发，踏上前往布拉塞克的道路，大约2公里后，留心左侧去拉·罗什·梅尔维尔斯的岔路路标。带上野餐——这里环境宜人，并且有一些木质凉亭能够为野餐者遮雨。

刺绣之家 博物馆

（Maison de la Broderie; 见229页地图; ☎0262 31 77 48; Rue des Écoles; 成人/儿童 2/1欧元; ⏲周一至周六 9:30至正午和14:00~17:00，周日 至正午）这家博物馆2014年经过彻底翻修，是一个集合了大约30名当地妇女的协会，她们致力于传承锡拉奥刺绣手艺。她们制作并出售童装、餐巾、餐桌陈设和桌布。这是很费工夫的工作：一块餐具垫就要花12~15天才能完成。可到楼上制作车间观看她们工作。

锡拉奥刺绣传统的首倡者是安琪·麦考利夫（Angèle Mac-Auliffe），她是该镇第一位热学疗法医生的女儿。为了在锡拉奥漫长又潮湿的白天找点事做，安琪和20名妇女建立了第一个刺绣作坊，她们的作品后来形成了独具锡拉奥特色的刺绣风格。

柴德锡拉奥葡萄酒之家 博物馆

（Maison des Vins du Chai de Cilaos; 见229页地图; ☎0262 31 79 69; 34 Rue des Glycines; ⏲周一至周六 9:00至正午和14:00~17:30）**免费** 在柴德锡拉奥葡萄酒之家你可以了解更多关于锡拉奥葡萄酒的知识，观赏一个短片（法语）后有品酒会。可以买瓶酒带回家，12欧元起。

飞利浦·特平工作室 画廊

（Philippe Turpin's Studio；见229页地图；☎0262 31 73 64, 0692 28 03 03；www.facebook.com/philippeturpinartiste；2 Route des Sources；⏲周六和周日 9:00~18:00，工作日根据预约）飞利浦·特平是雕塑家、画家兼版画家，他在铜板上蚀刻出图案，然后用纸将墨板翻印出来，拥有一家向公众开放的工作室。特平以一种奇妙的、几乎是仿中世纪的方式记录着留尼汪的自然奇观，他对盆地地区的描绘就像童话王国的插图。

活动

对于户外运动而言，锡拉奥就是一个超级游乐场，提供各种各样户外活动，如峡谷漂流、徒步和攀岩。

峡谷漂流

在留尼汪所有的主要峡谷漂流地中，拥有三条重要峡谷的锡拉奥地区是其中的佼佼者，户外爱好者们就像被蜜吸引的蜜蜂。这三条峡谷分别为Canyons de Gobert、Fleurs Jaunes和Bras Rouge。一切都很有气氛，你会体验各种跳跃活动：或跃入天然水池，或来次令人尖叫的速降。进入峡谷需要先行走5~45分钟，在峡谷中花费的时间为3~5小时。最适合初学者和家庭的峡谷是Canyon de Gobert和Mini Fleurs Jaunes（它是Fleurs Jaunes的一部分）。Fleurs Jaunes有7个速降点，包含一个55米（酷！）速降点。

所有峡谷漂流都由经过认证的指导者带队。某些主要运营机构没有办事处，但可以电话联系。

Run Évasion 探险运动

（见229页地图；☎0262 31 83 57；www.canyon-reunion.fr；23 Rue du Père Boiteau；峡谷漂流 55~85欧元；⏲周一至周六 8:00至正午和14:00~18:00，周日 至17:00）一家服务完善的运营商，提供各种等级的峡谷游。价格取决于人数和出游时长。同时可以组织徒步游。

Bouisset Fabrice 探险运动

（☎0692 66 22 73；bouisset.fabrice@wanadoo.fr；峡谷漂流 55~65欧元；⏲根据预约）Bouisset Fabrice是一名资质优秀的峡谷漂流教练，善于组织锡拉奥周边的峡谷漂流之旅，包括Fleurs Jaunes。

Canyon Ric a Ric 探险运动

（☎0692 86 54 85；www.canyonreunion.com；⏲峡谷漂流每人 55~85欧元根据预约）Canyon Ric a Ric是该地区较大的峡谷漂流

俯瞰盆地和火山

乘坐直升机的矛盾之处在于你难以忍受它产生的噪声和空气污染，但鸟瞰辽阔的盆地和火山又能让你心旷神怡。虽然旅程并不便宜（85~320欧元，取决于游览时间），不过大多数旅行者还是将乘直升机游览视作留尼汪之旅的亮点之一。联系**Helilagon**（见198页地图；☎0262 55 55 55；www.helilagon.com；Altiport de L'Éperon, 190 Chemin Summer, St-Paul；团队游 95~319欧元；⏲根据预约）或**Corail Hélicoptères**（见198页地图；☎0262 22 22 66；www.corailhelicopteres.com；Route Cannière, St-Gilles-les-Bains；团队游95~320欧元；⏲根据预约）。

如果你真的想体验风吹拂头发的感觉，有几家机构都提供带专业教练的双人超轻型飞机飞行。它们运营围绕全岛的大约10条不同的飞行线路，从最常规的潟湖路线（45欧元）起。不用说，所有的飞行都取决于天气。关于更多信息，请联系下列机构：

Felix ULM（见198页地图；☎0692 87 32 32；www.felixulm.com；68 Rue Marthe Bacquet, Cambaie；团队游 75~250欧元；⏲根据预约）

Ô Passagers du Vent（见198页地图；☎0262 42 95 95；www.ulm-reunion.com；1 Rue Henri Cornu, Cambaie, St-Paul；团队游 45~190欧元；⏲根据预约）

Papangue ULM（☎0692 08 85 86；www.papangue-ulm.fr；Route de Maperine, Ste-Marie；团队游 80~170欧元）

经营机构之一。价格取决于户外活动时长。

Cilaos Aventure 探险运动

（☎0692 66 73 42；www.cilaosaventure.com；峡谷漂流 55~80欧元；⊙根据预约）一家可靠的运营机构，可在该地区安排各种峡谷漂流旅程，包括Fleurs Jaunes、Gobert和Bras Rouge。登录网站查询行程安排。

Aparksa Montagne 户外

（☎0692 66 50 09；www.aparksa-montagne.com；Cilaos；⊙根据预约）这家机构在峡谷游（55欧元起）或含导游的徒步方面有良好的信誉。经营者汤普森·佩尔什（Thomas Percheron）曾居住在南非，会说流利的英语。

骑车和山地自行车

锡拉奥盆地拥有跌宕起伏的地形和景色如画的道路，有经验的自行车爱好者可以找到很棒的路线。新手可以骑到拉·罗什·梅尔维尔斯（见228页）。前往布拉塞克的道路亦非常出色。

Tof Bike 山地自行车

（见229页地图；☎0692 25 61 61；29 Rue du Père Boiteau；半天/全天14/19欧元；⊙周一至周六 8:30至正午和14:30~18:00，周日 至正午）这家机构出租山地自行车，车况良好，并可提供关于各条路线的建议，以及地图。

徒步

在锡拉奥附近有很多极好的徒步路线可供选择，许多标记明显的小路适合各种身体状况的人。旅游局制作的宣传单上有该盆地的所有步行路线。

Col du Taïbit 徒步

（见224页地图）攀爬至锡拉奥盆地与马法特盆地之间的山口，从山口出发，你可以在45分钟之内走到马法特盆地的马尔拉（Marla）。出发点在D242（通往科德斯小岛的道路）上，有路标，距离锡拉奥5公里。来回大约4.5小时，海拔落差830米。

Le Kervéguen 徒步

（见224页地图）在这条徒步路线沿途可以欣赏盆地的美景。在D241（去往布拉塞克的道路）有出发点的路标指示，距离锡拉奥5公里。来回大约5小时。

自然小路 步行

（Sentier Botanique；见224页地图）90分钟的轻松环线，可以观赏当地植物（大多数物种都有说明），非常适合家庭。从拉·罗什·梅尔维尔斯出发。

Bras Rouge 步行

（见224页地图）可以轻松地走到一座瀑布顶端。来回大约2.5小时。

La Chapelle 徒步

（见224页地图）这条通道连接锡拉奥和一条河流附近的洞穴（来回大约5小时）。

拉·罗什·梅尔维尔斯 徒步

（La Roche Merveilleuse；见224页地图）可以悠闲地逛到观景台（来回大约2小时），欣赏锡拉奥无限美景。驾车亦可抵达（见225页）。

攀岩

攀岩在锡拉奥正变得越来越流行。这里从不缺少令人敬畏的悬崖和峡谷，特别是Fleurs Jaunes地区，有许多令人难以置信的攀登路线，级别为4~8级（从易到难），也有专门为初学者准备的训练崖壁（falaise-écoles）。Run Évasion（见227页）和Cilaos Aventure（见228页）拥有合格的教练。每人费用约为50欧元。

不要错过

攀登内日峰

攀登至留尼汪最高点（海拔3071米）需要充沛的体力，但山顶360度的全景值得付出努力。攀登通常需要两天，在**Gîte de la Caverne Dufour**（见224页地图；☎0692 67 74 26，0262 51 15 26；铺 17~19欧元，早餐/晚餐 6/19欧元）过夜，从锡拉奥和布拉塞克之间的Le Bloc（有路标指示）出发沿着上山路线走3小时可以抵达小屋。

从小屋（自炊住宿）出发，再走1.5小时即可抵达山顶。不畏艰险的徒步爱好者也许会想在一天内完成上下山（大约10小时）。

Cilaos 锡拉奥

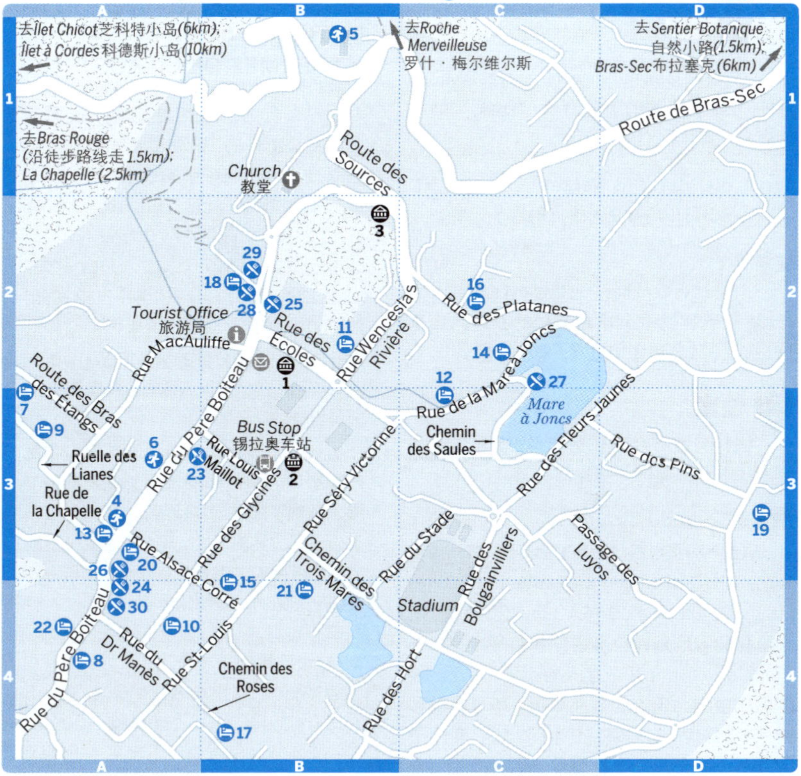

Cilaos 锡拉奥

景点

1 刺绣之家 B2
2 柴德锡拉奥葡萄酒之家 B3
3 飞利浦·特半工作室 B2

活动、课程和团队游

4 Run Évasion A3
5 锡拉奥温泉中心 B1
6 Tof Bike A3

住宿

7 Au Cœur du Cirque A3
8 Casa Celina A4
9 Case Nyala A3
10 Chez Anne A4
11 Clair de Lune B2
12 Hôtel des Neiges C3
13 Hôtel Tsilaosa A3
14 La Carte Postale C2
15 La Case Bleue B4
16 La Roche Merveilleuse C2
17 Le Bois de Senteur B4
Le Bois Rouge .... （见3）
18 Le Calbanon B2
19 Le Cilaos D3
20 Le Platane A3
21 Le Vieux Cep B4
22 Otroiza A4

就餐

23 Boulangerie Dambreville A3
24 Boulangerie du Cirque A4
25 Chez Luçay B2
26 Chez Noë A3
La Perle du Lac .... （见14）
27 Le Cottage C2
28 Le Petit Randonneur B2
Le Platane .... （见20）
29 Les Sentiers B2
30 L' Instant Plaisirs A4
Salon de Thé de l' Hôtel Tsilaosa .... （见13）

节日

葡萄节 葡萄酒节

(Fête de la Vigne; Wine Harvest Festival; ⌚1月)一个深受青睐的葡萄酒节,当地葡萄酒酿造商来此宣传他们的葡萄酒。

Cross du Piton des Neiges 体育节

(⌚5月)以内日峰为终点的跑步比赛。

扁豆节 美食节

(Fête des Lentilles; Festival of Lentils; ⌚10月)锡拉奥通过举办琳琅满目的农产品展览会、会议、品尝和食谱竞赛,来庆祝扁豆节。

住宿

锡拉奥拥有众多住宿选择,但在周末和旅游旺季会很拥挤——建议预订。

★ Au Cœur du Cirque 出租屋 €

(见229页地图; ☎0692 44 68 94; www.aucoeurducirque.com; 3A Route du Bras des Étangs; 双 48欧元起, 3~6人 120欧元; P 📶)这个隐秘的宝地是锡拉奥最佳住宿地之一。Au Cœur du Cirque是个迷人的小屋,所在区域能够欣赏无与伦比的盆地景色。环境非常私密,包含厨房、起居室、卫生间、露台和两个卧室——非常适合寻找僻静场所的家庭、友人和蜜月情侣。

注意,48欧元(两人)的房价适用于周日至周四。周五和周六房价为120欧元(最多容纳6人)。

★ La Case Bleue 小屋 €

(见229页地图; ☎0692 65 74 96; www.gitecasebleu.e-monsite.com; 15 Rue Alsace Corré; 铺/双 16/40欧元)这个小屋物美价廉,位于一栋迷人的蓝色克里奥尔式房屋之内。最棒的是光线充足的宿舍,有躺卧舒适的床垫、清新雅致的卫生间和非常实用的公共厨房。还有一个双人间,带有专属入口和卫生间,特别适合情侣,不过它的露台朝宿舍开放,客满时可能会有点吵。

早餐6欧元。只有11个床位,所以提早预订。

La Carte Postale 平房 €

(见229页地图; ☎0693 50 10 33; http://colonialocation.free.fr; 9 Rue de la Mare à Joncs; 标单/双含早餐 50/70欧元; P)两套一尘不染、设施齐全的克里奥尔式平房,位置绝佳,就在Mare à Joncs(一个小池塘)上方,盆地景色一览无余。住客前往下面餐馆用餐可以打折。

Chez Anne 民宿 €

(见229页地图; ☎0692 43 68 04; chezanne413@orange.fr; 4 Rue des Glycines; 标单/双 35/60欧元; 📶)这个精心维护的民宿拥有陈设简陋,但是宽敞明亮的客房(选择楼上一间)。如需早餐,每人另收2.50欧元。

Casa Celina 客栈 €

(见229页地图; ☎0692 15 47 47; www.casacelina974.com; 12 Rue du Père Boiteau; 双 52~67欧元; 📶)这家客栈经营良好,位于一个巧妙修缮的房屋之内。五间客房空间甚小,但却得到了充分的利用。如需早餐,每人另收10欧元。楼下设有餐厅。

Le Bois de Senteur 民宿 €

(见229页地图; ☎0692 29 81 20, 0262 31 91 03; www.leboisdesenteur.com; 4 Chemin des Roses; 双/四含早餐 60/80欧元; P 📶)这个整

> **不要错过**
>
> **锡拉奥温泉中心(THERMES DE CILAOS)**
>
> 锡拉奥的温泉是被地面下很深的火山岩浆加热的。据说它能缓解风湿病痛以及其他骨骼和肌肉损伤。对于前来**锡拉奥温泉中心**(见229页地图; ☎0262 31 72 27; www.cg974.fr/thermes; Route de Bras-Sec; ⌚周一至周二和周四至周五 8:30~12:30和13:30~17:00,周三 至12:30,周日 9:00~17:00)的游客,这里提供数种温泉疗法,包括20分钟的水力按摩(hydro-massage, 15欧元)——徒步一整天后的顶级享受。
>
> 这些温泉第一次得到外界的注意是在1815年,当时一位来自圣路易斯的山羊猎人发现了它们。1842年,人们修建了一条通往锡拉奥的道路,开始将这里开发成富有的殖民者的温泉疗养中心。温泉中心开放于1896年,传统延续至今。

洁的地方位于一条安静的死胡同中，建筑立面的鲜艳涂料为它带来了一抹生机。内部，装修简约的10个房间感觉过于紧密了——如果可能的话选择楼上的房间，它们有阳台，并且可以眺望内日峰美景（特别是6号、7号和10号房）。

Le Calbanon

小屋 €

（见229页地图；☎0692 09 27 30；www.lecalbanon.fr；1 Rue des Thermes；铺/双 16/35欧元；📶）这座简朴的徒步者小屋（gîte d' étape）拥有绝佳的地理位置，就位于市中心，提供朴素的宿舍住所。同时拥有几个双人间。还有一个公用厨房。需要的话可提供晚餐（20欧元）。

Clair de Lune

小屋 €

（见229页地图；☎0692 82 47 13，0692 00 57 54；10 Rue Wenceslas Rivière；铺/双带公共卫生间，含早餐 20/40欧元；P）主人亚历克斯（Alex）对锡拉奥非常了解。这个令人愉快的地方拥有各种大小和形状的房间，包括3~7卧宿舍以及一个双人间。卫生间共享。生活区是个与志趣相投的旅行者交换故事的好地方。

La Roche Merveilleuse

小屋 €

（见229页地图；☎0262 31 82 42；1 Rue des Platanes；铺 16~18欧元，双 42~45欧元，带公共卫生间 40~42欧元；P📶）这座全木质小屋看起来就像是把加拿大的林中小屋搬到了锡拉奥一样。从4个惬意的双人间之中选择一个，它们就像舒适的鸟巢一样，但真正吸引人的是这里的露台能享受到全景。

Otroiza

酒店 €€

（见229页地图；☎0692 05 25 93，0262 31 50 12；www.otroiza.com；3A Rue du Père Boiteau；双 80~90欧元；P📶）这家新开的酒店提供价格合理的客房，设计清爽新潮；首选位于后部的客房，自然光线充足、能够欣赏极致山景。所有房间都带有迷人的瓷砖卫生间、洁白且质感一流的床上用品。只有10间确保私密的客房。

Hôtel des Neiges

酒店 €€

（见229页地图；☎0262 31 72 33；www.hoteldesneiges.reunion.fr；1 Rue de la Mare à Joncs；双 82~92欧元；P📶🏊）这是锡拉奥为数不多的中档住宿选择，有一系列维护良好的客房，都在一栋两层、汽车旅馆式的大楼之内。装修乏善可陈，不过氛围轻松、设施贴心——两个温水泳池、一个整洁的花园、一个餐馆和一个桑拿中心——完全掩盖了那种陈旧过时的感觉。网上经常推出促销价，性价比很高。非常值得入住"Confort Plus"房间，更有新潮的感觉。

Le Platane

旅馆 €€

（见229页地图；☎0262 31 77 23；www.hotel-restaurant-cilaos.re；46 Rue du Père Boiteau；标单/双含早餐 65/85欧元；📶）这里没有粗陋的装潢，取而代之的是干净的线条、一流的床上用品以及闪闪发亮的卫生间。而且，它还位于镇中心。四间客房之中，Piton des Neiges景色最美。缺憾之处是它位于与其同名的餐厅（接待处的所在）的上方，这意味着有时可能有点吵。

注意，Piton des Neiges和Kerveguen房间内的卫生间是开放式的。

Le Cilaos

酒店 €€

（见229页地图；☎0262 31 85 85；www.leschenets-lecilaos.re；40E Chemin des Trois Mares；标单 97~117欧元，双 129~149欧元，套 149~169欧元，含早餐；P@📶🏊）自2015年管理人员更换以来，这家酒店一直处于过渡期。公共区域已经焕然一新，当你读到本书之时，多数房间应该已经修整完毕。设施包括一个小型温水泳池、一个桑拿中心、一个土耳其浴室（hammam）、三个极可意水流按摩浴缸、一个酒吧和一个餐馆，能够欣赏极致山景。

Le Bois Rouge

民宿 €€

（见229页地图；☎0262 47 57 57，0692 69 94 30；http://leboisrouge.com；2 Route des Sources；标单/双含早餐 90/109欧元；P📶）Bois Rouge介于精品酒店和民宿之间，拥有5个完美无瑕的房间，采用珍贵木材铺设的地板，带有温馨的露台。尽量入住Bois Noir、Ti Natte或Tamarin客房，它们提供最佳的景色。意外惊喜：可以免费将你送到锡拉奥附近大部分步行路线的起点。早餐丰盛。淡季有折扣优惠。

Le Vieux Cep 酒店 €€

（见229页地图；☎0262 31 71 89；www.levieuxcep-reunion.com；2 Rue des Trois Mares；双含早餐 104~149欧元；P 🛜 ≋）作为锡拉奥最大的酒店之一，Le Vieux Cep拥有自己的优点和缺点。优点是它气氛热情且位置很好，在这里能看到美丽壮观的内日峰；它有实用的设施，包括一家餐厅、一个小桑拿房和一个温水游泳池，而且高端房间已经得到翻修。缺点：多数房间狭窄局促并且缺少个性。

Case Nyala 民宿 €€

（见229页地图；☎0692 87 70 14，0262 31 89 57；www.case-nyala.com；8 Ruelle des Lianes；标单/双 65/80欧元，平房双/标三 90/105欧元，含早餐；🛜）这座带有柠檬黄色墙壁和绿色百叶窗的小型克里奥尔式民宿位于镇中心附近一条安静的小街上，拥有四间狭小而温馨的房间。它们缺乏自然光，但是干净整洁，还有一个公用厨房。架子上的玻璃瓶中装有免费的朗姆酒，它们会让你忘记这里有些虚高的价格（根据锡拉奥标准）。

Hôtel Tsilaosa 酒店 €€

（见229页地图；☎0262 37 39 39；www.tsilaosa.com；Rue du Père Boiteau；标单/双含早餐 111/135欧元；P @ 🛜）这家经营良好的四星级酒店位于一座重建的克里奥尔式宅邸中，提供舒适的居住环境，15个房间都以充满想象力的当地风格装修，楼上的房间可以欣赏美丽的山景（15号和16号房间最好）。主人在地下室修建了一个酒窖，他在镇上的时候会让客人品尝锡拉奥出产的酒（8欧元）。

就餐

虽然有众多就餐选择，但不要期望在锡拉奥吃到让人激动的美食。大多数地方都在吃老本，环境一般，菜肴平常。往好的方面说，锡拉奥还隐藏着一些惊喜。它的扁豆很有名，主要种植在科德斯小岛周围，还有它的葡萄酒。

自己做饭的话可以在主街道两旁找到杂货店。

★ **L' Instant Plaisirs** 法式薄饼 €

（见229页地图；☎0692 45 71 99；28 Rue du Père Boiteau；主菜 3.50~14欧元，套餐 13~15欧元；⏲周三至周四 正午至20:00，周五至周日 11:30~20:00）如果渐渐厌倦了口味浓重的地方菜品，就会觉得这个别致的可丽饼店真是上天所赐。这个店因其美味的可丽饼和优质食材制作的国王饼（galette）而闻名。灰白装修使得该店显得清新时髦，手工制作的可丽饼口味一流。其他什么地方你能吃到填充着蓝纹奶酪的国王饼？

Boulangerie du Cirque 面包房 €

（见229页地图；☎0262 31 85 12；32 Rue du Père Boiteau；三明治 2~3.50欧元；⏲周一至周六 6:00~19:00，周日 至正午）提供各式各样的三明治和酥皮点心，包括令人垂涎欲滴的巧克力手指泡芙。

Salon de Thé de l' Hôtel Tsilaosa 茶室 €

（见229页地图；☎0262 37 39 39；Rue du Père Boiteau；酥皮点心 4欧元；⏲15:00~18:00）这个安静又令人愉悦的地方位于Hôtel Tsilaosa酒店的茶室内，它家的自制蛋糕、馅饼以及大约15种茶水吸引着热爱甜食的人们。品尝

举起酒杯

寻求一次不同凡响的味觉之旅？那就品尝一杯锡拉奥葡萄酒（vin de Cilaos），城内多数餐馆都能尝到它。为了能喝到葡萄酒，法国人在17世纪将他们的葡萄带到了留尼汪。这些葡萄本来沿着西海岸种植，但在19世纪末期，殖民者们将葡萄引入了盆地地区，在房屋外面的棚架或从山坡上伸出的台地上栽培它们。多年来，他们酿造着含糖的甜味葡萄酒，味道让人想起雪莉酒（sherry）和陈年波特酒（tawny port）。不过，到20世纪70年代末，一些商业种植企业在锡拉奥改良了葡萄品种，开始制造更加可口的佳酿。除了甜白葡萄酒和干白葡萄酒之外，如今种植者们还生产玫瑰葡萄酒（rosés）。它们并不一定是顶级的葡萄酒，但品质正在提高，特别是玫瑰葡萄酒。收获季节是1月。

一下桃子果酱馅饼（tarte à la confiture de pêche），这是本店招牌食品。

Boulangerie Dambreville 面包房 €

（见229页地图；64 Rue du Père Boiteau；酥皮点心和三明治0.90欧元起；⏲周一至周六6:30~18:30，周日至正午）询问当地人去哪里购买最好的圆面包和羊角面包，他们都会推荐这家美味的面包房。这里有很多会导致蛀牙的美味甜品以及很棒的法棍三明治（2欧元起）。

La Perle du Lac 克里奥尔菜、自助餐 €€

（见229页地图；☎0262 52 84 29；9 Rue de la Mare à Joncs；自助餐 18~20欧元；⏲周三和周五至周一 11:30~14:30和19:00~21:30，周四 11:30~14:30；📶）空腹前来：不能点菜，只有普通自助餐，主打克里奥尔经典菜品。确实实惠，但不太精致。但是就其价格而言，也没多少可以抱怨的。还有一个小巧的露台，俯瞰Mare à Joncs池塘。

Chez Luçay 克里奥尔菜、中国菜 €€

（见229页地图；☎0692 09 18 70；Rue du Père Boiteau；主菜 12~20欧元，套餐 20~25欧元；⏲11:30~14:30和18:30~21:00）这家餐馆备受赞誉，因为它的食物虽然昂贵，但是能够满足最挑剔的食客。选择主菜真是棘手——到底选炖鹿肉、羊小腿还是蚝油猪肉？留点肚皮，品尝一下自制甜品（巧克力慕斯怎么样？）。

Les Sentiers 克里奥尔菜 €€

（见229页地图；☎0262 31 71 54；63 Rue du Père Boiteau；主菜12~20欧元；⏲周四至周一 正午至14:30和19:00~21:00；📶）这座可爱的克里奥尔小屋在午餐和晚餐时间充满了活力。餐桌从室内延伸到一个微风吹拂的露台上。菜单上有所有克里奥尔经典菜式，并且总是搭配锡拉奥出产的扁豆。质朴的装修赏心悦目，房梁外露，还有强化木地板。售价14欧元的克里奥尔自助餐（buffet créole）含8道菜，便宜实惠。

Chez Noë 克里奥尔菜 €€

（见229页地图；☎0262 31 79 93；40 Rue du Père Boiteau；主菜 11~22欧元，套餐 28~35欧元；⏲周二至周六 11:30~14:00和18:30~21:00，周日至14:00）作为一家老店，Chez Noë几乎就是锡拉奥的一座丰碑。烹制活力四射的克里奥尔美食，例如，扁豆香肠和gratin de chouchou（佛手瓜同奶酪一起烤制），还有沙拉。意外惊喜：温暖天气，可去迷人、阴凉的露台。可惜餐桌摆放并不合理。

Le Cottage 克里奥尔菜 €€

（见229页地图；☎0262 31 04 61；2 Chemin des Saules；主菜 13~20欧元，套餐 18~26欧元；⏲周二至周日 正午至14:00和18:30~21:00）全木结构的建筑拥有一种古朴的魅力，餐厅俯瞰着Mare à Joncs（可以预订一张靠近窗户的餐桌）。除了众多可口的克里奥尔菜，还提供烤肉和海鲜烧烤。遗憾之处是没有室外露台。

Le Petit Randonneur 克里奥尔菜 €€

（见229页地图；☎0262 31 79 55；61 Rue du Père Boiteau；主菜 10~19欧元；⏲周六至周四 正午至14:00，周六 18:30~21:00）这家由家庭经营的餐厅是饥肠辘辘的徒步者们最爱的地方，它提供丰盛的当地菜肴，如烟熏香肠和咖喱，还有价格实惠的每日特色菜（plats du jour）和可丽饼。在露台上享用的滋味最好。

Le Platane 克里奥尔菜、比萨餐馆 €€

（见229页地图；☎0262 31 77 23；46 Rue du Père Boiteau；主菜 9~23欧元；⏲周四至周二 9:00~22:00）这里有镇上最不拘一格的菜单。在这里你可以对沙拉、意大利面、肉类和鱼类菜肴、咖喱大快朵颐，但比萨很一般，大可跳过。

ℹ 实用信息

锡拉奥没有银行。但是设有两台自动柜员机，一台位于邮局，另外一台自动柜员机（Rue du Marché）位于通往小型室内市场的街上。

旅游局（见229页地图；☎0820 203 220；www.sud.reunion.fr；2bis Rue Mac Auliffe；⏲周一至周六 8:30~12:30和13:30~17:00，周日 9:00至正午；📶）旅游局特别有用，工作人员可以说多种语言，可以提供关于当地和长途远足的可靠信息，还分发关于住宿、餐厅和活动的宣传单。旅游局有盆地地区长途汽车路线的小册子，并出售步行地图，你还可以在这里预订山中小屋。同时提供免费Wi-Fi、出售手工艺品。

到达和离开

锡拉奥距离圣但尼有112公里的车程，距离最近的海滨城镇圣路易斯37公里。

开往锡拉奥车站（见229页地图）的长途汽车从圣路易斯出发。每天有大约12趟车，周日8趟（1.80欧元，1.5小时）。从圣路易斯出发前往锡拉奥的最后一趟车18:30出发（周日是17:30）；而离开锡拉奥的最后一趟车18:05出发（周日是17:20）。

每天6:00~19:00，共有9趟（周日4趟）长途汽车从锡拉奥开往布拉塞克（Bras-Sec；1.80欧元）。开往科德斯小岛（Îlet à Cordes；1.80欧元）的长途汽车每天5:50~19:00之间开出9趟（周日4趟），返程最后一趟18:00发车。锡拉奥旅游局提供发车时间表。

另外一个选择是**Cilaosienne运输公司**（Société Cilaosienne de Transport，简称SCT；☎0692 66 13 30，0262 31 85 87）提供的小型公共汽车服务，两人前往科德斯小岛需要花费30欧元。这家公司还提供从锡拉奥前往Le Bloc（前往内日峰和海尔村；10欧元/2人）以及前往Col du Taïbit步道起点（前往马法特；15欧元/2人）的客运服务。两者都能帮你节省至少1小时的步行时间。

科德斯小岛（Îlet à Cordes）

人口：490

科德斯小岛是一个令人惊叹的、世外桃源般的地方，离开这里时你会恋恋不舍。这里真可以称得上风光如画：无论你朝何处看，这个小小的定居点都被群山环抱着，山峰在地平线上影影绰绰，葡萄园和种植着扁豆的农田更构成了一派田园风光。

食宿

除了一个简朴的咖啡馆兼酒吧，科德斯小岛再无其他餐馆。多数旅行者就在所住民宿享用丰盛的克里奥尔餐。

Au P' tit Coin Charmant–Chez Hélène Payet 民宿 €

（☎0262 35 18 13，0692 68 49 68；13 Chemin Terre-Fine；双含早餐 45欧元）这家经营良好的民宿位于一个令人沉醉的热带花园之中，一点都不花里胡哨，采用地道的克里奥尔迎客方式，提供丰盛的餐饭（晚餐25欧元），受到住客的热烈好评。

Le Gîte de l' Îlet 民宿 €

（☎0262 25 38 57，0692 64 74 48；www.gitedelilet.re；27 Chemin Terre-Fine；标单 50欧元，双 50~58欧元；🅿）这家民宿可以提供给你价格稍高的楼上房间。它们超级宽敞、光线充足、带有阳台，能够欣赏极致山景。楼下房间可以容纳2~6人住宿，有点昏暗、狭窄，无景可赏。温水泳池是个加分项目。

索朗热·格龙丹（Solange Grondin）是一位负责的女主人，她对自己烹制的农家菜颇为自豪，通常提供的是鸡肉、本地蔬菜杂烩（brèdes chouchou）和自制蛋糕。晚餐25欧元。

Le Tapacala 民宿 €€

（见224页地图；☎0692 69 57 50；www.facebook.com/LeTapacala；2c Chemin Les Orangers；双含早餐 139欧元）这个高档住宿地点不是普通民宿，它是迈克尔·贡蒂尔（Mickael Gonthier）及其夫人的骄傲和欢乐所在，他们会说英语和德语，并且对留尼汪非常了解。3个房间都很宽敞，设计很有味道，有清晰的线条、深色的瓷砖和优雅的家具。从这里可以前往一个精心照料的热带花园。晚餐30欧元。

总而言之，是个令人愉悦的住所。不过，虽然最开始会情不自禁地发出赞叹，但是按照锡拉奥的标准，这里的价格有些虚高。位于科德斯小岛（锡拉奥方向）的入口附近。

Le Reposoir 咖啡馆 €

（☎0692 70 08 15；20 Chemin Terre-Fine；⏲周一至周六 7:00~19:00，周日 至13:00）这家小咖啡馆兼酒吧提供小吃和三明治，如果你自己做饭的话，这里还出售种类有限的材料。

到达和离开

每天，9趟长途汽车（周日4趟）往返于锡拉奥和科德斯小岛之间。锡拉奥的旅游局提供发车时间表。此外，还有Société Cilaosienne de Transport运营的小型公共汽车，从锡拉奥出发，费用为2人30欧元。

布拉塞克（Bras-Sec）

人口：640

在距离锡拉奥6公里的布拉塞克，你会感觉来到了世界的尽头。这里是让人一个平静下来远离尘世喧嚣的地方。如果感到腿脚发痒，推荐参加Tour du Bonnet de Prêtre徒步远足，该环形路线需要走4.5小时，围绕着村庄南边一座形状奇异的山峰行进。

食宿

沿着主路你或许可以发现一些出售小吃的古怪地方。如果没有，也可以去离此不远的锡拉奥。

Gîte Courtois 平房 €

（☎0262 25 59 44，0692 23 31 96；7ter Chemin Saül；每人18欧元）主街道上的4间独立式平房，没什么新奇的地方，只能称得上差强人意，最多可以容纳6人（必要时候）。

L' Oiseau de Paradis 平房 €

（☎0692 16 98 18；33 Chemin Saül；每人18欧元）这家克里奥尔式村舍拥有三个房间，位于主街道上，非常适合自炊者。最多可以容纳8人。

Les Mimosas 民宿 €

（☎0262 96 72 73，0692 69 84 93；www.allonslareunion.com/gite-les-mimosas；29 Chemin Saül；双/标三/四含早餐 40/50/68欧元；Ⓟ）这个温馨似家的住宿点位于主街上，一切显得那么轻松惬意。主人亲切友善，对待顾客如同家人。住宿包括四个双人间，2015年修缮一新（设想新刷油漆的样子）；还有一个家庭客房，最多容纳6人。晚餐套餐（25欧元）采用本地出产的高品质食材制作，包括家禽和自种蔬菜。

到达和离开

每天6:00～19:00，9趟长途汽车（周日4趟）往返于锡拉奥和布拉塞克之间。锡拉奥的旅游局提供发车时间表。

莎拉齐盆地（Cirque de Salazie）

如果你需要暂时远离沙滩的喧嚣，想在森林覆盖的山丘中冷静一下，就去莎拉齐盆地吧，这里有荡气回肠的高山、无与伦比的远景、发出雷鸣般响声的瀑布、曲折的道路以及零散点缀其间的小村庄。

从圣安德烈蜿蜒进入莎拉齐盆地的山道有让人敬畏的美景，光是这段路上的旅程就值得动身。而道路末尾的奖励同样值得期待：洋溢着克里奥尔式光彩的海尔村是整个盆地的最高荣耀。

莎拉齐盆地比锡拉奥盆地稍“平”（不过当你第一眼看到它时，“平”绝对不是第一个映入脑海的字！），但当你靠近它时，风景一样令人眩目。植被异乎寻常地繁茂，瀑布从山顶跌落下来，在有的地方甚至溅到了路面上——莎拉齐盆地是三个盆地中最湿润的。

到达和离开

如想搭乘公共交通工具前往莎拉齐盆地，只有一种方式：从圣安德烈乘坐长途汽车（17公里）。每天有7趟长途汽车（周日3趟）从圣安德烈汽车站开往莎拉齐。莎拉齐有定点开往海尔村、大岛（Grand Îlet）和勒贝里尔（Le Bélier）的长途汽车。沿途只有一个加油站，位于莎拉齐，所以记得在圣安德烈加满油。

莎拉齐（Salazie）

人口：4000

莎拉齐位于莎拉齐盆地的东边入口处，从圣安德烈通往莎拉齐的道路沿着马特河向前延伸，路过壮观的瀑布。不过莎拉齐没有多少值得让你驻足的东西，大多数旅行者会直接前往海尔村。如果你想继续向前深入盆地，必须在这里换乘长途汽车。

景点

新娘面纱瀑布 瀑布

（Cascade du Voile de la Mariée；Bridal Veil Falls；见224页地图）在莎拉齐南郊，沿着前往海尔村的道路向前，在通向大岛的岔路北边，将会看到这些宏伟壮观的瀑布（在你的左手边）。它们有好几层，从常年云雾缭绕的高处跌落下来，坠入路边的沟壑中。在大岛的道路上你甚至会发现更好的观赏视角。

食宿

除非汽车抛锚，否则没有理由住在莎拉齐；海尔村作为莎拉齐盆地的旅游中心，位于南边仅仅8公里处。

主路沿线分布着一些小餐馆。不过最好能够赶往海尔村用餐，因为那里可选范围很大。

到达和离开

莎拉齐距离最近的海岸城镇圣安德烈有17公里路程。穿过盆地的道路路况很好，但是有些路段惊险刺激。通往大岛的道路会在莎拉齐以南分离去往海尔村的道路。

每天，7趟长途汽车从圣安德烈开往莎拉齐（1.80欧元，35分钟）。如果乘坐长途汽车前往海尔村和大岛，需要在此换乘。

海尔村（Hell-Bourg）

人口：2200

从莎拉齐蜿蜒曲折地跋涉9公里之后，海尔村就像童话故事中的小村庄一样浮现出来。你不禁为眼前的景象所震撼——雄伟的山岩包围着海尔村，就像一个宏大的圆形剧场。显然这片崎岖的地貌不会缺少极佳的远足机会。这里还有更多适合静坐的地点。文化爱好者会在这个典型的留尼汪小镇上得偿所愿，镇中心的街道两侧布满了旧式克里奥尔宅邸。

海尔村的名字源于前总督海尔上将（Amiral de Hell）。它曾经是一个温泉度假胜地，直到1948年的一场山体滑坡将温泉堵住。

景点

建筑和历史爱好者可以看一下镇上迷人的**克里奥尔建筑**，它们拥有典型的装饰性垂饰（lambrequins）。这些建筑可追溯至19世纪40年代，当时海尔村是一个著名的度假村镇，吸引着相当富有的阶层。你可以参加旅游局组织的导览游。

★印度洋音乐和乐器博物馆　博物馆

（Musée des Musiques et Instruments de l' Océan Indien; Museum of the Music & Instruments from the Indian Ocean; 见237页地图; ☎0262 46 72 23; www.maisonmorange.fr; 4 Rue de la Cayenne; 成人/儿童 7/5欧元; ⏲周二至周日 10:00~18:00）经过多年期盼，留尼汪最受关注的音乐博物馆在海尔村新近落成，对外开放。2015年10月，别具一格的印度洋音乐和乐器博物馆迎来首批游客。博物馆在一个小而先进的展览厅里展出了数百件源自非洲、印度、中国和马达加斯加的乐器。不要错过这场音乐和视觉之旅。

温泉浴场　遗迹

（Thermal Bath; 见237页地图）**免费**你可以看到一直使用到1948年的老浴场遗迹，它位于小镇以西的一个峡谷中，步行10分钟即可抵达（会路过Le Relais des Cimes酒店，位于Rue Général de Gaulle西端，有路标指示）。这是一个郁郁葱葱的安静之地。

马特河　野餐区

（Rivière du Mât; 见224页地图）从维多特小岛（Îlet-à-Vidot）出发，沿着沥青公路向前大约2公里，直到抵达一个小停车场。从这里开始，沿着一条陡峭的小路步行大约15分钟就能抵达马特河谷。穿过人行桥，你很快就能到达河边可爱的野餐地。

贝·马霍特（Bé Mahot）　村庄

贝·马霍特距离海尔村大约3.5公里，是一个可爱的小村庄，值得一游。在这里，笨重而鲜艳的克里奥尔式房屋紧靠着山坡，盆地的美景无比醉人，非常适合远足旅行。路边有几个野餐地。

维多特小岛（Îlet-à-Vidot）　村庄

维多特小岛是一个距离海尔村大约2公里的小村庄，它周围的景色简直美得让人窒息。标志性的平顶的安彻音火山（Piton d' Enchaing）覆盖着浓密的植被，看起来好像是站在小镇上方守卫着它一样。

弗里欧宅邸　历史建筑

（Maison Folio; 见237页地图; ☎0262 47 80 98; 20 Rue AmiralLacaze; 门票 4欧元; 导览游 5欧元; ⏲9:00~11:30和14:00~17:00）弗里欧宅邸是海尔村最可爱的克里奥尔式房屋之一，它是一座典型的19世纪中产阶级别墅，几乎淹没在一片郁郁葱葱的花园中。你可自己漫步游览，亦可参加主人组织的导览游。他们会带领你游览，向你展示种类惊人的芳香植物、可食用植物、药用及观赏植物，并且向你介绍当地文化。如果主人儿子在场，他会很高兴用英语讲解。

Hell-Bourg 海尔村

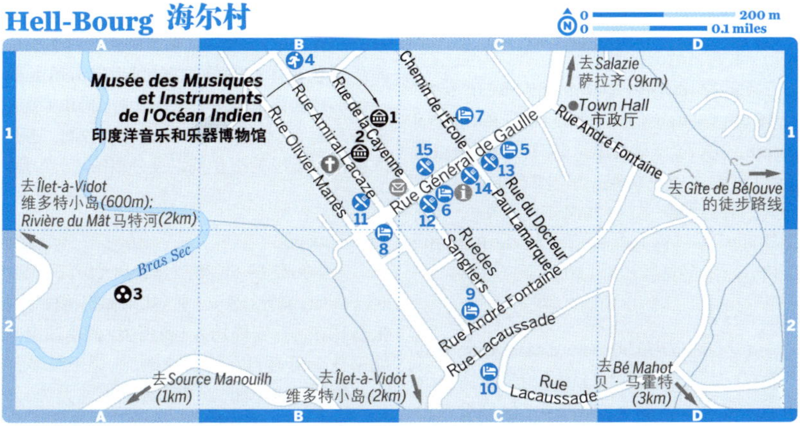

Hell-Bourg 海尔村

重要景点

1 印度洋音乐和乐器博物馆 B1

景点

2 弗里欧宅邸 B1
3 温泉浴场 A2

活动、课程和团队游

4 Austral Aventure B1

住宿

5 Chez Madeleine Parisot C1
6 Gîte du Piton d'Anchaing C1
7 La Mandoze C1
8 Le Relais des Cimes B2
9 Le Relais des Gouverneurs C2
10 Les Jardins d'Héva C2

就餐

11 Chez Maxime's B1
12 Crêperie Le Gall C1
13 Le P'tit Koin Kréol C1
Le Relais des Cimes .... （见8）
Les Jardins d'Héva .... （见10）
14 Patis' Salazes C1
15 Ti Chou Chou C1

活动

徒步

海尔村是徒步爱好者的游乐场，这一点也不让人觉得奇怪，这里有许多一日徒步路线。选择盆地游的徒步者们在穿越莎拉齐盆地时必然会路过海尔村。

➡ **海尔村—Gîte de Bélouve**：往返大约4小时，海拔落差570米。从Gîte de Bélouve（见252页）出发，你可以继续上路，前往铁洞（Trou de Fer）观景点（从海尔村往返需要7小时）。

➡ **安彻音火山**（Piton d'Enchaing；见224页地图）：这座海拔1356米的高峰很受游客欢迎，从维多特小岛出发徒步需要5～6小时（往返），海拔落差670米。

➡ **Source Manouilh**（见224页地图）：一条令人愉悦的环形路线，行程6小时，海拔落差600米。

➡ **海尔村—Gîte du Piton des Neiges**：如果你计划徒步走到内日峰的话，这也不失为一种前往锡拉奥盆地的方法。需要艰难地攀爬7小时（单程），海拔落差1470米。

峡谷漂流

莎拉齐盆地的峡谷漂流会让你的脊背发麻。Trou Blanc据说是留尼汪“水”最多的峡谷，提供许多体验急剧下降（冲下水流湍急的滑道）和跳跃的体验，在这里会弄得浑身湿透。某些地段还有恰如其分的外号：“洗衣机”“浴室”“架浪”等。另外一个名声在外的峡谷是莎拉齐附近的新娘面纱瀑布，有落差50米的速降，但是我们到访之时这条路线已经关闭。注意：在降雨量最大的月份（12月至次年3月）不能前往这些峡谷。

Austral Aventure 探险运动

（见237页地图；0692 87 55 50，0262 32 40 29；www.australaventure.fr；42 Rue Amiral Lacaze；半天/全天峡谷漂流 55/75欧元；根据预约）这家专业机构组织前往Trou Blanc和铁洞的峡谷漂流之旅（从海尔村出发），以及前往贝步尔-贝鲁夫森林（Forêt de Bébour-Bélouve）的导览徒步游（50欧元）。

Alpanes 探险运动

（0692 77 75 30；www.alpanes.com；峡谷漂流 50~95欧元；根据预约）组织前往Trou Blanc的峡谷漂流之旅，以及（如果重新开放的话）新娘面纱瀑布之旅。海尔村没有办事处。

住宿

★La Mandoze 小屋 €

（见237页地图；0262 47 89 65，0692 65 65 28；14 Chemin de l'École；铺18欧元，双带公共卫生间含早餐 45欧元；）这座小屋位于一栋克里奥尔式房屋中，有许多优点：保养良好的宿舍可以睡6个人，公共卫生间刚刚修缮一新，位置安静，价格实惠。对那些想要更多隐私的人，还有3个相邻的双人间可供选择，墙壁都镶有木板。房间紧凑，功能完好。

提供早餐（6欧元）和晚餐（20欧元）。主人帕特里克·马诺洛（Patrick Manoro）对当地非常了解，并且有时会在晚上为客人弹奏吉他。

Le Relais des Gouverneurs 民宿 €

（见237页地图；0262 47 76 21；www.relaisdesgouverneurs.fr；2bis Rue Amiral Lacaze；双 65~80欧元，四 90欧元，含早餐；）尽管这栋建筑已经开始显露出老态，但这家民宿仍是一个可靠的选择。两个豪华间拥有四柱床、木质地板以及干净的卫生间。较便宜的标准间没有什么特色可言，而且缺乏亲切感，但是树木繁茂的庭院平添了许多魅力。如果满6人用餐，可提供晚餐（25欧元/人）。家庭出游可以选择宽敞的Familiale套间。

Gîte du Piton d'Anchaing 小屋 €

（见237页地图；0692 33 93 35；www.facebook.com/pitondanchaing；53bis Rue Général de Gaulle；铺 18欧元；）这家经营良好的小屋是徒步背包客休憩的好地方，位于主街道上的一栋别致的克里奥尔式房屋之内，提供4个清爽的（或许有点逼仄）4~6卧的宿舍间，还有洗刷得很干净的卫生间以及公用厨房。早餐5欧元。

Le Relax 露营地 €

（0692 66 58 89；21 Chemin Bras-Sec，Îlet-à-Vidot；露营 11欧元；）如果你想将自己的帐篷扎在一片安静怡人（有树阴）的草地上，就来这个舒适自在的露营地。它位于维多特小岛的小村庄里面，距离海尔村西北大约2公里。淋浴间的状况很好，还有一个供客人使用的厨房。不提供餐饮，但是附近有个（简易的）杂货店。

爱好体育运动的主人劳伦（Laurent）参加过格兰瑞德（Grand Raid）竞赛，可以带领你前往该地区各个风景如画的地点，并提供关于当地植物和建筑的丰富信息（可惜说的是法语）。

Chez Madeleine Parisot 小屋 €

（见237页地图；0262 47 83 48；www.gitemadoparisot.sitew.com；31 Rue Général de Gaulle；铺 16欧元；）这家位于主街道上的舒适的徒步者小屋（gîte d'étape）在几栋克里奥尔式建筑中，拥有2~5人的房间。某些房间的状况比其他房间好，所以入住前先要求查看一番。提供早餐（5欧元）和晚餐（18欧元）。小屋前面可以免费停车。

★Chambre d'Hôte des Agrumes 民宿 €€

（0692 43 05 70，0692 65 51 82；www.chambredhotesdesagrumes.com；7 Chemin Manouilh，Îlet-à-Vidot；双含早餐 80欧元；）如果希望环境安静、与世隔绝，这四栋独立的克里奥尔式平房非常合适，它们身处一个伊甸园般的花园之中。宽敞，且维护得很好，带有一尘不染的卫生间和专属露台。晚餐（20欧元）很受好评。它位于维多特小岛的小村庄，在海尔村西北2.5公里。

Le Relais des Cimes 酒店 €€

（见237页地图；0262 47 81 58；www.relais

descimes.com；67 Rue Général de Gaulle；标单70~78欧元，双 81~89欧元，含早餐；🅿📶）这家酒店占据着一栋汽车旅馆似的建筑，其中的房间缺少个性，不过还算清爽和整洁。大多数楼上的房间都可以看到山景。街对面还有一栋，两座翻新过的克里奥尔式房屋里有4间气氛很好的房间——要求住“Chambres Case Créole”。餐厅提供Wi-Fi。

Les Jardins d' Héva 酒店 €€

（见237页地图；☎0262 47 87 87；www.lesjardinsdheva.com；16 Rue Lacaussade；双含早餐98欧元；🅿📶）这个令人放松的酒店位于城镇南郊，有5栋色彩缤纷、带有克里奥尔风格的平房，每栋平房都有两个相邻的房间，每间的装修都不一样。两个缺憾：它们都背对盆地的美景，缺乏亲切感（露台公用）。真正吸引人的地方是这里的小型水疗馆，有一个桑拿房和一个极可意水流按摩浴缸（Jacuzzi）——住店客人免费。

要是实在懒得动弹，可以在这里附带的餐厅就餐，逛逛这里的小型礼品店。老板Alice Deligey说英语。

就餐

虽然锡拉奥的扁豆很著名，但海尔村却跟佛手瓜（chouchou）密不可分，这是一种梨形的绿色蔬菜，1834年首次从巴西引进。可用来制作沙拉、奶油烤蔬菜（gratins）和佛手瓜蛋糕（chouchou gateau）。你可以在主街道旁的杂货店或其他食品店购买基本食材。

Chez Maxime' s 克里奥尔菜 €

（见237页地图；☎0693 94 46 76；18 Rue AmiralLacaze；主菜 9~11欧元；⏲周三至周一 正午至14:00）这家餐馆朴实无华，不带一点花里胡哨的设计，很容易错过，位于主街尽头。提供价格便宜的克里奥尔食品，包括一些甜品，可谓完美的经济午餐。提供外卖。

Patis' Salazes 面包房 €

（见237页地图；☎0262 47 85 40；43 Rue Général de Gaulle；三明治 2~4欧元；⏲6:00~18:00）这家面包房提供美味三明治，采用优质食材制作，同时烘焙令人垂涎欲滴的酥皮点心，包括圆面包。

Le P' tit Koin Kréol 克里奥尔菜 €

（见237页地图；☎0693 92 62 00；35 Rue Général de Gaulle；主菜 7~9欧元；⏲正午至15:00）这家微型餐馆位于一栋别致的克里奥尔式房屋之内，是个品尝地道留尼汪风格、家常菜的好地方。让味蕾沉浸在奶酪焗佛手瓜或美味的咖喱菜肴中吧。如需甜品，可以试试极度美味的香蕉蛋糕。同时提供三明治（3欧元起）。总共只有四张餐桌；如果客满，不要沮丧，这里提供外卖。

Crêperie Le Gall 法式薄饼 €

（见237页地图；☎0262 47 87 48；55 Rue Général de Gaulle；主菜 3~12欧元；⏲周四至周二 正午至14:00）方圆数公里内唯一提供薄饼的地方。是的，不是可丽饼！尝试一下Ti Chou Chou，对，里面有佛手瓜，就着碗装苹果酒（bolée de cidr）把它们吃掉。奶油烤蔬菜和沙拉亦是主打菜。

Les Jardins d' Héva 克里奥尔菜、自助餐 €€

（见237页地图；☎0262 4787 87；16 Rue Lacaussade；自助午餐 15~18欧元，自助晚餐 28欧元；⏲周四至周二 正午至13:30，每天18:30~20:00；📶）Les Jardins d' Héva环境异常出色：眼前是海尔村的中心地带，远处是盆地的嶙峋山峰，餐厅空间十分明亮。落座于此，享用各种精心烹制的克里奥尔美食、沙拉和自制甜品。自助午餐物美价廉。

Le Relais des Cimes 克里奥尔菜 €€

（见237页地图；☎0262 47 81 58；67 Rue Général de Gaulle；主菜 12-17欧元，套餐 18~23欧元；⏲正午至14:00和19:00~20:30）这是海尔村餐饮的中坚力量，食物带有诱人且鲜明的地区风味。在众多优质菜品中有海尔村鳟鱼、烤珍珠鸡和姜末金枪鱼（vindaye de thon），所有菜品的价格都可以接受。就餐环境质朴（想象一下木质天花板和红色桌布）。

Ti Chou Chou 克里奥尔菜 €€

（见237页地图；☎0262 47 80 93；42 Rue Général de Gaulle；主菜 12~23欧元，套餐 18~26欧元；⏲周六至周四 11:30~13:45和18:30~19:45）这家小餐厅在主街道拥有一个鲜艳的门面，由一个友善的年轻团队经营。素食主义者可以选择佛手瓜蔬菜盘（assiette ti chouchou），其中有佛手瓜、水芹和旱金莲，都是当地蔬菜。后面有一个阴凉的露台。淡季时段，晚上歇业。

实用信息

旅游局（见237页地图；☎0262 47 89 89；www.est.reunion.fr；47 Rue Général de Gaulle；⏰8:30至正午和13:00~17:30；📶）提供在盆地地区徒步的路线和长途汽车时刻表的小册子。如果提前告知的话，还能安排预订山中小屋和讲英语的导览游。提供免费Wi-Fi。

到达和离开

每天6:45~18:20，大约每2小时有一趟从莎拉齐开往海尔村的长途汽车（1.80欧元，大约20分钟）。反方向的班车运营时间是6:15~17:45。周日每个方向都各有4趟长途汽车。

大岛和牛雪山 (Grand Îlet & Col des Bœufs)

这里是风景如画之地。大岛距离莎拉齐以西大约17公里，通过一条风景如画的险路才能到达，这里真的有世界尽头的感觉。这个村庄坐落在将莎拉齐盆地和马法特盆地隔开的一道山脊下。在村庄上方是牛雪山的山口，形成两个盆地之间的主要步行通道；在大岛上方3公里处的**勒贝里尔**（Le Bélier），你会发现通向牛雪山的柏油森林道路。森林道路沿线点缀着野餐凉亭，在周末很受欢迎。

食宿

大岛只有一家独立餐馆。多数人选择让民宿提供私房菜（table d' hôte），或者驾车前往海尔村就餐。

Le Papangue 民宿 €

（☎0692 60 30 67；nelson.boyer@wanadoo.fr；6 Chemin Camp Pierrot；双含早餐 70欧元；P📶）一天舟车劳顿之后，躺进整洁一新的被窝之中，真是舒服惬意。这个民宿位于通往勒贝里尔的道路附近。提供三间宽敞客房，使用镶木地板，墙上装饰木板。一个缺憾：两个房间面对一堵混凝土墙。

Le Cimendef - Chez Noeline et Daniel Campton 民宿 €

（见224页地图；☎0262 47 73 59；campton.cimendef@wanadoo.fr；735 Route du Bélier, Casabois；双/套含早餐 50/85欧元；P📶）共有4个房间，布局简单，都令人感到愉悦，并且可以眺望雄伟的Cimendef（海拔2226米）。还有一个氛围温馨的套房，带有木地板、明亮卫生间、克里奥尔式天花板、柚木家具、迷人的橙色色调以及专属露台；入住两晚或者以上，房价按照75欧元计算。一些晚上提供晚餐，收费24欧元。

如想一大早到达牛雪山，这是一个非常方便的落脚点。

另辟蹊径

游览马法特盆地

虽然地处偏远且与世隔绝，但马法特盆地仍然有居民。山谷中，壮观的地貌被切割成台地和山坡，其中散布着不起眼的克里奥尔居民区，它们仍然保持着原始的农耕生活状态。这些村落没有发生什么特别的事情，但很难不为其所处的惊人环境所倾倒。

马法特盆地的南部被称为**高马法特**（Haut Mafate），吸引着大多数游客。它由三部分组成：安静的**马尔拉**（Marla）海拔1621米，是马法特盆地最高的小村庄；绰号为"马法特之都"的**拉努瓦尔**（La Nouvelle）是进入盆地的主入口之一，坐落在海拔1421米的台地上；以及**罗什-普拉特**（Roche-Plate），位于宏伟的麦多脚下。

盆地北部称为**马法特园谷**（Bas Mafate；低马法特），比高马法特更加神秘，它由**Îlet à Bourse**、**Îlet à Malheur**、**奥埃尔**（Aurère）、**Grand Place**、**卡宴**（Cayenne）、**Les Lataniers**和**Îlet des Orangers**组成。Grand Place和卡宴的两个小社群在湍急的Rivière des Galets上方，靠近盆地的主出口。

Chez Liliane Bonnald 民宿 €

（☎0262 47 71 62; liliane.bonnald@wanadoo.fr; 17 Chemin Camp-Pierrot; 双含早餐40~60欧元; Ⓟ📶）这家民宿位于通往勒贝里尔的道路旁，在一栋现代化的房屋中，楼上的3个房间不会入选成为壁纸照片，但是入住一晚两晚还是不错的。最好选择较新的套间（60欧元），位于100米以外一个小山之上。它们崭新、明亮，能够欣赏极致山景。

友善的主人利利亚纳·邦纳德（Liliane-Bonnald）还是一个好厨师。晚餐收费25欧元。

Snack Le Grand Îlet – Chez Serge 克里奥尔菜 €

（☎0262 47 71 19; 48 Rue du Père Mancel; 主菜 6~11欧元; ⏲周五至周三 11:00~14:00和18:30~20:00）这个收费较低、霓虹灯闪烁的小餐馆位于主路边一栋时髦的房屋之内，值得来此品尝一下它种类不多却可口的每日特色菜，可能包括克里奥尔式香肠、烤鸡或炖猪肉。食物新鲜，口味家常。提供外卖食品（6欧元）。物美价廉。

ℹ 到达和离开

每天6:45（周日9:15）~18:20，有8趟（周日4趟）长途汽车从莎拉齐开往大岛和勒贝里尔。每天5:45~17:00（周日7:00~17:20），长途汽车从勒贝里尔返回莎拉齐，10分钟后停靠大岛。

每周一、周三、周五和周日，有2趟长途汽车（82C路线）从勒贝里尔出发前往牛雪山（Col des Bœufs）。海尔村的旅游局提供发车时间表。

如果自己驾车的话，你可以将车停在Le Petit Col的有人看守的停车场（1/2天2/10欧元），它位于森林道路向上6.5公里处，从牛雪山向下走20分钟即可抵达。

马法特盆地（Cirque de Mafate）

马法特盆地四周环绕城墙，其内沟壑交错，布满狭窄山脊。它是留尼汪最为偏僻原始的盆地。当你第一次瞥见这个地质奇观时，即使有了再充分的准备，也一定会感到惊讶。这里有变幻莫测的色彩、充满喜悦的宁静（除了偶尔嗡嗡作响的直升机），以及无与伦比的庄严宏伟。没有汽车，没有城镇，没有压力，只有高耸的山丘、深邃的沟壑以及零星散布的小村落——在那里，时间仿佛静止了一样。

除了雄伟的地貌，马法特盆地的特别之处是它相对难以进入，哪怕距离海岸的奢侈娱乐场所很近，却没有通向该盆地的公路（尽管有一条森林道路直接延伸到牛雪山的山口），所以，要抵达零星散布在这片巨大死火山中的几个村落只能靠步行。

> **进军马法特盆地**
>
> 如果你能挤出一天时间，不要错过徒步进入马法特盆地的机会。从牛雪山（Col des Bœufs）下面的停车场出发，只需沿着下山的路走2小时就能抵达拉努瓦尔，它的绰号是“马法特之都”。这是一条很棒的半日徒步路线，你可以在拉努瓦尔吃午饭。更长的路线需要走从森林路线（route forestière; 有路标，在牛雪山停车场之前大约2.3公里处）上分出去的**Sentier Scout**，它通往马法特园谷的奥埃尔；你可以在奥埃尔过夜，然后在第二天沿着风景优美的**Sentier Augustave**走回森林道路——这是一条美丽的环形路线。

ℹ 到达和离开

马法特只能通过各种路线步行进入。最方便一条就是从莎拉齐盆地的牛雪山出发。其他从莎拉齐盆地进入马法特的路线还有Sentier Scout和Sentier Augustave。从锡拉奥盆地进入的话，可以经过Col du Taïbit（海拔2082米）。

从西海岸进入马法特盆地的最直接的路线就是通过Rivière des Galets。其他路线还有从Sans Souci出发、经由Canalisation des Orangers以及从麦多出发前往罗什-普拉特（Roche-Plate）。

奥埃尔（Aurère）

人口：80

奥埃尔小岛（小村庄）像是马法特盆地Bras Bémale险峻峡谷顶上的马丘比丘（秘鲁中部古城）。通常它是马法特园谷（Bas Mafate）环线徒步旅行者的首站。这里仅有一些色彩缤纷的（克里奥尔风格）小屋，但充满浓郁的乡村风情，仿若仙境。

食宿

奥埃尔有一家简易的杂货店。所有餐食都由小屋提供。至少提前一天致电小屋，预订用餐。

Gîte Narcisse Libelle 小屋 €

（☎0692 09 18 86，0262 43 86 38；Mafate；铺含半餐 40欧元）一个待客热情的落脚点，位于奥埃尔郊区，就在前往Îlet à Malheur道路途中。提供两个4卧宿舍。

Gîte Boyer Georget–Le Poinsettia 小屋 €

（☎0692 08 92 20；Mafate；铺含半餐 39欧元，房间每人含半餐 42欧元）提供5~11卧宿舍。还有三个双人间和一个小型杂货店。

Auberge Piton Cabris–Charlemagne Libelle 小屋 €

（☎0692 26 33 59，0262 43 36 83；Mafate；铺 19欧元）提供四个4卧宿舍。露台上面风景很好。早餐加收6欧元，晚餐加收19欧元。

到达和离开

奥埃尔只能步行进入。多数旅行者从Rivière

另辟蹊径

圣水湖（GRAND BASSIN）——失落的山谷

如画般的圣水湖又被称为迷你马法特（Mafate in miniature），它是留尼汪岛上为数不多的只能步行抵达的地方之一。由于它的与世隔绝，对于那些想要摆脱压力、体验真实留尼汪乡村生活的旅行者，这一块小小的天堂可以让他们美梦成真。

圣水湖是三条河流交汇形成的。在它们相交处附近有一个宁静的小村庄，村里有一些住宿小屋（自炊住宿）。从这个小村庄出发，沿着河流朝西走，你很快会发现几个可以一跃而入的岩池。继续向西，你可以下降到**新娘面纱瀑布**的底部。

即使没有沿着这条道路走向小村庄，亦可从Belvédère（见243页）观景点瞭望这里。

圣水湖有十几处小屋，零散分布在村庄之内。住所都是质朴的宿舍或双人间，不过这也是乐趣的一部分。至少提前一天预订。当天来回的短途游客可以选择一处小屋，花18~20欧元吃一顿饭。通常是丰盛的咖喱菜肴搭配当地的农产品。建议预订。

Le Randonneur（☎0692 78 04 50；www.gitelerandonneur.net；Grand Bassin；每人含半餐 40~45欧元）有点像瑞士农舍小屋，风景很好。比圣水湖的其他住处稍贵，不过感觉更亲切，只有3个双人间和3个四人间，都贴有瓷砖。

La Vieille Tonnelle（☎0262 59 20 27，0262 27 51 02；Grand Bassin；每人含半餐 40欧元）有两个舒适的双人间。主人吕克（Luc）很友好，会用味道奇特的朗姆酒（rhum bois）招待你。自制的果酱很棒。

Les Orchidées（☎0692 17 34 57，0692 03 90 38；Grand Bassin；每人含半餐 38~45欧元）在小村庄的东部边缘，有2个四人间、2个八人宿舍和2个双人间，自制的蜂蜜很好吃。

Le Paille-en-Queue（☎0692 24 31 73，0262 59 03 66；Grand Bassin；每人含半餐 40欧元）有2个双人间和一些6~8人宿舍。

Aubergede Grand-Bassin（☎0692 26 74 55，0262 59 10 34；Grand Bassin；每人含半餐 40欧元）有2个双人间和一些6~16人宿舍。

Les Mimosas（☎0692 16 09 90；www.lesmimosas.re；Grand Bassin；双含半餐195欧元；📶）这家漂亮民宿的建筑和装饰材料都是就地取材，全木结构的平房坐落在一个很棒的热带花园中，其中有两个像鸟巢一样舒适的双人间。很适合情侣和家庭。可安排素餐。

des Galets出发，向西徒步3小时到达。

高原和富尔奈斯火山（LES HAUTES PLAINES & THE PITON DE LA FOURNAISE）

留尼汪唯一一条横贯全岛的公路穿过卡夫尔平原和帕尔米斯特平原（Plaine-des-Palmistes），二者合称高原（Les Hautes Plaines）。在海拔大约1000米的地方，空气非常清新，并且常常弥漫着雾气——如果你来自炎热的海滨城市，这绝对是个福音。

实际上这些相对较大的开阔地区形成了一个鞍状区域，将断层块（包括三个盆地）与富尔奈斯火山隔离开。那是怎样的一座火山啊！它是地球上最活跃的火山之一，与夏威夷火山不相上下。它还是最容易到达的火山之一——你可以爬到火山口。

从高原有一条道路可抵达距离火山山顶仅几公里的地方，几乎所有旅行者都从这边上山。

卡夫尔平原及周边（Plaine-des-Cafres & Around）

绿丝绒般的山丘和牧场向地平线翻滚延伸，充满了田园风光的卡夫尔平原有新鲜的空气、雾气，出乎意料地像德国的巴伐利亚。归功于海拔，这里凉爽、令人放松且氧气充足。它位于海平面之上1200米，常常有凉爽的海风吹拂。卡夫尔平原曾经是从海滨逃跑的奴隶的避难所，是一片地势缓慢起伏的广阔地区，在盆地地区和富尔奈斯火山之间延伸。

从旅行者的角度看，卡夫尔平原上最有趣的地方是**穆拉村**（Bourg-Murat），它是攀登火山的起点。Route Forestière du Volcan道路就是从这个偏僻的据点拐向富尔奈斯火山的。

景点

火山之城 博物馆

（Cité du Volcan；见244页地图；☎0262 59 00 26；www.maisonduvolcan.fr；RN3, Bourg-Murat；成人/儿童 9/6欧元；⏲周一 13:00~17:00，周二至周日 9:30~16:45）所有有关富尔奈斯火山的问题在这里都会找到答案。它在2013年进行了彻底翻新和现代化整修，所以你能看到最先进的设施和动画，包括一个4D娱乐设施（额外收费2欧元）。

Belvédère 观景点

（见224页地图；Bois Court）从这个Bois Court附近的观景点，能够俯瞰美轮美奂的圣水湖山谷。

活动

阿尔蒂·梅伦斯马术中心 骑马

（Centre Équestre Alti Merens；见224页地图；☎0692 31 47 92；www.alti-merens.re；120 Rue Maurice Krafft, PK26；1/2/3小时骑马 30/50/75欧元；⏲根据预约）这个马术中心位于穆拉村的南部边缘。

火山马厩 骑马

（Écuries du Volcan；见244页地图；☎0692 66 62 90；www.ecuriesduvolcan.e-monsite.com；9bis Domaine Bellevue, Bourg-Murat；1/3小时骑马 20/60欧元；⏲9:00至正午和14:00~17:00）这个经营良好的马术中心位于穆拉村的北部边缘。3小时的骑行之旅称为"La Ronde"，值得推荐。对于初学者和儿童而言，围绕Piton Desforges的"Discovery"之旅非常合适。

节日

蜂蜜节 美食节

（Fête du Miel Vert；Festival of Honey；⏲1月）庆祝蜂蜜的乡村节日，举办地点就在卡夫尔平原。

住宿

穆拉村和周边地区拥有一些不错的住宿选择，包括几个简朴的酒店。因此，这里是个便捷的落脚点。周末必须预订。

Chez Alicalapa-Tenon 民宿 €

（见244页地图；☎0262 59 10 41, 0692 08 80 09；c.alicalapatenon@ool.fr；164 Route du Champ de Foire, Bourg-Murat；标单/双含早餐 40/50欧元；🅿📶）这家温馨的民宿位于一栋现代房屋中，是探索该地区的良好大本营，拥

Bourg-Murat 穆拉村

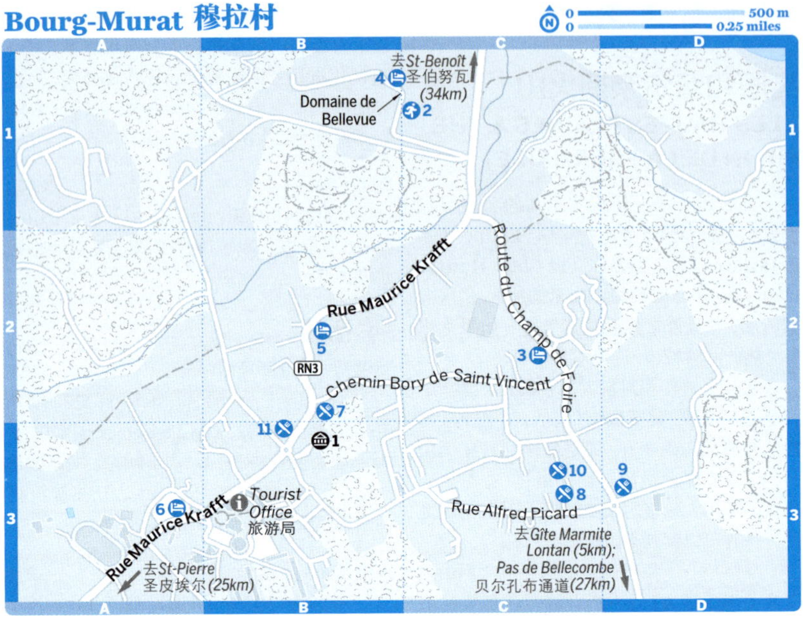

Bourg-Murat 穆拉村

景点

1 火山之城 B3

活动、课程和团队游

2 火山马厩 C1

住宿

3 Chez Alicalapa-Tenon C2
4 Gîte de Bellevue B1
5 Gîte de la Fournaise B2
6 Hôtel l' Ecrin A3

就餐

7 Hôtel-Auberge du Volcan B2
8 Le QG C3
9 Palais du Fromage D3
10 Relais Commerson C3
11 Ti Resto Lontan B3

有6个简朴的、镶有木板的房间，收拾得很干净。选择门朝花园的房间。晚餐20欧元。

La Ferme du Pêcher Gourmand 旅馆 €

（见224页地图；☎0262 59 29 79，0692 66 12 48；www.pechergourmand.re；RN3，PK25；标单 60欧元，双 65~75欧元，四 150欧元，平房双 100欧元，含早餐；⏰2月歇业两周，9月歇业三周；🅿📶）这家现代化的农家客栈（auberge）由一对友善的情侣经营，被一座宜人的花园环绕着。5个相邻的房间有点儿拥挤，卫生间很小，但环境足以弥补这一点。还有一个更具有私密性的独立式平房，以及两个较大的适合家庭的克里奥尔式小屋。

额外好处：有一个广受好评的餐厅——值得选择半餐住宿。

Gîte Marmite Lontan 小屋 €

（见224页地图；☎0692 60 51 38；www.marmitelontan.com；Route Forestière du Volcan；标单带公共卫生间含半餐 40欧元；🅿）这个山中小屋有些特别，整个地方似乎摇摇欲坠——奇特的建筑立面上满满地覆盖着皮条，还有潘多拉魔盒般的餐厅，其中放着旧式的餐具和其他摆设。5个宿舍干净整洁，可以容纳2~4人。

位于Route Forestière du Volcan旁，距离穆拉村中心大约5公里。每年歇业2~3个月（通常为2月、6月和12月）。没有Wi-Fi。

Gîte de Bellevue 小屋 €

（见244页地图；☎0262 59 15 02，0692 07 80 83；www.gitedebellevue.re；Domaine de

Bellevue, Bourg-Murat; 铺 16欧元, 平房双 45欧元; Ⓟ)这个小屋位于田园之中, 有2个双人间和2个四人间, 都收拾得很干净。还有一个供情侣居住的小平房。提供早餐(6欧元); 不提供午餐和晚餐, 不过有厨房设施。

Gîte de la Fournaise
小屋 €

(见244页地图; ☎0692 22 89 88, 0262 59 29 75; www.gitedelafournaise.re; 202 RN3, Bourg-Murat; 铺/标单/双16/30/36欧元; Ⓟ📶)这个精心照料的住所位于主路, 提供一个6卧宿舍和两个4人间, 都状况良好, 自带卫生间。法国籍的主人非常友好, 可以前往附近的徒步路线上接住客(然后第二天早上顺道带他们上去)。

Hôtel l' Ecrin
酒店 €€

(见244页地图; ☎0262 59 02 02; www.ecrin-hotel.re; RN3, PK27, Bourg-Murat; 标单/双/四含早餐 60/84/121欧元; Ⓟ📶)一簇散布在小山环绕的花园中的小村舍。房间有些陈旧, 不过作为应急的选择还可以接受。

就餐

★Palais du Fromage
奶酪 €

(见244页地图; ☎0262 59 27 15; Rue Alfred Picard, Bourg-Murat; 奶酪和华夫饼 2.5~6欧元; ⌚周二至周日 9:00~17:00)"奶酪宫殿"这个名字恰如其分, 这里以供应各式奶酪而闻名, 包括美味的蜂蜜奶酪(fromage au miel), 在附近柳杉林的餐桌上享用最佳。还提供华夫饼、薄饼、酸奶和果汁。这家店位于穆拉村朝向火山一侧的边缘。只收现金。

Ti Resto Lontan
各国风味 €€

(见244页地图; ☎0262 43 90 42; RN3, PK27, Bourg-Murat; 主菜 10~21欧元; ⌚周三至周一 11:30~14:30和18:30~21:30)别因为乏味的建筑感到泄气——这家气氛欢快的餐厅用它物有所值的时令菜赢得了许多追随者。开怀品尝美味的咖喱、丰盛的沙拉和简易烹制的肉类和鱼类菜肴吧。谈及甜品, 可以品尝令人胃口大开的水果慕斯。服务很好, 慵懒的气氛让用餐变得相当放松随意。

La Ferme du Pêcher Gourmand
克里奥尔菜、法国菜 €€

(见224页地图; ☎0262 59 29 79; www.pechergourmand.re; RN3, PK25; 主菜 14~19欧元; ⌚周六和周日 正午至14:00, 周二至周六 19:00~20:30, 2月歇业两周, 9月歇业三周; 📶)这家农场餐厅(ferme-auberge)位于穆拉村南边的主路旁, 提供非常实惠且美味的农家菜。除了鸭肉类菜肴以及当季蔬菜, 特色菜品还有猪肉咖喱和肉类豆类炖品(cassoulet)。留点肚皮, 品尝法式香草炖蛋。非常值得预订, 尤其是周末。

Le Vieux Bardeau
克里奥尔菜、自助餐 €€

(见224页地图; ☎0262 59 09 44; RN3, PK24; 主菜 12~23欧元, 自助餐 14~23欧元; ⌚周一、周二和周四至周六 11:30~14:00, 周日 正午至14:00, 周四至周六 18:30~20:00; 📶)这家餐厅位于Le Vingt-Quatrième的主街道旁的一栋柠檬黄色的克里奥尔宅邸中, 在这里你可以重新领略殖民地时代的风情。来此享用物美价廉的自助午餐, 包含八种开胃菜和五种咖喱菜。亦可点菜, 有烧烤和沙拉。

Relais Commerson
克里奥尔菜 €€

(见244页地图; ☎0692 60 05 44; 37 Bois Joly Potier, Bourg-Murat; 主菜 16~25欧元, 套餐 18~40欧元; ⌚周三至周日 正午至14:00, 周五至周六 19:00~20:00)这是一家环境质朴的餐厅, 菜单上列出的是有创意的克里奥尔菜肴, 还有各种诱人的甜点。工作日推出绝佳自助午餐, 仅售18欧元。

Hôtel-Auberge du Volcan
克里奥尔菜、法国菜 €€

(见244页地图; ☎0262 27 50 91; RN3, PK27, Bourg-Murat; 主菜 12~18欧元, 套餐17欧元; ⌚周二至周日 11:30~13:30, 周二至周六 18:30~20:30)在这家位于穆拉村中心的乡村旅馆中, 你会发现所有常见的克里奥尔美食以及一些法国菜肴, 菜的分量很足。虽然不是令人难忘, 但是能够填饱肚子。

★Le QG
各国风味 €€€

(见244页地图; ☎0262 38 28 55, 0692 48 22 80; 60bis Rue Alfred Picard, Bourg-Murat; 主菜 16~35欧元; ⌚正午至22:00; 📶)一个留尼汪厨师(安德烈, André)、一个塞内加尔服务生(阿卜杜, Abdou)和一间温馨的餐室, 这就是QG! 菜单选择丰富, 主打精心烹制的克里

Piton de la Fournaise 富尔奈斯火山

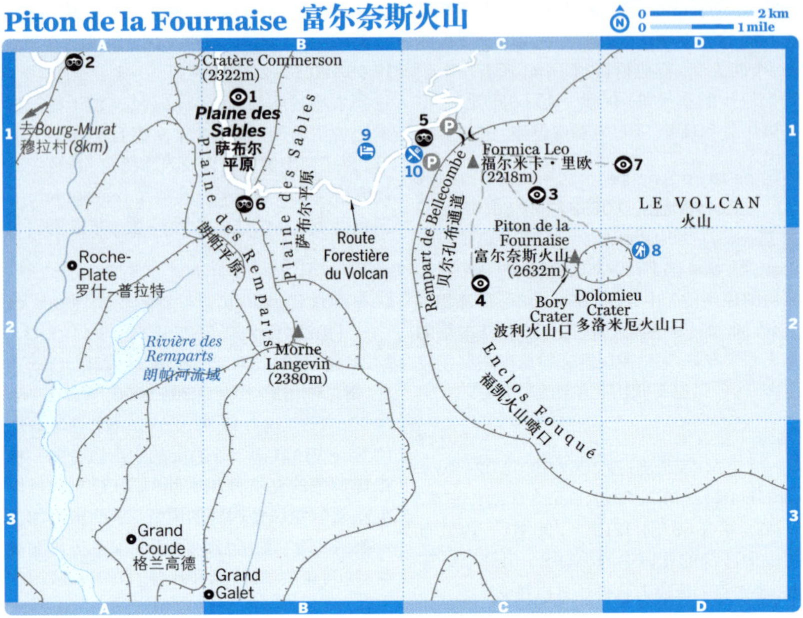

Piton de la Fournaise 富尔奈斯火山

◎ 重要景点

1 萨布尔平原 B1

◎ 景点

2 贝尔韦·代尔牛鼻 A1
3 罗斯蒙特教堂 C1
4 里瓦尔斯火山口 C2
5 贝尔孔布通道 C1
6 萨布尔通道 B1
7 卡坡尔火山 D1

活动、课程和团队游

8 多洛米厄阳台 D2

住宿

9 Gîte du Volcan B1

就餐

10 Le Relais de Bellecombe C1

奥尔式炖猪肠（rougail zandouille）和美味无比的烤肉，还有一些塞内加尔特色菜，包括poulet yassa（洋葱和柠檬酱腌制的烤鸡）。烹饪配料深受好评。

这是周围几公里唯一周五晚间提供娱乐活动（卡拉OK）的地方。有时提供早餐。周末需要预订。

实用信息

旅游局（见244页地图；☎0262 27 40 00；www.tampontourisme.re；160 Rue Maurice Krafft，Bourg-Murat；⏲9:00~17:00；📶）靠近Engen加油站，可以预订山中小屋，这里还提供小册子和徒步地图。有免费Wi-Fi。

到达和离开

每天有3趟长途汽车在圣伯努瓦和圣皮埃尔之间往返，途经卡夫尔平原和帕尔米斯特平原（S2路线）。更多信息见www.carjaune.re。

富尔奈斯火山（Piton de la Fournaise）

作为大自然在留尼汪的代表作，富尔奈斯火山是岛上最著名的自然景观。留尼汪人将其简称为“火山”（le volcan），它不是一座休眠火山，而是一个活跃的地理奇观，经常喷发。在2007年4月，中央900米宽的火山口崩塌了300米，东南侧形成了新的熔岩带，一直延伸到海岸。在2015年8月初又喷发了一次，不过威力要小一些。

好消息是，它是世界上最容易接近的活火山之一，而且还可以徒步行走到火山口边缘。你可以乘飞机俯瞰火山，或者只是从一个观景点上欣赏景色。它正位于火山口的外部边缘，也是道路结束的地方。

景点

★萨布尔平原 自然景观

（Plaine des Sables；见246页地图）你已到达世界尽头！萨布尔平原是一大片暴露在风中的宽阔平原，它由火山灰形成，形同月球表面的地貌可以为新版的《疯狂麦克斯》（*Mad Max*）提供完美的背景。从萨布尔通道（Pas des Sables）出发，道路向下延伸至这片平原，并变成坑坑洼洼的土路，然后继续向上延伸至贝尔孔布通道。

贝尔孔布通道 观景点

（Pas de Bellecombe；见246页地图）从贝尔孔布通道的观景点（海拔2311米），也就是火山地区的"入口"，你会看到火山令人沉醉的景色，外围火山口——福凯火山口（Enclos Fouqué）会让你目瞪口呆。在福凯火山喷口的东边，你能看到一个赭色的小火山渣锥，非常奇异且上相，它被称为福尔米卡·里欧（Formica Leo）。900米宽的多洛米厄火山口（Dolomieu Crater）是主火山口，仍然活跃着。

萨布尔通道 观景点

（Pas des Sables；见246页地图）在距离穆拉村大约22公里处的萨布尔通道（海拔2360米）还有一个很棒的观景点，从这里你可以凝视一大片贫瘠的月球地貌，那就是萨布尔平原。

贝尔韦·代尔牛鼻 观景点

（Belvédère du Nez-de-Bœuf；见246页地图）前往火山途中，记着来到这个观景点（有路标指示）停留片刻，这里朗帕河流域（Rivière des Remparts）的河谷美景无与伦比。

食宿

这里只有一家住宿——Gîte du Volcan（见247页）。因此，房源相当紧张，尤其在徒步旺季期间。所以尽量提早预订。

Gîte du Volcan 小屋 €

（见246页地图；☎0692 85 20 91；Route du Volcan；铺16~18欧元，平房双含早餐 60欧元，餐厅午餐主菜 14~18欧元，晚餐套餐 25欧元；⌚餐厅 周四至周二 正午至14:00；P）如果你想沉浸在这样宏伟的风景中并过夜的话，拥有65张床铺的Gîte du Volcan位置绝佳，距离贝尔孔布通道只有15分钟步程。房间就是4~12卧的朴实无华的宿舍。还有一个带卫生间的别致平房。热水有限，需要投币，宿舍没有插座。

餐厅为一日游的旅行者提供午餐，共有5种不同的菜肴。真正吸引人的是窗外美丽的山景。

原则上，需要通过地区信息和预订中心——留尼汪岛旅游服务中心（Centrale d'Information et de Réservation Régionale-Île de la Réunion Tourisme；见195页）或者任何旅游局预订，但是如果并未客满，管理员通常会接收没有预订的住客（旺季期间，必须预订）。接受信用卡。

Le Relais de Bellecombe 自助餐馆 €

（见246页地图；Pas de Bellecombe；小吃 1欧元起；⌚8:00~16:00）这家小店位于贝尔孔布通道的停车场附近，出售小吃、三明治（4欧元）和点心。

到达和离开

没有往返富尔奈斯火山的公共交通。

穆拉村是进入火山的大门。从这里开始，风景优美的"之"字形Route Forestière du Volcan通

监测火山动态

科学家们密切关注着火山的动态，一旦发现异常就会发布警告。只要出现喷发的征兆，火山附近的和上山的道路都会被封闭。

在外层火山口边缘已经安装了一个网络摄像头，正位于富尔奈斯火山北边。它能让徒步旅行者获知火山附近的天气条件，好奇的游人也可以通过它欣赏火山的宏伟全景。

图像每5分钟更新一次，可登录www.fournaise.info/webcam.php查看。

向穆拉村东南方向30公里的贝尔孔布通道。一路上逐渐改变的景色令人难以置信，高原地区典型的草地和柳杉林逐渐变成了灌木丛林和火星般的贫瘠地貌。

帕尔米斯特平原（Plaine-des-Palmistes）

人口：5500

帕尔米斯特平原曾经有许多棕榈树，但由于制作棕榈芯沙拉的大量消耗，保存至今的棕榈树并不多。小镇本身沿着公路延伸，这里唯一的景点是小塔庄园。

景点

小塔庄园 历史建筑

（Domaine des Tourelles；0262 51 47 59；www.tourelles.re；260 Rue de la République；周一至周五 9:00~17:00，周六和周日 10:00~17:00）它是一栋可爱的20世纪20年代克里奥尔式建筑，位于小镇南边。如今里面是出售当地特产和纪念品的商店。在庄园外面，你还能发现一些工艺品商店。工艺品各式各样、琳琅满目，包括画作、雕刻品和青铜制品，还有蜂蜜和蜡烛以及其他物品。

节日

番石榴节 美食节

（Fête des Goyaviers；Festival of Guava；6月）番石榴节，举办地点就在帕尔米斯特平原。

食宿

帕尔米斯特平原是游览贝步尔-贝鲁夫森林的不错落脚点。这里有几家民宿、一家小屋住宿和一家酒店。

镇内主路沿线分布着一些相当标准的克里奥尔餐馆和快餐店。小塔庄园有一家不错的自助餐馆。

Gîte du Pic des Sables & Chambre d' Hôte des Agrumes 小屋、民宿 €

（见224页地图；0262 51 37 33；2 Allée des Filaos, Plaine-des-Palmistes；铺/双含早餐 25/75欧元；P）这家干净但拥挤的徒步者小屋（gîte d' étape）位于通往贝步尔-贝鲁夫森林的道路上，距离公路大约4公里（顺着Petite Plaine的方向）。想更加舒适、更加私密，可以选择两间相邻家庭经营民宿其中一间，位于花园后方。它们通风良好、面积宽敞、非常实用。晚餐提供丰盛克里奥尔美食（25欧元）。没有Wi-Fi。

La Ferme du Pommeau 酒店 €€

（0262 51 40 70；www.pommeau.fr；10 Allée des Pois de Senteur；标单63欧元，双 78~87欧元，餐厅主菜 15~24欧元，套餐 26~38欧元；餐厅 周一至周六 正午至13:30和19:00~20:00；P）La Ferme du Pommeau位于小镇东部边缘一个安静的地方，是一家氛围悠闲的二星级酒店，由几栋大楼组成，提供干净、简朴的客房。高端客房稍贵，但具有更多私密性。亮点就是后面的温水泳池——一天舟车劳顿之后的休憩天堂。还有一家可靠的店内餐厅，坚持只使用本地食材。

餐厅呈现乡村氛围，堆放着许多木材，配备一个灶台，能够欣赏极致山景。特色菜品包括咖喱鸡、羔羊肉排和蘑菇鸭肉。

Le Relais des Plaines 克里奥尔菜、法国菜 €€

（0262 20 00 68；303 Rue de la République；主菜 11~16欧元，套餐 15~19欧元；周四至周二 11:30~14:00，周四至周一 18:30~20:45；）这家餐厅紧邻主路，位于一栋翻修得很有味道的克里奥尔式房屋中，传统菜肴在这里进行了现代的改良。菜单比较短，不过你会找到诱人的每日特色菜，还有一些素食菜品——本地鲜见。

Les Platanes-Chez Jean-Paul 克里奥尔菜、中国菜 €€

（0262 51 31 69；291 Rue de la République；主菜 13~16欧元；周二至周日 正午至14:00）作为该地区最著名的食肆之一，这家位于主街道上的多姿多彩的餐厅深受留尼汪家庭青睐——这是好迹象。氛围很悠闲，食物也同样实在，主要供应丰盛的克里奥尔和中国家常菜，还有自制甜品。所有食物的价格都很实惠。

如果周日碰巧就在镇上，不要错过有10道菜的自助餐（20欧元）。

到达和离开

帕尔米斯特平原位于连接圣伯努瓦和圣皮埃

徒步攀登富尔奈斯火山

作为留尼汪的标志性景观，富尔奈斯火山是徒步旅行者必去的景点。从贝尔孔布通道出发，可以步行走到多洛米厄火山口边缘东北一侧的观景点**多洛米厄阳台**（Balcon du Dolomieu；见246页地图），在那里你可以俯瞰大约350米深的火山口的底部。多洛米厄阳台往返需要行走5小时，行程14公里。这段路比较平缓，海拔落差500米。它可能会很拥挤，不过奇异的景色足以补偿人群带来的缺憾。注意，自从2007年的火山喷发以来，游客就再也不可能完整地环绕多洛米厄火山口（Dolomieu Crater）和波利火山口（Bory Crater）了；忽略所有显示这条环形路线的地图吧，因为它们还没更新。

从贝尔孔布通道的停车场开始，沿着东北方向的道路向前走，这条路通向一扇门（在火山活动频繁时关闭）。有条路从这里开始向下延伸，步行大约15分钟，经过527级台阶后，你就会抵达巨大的福凯火山口（Enclos Fouqué）的底部，你会走在一片凝固的熔岩上。穿过这片用白色涂料标记着的熔岩道路，有时候你会感觉好像行走在火星上，陪伴你的只有踩在火山渣上发出的嘎吱嘎吱的声音。你首先会路过非常上镜的**福尔米卡·里欧**（Formica Leo；火山渣锥），然后在距离起点大约45分钟的地方，一个被称为**罗斯蒙特教堂**（Chapelle de Rosemont；见246页地图）的壮观岩穴会映入眼帘。从这里开始，这条路向左拐弯并逐渐沿着火山的东侧山坡向上延伸，一直到多洛米厄阳台观景点。当心！没有护栏，只有一条白线。

虽然徒步攀登火山很流行而且严格来说要求并不算高，但也不能大意。除了会让登山者全身湿透的雾气，这里的环境仍然是严酷而贫瘠的。寒风会将水分刮走，让登山者脱水并难以呼吸。

清晨是攀登火山的最好时间，因为你看到清晰风景的概率更大，不过这也是所有人都上路的时间。

自从2007年4月喷发以后，福凯火山口建立了两条新的徒步路线。它们不通向多洛米厄火山口，而是通往富尔奈斯火山北部的一座小火山锥——**卡坡尔火山**（Piton Kapor；见246页地图；往返约3小时），以及位于福凯火山喷口西南部的**里瓦尔斯火山口**（Cratère Rivals；见246页地图；往返约4小时）。穆拉村的旅游局提供的宣传页上有这些路线。

为了领先其他人，许多人会在Gîte du Volcan（见247页）过夜，破晓时出发，所以有必要提前预订好住宿。

尔的贯穿全岛的公路上。每个方向每天都有3趟长途汽车。更多信息见www.carjaune.re。

圣皮埃尔（ST-PIERRE）

人口：82,400

如果你在进入盆地地区之前（或之后）想放松娱乐一下，那你算来对地方了。圣皮埃尔拥有留尼汪岛其他地方没有的活力，特别是在周末。它并不是哈瓦那（Havana），不过这座充满生气、活跃又温厚的城市知道生活中到底什么才是真正重要的——玩得开心。

如果说圣但尼是留尼汪的行政和商业中心，那么迷人的圣皮埃尔就是它跳动的心脏。沐浴在西南部的清澈阳光下，“南部之都”的感觉与北方的首府完全不同。与更加世界化同时又相当保守的圣但尼相比，它更多地保留了克里奥尔风格。

景点

紧凑而鲜艳的圣皮埃尔可以轻松地用一天时间步行游览。在镇中心，你会发现一些殖民时期建筑和宗教建筑。

圣泰尔海滩 海滩

（Plage de Terre Sainte；Terre Sainte）这个令人感到亲切的小海滩位于圣泰尔，这里游客

St-Pierre 圣皮埃尔

不多。非常适合日光浴。

圣皮埃尔海滩　　海滩

（Plage de St-Pierre；见250页地图）圣皮埃尔主要旅游景点之一就是它的海滩，一片绝佳的浅色沙滩，碧绿海水轻柔拂过。不过这里受盛行风影响。不要离开安全区域。

主市场　　市场

（Main Market；见250页地图；Blvd Hubert-Delisle；⏲周六 7:00至正午）如果周六早上你在圣皮埃尔，记得来这个气氛活跃、生意兴隆的主市场转转。市场位于Blvd Hubert-Delisle西端的海岸附近，是当地生活的缩影。你会发现繁忙的农产品区、各种俗气小玩意和许多小吃摊。

圣约瑟夫·克卢尼修道院　　历史建筑

（Sœurs de Saint-Joseph de Cluny；见250页地图；Rue Marius et Ary Leblond）不要错过这个建于18世纪末的宏伟克里奥尔式宅邸。

中国寺庙　　佛教寺庙

（Chinese Temple；见250页地图；Rue Marius et Ary Leblond）如果你喜欢寺庙，这个不张扬但是颜色鲜亮的建筑值得欣赏一番。

泰米尔寺庙　　印度教寺庙

（Tamil Temple；Shri Mahabadra Karli；Ravine Blanche）这个颜色鲜艳的泰米尔寺庙位于镇中心以西，值得一看。但游客禁止进入寺庙内部。

阿塔亚布尔·玛萨基德清真寺　　清真寺

（Attyaboul Massadjid Mosque；见250页地图；Rue François de Mahy；⏲9:00至正午和14:00~16:00）你会为圣皮埃尔清真寺的宏大规模感到震惊，它覆盖整个街区。细长的尖塔特别引人注目。开放时间允许游客入内（礼

St-Pierre 圣皮埃尔

景点

1 阿塔亚布尔·玛萨基德清真寺......B2
2 中国寺庙......C1
3 室内市场......B2
4 Entrepôt Kervéguen......D3
5 Hôtel de la Sous-Préfecture......D1
6 市政厅......C2
7 主市场......B3
8 Médiathèque Raphaël Barquisseau......B2
9 圣皮埃尔海滩......A4
10 圣约瑟夫·克卢尼修道院......B1
11 圣皮埃尔教堂......D1
12 圣泰尔......D3

活动、课程和团队游

13 Plongée Australe......B3

住宿

14 Alizé Plage......A3
15 Chez Papa Daya......C3
16 Hôtel Cap Sud......A3
17 La Morgabine......A2
18 Le Saint-Pierre......B2
19 L' Escale Touristique......C3
20 Lindsey Hotel......A2
21 Villa Delisle Hotel & Spa......B3

就餐

22 Ancre Terre et Mer......D3
23 Belo Horizonte......B3
24 Castel Glacier......C2
25 Est Bento......D2
26 Kaz Nature......B3
27 La Kaz à Léa......B1
28 La Lune dans le Caniveau......D3
29 Le Cap Méchant d' Abord......D3
30 Le DCP......C3
31 Les Délicatesses Casta......B2
32 Manciet......B1
33 O' Baya......D2
34 Restaurant des Bons Enfants......A1
35 Snack Galam Massala......C3

饮品和夜生活

36 Les Sal' Gosses......B3
37 Long Board Café......A3

娱乐

38 Le Toit......D2
39 Ti Coq Misik......A2

拜时间除外)。

朗姆传奇　博物馆

(La Saga du Rhum; 见258页地图; ☎0262 35 81 90; www.sagadurhum.fr; Chemin Fredeline; 成人/儿童 10/7欧元; ⊙10:00~17:00)那些想要了解朗姆酒的酿造过程的人应该来这座博物馆看一看,它位于Isautier庄园中——是留尼汪最古老的朗姆酒厂之一。距圣皮埃尔西北大约5公里(在去往Bois d' Olives的方向)。

圣皮埃尔教堂　教堂

(St-Pierre Church; 见250页地图; Rue Augustin Archambaud; ⊙8:00~17:00)圣皮埃尔教堂建于1765年,是圣皮埃尔许多建筑瑰宝之一,拥有一个雅致的列柱廊和两个塔楼。

Hôtel de la Sous-Préfecture　历史建筑

(见250页地图; Rue Augustin Archambaud)新古典主义风格的Hôtel de la Sous-Préfecture是一个位于镇中心以东的精致地标,值得前来膜拜。

Médiathèque Raphaël Barquisseau　历史建筑

(见250页地图; Rue des Bons Enfants)这个巧妙修复的建筑建于法国东印度公司兴盛时期。

Entrepôt Kervéguen　历史建筑

(见250页地图; Rue du Four à Chaux)不要错过这个宏伟建筑,它位于Rue du Four à Chaux的东端。Entrepôt Kervéguen曾被法国东印度公司用作仓库。

市政厅　历史建筑

(Hôtel de Ville; 见250页地图; Place de la Mairie)市政厅属于圣皮埃尔最为壮观的历史建筑之列。18世纪期间,这里起初是法国东印度公司的咖啡仓库。

圣泰尔　景区

(Terre Sainte; 见250页地图)这个奇特的街区值得一游。它位于市中心东边,虽然已经不再是传统的渔村,但该区域仍然保留着自己独特的美丽,特别是海岸沿线,在那里可以看到玩多米诺的渔夫。

值得一游

贝步尔-贝鲁夫森林（FORÊT DE BÉBOUR-BÉLOUVE）

宏伟的贝步尔-贝鲁夫森林绝对是必看的景点，简直可以作为新版《侏罗纪公园》的外景地，有茂密的罗望子树、巨大的蕨类植物以及苔藓。它位于帕尔米斯特平原的西北，可以通过一条森林道路抵达。这条路从帕尔米斯特平原西南的Petite Plaine开始，延伸20公里，终点位于莎拉齐盆地上方一处断崖。

活动

贝步尔-贝鲁夫森林是一个很受欢迎的步行区域，拥有由各种难度级别的步行路线组成的网络。帕尔米斯特平原的旅游局有关于森林步行的宣传页。

Sentier du Trou de Fer（见224页地图）全程3.5公里，相对轻松，通向一个观景台，在那里你会看到一个被称为铁洞（Trou de Fer）的马蹄铁形瀑布，它被认为是留尼汪最壮观的自然景观之一，曾出现在许多书籍的封面上。路线从Gîte de Bélouve开始。往返大约4小时。

Sentier de la Tamarineraie（见224页地图）从Gîte de Bélouve出发，这条1.5小时的环线将会带你穿越无与伦比的罗望子森林。沿途可以欣赏绝佳的盆地景色。

Tour du Piton Bébour（见224页地图）这条1.25小时的轻松徒步是一个围绕一个小山的环线，蜿蜒穿过柳杉森林。

Sentier Botanique de la Petite Plaine（见224页地图；Forêt de Bébour-Bélouve）一条45分钟的环路，沿途有关于植物的科普嵌板。

食宿

Gîte de Bélouve（见224页地图；☎0692 85 93 07；铺16~18欧元，双带公共卫生间 42~45欧元，早餐/午餐/晚餐 6/12/19欧元；⏲餐厅 周四至周二 12:30~14:00，晚餐 19:00，2月午餐时段歇业）位于穿越广袤贝步尔-贝鲁夫森林的森林道路的尽头，距离帕尔米斯特平原大约25公里。这个小屋（自炊住宿）就像海市蜃楼一般。想象一下：一座巧妙的建筑，位于俯瞰莎拉齐盆地的断崖上。住所都是6~12卧宿舍。还有两个温馨的双人间。餐饭丰盛，连就餐区都质朴迷人。

如想游览森林，这里是个最佳落脚点——徒步小径纵横交错——可走去铁洞观景台（往返大约4小时）。如果驾车，必须注意，车辆只可行至小屋（那有一个门）前400米的停车场。意思就是，你必须徒步走完最后一段。只收现金。

到达和离开

没有公共交通工具通往贝步尔-贝鲁夫森林。驾车沿着D55从帕尔米斯特平原直至Petite Plaine，然后踏上面前的森林道路到达停车场，距离Gîte de Bélouve还有400米。从帕尔米斯特平原出发，大约25公里车程。

室内市场 市场

（Covered Market；见250页地图；Rue Victor le Vigoureux；⏲周一至周六 8:00~18:00）如果你在寻找新鲜的水果、蔬菜、当地香料和香草、旋叶松（vacoa）做的袋子以及常见的马达加斯加手工艺品的话，这个小型室内市场就是你应该来的地方，它位于一栋1856年的金属建筑中。

活动

在圣皮埃尔和Grand Bois之间有很棒的潜水之处。

Demhotel 潜水

（见258页地图）Grand Bois附近一个迷人的潜水地点，沿着弧形高地分布，有许多凸出的玄武岩地带和拱状地形。鱼类繁多。

Les Ancres & Le Tombant aux Ancres 潜水

（见258页地图）一处有坡度的礁石地带，长满健康的珊瑚丛。也能看到一些零散分布于礁石之间的旧锚。

Plongée Australe 潜水

（见250页地图；☎0692 14 01 76；www.plongeeaustrale.com；Harbour；潜水体验/单次潜水 60/52欧元；⊙8:00~17:00）这家低调的潜水机构专门组织小型团队游，并提供较为私密的水下探险活动。5次/10次潜水套餐费用235/470欧元。

节日

Sakifo 音乐

（www.sakifo.com；⊙6月）作为留尼汪的活动日历上的亮点之一，Sakifo是一个盛大的音乐节，音乐风格十分多样，可能包括玛洛亚、萨尔萨舞曲、蓝调和非洲音乐。6月初举行，地点是圣皮埃尔。

住宿

圣皮埃尔拥有各种酒店和民宿，适合各个层次消费。多数集中位于海滨沿线。在周末提前预约是必须的。如需长期入住，旅游局可以提供自炊公寓的名单。

Hôtel Cap Sud 酒店 €

（见250页地图；☎0262 25 75 64；www.hotel-capsud-reunion.com；6 Rue Caumont；双/标三 50/70欧元；❄📶）你可能不会爱上这个朴实无华的海边建筑，但是它的内部要比外观出色很多。16个客房焕然一新，楼上一些客房能够欣赏绝佳海景。价格合理、位置便捷。有街面停车位。没有电梯。

Chez Papa Daya 青年旅舍 €

（见250页地图；☎0692 12 20 12，0262 25 64 87；www.chezpapadaya.com；27 Rue du Four à Chaux；标单30欧元，带公共卫生间 25欧元，双 40欧元，带公共卫生间 30~35欧元，四 65欧元；P❄📶）Papa Daya由和蔼可亲的罗杰（Roger）经营，是一个令旅行者感到亲切的可靠住所，有20个简朴且非常干净的房间，大小形状各异。缺乏特色，但是位置理想，距离海边很近，附近还有商店、餐馆、酒吧和夜店。可以停车，但只有6个车位。设施包括一个小厨房（只有早餐）。

L' Escale Touristique 青年旅舍 €

（见250页地图；☎0692 60 58 58，0262 35 20 95；www.hotelescaletouristique.com；14 Rue Désiré Barquisseau；标单带公共卫生间 30欧元，双 40欧元，带公共卫生间 30~35欧元；P❄📶）这是圣皮埃尔最像青年旅舍的一个住所，经营良好，房间一尘不染，靠近海滩、位置很好。12间客房（总共15间）带有空调；比较便宜的客房只有电风扇。额外的好处是有私人停车场、公用厨房和洗衣房。如果住宿两晚或以上，价格优惠5欧元。

要求入住101号、102号或103号房间，带有阳台。配备专用设施的客房提供毛巾。

La Plantation Côté Lagon 民宿 €€

（☎0693 92 53 01，0262 45 63 28；www.la-plantation.re；79 Rue AmiralLacaze，Terre Sainte；双含早餐 98~140欧元；❄📶🏊）La Plantation具有什么优势？位于圣泰尔街区小海滩的路对面，地理位置绝佳。5间客房，采用灰白、灰褐和巧克力色装修，透露着清新的时尚气息。但是不能欣赏海景。意外惊喜就是微型泳池。

疯子们的留尼汪

如果你想燃烧掉在留尼汪的美食餐厅里得到的多余脂肪，这里有一个选择：参加格兰瑞德（Grand Raid），即世界上难度最大的越野赛之一。它在每年10月举办，比赛路线贯穿全岛，从圣皮埃尔至圣但尼，途经马法特和锡拉奥盆地以及卡夫尔平原一些地区。

就算是在平地上，全程大约165公里的格兰瑞德越野赛也已经很具挑战性了，而选手们还要应对累计10,000米的海拔变化，所以这场赛事又被称为“疯子们的越野赛”（La Diagonale des Fous）！佼佼者可以在22小时或更短的时间内完成比赛，不过留给竞争者的时间足足有64小时。

对你来说太困难了？试一试比较“容易”的Trail de Bourbon吧！它从锡拉奥出发，历程93公里；或者试试从莎拉齐盆地的大岛出发、总长67公里的Mascarei-gnes。

更多信息，联系Association Grand Raid（www.grandraid-reunion.com）。

附带的早餐堪称镇上首屈一指，就餐地点位于一个凉风习习、俯瞰海滩的露台。一个劣势：没有专用停车位。

La Morgabine 民宿 €€

（见250页地图；☎0692 17 88 00；www.lamorgabine.com；21 Rue Caumont；双 80~130欧元；⏲5月至9月歇业；❄📶🏊）这家精品民宿位于镇中心以西，感觉就像温暖、舒适的小窝。提供两个极度舒适的客房，设计别致风雅，采用灰褐、米黄和白色色调。游泳池位于一个迷人的花园。其他设施包括一个极可意水流按摩浴缸和一个设施齐全的公共厨房。早餐10欧元起。设有街面停车位。只收现金。

Le Saint-Pierre 酒店 €€

（见250页地图；☎0262 61 16 11；www.hotellesaintpierre.fr；51 Ave des Indes；双 109~129欧元；P❄📶🏊）Le Saint-Pierre距离室内市场和海滨一箭之地，提供新潮时髦的客房，色彩阳刚（都是灰白和灰褐色），带有阳台，配备超级舒适的床铺和淋浴间。注意：212号客房拥有两个绝佳露台。设施包括一个酒吧兼餐厅和一个小型泳池。房价经常打折；登录网站或者致电接待处了解情况。

Lindsey Hotel 酒店 €€

（见250页地图；☎0262 24 60 11；www.lindsey-hotel-reunion.fr；21b Rue François Isautier；双 98~120欧元；P❄📶🏊）藏身室内市场附近的一个小巷之内，这个小巧玲珑的三星级酒店位于一栋宽大克里奥尔式大楼之内，前往圣皮埃尔的所有旅游景点都非常方便。18间客房拥有现代化的家具，感觉清新舒适。7、12和14号客房最佳，带有阳台，能够欣赏城市景色。小游泳池锦上添花。早餐10欧元。

Villa Morgane 民宿 €€

（☎0262 25 82 77；www.villamorgane.re；334 Rue Amiral Lacaze，Terre Sainte；双 112~127欧元，套 178欧元；❄📶🏊）这家民宿位于圣泰尔街区的一条安静的街道上，其内部装饰繁复得无以复加，会让你眼花缭乱。9个主题房间和套间的设计和色调各不相同，分布两层。还有一个虽然小但布局良好的热带花园，客人们可以在其中的水池旁休闲放松。街面可以停车。

所有客房之中，Pompéi套间最为出色，拥有壁画和华丽的天花板，但是有点沉闷。不要入住Venise和Jacaranda房间，它们非常狭窄，最好入住Botticelli或Alexandra房间（127欧元），它们位于楼上，空间宽敞、光线充足，还有专用露台。除早餐（10~12欧元）外不提供用餐。

Alizé Plage 酒店 €€

（见250页地图；☎0970 35 3014；www.hotel-restaurant-alize-plage.fr；17bis Blvd Hubert-Delisle；双95~110欧元；❄📶）优点：正处于沙滩上，位置无可挑剔。缺点：紧邻主街道，交通高峰时期（以及晚上附近的食品车）的噪声很大。该酒店拥有15个房间，其中9间可以俯瞰沙滩。附带一间餐厅。不足之处？没有专用停车位。

★ **Villa Belle** 民宿 €€€

（☎0692 65 89 99；www.villabelle.e-monsite.com；45 Rue Rodier；标单160~210欧元，双170~230欧元，套300欧元；P❄📶🏊）这家非常别致的民宿位于一栋改造过的克里奥尔式宅邸中。Villa Belle就像是一个精致的庇护所，拥有简约的线条、柔和的色彩以及经过深思熟虑的装修风格。像其他地方一样，公用区域也体现出光线、木材和石材的良好配合。经过一天的跋涉后，你可以在游泳池中好好放松，舒缓压力。对同性恋友善。

可以根据客人的要求提供早餐（20~40欧元）和晚餐（65欧元）。如果住宿3晚或更久，价格可优惠15%。

Villa Delisle Hotel & Spa 赌场酒店 €€€

（见250页地图；☎0262 70 77 08；www.hotel-villadelisle.com；42 Blvd Hubert Delisle；标单 175~235欧元，双 190~250欧元，套 300~340欧元，含早餐；P❄📶🏊）这家现代酒店正好位于海滨，色彩明快、特色鲜明。客房并不奢华，但是比较时尚。Superior客房带有阳台。设施包括两个餐厅、一个小型水疗中心和一个游泳池。

就餐

许多优秀的克里奥尔、法国、意大利和亚洲风味餐厅让这座城市不仅拥有美景，也拥有美食；你会不想错过在这里的任何一餐。许多酒吧也兼作餐厅。

Les Délicatesses Casta 面包房 €

（见250页地图；☎0262 57 95 14；65 Rue des Bons Enfants；三明治 4欧元；⊙周一至周六 5:45~19:00，周日 至正午）一个就餐绝佳场所，美食包括早晨的酥皮点心、中午的三明治和健康的沙拉，以及下午的小吃。

Manciet 面包房 €

（见250页地图；☎0262 25 06 73；www.manciet-lucien-saint-pierre.fr；64 Rue Victor le Vigoureux；酥皮点心 0.9欧元起；⊙周二至周六 6:30~12:30和14:30~18:30，周日 至12:30）这家精品面包房提供制作完美的酥皮点心、蛋糕、馅饼和巧克力。还有面包和圆面包（macatias）。真的很棒。

Snack Galam Massala 印度菜 €

（见250页地图；☎0692 37 12 98；5 Rue du Four à Chaux；主菜 8~11欧元；⊙周二至周六 11:00~14:00）环境非常朴素，但这个家庭经营的餐馆提供非常可口的印度比尔亚尼菜以及其他美味印度菜肴，包括咖喱牛肉或咖喱鸡，并且因此深受赞誉。菜单简洁，每天更换。提供至少一种素食。

Castel Glacier 冰激凌、自助餐馆 €

（见250页地图；☎0262 22 96 56；www.facebook.com/castelglacier；38 Rue François de Mahy；冰激凌 2.50~5欧元，主菜 13~17欧元；⊙周一至周五 11:45~18:00，周六 正午至19:00，周日 15:15~21:00；📶）这家清真寺对面的冰激凌店让人垂涎三尺，分量十足和大约20种不同的口味是它的特色。午餐时间还提供小吃、精美沙拉和简餐。全天提供可丽饼。

Restaurant des Bons Enfants 克里奥尔菜 €

（见250页地图；☎0262 25 08 27；114 Rue des Bons Enfants；主菜 6~8欧元；⊙11:00~14:00和18:00~21:30）这个小餐馆位于一栋小型克里奥尔式房屋中，提供丰盛克里奥尔式特色菜，而且价格实惠。虽然这么说，但室内装修超级沉闷无趣——最好选择外带。

★Ancre Terre et Mer 新派法国菜 €€

（见250页地图；☎0262 27 57 52；www.facebook.com/ancreterreetmer；31 Rue AmiralLacaze；主菜 13~25欧元；⊙周二和周四至周六 正午至13:30和19:00~21:45）这个迷人的花园餐馆距离海滨很近（但是无景可赏），拥有一个温馨诱人的露台，提供美味可口的汉堡、鞑靼菜和意大利烩饭。当地美食家特别青睐Sud-Ouest汉堡，里面夹着鸭胸肉和鹅肝酱。饭后甜品？尝尝带有香草冰激凌的布朗尼。

★La Kaz à Léa 各国风味 €€

（见250页地图；☎0262 25 04 25；34 Rue François Isautier；主菜 15~25欧元，午餐套餐 15欧元；⊙周一至周六 正午至14:00和19:00~21:30；📶）圣皮埃尔再也找不到比这家更深受青睐的餐厅了。露台阴翳蔽日，餐厅温馨舒适。提供精美的克里奥尔、法国和亚洲风味菜品，还有令人垂涎欲滴的汉堡。甜品令人愉悦，尤其是采用木瓜制作的焦糖馅饼（tarte tatin）。只需15欧元就能享用含三道菜的午餐套餐。真是不错。

La Lune dans le Caniveau 法式小馆 €€

（见250页地图；☎0262 01 73 66；1bis Rue Auguste Babet；主菜 13~19欧元；⊙周一至周六 19:00~23:00；🖉）装修时髦，采用时尚法式小馆风格。这家本地的明星餐馆提供简单而有创意的菜品，令你大饱口福，而且花费不高。餐厅温馨，装修欢快，厨房制作精美的鱼类和肉类菜肴，还有一些素食菜品。

Belo Horizonte 法国菜 €€

（见250页地图；☎0262 22 31 95；10 Rue François de Mahy；主菜 10~13欧元；⊙周一至周六 正午至14:00，周四至周六 19:00~21:30）这家餐厅的装潢十分活泼，墙壁充斥着各种色彩与其他有趣的装饰——有些墙上悬挂着人字拖。在这里你可以享用沙拉、热气腾腾的水果馅饼、比萨、意大利面和每日特色菜。光影斑驳的露台花园很诱人。提供外卖。

Kaz Nature 自助餐馆 €€

（见250页地图；☎0262 25 30 86；www.facebook.com/kaznature；6 Rue François de Mahy；主菜 8~19欧元，午餐套餐 13~15欧元；⊙周一至周六 正午至14:30；📶）这家漂亮的现代餐馆很受上班族欢迎，你能在这里吃上实惠的一餐。餐馆可以快速地提供美味的卷饼、松脆的沙拉、入口即化的水果馅饼以及其他健康美食。

Le Cap Méchant d' Abord 自助餐 €€

（见250页地图；☎0262 91 71 99；11 Blvd Hubert-Delisle；主菜 10~18欧元，自助餐20~25欧元；⏰周二至周六 11:30~14:30和19:30~22:00，周日 11:30~15:00）这家大且繁忙的餐厅占据着令人羡慕的位置——面朝大海，它因为一样而且只因为这样东西而出名：超值的自助餐。同时烹制克里奥尔菜和中国菜，提供外卖。

★O' Baya 创意菜 €€€

（见250页地图；☎0262 59 66 94；www.facebook.com/Elara.et.Grego；7 Rue Auguste Babet；主菜 18~24欧元；⏰周二至周五 正午至13:30，周二至周六 19:00~21:30）吃腻了咖喱？那么快来这家注重内部设计的餐厅品尝创意菜吧。菜单非常丰富，大厨烹制多汁炖菜，采用极品食材。必尝食品包括牛柳和姜饼鱼排。还有各种甜食。就食物品质而言，价格非常合理。

Est Bento 亚洲菜 €€€

（见250页地图；☎0262 02 08 03；1ter Rue Auguste Babet；主菜 19~32欧元；⏰周一、周二、周四和周五 正午至14:00和19:30~21:30，周六 19:30~21:30）这家生意兴隆的餐馆可以满足那些渴望盒饭以及其他亚洲食物的人们。在此你可以开怀大吃其他地方少有的特色菜——在吃了太多咖喱和法国菜之后，简直是救星。日式装修和快捷服务真是锦上添花。

Le DCP 海鲜 €€€

（见250页地图；☎0262 32 21 71；38bis Blvd Hubert Delisle；主菜 19~26欧元；⏰正午至14:00和19:00~22:00）这个位于海滨的餐厅一直深受青睐，它的鱼类菜肴香脆可口，倍受好评。不过，没有户外餐座。

Flagrant Délice 创意菜 €€€

（☎0692 87 28 03；115 Rue François de Mahy；主菜 15~29欧元，午餐套餐 20欧元；⏰周二至周五 正午至13:30，周二至周六 19:30~21:30）这家位于私人别墅的时尚餐厅是一位美食家的试验室，有许多诱人且充满想象力的菜肴。好好享用菠萝酱猪里脊肉、奶油洋枪鱼排和醇美的葡萄酒吧。这里的环境也很吸引人——餐桌围绕着热带花园中的一个小水池。

🍷 饮品和夜生活

夜猫子们，欢呼吧：圣皮埃尔的派对久负盛名。这里有众多可以喝一杯的选择，从高雅的咖啡馆到热闹的海滨酒吧以及简陋的鸡尾酒店，应有尽有。最好的酒吧和夜店位于海滨。大多数提供酒水的地方也供应食物。

Les Sal' Gosses 酒吧

（见250页地图；☎0262 96 70 36；38 Blvd Hubert-Delisle；⏰10:30至午夜）这家位于海滨的小酒吧会举办当地乐队的演出，通常是在周三，完美融合了爵士乐、灵魂乐和朋克音乐。这里还有种类丰富的菜单（不过食物一般）、西班牙小吃和台球。

Long Board Café 酒吧

（见250页地图；☎0692 82 09 95；18 Petit Blvd de la Plage；⏰周二至周五 10:00至次日1:00，周六和周日 17:00至次日1:00）这家酒吧的环境很好，位于一栋克里奥尔式房屋中，附带一个朝向海滨的露台——是个一边欣赏夕阳一边小酌的好地方。在某些晚上提供现场娱乐和卡拉OK，通常在周五和周六晚上。

☆ 娱乐

Ti Coq Misik 现场音乐

（见250页地图；☎0262 01 71 25；53 Rue du Four à Chaux；⏰周二至周六 18:00至次日1:00）没有摇滚乐也没有节奏布鲁斯——这家很受欢迎的去处以其现场音乐的品质而著称，音乐包括玛洛亚（留尼汪传统舞蹈音乐）、萨尔萨舞曲和非洲音乐。同时提供食物。

Le Toit 现场音乐

（见250页地图；☎0262 35 55 53；16 Rue Auguste Babet；⏰周二至周六 18:00至午夜）光顾这里的大多数是来自法国本土的常客，这家热闹的酒吧周末顾客盈门。周四、周五和周六晚上，有现场乐队演出。物美价廉的啤酒和鸡尾酒是另外两个值得在此逗留的理由。食物就算了吧。

实用信息

旅游局（见250页地图；☎0820 220 202；www.sud.reunion.fr；Capitainerie，Blvd Hubert-Delisle；⊙周一至周六 8:00~18:00，周日 至正午）有说英语的工作人员，并提供有用的小册子和市区地图。你可以在这里预订山中小屋。这里还组织含英语导游的团队游。

到达和离开

飞机

毛里求斯航空公司和奥斯特拉尔航空公司每天都有航班在圣皮埃尔以西5公里远的**圣皮埃尔国际机场**（Saint-Pierre-Pierrefonds International Airport；见258页地图；☎0262 96 77 66；www.pierrefonds.aeroport.fr；St-Pierre）与毛里求斯之间往返。

奥斯特拉尔航空公司（☎0825 01 30 12；www.air-austral.com；6 Blvd Hubert-Delisle；⊙周一至周五 8:30~17:30，周六 至11:45）

毛里求斯航空公司（☎0262 94 83 83；www.airmauritius.com；7 Rue François de Mahy；⊙周一至周五 8:30~17:30）

长途汽车

圣皮埃尔是个重要的交通枢纽。**Car Jaune**（☎0810 12 39 74；www.carjaune.re）在市区西部设有一个**长途汽车站**（Rue Presbytère和Luc Lorion交叉路口）。来往圣但尼的长途汽车班次很多，路线沿着西海岸途经圣路易斯和圣吉尔-莱班（1.5小时，2欧元），如果是快车则直接取道塔马兰路线（ZO路线，1小时，5欧元）。每天还有三趟途经帕尔米斯特平原前往圣伯努瓦的班车（S2路线，2小时，2欧元），经过Manapany-les-Bains、圣约瑟夫（St-Joseph）和圣菲利普（St-Philippe）的南海岸路线也有同样次数的班车（S1路线，2.5小时，2欧元）。每天还有三趟长途汽车开往昂特尔德（S5路线）。如果前往锡拉奥，应在圣路易斯换车。

狂野南部（THE WILD SOUTH）

啊，狂野的南部！在这里，人们不慌不忙地生活，陪伴他们的是肥沃的火山山坡、间或出现的沙滩、冲刷着多岩石海岸线的波浪以及蜿蜒进入高原的乡村公路。无论是在风景还是在个性上，南海岸都是留尼汪岛真正展现野性之美的地方。一旦离开圣皮埃尔，你就能感受到温柔的光辉和与世隔绝之感。景色的变化在大布鲁尔（Grand Brûlé）达到顶峰，在那里，黑色熔岩地域分割了森林，有些地方甚至触及海洋。

圣皮埃尔至圣约瑟夫（St-Pierre to St-Joseph）

一路向西，经过南海岸的几个景色优美的地方，生活（以及旅行）也随之沉淀下来。一旦道路横穿过**Grand Bois**，并经过**大海湾**（Grande Anse）和**Manapany-les-Bains**继续沿着海岸蜿蜒前行，本就很少的城市生活就更是被抛在了后面。

如果你想探索高原地区，踏上前往**小岛**（Petite Île）的岔道。从小岛开始，一条风光秀丽的道路蜿蜒通往几个魅力十足的乡村。继续上山，直到同D3的交叉路口。如果左转，将会到达**蒙沃尔雷奥特**（Mont-Vert-les-Hauts），大约向西5公里（从那里有一条轻松的下山路线，途经Mont-Vert-les-Bas抵达海岸）；如果右拐，你会穿过**Manapany-les-Hauts**，然后抵达前往圣约瑟夫的**Les Lianes**。

景点和活动

大海湾海滩 海滩

（Plage de Grande Anse；Grande Anse）沙滩爱好者应该在大海湾海滩稍作停留，这里环绕着玄武岩悬崖，有一片白色沙滩、一个受保护的潮池以及野餐设施。在周末，沙滩上常常挤满了当地人。注意，在潮池以外游泳不安全，因为水流很不稳定。

走从RN2道路上分出去的D30，大约2公里后即可到达这片沙滩。

潮池 海滩

（Tide Pool；Manapany-les-Bains）在Manapany-les-Bains还有一个很棒的游泳地点。这里没有像样的沙滩（海岸很多岩石），不过有一个受保护的潮池，你可以在里面尽情嬉水。周末会很拥挤。

L' Écurie du Relais 骑马

（见258页地图；☎0262 56 78 67，0692

Southern Réunion 留尼汪南部

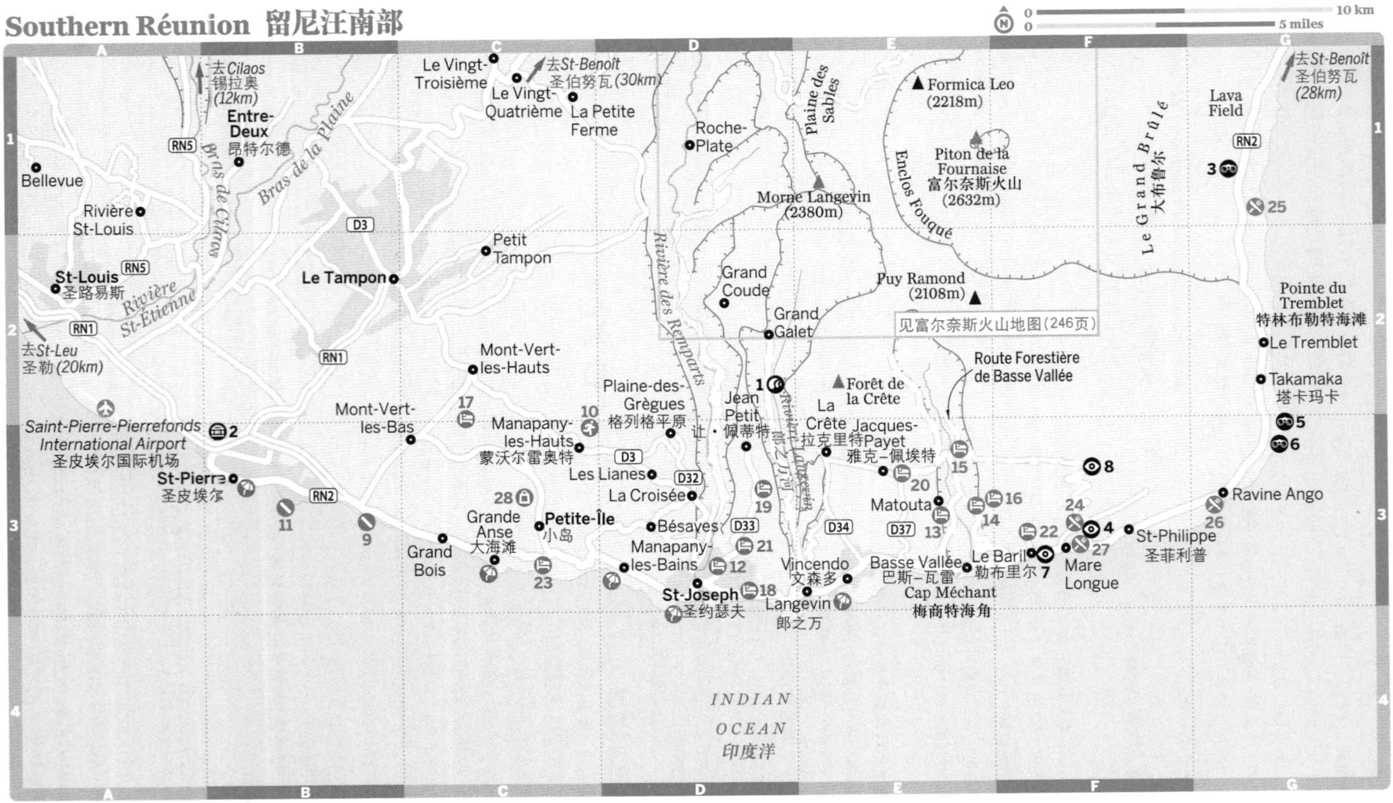

Southern Réunion 留尼汪南部

◎ 景点

1 大峡谷瀑布 D2
2 朗姆传奇 B3
3 大布鲁尔平台 G1
4 香水和香料公园 F3
5 德拉达布尔海滩 G3
6 阿拉伯井 G3
7 英国井 F3
8 长水潭植物园 F3

活动、课程和团队游

9 Demhotel B3
10 L' Écurie du Relais C3
11 Les Ancres & Le Tombant aux Ancres B3

住宿

12 A La Maison D3
13 Ferme-Auberge Desprairies E3
14 Ferme-Auberge Le Rond de Basse Vallée E3
15 Gîte de Montagne de Basse Vallée E3
16 Gîte de Yoleine et Théophane F3
17 La Bulle Verte C2
18 La Case D3
19 La Plantation D3
20 La Table des Randonneurs E3
21 L' Arpège Austral D3
22 Le Pinpin d' Amour F3
23 Vérémer C3

就餐

24 Auberge Paysanne Le Palmier F3
25 Le Vieux Port G1
26 Marmite du Pêcheur G3
27 Warren Hastings F3

购物

28 Maison de L' Abeille C3

00 42 98; www.ecuriedurelais.com; 75 Chemin LéopoldLebon, Manapany-les-Hauts; 1小时/全天20/115欧元; ⊙周二至周日，提前预约）即使你并不是个有经验的骑手，在马鞍上游览也是体验该地区美景的有趣方式。这家成立已久的马术中心可以安排高原地区的导览游，以及去往大海湾的一日游。2小时的骑行（36欧元）能将你带到高原中人迹罕至的地方，在那里可以欣赏格列格平原（Plaine-des-Grègues）让人瞠目结舌的美景。

节日

大蒜节　美食节

（Fête de l' Ail; Festival of Garlic; ⊙10月）乡村大蒜节，10月举行，地点就在小岛。

住宿

圣皮埃尔和圣约瑟夫之间的地区有各种各样住宿选择，包括两个酒店和数家不错的民宿。尽管道路两侧有一些标志，但许多地方仍然很难找。在网站（如果有的话）上确认位置或者提前打电话。当然，你要是能说几个表示方向的法语单词会很有帮助。

如想犒劳一下自己，那就选择Palm Hotel & Spa（见260页）。

★ La Cour Mont Vert　民宿 €

（☎0262 31 21 10; www.courmontvert.com; 18ter Chemin Roland Garros, Mont-Vert-les-Bas; 双含早餐 75欧元; P ）你的心会因为这片海滨美景而振奋不已，你的身体会因为这里的健康餐饭（27欧元）而恢复活力，你的灵魂会在与成片芒果树和荔枝树平齐的4个小巧可爱的克里奥尔式平房中找到安宁。来这里享受吧。如果你住宿五晚以上，价格可优惠至65欧元。

Gandalf Safari Camp　客栈 €

（☎0262 58 45 59, 0692 40 78 39; www.gandalfsafaricamp.de; 87 Blvd de l' Océan; Manapany-les-Bains; 标单 55欧元，双 60~65欧元，套 100欧元，含早餐; @）这家客栈的德国主人曾在非洲生活多年——于是为客栈起了这样一个名字。他们的民宿拥有5个独立设计的房间，主题包括克里奥尔、马达加斯加、阿拉伯、中国和印度。不过角落里隔出来的淋浴间显得有些局促。主人的英语说得很好。空调额外收费（5欧元）。连住两天房价可以再减5欧元。

马达加斯加主题客房，带有木制面具和其他赏心悦目小摆设，是最好的（空间最大）。克里奥尔主题客房最为便宜，但是卫生间在外面。还有一个较大套间。额外设备包括一个供客人使用的厨房和一个令人放松的花园，此外还可以组织四轮驱动车团队游（60欧元）。距离Manapany-les-Bains的潮池只有5分钟步程。只收现金。

L' Eau Forte

公寓 €

（0262 56 32 84；www.eau-forte.fr；137bis Blvd de L' Océan，Manapany-les-Bains；双 55欧元；）物美价廉！这家设施齐全、一尘不染的别墅非常适合自己做饭的人，它的位置非常好，位于Manapany的潮池上方一座翠绿的山坡上，可以俯瞰壮美的岩石海岸风景。不喜欢做饭？沿着道路向下走几步就能找到一家餐厅。没有起住天数限制，不过优先住一周的客人。只收现金，提前预订。

注意，大海波涛汹涌之时，海浪声会吵到店内的人。

Vérémer

民宿 €

（见258页地图；0262 31 65 10，0692 72 91 95；www.chambre-gite-veremer.com；40 Chemin Sylvain Vitry；Petite Île；双含早餐 50~63欧元，小屋双 60欧元；）Vérémer提供三间乏善可陈但是干净整洁的客房，在两座整洁的克里奥尔建筑中，栖身于一个打理得很好的热带花园里，景色宜人，还有一个游泳池，客人可以从早餐到晚餐期间使用（周日下午除外）。大海湾海滩距此3.5公里远。对同性恋友善。

稍贵的Mer客房空间较小，但是门朝花园和泳池，能够欣赏绝佳海景。La Cour和La Verte客房更加私密。这里还有一个迷人小屋，最少四晚起住。

Chez Maoul

民宿 €

（0262 56 82 26；www.chemaoul.re；6 Rue du Piton，Petite Île；双含早餐60欧元；）这家舒适自在的民宿拥有4个被木材覆盖的房间，它位于一个丛林般茂密的花园中，有一种林中木屋的感觉，不过亦有精致的创意感。楼上两间客房光线充足，Katimini客房个性十足，带有克里奥尔天花板、镶木地板和彩色绘画。不要入住Do-Myel客房，太过狭小。小小的游泳池是额外福利。

如果最少有6位客人，可以安排克里奥尔风味的套餐（15欧元/人）；食物很好且种类多样，有自家种植的蔬菜。

★ La Bulle Verte

民宿 €€

（见258页地图；0262 33 58 80，0692 87 94 90；www.labulleverte.re；91 Chemin Piton Filaos，Mont-Vert-les-Hauts；双含早餐 78欧元；）如果你正寻找一个时尚、隐蔽，又有气氛的住处，那就来到这个绿茵环抱的世外桃源（看看网站图片——没有经过PS）。三间温馨客房装潢各异，拥有大片的落地窗。我们的最爱是“Cabane”，带有五彩缤纷装饰元素、木梁和一个非凡的露台。

周四、周五和周六提供晚餐（30欧元）。对了，花园还有一个极可意水流按摩浴缸。

Soleil Couchant

酒店 €€

（0262 31 10 10；www.hotel-reunion-soleilcouchant.com；2 Chemin de L' Araucaria，Mont-Vert-les-Bas；双 68~90欧元；）这家小型综合酒店拥有三栋外形像俄罗斯方块的建筑，坐落在一片草地上。9个房间都很明亮整洁，但装潢简朴、缺少个性。真正吸引人的在于海景——宛如天堂，以及闪闪发光的（温水）游泳池。附带一家餐厅，但食物只能算说得过去。

能够欣赏全景的房间非常值得入住，尤其是1号和2号房间。

Palm Hotel & Spa

豪华酒店 €€€

（0262 56 30 30；www.palm.re；Grande Anse，Petite Île；双 240~330欧元，套 360~410欧元，度假屋 510~590欧元，含早餐；）如果你真的想进入狂野南部探索，说实话，那里只有这一家五星级度假酒店。它安静地坐落在一个俯瞰着蔚蓝大海的海角上，房间装修得很好，设计精良，但令人有些失望的是，只有3个度假屋面朝大海。从酒店出发，有一条陡峭的道路向下通往大海湾海滩。

设施包括两个泳池、一个豪华水疗中心和两个美食餐厅（非住店客人需预约）。

就餐

寻觅午餐，最佳地点就是大海湾海滩或Manapany-les-Bains附近的餐馆或者小吃店。至于晚餐，就在所住民宿或者酒店解决。

★Les Badamiers 克里奥尔菜 €

（☎0262 56 97 53；22 Chemin Neuf, Grande Anse, Petite Île；主菜 10~12欧元；⌚周一至周六 正午至13:30，周一、周二、周四和周五 19:00~20:30）这个家庭经营的餐厅得到了当地人的热情推荐，它位于一座私人房屋中，有美味的咖喱和超赞的自制甜点（嗯，木瓜肉桂焦糖苹果挞……）。菜品不多，所有的东西都非常新鲜，气氛非常欢乐，价格在当地算得上出人意料地实惠。锦上添花的是还有一个坐拥辽阔海景的露台。

它距离向下通往大海滩的道路起点大约100米。不接受信用卡。

Chez Jo 各国风味 €€

（☎0262 31 48 83；143 Blvd de L' Océan, Manapany-les-Bains；主菜 10~21欧元；⌚周一、周二、周四和周日 9:00~17:30，周五和周六 至21:00）这家热闹的餐厅俯瞰着Manapany-les-Bains的潮池，在这里的菜单上你总能找到自己心仪的食物。享用烤鱼和烤肉、沙拉或克里奥尔美食，或者只是要一杯精致的果汁（3~6欧元）。还有很好的三明治（3~5欧元）和外卖餐。

购物

Maison de L' Abeille 食品

（见258页地图；☎0262 56 95 03；68 Chemin Laguerre, Petite Île；⌚周三至周六 9:30至正午和13:30~17:00，周日 至正午）不是一个工艺品店而是一个养蜂场，Maison de L' Abeille出售天然产品，包括蜂蜜和姜饼。还有légume-slontan（传统蔬菜）。

Dekocéan 工艺品

（☎0692 04 05 25；www.dekocean.com；41 Rue Joseph Suacot, Petite Île；⌚周二至周六 10:00至正午和14:00~18:00）Isabelle Biton专业从事瓷绘艺术。她在盘、杯、碗上绘出留尼汪风格（克里奥尔情境、人、水果、鲜花和变色龙）的图案。

实用信息

旅游局（Maison du Tourisme du Sud Sauvage；☎0262 37 37 11；www.sud.reunion.fr；15 Allée du Four à Chaux, Manapany-les-Bains；⌚周一至周五 9:30至正午和13:00~17:30，周六 10:00~17:00；Wi-Fi）提供旅游手册和地图，还有免费Wi-Fi。同时可为游客预订山中小屋。位于通往潮池的道路旁。

到达和离开

Car Jaune在圣皮埃尔和圣伯努瓦之间运营的长途汽车（S1路线）途经大海湾和Manapany-les-Bains。更多信息见www.carjaune.re。

圣约瑟夫（St-Joseph）

人口：38,100

现代化的圣约瑟夫[如果你想和当地人打成一片，可以称其为“圣约”（St-Jo）]是狂野南部的中心，它并不会成为你在留尼汪岛旅游的首选目的地，但能提供一些有用的服务，包括超市和带自动柜员机的银行。虽然它也会流露出热带地区特有的懒洋洋的气息，但高峰时间的繁华商业街依然显示出这座城市的活力（以及压力）。

景点和活动

如果可以的话，在某个周五的上午待在圣约，那时街上摆满了做生意的摊位。

如果想鸟瞰圣约和海岸，你可以爬上巴贝火山（Piton Babet），这是一座位于主路和海之间的小山，所花的时间不会超过10分钟。

住宿

圣约地区的住宿选择很少，大多数游客喜欢住在高原地区或附近Manapany-les-Bains的民宿。

L' Arpège Austral 民宿 €

（见258页地图；☎0262 56 36 89，0692 70 74 12；http://arpegeaustral.minisite.fr；53 Rue des Prunes；标单/双含早餐50/55欧元；P Wi-Fi）这家民宿最好的一点是它离约瑟夫很近（2.5公里），同时又很安静。塞尔维（Sylvie）是这里的女主人，这里有两个采光很好、带倾斜天花板的房间。客房十分简朴但是功能完好。如果想要更多隐私，可以选择相邻的平房，那里带有专属小露台。这家民宿在通向格兰高德

(Grand Coude)的路上(沿着D33走)。

La Case 公寓 €

(见258页地图;☎0262 56 07 50;www.case.fr;2 Rue Jean Bart;双带公共卫生间37欧元,单间双 50~70欧元,四 75欧元;P ❄ 📶 🏊)这座氛围悠闲的公寓坐落于一座照料得很精心的花园中,如果不是位于主路上,它就像一片小小的绿洲。主体房屋中的3个房间明亮且通风,带有最简单的装修和普通实用的家具,公用卫生间。在这座公寓的后面,有5个维护良好、彼此相邻的单间公寓,面朝一个长方形水池。

还有一个更大套间,适合家庭居住。这里没什么气氛,不过是探索该地区的良好大本营,位于城镇的东部边缘。

★ A La Maison 民宿 €€

(见258页地图;☎0262 10 29 44,0692 25 33 20;www.alamaison974.com;105 Rue des Prunes;双含早餐 85欧元;P ❄ 📶 🏊)这个魅力十足的时髦房舍位于圣约瑟夫北郊,氛围轻松,宾至如归。两间住房面积不大,但是亮堂、通风、干净,带有精致卫生间。Payanke客房带有一个迷人的游廊,Soleil客房面对一个鲜花盛开的花园。泳池赏心悦目,令人想要畅游一番。

店主Rosemay无可挑剔,能令住客瞬间放松,提供丰盛早餐、帮助住客规划一天行程。一定要吃晚餐(25欧元);对于Rosemay而言,没有什么能比为客人准备可口餐饭更加令人开心了。

> **值得一游**
>
> **朗帕河流域**
>
> 如果你真的想远离所有的喧嚣,可以考虑朗帕河流域,它就位于圣约瑟夫正北边,是一个容易被忽视的壮美之地。这条河谷(南部最狂野的谷地之一)只能步行(或乘坐四轮驱动车)到达。经典的徒步路线需要沿着河向上走到北边大约18公里处的小村庄罗什-普拉特,然后继续向前,抵达通往富尔奈斯火山道路上的牛鼻(Nez de Bœuf)。从圣约瑟夫走到罗什-普拉特需要4小时,再走到牛鼻还需要4小时。
>
> 中途,你可以在罗什-普拉特住下。Gîte de la Rivière des Remparts – Morel Jacqueline(见263页)和Gîte Le Mahavel(见263页)都有干净的宿舍。这两处小屋都在雨季关闭,通常是12月中旬至次年4月末。提前预订很重要。
>
> 这两个住处(自炊住宿)都可以安排从圣约瑟夫出发的四轮驱动车接送(150欧元往返,最多12人),但我们并不推荐——欣赏河谷的最好方式是步行探索。

就餐

午餐时段,根本不缺就餐地点。但是如果碰巧在此吃晚餐,你会发现镇上灯火稀疏。不过,晚上一些小吃店和比萨餐馆继续营业。

Le Joséphin 面包房 €

(☎0262 37 14 20;6 Rue du Général de Gaulle;三明治和沙拉 3~6欧元;⏰周一至周六7:00~17:00)如果计划野餐,就来一趟这个令人垂涎欲滴的面包房,这里出售果味馅饼、酥皮点心、面包,还有三明治和沙拉。落座街边露台,能够观赏行人。

Le 4 Epices 克里奥尔菜 €

(☎0262 48 84 66;12 Rue du Général de Gaulle;主菜 5~9欧元;⏰周一至周六 11:30~13:30)店面小得可怜。勉强容纳几张餐桌,但是就午餐而言,这里附近你找不到更好的了。可以堂食或者打包带走。

到达和离开

圣约瑟夫位于Car Jaune运营的圣皮埃尔和圣伯努瓦之间的海滨长途汽车路线(S1路线)上。更多信息见www.carjaune.re。

圣约瑟夫周边(Around St-Joseph)

从圣约瑟夫出发,选择你最心动的路线,你可能会遇到村民无不相识的慵懒小村庄、笼罩在缥缈云朵中的青翠山脉、成片的甘蔗田、蜿蜒的道路以及让心跳加速的震撼全景。

风景如画的D3切进内陆,蜿蜒通向西

北方的Manapany-Les-Hauts。你会经过Bésaves和Les Lianes。你还可以开往格列格平原（Plaine-des-Grègues；沿着在La Croisée从D3分出来的D32），那是该地区海拔最高的村庄，坐落于群山环抱之中。这个村庄因种植姜黄和香根草出名，二者都用于制造香水。

景点

库尔库玛之家 博物馆

（Maison du Curcuma；☎0262 37 54 66；www.maisonducurcuma.fr；14 Rue du Rond, Plaine-des-Grègues；⌚9:00至正午和13:30～17:00）免费 这个小型博物馆位于一个别致克里奥尔式房屋之内，可帮游客更多了解姜黄和香根草的属性（和香味）。除了当地种植的香料，这里还出售可口的自制橘子酱和果酱。

节日和活动

藏红花节 美食节

（Fête du Safran；Festival of Saffron；⌚11月）藏红花节，11月举行，地点就在圣约瑟夫附近的格列格平原。

食宿

山地高处，住宿地点不多。多数游客住在圣约瑟夫、大海湾或小岛，驱车前往Bésaves和格列格平原。

这个地区没有餐馆，只有小型杂货店。如果想有更多选择，考虑驱车前往圣约瑟夫或小岛。

Chez Nathalie Hoareau 民宿 €

（☎0262 37 61 92；www.giterunsud.com；205 Rue Edmond Albius, Bésaves；标单 50欧元，双 55～60欧元，四 85欧元，含早餐；P 📶）这个好客的村庄民宿位于平缓起伏的圣约瑟夫高原（Hauts de St-Joseph），在这里你可以让生活返璞归真。有3个在后面的普通房间以及一个修剪整齐的花园。早餐由非常热情的娜塔莉（Nathalie）准备，有很多可口的自制果酱。遗憾的是这里不提供晚餐，所以你必须开车到7公里之外的圣约瑟夫。不接受信用卡。

较贵客房带有厨房设施。如果你住宿三晚或更久，价格可优惠5欧元。

Gîte Le Mahavel 小屋 €

（☎0692 20 76 52；Roche-Plate；铺含半餐42欧元；⌚12月中旬至次年4月 歇业）这个精心照料的小屋提供4～8卧宿舍，还有一个双人间。必须预订。

Gîte de la Rivière des Remparts – Morel Jacqueline 小屋 €

（☎0692 68 35 32；Roche-Plate；铺含半餐40欧元；⌚1月至3月 歇业）这个经营很好的小屋提供10～12卧宿舍。必须预订。

到达和离开

大约每隔一小时，就有长途汽车从圣约瑟夫汽车站开往Bésaves、Les Lianes和格列格平原。

圣约瑟夫至格兰高德（St-Joseph to Grand Coude）

格兰高德是一个仿佛不随时间改变的小村庄，坐落在一片海拔1300米的台地上，位置无与伦比，背后就是高耸的Morne Langevin（海拔2380米）。你会沉醉于这里宁静和悠闲的生活方式。

从约瑟夫出发，沿着狭窄的D33，穿过让·佩蒂特（Jean Petit），然后在崎岖的山峰和深谷中蜿蜒穿行。在小塞雷（Petit Serré）停车野餐，在那里，一道窄窄的山脊分开了两条河谷——你的右边是郎之万河谷，左边是朗帕河谷。有一处山脊只比道路本身宽一点点——你会感觉自己好像在刀锋上开车！

在D33的尽头，距离圣约瑟夫以北大约15公里的地方，格兰高德会像海市蜃楼一样浮现在眼前。

景点

劳丽娜之家 博物馆

（La Maison de Laurina；☎0692 68 78 72；www.lamaisondulaurina.fr；24 Chemin de la Croizure, Grand Coude；12欧元；⌚根据预约）嗜好咖啡的人应该前往劳丽娜之家考察一番，主人种植了一种顶级咖啡——尖身波旁（Bourbon Pointu）。门票有点儿贵，不过内容包括了游览种植园和品尝各种咖啡调味的美味食品（饼干、烈酒、朗姆酒）。它在格兰高德，和L' Eucalyptus民宿在同样的位置。

茶园迷宫 花园

（Le Labyrinthe En Champ Thé；☎0692 60 18 88；www.enchampthe.com；18 Rue Étienne Mussard, Grand Coude；成人/儿童 5.50/4.50欧元，导览游 8.50/4.50欧元；⊙周一至周六 9:00至正午和13:00~17:00，周日 9:00~17:00）茶园迷宫位于格兰高德的入口处，任何对热带植物（特别是茶树和天竺葵）感兴趣的人都应该在此逗留1小时。这个植物园是留尼汪唯一一处种茶的地方。一包50克的茶售价10欧元。你还可以购买糖浆、果胶和天竺葵精油。

食宿

住宿有限，只有D33沿线几家民宿。

通往格兰高德的道路沿线没有就餐地点。所以如果打算在此午餐，必须自备。如果住在民宿，可以点晚餐。

L' Eucalyptus - Chez Marie-Claude Grondin 民宿 €

（☎0692 68 78 72；24 Chemin de la Croizure, Grand Coude；标单/双含早餐 40/50欧元）这家整洁的民宿拥有绝对的安宁和平静。这里有一座很小的全木质平房，在一栋迷人的克里奥尔式建筑中还有两个简易的房间。在茂盛的花园中休息放松，咖啡和天竺葵的气味弥漫在空气中。晚餐提供很棒的克里奥尔饭菜（25欧元），你可以吃到自制甜点和花园中种植的蔬菜。

La Plantation 民宿 €€

（见258页地图；☎0693 92 53 01, 0262 45 63 28；www.la-plantation.re；124 Route de Jean Petit, Jean Petit；双 90~100欧元，套 115欧元，含早餐；P ❄ 📶 🏊）这家高端民宿藏身于甘蔗田中，有一个小游泳池、一个室外极可意水流按摩浴缸和一个可以欣赏海岸美景的茂盛热带花园。共有三个装饰各异的房间和一个较大的套间，都附带设计得很漂亮的卫生间。注意，只有一个房间能够欣赏海景。位于前往格兰高德的路上，距圣约瑟夫约5公里。

在一天即将结束的时候，一定要犒劳自己一顿丰盛的私房菜（25欧元）；美味的克里奥尔特色菜都是用当地食材制作的。主人Sabine会说英语、意大利语和德语。

Au Lapin d' Or 民宿 €€

（☎0692 70 09 18, 0262 56 66 48；rolande.sadehe@hotmail.fr；55bis Chemin Concession, Jean Petit；标单/双含早餐 63/75欧元；P 📶）你喜欢兔子吗？我们之所以这么问，是因为这家位于让·佩蒂特的小民宿（它的名字翻译过来就是"金兔"）的主人饲养兔子，这意味着你可以在晚餐（24欧元）的时候享用克里奥尔式兔肉。住宿管理得很好，3个房间色调明快，并且有超级干净的卫生间，但是卫生间没有合适的门，只有门帘。

不要错过这里的自制芳香朗姆酒（rhum tisane），在花园中的凉亭下享用最佳。

到达和离开

每天都有几趟长途汽车往返圣约瑟夫和格兰高德。但是自驾游览这个地区，将会方便得多。

圣约瑟夫至圣菲利普（St-Joseph to St-Philippe）

圣约瑟夫和圣菲利普之间的海岸非常迷人：海浪拍打冲刷着绵延不绝的岩石小湾和嶙峋的岩壁，背景是覆盖着浓密树林和成片甘蔗田的陡峭山坡，还有一片片黑沙滩点缀其间。

内陆的景色也同样壮观。丢掉你的地图，沿着蜿蜒曲折的二级道路向上行驶到高原并在令人陶醉的居住点之间穿行，沿途风景如画，你可以俯瞰大海和深深的峡谷。

郎之万河（Rivière Langevin）

在圣约瑟夫以东大约4公里处，你会抵达海滨城镇郎之万（Langevin）。从海岸开始，郎之万河谷蜿蜒伸入群山之中。做好心理准备：这条河谷在周日挤满了前来野餐的家庭。

景点和活动

如果你想凉快一下，河流沿线有许多天然水池可以畅游一番。我们最喜欢的包括努瓦尔火山口（Trou Noir，有路标）以及一个位于大峡谷瀑布之前大约300米处的水池（你绝不能错过它）。

郎之万河谷是理想的峡谷漂流点。你会

获得许多光滑的下坡、令人兴奋的跳水、短途游泳和充满乐趣的攀登经历，所有一切都是在如画般的风景下进行的——乐趣十足！

大峡谷瀑布 瀑布

（Cascade de la Grande Ravine；见258页地图）一条狭窄的道路沿着郎之万河宽阔的岩石河床延伸，通往大峡谷瀑布。那是一个宏伟壮观的瀑布，落入一个开阔的水池。在路边有一个观景台，距离该道路与海滨道路的交汇点大约9公里。

Aquasens 探险运动

（☎0692 20 09 03；www.aquasens.re；出游50~70欧元；⏲根据预约）这家专业探险机构组织沿着郎之万河进行的含导游的水路出游（包括徒步、滑行、游泳以及更刺激的跳跃或沿着光滑的水槽滑入天然水池），非常棒。出游持续1~4或5个小时，取决于具体路线。只要会游泳，所有年龄段的游客都可以参加。

住宿

郎之万河谷没有住宿地点。距离最近的酒店和民宿位于圣约瑟夫、Manapany-les-Bains、文森多（Vincendo）和勒布里尔（Le Baril）。

就餐

如果你没带食物的话，在河谷入口处的河流沿岸有一群便宜且气氛欢快的小饭馆。它们基本上大同小异，提供克里奥尔经典菜肴，可以堂食或带走。

Le Benjoin 克里奥尔菜 €

（☎0262 56 23 90；114 Route de la Passerelle；主菜 6~16欧元；⏲周六至周四 11:30~14:00）这家舒适的小饭馆是河流沿岸众多受欢迎的食肆之一。这个破破烂烂的地方带有一个不错的露台，可以落座其内品尝三明治、外卖咖喱（6欧元起）或啤酒，但是我们不建议堂吃，因为服务不尽如人意、食物就是普通克里奥尔食品。周日（9:00起）的茶舞（thédansant）很有名。

到达和离开

游览郎之万河谷，需要自驾汽车。注意，周末车位非常紧张——尽早前来。

文森多和高原 (Vincendo & Les Hauts)

在文森多，很少有游客知道RN2以南数公里有一片被旋叶松树包围的黑沙滩。那里禁止游泳，因为有些地方水流危险，不过这里是一个野餐的好地方。

回到村庄，沿着D34上山向北，会抵达一个叫拉克里特（La Crête）的小村庄。从那里开始，D37向正东方向通往另一个宁静的地方——雅克-佩埃特（Jacques-Payet），之后道路蜿蜒朝山下延伸，与海滨道路汇合。

食宿

这个地区没什么餐厅，大多民宿和小屋可以根据顾客需求提供餐食。

★Rougail Mangue 客栈 €

（☎0262 31 55 09；www.rougailmangue.com；12 Rue Marcel Pagnol, Vincendo；标单/双/标三/四 39/59/75/90欧元，平房 70欧元；P❄📶🏊）在路上看到它的时候，你可能想不到这家客栈是个出色的住宿地点。底层有一个精致的休息区、一个六人间宿舍、两个一尘不染的四人间和一个朝向花园的活泼的双人间。想要更多隐私的话，可以选择小巧玲珑的平房，能够欣赏极致海景。这里位于郎之万和文森多之间的主路上。

最吸引人的是闪亮的游泳池，大海是它的背景，还有室外极可意水流按摩浴缸（5欧元）。空调加收5欧元，平房除外。注意，平房的卫生间很小，只有一个帘子遮挡。早餐收费3欧元（丰盛的早午餐花费15欧元），在户外凉亭中享用最佳。还有一个厨房。需要预订。

Ferme-Auberge Desprairies 民宿 €

（见258页地图；☎0692 64 61 70，0262 37 20 27；www.ferme-auberge-desprairies.com；44 Route de Matouta, Matouta；双含早餐 45欧元；P📶）这家宁静的旅馆的最棒之处是通向它的道路，这条路穿行在甘蔗田中，距离海岸只有两三公里远。6个房间平凡无奇，但是干净整洁，而且考虑到这个位置的这个价位，没人会抱怨。1号、2号和3号客房能够欣赏海景。

主人还提供美味的自制饭菜（22欧元）。

沿着D37向东就能到达这里。

La Table des Randonneurs 小屋 €

（见258页地图；☎0692 61 73 47；17 Chemin des Barbadines, Jacques-Payet；铺/双含早餐 25/50欧元，平房 50欧元）这处小屋位于高高的山上。如果想节省开支，Hikers' Table比较符合要求。在一栋现代化房屋中设有两个双人间（其中一个配备专用设施）、一个四人间以及一个六人宿舍。客房朴实无华、非常实用、装修简单。还有一个能睡四个人的独立式平房。没有Wi-Fi。位于文森多东北大约7公里（沿着D37走）。

菜单上有各种当地特色美食（25~30欧元），如烟熏鸭配旋叶松（smoked duck with vacoa）和猪肉配棕榈芯。

La Médina du Sud 公寓 €€

（☎0692 61 07 56；bouali1@hotmail.com；23 Rue de la Marine, Vincendo；双2晚150欧元；P❄📶≋）除了店名，这家现代建筑没有一丝"médina"（麦地那）的痕迹。它位于通向沙滩的岔路上，3个公寓套房没有什么个性，但设施齐全、大小均等且非常实用，而且还有一个泳池。

Les Grands Monts 民宿 €€

（☎0692 17 53 42；www.facebook.com/Les-Grands-Monts；2A Impasse Sabine, Vincendo；双含早餐 125欧元；P❄📶≋）想在有点儿特别的地方过夜？那就直奔这个可爱的民宿吧。它位于一座石砌历史建筑中，有三个宽敞的房间，是由火山岩和硬木建造的。然而，两个房间中的开放式卫生间也许不是人人都喜欢。花园中的泳池令人觉得愉快。晚餐30欧元。它位于RN2以北大约300米的一条死胡同里。

到达和离开

Car Jaune在圣皮埃尔和圣伯努瓦之间运营的长途汽车（S1路线）经过文森多。更多信息见www.carjaune.re。如想前往高原，需要自驾汽车。

巴斯-瓦雷和梅商特海角（Basse-Vallée & Cap Méchant）

巴斯-瓦雷地区以生产篮子、袋子（称为bertels）、帽子和其他用旋叶松树枝制造的产品闻名。它还因其崎岖的海岸线而闻名，尤其是梅商特海角，这是南海岸最为壮丽的景观之一。

景点

梅商特海角（Cap Méchant） 自然景观

梅商特海角是南部风景最奇特的地点之一，拥有大片熔岩地、暴露在风中的黑色悬崖、成排的旋叶松树和规划好的野餐凉亭。从这个海角出发，沿着海岸悬崖还有一条很棒的海滨步行路线（带上结实的鞋子）。

住宿

梅商特海角附近有一些民宿，步行可达。Route Forestière de Basse Vallée沿线、大山深处，有一个民宿、两个小屋。如果想住酒店，就得前往大海湾、Mont-Vert-les-Bas或圣皮埃尔。

★ Gîte de Yoleine et Théophane 小屋 €

（见258页地图；☎0262 37 13 14, 0692 87 25 43；Route Forestière, Basse-Vallée；铺含半餐 48欧元，小屋双含半餐 120欧元）这家乡村住宿就是留尼汪南部的隐秘天堂之一。四周环绕森林和甘蔗地，是停车歇脚的好地方。位于山上，提供几个6卧宿舍，全都自带卫生间，还有一个小屋。晚餐时段，热情友好的房东将用最为新鲜的岛上食材招待住客。

来此有点麻烦；可以步行前来（大约30分钟），干爽的天气还可以驾车前来，从森林路线（Route Forestière；交叉路口设有路标，位于巴斯-瓦雷村上方5.5公里）出发，通过一段2公里的土路——感受顶级的"荒野南部"。

Ferme-Auberge Le Rond de Basse Vallée 旅馆 €

（见258页地图；☎0692 69 65 51；Route Forestière, Basse-Vallée；双含早餐 45欧元；P）这是一处与自然亲密接触的好地方，可以沿着森林路线来到此处。在一栋与周围环境非常和谐的克里奥尔式建筑中，有4个朴实无华、带有一尘不染卫生间的房间。餐厅就在路对面，提供本土风味的菜肴，包括当地特产旋叶松。丰盛的一餐花费25欧元。

Gîte de Montagne de Basse Vallée 小屋 €

（见258页地图；☎0262 37 36 25；Route Forestière, Basse-Vallée；铺 16~18欧元）这个简朴的山中小屋位于巴斯-瓦雷以北8公里、森林路线沿线。拥有4~8卧宿舍和一个公用厨房。预订客房必须通过预订中心(Centrale de Réservation; www.resa.reunion.fr)或者岛上任一旅游局。但如果房间有余，直接上门的住客也会允许入住。早餐6欧元，晚餐19欧元。

Chambre d'Hôte du Cap Méchant 民宿 €€

(☎0692 36 26 16, 0262 28 57 50; www.chambrecapmechant.com; 34 Rue Labourdonnais, Basse-Vallée; 双含早餐 70欧元; P❄📶≋)这家民宿距离梅商特海角不远，提供五个平房，围绕一个小型泳池分布。客房舒适，但是布局过于紧密，所以不要指望有太好的私密性。每个平房都有独特色彩韵律：荧光蓝、橙色、绿色。房主喜爱色彩。晚餐26欧元。

Coco Vanille 民宿 €€

(☎0262 93 18 76, 0692 94 51 12; www.coco-vanille.com; 68 Rue Labourdonnais, Basse-Vallée; 双含早餐 64~70欧元; 📶≋)这家氛围悠闲的民宿很实惠，拥有凉爽的房间和小卫生间、一些时髦的装饰，还有一个可以享用早餐的小露台。热带花园中的游泳池在炎热天气中是个恩赐。步行即可走到梅商特海角。晚餐20欧元。不接受信用卡。

就餐

梅商特海角拥有三家大型餐馆，还有许多野餐地点。

Le Pinpin 中国菜、克里奥尔菜 €€

(☎0262 37 04 19; Cap Méchant; 主菜 11~17欧元; ⊙周四至周二 11:30~14:00)包罗万象的菜单上总有一款菜式符合你的口味。深受家庭游客青睐。

L'Étoile de Mer 中国菜、克里奥尔菜 €€

(☎0262 37 04 60; Cap Méchant; 主菜 10~16欧元; ⊙11:30~14:00)食物是大众口味的中国菜、克里奥尔特色菜和法国经典菜肴的大杂烩。

Le Cap Méchant 中国菜、克里奥尔菜 €€

(☎0692 85 39 28; Cap Méchant; 主菜 10~22欧元; ⊙周二至周日 11:30~14:00) Le Cap Méchant在周末人满为患，但在工作日几乎空无一人。它提供很棒的咖喱、炒杂烩菜(chop sueys)和猪肉配棕榈芯(porc au palmiste)。

到达和离开

梅商特海角位于Car Jaune运营的从圣皮埃尔至圣伯努瓦的海滨长途汽车路线上。更多信息见www.carjaune.re。

勒布里尔 (Le Baril)

人口：2200

勒布里尔是圣菲利普之前的最后一个定居点。多数游客为了参观英国井而来，它们是这片海岸最为出色的景点之一。

景点

英国井 自然景观

(Puits des Anglais; 见258页地图; Le Baril)勒布里尔主要景点就是英国井，它是一个在玄武岩中建造的壮观的咸水池。周末人满为患，但在工作日你可以一个人享有整个地方。

住宿

勒布里尔没有酒店，只有几家气氛不错的民宿。

Le Pinpin d'Amour 民宿 €

(见258页地图; ☎0262 37 14 86; www.pinpindamour.com; 56 Chemin Paul Hoareau, Le Baril; 双含早餐 65~75欧元; P❄@📶)在这家富有创意的民宿住上一晚绝对可以作为回家后的谈资。这里的主人对旋叶松和pinpin(类似洋蓟的棕榈可食用果)特别有热情，意思就是，你必定能够在晚餐(27~30欧元)上品尝到它们。6个房间(可能有点儿小且昏暗)拥有淡彩的墙壁和光滑的地板。

价位较高的客房拥有一个小游廊，但是无景可赏。一个缺憾：便携式空调噪声有点大。它位于勒布里尔之上的甘蔗田中，距离海滨道路大约2公里远。住宿两晚或更久价格优惠10%。

★ **Le Four à Pain** 民宿 €€

(☎0692 36 61 55; huet-jean-marc@hotmail.fr; 63C RN2, Le Baril; 双含早餐 75欧元; P❄📶≋)简约、个性、热情使得Le Four à

Pain与众不同。客房位于两栋克里奥尔式村舍之内，清爽明亮，采用现代装饰，拥有专用入口。四周环境无与伦比，绿树成荫，遮蔽一个静谧怡人的热带花园。突出亮点就是赏心悦目的泳池——真是一天游览之后的绝佳放松地点。

不要错过美味晚餐（26欧元）；住客一定能够吃到棕榈芯沙拉——房主是南部地区一个烹制棕榈芯沙拉的大腕。靠近主路。

就餐

除了Warren Hastings，勒布里尔鲜有独立餐馆。最好是在入住的民宿就餐。

Le Ti Vacoa 克里奥尔菜、三明治 €

（☎0692 92 20 24；Le Puits des Anglais，RN2，Le Baril；主菜 4~8欧元；⊙周二至周六10:00~21:00）这个朴实无华的小饭馆位置再好不过了：它俯瞰着英国井的咸水湖。菜单上除了简单准备的克里奥尔主菜之外，还有让人胃口大开的精美沙拉，更不用提各种各样令人垂涎欲滴的三明治（2.5欧元起）。还有外卖。

Warren Hastings 克里奥尔菜 €€

（见258页地图；☎0692 52 03 82；103A RN2；主菜 12~16欧元；⊙11:00~14:00和18:30~21:00）这个生机勃勃的咖啡馆兼法式小馆位于主路之上，食物的品相和口味俱佳。提供新鲜烹制菜品，采用本地食材制作，还有美味可口的西班牙小吃。

★Auberge Paysanne Le Palmier 克里奥尔菜 €€€

（见258页地图；☎0692 69 03 48；21 Chemin Ceinture，Le Baril；套餐 27欧元；⊙周六至周四 11:30~13:00 根据预约）高原中安静的环境以及露台上美丽的风景——如果你在寻找原汁原味的克里奥尔体验，这个地方再好不过了。爱笑的主人从祖母那里继承了菜谱。在这里你可以享用别的地方难以找到的当地美食，如鸡肉配棕榈芯和木瓜蛋糕。

注意，它不是一家开放式餐厅，而是私家宅邸，只通过预约开放。主路上有路标指示。

到达和离开

Car Jaune在圣皮埃尔和圣伯努瓦之间运营的长途汽车（S1路线）经过勒布里尔。更多信息见www.carjaune.re。

圣菲利普（St-Philippe）

人口：5100

作为狂野南部的重要城镇之一（与圣约瑟夫一起），圣菲利普拥有平易近人的氛围。虽然这个友好的小镇没有让人震撼的景色，但它也藏着许多惊喜，它的位置非常适合探索海岸和高原地区。噢，圣菲利普还位于富尔奈斯火山附近。

素食主义者的福利：圣菲利普自封为旋叶松之都。这不是开玩笑——在8月为期10天的旋叶松节中，会有至少5000名旅行者前往圣菲利普与当地人一起庆祝。

景点

长水潭植物园 花园

（Sentier Botanique de Mare Longue；见258页地图；Chemin Forestier）这片原始森林有一种世界尽头的感觉，对那些追求安静的人来说有强烈的吸引力。从停车场开始，你可以沿着三条小路中的一条探索这片原始森林。长水潭植物园位于勒布里尔和圣菲利普之间的内陆地带，数公里之外就是香水和香料公园。

香水和香料公园 花园

（Le Jardin des Parfums et des Épices；见258页地图；☎0692 66 09 01；www.jardin-parfums-epices.com；7 Chemin Forestier；成人/儿童 6.10/3.05欧元；⊙团队游 10:30和14:30）在勒布里尔和圣菲利普之间的内陆地区，不要错过这座占地3公顷的香水和香料公园。它在圣菲利普以西3公里的长水潭森林中，拥有超过1500个物种。知识渊博且热情的导游会通过植物向你介绍留尼汪岛的历史、经济和文化；导游说法语。

渔港（Fishing Harbour） 港口

这座小小的渔港拥有众多色彩鲜艳的渔船，值得一看。

节日和活动

旋叶松节 展销会

（Fête du Vacoa；Festival of Vacoa；⊙8月）

旋叶松手工艺品节，举办地点就在圣菲利普。

住宿

圣菲利普拥有民宿和自炊住宿地点，这是游览南海岸和大布鲁尔的绝佳落脚点。一个五星级度假村将于2018年建成——拭目以待。

★Dan' n Tan Lontan　平房 €

（☎0262 47 71 06，0692 65 14 29；www.dantanlontan.com；19 Allée des Palmiers；双 54~70欧元；P ❄ 📶 🏊）这个令人心醉的地方能让你释放所有的压力，它位于一个精美绝伦的建筑之内，距离市中心5分钟步程。三个克里奥尔式屋舍设施齐全，美观大方、设计精妙、实用，能让你住得很舒服。来到花园放松、落座池边小憩或者前往阴影遮蔽的露台喝上一杯。毫无疑问，这是本区隐秘宝地之一。

Le Palmier　民宿 €

（☎0262 37 04 11，0692 02 85 71；nicolelepalmier@yahoo.fr；8 Rue de la Pompe；标单/双含早餐 46/52欧元；P ❄ 📶 🏊）这家友好的民宿位于圣菲利普东端的一条小车道上，这里也许不会让你兴奋，却是一个让人放心的选择。房间普通，有干净的瓷砖、小巧的卫生间以及色彩鲜艳的被褥。不要选择后面较大的那个房间，风景都被挡住了。如果住两晚以上，客人可以使用主人房屋前的游泳池。

Au Domaine du Vacoa　民宿 €€

（☎0262 37 03 12，0692 64 89 89；www.domaineduvacoa.fr；12 Chemin Vacoa；双含早餐70欧元；P ❄ 📶 🏊）这家民宿栖身于一座克里奥尔式小屋中，拥有两个相邻房间，房间色彩缤纷，有舒适的床垫以及一尘不染的卫生间。不过，Au Domaine du Vacoa的杀手锏是它坐拥无敌海景的小型无边泳池。在晚餐（26~28欧元）时间，可以享用鸭肉、旋叶松以及其他来自花园的蔬菜——当然，所有食材都是有机食品。

就餐

圣菲利普只有一家餐馆。所以，多数游客会在入住的民宿或小屋就餐。

Marmite du Pêcheur　海鲜 €€

（见258页地图；☎0262 37 01 01；18A RN2，Ravine Ango；主菜 15~30欧元，周日自助餐 25欧元；⏲周四至周二 正午至14:00）一口咖喱鸡（carri poulet）也咽不下去了？那就来这家主营海鲜的餐厅吧——螃蟹、虾、鱼和贝类，以渔人火锅（marmite du pêcheur，30欧元；一种海鲜炖菜）作为招牌。缺点：餐厅内部环境毫无魅力可言。紧邻主街道，位于圣菲利普东边。

La Bicyclette Gourmande　克里奥尔菜、中国菜 €€

（☎0693 93 71 93；43 Rue Leconte de Lisle；主菜 13~19欧元；⏲周三至周日11:30~14:00，周四至周日18:30~20:30）这家气氛悠闲的小饭馆位于一栋克里奥尔式房屋中，带有一个赏心悦目、可以俯瞰主街（不太安静）的露台。丰富的菜单，从克里奥尔经典菜肴到主流的中国菜和法国菜，足以取悦大多数人的口味。

到达和离开

往返圣伯努瓦（2欧元，1.25小时）和圣皮埃尔（2欧元，1小时）之间的S1路线长途汽车停靠圣菲利普的市政厅。更多信息见www.carjaune.re。

大布鲁尔（Le Grand Brûlé）

作为狂野南部最至高无上的景色，大布鲁尔贫瘠奇异的地貌是一片火山岩浆流动形成的6公里宽的火山平原。这里就是火山喷发时岩浆流过的地方。它上方陡峭的山坡称为Les Grandes Pentes，数千年来一直向海岸注入着岩浆。

景点

大布鲁尔充满自然景观，包括蔚为壮观的凝固熔岩流。

大布鲁尔平台　观景点

（Le Grand Brûlé Platform；见258页地图；RN2）2007年4月，一场有记录以来最猛烈的火山爆发在特林布勒特海滩（Pointe du Tremblet）以北大约2公里处，形成了又一股壮观的熔岩流。道路封闭了数月之久。在这片坚硬的纯黑色熔岩之中驾车行驶，月球般的荒凉地貌会给人一种原始感。这里禁止步行穿过熔岩流，不过在紧邻RN2的地方已经建起了一座观景平台。

德拉达布尔海滩 观景点

（Pointe de la Table；见258页地图；RN2）1986年，岩浆流经了大布鲁尔的南部，在阿拉伯井以北数百米的德拉达布尔海滩流入海洋。这次喷发为留尼汪岛增加了超过30公顷的面积，但450多人被迫撤离，有的甚至无家可归。在德拉达布尔海滩已经建立起了一条科普小道，并且成了一条美丽的徒步路线，途中脚下的海浪拍打着玄武岩悬崖。

阿拉伯井 观景点

（Puits Arabe；见258页地图）从圣菲利普出发向东，你首先会遇到阿拉伯井，这是一个在玄武岩中人工开凿出来的洞。这里是很受欢迎的野餐地点，成排的旋叶松之间散布着避雨的凉亭。

活动

留尼汪的旅行者们并不一定必须将自己的活动限制为探索火山的表面——在大布鲁尔，你可以在火山隧道（熔岩快速冷却硬化形成的细长管道）进行洞穴探险，并行走在火山下面。

洞穴探险和峡谷

许多机构组织大布鲁尔熔岩隧道导览游。这些隧道一般很高（而且顶部有一些开口，光影效果很好），但也得准备好时不时弯腰或侧身穿过狭小的空间。另外一个优点是它适合所有年龄段——带上孩子（8岁或者以上）！你需要的只是一双好的鞋子。提供手电筒和头盔。

价格为50~75欧元，具体取决于路线长度和所需时间。

Envergure Réunion 探险运动

（☎0693 43 23 52；www.canyon-speleo.re；出游 50~75欧元；⏲根据预约）一家经验丰富的旅游机构，组织留尼汪南部的峡谷漂流。还有穿越大布鲁尔熔岩隧道的导览游。

Speleo Canyon 探险运动

（☎0692 11 50 13；www.speleocanyon.re；出游 50~75欧元；⏲根据预约）Julien Dez是个获得认证的教练，具有十分丰富的留尼汪周边探险经验。他可以组织峡谷漂流、带队徒步以及穿越大布鲁尔熔岩隧道的导览游。

Rougail Rando 探险运动

（☎0692 92 14 34；1 RN2，Le Tremblet；出游50欧元起；⏲根据预约）Juanito擅长组织穿越大布鲁尔熔岩隧道的导览游。价格包含装备租赁费用。

食宿

大布鲁尔地区只有一个住宿点。你可以住在圣约瑟夫、圣菲利普或圣罗斯（Ste-Rose），然后参加一日游游览这个地区。

在圣菲利普和大布鲁尔之间的RN2沿线，最近已经出现了一些所谓的“餐厅”（实际上是私人住房改造的临时小饭馆）。

Le Crabe Sous la Varangue 民宿 €€

（☎0262 92 13 56；www.crabevarangue.canalblog.com；1 RN2，Le Tremblet；标单 65欧元，双75~80欧元，含早餐；🅿📶）这家奇特的民宿孤独地坐落于圣菲利普和大布鲁尔之间的主路上。主屋有两个独立装修的房间，它们拥有粉刷得很漂亮的混凝土地板以及鲜艳的墙壁，但是有点昏暗；而第三个房间在一栋舒适的克里奥尔式房屋中，拥有锃亮的镶木地板。没有空调，但是每个房间都有电风扇。晚餐（28欧元）只在周五和周六供应。主人组织前往大布鲁尔熔岩隧道的远足。

★Chez Moustache 克里奥尔菜 €€

（☎0692 33 27 03；9 RN2，Le Tremblet；主菜 10~15欧元；⏲周六至周一、周三和周四 11:30~14:30）这是一个家庭经营的餐馆，在一栋漂亮的克里奥尔式房屋中，还附带一个庭院花园。Chez Moustache以公道的价格提供原汁原味的克里奥尔式特色菜，餐点以岛上传统菜为主，在燃木的灶台上烹煮。菜单每天晚上都有变化，只包含4个或5个主菜，但越简单就越能保证新鲜。在2007年的熔岩流以南大约5公里处。

Le Vieux Port 克里奥尔菜、海鲜 €€

（见258页地图；☎0692 15 79 31；112RN2，Le Tremblet；主菜 11~19欧元；⏲11:30~14:30）作为一个好餐厅的样本，Le Vieux Port位置理想，坐落在2007年的熔岩流以南大约500米处的一个热带花园中。它专注于当地美食，但也有创新。当地人对克里奥尔式烟熏猪肋排

(rougail boucané)和美味的棕榈芯沙拉赞赏有加。提供外卖。周末最好提前预约。

这里丰富的鱼类菜肴是别处没有的，例如石斑鱼。只收现金。

购物

Escale Bleue Vanille 食品

(☎0262 37 03 99; www.escale-bleue.fr; 7 RN2, Le Tremblet; ⌚9:30~12:30和13:30~17:30)来到这个家庭经营的小店，可以学习到香草是如何加工的，还可以购买芬芳的香草荚。

到达和离开

大布鲁尔位于Car Jaune运营的往返圣皮埃尔和圣伯努瓦的海滨长途汽车路线(S1路线)上。更多信息见www.carjaune.re。

东部(THE EAST)

东海岸与西海岸截然不同，这里低调、含蓄、草木繁茂(是的，这里的降水量高多了)。虽然这里的海岸缺少西海岸的沙滩，但该地区壮观的瀑布和极好的野餐地点弥补了这一点。该地区的主要农产品是甘蔗，不过这里的香草种植园和果园也很出名。

这片沿岸地区还被认为是“别处”(other)，部分原因是因为它是留尼汪泰米尔文化的大本营。在这里你会发现一种独特的气氛，有大量的寺庙和缤纷多彩的宗教节日。对旅行者来说，这是发现你从来都想象不到的留尼汪的机会。

该地区的旅游业规模不大，没有明星景点。不过，这片留尼汪岛上较少有人涉足的部分还是值得花上几天来探索的，在这里你可以见识到留尼汪的另一面。

圣苏珊娜及周边(Ste-Suzanne & Around)

人口：20,500

海滨城镇圣苏珊娜常常被沿着海岸路过的游客一带而过，这实在是很可惜，因为该地区有许多迷人的地方等待探索和发现，包括美丽的圣苏珊娜河(Rivière Ste-Suzanne)，它既是户外运动爱好者的游乐场，又是日光浴和野餐的好地方。

景点

灯塔 灯塔

(Rue du Phare)这座挨着旅游局的小灯塔是岛上唯一的一座，值得一看。它修建于1845年，现在仍在使用。

乐园瀑布 瀑布

(Cascade Délices; 见272页地图; Quartier-Français)乐园瀑布位于Quartier-Français地区，是个很容易到达的瀑布。只有4米高，但是热带雨林般的环境吸引着自然爱好者，你可以进入凉爽的水中嬉戏。沿途没有路标。

尼亚加拉瀑布 瀑布

(Cascade Niagara; 见272页地图)离开教堂朝小镇南端有一条向内陆延伸的道路，路标上注明通往尼亚加拉瀑布。这是一座30米高的瀑布，位于圣苏珊娜河上。在道路尽头再走大约2公里，你就会看到它。周末这里是很受欢迎的野餐地点。

牛湖 瀑布

(Bassin Boeuf; 见272页地图)如果你需要凉快一下，牛湖瀑布在召唤你。这里有一连串迷人的天然水池，水池边镶嵌着石板，非常适合野餐和日光浴。值得花点时间前来。

从圣苏珊娜出发，沿着D51向Bagatelle的方向开大约7公里，直到你看见“Bassin Bœuf”的路牌。将车停在小停车场，然后沿着一条土路向下步行数分钟，来到圣苏珊娜河。想前往瀑布，需要穿过河流并沿着右侧的道路走大约5分钟。

香草坊 种植园

(La Vanilleraie; 见272页地图; ☎0262 23 07 26; www.lavanilleraie.com; Allé Chassagne, Domaine du Grand Hazier; 团队游成人/儿童5/3欧元; ⌚周一至周六 9:00至正午和13:30~17:00)格兰·哈希尔山庄(Domaine du Grand Hazier)是一座18世纪甘蔗种植商的豪华宅邸，位于圣苏珊娜西南3公里处，在这里你会发现香草坊。你能看到香草的制备和干燥过程，还可以购买香草荚。导览游出发时间：9:00、10:00、11:00、14:00、15:00和16:00。经理说英语。

Eastern Réunion 留尼汪东部

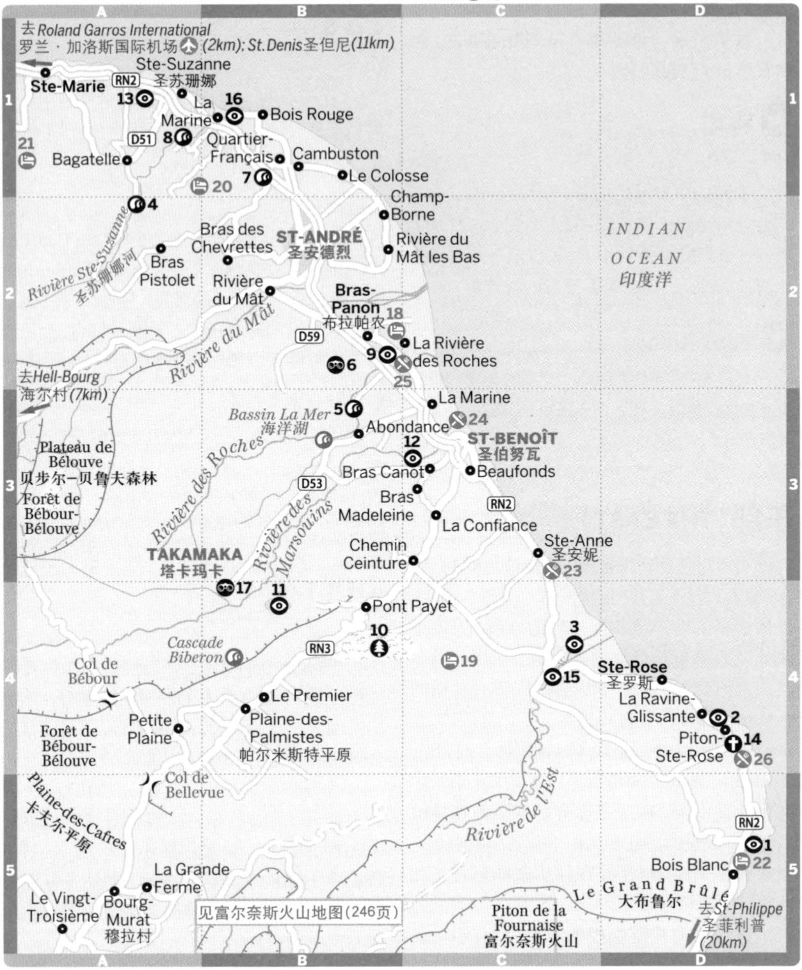

滨海教堂　　印度教寺庙

(Chapelle Front de Mer)滨海教堂是圣苏珊娜著名的宗教建筑，另外，城镇北边一片布满鹅卵石的沙滩上(没有标记)，还有一座华丽的泰米尔寺庙。

活动

Alpanes　　探险运动

(☎0692 77 75 30；www.alpanes.com；全日游 60欧元；⏰根据预约)壮观的圣苏珊娜河是在东部进行峡谷漂流的首选之地。你可以跃入天然水池，也可以攀岩。

Niagara Vertical　　探险运动

(见272页地图；☎0692 48 55 54；Cascade Niagara；成人 25欧元；⏰周六和周日，根据预约)如果你想从不同的角度欣赏尼亚加拉瀑布的话，这家机构有两条不同难度的铁索攀岩路线。欢迎16岁以上少年参加。

食宿

圣苏珊娜没有太多住宿可供选择。如果自驾，你可能更愿意住在圣但尼，然后进行圣

Eastern Réunion 留尼汪东部

景点

1 瀑布海湾 D5
2 阿尔达克里斯香蕉园 D4
3 蓝湖 C4
4 牛湖 A2
5 和平湖和海洋湖 B3
6 贝尔韦・代尔伊甸园 B2
7 乐园瀑布 B1
8 尼亚加拉瀑布 A1
9 香草产业联盟 B2
10 圣玛格丽特森林 B4
11 格朗湖 B4
12 伯利恒小岛 C3
13 香草坊 A1
14 沐浴圣母教堂 D4
15 英国桥 C4
16 布瓦柔制糖厂 B1
17 塔卡玛卡观景点 B4

活动、课程和团队游

Niagara Vertical .... (见8)
Oasis Eaux Vives .... (见12)
Run Aventures .... (见12)

住宿

18 Chez Éva Annibal B2
19 Diana Dea Lodge & Spa C4
La Passiflore .... (见9)
20 La Rond' Dada A1
21 La Villa des Cannes A1
22 Le Joyau des Laves D5

就餐

Chez Éva Annibal .... (见18)
23 Il Etait Une Fois dans l' Est C3
24 Le Beauvallon C3
Le Métis .... (见14)
25 Le Ti' Piment C2
Les Letchis .... (见12)
Restaurant des Cascades .... (见1)
26 Restaurant Le Corail D4

苏珊娜一日游。

圣苏珊娜的餐饮业，说好一点叫作“平淡无奇”，但是这里距离圣但尼的美食餐馆并不太远。

La Rond' Dada 平房 €

(见272页地图；☎0692 87 39 33；www.larondada.com；13 Chemin Rita Ah-Teng, Commune Carron；双 60欧元；P ❄ 📶)这个设计精巧、面积宽敞(41平方米)的平房位于主人房后，一个精心照料的热带花园之内。感觉就像一个温馨的玩偶之家，能够欣赏大片海岸景色。性价比高，适合自炊住客，亦是游览东部一个便捷落脚点。最少两晚起住。

小印度

如果你在一年中的某些特定时间正好停留在圣苏珊娜和圣安德烈周边，便会发现留尼汪岛非常奇异的一面：此时泰米尔社区会组织许多五彩缤纷的节日。如果你在附近，一定要加入这些当地节日。1月，不要错过泰米尔**渡火仪式**(fire-walking ceremony)，参与者会进入冥想状态，然后从火红的木炭上走过，以此作为对各种神灵的祭献。还会宰杀数千只山羊，并分发给参与者。另一个必须一看的是**扎针节**(Cavadee festival)，一般在1月或2月。在10月或11月，不要错过**排灯节**(Divali，同Dipavali)。舞者和经过装饰的花车从城镇中心穿行过去。节日都欢迎旅行者参加，具体日期联系圣安德烈的旅游局(见275页)。

Le Pharest 客栈 €

(☎0262 98 91 10；www.pharest-reunion.com；22 Rue Blanchet；标单 34~58欧元，双 52~62欧元，四 115欧元，含早餐；P ❄ 📶 🏊)这个紧凑的客栈位于灯塔附近，提供5间木质平房，位于一个生机勃勃的花园之内。客房确实年久失修、配备朴实无华的家具，但是干净整洁。突出亮点包括一个游泳池和一家餐厅(套餐17~38欧元)。出类拔萃之处当属令人愉悦的氛围，还有Nadège和Patrick的热情接待。

空调额外收费(4.50欧元)。如果入住三晚或者以上，可以选择设施齐全、空间宽敞(51平方米)的小屋，位于路对面(3晚240欧元)。

实用信息

旅游局(☎0262 52 13 54；www.lebeaupays.com；5 Rue du Phare；⏲周一和周六 9:00~12:30和13:30~17:00；📶)位于灯塔旁边，这里可以预订山中小

屋。提供免费Wi-Fi。

到达和离开

Car Jaune在圣但尼和圣伯努瓦之间运营的长途汽车（E1和E2路线）经停圣苏珊娜。往返圣安德烈和圣但尼之间的长途汽车（E4路线）也在圣苏珊娜停靠。长途汽车停靠市政厅和Quartier Français。更多信息见www.carjaune.re。

圣安德烈及周边（St-André & Around）

人口：56,600

圣安德烈是留尼汪岛泰米尔文化的中心，裹着鲜艳莎丽的妇女比佩戴时髦太阳镜并穿着新潮T恤衫的法国本土人还多。繁忙的街道让你感觉仿佛来到了印度的某个城市，到处都是咖喱饭店、莎丽商店和兜售小工艺品的小贩。你会感觉这里更像是孟买而不是巴黎。

该地区的泰米尔人口主要是1848年奴隶制废除之后，从印度来的在甘蔗田和工厂工作的契约包身工的后代。

景点

圣安德烈的印度氛围在城镇周边的印度教寺庙中更加强烈。

布瓦柔制糖厂 制糖厂

（Sucrerie de Bois-Rouge；见272页地图；☎0262 58 59 74；www.distilleriesavanna.com；2 Chemin Bois Rouge；导览游成人/儿童10/5欧元，制糖厂 7/3欧元；⏲7月至12月 周一至周五 9:00~18:30，周六 至16:30，1月至6月 周一至周六 9:00~16:00）布瓦柔制糖厂位于圣安德烈以北3公里的海岸上。在甘蔗的收获季节（7月至12月），游客们可以在这座巨大的高科技工厂参观从运输收获的甘蔗到最终让其结晶的整个过程。2小时的团队游还包括参观附近的酿酒厂，在那里，制糖厂的副产品（甘蔗汁和糖浆）被酿造成朗姆酒。1月至6月，你只能参观制糖厂。这里有一家商店名叫Tafia et Galabé，你可以在那里品尝（并购买）佳酿。

7岁以下儿童禁止进入制糖厂。

歌罗西寺 印度教寺庙

（Temple of Colosse；Route de Champ Borne）歌罗西寺是留尼汪目前最为引人注目的泰米尔寺庙。装饰非常鲜艳，非常适合拍照留影。因为并不对外开放，所以只能通过栏杆窥视其风采。

鲁洛夫香草种植园 种植园

（Plantation de Vanille Roulof；☎0692 10 87 15；www.lavanilledelareunion.com；470 Chemin Deschanets；导览游 4欧元；⏲周一至周六 9:00~16:00，导览游 周一至周六 11:00、14:00、15:00和16:00）如果你在寻找留尼汪的波本香草（Vanille Bourbon），那就来这个小型家庭经营的种植园，你可以用合理的价格购买香草荚（25克售价10欧元）。你还可以学习香草的人工授粉技术。

马丁·瓦里阿米宅邸 历史建筑

（Maison Martin Valliamé；1590 Chemin du Centre；导览游含小吃 8.50欧元；⏲周一至周五 9:00~12:30和13:30~17:00）马丁·瓦里阿米宅邸值得一看，它是一栋漂亮的殖民地别墅，修建于1925年，位于市中心东北部。10:00~16:00的每个整点，有说法语的导览游。

小集市寺 印度教寺庙

（Temple du Petit Bazar；Ave de l' Île de France）这个小型泰米尔寺庙距离市中心不远。

食宿

圣安德烈没有好的住宿，但是这里距离圣但尼只要不到半个小时路程，多数游客选择进行一日游。最近的住宿选择位于圣安妮（Ste-Anne）、布拉帕农（Bras-Panon）和圣苏珊娜。

Le Velli 克里奥尔菜 €€

（☎0262 46 03 38；www.restaurant-velli.com；336 Route de Champ Borne；主菜 16~25欧元；⏲周一至周六 11:30~14:30）来这家歌罗西寺附近的诱人餐馆度过一段美好时光，这里有享受精致生活的一切。提供地道克里奥尔美食，物美价美。

Le Beau Rivage 中国菜、克里奥尔菜 €€

（☎0262 46 08 66；873 Route de Champ-Borne；主菜 12~16欧元；⏲周二至周日 正午至13:45，周二、周三、周五和周六 19:00~21:00）Le

香草揭秘

香草最早是在1820年左右从墨西哥引入留尼汪的，但由于缺少为花朵授粉的墨西哥蜜蜂，香草不能结果，早期的栽培失败了。世界各地的奶冻爱好者应该庆幸的是，1841年，一名12岁的奴隶埃德蒙·阿尔比乌斯（Edmond Albius）在留尼汪发现了人工授粉的方法。当时香草在欧洲被视为珍宝，于是阿尔比乌斯的发现促进了一次经济繁荣，至少让法国的“香草大亨”们大赚了一笔。

不过，随着19世纪末人工合成香草（用煤制造）的发明，香草泡沫很快就破灭了。留尼汪的香草产业几乎全军覆没，但近些年对天然产品的需求导致该产业出现了一定程度的复兴。如今你可以在从圣苏珊娜向南至圣菲利普的森林中发现一些隐藏的香草“种植园”。

留尼汪生产的大部分香草都出口（可口可乐是世界上最大的买家），但香草仍然是当地菜肴偏爱的香料。它出现在各种类型的美食中，从蛋糕、酥皮糕点到咖啡、利口酒，甚至还有香草鸭和香草鸡。其中最棒的是浸泡了香草、口味微妙的调味朗姆酒（rhum arrangé，由朗姆酒、果汁、甘蔗糖浆以及各种香草和浆果混合而成的酒精饮料）。

Beau Rivage名副其实（意思是“美丽海岸”），拥有绝妙的位置——位于海滨，在Champ-Borne的教堂遗迹旁边。即便如此，但这个餐厅内部相当乏味；要一张靠窗的餐桌。食物主要是中国菜和克里奥尔菜。周日自助午餐（20欧元）很超值，深受留尼汪居民家庭青睐。

实用信息

旅游局（☎0262 46 16 16；www.est.reunion.fr；Maison Martin Valliamé, 1590 Chemin du Centre；⊙周一至周五 9:00~12:30和13:30~17:00；📶）提供许多旅游手册。向它咨询泰米尔节日的具体日期。

到达和离开

Car Jaune运营的从圣但尼开往圣伯努瓦的长途汽车途经圣安德烈（2.50欧元，50分钟）。如果你想乘坐长途汽车前往莎拉齐（1.80欧元，35分钟），你必须在这里换车，每天每个方向都有7趟班车（周日3趟）。更多信息见www.carjaune.re。

布拉帕农（Bras-Panon）

人口：12,300

布拉帕农是留尼汪的香草之都，大多数游客来这里都是为了看（还有闻！）香草加工厂。这个城镇还有一种稀有的美味，长得像鲱鱼，叫作“bichiques”。初夏（大约11月或12月），它们游到上游产卵，人们在Rivière des Roches的河口可以捕获它们。

景点

城内没有太多景点，但是能在郊区发现一些出色的自然景观。

和平湖和海洋湖 瀑布

（Bassin La Paix & Bassin La Mer；见272页地图）和平湖位于Rivière des Roches河谷，距离布拉帕农以西大约2.5公里（有路标）。从停车场开始，一条小路直接通向一个跌入大型岩池中的壮观瀑布。这里是一个理想的野餐地点。想要去更少有人涉足的地方，你可以向上游继续走到海洋湖，又是一个只能步行抵达的瀑布。小路起点位于停车场的尽头。这是一段40分钟的令人愉悦的（虽然暴晒且炎热）步行。你可以在瀑布底部的水池游泳凉快一下。

香草产业联盟 工厂

（Coopérative de Vanille Provanille；见272页地图；☎0262 51 70 12；www.provanille.fr；21 RN2；团队游成人/儿童5欧元/免费；⊙8:30至正午和13:30~17:00）这家香草加工厂通过45分钟导览游以及一部关于香草栽培历史的短片，向游客们展示留尼汪著名的波本香草的生产过程。你会在工厂商店里找到各种香草产品。

节日和活动

Fête des Bichiques 美食节

（Festival of Bichiques；⊙10月）乡村展销会，展示一种稀有的美味，长得像鲱鱼，叫作

bichiques。地点就在布拉帕农。

住宿

Chez Éva Annibal 旅馆 €

（见272页地图；☎0262 51 53 76；6 Chemin Rivière du Mât；双带公共卫生间含早餐 45欧元；P ❄ 📶）这个旅馆位于一栋现代房屋之内，拥有三间简单且干净整洁的客房，带有斜面天花板和公共设施，楼下有餐厅。价格实惠。

La Passiflore 民宿 €

（见272页地图；☎0262 51 74 68；www.lapassiflore.re；31 Rue des Baies-Roses；双含早餐 60欧元；❄ 📶 🏊）这家民宿位于主路附近，充满宁静的热带气氛，由一对去过许多地方的法国夫妇经营。3个小巧的房间有它们自己的入口，并且装饰着一些热带元素；不要选择主人房屋中的"Amis"房间（使用公共卫生间）。闲来无事时可以泡在闪闪发光的游泳池中或者在阳光灿烂的花园中晒太阳。空调额外收费（5欧元）。提供街面停车位。

就餐

布拉帕农没有太多餐馆，但是你能在市中心发现一些外卖餐点，出售克里奥尔食品。

★ **Chez Éva Annibal** 克里奥尔菜 €€

（见272页地图；☎0262 51 53 76；6 Chemin Rivière du Mât；晚餐 25欧元；⊙周一至周六 正午至13:00和19:00~20:00，周日 正午至13:00）Chez Éva Annibal堪称留尼汪餐饮代表。带着热切的期望和好胃口进入这家朴素但热闹的餐厅吧。这场盛宴包括朗姆酒、烤蔬菜（gratin de légumes）、咖喱鱼、鸭肉配香草以及蛋糕，所有一切都带着克里奥尔式的家常味道。遗憾的是，室内非常普通。

Le Ti' Piment 法国菜、克里奥尔菜 €€

（见272页地图；☎0262 23 46 79；www.facebook.com/letipiment；1bis Rue Roberto；主菜 13~21欧元；⊙周一至周六 11:30~14:00和19:00~21:00）Le Ti' Piment位于香草产业联盟东南400米，深受青睐，提供法国菜和克里奥尔菜，就餐环境欢快喜庆、令人愉悦，融合个性与创意。留意橄榄鸡、炖鹿肉和朗姆酒浸鸭胸肉。甜品异常美味。同时提供外卖。

圣伯努瓦及周边（St-Benoît & Around）

人口：36,500

甘蔗田、荔枝和芒果果园、水稻、香料、咖啡……作为重要的农业和渔业中心，圣伯努瓦周边的低矮山丘上铺满了一片片的深绿，就像一块块巨大的地毯。

除了一些令人印象深刻的宗教建筑之外——位于城镇边缘的一座清真寺、一座教堂和一座泰米尔寺庙，圣伯努瓦没有多少旅游景点。该地区最好的景致在别的地方。将你的注意力从海岸移开，转移到西边更凉爽的山脉深处和峡谷中。Rivière des Marsouins河谷特别令人愉悦，它有高悬的瀑布和繁茂的植被。毫无疑问，留尼汪最好的急流就在这里。

景点

格朗湖 湖泊

（Grand Étang；见272页地图）沿着通往帕尔米斯特平原的道路从圣伯努瓦向西南走大约12公里，就来到了通向格朗湖（意思是"大湖"）的3公里长的道路。这个可爱的野餐地点位于一道几乎垂直的山脊下，这道山脊将它和Rivière des Marsouins河谷分开。大多数人只是沿着一条清晰的小道围绕它走一圈。有的地方比较泥泞，不过从停车场走完全程也不会超过3个小时，包括顺便探访一座壮观

> **另辟蹊径**
>
> **贝尔韦·代尔伊甸园（BELVÉDÈRE DE L' EDEN）**
>
> 位于布拉帕农内陆的**贝尔韦·代尔伊甸园**（见272页地图）名副其实，是个休闲的好地方。从布拉帕农开始，沿着通往圣安德烈的道路前进，然后向左拐到D59（朝着Bellevue的文森多方向）开大约9公里（按照路标），来到一座停车场。从那里开始，沿着一条标记着"L' Eden"的小道前进。大约20分钟后，你会发现一个当地人希望你发现不了的隐秘野餐地点。这里的海岸景色无与伦比。

瀑布的旅程。

塔卡玛卡观景点 观景点

（Takamaka Viewpoint；见272页地图；D53）在圣伯努瓦北边，D53向西南延伸，上溯Rivière des Marsouins河15公里，结束于塔卡玛卡观景点旁边。准备好敬畏地双膝跪地吧：虽然观景点附近有一个小水电站，但狂野而原始的峡谷仍然扑面而来，垂直的峭壁笼罩着浓密的森林，一片深沉的绿色时不时被银色的瀑布水流打断。

圣玛格丽特森林 森林

（Forêt Ste-Marguerite；见272页地图；Ste-Marguerite；⏲周二至周日 9:00~16:00）想要彻底改变生活节奏和氛围，考虑一下在占地159公顷的圣玛格丽特森林保护区度过一段时间吧，它位于高高的山坡上。植物爱好者算是来对地方了，这里有超过150种本地植物。安静的森林中有数条步道可供人轻松漫步。

在RN3上朝着帕尔米斯特平原的方向走，直到你到达Chemin Ceinture的一个环岛，左侧有圣玛格丽特森林的路标。

活动

白水漂流

Rivière des Marsouins和Rivière des Roches两条河流能够为新手和经验丰富的漂流爱好者提供绝佳白水漂流体验。

Oasis Eaux Vives 漂流

（见272页地图；☎0692 00 16 23；www.oasisev.com；半天行程 45~50欧元；⏲根据预约）一个安全性高的漂流组织机构，经验非常丰富。组织半天漂流之旅，穿越Rivière des Marsouins和Rivière des Roches。

Run Aventures 漂流

（见272页地图；☎0262 64 08 22；www.runaventures.com；半天行程 50~60欧元）在Rivière des Marsouins和Rivière des Roches专门运营漂流之旅。

骑马

骑马既能让人沉浸在圣伯努瓦附近美轮美奂的景色之中，又对环境影响很小。

另辟蹊径

伯利恒小岛（ÎLET BETHLÉEM）

很少有游客听说过**伯利恒小岛**（见272页地图），这个充满魔力的地方位于Rivière des Marsouins河畔，当地人更愿意留给他们自己。从停车场步行15分钟即可到达，这里有一座老教堂（1858年）——如今依然是做礼拜的地方，以及掩映在茂盛植被下的野餐凉亭。这里还是一个很棒的游泳地点，有许多天然岩池。朝着塔卡玛卡（Takamaka）的方向走D53，大约1公里后左拐（有路标）。

遗憾的是，该地区有时会有垃圾。

格朗湖马术中心 骑马

（Ferme Équestre du Grand Étang；☎0262 50 90 03；riconourry@wanadoo.fr；RN3，Pont Payet；半天/一天 55/130欧元；⏲根据预约）格朗湖马术中心正位于格朗湖岔路之外，安排去往格朗湖的半日游和一日游，后者含午餐。还可以安排去往牛湖或Bras Canot（1或2天）的行程。和会说英语的法诺（Fanou）联系。

对于有经验的骑马者，这里还提供富尔奈斯火山地区的一日游路线，最值得一提的是前往遥远西边的萨布尔平原的行程（150欧元；马匹用厢式货车运输）。

食宿

圣伯努瓦本身没有住宿，但是附近海岸城镇却有许多民宿。

圣伯努瓦拥有一些餐厅，但是我们建议驱车向西几公里前往Bras Canot，那有几家餐馆，就在Rivière des Marsouins附近。

Longanis Lodge 别墅 €€

（☎0692 76 84 52；www.longanilodge.com；95 Chemin Harmonie，Abondance；度假屋双/四 110/150欧元；🅿📶）这家公寓拥有设计新颖的建筑和充满田园风格的环境，位于河边，在庞大的龙眼树的遮蔽下。宽敞的别墅可以住下6个人，所以很适合朋友或家庭出游的游客。附近没有餐厅，不过主人可以应要求准备饭菜（25欧元）。可以预订一晚或两晚，但是欢迎长期住宿。

它位于Abondance，距离圣伯努瓦大约5

公里（走通向塔卡玛卡的路）。

Le Beauvallon 海鲜、克里奥尔菜 €€

（见272页地图；☎0262 50 42 92；Rue du Stade Raymond-Arnoux, Rivière des Roches；主菜12~18欧元；⏲每天 11:30~14:30，周二至周六 18:30~21:00）Le Beauvallon在该地区家喻户晓，主要是因为它处于Rivière des Roches河口的位置以及季节性的美味咖喱bichiques（类似鲱鱼的食材）。令人遗憾的是，巨大的用餐空间既没有灵魂，也缺少个性。提供外卖（5~7欧元）。

Le Régal' Est 法国菜、海鲜 €€

（☎0262 97 04 31；9 Place Raymond Albius, St-Benoît；主菜 13~21欧元，套餐 16欧元；⏲周一至周六 11:30~13:30，周五和周六 19:00~20:30）这家迷人的餐厅位于一个室内市场的楼上，提供现代、充满创意的鱼类和肉类菜肴。不过不是所有的菜品都能令人满意。午餐套餐很实惠。

★Les Letchis 克里奥尔菜 €€€

（见272页地图；☎0692 66 55 36；www.lesletchis.com；42 Îlet Danclas, Bras Canot；主菜 20~30欧元，周末套餐 38欧元；⏲周三至周日 11:30~13:45）Les Letchis的位置绝佳，位于Rivière des Marsouins河畔一个茂盛的花园中。菜单是对克里奥尔经典美食和河鲜的致敬，特色菜包括咖喱bichiques和文火炖鸭子。如果你想探索一下新的口味，可以尝试咖喱淡水小对虾或咖喱鳗鱼。建议预订。

2016年初，这里新开了一个附属餐厅，叫作La Plantation；专营简餐和小吃。

到达和离开

从圣伯努瓦出发，一条风景优美的道路（RN3）穿过帕尔米斯特平原，直达岛上另一端的圣皮埃尔和圣路易斯。或者你也可以沿着海岸继续向南，经过圣安妮（Ste-Anne）、圣罗斯（Ste-Rose）、圣菲利普（St-Philippe）和圣约瑟夫（St-Joseph），再抵达圣皮埃尔（St-Pierre）。

圣伯努瓦是一个重要的交通枢纽。往返于圣但尼的长途汽车大约每半小时一趟（2欧元，1.25小时）。还有两条路线连接圣伯努瓦和圣皮埃尔：S2路线（2欧元，2小时）沿着RN3穿越帕尔米斯特平原；S1路线（2欧元，2.5小时）沿着海滨道路途经圣菲利普、圣约瑟夫和Manapany-les-Bains。更多信息见www.carjaune.re。

圣安妮（Ste-Anne）

人口：3800

圣安妮位于圣伯努瓦沿岸以南5公里处，是一座低调的小镇，拥有一座极具视觉冲击力的教堂。这里没有沙滩，不过要是你想游泳的话，倒是有一些迷人的岩池。

景点和活动

教堂 教堂

（Église；Place de l' Église）这座修建于1857年的教堂出人意料地华丽，它一定能让你眼花缭乱。建筑立面描绘着水果、鲜花和天使，整体效果与其说是雅致，倒不如说是艳丽，让人想起南美洲安第斯山脉中的"混血"建筑。

英国桥 桥梁

（Pont des Anglais；见272页地图）在圣安妮和圣罗斯之间是优雅的英国桥，它是一座高悬在Rivière de l' Est之上的吊桥，如今主要公路已经不从这里经过了，但它仍然向行人开放。当它在19世纪末建成时，据说是当时世界上最长的吊桥。

蓝湖 游泳

（Bassin Bleu；见272页地图）如果你需要凉快一下，没有比蓝湖更好的地方了，它有个"东方潟湖"的绰号，位于一条河的河口处，在小镇的南部边缘。这里是一个非常适合游泳的地点，有水晶般清澈的海水和大块卵石。翻身入水吧！注意：这里每到周末就人满为患。

食宿

这个地区的住宿选择很少。如想在游览东海岸时兼顾高品位，可以考虑入住Diana Dea Lodge & Spa，它被评为留尼汪氛围最好住宿地点之一。

想找一家普普通通的餐馆品尝普普通通的克里奥尔菜或中国菜？那就好，因为这是镇上唯一就餐选择。

★ Diana Dea Lodge & Spa 精品酒店 €€€

（见272页地图；☎0262 20 02 02；www.diana-dea-lodge.re；94 Chemin Helvetia，Cambourg，Ste-Anne；标单 215~315欧元，双 230~330欧元，含早餐；P❄📶🏊）在这样偏僻的地方碰到一家精品酒店是多么让人惊喜啊——Diana Dea Lodge位于圣安妮之上的高山中（有路标），在甘蔗田中蜿蜒穿行12公里才能到达。它的设计也非常出众，将木材和石头结合在一起。提前警告一下：你可能永远都不想离开。

额外福利包括一个温水游泳池、一个水疗馆、一个酒吧以及一家一流的餐厅（非住店客人需预约）——更不用提让人震撼的海滨美景了。这里的宁静会久久萦绕在你的脑海中。

Il Etait Une Fois dans l' Est 克里奥尔菜 €

（见272页地图；☎0692 64 60 11；133 RN2；主菜 6~11欧元；⊙周日至周五 11:30~14:30）这家主路旁的低调饭馆没有顶尖的新潮菜肴，但这里的每日特色菜都会经过完美的烹调。不要被主路旁的位置吓走，后面有一个带海景的安静餐厅。

L' Auberge Créole 中国菜、克里奥尔菜 €€

（☎0262 51 10 10；1 Chemin Case；主菜 9~28欧元，套餐 20~36欧元；⊙周二至周日 11:30~14:00，周二至周六 18:00~20:00）这家餐厅声誉很好，菜单上的菜品种类非常多，从克里奥尔美食和法国经典菜肴到比萨（限晚餐）以及中国特色菜，应有尽有而且价格实惠。遗憾的是，霓虹灯闪耀的内部用餐空间了无生气。将你点的食物带走，在蓝湖的旋叶松下享用吧。

ℹ 实用信息

旅游局（☎0262 47 05 09；www.est.reunion.fr；Place de l' Église；⊙周一至周六 9:00~12:30和13:30~17:00；📶）提供旅行手册，并可预订山中小屋。提供免费Wi-Fi。

ℹ 到达和离开

从圣伯努瓦开往圣皮埃尔的海滨长途汽车（S1路线）在圣安妮停靠。更多信息见www.carjaune.re。

圣罗斯及周边（Ste-Rose & Around）

人口：6800

在圣伯努瓦以南，随着道路进入富尔奈斯火山（经常有岩浆顺着山坡流下）周围的海岸地区，风景变得越来越开阔，人口也越来越稀疏。渔业小镇圣罗斯坐落在水湾La Marine的怀抱中。

在圣罗斯以南，从富尔奈斯火山上流下的第一道岩浆开始现身。在瀑布海湾之外，主路继续沿着海岸向南延伸，先上升然后下降，穿越了被称为大布鲁尔的6公里宽的火山平原。

👁 景点

在风景如画的**港口**，你会看到一座纪念年轻的英国指挥官科比特（Corbett）的**纪念碑**，他于1809年在一次将法国人从海岸击退的海战中丧生。

继续向南，你会到达**卡宴**（La Cayenne），这里有很棒的野餐区域，坐落在俯瞰大海的悬崖上，值得停留。

沐浴圣母教堂 教堂

（Notre Dame des Laves；见272页地图；Piton Ste-Rose）1977年的一次火山喷发形成的熔岩流从Piton Ste-Rose穿过，却在教堂前分成了两股，然后又在教堂后汇合。许多人说是神让教堂幸免于难的。一根被岩浆"洗刷"过的原木如今成了教堂内部的讲经台，而彩色玻璃窗上描绘着火山喷发的各个阶段。位于圣罗斯以南4.5公里。

瀑布海湾 海湾

（Anse des Cascades；见272页地图）这个风景如画的海湾位于Piton Ste-Rose以南3公里，紧挨大海。山上的水急速落入一个传统小渔港附近的海域中。这里的椰子林非常漂亮，是一个很受青睐的野餐地点，而且紧邻海岸处还有一个顾客盈门的餐厅。

阿尔达克里斯香蕉园 农场

（Bananaland-Domaine d' Aldachris；见272页地图；☎0262 53 49 74；371ter RN2，Piton Ste-Rose；4欧元；⊙周日至周四 9:00~16:00）这个家

庭农场在Piton Ste-Rose北边，你可以游览香蕉种植园并购买各种香蕉产品，包括美味果酱、梦寐以求的蛋糕和各种各样出奇香甜的香蕉。所有东西都是家庭制作的，并且是有机食品。

住宿

★ Matilona 民宿 €

(☎0692 85 86 86; http://matilona.monsite-orange.fr; 84 Chemin du Petit Brûlé, Ste-Rose; 双/单间含早餐 65/70欧元; P ❄ 📶 🏊)这个民宿是从一家超市改造而来的，外表其貌不扬，其实却是难得佳地。推开门你会进入另一个世界——5个简单而宜人的房间和2个单间，带有现代化的卫生间，还有宽敞的公用区域、一个种满鲜艳植物的迷人花园以及一个一流的游泳池。晚餐收费30欧元，每周供应3天。

男主人曾经是一名厨师，所以你会吃得很好。还有一个客用厨房。入住两晚或者以上，价格便宜5欧元。物有所值。

Le Joyau des Laves 旅馆 €

(见272页地图; ☎0262 47 34 00; 474ter RN2, Piton Ste-Rose; 双 43~53欧元; 主菜 12~18欧元，套餐 15~28欧元; ⏲餐厅 周三至周一 正午至14:00; P 📶)这家友好的旅馆位于圣罗斯以南7公里的一个海角上，共有3个朴实的房间。较贵的那个房间比较宽敞，而且拥有美丽的海景。即便你不在这里住，也值得去这里的餐厅尝试当地特色菜，比如，来自附近花园的棕榈芯和香蕉花(baba figues)。早餐额外收费(5欧元)。

La Fournaise 酒店 €

(☎0262 47 03 40; www.hotellafournaise.fr; 154 RN2, Ste-Rose; 双 64~69欧元; P ❄ 📶 🏊)这家现代化酒店位于主路上，有一种新鲜感。这里有干净整洁的房间、闪闪发亮的卫生间、一家自带的餐厅(套餐20欧元)以及一个游泳池。遗憾的地方？它非常缺少个性和魅力。记得选择带海景的房间，后面的便宜客房只能俯瞰停车场。注意：餐厅只在晚餐时开放。

Ferme-Auberge La Cayenne 民宿 €

(☎0262 47 23 46; www.ferme-auberge-lacayenne.fr; 317 Ravine Glissante; 双含早餐 57欧元; P 📶)这家知名客栈的优势在于它的位置：坐落海面之上，位于圣罗斯以南1.5公里。6个房间小巧实用，阳台上可以观赏轻声细语的湛蓝海水。一个缺憾：没有空调。主人娜拉亚宁夫人(Madame Narayanin)的厨艺非常了得(晚餐 27欧元)，使用的食材大部分都是自家种植的。

你可以在户外带顶露台上享用原汁原味的印度和克里奥尔美食，让海风轻轻掠过你的皮肤。

Cana Suc 平房 €€

(☎0692 77 81 96; www.canasuc.re; 219 RN2, Ste-Rose; 双含早餐 90欧元，平房四 周五和周六/工作日三晚 250/240欧元; P 📶)这个可爱的住处拥有一排三栋精心设计的克里奥尔式平房，房门都朝向巨大的草坪。一个套间是法国民宿(chambre d' hôtes)，而另外两个是设备齐全的小屋(gîtes)，专供给长期住客。提醒：如果工作日预订小屋，三晚只需240欧元(周五和周六两天总计250欧元)。早餐时段，房东住所附近有Wi-Fi。

就餐

这里就像留尼汪东海岸沿线其他地方一样，餐饮业乏善可陈。沐浴圣母教堂周边倒有几家餐馆，提供精美克里奥尔食品。如果入住民宿或者镇上唯一的酒店，可以点餐。

Le Kedaï 中国菜、克里奥尔菜 €

(☎0692 11 60 48; 205 RN2; 主菜 6~9欧元; ⏲每天 10:30~14:00，周三至周一 18:00~21:00)这家饭店位于主街上，提供实在的中国菜和克里奥尔菜，菜品分量很足。出售三明治(3欧元起)、咖喱、面条、猪肉和鸡肉菜品、对虾和比萨。果汁同样美味。提供外卖。对了，晚上营业——东海岸上独树一帜。

Le Métis 克里奥尔菜 €

(见272页地图; ☎0692 57 77 33; 378bis RN2, Piton Ste-Rose; 主菜 9~12欧元; ⏲周三至周一 11:30~14:30和18:30~21:00)如果你想快速填饱肚子的话，可来这个沐浴圣母教堂对面的小店看看，这里价格便宜、环境愉悦。主营克里奥尔常见菜品。提供外卖(5~7欧元)。

Snack Chez Louiso 快餐 €

（☎0262 47 26 57；46 Chemin de la Marine, Ste-Rose；三明治 2~3欧元，主菜 5~10欧元；⊙周二至周日 11:00~15:00）Chez Louiso是一个可以俯瞰港口、朴实无华的露天小馆。菜单上只有三明治和两三个每日特色菜，不过它们都烹调得很到位，并且非常实惠。落座（塑料）餐桌，沉浸极致海景之中。

Restaurant Le Corail 克里奥尔菜 €€

（见272页地图；☎0262 23 75 36；RN2, Piton Ste-Rose；主菜 12~15欧元；⊙9:30~15:00）位于沐浴圣母教堂以南300米，这个色彩鲜艳的克里奥尔式房屋是品尝克里奥尔咖喱和炖菜的好地方。露台赏心悦目，但是它在主路之上——白天会有一些车流噪声。最好选择外卖（6~8欧元）——你会在海滨沿线找到许多有气氛的用餐地点。

Restaurant des Cascades 克里奥尔菜、海鲜 €€

（见272页地图；☎0262 47 20 42；Anse des Cascades；主菜 12~25欧元，套餐 17~25欧元；⊙周六至周四 正午至15:00）作为当地人和游客共同的最爱，这家藏身于一片可爱椰子林中的沙滩餐厅在周末会挤满了人。除了烤肉和可爱的棕榈芯沙拉，还提供新鲜的鱼类和克里奥尔式菜肴。工作日的午餐自助（12欧元，有开胃菜和主菜）非常超值。

如果不是很挤的话，抢占一个位子，否则就带上你的食物，在沙滩附近更安静的地点享用它。

ⓘ 到达和离开

从圣伯努瓦到圣皮埃尔的长途汽车（S1路线）在沐浴圣母教堂和瀑布海湾停靠。更多信息见www.carjaune.re。

了解留尼汪

今日留尼汪

留尼汪是印度洋最富裕的岛屿之一。生活水平相当高，这一点儿也不奇怪。作为法国的海外领土，留尼汪从法国本土得到了很多财政支持。尽管如此，留尼汪仍然面临着许多挑战。一方面，要为快速增长的人口提供住房和就业机会；另一方面，不能破坏岛屿特色——无与伦比的自然宝藏。

新建海岸公路

这是欧洲最大基础设施项目（没错，欧洲）。经过许多争议后，Nouvelle Route du Littoral建设工程已经开始。这项工程盛事就是建设一条连接圣但尼和La Grande Chaloupe（圣保罗以北）的海岸公路。这项艰巨工程的点睛之笔就是一座沿海岸线修建、5400米长的离岸高架桥。Route du Littoral现在是首都通往西北的大动脉，经常因为山体滑坡关闭，对于每天经过这条道路的约莫60,000名乘客造成极大威胁。这项工程预计将于2020年完工（预算16亿欧元），到时将会缓解道路堵塞，维护岛屿良性发展，不过也因为财政和环境问题，遭到强烈反对。

鲨鱼危机

不到8年时间，留尼汪一跃成为全球鲨鱼伤人事件最为频繁的地区之一。2011年以来，岛内已经累计发生18起鲨鱼伤人事件，造成7人死亡（5名冲浪者和2名游泳者）。所有的伤人事件都发生在西海岸，布坎·加诺特和伊唐-萨累-莱班之间。这造成严重危机，并给冲浪团体、当地环保人士以及地方政府许多压力：究竟应该采取什么措施。最终，除了特定几处地点，岛内其他地方禁止游泳和冲浪。到了2016年初，两个没有堡礁的海滩——布坎·加诺特和圣吉尔-莱班各有一处——已经装上防鲨网。2016年3月，冲浪者开始重返他们梦寐以求的冲浪地点。

低迷的旅游业

旅游业是留尼汪的主要收入来源和主要经济支柱，但是这片岛屿仍然非常封闭。虽然印度洋其他地方（尤其毛里求斯和塞舌尔）的旅游业蓬勃发展，但2014年留尼汪游客人数跌至2006年水平（大约405,000人），尽管2010年全岛40%都被认定为世界自然遗产。这一盛誉带来很大希望，但是并未按照预期吸引更多外国游客前来。大部分游客是法国人。旅游业增长的潜力很大——专家说每年一百万游客这个目标不难实现——但仍有一些阻碍：尽管已经采取一些宣传措施，留尼汪并未在英语国家大力推广；岛上并未广泛使用英语；机票仍然很贵；缺乏直达欧洲城市航班（除了巴黎）——更不必说过去几年发生鲨鱼伤人事件的负面影响。虽然游客非常欣赏游人稀少的海滩和世界一流山地景色，但是对于留尼汪而言，提振旅游业仍然是个主要经济障碍。

结构性失业

失业是留尼汪的头号问题，当前失业率高达28%左右（15~24岁的人群为60%），远远高于全国平均水平（大约10%）。对于没有资质的妇女和年轻人，这个问题特别棘手。这种状况引起社会不稳定因素，终于在2012年2月和2013年2月爆发：港口发生一系列骚乱。罢工——对地方政府和用人单位施加压力——对于私营企业已经司空见惯。对于一个人口持续增长、资源有限的岛屿而言，大面积和持续性失业相当严重，必须得到解决。许多留尼汪人不得不背井离乡，前往法国寻找就业机会。因此，不难理解为什么Nouvelle Route du Littoral这个大型基础建设工程会被视为创造就业机会的有效方式。

持续增长的人口

根据预测，2030年，留尼汪人口将达一百万。因为失业率居高不下、人口持续增长，留尼汪必定面临一些基本问题，住房便是其中之一。建筑用地已经严重短缺。多数居民聚居于海岸沿线，那里城镇逐渐形成一个连续的“城镇圈”。房屋慢慢向山上延伸，堵车成为一个大难题。虽然Route du Littoral这个巨型工程将会缓解失业和堵车压力，留尼汪仍需要找到解决这些问题的长期有效方法。

历史

留尼汪和毛里求斯都是印度洋的弹丸之地，具有相当类似、引人入胜的历史。留尼汪原是一个无人居住的小岛，从17世纪中期开始被法国殖民，但后来曾短暂地被英国人统治。就像在毛里求斯一样，殖民者们引入了种植作物和非洲黑奴。后来又来了印度契约工人和中国商人，创造出了这些岛屿共有的、特殊的民族多样性。虽然毛里求斯早在1968年就获得了独立，但留尼汪依然是法国的海外领地。

欢迎来到天堂

这个无人居住的岛屿的第一批访客很可能是马来人、阿拉伯人和欧洲水手，不过他们谁也没有在这里停留。在1642年，法国人决定在岛上定居，当时的留尼汪岛被叫作马斯卡林（Mascarin）。4年后，第一批定居者抵达——当时马达加斯加南部多凡堡（Fort Dauphin）的法国总督将12个反叛者流放到了岛上。

基于反叛者们热情洋溢的报告，法国国王路易十四在1649年正式宣称该岛屿归法国所有，并将其重新命名为波旁岛（Île Bourbon），根据法国东印度公司创立者Colbert Bourbon命名。

无论看起来多么魅力迷人，这里并没出现移民和开发这座岛屿的狂潮。直到18世纪初，法国东印度公司和法国政府才接管这个岛屿。

有人要咖啡吗？

咖啡在1715~1730年被引进，并且很快成了留尼汪的主要经济作物。该岛的经济结构发生了剧烈的变化。由于种植咖啡需要大量劳动力，于是殖民者们用船将非洲和马达加斯加的奴隶运到岛上。在这个时期，谷物、香料和棉花也作为经济作物得以引入。

像毛里求斯一样，留尼汪进入了颇有远见的总督马埃·德·拉布尔多奈斯（Mahé de Labourdonnais）的统治时期，他的任期是1735~1746年。然而，拉布尔多奈斯更加偏爱法兰西岛（Île de France），鉴于法国东印度公司倒闭以及来自英国持续竞争压力，波旁岛管理权于1764年直接归属法国君王。

英国短期统治

19世纪初期，原本产量颇丰的咖啡种植园被飓风摧毁，1810年，在拿破仑战争中，英国士兵将该岛从波拿巴（Bonaparte）手中抢了过去。在英国的统治下，甘蔗被引入留尼汪，并迅速成为主要作物。1819年引进的香草产业也发展得很快。英国人没有待多久：

黑暗历史

18世纪晚期的留尼汪见证了许多奴隶起义，许多机智的马达加斯加奴隶和非洲奴隶从他们的主人手中逃脱并在内陆的山区建立了避难所，逃跑的奴隶被称为marrons。他们中的一些人在难以进入的盆地区域建立了私有的乌托邦，而其他人聚集在一起形成了有组织的社区，并且拥有民主选举的领袖。这些部落首领是定居留尼汪的真正先驱，但他们中的大部分成了赏金猎人的受害者。留尼汪岛这段历史的伤疤在族群精神中仍未愈合。也许是出于羞耻感，除了这些人被捕并被杀害时所在山峰的名字（蒂米泰尔、安彻音、马法特、Cimendef）之外，有关留尼汪岛克里奥尔先驱的记录少得令人吃惊。

仅仅5年之后，随着《巴黎条约》（*Treaty of Paris*）的实施，这件“战利品”又以波旁岛的名字还给了法国。不过英国人仍然占据着毛里求斯、罗得里格斯岛和塞舌尔。

法国人归来

1848年，法兰西第二共和国在法国宣告成立，奴隶制被废除，波旁岛又变回了留尼汪岛。此时，岛上已有超过100,000居民，大多都是获得自由的奴隶。像毛里求斯一样，留尼汪立即遭遇了劳动力危机，然后就像毛里求斯的英国人一样，法国人“解决”这个问题的办法也是从印度引进契约劳工去甘蔗田劳动，他们大多数是印度教徒。

留尼汪贸易和开发的黄金时代一直持续到1870年，欧洲、印度和远东之间的贸易船只常常停靠这里。而来自古巴和欧洲甜菜产业的竞争加上苏伊士运河的开辟（它免去了绕道好望角的航程）导致了一场经济衰退：海运衰落、制糖业疲软、土地和资本更加集中于一小部分法国精英手中。一些小型种植商转向生产天竺葵油，期待迎来光明前景。

当有14,000名留尼汪人服役的第一次世界大战结束后，制糖业又重新恢复了一点儿势头。但在第二次世界大战期间，由于对留尼汪岛的封锁，制糖业又一次遭受了沉重的打击。

留尼汪成为海外省

1946年，留尼汪成了法国海外省（Département Français d' Outre-Mer，简称DOM；French Overseas Department），并在法国议会占有席位。自此，留尼汪不时爆发影响不大的独立运动，但是和法国的太平洋领地不同，这些运动全部无疾而终。虽然留尼汪人似乎满足于这种法国身份，但是总体经济和社会不满仍然浮出水面，在1991年圣但尼的剧烈反政府骚乱中充分表现出来。

世纪之交，留尼汪迎来全新时代；地方政府与法国签署一些协议，确认启动资助性大型基础设施工程（grands chantiers），包括快速干道塔马兰路线（Route des Tamarins）和Nouvelle Route du Littoral（圣保罗和圣但尼之间的全新高速公路）。目前，只有塔马兰路线完工。

文化

留尼汪经常被当作种族和宗教和谐的典范谈论。相比法国本土，确实没错。虽然马琳·勒庞（Marine Le Pen）的极右政党赢得全国27%~30%的选票，但在留尼汪，没有超过3%。留尼汪同法国本土一样，遭遇年轻一代冷漠不满的问题。但是总体而言，留尼汪社会还算团结，留尼汪人看似不露声色，其实对于他们所取得的成就相当满意。

日常生活

当代留尼汪人是彻底的21世纪人。绝大多数儿童接受教育的水平相当高，所有岛民都纳入国家医疗体系，无论是在留尼汪还是在法国。会出现交通拥堵，每个人都有手机，漂亮的小汽车无处不在。不过在现代的外表之下，还有更多传统的地方。

除了克里奥尔语之外，凝聚社会的最强烈的纽带之一是留尼汪人认为的家庭生活的重要性。这一点在周日家庭野餐中表现得特别明显。宗教活动和公共假日也有热烈的庆祝活动，此外还有更私人化的家庭活动，如洗礼、第一场圣餐以及婚礼等。

尽管无法企及像西班牙伊比沙（Ibiza）这样的派对圣地，但是留尼汪人同样热爱盛会。在周末，圣吉尔-莱班、艾米达吉-莱班和圣皮埃尔就像磁石一样吸引了全岛的留尼汪人。周末的夜晚，成群结队的夜猫子扭动着他们的身躯，狂饮渡渡鸟啤酒和朗姆酒，这些城镇都会变得疯狂起来。

在更加世俗的层面上，你会很快意识到拥有一辆崭新的轿车是财富和尊严的标志。这样的“汽车文化”非常明显，难怪海滨道路上会经常出现交通拥堵。在上下班的路上，许多留尼汪人每天要在他们的车里待长达2小时！人们最爱谈论的话题是道路的状况，特别是圣保罗和圣但尼之间难对付的Route du Littoral，这条路有时候会因为坠落的岩石而关闭。

另一个值得注意（不过没那么快会被发现）的特征是流言蜚语（la di la fé）的重要性。如果你懂一点儿法语（或克里奥尔语），收听自由广播电台（Radio Free Dom; www.freedom.fr），你很快就会意识到传播小道消息是全民消遣。

尽管存在一些破坏文化的社会问题，但整体上这还是一个令人生活得比较轻松的社会。

人口

文化多样性构成了留尼汪岛社会结构的内在组成部分。留尼汪和毛里求斯一样有非洲人、欧洲人、印度人和中国人，但比例不同。卡夫尔人（Cafres，非裔）是最大的族群，占总人口的大约45%。马尔巴人（Malbars，印度教印度人）所占比例大约为25%，白克里奥尔人（法裔）占15%，欧洲人（也被称为“Zoreilles”）占7%，华人占4%，印度的穆斯林占4%。

岛上居民大部分生活在海滨地区，马尔巴人主要生活在东部。崎岖的内陆人口稀疏。

周日野餐——留尼汪的一项习俗

在周末，留尼汪人最喜欢的事情是前往海边或山区进行大型的家庭野餐，想象他们一边带着装满咖喱的超大型电饭煲，一边携老扶幼的场景。为抢占最受欢迎的野餐地点，家庭中的部分成员有时候会在凌晨4点就前来“预订”它们！但他们都欢迎游客，通常会邀请游客共同野餐。

由于生育率很高，三分之一的人口年龄低于20岁。

留尼汪还面临着移民的持续涌入问题。由于拥有对失业人员非常慷慨的福利系统，留尼汪被那些来自毛里求斯、塞舌尔和某些非洲大陆国家的人视为富饶乐土。近些年来，邻近的科摩罗岛（Comoros Island）和马约特岛（Mayotte Island）向留尼汪输入了大量移民。

男女平等

留尼汪社会非常开明，男女平等理念深入人心。离婚、堕胎和婚外生子都是相当没有争议性的话题。不过，妇女的状况也不全是那么好：当地政府和政治家中妇女代表很少，而且家庭暴力非常普遍。这个问题和高酗酒率的关系很大。

宗教

据估计，大约70%的人口信仰天主教——岛上最主要的宗教。这在许多圣日和假日以及城镇的名称中体现得很明显。宗教仪式和游行在人们的生活中发挥着重要作用，洗礼、第一场圣餐以及教堂婚礼都是社会文化的内在组成部分。

大约四分之一的留尼汪人是印度教徒，印度教也是留尼汪岛东部的主要信仰。常常举行传统的印度教仪式，如渡火（teemeedee）和扎针（cavadee）。穆斯林大约占人口的2%，像毛里求斯一样，伊斯兰教在这里相当自由。

有趣的是，在漫长的岁月中，印度教、伊斯兰教和天主教之间已经进行了许多融合。实际上，许多马尔巴留尼汪人会同时参加印度教和天主教的仪式。

除了庆祝春节之外，留尼汪华人社区（大约占总人口的3%）在宗教和传统活动中并不显眼。

宗教宽容度很高。在大多数城镇中，清真寺、教堂、印度教寺庙和佛塔彼此相距很近。

艺术

游览留尼汪的最大乐趣之一就是体验克里奥尔风味的法国文化或法国风味的克里奥

奇异的圣埃克斯佩蒂特崇拜

你绝不能错过它们。纪念圣埃克斯佩蒂特（St Expédit）的红色神龛散布全岛，包括公路边。圣埃克斯佩蒂特是留尼汪最受欢迎的圣徒，不过有些学者认为从来都没有这么一个叫埃克斯佩蒂特的人。无论真相如何，这个概念在留尼汪产生于1931年，当时一名当地妇女在圣但尼的解救圣母教堂（Notre-Dame de la Délivrance）竖起一座“圣徒”塑像，作为她祈祷自己能返回留尼汪并最终得以实现的答谢。很快全岛就遍布神龛，人们向他祈求帮助，希望他能迅速解决各种各样棘手的问题。

然而，随着岁月的变迁，对圣徒的崇拜已经蒙上了巫术色彩：有人将扎有针的小塑像丢在圣徒脚下；圣徒的塑像有时会被砍掉脑袋，也许是祈求未能如愿的结果。这位圣徒还被吸收进了印度教体系，这解释了为什么许多神龛会是鲜艳的血红色。有鉴于此，天主教堂曾试图撇清自己与这种崇拜的关系，但神龛的数量仍然在增长。

尔文化，这取决于你如何看待它。想要了解有关岛上文化活动的新闻，可以关注当地媒体并造访当地旅游局，那里提供宣传单、剧院节目以及众多免费活动的指南，如每月一期的*Azenda*（www.azenda.re）。

文学

几乎没有闻名于岛外的留尼汪小说家，也没有作品被翻译成英语。最为人熟知且多产的当代作家之一是记者兼历史学家丹尼尔·瓦克瑟莱尔（Daniel Vaxelaire）。他的《黑色猎人》（*Chasseurs de Noires*）讲述了一名奴隶猎人在与一名逃脱奴隶相遇后所经历的人生转变，这本书很容易找到，也许是了解当地文化和文学的最佳入口。

帮助克里奥尔文学在20世纪70年代重新振兴的小说家兼诗人让-弗朗索瓦·萨姆朗（Jean-François Samlong）也将奴隶制度作为创作主题。作品Madame Desbassayns就是从一个制糖业男爵夫人的传奇生活得到灵感。

其他值得注意的知名小说家还有阿克塞尔·戈万（Axel Gauvin）、朱尔斯·贝纳尔（Jules Bénard）、让·洛兹（Jean Lods）和莫妮克·阿格诺尔（Monique Agénor）。

音乐和舞蹈

留尼汪的音乐将非洲的雷鬼（reggae）、赛加（séga，传统奴隶音乐）以及玛洛亚（maloya，留尼汪传统舞蹈音乐）的旋律与法国、英国和美国的摇滚以及民歌融合了起来。就像赛加一样，玛洛亚也来源于奴隶音乐，但较慢且更加深沉，它的节奏和歌词都背负着沉重的历史感，有一点儿像新奥尔良蓝调音乐；乐迷们认为它承载着留尼汪真正的灵魂。玛洛亚歌舞常常含有政治信息，直到20世纪70年代之前，这种音乐都因为太具颠覆性而被禁止演奏。

为赛加和玛洛亚伴奏的乐器既有传统的自制打击乐器，如rouleur鼓和像沙锤的kayamb，也有手风琴和现代演奏乐器。

在当地音乐界很有名气并且在法国本土越来越知名的大腕包括丹尼尔·瓦诺（Danyel-Waro）、菲尔明·维里（Firmin Viry）、格拉摩恩·来来（Granmoun Lélé；已故）、戴维·西卡德（Davy Sicard）、卡夫·马尔巴（Kaf Malbar）和齐斯卡坎乐队（Ziskakan）。最近，女性也出现在了音乐界，包括克里斯汀·赛伦（Christine Salem）和娜塔莉·纳森柏（Nathalie Nathiembé）。这些人都是杰出的玛洛亚音乐家，演唱的主题通常是奴隶制、贫穷和文化特色。

至于克里奥尔风格的现代音乐，留尼汪人将这些留给了他们在马提尼克（Martinique）和瓜德罗普（Guadeloupe）的热带表亲，不过这类音乐在留尼汪的听众很多。它们的旋律都简单明快，印度洋各个岛屿上的酒吧、迪斯科舞厅和汽车上都在播放。

建筑

留尼汪有许多独特的18世纪克里奥尔式建筑，不光有富有的种植商们和其他殖民者们建造的豪华别墅，也有普通人居住的小屋（tı' cases）。

当地政府正在不遗余力地保护岛上剩余的克里奥尔式建筑。你在圣但尼能看到许多

卡巴（KABAR）

如果你对克里奥尔音乐很感兴趣，试着参加一场卡巴吧。卡巴是一种即兴歌舞会，通常在庭院或沙滩上举行，奏乐者会演奏玛洛亚（maloya，留尼汪传统舞蹈音乐）。它通常是由协会、非正式团体或家庭组织的，不过也欢迎外部人员参加。没有节目单，通常通过口头、宣传单或报纸上的小块广告宣传。你还可以在较大的旅游局询问。

经过精心修缮的房屋，在锡拉奥、昂特尔德、海尔村以及圣皮埃尔等城镇也有同样的场景。它们都有门窗垂饰、阳台和其他装饰性元素。

饮食

留尼汪是一个美食之岛，多种菜系的混合风格以及最好的新鲜食材（大量海鲜、鲜美多汁的肉类、香料、芳香植物以及馥郁的水果和蔬菜）使得你无论走到哪里都能吃到很棒的食物。食物很好地融合了法国菜（当地人称之为cuisine métro）和克里奥尔特色风味，更不用提印度菜和中国菜的影响了。

经典菜和特色菜

游览留尼汪而不碰到咖喱（carri）是不可能的，几乎每张菜单上都有它。这种酱汁中包含西红柿、洋葱、大蒜、姜、百里香和藏红花（或者姜黄），并与各种各样的肉类搭配——咖喱鸡（carri poulet）、咖喱猪肉（carri porc）和咖喱鸭（carri canard）。海鲜咖喱，如咖喱金枪鱼（carri thon）、咖喱剑鱼（carri espadon）、咖喱龙虾（carri langouste）和咖喱淡水对虾（carri camarons）也很棒。咖喱章鱼作为一种最可口的咖喱菜肴，在克里奥尔语中称为civet zourite。当地蔬菜也可以用咖喱烹调，试一试咖喱香蕉花（carri baba figue）和咖喱木菠萝（carri ti jaque）——不过其中搭配了鱼或肉类。咖喱菜肴总会搭配米饭、豆类（扁豆或菜豆）、当地菠菜（brèdes）和一种被称为rougail的酸辣酱，这种酱汁混合了西红柿、大蒜、姜和辣椒，有些rougail中可能含有青芒果或柑橘。西红柿沙司香辣香肠（rougail saucisses）配以米饭和蔬菜，是一种克里奥尔佳肴。常见的泰米尔炖菜是咖喱山羊肉（cabri massalé）。

印度洋温暖的海水提供了充足的海产品：龙虾、对虾、洋枪鱼、剑鱼、枪鱼、金枪鱼和鲨鱼，还有许多其他海鲜。淡水对虾非常珍贵，常常用咖喱烹制。爱吃海鲜的人定会喜不自胜。

小吃包括萨莫萨三角饺、带馅煎饼（beignets）和辣味油炸饼（bonbons piments）。

早餐

早餐显然是法式的，搭配咖啡、茶或热可可的法棍、黄油和果酱（pain-beurre-confiture）是最常见的食物，还可能包括羊角面包、巧克力夹心酥皮点心（pain au chocolat）、奶油蛋卷和蜂蜜。

甜品

甜点同样令人喜出望外，包括热带水果馅饼和果酱、异国口味冰沙和冰激凌。如果你喜欢松软蛋糕，你在留尼汪会过得很快乐。每个家庭都有自己的自制蛋糕（gâteaux maison），形状各异。通常采用香草、香蕉、甘薯、玉米、胡萝卜、番石榴等烹制。最受欢迎之一就是各种小圆面包，早餐也会提供。还会发现许多售卖羊角面包和酥皮点心的法式面包店。每个街角都能买到法式长棍面包。

水果

水果在留尼汪的地位很高。留尼汪的两

去哪儿吃

留尼汪有很多不错的餐厅，除了周末，其他时间都不需要预订。若要在民宿就餐，则需提前一天预订。

餐馆 留尼汪人就餐的主要场所。随处可见。

私房菜 供应家庭自制美食。

咖啡馆 在圣但尼和圣皮埃尔非常受欢迎。

外卖店 供应实惠的克里奥尔主食。

市场 购买新鲜水果和蔬菜的最好去处。

种标志性水果是荔枝(litchis)和维多利亚菠萝(ananas Victoria)。当地芒果、百香果和番木瓜也都很甜。当地出产的香草据说是世界上最具风味的品种之一。

素食者和纯素食者

素食者是不会挨饿的。留尼汪人热爱蔬菜,在沙拉和奶油烤蔬菜(gratins)中都使用它们。你肯定会碰到佛手瓜(chou chou,莎拉齐盆地的特色)、扁豆(锡拉奥盆地的特产)、bois de songe(一种像韭葱的当地蔬菜)和旋叶松(vacoa),更不用提茄子(bringelles)和香蕉花(baba figue)了。沙拉、米饭和水果到处都有。在中餐馆中,菜单上有炒杂烩和面条等素菜。大多数超市也有素食,家庭旅馆的主人也乐意为你烹制素食,只要你提前告知他们。

饮品

朗姆酒,朗姆酒,朗姆酒!在高高的山中,几乎每个人都有调味朗姆酒的独家配方,这是一种使用当地朗姆酒和一些香草和香料秘方混合配制的酒精饮料。最受欢迎的有凤兰朗姆酒(rhum faham),是用朗姆酒、糖和凤兰花混合调制的;香草朗姆酒(rhum vanille)的配料是朗姆酒、糖和新鲜的香草荚;还有枇杷朗姆酒(rhum bibasse),由朗姆酒、糖和美味的枇杷制作而成。家庭制作的调味朗姆酒让大多数克里奥尔人感到骄傲;如果你住在乡村小屋或家庭旅馆,主人会热情地呈上他们调制出的朗姆酒。

作为法国的领地,葡萄酒在留尼汪得到了严肃的对待。除了法国葡萄酒之外,你还能发现许多精选南非红葡萄酒和白葡萄酒。留尼汪岛在锡拉奥还有小规模葡萄种植和葡萄酒酿造产业,你在那里可以品酒。

波旁(Bourbon)是当地啤酒品牌(又称为渡渡鸟,Dodo),到处都有售卖。它是一种相当清爽、非常可口的啤酒。另外一种本地啤酒就是Picaro——淡色艾尔啤酒和琥珀色艾尔啤酒。在这里还可以喝到外国啤酒。说到清凉饮料,最好的当然是鲜榨果汁或者一杯来自锡拉奥盆地的锡拉奥苏打水。

法国人对待咖啡也很严肃,而且这种热情并没有因为他们身处印度洋而消失。一杯咖啡可以有各种形式,不过最常见的是被称为un café的小杯意式浓缩咖啡。

大胆品尝

如果你是个富有冒险精神的美食家,先用棕榈芯沙拉(salade de palmiste)开始美食之旅吧,这是一种用棕榈树嫩芽(称为棕榈芯)制作的沙拉。一旦摘除嫩芽,棕榈树就会死亡,因此这种美味的沙拉有"百万富翁沙拉"的称号。想来点儿更不寻常的?试一下咖喱bichiques(carri bichiques,一种用类似鲱鱼的鱼制作的美味咖喱)吧,这道菜有"留尼汪鱼子酱"的绰号。另一道当地美食黄蜂蛹(larves de guêpes)可能需要你用心寻找一下,它只在4月至10月才有。一般油炸或者用盐腌制,据说可以提高性能力。

你可能想要认识一下咖喱猪脚(carri pat' cochons)和咖喱鳗鱼(carri anguilles)应该怎么说,以免在餐厅不小心点到它们。留尼汪人还对咖喱马岛猬(carritang,产于非洲马达加斯加的无尾猬)垂涎三尺,但餐厅一般不会供应。

环境

留尼汪位于毛里求斯西南方向大约220公里,在巨大的马斯克林火山链(Mascareignes volcanic chain)的最南端。留尼汪岛上的富尔奈斯火山经常发生喷发,岩浆顺着它的南侧和东侧山坡涌流而下。上次剧烈喷发出现于2015年,火山活动持续两个半月。

陆地

留尼汪岛上有两个主要山区。较古老的那个山区占据着岛的西部。最高的山是内日峰(海拔3071米),是一座高山草甸山峰。在它周围是三个巨大又壮观的"圆形剧场":锡拉奥盆地、马法特盆地和莎拉齐盆地。这些又长又宽又深的凹地是被峭壁围绕的山谷,其中充满了复杂的山峰和谷地,是曾经环绕内日峰的古代火山盾被侵蚀后留下的遗迹。

两个山区中较小的那个位于西南,并且仍然在演化。它由数个死火山锥和一个仍然非常活跃的火山锥——富尔奈斯火山(海拔2632米)组成。这座隆隆作响的火山仍很活跃。2007年,熔岩流入海中,并为留尼汪岛增加了几平方公里的面积。自1998年以来,几乎每两年就有一次壮观的喷发——本身就是一道风景。没人在火山的影响范围内生活,流动到海滨的熔岩留下了一片黑色的火山岩,称为大布鲁尔(Le Grand Brûlé)。

这两个山区由一片高地平原隔开,而海岸则是宽窄不一、缓缓下降的平原。许多河流从内日峰地区流下来,穿过盆地,流经海岸平原,形成了壮观的沟壑。

野生动植物

动物

你可能见到的动物包括引入的野兔、鹿、壁虎、老鼠以及——如果幸运的话——变色龙。长得像刺猬的无尾猬(tenrec,克里奥尔语中称为tang)是一个从马达加斯加引入的物种。

最有趣的爬虫是巨大的千足虫——某些种类可以长到像人类的脚一样长,它们懒洋洋地待在潮湿地区的岩石下面。其他超大尺寸的生物包括黄黑相间的络新妇蛛(Nephila spider),其巨大的网是常见的景象。你还会发现白额高脚蛛(Heteropoda venatoria),在克里奥尔语中称为babouk。

至于鸟类,岛上原有的30种本地鸟类中如今只有9种保存了下来。该岛最稀有的鸟是鹃鵙(merle blanc;当地人称之为tuit tuit,很显然是因为它的叫声)和黑叉尾海燕(black petrel)。最有可能见到(更大的可能性是听到)鹃鵙的地方在圣但尼正南、靠近La Roche Écrite脚下的地方。

歌鸲类似画眉(黄喙和腿、灰色羽毛),当地称为merles,也很常见。高地特有鸟类包括tec-tec或留尼汪野鵖(Réunion stone-chat),居住在罗望子森林中。那里还有白头鹞(papangue),这是一种受保护的鹰类猛禽,幼鸟浅棕色,成鸟黑白两色。它是留尼汪唯一一种存活下来的捕食性猛禽,可以看到它们从峡谷上飞过。

最著名的海鸟是白色的paille-en-queue(白尾热带鸟),它有两根长长的尾羽。

18世纪末引入的八哥是为了控制蚱蜢,如今在全岛都很常见。体型娇小、红色、外形像主红雀的织雀(fodies)也一样常见。

最好的观鸟地点是海尔村上方的贝步尔-贝鲁夫森林,以及岛屿南端大布鲁尔的荒野地区。

留尼汪鸟类研究协会(SEOR)

你可以登录Société d' Études Ornithologiques de la Réunion(SEOR;www.seor.fr)的网站了解关于当地鸟类及其栖息地点的有关信息,该组织旨在拯救岛上的珍稀物种。

植物

充沛的降雨加上显著的海拔变化让留尼汪拥有某些世界上最丰富多样的植物种类。岛上的部分地方就像是一个巨大的植物园。在海岸和高山之间,你会发现棕榈树、旋叶松(又称为露兜树)、木麻黄、香草、香料、其他热带水果和蔬菜作物、雨林和高山植物。

留尼汪拥有超过700个本地植物物种,其中150个物种是乔木。和毛里求斯不同的是,大片自然雨林地区仍然保留着。据估计该岛30%的面积都被自然森林覆盖。

山罗望子树(tamarin des Hauts)的树干多瘤且扭曲,开黄色花,花朵像含羞草,它是一种金合欢属植物,而且是留尼汪的本土植物。观赏这些古树的最好地点之一是莎拉齐盆地以东的贝步尔-贝鲁夫森林。

在另一个极端,火山周围的熔岩区呈现出贫瘠的、月球般的地貌。在这里,熔岩岩床上植被生长的各个阶段十分明显。熔岩上首先出现的是一种长得像石南的植物,法国人称之为branle vert(Philippia montana)。很久之后植物群落中才出现罗望子和其他金合欢属树木。

造林运动主要使用日本柳杉(Japanese cryptomeria)、山罗望子树、木麻黄和各种棕榈树。

和所有热带岛屿一样,留尼汪拥有众多开花植物,包括兰花、木槿、九重葛、香根草、天竺葵、鸡蛋花和蓝花楹。

联合国教科文组织认定的世界遗产

留尼汪的风景和自然资源十分独特，2010年，联合国教科文组织将该岛超过40%的地区认定为自然世界遗产，遗产地的名称为“火山、盆地和峭壁”（Pitons, Cirques & Remparts），这是对留尼汪岛迷人的山景和卓越的生物多样性的极大肯定。世界上其他受到这种认可的自然遗产包括加拉帕戈斯群岛、大堡礁以及美国大峡谷国家公园。

国家公园

在西海岸沿线，从布坎·加诺特南部至特鲁瓦巴桑有一个25公里长的潟湖，据估计这个潟湖的将近三分之一已经遭到破坏，造成破坏的原因有很多：泥沙淤积、农业和生活污染、气旋天气、垂钓和游泳者。为防止情况进一步恶化，在1997年成立了一个海洋公园。除了教育当地人应该保持沙滩和海水的洁净之外，海洋生物学家还和当地渔民及各种水上运动的经营者合作建立保护区。2007年，一个完全成熟的自然保护区建成了——留尼汪海洋自然保护区（Réserve Naturelle Marine de la Réunion; www.reserve-marinereunion.fr）。

留尼汪内陆也有部分地区得到了保护。留尼汪高地国家公园（Parc National des Hauts de la Réunion; www.reunion-parcnational.fr）在2007年初建立，使得如今留尼汪陆地总面积的一半处于保护之中。岛上有一个严格管理的核心区域，面积为1000平方公里，包括富尔奈斯火山、马法特和圣水湖的周围地区和山峰，周围还环绕着大约700平方公里的缓冲区，将大多数峡谷囊括在内。

环境问题

留尼汪面临的主要问题是如何协调环境保护和快速增长的人口对住房、道路、工作、电力、水和休闲空间的额外需求。

尽管已经建立了留尼汪高地国家公园和留尼汪海洋自然保护区，但该岛仍面临着严重的环境问题，所有问题都和两个庞大的工程有关。“较小”的一个是塔马兰路线，该工程竣工于2009年。这条34公里长的高速公路穿越了圣吉尔-莱班上方的层层山脉，需要在峡谷上架起许多桥梁。根据当地环境保护主义者的说法，这条公路穿越了留尼汪岛仅存的大草原。

第二个大工程项目是Nouvelle Route du Littoral（新海岸公路）。这条高速公路需要7年建成，连接首府圣但尼和La Possession，横跨伸出海面的立柱之上。这个计划引起环保人士不满，他们声称，这些大型基础设施工程会对海洋生命产生不利影响。他们已经采取法律手段阻止这项计划。然而，当地政府表明，这项工程对于该岛经济以及发展至关重要。

生存指南

出行指南

签证

目前，留尼汪岛对中国大陆游客实行有条件免签措施。凡持有6个月以上有效期护照的中国游客，可在留尼汪岛免签停留最多15天，每6个月最长为90天。可通过以下三种方式获得免签：

1. 向经营法属留尼汪岛旅游的中国合法旅行机构购买一个基本旅行套餐（机票+酒店），该旅行机构将直接联系法属留尼汪岛当地入境旅行社，帮助游客获得免签文件用于海关通行。

2. 直接联系法属留尼汪岛当地入境旅行社，购买包含酒店、交通、导游和旅行活动的完整旅行套餐，法属留尼汪岛当地入境旅行社负责为中国游客提供免签文件用于海关通行。

3. 向法属留尼汪岛当地入境旅行社预订国际往返机票，该入境旅行社必须具备正规资质，能够为中国游客提供逗留期间的住宿、交通、旅行活动等安排，并为中国游客提供免签文件用于海关通行。

旅行社名单可在法国驻华领事馆的官网（www.ambafrance-cn.org）或留尼汪旅游局（www.reunion.fr）获得。

➡ 15天签证有效期结束后的24小时内前往毛里求斯（对中国游客免签60天）后，通过上述方式再次获得免签文件，可第二次进入法属留尼汪岛。如果逗留时间超过15天，需要提前在法国大使馆或领事馆申请签证。

➡ 法国申根签证对留尼汪岛无效。

➡ 香港、澳门、台湾护照持有者可免签入境法属留尼汪岛。

➡ 如果拥有法国签证且有效期为半年以上者，可直接入境留尼汪。到所在领区的领事馆办理法国签证最新信息，参见网站www.ambafrance-cn.org。

货币

和法国一样，通用货币是欧元（€），1欧元为100欧分。欧元硬币的面值有1分、2分、5分、10分、20分和50分，以及1欧元和2欧元。纸币面额为5欧元、10欧元、20欧元、50欧元和100欧元。

自动柜员机

➡ 使用自动柜员机是在留尼汪获得现金最方便的办法，但银行会收取外币兑换费以及自动柜员机使用费。

➡ 大多数银行和邮局都有自动柜员机（guichet automatique de banque或gabier）。

➡ 维萨卡和万事达卡是被最广泛接受的。

➡ 使用带“银联”标志的银行卡，在留尼汪的农业银行（Crédit Agricole Bank）旗下的自动柜员机上可提取欧元现金。

➡ 银联卡（卡号62、9开头，卡面有“银联”标志）持有人可以在法兴银行的自动柜员机上提取欧元现金。

➡ 目前使用银联卡或通过银联网络消费或取款无须支付1%~2%的货币转换费，所发生的当地货币金额，将按市场汇率直接转换成人民币金额，并由发卡银行即时记入持卡人的人民币账户。借记卡在自动柜员机提取欧元，手续费相对较低。无须办理新卡，国内日常使用的带银联标志的银行卡几乎都可在留尼汪使用。

➡ 在出发之前和你的银行确认，以免计划用于取现的卡每日或每周取款限额较低。

➡ 如果前往盆地，明智之举就是提前带够欧元。锡拉奥有两台自动柜员机，海尔村只有一台。马法特没有自动柜员机。

信用卡

在留尼汪，使用信用卡是购买大宗商品最便宜也是最方便的方式。维萨卡和万事达卡是酒店、餐厅、超市、探险中心、加油站和商店广泛接受的卡。如果你想租车，必须使用信用卡，因为它们要作为押金（caution）使用。不过较小的地方有时候会拒绝信用卡支付小额消费（通常是15欧元以下），而且民宿和徒步者小屋也很少接受信用卡。

在大部分主要城镇可以使用银联卡在标有“Union Pay”的POS机上刷卡，目前不需要支付货币转换费用，消费以当天汇率转换成人民币结算。

在离家之前，最好和你的信用卡银行核对国际交易的手续费。

汇率

当下汇率见www.xe.com。

人民币	CNY1	EUR0.13
港币	HKD1	EUR0.12
澳门币	MOP1	EUR0.12
新台币	TWD1	EUR0.03
美元	USD1	EUR0.94
英镑	GBP1	EUR1.18
毛里求斯卢比	MUR1	EUR0.03

货币兑换处

➡ 留尼汪的所有银行都取消了外币兑换服务，用自动柜员机代替。

➡ 岛上只有一个官方兑换处，位于罗兰·加洛斯国际机场外。

➡ 一般来说，最明智的是带上足够的欧元现金，然后从自动柜员机中取现补充。

小费

在留尼汪不必给小费。

电源

220伏，50赫兹交流电，使用欧标两圆脚插座。

领事馆

由于留尼汪不是独立国家，只有少数国家在这里设置外交代表机构：

中国驻圣但尼总领事馆（☎0262 98 92 98；chinaconsul_re_fr@mfa.gov.cn；50Rue Général de Gaulle, Saint-Denis）

海关条例

➡ 下列物品可以免税带入留尼汪：200支香烟、50支雪茄、1升烈酒或2升酒精体积含量低于22%的酒精饮料、2升葡萄酒、50毫升香水和250毫升淡香水（eau de toilette）。

➡ 任何超出限制的物品都应该在抵达时申报。

➡ 进口植物和动物有限制，需要进口许可。

➡ 至于现金，任何进入或离开留尼汪的人必须对随身携带的现金超出1万欧元的部分进行申报。

旅游信息

岛上大部分主要城镇一般都有旅游局。这些旅游局大多都至少有一位会说英语的工作人员。旅游局的工作人员提供地图、小册子以及杂志Ileenile（www.ile-en-ile.com）和Guide Run。这些杂志非常有用，会列出酒店、餐厅和其他游客感兴趣的地方。

留尼汪岛旅游服务中心（Île de la Réunion Tourisme，简称IRT；www.reunion.fr）是留尼汪的地区旅游局，它的网站提供有关活动、景点和住宿地点以及其他方面的信息，浏览方便。

营业时间

银行 周一至周五或周二至周六8:00~16:00。

酒吧 10:00至午夜（或者最后一位顾客离开）。

夜店 周五和周六10:00~16:00。

政府机关 周一至周四8:30至正午和14:00~17:00，周五至15:00。

餐厅 11:30或正午至14:00和18:30或19:00~21:30；每周常常有一或两天歇业。

商店和商业 周一至周六8:30~17:00或18:00，常常有午休，午休时间为正午至13:00或14:00；有些商店在周一歇业。

节假日

留尼汪的大多数政府机关、博物馆和商店会在节假日关闭。

元旦（New Year' s Day）1月1日

复活节后的星期一（Easter Monday）3月/4月

劳动节（Labour Day）5月1日

1945胜利日（Victory Day 1945）5月8日

耶稣升天节（Ascension Day）5月末或6月

巴士底日（Bastille Day；法国国庆日）7月14日

圣母升天日（Assumption Day）8月15日

万圣节（All Saints' Day）11月1日

1918休战纪念日（Armistice Day 1918）11月11日

奴隶解放日（Abolition of Slavery Day）12月20日

圣诞节（Christmas）12月25日

住宿

提前预订是明智的，特别是在旺季（法国本土和当地学校的假日，特别是7月、8月以及12月中旬至次年1月中旬）。如果你计划在9月、10月或11月进行徒步旅行，尽早预订山中小屋也是很有必要的。

酒店 档次包含二星酒店至数家豪华度假村。

小屋 档次包含简朴山中度假屋至更加舒适的住宿地点。

民宿 这些小巧、家庭经营的屋舍物美价廉。其中一些较为豪华的更像精品酒店。

度假出租屋 自炊游客的绝佳选择。

露营

这对那些想在帆布帐篷下度假的人来说是个坏消息：留尼汪只有两个官方露营地，分别位于西南海岸的伊唐-萨累-莱班和艾米达吉-莱班。你还可以在维多特小岛和贝步尔-贝鲁夫找到一些非正式的私家经营的露营地（camping chez l' habitant）。马法特盆地还有一些简单的露营地点。

你可以在盆地地区的某些指定区域免费露营，但一次只能露营一晚。富尔奈斯火山上禁止露营——原因很简单。

民宿

法国的民宿在这里被称为chambres d' hôtes。它们通常藏身山间或者风景秀丽地点，可体验更加传统的当地生活。可选范围包括经过修复的克里奥尔式房屋或现代大楼，以及居民的客房。总体而言，水准挺高，客房通常性价比高。民宿价格大约为双人间45欧元起。高端类型就像精品酒店。通常包含早餐。

网上预订

了解更多Lonely Planet作者的推荐，请登录hotels.lonelyplanet.com。你可以找到完全客观的推荐意见，包括最佳住宿地点。最好的一点是，你还可以在线预订。

许多民宿还提供套餐（丰盛的晚餐），收费为每人18~30欧元，但必须提前预订（通常是前一天）。这是与当地人会面并品尝当地美食的绝好方式。

可以直接致电房东预订民宿。

山中小屋

山中小屋是在山区提供配备基础设施的小屋或度假屋，由当地政府通过**地区信息和预订中心——留尼汪岛旅游服务中心**（Centrale d' Information et de Réservation Régionale – Île de la Réunion Tourisme；见195页）经营。只通过山中小屋就可以组织一次徒步旅行。

留尼汪的山中小屋一般条件不错。多亏了太阳能，如今它们都有了电力，不过并不是所有地方都能轻松地供应热水淋浴。

山中小屋必须提前预订并付款，而且不退款，除非飓风或飓风预警让你无法抵达。实际上，如果你没有预订也不会拒绝你入住，但如果已经客满的话，你就没有床铺可睡了。可尝试最后时刻预订，因为常常有最后时刻的取消。

你可以通过地区信息和预订中心——留尼汪岛旅游服务中心或者岛上任何一家旅游局预订，包括那些在圣但尼、锡拉奥、莎拉齐、海尔村、圣吉尔-莱班、圣皮埃尔、圣勒、圣安德烈、圣安妮和穆拉村的旅游局。强烈建议提前预订，特别是在旅游旺季，因为房源有限。不含食物的一晚住宿收费为每人16欧元或18欧元（取决于季节）。

如果要住在山中小屋，你必须提前一天给小屋打电话预订用餐（或者在最初预订小屋时就订好）。晚餐收费为15~19欧元，通常由丰盛的咖喱菜肴组成。早餐收费大约6欧元，通常包括咖啡、面包和果酱。直接向工作人员付现金。

通常安排你睡在公用房间中的高低床上，所以要为这种公共生活做好准备，不过最近，山中小屋已经拥有了一些私人房间。提供床单和毯子，不过你最好带一个睡袋过来。

带上卫生纸和手电筒也是不错的主意。晚上会变得非常冷，所以需要暖和的衣服。某些地方会允许你做饭，但多数厨房都只有基本配置（而且有时候甚至满是污垢），你可能会很快打消做饭的念头。

在到达和离开时，你必须和管理人员“登记”——对方会回收你的收据，并收取用餐的费用。理论上，你不能在15:00前入住或10:00后退房。

住宿价格区间

以下价格区间指的是带卫生间的双人间。除非特别说明，价格不包含早餐。

€ 75欧元以下

€€ 75~150欧元

€€€ 150欧元以上

徒步者小屋

徒步者小屋（gîtes d' Étape）有时简略称为小屋（gîtes），都是私营住所，运营方式类似山中小屋（gîtes de montagne），提供宿舍床位和饭食。一些地方甚至提供双人间。一个主要区别就是，对于徒步者小屋而言，可以致电房东预订。马法特盆地拥有许多徒步者小屋，还有的零散分布在岛上其他地方；大多位于徒步小径附近。房东通常提供饭食或灶具。

度假出租屋和公寓

度假出租屋（meublés de tourisme）和公寓都是私人房屋和度假屋，家庭游客和旅行团可以租住它们，自炊度过假期，通常周租或者周末租用。整个岛上零散分布几十个度假出租屋和公寓。

多数可为4人或者更多游客提供住所，设施水准参差不齐。收费各异，约为350~700欧元/每周起以及120~280欧元/每周末起（注意，并非所有地点允许只定一个周末）。如果你权衡每人、每周价格，同时考虑自己要做几顿饭，入住小屋实际上可能非常划算。而且，小屋房东通常住在附近，住客可以了解很多当地信息。

公寓和度假出租屋可以致电房东直接预订。通常需要预付一定数目的订金。

酒店

如果你在寻找高档时髦的酒店，那你可能来错地方了。岛上的大部分酒店是一星、二星或三星级的，许多酒店都没有评级。只有寥寥可数的四星级和五星级酒店。

酒店大多分布在圣但尼和西海岸的海滩度假村周围，不过在美丽迷人的山区城镇锡拉奥和海尔村也能找到一些酒店。

就餐价格区间

以下价格区间指的是主菜花费。服务费包含在账单内。

€ 10欧元以下

€€ 10~20欧元

€€€ 20欧元以上

地图

➡ 法国国家地理学院（Institut Géographique National，简称IGN；www.ign.fr）出版的《留尼汪旅游地图》（*Carte Touristique La Réunion*），标准为1∶100,000（1厘米=1公里），在一页纸上表现了整个岛，完全够用了。

➡ 最详细和精确的用于徒步旅行的地图是IGN印刷的1:25,000比例图，共6幅。

➡ 在圣但尼和圣皮埃尔的大多书店都能买到地图。规模较大的旅游局也出售地图。

电话

➡ 留尼汪岛的所有电话号码都由10个数字组成，座机号码以☎0262开头，移动电话以☎0692或☎0693开头。

➡ 如果从海外（法国除外）拨打留尼汪的座机或手机号码，你需要拨你所在国家的国际接入码（中国的国际接入码为☎00）、留尼汪的国家代码（☎262），然后是去掉第一个"0"的当地号码。从留尼汪向国外拨打电话，先拨00进行国际接入，然后是国家代码，再拨区号和当地号码。例如，向中国打电话需先拨☎0086，再拨区号，最后是固定电话号码；如拨打手机号码，则无须拨区号。

➡ 留尼汪没有区号。

移动电话

➡ 至于移动电话，留尼汪使用的是GSM 900/1800系统，与中国一样。

➡ 该网络覆盖了岛上的大部分城镇和村落，包括马法特盆地。

➡ 如果你的GSM电话已经"解锁"，可以购买一张SIM卡，可从当地两家网络运营商Orange（www.orange.re）和SFR（www.sfr.re）中选择。新卡收费大约15欧元，包含5欧元的语音通话。充值卡很容易买到，亦可通过电话或者网络缴费。购买SIM卡，需要出示护照。

上网

许多中端酒店和所有高端酒店都提供免费Wi-Fi，此外民宿、许多咖啡馆、餐馆和大多数旅游局也有Wi-Fi，一般都不收费。在酒店中，Wi-Fi信号可能只覆盖公共区域。连接通常稳定。有Wi-Fi标识提示能够连接Wi-Fi的地方。

旅行安全

➡ 和大多数西方国家和地区相比，留尼汪整体上相对安全，不过盗窃的确会发生。

➡ 不要将任何贵重物品留在租来的车里或沙滩上，确保房间或者平房安全上锁。

➡ 很少有暴力事件，行凶抢劫几乎闻所未闻。最有可能制造麻烦的人是醉酒者。

➡ 不幸的是，在道路安全方面，留尼汪的记录很糟糕，这意味着你开车时必须时时保持警惕。潜在的危险包括醉驾者、超速、多弯道路和急转弯。

游泳

➡ 游泳者应该注意潜流和激流。下水之前咨询注意事项。

实用信息

➡ **报纸和杂志** 地区性日报包括法语的《留尼汪岛日报》（*Journal de l'Île de la Réunion*；www.clicanoo.re）和《日报》（*Le Quotidien*；www.lequotidien.re），两份报纸都会刊登景点和活动信息。

➡ **广播** 调至Réunion 1re、Kreol FM或者Radio Free Dom，收听当地新闻（法语和克里奥尔语）。

➡ **吸烟** 室内公共场所和公共交通工具上禁止吸烟，但在露天餐馆和沙滩上是允许抽烟的。和其他地方一样，禁烟是大势所趋，所以日后禁烟力度将会增加。

➡ **电视** 政府频道是留尼汪第一频道（Réunion 1re），还有独立运营的留尼汪天线（Antenne Réunion）和留尼汪频道（Canal+Réunion）；大部分电视节目都来自法国本土。

➡ **度量衡** 留尼汪使用公制。

- 过去几年，鲨鱼袭击冲浪者或游泳者的事件已经成为一个问题。随时注意身边的各种建议，例如，鲨鱼警告提示。来到圣吉尔-莱班、圣勒、艾米达吉-莱班、拉萨里-莱班、伊唐-萨累-莱班和圣皮埃尔游泳，不要离开救生员巡视的海滩区域。只在潟湖以及安全区域以内游泳。为了提高游泳和冲浪的安全性，2016年初，圣吉尔-莱班的黑岩和布坎·加诺特海滩附近装上了防鲨网。

法律事宜

- 法国警察拥有广泛搜查和拘留权力，可以随时要求行人提供身份证明。
- 外国人必须能够立刻证明自己来到法国的合法身份（例如护照、签证、居住许可证）。
- 如果警察叫住你，无论什么原因，保持礼貌和冷静。口头（或者行为）冒犯警察将会面临高额罚款。
- 被捕人员在被证明有罪之前被视为无罪，但是可被羁押至庭审。
- 严禁携带和吸食毒品，否则严处。

儿童

- 如果你带儿童旅行的话，留尼汪是个非常合适的目的地。这里有很多沙滩、野餐地点和户外活动，再加上健康的食物，各个年龄段的游客都可以在无害的环境下做许多想做的事。
- 大多数当地人自己就有许多孩子，并不介意隔壁桌儿童发出的尖叫。
- 大城镇有很好的医疗设施。
- 更多信息见Lonely Planet的《带孩子旅行》。

实用信息

- 少数酒店提供儿童俱乐部，许多地方提供免费的婴儿床，儿童额外加床只需多付一小笔费用。大多数民宿欢迎儿童。
- 许多餐厅有儿童套餐，价格便宜得多。
- 尿布随处可以买到。
- 公共场合喂奶不算失礼。
- 大型租车公司可以提供安全座椅，额外收费。

残障旅行者

行动有困难的人在留尼汪独自旅行很不方便。只有高端酒店才有专门为轮椅使用者设计的设施。

由于没有足够的设施，在大多数城镇上的街道乘坐轮椅行走都很困难，而且大多数户外景点和历史遗迹都没有为轮椅设计的道路。一些例外是圣勒的克罗尼亚博物馆（见214页）、穆拉村的火山之城博物馆（见243页）和圣勒附近的史黛拉·马图提娜博物馆（见218页）。一些跑马场、潜水中心和其他运动机构可以接待残障人士，不过附带一些特别提醒。

登录http://lptravel.to/AccessibleTravel，下载Lonely Planet免费的无障碍旅行指南。

同性恋旅行者

有关同性恋的法国法律在留尼汪同样有效，这意味着岛上没有对同性恋活动的法定歧视，并且对同性恋的憎恶相对少见。人们相当宽容，但肯定没有法国本土那么自由；公开表现亲密可能会引人侧目，特别是在圣但尼以外的地方。

在整个岛上，特别是西海岸，都有餐厅、酒吧和住宿场所特别说明欢迎男同性恋和女同性恋。某些地区是同性恋群体关注的焦点，其中有圣但尼、圣皮埃尔和拉萨里-莱班。

女性旅行者

- 无论是结伴还是单独的女性旅行者在这里都不会引起太多惊奇或好奇，而且独自旅行的女性也不会遇到困难，只要她们保持明智的审慎态度。

气候变化和旅行

任何使用碳基燃料的交通工具都会产生二氧化碳，这是人为导致气候变化的主要原因。现代交通以飞机为主，耗费燃料以每公里人均计算或许比汽车少，但其行驶的距离却远很多。飞机在高空所排放的气体（包括二氧化碳）和颗粒同样对气候变化造成影响。许多网站提供"碳排量计算器"，以便人们估算个人旅行所产生的碳排量，并鼓励人们参与减缓全球变暖的旅行计划，以抵消个人旅行对环境所造成的影响。Lonely Planet会抵消其所有员工和作者旅行所产生的碳排放影响。

➡ 女性可以单独进入大多数酒吧，但在有些地方，这样做还是会引来不必要的注意——当你走进去的时候就会心里有数了。

➡ 不建议在内陆小道单独行走。

到达和离开

留尼汪只是印度洋的弹丸之地，可以直接前往，不过只能搭乘飞机。航班和团队游可以登录lonelyplanet.com/bookings预订。

飞机

留尼汪拥有飞往科摩罗、法国、印度、毛里求斯、马约特、泰国、塞舌尔和南非的直达航班。如果飞往其他地方，要在南非、毛里求斯、亚洲或者法国转机。

机场和航空公司

留尼汪有两个国际机场。大多数抵达航班飞抵圣但尼以东大约10公里的**罗兰·加洛斯国际机场**（☎0262 28 16 16；www.reunion.aeroport.fr；Ste-Marie）。如果从毛里求斯来，你可以降落在留尼汪岛南部圣皮埃尔附近的圣皮埃尔国际机场（见257页）。

奥斯特拉尔航空公司（Air Austral）是国家航空公司。安全记录良好，国际网络完善。2017年，奥斯特拉尔和马达加斯加航空共同开通运营每周两班往返塔那那利佛—留尼汪岛—广州的航班。可参考奥斯特拉尔航空公司网站www.air-austral.com获得具体航班信息。

抵达留尼汪

罗兰·加洛斯国际机场（Roland Garros International Airport；圣但尼）6:30～18:00，有从机场到圣但尼市中心的穿梭巴士（4欧元，每天12班）。从机场到圣但尼市中心的出租车花费为20欧元起，全程大约20分钟。

圣皮埃尔国际机场（Saint-Pierre-Pierre fonds International Airport；圣皮埃尔）乘出租车前往圣皮埃尔花费大约15欧元。

当地交通

自行车

急躁的司机以及陡峭的山地，意味着那些在留尼汪选择骑自行车出行的人要做好遭遇某些惊险的状况并且面临潜在危险的准备。

长途汽车

留尼汪的主要城镇和它们之间的许多小镇由长途汽车连接。该岛的长途汽车服务商称为**Car Jaune**（www.carjaune.re），拥有很好辨认的黄色汽车。汽车总站位于圣但尼海滨的Blvd Lancastel。

Car Jaune为岛上的某些地方提供地区性的小型公共汽车服务，从圣伯努瓦、圣约瑟夫、圣罗斯、圣勒和圣保罗出发。这些复杂的当地路线相当让人摸不着头脑，特别是你不太会说法语的话。旅行者最常乘坐的是圣安德烈至莎拉齐、莎拉齐至海尔村、大岛至勒贝里尔，以及从圣路易斯至锡拉奥、科德斯小岛和布拉塞克的长途汽车。

小汽车和摩托车

自驾是目前岛内最为方便的交通方式。

租车

租车在留尼汪非常流行，费用也很合理。收费为每天35欧元起（含第三方责任险，公里数无限制），如果你租用数周之久，价格可降低至每天25欧元。大多数公司需要提供信用卡，以便你可以留下押金。

大多数公司规定驾驶人必须满21周岁（有时候要满23周岁），拥有驾驶执照至少一年，并且拥有护照或其他形式的身份证件。欧盟公民可以用本国颁发的驾照；如果你来自别的国家和地区，则需要国际驾照。

不含碰撞损坏免责协议（collision damage waiver或assurance tousrisques），而且各个公司之间差别很大。小型轿车的起赔额通常是800欧元左右。如果每天支付补充保险，你可以将其完全减免（或至少降低至一半）。

所有大公司都在机场设有办公柜台。留尼汪岛上还有许多独立的租车公司。它们比国际公司更便宜，但出租的汽车一般更旧。大多数公司提供机场接送服务并收取额外费用。声誉好的租车公司如下：

Auto-Europe（www.autoeurope.com）

Cool Location（www.cool.location.fr；43 Rue Jules Auber，St.Denis）

Degrif' Loc-Bonne Route（☎0262 26 29 44，0692 05 18 32；www.degrifloc.re；St-Louis）

Europcar（☎0262 93 14 15；www.europcar-reunion.com；Roland Garros International Airport）

ITC Tropicar（☎0262 24 01 01；www.itctropicar.re）在圣但尼、圣皮埃尔、圣吉尔-莱班和机场有办事处。

Mik Location（☎0262 35 30 66；www.mik-location.re）在圣但尼和圣皮埃尔有办事处。

Multi Auto（☎0692 70 37 03，0262 29 01 66；www.multiauto.re）在Ste-Clotilde和圣安德烈。

加油站很容易找到。1升无铅汽油售价1.27欧元。大多数加油站接受信用卡。

道路状况

岛上的道路系统很好，并且有很多路标指示。2009年6月投入使用的塔马兰路线是一条四车道高速公路，连接圣保罗与伊唐-萨累（34公里），并分岔到已有的RN1上。它的开通直接将留尼汪两个最大的城市——北边的圣但尼和南边的圣皮埃尔——连接了起来。

Routes départementales（名称以字母D或RD开头）是第三级地区性道路，许多都非常曲折。

交通规则

像法国本土一样，留尼汪靠右行驶。有清晰的限速标志，最高车速为城镇中的每小时50公里到有分车带的公路上的每小时110公里不等。驾驶人和乘客都需要系安全带。血液酒精含量不得超过每升0.5克。

塞舌尔

人口：91,500/☎248

包括 ➡

最佳餐饮

- La Grande Maison（见318页）
- Loutier Coco（见343页）
- Café des Arts（见332页）
- Les Lauriers（见332页）
- Anse Soleil Café（见321页）

最佳住宿

- Château de Feuilles（见329页）
- Bird Island Lodge（见345页）
- Maia Luxury Resort & Spa（见320页）
- Chalets d'Anse Forban（见315页）
- Anse Takamaka View（见319页）

为何去

闭上眼睛，想象这样的画面：你慵懒地躺在细软的沙滩上，看见的是近处沙滩上黄玉般的海水，你的背后是一片郁郁葱葱的山丘和缓缓倾斜的巨砾。这是旅游宣传册的素材？不，这是塞舌尔的日常景象。拥有此般如梦似幻的美景，毫不奇怪塞舌尔会是新婚燕尔的蜜月之选。不过，对那些不满足于日光浴和浪漫风情的人来说，这片群岛还提供了许多高能量的休闲娱乐项目。你可以在丛林徒步，或漫步于海边，还可以划船野游，除此以外，潜水和浮潜也会让你乐不思蜀。这里的生态旅游也很受欢迎，海洋公园和自然保护区里的本地特色物种也非常易于亲近。

塞舌尔之行的花费比你想象得更实惠。除了那些极其奢华的地方和项目，这里有大量自助设施和别具地方特色的家庭旅馆。所以，如果你正煎熬于对热带天堂的无限向往之中，这里就是你的解药。

何时去

- 12月至次年3月，信风从西北方带来温暖湿润的气流，6月至9月东南信风则会给岛上带来凉爽干燥的天气，但同时也会激起阵阵波浪，所以你需要找一片保护措施良好的海滩。4月至5月和10月至11月通常风平浪静，是理想的旅游时节。全年气温变化在24℃~32℃。
- 岛屿之间的降雨量差别很大，每年的情况也会有变化。马埃岛（Mahé）和锡卢埃特岛（Silhouette）是群岛中山地最多的岛屿，降水量最大。
- 12月至次年1月和7月至8月是旅游旺季，当地住宿会出现短缺。塞舌尔处于飓风圈外。

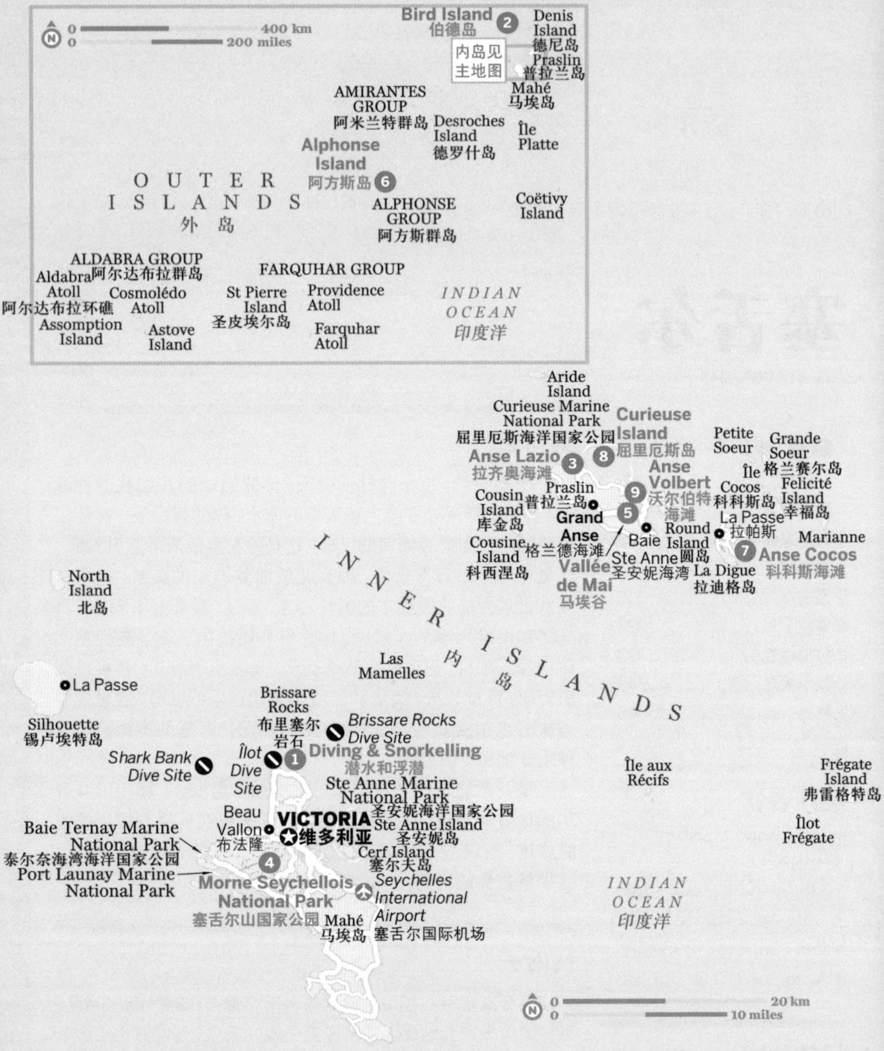

塞舌尔亮点

1. 在**马埃岛**(见299页)的北海岸密集的海洋生物间潜水和浮潜。
2. 在**伯德岛**(见345页)与世隔绝的荒岩上体验被困荒岛的幻想。
3. 在**拉齐奥海滩**(见323页)的碧海蓝天、美丽海滩间戏水。
4. 在**塞舌尔山国家公园**(见313页)探索广袤的山林,寻觅世界上最小的青蛙。
5. 在**马埃谷**(见323页)感叹:“噢,这些椰子太性感了!”
6. 在**阿方斯岛**(见346页)的珊瑚岛上体验荒岛幻想。
7. 在**科科斯海滩**(见337页)几近完美的海滩上打发时间。
8. 在**屈里厄斯岛**(见331页)抚摩象龟坚实的颈部。
9. 享受**沃尔伯特海滩**(见323页)一望无际的洁白海滩和碧绿海水。

马埃岛（MAHÉ）

马埃岛是塞舌尔群岛中最大的，也是目前为止最发达的岛屿。岛上坐落着首都维多利亚，居住着塞舌尔约90%的人口。这里是塞舌尔最繁华的地区，也是度假村和娱乐项目选择最多的地方，你可以在塞舌尔山国家公园崎岖的山地间徒步，潜入被斑驳海水爱抚的美妙海滩，或与鲸鲨一起浮潜。西海岸，自上而下是一长串惊艳的海滩和美妙的别墅，还有很多隐秘的美景等你探寻。无论你身处何地，天堂都触手可及——乘坐公交车或汽车，不到20分钟就可以抵达迷人的自然风景区。

维多利亚（Victoria）

人口：26,450

欢迎来到世界上最小的首都。维多利亚是整个国家主要的经济、政治和商业中心，不过每天的交通高峰时间只有10分钟。这里居住着塞舌尔三分之一的人口，尽管如此，维多利亚的空气却清新得如同一个乡下小镇。这里可能不能满足你对热带天堂的所有幻想，可一旦你开始深入了解这座城市，就会发现维多利亚的独特魅力。这里有熙熙攘攘的市场，修葺整齐的植物园，紧挨着现代化房屋和购物广场还有一片殖民时代的老建筑，非常值得观赏。这里也是回家前抓紧最后时间准备礼物的好地方。

对了，还有它周围的环境！维多利亚背靠着苍翠壮观的群山，就好像整个要掉进绿松石一般碧绿的大海里一样。

景点

钟楼边古老的前法院是克里奥尔建筑的绝佳典范，散落在Francis Rachel St和Albert St大街的殖民时期建筑也是难得的亮点。

★ 市场 市场

（Market；见304页地图；Market St；⏲周一至周五 5:30~17:00，周六 5:30至正午）不在这个有棚顶的市场里转一转就不算来过维多利亚港。按照非洲的标准，这只是个很小的市场，尽管如此，这里熙熙攘攘，商品琳琅满目，很是热闹。在新鲜蔬菜水果摊位旁边，是出售纪念品的小铺子，诸如当地的香料和草药，当然还有那些常见的围裙和T恤。一大早是逛市场的最佳时间，鱼贩子会摆出各色海味，从鹦嘴鱼到梭鱼，种类多得让人瞠目结舌。通常，周六是市场最热闹的日子。

★ 圣母大教堂 教堂

（Cathedral of the Immaculate Conception；见304页地图；Olivier Marandan St）这座壮观的大教堂最值得注意的地方是其典雅的正门和柱廊前墙。紧邻大教堂西边的绝妙建筑是住所（Domus）——神职人员的住所，也是国家历史文物。

Kaz Zanana 画廊

（见304页地图；☎432 4150；www.georgecamille.sc；Revolution Ave）这家画廊采用传统克里奥尔木制结构，展出塞舌尔最受欢迎的画家之一乔治·卡米尔（George Camille）的作品。画廊内设咖啡馆，从市中心走一小段上坡路即可到达。部分作品可出售。

钟塔 纪念碑

（Clock Tower；见304页地图；Francis Rachel St和Independence Ave的交叉路口）市中心的重点景观是仿照伦敦沃克斯豪尔桥（Vauxhall Bridge）的钟塔而建的缩小版复制品。1903年，也就是塞舌尔成为英国殖民地的那一年，这座钟塔被运送到了维多利亚。

植物园 花园

（Botanical Gardens；见304页地图；☎467 0500；100塞舌尔卢比；⏲8.00~17.00）从市中心向南走约10分钟路程就到了修葺整齐的植物园，园里泉水叮咚，鸟儿啁啾，亮点是沿着主要道路两侧栽种的海椰子棕榈树。此外，植物园里还有一座香料园、一个象龟场、一片栖满果蝠的热带雨林和一个自助餐厅。

自由纪念碑 纪念碑

（Liberty Monument；见304页地图；5th June Ave）纪念碑于2014年建成，纪念塞舌尔独立38周年，这座引人注目的青铜雕塑是英裔塞舌尔艺术家汤姆·鲍尔斯（Tom Bowers）的作品。

Sri Navasakthi Vinyagar Temple 印度教寺庙

（见304页地图；Quincy St）由于那些色彩明快的装饰，维多利亚这座很小的印度神

Mahé 马埃岛

庙在一群毫无特点可言的建筑中脱颖而出，非常抢眼。这座庙为当地的小型印度社区所使用。

自然历史博物馆 博物馆

（Natural History Museum；见304页地图；☎432 1333；Independence Ave；15塞舌尔卢比；⊙周一至周四 8:30~16:30，周五和周六 至正午）在这座摇摇欲坠的自然历史博物馆可以简短地参观一番，了解一下塞舌尔群岛的地质和动植物。

Mahé 马埃岛

重要景点

1 塔卡玛卡海湾 D4

景点

2 主海滩 A2
3 Anse Petite Police & Police Bay D6
4 洛奈港海滩 A3
5 大海滩 B3
6 教会遗址 B3
7 塞舌尔山国家公园 B2
8 塞舌尔香茶茶叶工厂 B3

活动、课程和团队游

9 Aldebaran A2
10 Cerf Island Explorer D3
11 Îlot B1
12 自然塞舌尔 C2
13 Shark Bank A1

住宿

14 AVANI Barbarons C4
15 Beau Séjour C3
16 Bliss B1
17 Calypha Guesthouse C2
18 Cerf Island Resort C2
19 Constance Ephelia A3
20 Copolia Lodge B3
21 Devon Residence D4
22 Eden Bleu Hotel C3
23 Enchanted Island Resort D2
24 Fairy Tern Chalet C2
25 Hilton Seychelles Northolme Resort & Spa B2
26 Hotel Bel Air B2
27 Jamelah Apartments D4
28 Lalla Panzi Beach Guesthouse D4
29 L' Habitation Cerf Island D2
30 Maia Luxury Resort & Spa C4
31 Mountain Rise B2
32 Petit Amour Villa B2
33 Résidence Charlette D4
34 Sainte Anne Island D2
35 Sunset Beach Hotel B1
36 The Station B3
37 Villa de Cerf C2
38 Yarrabee B1

就餐

Bravo ...... （见22）
39 Chez Plume C4
40 Del Place B3
La Grande Maison ...... （见1）
41 Marie-Antoinette B2
The Maharajas ...... （见22）

饮品和夜生活

42 Katiolo D4
The Boardwalk ...... （见22）

购物

43 Domaine de Val des Prés D4
伊甸艺术馆 ...... （见22）

前法院 历史建筑

（Old Courthouse；见304页地图；Francis Rachel St, Supreme Court）这座钟楼边的古老建筑是克里奥尔建筑的绝佳典范。

谢赫·穆罕默德·本·哈利法清真寺 清真寺

（Sheikh Mohamed bin Khalifa Mosque；见304页地图；紧邻Francis Rachel St）隐蔽在主干道一隅的是一座现代化的清真寺。维多利亚当地的穆斯林小团体很喜欢聚到这里，尤其是周五中午的聚礼，信徒们纷至沓来。

圣公会教堂 教堂

（Anglican Church；St Paul' s Cathedral；见304页地图；Albert St）圣公会教堂位于市中心的首要位置，外立面整修一新，高耸的尖塔散发着典雅的气息。

活动

维多利亚是跟团乘船旅行或游览的好地方，城镇中心有几家信誉较好的旅行社。

Marine Charter Association 乘船游

（MCA；见304页地图；☎432 2126；mca@seychelles.net；5th June Ave,Victoria）海洋宪章协会提供去往圣安妮海洋国家公园（Ste Anne Marine National Park）的玻璃底船旅行，成人票/儿童票80/45欧元。

Mason' s Travel 团队游

（见304页地图；☎428 8888；www.masonstravel.com；Revolution Ave；⌚周一至周五 8:00~16:30，周六 至正午）老牌旅行社，可以提供马埃岛及其附近岛屿的多项团队游服务。

Creole Travel Services 团队游

（见304页地图；☎229 7000；www.creoletravelservices.com；Albert St；⊙周一至周五 8:00~16:40，周六 至正午）这家小有名气的旅行社提供全套服务，包括购票、租车、安排马埃岛及其他岛屿的团队游，还提供外币兑换、出售到普拉兰岛的渡轮票等。

住宿

我们想不到游览马埃岛要住在维多利亚的理由——大部分游客只用一天时间游览首都，再回到海边或山上住宿。无论如何，维多利亚的住宿选择都非常少，其中最好的选择是附近的伊甸岛（Eden Island）。

Calypha Guesthouse 客栈 €

（见300页地图；☎424 1157；www.seychelles.sc/calypha；Ma Constance；标单/双 含早餐42/65欧元；❄📶）这家家庭客栈位于维多利亚以北3公里，地理位置不太有吸引力，也不会成为你此行最值得纪念的住处，但足够留宿一晚。六人间急需精心打理，但其他的房间状况良好。需要注意，空调额外收费（10欧元/天）。可以按照客人的要求提供克里奥尔式晚餐（15欧元），仅收取现金。

★ Beau Séjour 客栈 €€

（见300页地图；☎422 6144；www.beausejourhotel.sc；Curio Rd，Bel Air；房间 含早餐91欧元；P❄📶）一间别具风格的旅馆，在这儿你可以很好地消磨时光，让自己完全沉浸在宁静的美好中。它位于三兄弟山（Trois Frères）山脚下——这里是马埃岛北部最好的地理位置之一。旅馆不仅整洁明亮，内部设计和装饰也非常有个性。只有1号和5号房可以欣赏到景色（其他房间都在另一面）。旅馆可以按照客人的要求提供餐食。

Mountain Rise 酒店 €€

（见300页地图；☎422 5308，271 6717；mountainrise@seychelles.net；Sans Souci Rd；标单/双 含早餐95/120欧元；P📶🏊）沿路直上Sans Souci（从市中心乘坐巴士会更轻松些），Mountain Rise酒店位于一所大气、通风良好的历史老宅内，提供5个朴实而宽敞的房间，还设有一家很好的克里奥尔餐厅和一个游泳池。酒店没有空调，不过它所处的位置有风吹过，非常凉爽。

Hotel Bel Air 酒店 €€€

（见304页地图；☎422 4416；www.seychelles.net/belair；Bel Air Rd；房间 含早餐165欧元）如果你真的很想住在维多利亚，离市中心最近的酒店是Hotel Bel Air,沿路直上Sans Souci。酒店在2013年重新翻修，有所改善，但这个价格我们期望获得的不止是体面的房间。

就餐

维多利亚的餐厅并不出名——比起坐定用餐的餐馆，更好的选择是小吃和快餐。Marie-Antoinette和不远处的伊甸岛除外。

★ La Pause 各国风味 €

（见304页地图；☎253 7881；www.lapause-seychelles.com；Revolution Ave；主菜 100塞舌尔卢比起；⊙周一至周五 9:30~16:30）受欢迎的工作日用餐选择，位于中央地带，友善的马蕾卡（Malaika）和奥利弗（Oliver）提供果汁、奶昔、甜咸可丽饼、沙拉、三明治和起酥点心，还有美味绝伦的巧克力熔岩蛋糕。店里只有四个靠窗的桌子，但在这里食物是最重要的，所以在哪吃都很好。

Lai Lam Food Shop 快餐 €

（见304页地图；Benezet St；主菜 30~560塞舌尔卢比；⊙周一至周五 正午至16:00）这家超级受欢迎的外卖店恰好处于中心地带，这里供应烤鸡、熏鱼饭和其他健康的克里奥尔主食。价格实惠还可以让你大饱口福，更可以感受一下维多利亚工薪阶层的生活。

Double Click 自助餐馆 €

（见304页地图；☎422 4796；Palm St；主菜 50~110塞舌尔卢比；⊙周一至周六 8:00~20:00，周日 9:00~20:00）这家热闹的小餐馆深受学生们的欢迎。餐馆供应简餐，像沙拉、汤类和三明治。除了价格实惠、提供网络以外，没什么特别之处。

★ Marie-Antoinette 克里奥尔菜 €€

（见300页地图；☎426 6222；Serret Rd；套餐 275塞舌尔卢比；⊙周一至周六 正午至15:00，

South Mahé 马埃岛南部

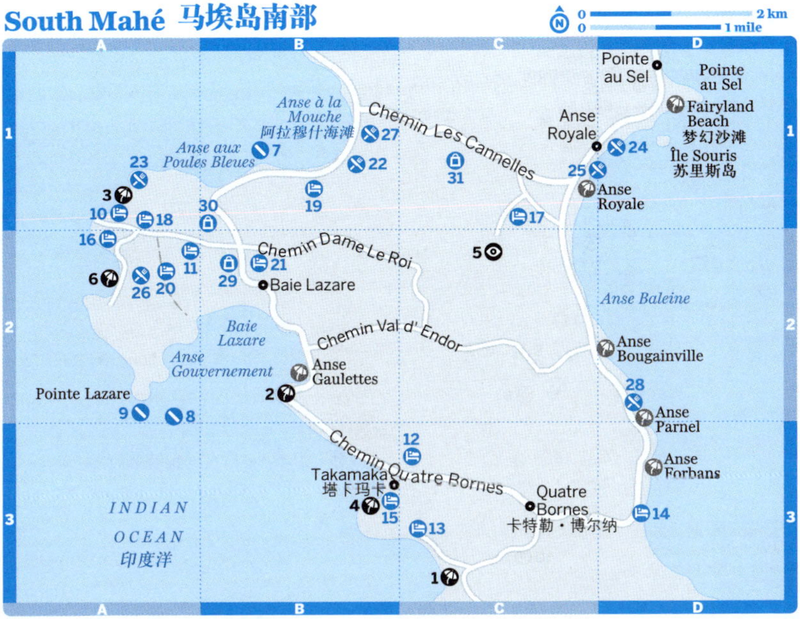

South Mahé 马埃岛南部

景点

1 Anse Intendance C3
2 路易海滩 B2
3 阳光海滩 A1
4 塔卡玛卡海滩 B3
5 皇家花园 C2
6 小海滩 A2

活动、课程和团队游

7 Alice in Wonderland B1
Dive Resort Seychelles .... (见27)
8 Jailhouse Rock A2
9 Shark Point A2

住宿

10 Anse Soleil Beachcomber A1
11 Anse Soleil Resort A2
12 Anse Takamaka View C3
13 Banyan Tree C3
Blue Lagoon Chalets .... (见22)
14 Chalets d' Anse Forban D3
15 Chez Batista' s B3
16 Four Seasons Resort A2
17 Koko Grove Chalets C1
18 La Maison Soleil A1
19 La Residence B1
20 La Rocaille A2
21 Valmer Resort B2

就餐

22 Anchor Café – Islander Restaurant B1
23 Anse Soleil Café A1
Chez Batista' s .... (见15)
24 Kaz Kreol D1
Le Jardin du Roi .... (见5)
25 Les Dauphins Heureux Café-Restaurant C1
26 Maria' s Rock Cafeteria A2
27 Opera B1
28 Surfers Beach Restaurant D2

购物

Art Arc .... (见26)
Gerard Devoud' s Studio .... (见21)
29 Lazare Gallery B2
30 Michael Adams' Studio B1
31 Tom Bowers C1

18:30~21:00) Marie-Antoinette不仅仅是一家餐厅，更是一种独特的经历，晚餐时尤其如此。这是一座殖民时期的有些陈旧的塞舌尔式别墅，采用的是美观独特的木铁混合结

Victoria 维多利亚

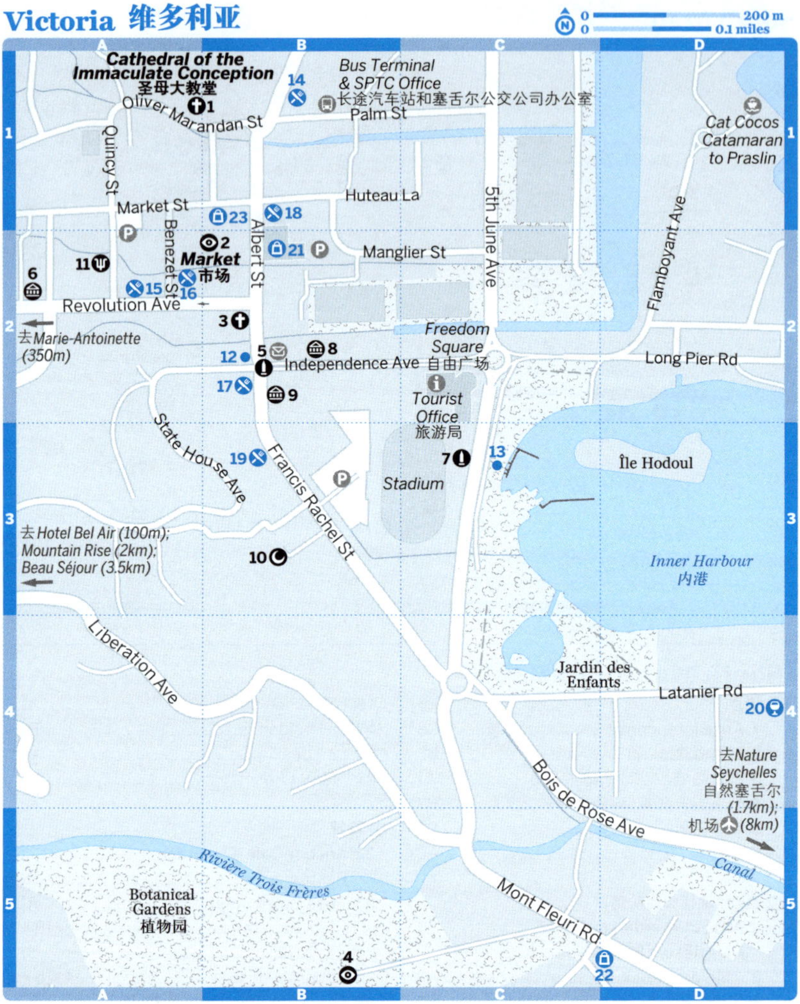

构。记得要空腹前来，因为这里的当日套餐包括鱼、茄子煎饼、烤鱼、咖喱鸡、焖鱼、米饭和沙拉，自20世纪70年代以来就没有变过。

Restaurant du Marché

海鲜 €€

（见304页地图；☎422 5451；Market St；主菜 125~255塞舌尔卢比；⏰周一至周六 7:00~15:00）这家位于集市（楼上）里的小餐馆朴实无华，但食物新鲜美味，吸引了很多顾客。特色菜肴包括熏鱼沙拉、金枪鱼排和椰奶鱼块。这是一个感受当地风土人情、品尝当地特色美食的好去处。

Sam' s Pizzeria

比萨 €€

（见304页地图；☎432 3495；Francis Rachel St；主菜160~275塞舌尔卢比；⏰11:00~15:00，18:00~23:00）这里的墙壁上装饰着当地艺术家乔治·卡米尔（George Camille）的画，让店里变得别具风格。配合木炭烤制的比萨，还有沙拉、意大利面或烤鱼、烤肉等选择。而且这家店在周日也营业，这在维多利亚很少见。此外，这里还提供外卖服务。

News Café

自助餐馆 €€

（见304页地图；☎432 2999；Albert St，

Victoria 维多利亚

主要景点
1 圣母大教堂 A1
2 市场 B2

景点
3 圣公会教堂 B2
4 植物园 B5
5 钟塔 B2
6 Kaz Zanana A2
7 自由纪念碑 C3
8 自然历史博物馆 B2
9 前法院 B2
10 谢赫·穆罕默德·本·哈利法清真寺 B3
11 Sri Navasakthi Vinyagar Temple A2

活动、课程和团队游
12 Creole Travel Services B2
13 Marine Charter Association C3
Mason's Travel （见15）

就餐
14 Double Click B1
15 La Pause A2
16 Lai Lam Food Shop A2
17 Le Cafe de l' Horloge B2
18 News Café B1
Restaurant du Marché （见2）
19 Sam's Pizzeria B3

饮品和夜生活
20 Level Three Bar D4

购物
21 Camion Hall B2
22 塞舌尔群岛基金会 D5
23 Sunstroke B1

Trinity House；主菜 150~210塞舌尔卢比；⊙周一至周五 8:30~17:00，周六 至15:00）坐在这家让人身心愉悦的咖啡吧里，不仅可以俯瞰市内主要街道，还能品尝一顿美味的早餐（水果麦片粥！），读一读当日的报纸，或是从城镇抽身，享受一下午餐时光。

Le Cafe de l' Horloge　各国风味 €€€

（见304页地图；☎432 3556；Francis Rachel St；主菜 225~485塞舌尔卢比；⊙周一至周六 9:00~22:00）这家位于一楼的小饭馆采用了巴厘岛和亚马孙风格相结合的装饰，从这里可以遥望钟塔。深色的木制家具配上热带植物和烛光餐桌，这一切让人赏心悦目。餐厅菜品丰富，有鱼、肉、沙拉、比萨和冰激凌，品质没什么特别，但至少餐厅环境宜人。

饮品和夜生活

维多利亚中心地带没有什么晚间饮酒的地方推荐——像世界上其他港口城市一样，这里的酒吧简单粗犷，需要保持警觉。可以去Level Three Bar（乘出租车），或者最好选择伊甸岛或布法隆（Beau Vallon）。

Level Three Bar　酒吧

（见304页地图；Latanier Rd；⊙周一至周五 17:00至深夜）Level Three Bar在港湾附近一座毫不起眼的建筑里，虽然位置有点偏僻，但这儿的鸡尾酒价格适中（150塞舌尔卢比），环境也很酷，还是值得一去的。

购物

★Sunstroke　画廊

（见304页地图；☎4224767；www.georgecamille.sc；Market St；⊙周一至周五 9:00~17:00，周六 9:30~13:00）在这家艺术画廊中，你可以看到乔治·卡米尔（George Camille）的可爱画作，还有原作、版画、明信片、T恤出售。

塞舌尔群岛基金会　礼品、纪念品

（Seychelles Island Foundation，SIF；见304页地图；☎4321735；www.sif.sc；Mont Fleuri Rd，Victoria；⊙周一至周五 9:00~16:00）如果你想购买一个海椰子的果实（coco fesse），可以直接到塞舌尔群岛基金会，因为这里有一些库存，而且可以开具出口证明。费用约200欧元。

Camion Hall　工艺品

（见304页地图；Albert St；⊙周一至周六 9:00~17:00）到这家小店看一看，它就位于中心地带，这里售卖当地的艺术品和手工艺品，既富创意，又很有趣。

实用信息

中心地带很容易找到提供自动取款机的银

行、货币兑换设施和外币兑换处。

巴克莱银行(Barclays Bank; Albert St; ⏲周一至周五 8:30~14:30, 周六 至11:30)

巴克莱银行(Barclays Bank; Independence Ave; ⏲周一至周五 8:30~14:30, 周六 至11:00)可以兑换现金,设有两台自动取款机。

贝拉姆药店(Behram's Pharmacy; ☎4225559; Francis Rachel St, Victoria House; ⏲周一至周五 8:30~16:45, 周六 8:15~12:30)

维多利亚医院(Victoria Hospital; ☎4388000; Mont Fleuri)是塞舌尔最大的医院。

旅游局(Tourist Office; 见304页地图; ☎4671-300; www.seychelles.travel; Independence Ave; ⏲周一至周五 8:00~16:00)这里提供马埃岛、普拉兰岛与拉迪格岛的旅游手册和精美地图。

到达和当地交通

维多利亚是主要交通枢纽,在这里可以乘坐到达马埃岛周边的公共汽车,或乘船抵达普拉兰岛和拉迪格岛。

从飞机场乘坐出租车到市区的费用大约为400塞舌尔卢比。或者也可以到马路对面,乘坐任何一辆向北行驶的公共汽车都可以到达市区。从快艇码头步行至市中心大概10~15分钟,到那里继续找公交车或出租车就很多了。

维多利亚市中心布局紧凑,步行即可游览。附近的伊甸岛没有公共交通,但出租车费用通常在150塞舌尔卢比以内。

伊甸岛(Eden Island)

伊甸岛从2012年开始商业开发,迅速成为马埃岛最酷的景点之一。伊甸岛上有一家豪华的酒店、游艇码头、一些精良的酒吧和餐厅,还有一个现代购物商场。临水别墅可供出售——这是塞舌尔唯一允许外国人购买土地的地方——伊甸岛已成为代替维多利亚的明智之选。

食宿

伊甸岛上只有一家酒店,Eden Bleu,是靠近维多利亚最舒适的选择。

伊甸岛的亲水餐厅以品质、精美和氛围闻名——这正是维多利亚大部分餐厅缺少的。购物商场附近还零星散布着几个冰激凌店。

★ Eden Bleu Hotel　　酒店 €€€

(见300页地图; ☎439 9100; www.edenbleu.com; 标单/双 295/325欧元)Eden Bleu是距离机场最近的酒店,可以远眺伊甸岛的码头。风格独特的房间配有雀巢胶囊咖啡机和苹果电视。极为舒适的房间多少可以弥补看不到海滩的遗憾——比起海滩度假村,这里更像商务酒店,但确实极佳地弥补了重要的住宿空白。

Bravo　　各国风味 €€

(见300页地图; ☎434 6020; 主菜 180~575塞舌尔卢比; ⏲周一至周六 正午至深夜)这个露天餐厅可以远眺伊甸岛码头,提供令人愉快的用餐体验。这里主要提供意大利菜,都很美味,不过非要推荐的话,那就去尝一尝超级汉堡(Mega Burger)或煎金枪鱼沙拉吧。

饮品和夜生活

伊甸岛上的主要餐厅区域靠近水边,这里有一家很棒的酒吧The Boardwalk,还有很多餐厅在厨房关闭后也会变身酒吧。

The Boardwalk　　休闲酒吧

(见300页地图; ☎434 6622; 伊甸岛; ⏲周一至周四 8:00至午夜,周五和周六 至次日1:00或更晚)这里既适合早上喝咖啡,也适合深夜喝鸡尾酒。这家精致的酒吧可以说是岛上最酷的去处。水边浮桥平台上有柳编沙发,低沉的音乐带来柔和的氛围,这也是我们心目中整个塞舌尔最好的酒吧。

购物

Eden Plaza位于通往陆地的桥梁右侧,以别处的标准来说规模较小,但却是塞舌尔最大、最现代化的商场。这里有Billabong、Quiksilver等品牌,还有药店、冰激凌店、酒吧和餐厅。

伊甸艺术馆　　艺术品

(Eden Art Gallery; 见300页地图; ☎251 4707; Shop 103,Eden Plaza; ⏲周一至周五 10:00~18:00,周六 至14:00)这家大型展厅出售本地艺术作品和摄影作品,部分镶框,大部分是印刷品,有时也有原作。

实用信息

伊甸药店（Eden Pharmacy；☎2501500；Eden Plaza；⏲周一至周五 9:00~19:00，周六 10:00~15:00）

到达和当地交通

伊甸岛与主岛马埃岛以桥梁连接，约在维多利亚以南4公里。

伊甸岛上没有公共交通，但从维多利亚乘出租车往返的单程费用通常不超过150塞舌尔卢比。

圣安妮海洋国家公园（Ste Anne Marine National Park）

维多利亚外围的圣安妮海洋国家公园共由6个岛屿组成，其中2个是塞舌尔115个岛屿中最容易到达的。一日游的游客被允许登上塞尔夫岛（Cerf Island）和中岛（Moyenne Island；见307页）。那里有不错的浮潜点，且每个岛屿都有自己的个性。

圣安妮岛（Ste Anne Island）在维多利亚以东4公里处，是6个岛屿中最大的一个，拥有无与伦比的海滩风光。圆岛（Round Island）曾是麻风病人的聚居地，不过现在它以出海浮潜和绝美的海滩而闻名。将近十年来，长岛（Long Island）一直计划着建设豪华度假村——佩朗基度假村（Pelangi Resorts）在2015年签下租约，也许这个计划终于能够实现。这些岛屿中最小的是位于塞尔夫岛东南部的喀舍岛（Cachée），这里至今仍无人居住。

活动

海洋公园是游泳和浮潜的最佳去处，不过这里的珊瑚已经没有从前那么漂亮了。海湾的建设工程所产生的淤泥对珊瑚的破坏极大，而几次珊瑚白化则让珊瑚的处境雪上加霜。这里有一流的海滩和翡翠色的海水，但海面上会有漂浮的海藻。需要注意，官方对进入海洋公园的游客收取每人10欧元（12岁以下的儿童免费）的门票。旅行社的收费中一般是包含这个费用的。

Cerf Island Explorer 潜水

（见300页地图；☎257 0043；palblanchard@hotmail.com；Cerf Island；⏲周一至周六，须预约）想在圣安妮海洋国家公园内潜水，可联系Cerf Island Explorer，这是由马赛人Philippe Blanchard运作的一个小组织，提供个性化的服务且价格适中（单次/入门级潜水65/80欧元）。资深的浮潜项目需要40欧元（最少2人）。如果你不打算在海洋公园留宿，他还可以安排人从伊甸岛接送。

珍宝岛？

中岛（Moyenne Island）背后的故事很不寻常。20世纪前50年，这里无人居住，但被已故的英文报纸编辑布兰登·格里姆肖（Brendon Grimshaw）以8000英镑的价格买了下来。格里姆肖作为岛上唯一的居住者，花了50年的时间改造岛屿、开垦丛林，种植了16,000多棵树木，创造了一个属于自己的热带天堂。他还建立了一个阿尔达布拉象龟（Aldabra tortoise）育种项目，将岛屿改造为一个自然保护区，向游客收取优先游览费用。本地传言证实了岛上埋有海盗的宝藏——格里姆肖挖掘了两处遗址，发现了人为掩埋的痕迹，但一无所获——岛上发现的两处墓穴据说是海盗的。2012年格里姆肖去世后，他的梦想实现了，塞舌尔政府将中岛纳入了圣安妮国家海洋公园。

住宿

尽管大部分游客都选择乘船一日游，国家公园内的岛屿上也有几家豪华度假村（和几家中上价位的选择），恰好成为逃避陆地的绝佳选择。

★ **Fairy Tern Chalet** 公寓 €€

（见300页地图；☎432 1733；www.fairyternchalet.sc；Cerf Island；标双147欧元；❄📶）老板是一对和蔼可亲的南非夫妇，这是一个撇开所有烦恼的好地方，也是圣安妮海洋国家公园内最佳的选择。住所是两栋干净宽敞的双层小屋，还可以俯瞰沙滩。如果你不喜欢下厨房，5分钟就可以步行到L' Habitation Cerf Island酒店的餐厅。可以免费乘独木舟。

Villa de Cerf

别墅 €€

（见300页地图；☎252 3161；www.villadecerf.com；Cerf Island；房间 含半餐185欧元起；❄📶≋）一幢高雅的克里奥尔府邸，位于海滩上，地理位置绝佳。住宿四晚，第三晚可免费。

Enchanted Island Resort

度假村 €€€

（见300页地图；☎467 2727；www.enchantedseychelles.com；Round Island；别墅 含早餐800~1900欧元；❄@📶≋）这座圣安妮海洋国家公园圆岛上的度假村是岛上豪华度假村的典范，别墅宽敞别致，风格经典。我们认为这里的阳台浴缸是塞舌尔最好的带观景浴缸。私人泳池、一流餐厅和极致奢华的氛围带来十分令人难忘的体验。

Cerf Island Resort

度假村 €€€

（见300页地图；☎429 4500；www.cerf-resort.com；Cerf Island；标单/双 含半餐250/280欧元；❄📶≋）这座坐落在山脚下的度假村在奢华、幽静及私密（只有24栋别墅）之间找到了完美的平衡。这是一个异常安静而浪漫的度假村，深受蜜月旅行者的喜爱，房间内有可爱的竹木设计。度假村内有一个小型游泳池和一个水疗中心。不过有一点不足，这里的沙滩有些平淡无奇。

Sainte Anne Island

度假村 €€€

（见300页地图；☎429 2000；www.beachcomber-hotels.com；Ste Anne Island；标双 含半餐394欧元起；❄📶≋）拥有绵延220公顷私有土地，这个庞大的度假村拥有1个无边泳池、5间餐厅、几家酒吧、1个备受推崇的水疗中心、1个健身房、1个水上运动中心、1个儿童俱乐部、网球场和礼品店。度假村中的87栋别墅（一些附带私人游泳池）散落在精心打理的花园和椰树林里。锦上添花的是，度假村有3个海滩，朝向皆不相同。

L' Habitation Cerf Island

酒店 €€€

（见300页地图；☎432 3111,278 1311；www.lhabitationcerf.net76.net；Cerf Island；双/套房 含半餐191/248欧元起；❄📶≋）这个舒适的殖民时期风格的小酒店就在沙滩上，从维多利亚坐船只要10分钟就可以到这儿了。这里环境安静，拥有欢乐而温馨的家庭气氛，配备12间朝阳的客房，两栋别墅和迷人的花园（不过没有什么树阴）。餐厅提供超级新鲜的海鲜。住宿超过三晚可以享受折扣。

ℹ 到达和当地交通

除非你住在可以安排乘船游岛的豪华度假村内，此外，唯一游览公园和园内岛屿的方法就是乘船跟团游。

布法隆和北海岸（Beau Vallon & the North Coast）

布法隆（距离维多利亚3公里，位于马埃岛西北岸）的海滩全岛最长，有人认为也是全岛最好的海滩。按照塞舌尔的标准，布法隆也许有点建设过度了。如果你已经体验过了其他热带旅游胜地，就会发现它特别低调安静。傍晚时分，渔民在海边的塔卡玛卡树（takamaka trees）下卖鲜鱼的场景平添了一丝生活气息。

布法隆北边，沿着海岸前行一直到**格拉西斯**（Glacis）和**北点**（North Point）还有更好的风光等着你。沿着紧挨海岸线的狭窄公路驾车前行，沿途风景秀丽，间或还可以欣赏到崖下深藏着的迷人小海湾。

在布法隆西部，沿海公路途经**贝隆·布尔**（Bel Ombre），那里有一些条件不错的住宿，还有一个小渔港。沿海公路一直通到**丹泽尔**（Danzil），La Scala饭店的所在地。从那里还可以徒步到主海滩（见318页）。啊，主海滩……

景点

布法隆海滩是马埃岛最受欢迎的沙滩，它宛如一条绵长的、发着耀眼白光的弧线，上面镶着棕榈树和塔卡玛卡树。这里的水深适合游泳，不过6月至11月需要注意海浪。通常这里都会有值勤的救生员。

如果你要寻找一处更私密僻静的沙滩，那就去Sunset Beach Hotel酒店旁边的可爱的小**海滩**，而且它不是私有的。一路开车往北走，过了这家酒店以后再走150米，在左侧寻找一条水泥小径，朝着绿色植被进去就是了。

活动

和塞舌尔其他地方一样，潜水和浮潜是

当地知识

卡拉纳海滩(CARANA BEACH)

这里有一个秘密，只有当地人知道(悄悄告诉你)，那就是卡拉纳海滩。湛蓝的海水拥抱着这个小小的梦幻般的海滩，巨石环绕，海岸上斜立着三两棵棕榈树，中间形成了一小片沙地，就是这个海滩。它位于岛的东北端，找到那条在左侧的水泥路，沿着路的斜坡向下走，或者向当地人问路。

主要的活动；后者还常常包括一趟乘坐玻璃底游船的游览。

潜水

布法隆海湾有很多极好的潜水资源，还能看到几艘沉船；海湾外面还有几个一流的潜水点。

Blue Sea Divers 潜水

(见310页地图；☎252 6051；www.blueseadivers.com；Beau Vallon；⏲每天开放)这家由法国人经营的潜水场提供全套的潜水冒险活动，包括潜水入门课(97欧元起)、单次潜水(55欧元起)、认证课程和各种潜水及浮潜套餐。还可以搭乘蔚为壮观的潜水船"葛拉蒂号"(Galatea)环游塞舌尔群岛(www.diving-cruises.com)，这艘船在2013年6月才开始投入使用。

Underwater Centre/Dive Seychelles 潜水

(见310页地图；☎434 5445，424 7165；www.diveseychelles.com.sc；Beau Vallon；⏲每天开放)这家由英国经营、运营良好且被专业潜水教练协会(Professional Association of Diving Instructors，简称PADI)认可的五星级潜水中心位于Berjaya Resort。未提前预约的全套设备潜水价格是每人每次60欧元起，同时设有认证课程和潜水套餐。

Big Blue Divers 潜水

(☎426 1106；www.bigbluedivers.net；Beau Vallon；⏲周一至周六)位于布法隆的北部，这个由专业潜水教练协会授权的机构设有潜水入门课(95欧元)、单次潜水(50欧元起)、潜水套餐体验和认证课程。

浮潜及乘船游

布法隆海湾有一些很棒的浮潜点，特别是前往北点的岩石海岸沿线。这里也是**乘船短途游**的主要出发点，还可以从这里出发到海岛西北角的泰尔奈海湾(Baie Ternay)浮潜，那里的珊瑚礁很健康，海洋生物也很丰富。全天游费用包括公园的门票、烧烤午餐和浮潜装备。最好的旅游时节是4月至10月，需要凑够4~6个人才发团。联系一个受好评的旅行社(也可以让你入住的酒店或家庭旅馆代办这件事)。

在Berjaya Resort，Underwater Centre/Dive Seychelles(见309页)在组织去L' Îlot、泰尔奈海湾海洋国家公园(Baie Ternay Marine National Park)和灯塔潜水的时候也会适时增加浮潜项目(20~30欧元)。他们还有浮潜装备出租(10欧元/天)。

Teddy' s Glass Bottom Boat 乘船旅行

(☎251 1125，251 1198；teddysgbb@yahoo.com；半天/全天游60/90欧元；⏲须预约)信誉良好。主要经营乘玻璃底船游泰尔奈海湾和圣安妮海洋国家公园的旅游项目，行程中包括游泳和浮潜活动。

Blue Marlin 乘船旅行

(见310页地图；☎251 0269，251 6067；Beau Vallon；全天游90欧元)全天乘船游，含泰雷斯岛(Thérese Island)上的烧烤午餐和泰尔奈海湾海洋国家公园(Baie Ternay Marine National Park)内的浮潜项目。

Dolphin Nemo Glass Bottom Boat 乘船旅行

(见310页地图；☎259 6922，426 1068；dolphin.nemo@yahoo.com；Beau Vallon；全天游90欧元；⏲须预约)来一场圣安妮海洋国家公园和泰尔奈海湾的标准旅行。他们在沙滩上有个亭子，就在Berjaya Resort的前面。

住宿

布法隆和贝隆·布尔(Bel Ombre)提供北马埃岛最丰富的住宿选择，迷人的海滩上和邻近区域既有豪华度假村，也有自助式别墅。

Beau Vallon & Around 布法隆及周边

Beau Vallon & Around 布法隆及周边

活动、课程和团队游

1 Big Blue Divers....D1
2 Blue Marlin....D2
Blue Sea Divers....（见14）
3 Dolphin Nemo Glass Bottom Boat....C2
4 Twin Barges....A3
5 Underwater Centre/Dive Seychelles....D2

住宿

6 Apartments Sables d' Or....D2
7 Beach House....D1
8 Beau Vallon Residence....D3
9 Casadani....C3
10 Diver' s Lodge Guesthouse....D1
11 Georgina' s Cottage....D1
12 H Resort Beau Vallon....C3
13 Hanneman Holiday Residence....D2
14 La Clef des Îles....D2
15 Le Méridien Fisherman' s Cove....C3
16 Ocean View Guesthouse....B3
17 Romance Bungalows....D2
18 Villa Rousseau....B3

就餐

19 Baobab Pizzeria....D2
20 Boat House....D2
21 Coral Asia....D2
22 La Fontaine....D2
23 La Perle Noire....D2
24 La Plage....D2
25 La Scala....A3

饮品和夜生活

26 Tequila Boom....C3

Casadani 公寓 €

（见310页地图；☎251 1081，424 8481；www.casadani.sc；Bel Ombre；标单/双 含早餐75/90欧元；P❄📶）在一个翡翠色天鹅绒一般的山坡上，就在滨海公路的上方，坐落着这幢大受欢迎的酒店式公寓。如果你能订到一个临海的房间，肯定会有非凡的体验。酒店内的25个房间设备齐全，也很实用，只不过宽阔的共享露台外让人心醉的美景会让你无暇注意室内。酒店也可租车或租船。

Beau Vallon Residence 公寓 €

（见310页地图；☎251 6067；www.beauvallonresidence.sc；Beau Vallon；标单/双/四 50/60/80欧元；P❄📶）这是一个可以入住4人的独立

公寓，房间维护良好并且价格实惠。它不在海滩上，也没有风景可看，但是环境安静，紧挨商店和银行。沿路漫步5~10分钟就可以抵达布法隆沙滩，物超所值。尽早预订。

Romance Bungalows 公寓 €€

（见310页地图；☎424 7732；www.romance-bungalows.com；Beau Vallon；房间1084~1817塞舌尔卢比；P ❄ 📶）这座迷人的洋房与海滩仅一路之隔，常有熟客光临。房间宽敞，设备齐全，厨房一尘不染——Romance Bungalows是舒适住宿的不二之选。这里距离沙滩只有几步之遥，各种便利设施近在咫尺。

Ocean View Guesthouse 公寓 €€

（见310页地图；☎252 2010；www.choiceseychelles.com；Bel Ombre；标单/双 含早餐65/80欧元；P ❄）这绝对是一个超值的落脚点。这栋绝妙的别墅位于贝隆·布尔公路上方，有4间整洁无瑕的房间，都带有阳台，楼上的房间可以观看壮丽的海湾景色。背面的Vakwa房间价格便宜些，不过没有景色可看。走到布法隆海滩只需20分钟。

Villa Rousseau 别墅 €€

（见310页地图；☎252 0646；www.villarousseau.com；Bel Ombre；双/四 65/80欧元；P ❄）别墅共有三间卧室，设施现代化，环境安静，位于Ocean View Guesthouse附近。价格为整栋别墅，对夫妇来说很合算。

Yarrabee 公寓 €€

（见300页地图；☎426 1248；www.seychelles-yarrabee.com；Glacis；标单80~160欧元；❄ 📶）这里有两个设备齐全的套间和一个可以欣赏到无敌海景的三居室套房。附近有一个小沙滩和一个小超市。

观赏鲸鲨

8月至10月，在马埃岛北岸和西海岸通常可以看到鲸鲨。在9月和10月，Underwater Centre/Dive Seychelles（见309页）有专门的观看鲸鲨的浮潜旅行（135~150欧元）。此外，这里还组织鲸鲨观察项目。

Diver's Lodge Guesthouse 客栈 €€

（见310页地图；☎426 1222；www.diverslodge.sc；Glacis；标双 含早餐90~130欧元；P ❄ 📶）这幢现代别墅就坐落在沿海主路的正上方，靠着一个潜水中心。内设4个宽敞的大房间，一尘不染，高档精装修。楼上的房间要昂贵很多，但从这里可以穿过异国风情的树木瞥见海景。可根据客人要求安排晚餐。

店主的丈夫经营游轮Teddy's Glass Bottom Boat，所以如果你打算乘船游览就很方便了。

Beach House 公寓 €€

（见310页地图；☎252 2010；www.choicevilla.sc；Beau Vallon；标单/双 含早餐90/110欧元起；❄ 📶）在这样一个经济型酒店几乎要绝迹的地方，Beach House的性价比还算不错。4个设施齐全且宽敞的房间能够保证你睡个好觉，然后早点起床去布法隆海滩，穿过马路就到了。

Georgina's Cottage 客栈 €€

（见310页地图；☎424 7016；www.georginascottage.sc；Beau Vallon；房间 含早餐75~120欧元；❄ 📶）多年来，这个友好的客栈一直迎合着那些精打细算的旅行者。2012年，客栈被彻底改造。现在，在一栋迷人的克里奥尔式建筑中的客房比原来昂贵却也更舒适。几乎没有其他地方能够与这里的地理位置相提并论：从海滩上投20米飞盘就可以掷到这里，距潜水中心、餐厅和商店也都很近。客栈经理艾迪对当地情况了如指掌。

★ Hilton Seychelles Northolme Resort & Spa 别墅 €€€

（见300页地图；☎429 9000；www.hilton.com；Glacis；别墅 300~1300欧元；P ❄ @ 📶 🏊）这里仅提供高雅的别墅，是全球最小的希尔顿酒店，这点令我们更加喜爱它。这里静谧精致而私密，别墅尤为出众——如果可以，我们多么希望定居在这拥有大天景、私人泳池、惊艳设计的新Grand Ocean Pool Villas里永不搬出。

★ H Resort Beau Vallon 度假村 €€€

（见310页地图；☎438 7000；www.seychelles.h-hotel.com；Beau Vallon；套房/别墅

475/1015欧元；P ❄ @)作为近年来布法隆最具吸引力的住处之一，H Resort极度舒适的套房和别墅巧妙地运用了实木、藤条和亚麻。度假村沿布法隆美丽海滩的南端而建，绿树成荫，精美的餐厅、出色的服务和别致的公共区域使这里成为绝佳的选择。

★ Le Méridien Fisherman's Cove
度假村 €€€

（见310页地图；☎4677000；www.lemeridienfishermanscove.com；Bel Ombre；标双 含早餐300欧元起；P ❄）这是一家非常可靠的度假村，有一个令人咂舌的拱形大堂，70间装修得现代化的房间，浴室和卧室是相通的。内部房间排列紧凑，但都临海，而且紧挨着郁郁葱葱的花园。相较于私密氛围，这里的气氛更显得欢乐随和。设施包括两家餐厅、一个酒吧、一个水疗中心和一个游泳池。不足之处：沙滩太小，令人失望。

Petit Amour Villa
别墅 €€€

（见300页地图；☎2578039；www.petitamourvilla.com；Glacis；标双/套间 含早餐203/280欧元起；P ❄ @）这里广受好评并不奇怪——华丽的房间、美妙的景致，房型从传统奢华到暗色实木与对比色的精妙组合，应有尽有。食物精美，最少3晚起订。

Apartments Sables d'Or
公寓 €€€

（见310页地图；☎4247404；www.sables-dor.sc；单/双卧公寓 350/495欧元）迷人、现代的自炊式公寓，位于布法隆美丽的海滩上，这里是马埃岛这一角最佳的选择。主人对岛上的一切无所不知，从这里走上短短一段路就能找到许多餐厅。最少6晚起订。

Sunset Beach Hotel
酒店 €€€

（见300页地图；☎4261111；www.thesunsethotelgroup.com；Glacis；标单/双 含早餐252/310欧元；P ❄ @）这个便于观赏落日的迷人酒店坐拥一个小海岬的最佳位置。28个隐蔽在树丛和岩石中的套间被分为3类。客房稍显陈旧，在房型、大小和品质上各有不同（最好的客房是小型套房）。有个可爱的酒吧俯瞰大海。这里可以直接通向海滩，海岸不远处就有超级棒的浮潜场地。最少4晚起订。

Bliss
精品酒店 €€€

（见300页地图；☎2711187，4261369；www.bliss-hotel.net；Glacis；双/套 含半餐250/400欧元；P ❄）这家临海而立的酒店拥有8间客房，装饰品都是天然材料做成的，美丽的海景让人瞠目结舌。山脚下的客房在穿过公路的另一栋建筑里，尽管那里有枝繁叶茂的热带花园，却不如海边的客房那么令人赞叹。这里的设施包括一个游泳池、一个小水疗中心和一个很棒的木质阳台，阳台直通一个（遍布岩石的）小沙滩。

Hanneman Holiday Residence
公寓 €€€

（见310页地图；☎4425000；www.hanneman-seychelles.com；Beau Vallon；套 105~126欧元，公寓126~234欧元；❄）这个风格粗犷的别墅显然不是由岛上最有才华的建筑师打造的，但是它的内部很温馨，共有6套装修高档、几乎无可挑剔的公寓，还有一个价格相对便宜、可以供两个人住的单间公寓（105欧元）。浴室也一尘不染，你简直可以捡地板上的东西吃。别墅中还有一个漂亮的游泳池。客源少时可以优惠。慢跑5分钟就可以到海滩上。

La Clef des Îles
精品酒店 €€€

（见310页地图；☎537100；www.clefdesiles.com；Beau Vallon；标双/三/四 250/310/370欧元；❄）这里的优势是：位于布法隆海滩上，一家比萨餐馆和潜水中心之间——地理位置无法抗拒，地段繁华。劣势是：位于布法隆海滩上，一家比萨餐馆和潜水中心之间——缺少私密性。四个设计独特、空间宽敞、装备齐全的公寓，均有阳台或露台可俯瞰海滩。

就餐

布法隆及周边区域有很多出色的餐厅，有些还可以同时享受精美的食物与水边的美景。

如果你准备自炊，在沙滩公路上或是沙滩公路与贝隆·布尔公路的交叉路口就能找到便利店，这里提供各种基本饮食和其他必需品。

周末，海滩边的小径和La Plage Restaurant南边的停车场都满是小贩，售卖烧烤本地香肠、鱼等便宜小吃。

Baobab Pizzeria
比萨 €

（见310页地图；☎4247167；Beau Vallon；主

菜 115~175塞舌尔卢比；⊙正午至15:30，18:30~21:30）米歇尔（Michel）女士经营的这家小餐馆朴实无华、满地沙子，因为它就位于沙滩上。在海里玩了一上午之后，在这里吃上一份热气腾腾的比萨饼，来一碗意大利面，或者鱼和薯条，就可以让自己重新充满活力。

★ Boat House　自助餐、海鲜 €€

（见310页地图；☎4247898；www.boathouse.sc；Beau Vallon；午餐主菜 250~500塞舌尔卢比，自助晚餐成人/儿童 425/250塞舌尔卢比；⊙正午至16:30，19:30~21:30）这家老牌餐厅是一个吃高档餐的好地方。除了那些已经饿到无以复加的人，店里提供20道不同菜肴的克里奥尔主题自助晚餐可以满足一切顾客的需要，包括克里奥尔咖喱、沙拉和烤鱼（通常是金枪鱼，运气好的话会有红鲷鱼）。午间也供应限量但十分美味的鱼餐。

Coral Asia　寿司 €€

（见310页地图；☎4291000；Coral Strand Hotel，Beau Vallon；寿司 20塞舌尔卢比起，套餐 240塞舌尔卢比起；⊙正午至22:00）Cora Asia的开放式平台就餐区设在Coral Strand Hotel的海滩上，这里的寿司十分美味，深受游客和本地居民的欢迎。我们特别推荐"Corner Menu"，包含生鱼片和寿司、八个寿司卷、一份沙拉、一份热主菜和一份木瓜生鱼片甜点，价格仅需350塞舌尔卢比。

La Fontaine　欧洲菜、海鲜 €€

（见310页地图；☎4422288；Beau Vallon；比萨 225~575塞舌尔卢比，主菜 120~400塞舌尔卢比；⊙周一至周六 12:00~22:00）从沙滩穿过马路，在这家简单的小饭馆里你一定可以找到填饱肚子的东西（没有海景）。餐厅提供带有海岛风味的法意混合菜品，并有海鲜。

La Perle Noire　意大利菜、海鲜 €€€

（见310页地图；☎4620220；Bel Ombre；主菜 310~620塞舌尔卢比；⊙周一至周六 18:30~21:30）这家"黑珍珠"的格调大受好评，航海主题的装饰让人眼前一亮。各种航海设备很随意地摆放在餐厅里。餐厅主要提供带有意大利风味的鱼和肉类菜肴，常客众多，好评如潮。

La Scala　意大利菜、海鲜 €€€

（见310页地图；☎4247535；www.lascala.sc；Danzil；主菜 200~450塞舌尔卢比；⊙周一至周六 17:15~22:00）一家深受游客和当地人喜爱的老牌餐馆，专营美味的自制意大利面（gnocchi della casa，一种马铃薯面疙瘩，味道尤佳）和海鲜。尽管内部装饰显得陈旧了些，不过可以坐在海风轻抚的露台上，在摇曳的烛光下远眺大海，最后在提拉米苏的甜蜜中结束晚餐。餐厅位于丹泽尔附近沿海公路的尽头。

La Plage　各国风味 €€€

（见310页地图；☎4620240；Beau Vallon；主菜 290~575塞舌尔卢比；⊙周四至周二 正午至22:00）拥有可以俯瞰布法隆北端的亲水边餐桌，La Plage名副其实。摆盘无可挑剔，室内装修精美，宽大整齐的餐桌，高高的天花板，一切都布置得井然有序。菜肴包括海鲜扁意面（linguine）和美味的混合海鲜拼盘。

饮品和夜生活

在马埃岛上，布法隆算是最热闹（按照塞舌尔的标准）的区域。Le Méridien Fisherman's Cove、Hilton Seychelless Northolme和 Sunset Beach Hotel的酒吧都是边喝鸡尾酒边欣赏日落的好去处。

Tequila Boom　夜店

（见310页地图；Bel Ombre；⊙周五和周六 21:00至深夜）当地夜店中最好的一家，位于贝隆·布尔主路上，离布法隆很近，播放本地音乐，令你情不自禁地站起身来随着音乐舞动。

到达和离开

维多利亚有固定班次的长途汽车往返于布法隆（7塞舌尔卢比，15~30分钟），它们要么通过圣刘易斯（St Louis）攀山而行，要么绕道格拉西斯（Glacis）。最晚一班返回维多利亚的长途汽车约在19:30出发；如果错过这班车得花200塞舌尔卢比乘坐出租车。

塞舌尔山国家公园（Morne Seychellois National Park）

虽然说迷人的海岸风光无疑是马埃岛的

马埃岛最佳潜水地

➡ **Shark Bank**（见300页地图）——马埃岛的标志性潜水地，仅接待有经验的潜水者。这个名字似乎有些误导性，实际上，这个距布法隆（马埃岛）9公里的30米花岗岩高地鲨鱼很少，反而容易碰到brissant rays、鹰魟、梭鱼、蝙蝠鱼，还有大量黄鲷鱼和大眼鲷。这里似乎总有强水流。

➡ **Îlot**（见300页地图）——这个花岗岩层紧邻马埃岛北部，由几个棕榈树覆盖的巨石构成。海峡水流较强，但众多巨石支持了塞舌尔物种最丰富的鱼群之一。金杯珊瑚（Golden-cup coral）装点着峡谷和沟渠，柳珊瑚等软珊瑚也很多。Îlot距布法隆坐船大概15分钟到达。

➡ **布里塞尔岩石**（Brissare Rocks；见298页地图）——距马埃岛北部约5公里，这个花岗尖岩可从布法隆到达。这里火珊瑚众多，还有大量黄鲷鱼、隆头鱼、鹦嘴鱼、黄线雀鲷、石斑鱼和鹰魟。这里覆盖着亮橙色的海绵动物和白色的柳珊瑚。

➡ **Twin Barges**（见310页地图）——如果你需要从离岸潜水中歇一歇，这两艘相邻的沉船一定能让你满意，它们就躺在布法隆海岸20米外的海床上。

➡ **Aldebaran**（见300页地图）——这艘船于2010年在主海滩外沉没；船体最深40米，这里生活着海鳗、军团鱼和魟鱼。

➡ **Alice in Wonderland**（见303页地图）——以健康的珊瑚群闻名，紧邻阿拉穆什海滩。

➡ **Jailhouse Rock**（见303页地图）——高压漂流潜水，适合有经验的潜水者，鱼群丰富。紧邻Pointe Lazare。

➡ **Shark Point**（见303页地图）——这里常能看见白鳍鲨、护士鲨和灰礁鲨。紧邻Pointe Lazare。

主要景点，但花点时间去探索海岛的内陆山区也是非常必要的。壮美的塞舌尔山国家公园是各种生物的栖息地，从沿海的红树林到全国最高峰塞舌尔山（海拔905米），整个公园足足占据了马埃岛总面积的20%。在茂密得让人透不过气的森林中，公园神秘的中心部分却几乎是荒芜的，且只能沿着小径徒步前往。不用深入多久你就会感觉外面的世界已经被你远远地抛在了后面。

景点和活动

如果不能走穿过公园的徒步小径，可以通过一条景色优美的蜿蜒小路穿过公园中心，饱览小路两旁的美丽风光，这条路还通往教会遗址和塞舌尔香茶茶叶工厂。

教会遗址 古迹

（Mission Lodge；见300页地图）接近马埃岛公路可达的最高点，从这里可以观看到马埃岛中心及西海岸的壮丽景色，低矮的石头遗迹通往森林（19世纪，伦敦传道会在这里办过学校，以供奴隶制废除后丢弃在岛上的奴隶子女就读）。英女王伊丽莎白二世1972年在小亭里喝过茶。

塞舌尔香茶茶叶工厂 农场

（SeyTé Tea Factory；见300页地图；☎4378221；Sans Souci Rd；25塞舌尔卢比；⏲周一至周五 7:00~16:00）仍在运作的茶叶工厂，位于格劳德港以上约3公里处，向游人提供20分钟的免费参观，展示茶叶制作的全过程。最好上午来参观，因为在这个时段可以看到茶叶从晾干到包装的全过程。工厂还有一个礼品店，在这儿你可以品尝并购买塞舌尔香茶（SeyTé）和香茅（citronnelle）。停车场可以看到美丽的西海岸风光，也能看到白尾鹲从这里飞过。

住宿

山中的树木掩映着一些绝佳的住宿选择。如不留宿，则需要乘车来完成一日游或抵达徒步起点。

★ **Copolia Lodge** 民宿 €€

（见300页地图；☎2761498；www.copolialodge.com；Bel Air, Sans Souci；标双 含早餐195~275欧元；P ❄ ☜ ≋）如果你不介意离群索居的感觉，这里会是个神奇地方——从维多利亚开车上山需要15分钟。这家经营良好的旅馆是栋别墅建筑，坐落在一个绿茵环抱的海岬上，从这里你可以把美妙的海岸平原和圣安妮海洋国家公园的景色收入眼底。6间客房明亮而一尘不染，房间设计线条简洁而宽敞。这里还有大量娱乐设施，包括一个豪华泳池。

The Station 客栈 €€€

（见300页地图；☎4225709；www.thestationseychelles.com；Sans Souci；房间200欧元起）位于高山上，这家舒适的水疗酒店与岛上别处的都不同。粉刷得雪白的房间，公共区域的美妙景色和免费瑜伽课程是这里的特色。这里自带餐厅和一家可爱的商店，出售精油等商品。

就餐

园内没有值得一提的餐厅，最好自带食物，特别是准备徒步的人。教会遗址的瞭望台上有一个小摊，出售本地小吃和茶。

到达和离开

每天有几班公共汽车往来于维多利亚和格劳德港（Port Glaud）、洛奈港（Port Launcy）之间。

从维多利亚到格劳德港的环山公路（沿着Liberation Ave的岔道Bel Air Rd走，然后转到Sans Souci路上继续前行）穿过塞舌尔国家公园，是一条景色优美的路线。

东海岸（East Coast）

还是让我们坦然面对现实吧：东海岸大部分区域都已经建造了房屋，所以只有几处可以称得上风景如画的景点。你也不会希望在这里游泳，因为海水很浅而且藻类滋生——铁杆沙滩控们可能要失望了。这并不是说东海岸是个不值得游玩的地方：机场以南有很多小块飞地和荒地，对那些想要逃脱纷扰、寻觅平静的游客来说可谓正中下怀。

景点和活动

梦幻沙滩（Fairyland Beach）是一个常被忽视且鲜有人知的地方。这里碧波荡漾，在离岸不远的小小的**苏里斯岛**（Île Souris）周边是浮潜的绝好地点。再往南还有其他几处值得游览的沙滩，分别是**Anse Royale**、**Anse Bougainville**、**Anse Parnel**和**Anse Forbans**。

★ **塔卡玛卡海湾** 酿酒厂

（Takamaka Bay；见300页地图；☎4372010；www.takamaka.sc；Le Cap；导览游 150塞舌尔卢比；⊙周一至周五 8:30~16:00，团队游 10:00~15:00）这是一个很受欢迎的团队游活动，你可以从中了解岛上这家主要酿酒厂背后丰富多彩的故事以及朗姆酒酿制的全过程。参观时间是30~45分钟，结束时可以品尝酒及购买一瓶朗姆酒。这里有一条林中小路和一小片甘蔗林，还有一个备受好评的酒吧餐厅。

皇家花园 花园

（Le Jardin du Roi；见303页地图；☎4371313；Enfoncement, Anse Royale；成人/儿童 110塞舌尔卢比/免费；⊙10:00~17:00）在Anse Royale上面的山上2公里之处，法国香料商人皮埃尔·皮瓦尔夫（Pierre Poivre）修建了这座园林。游客们可以在这个果树林木交织的35公顷的园林中自由漫步。种植园主的房子中包括一间**博物馆**和一间咖啡餐厅，坐在里面可以眺望延伸至海岸的迷人风光。礼品店里出售自制的果酱（Homemade jams）、柠檬橘子酱（marmalade）和香料调料。

住宿

东海岸或许不是全岛最吸引人的地方，但是我们还是发掘出了一些性价比很高（按照塞舌尔的标准）的家庭旅馆，并且都很容易乘公共汽车或乘船到达西海岸。

★ **Chalets d' Anse Forban** 别墅 €€€

（见303页地图；☎4366111；www.forbans.com；Anse Forbans；标双 145~168欧元，四人间235~336欧元；P ❄ ☜）这是一处适合家庭旅游度假的居住区，12栋度假洋房分布得错落

不要错过

在塞舌尔山国家公园徒步

如果你想出去走一走，在塞舌尔山国家公园你可以获得精彩绝伦的徒步体验。公园内，丛林密布的群山中蜿蜒盘旋着许多适合徒步的小路。维多利亚植物园（见299页）内发放的宣传册对这些小路有详尽的描述。不过，徒步路线的小路标志不清，而且曾有抢劫案件发生，所以最好请一位向导带路，他还可以给你介绍这里的自然景观和文化内涵。**Jacques Barreau**（☎4242386，2579191）和**Basile Beaudoin**（☎2514972）两位向导可以带领游客到公园中进行徒步和观鸟，可以从中学到很多东西。一天的费用是60~90欧元，包含交通费和野餐（半天的费用是40~65欧元）。你还可以联系**Terence Belle**（☎2722492），半天的收费是35~50欧元，不过他只在周末工作。记得一定要带上足够的水。

丹泽尔至主海滩

通往这个僻静的沙滩要经过一条布满倾斜岩石的海岸，这些岩石看上去非常壮观。起点是丹泽尔那条从布法隆海湾一直向西的公路尽头，从La Scala餐厅再向上走几百米就到了。这1小时的路程相当轻松，不过小路基本都暴露在阳光下。在走下沙滩之前，会经过一个可以欣赏主海滩美景的瞭望台。海滩安静祥和，适合游泳，不过那里可能会有强大的水流。你得沿原路返回。

从茶叶工厂到白山（Morne Blanc）

白山（677米）雄伟的白色山体和500米高的坡面给徒步提供了极好的条件。尽管小路全长只有600米，却相当陡峭——整个途中需要攀爬的路程就有270米，爬完全程大约需要1小时。登上山后最大的犒赏就是可以看到西海岸那令人震撼的美景。这条徒步小路的起点位于从维多利亚通往格劳德港的跨岛公路上，在去往茶叶工厂（见314页）的公路上行250米处，途中穿过老茶园。路上可以看到悬垂的菠萝蜜树，还有当地特有的鸟类，如塞舌

有致，窗明几净，设施齐全，家具和寝具都是新添置的。这里有开阔的草地，还有迷人的沙滩，可以尽情地游泳。午后，渔民会在海滩上卖他们捕捞到的海鲜。再放上几张沙滩床，附近还有一个商场，可谓应有尽有了。最少3晚起入住。

★ Devon Residence 公寓 €€

（见300页地图；☎2512721；www.devon.sc；Pointe au Sel；别墅100~150欧元；P ❄ 📶）是的，你没有产生错觉，这景色是真的。位于草木葱茏的山坡上，5栋别墅俯瞰着Anse Royale。别墅内设备齐全，宽敞明亮，干净整洁。还有额外福利，其中包括免费的机场接送服务、日常清洁、免费的Wi-Fi，还提供电视和洗衣机。这将是最值得你选择的下榻地之一。

Koko Grove Chalets 平房 €€

（见303页地图；☎2585986；www.kokogrove.nl；Anse Royale；小木屋 100~155欧元；P ❄ 🏊）如果你想远离喧嚣享受宁静，那么位于Anse Royale山上的小木屋就是你的最佳选择。这3套小木屋坐落于翡翠色的山坡上，分外显眼。屋内设备齐全，舒适的起居室配有可以远眺小泳池的私家阳台，后面就是大海。木屋位于皇家花园前400米处。

Jamelah Apartments 公寓 €€

（见300页地图；☎2523923，4410819；jamelah@intelvision.net；Le Cap；标双 70欧元，公寓 80~110欧元，含早餐；P ❄ 📶）这家值得信赖的住所的经营者是Florie，他对那些精打细算的游客们的需求可谓了如指掌。那两间客房（带阳台可看海景）绝对是个好选择。如果你带着孩子出行，可以选择另一栋独立楼房中的4套设施齐全的公寓。公寓对面有一块“小沙滩”，涨潮时的海水才及腰深。

Résidence Charlette 公寓 €€

（见300页地图；☎2715746；www.residencecharlette.com；Le Cap；单/双房公寓 45/70欧元起；P ❄ 📶）这是一个装饰从简、外表朴实无

尔太阳鸟、塞舌尔夜莺和可爱的蓝鸽。白尾热带鸟在山顶高处翱翔。你得沿原路下山。

科坡利亚（Copolia）

这是马埃岛上最受喜爱的徒步路线，可能也是最轻松的山地徒步路线。这条路线会给你一种令人愉快的印第安纳琼斯式的感觉——因为几乎全程都是丛林密布，沿途可以看到大量有趣的动植物。在这里你有机会认识竹叶虫和地球上最小的青蛙Sooglossus gardineri，还能看到独特（且食肉）的猪笼草长在小路最高点附近。这条小路始于距离维多利亚约5公里处、横贯全岛的努瓦尔森林小路（Chemin Forêt Noire）上，离科坡利亚的花岗台地（497米）只有1公里多一点，不过最后一段路程相当陡峭。往返一趟大约需要2小时。从这里看维多利亚和圣安妮海洋国家公园的景色十分震撼。

三兄弟山（Trois Frères）

三兄弟山是三座高耸于维多利亚上方的悬崖。小路的起点位于努瓦尔森林小路的Sans Souci森林站，距离维多利亚大约4公里。徒步行程的第一段相当轻松，大约1小时就可以走完，随后会抵达一个凉亭，那里视野非常开阔。接下来的一段至顶峰交叉处（699米）的路程险象环生，需要攀爬，最好带上向导。这一段需要2小时才可抵达山顶。你得沿原路下山。

Mare aux Cochons

这条难度中等的徒步路线始于丹泽尔，在通往主海滩的主路上转弯，经过老肉桂工厂的遗址，然后通过宽阔的果树和旋叶松树林，走到Mare aux Cochons的高地峡谷中。这里还有高海拔湿地。你得沿原路下山，或者继续走到格劳德港。路上约需3~4小时。下山的路有些难走，所以最好带上向导。

华的住所。它最吸引人的地方是适中的价格和那两套一尘不染的自炊式公寓，建于绿草如茵的花园区。额外服务：免费的机场接送和洗衣服务，逗留超过一周的住客还可以享用一顿克里奥尔式晚餐。这里不提供餐食，不过附近有几家商店。

Lalla Panzi Beach Guesthouse 客栈 €€

（见300页地图；☎4376411；www.lalla-panzi-beach.com；Le Cap；房间 含早餐60欧元；❄）Lalla Panzi不是你梦想中的临海花园，它只是一个通向海边的雅致住所。这个友好的家庭旅馆有4间一尘不染的客房，中间是一个舒适的休息室，其中2号房和3号房可以看到海景。家具稍显陈旧，室内装饰有些媚俗，但这也是它的魅力所在。

就餐

马埃岛东海岸有一些不错的海滩餐厅，不过Takamaka Distillery的La Grande Maison在塞舌尔任何地方都算得上最好的。

Les Dauphins Heureux Café-Restaurant 克里奥尔菜、咖啡厅 €€

（见303页地图；☎4430100；www.lesdauphinsheureux.com；Anse Royale；主菜 225~450塞舌尔卢比；⏲周一至周六 8:00~10:00，正午至15:30，19:00~21:30；周日 8:00~10:00，13:00~16:00）这是一家典型的带有遮阳露台的海滨餐厅，一个种满热带植物的花园为这里平添了些许现代感。菜单上的选择包括调味清淡的鱼、海鲜、咖喱饭和各种肉类——我们推荐姜黄螃蟹。每周日可以来这里享用美味的克里奥尔式自助午餐（400塞舌尔卢比）。

Surfers Beach Restaurant 克里奥尔菜 €€

（见303页地图；☎2783703；www.surfersbeach.sc；Anse Parnel；比萨 110塞舌尔卢比起，主菜 140~330塞舌尔卢比；⏲12:00~21:30）位置居高临下的Surfers Beach Restaurant是一个让人神魂颠倒的所在，从这间开放式的餐厅里可以远眺Anse Parnel撩拨人心的沙滩。身在其中，让海风轻抚你的面庞，细细品尝美味的沙拉、烤鱼或章鱼咖喱。

Le Jardin du Roi 海鲜 €€

（见303页地图；☎4371313；Anse Royale；主菜110~275塞舌尔卢比；⏰10:00~16:30）这家布置精美的咖啡餐厅就坐落在山上的花园（见315页）里。走进餐厅一坐定，你就会想体验品啜果汁或咀嚼沙拉的美妙感受。菜单上的招牌菜还有海鲜和三明治。留点儿胃品尝一下这里的冰激凌：它们都是由园林中的水果新鲜调制而成。

Kaz Kreol 海鲜、比萨 €€

（见303页地图；☎4371680；Anse Royale；主菜 150~415塞舌尔卢比；⏰周二至周日 正午至21:30，周一 16:00~21:30）这家餐馆就位于Anse Royal的沙滩上，随意中透着一种放荡不羁，海鲜、炭烤比萨和肉类相得益彰，而且还有丰富的中式菜品可供选择。一切乏味得刚好，上菜也有点慢。

★La Grande Maison 当代克里奥尔菜 €€€

[见300页地图；☎2522112；Takamaka Distillery，Le Cap；午餐塔帕斯（tapas）60~120塞舌尔卢比，晚餐主菜 350~500塞舌尔卢比；⏰周二至周六 正午至15:30，19:00~21:30]位于塔卡玛卡海湾（见315页），La Grande Maison是塞舌尔最有才华的主厨克里斯泰勒·佛海恩（Christelle Verheyden）的常驻餐馆。这幢殖民时期建筑被修葺一新，空气畅通，整个氛围恰好衬托出佛海恩的精美菜肴，它们都使用最好的本地（通常是有机的）原料制作。佛海恩还是一位品酒师——这里的酒也和菜品一样好。

饮品和夜生活

Katiolo 夜店

（见300页地图；☎4375453；Anse Faure；男士/女士 100/50塞舌尔卢比⏰周三、周五和周六 21:00至深夜）东海岸是马埃岛最受欢迎的夜店聚集地。这是一个相当时尚的场子，宁可盛装打扮也不要过度随意。

购物

Domaine de Val des Prés 工艺品

（Anse aux Pins；见300页地图；⏰9:30~17:00）Domaine de Val des Prés位于Anse aux Pins，大批工艺品商店聚集于此，簇拥在一栋藏有少量纪念品的老种植园房子的周围。这里出售的工艺品琳琅满目，有船模、陶器、油画、布艺，还有以用途广泛的椰子树制作的各种商品。

到达和离开

从维多利亚至东海岸有固定班次的公共汽车。从Anse Royale返回维多利亚的最晚一班车大约在19:30出发。

西海岸（West Coast）

西海岸是一道视觉盛宴。这里有一两处值得观看的景点，不过最吸引人的还要数这里的沙滩和海岸风光。马埃岛的这一侧比东部更原生态，青山越过掉满椰子的丛林，然后缓缓滑入半透明的海水中。

这里只有少量居民区，其中包括布瓦洛海滩（Anse Boileau）、大海滩（Grande Anse）和格劳德港（Port Glaud）的渔村。如果你寻求安静，那就沿着狭窄的沿海公路一直向北前往泰尔奈海湾（Baie Ternay），那是目前为止你可以到达的最远的地方。

沿着几条风景无限的穿山公路就能轻松从东海岸抵达西海岸。

景点

美丽的海滩，从南边的Anse Petit Police到北边的洛奈港海滩，都是西海岸独有的。

主海滩 海滩

（Anse Major；见300页地图）马埃岛最美的海滩之一，主海滩仅能从丹泽尔（Danzil）步行到达。这里的环境足以匹敌塞舌尔的任何一个海滩，尽管游泳可能会有危险。

洛奈港海滩 海滩

（Anse Port Launey；见300页地图）邻近Constance Ephelia（见321页），距洛奈港海滩公共汽车终点站仅50米，这片景色优美的沙滩绿树成荫，碧水蓝天，仿似天堂。

小海滩 海滩

（Petite Anse；见303页地图）这个有点儿原

始的白色沙滩与Four Seasons Resort（见321页）相通。在酒店门口可以等到带你去沙滩的小汽车。傍晚时分来这里最好，但当夕阳斜下，余晖渐浓时，你会有种置身天堂的感觉，虽然沙滩的一部分被酒店私有化了，但游客们可以在酒店的沙滩餐厅就餐。

大海滩　海滩

（Grande Anse；见300页地图）大海滩是一片绵延无尽的庞大沙滩，粗犷但绝对美不胜收。只有这里的沙滩让你有机会一直踽踽独行。不过由于水流太急，这里不适合游泳。

阳光海滩　海滩

（Anse Soleil；见303页地图）阳光海滩的小沙滩弥漫着田园气息，宛如一个袖珍天堂。这里有一个沙滩餐厅（见321页），你可以在此小憩，享用午餐——但也小心，你可能再也不想离开了。经由一条二级公路（设有路标）可以抵达这里。

塔卡玛卡海滩　海滩

（Anse Takamaka；见303页地图）曲线柔美的塔卡玛卡海滩是一处绚烂的海滨，在这里可以无拘无束地踩着白沙漫步，静观落日。这里有一家Chez Batista's酒吧兼餐厅（见322页）。

路易海滩　海滩

（Anse Louis；见303页地图）阿拉穆什海滩（Anse à la Mouche）的北部沿岸缺乏魅力风光，不过仍然具有一定的吸引力。如果你找得到通往路易海滩的入口，就会享受到从未体验过的顶级沙滩风光。超级时尚豪华的度假村Maia Luxury Resort & Spa（见320页）就坐落在这片海滩上。

Anse Intendance　海滩

（见303页地图）这个知名度颇高的沙滩北面是连排的顶级度假村，南面则几乎荒无人烟，很适合游泳和浮潜。这里的日落景观是塞舌尔最美的。从卡特勒博尔纳（Quatre Bornes）的警察局出发，沿着水泥路往下走1.7公里就可以到达Anse Intendance。

Anse Petite Police & Police Bay　海滩

（见300页地图）从卡特勒博尔纳出发，有一条通往Police Bay的公路。海湾位于马埃岛最南角，气势恢宏，风光旖旎，独成一景。不过很遗憾，这里水流湍急无法游泳。但这里的海滩是一个观看冲浪的好地方（带着吃的到这里野餐吧）。

活动

Underwater Centre/Dive Seychelles　潜水

（☎4345445，4247165；www.diveseychelles.com.sc；Beau Vallon）9月和10月，这家位于布法隆的潜水机构会跟MCSS（www.mcss.sc）机构在马埃岛西海岸合作举办鲸鲨观赏活动。

Dive Resort Seychelles　潜水

（见303页地图；☎4372057，2717272；www.scubadiveseychelles.com；Anse à la Mouche；⏰周一至周六）这个广受认可的机构会将初学者和资深潜水员带离西南海岸，去到一些真正令人印象深刻的潜水场。潜水入门课/单次潜水需要花费90/55欧元。

住宿

马埃岛西海岸的住处既有舒适程度各异的自炊公寓，也有马埃岛最奢侈完备的酒店。

La Rocaille　平房 €

（见303页地图；☎2524238；lelarocaille@gmail.com；Anse Gouvernement Rd，Anse Soleil；双 70欧元；P）这是一个令人愉快的住所，不过只有一套房子，位于将阳光海滩和政府海滩（Anse Gouvernement）分隔开来的山上。房舍简单但维护良好，庭院精致，绿意盎然，鸟儿鸣唱。不过住在这里你需要一辆车。无空调。

友好亲切的店主就住在隔壁，会给住客提供水果，也很乐意开车带着你到最近的村子采购食品（自炊）。最近的海滩位于政府海滩，距山上大约有400米。

★Anse Takamaka View　公寓 €€

（见303页地图；☎2510007；www.atv.sc；Takamaka；标双/四 130/170欧元；P ❄ 📶 🏊）网上的图片没有经过PS——我们向你保证，从阳台上看到的风景就是那么美妙，游泳池（配备一个泳池酒吧）就像图片上一样光波荡漾，

3栋别墅就是那么宽敞舒适。这是一个妙不可言的安静住所，由一对塞舌尔的德国夫妇经营，值得推荐。一周提供两次用餐（18欧元），最少满3晚起入住。不过公寓位置偏僻，不位于海滩上，所以在这里留宿需要自己开车。提供免费的接机服务。

★ La Maison Soleil 公寓 €€

（见303页地图；☎2712677, 2516523; www.maisonsoleil.info; Anse Soleil Rd; 标单 90~110欧元，标双 110~210欧元；P ❄ 📶）你要寻找一处花销不大却温馨如家的住所吗？下面要介绍的住所就可以满足你的需求：它拥有3套典雅舒适的公寓，配备干净整洁的盥洗室外加一个五彩缤纷的花园。公寓的经营者是艺术家安德鲁·吉（Andrew Gee），他的画廊就在隔壁。从这里步行就可以到阳光海滩。3晚起入住。

Anse Soleil Beachcomber 酒店 €€

（见303页地图；☎4361461; www.beachcomber.sc; Anse Soleil; 标单/双 含早餐104/120欧元；P ❄ 📶）这个家庭经营的酒店坐落在优美的阳光海滩中的一片礁石之上，位置显眼，可以快速定位。客房简单整洁，附带私家阳台，硬件设施比起这里的位置稍有逊色，不过华丽的庭院为之增色不少。6号、7号、8号客房面朝大海，新修的贵宾房虽然离海岸稍微远些，但房间更宽敞。

可提供半餐，但咖啡馆Anse Soleil Café（见321页）就在隔壁。

Blue Lagoon Chalets 公寓 €€

（见303页地图；☎4371197; www.seychelles.net/blagoon; Anse à la Mouche; 标双 140欧元；P ❄ 📶）友好的店主提供4间服务周到的假日套房，就分布在一个离海岸很近的精心打理的公园中。房间最多可以容纳4人入住，内部设施齐全。

Chez Batista's 别墅 €€

（见303页地图；☎4366300; www.chezbatista.com; Anse Takamaka; 标双 82~106欧元，套 165欧元起，含早餐；P ❄ 📶）在这里你唯一需要纠结的事是立刻冲到沙滩上嬉戏，还是先在餐厅啜饮一杯鸡尾酒。这个住所在塔卡玛卡海滩经营多年，拥有11间平淡无奇但是可以满足居住需求的房间（没有海景），还有两栋位于沙滩上的别墅。整个住宅布局略显紧凑，据说服务有时也不周到。不过说实话，这里田园诗般的美景才是真正吸引游客的地方。

La Residence 公寓 €€

（见303页地图；☎4371733; www.laresidence.sc; Anse à la Mouche; 套/公寓/别墅 81/95/175欧元；P ❄ 📶）坐落在山坡上的这所公寓共有5间设施齐全的单间公寓和3栋别墅。房间宽敞整洁，简单明了，不过样式稍显过时。房子并非华而不实，从露台上望出去景色优美（不过视野中能看到不太美观的电线）。

Anse Soleil Resort 公寓 €€

（见303页地图；☎4361090; www.ansesoleil.sc; Anse Soleil; 单/双房别墅 含早餐92/150欧元；P ❄ 📶）该公寓由一个热情友好的家庭经营，规模不大，只有4套自助式公寓。Kitouz是其中最好的一套，不过每套公寓都设施齐全，房间宽敞，摆设精致，还附带可以远眺阿拉穆什海滩风景的宽敞阳台（如果你可以忽略那几根电线的话）。可以按需提供套餐（15欧元）。

★ Maia Luxury Resort & Spa 度假村 €€€

（见300页地图；☎4390000; www.maia.com.sc; Anse Louis; 标双 含早餐1955欧元起；P ❄ @ 📶 🏊）马埃岛最高档的酒店之一，尊贵独享的服务与设施让人叹为观止，不舍离去。从这里可以俯瞰路易海湾的美景。酒店拥有一片绵延无尽的白色沙滩、棕榈成荫的园林、一个波光粼粼的无边际泳池，还有30栋豪华别墅——每栋都附带游泳池。你会感受到那些尽职尽责的工作人员帮你做任何事，都不会嫌麻烦。

★ Banyan Tree 度假村 €€€

（见303页地图；☎4383500; www.banyantree.com; Anse Intendance; 标双 含早餐702欧元起；P ❄ 📶 🏊）Banyan Tree是个无可挑剔的宝地。度假村具有三大亮点：它拥有马埃岛上可能最具魅力的（这可说明了很多东西）水疗中心；它面对美轮美奂的海景，占据了绿茵覆盖的山坡上的黄金地段；即使在傍晚时分，54座宽敞别致的别墅也照样阳光充足。

★ Four Seasons Resort 度假村 €€€

（见303页地图；☎4393000；www.fourseasons.com/seychelles；Petite Anse；标双 含早餐965欧元起；P❄📶🏊）这座像体育场一样大的别墅坐落在山坡上，面对着如梦似幻的海景，还有私密贴心的水疗中心。这个2009年开业的五星级豪华度假村是新婚蜜月和热恋情侣的理想住处。卧室和盥洗室都很宽敞，内部装修低调中透露着奢华，比如墙上装饰的艺术品、柚木家具、高档亚麻织品和特大号床。

Constance Ephelia 度假村 €€€

（见300页地图；☎4395000；www.epheliaresort.com；Port Launay；标双 含半餐370欧元起；P❄📶🏊）如果你可以获得一些网上促销优惠，这个大气低调的度假村是一个不错的选择。它的优势在于其公共设施：两片设有免费的全套水上运动设施的沙滩、几个网球场、两个泳池、一个健身中心、五间餐厅、一个儿童俱乐部……因为度假村位于马埃岛西北角，所以从黎明到傍晚自然光照都很充足。

Valmer Resort 别墅 €€€

（见303页地图；☎4381555；www.valmerresort.com；Baie Lazare；标双 200欧元起；P❄📶🏊）一片精心打理的别墅错落有致地分布在绿茵覆盖的山坡上，每栋都可以观看海景。除了4套紧挨着主要公路的"花园式单人套间"之外，17个套房都光照充足，空间宽敞，装修别具一格。真正抢眼的是游泳池——建在一块巨大的花岗岩圆石下。还有一间酒店餐厅（在游泳池边上）。

AVANI Barbarons 度假村 €€€

（见300页地图；☎4673000；www.avanihotels.com；Barbarons；标双 含早餐415欧元起；P❄📶🏊）这家度假村似乎应该给它的20世纪80年代风格的外观"整一下容"了，但是这是你在马埃岛的海滨地带能找到的价格相当低廉的度假村之一了。虽然这种汽车旅馆一样的外部结构不怎么美观，但是124间客房还是很不错，娱乐设施包括一个小型水疗中心、一个游泳池和一个网球场，还有B级餐厅和庭院。

就餐

大多数豪华酒店的餐厅都欢迎店外游客前来就餐（须预订），但西海岸边也有些不错的选择，海边小憩处十分特别。

★ Maria's Rock Cafeteria 自助餐馆 €€

（见303页地图；☎4361812；Anse Gouvernement Rd，Anse Soleil；主菜 215~295塞舌尔卢比；⏰周三至周一 10:00~21:00）这里有些特别之处。艺术家安东尼奥·菲律宾（Antonio Filippin）的塞舌尔妻子玛利亚（Maria）在丈夫的工作室旁开办了这家古怪的餐厅。餐厅内部形同岩穴，花岗岩台面的餐桌，配上喷着涂鸦图案的混凝土墙壁，让人感觉颇为凌乱。食物方面，特色菜是鱼和肉，会直接在你桌上的一块石板上烤制。别点煎饼。

Chez Plume 法国菜、海鲜 €€

（见300页地图；☎4355050；www.aubergeanseboileau.com；Anse Boileau；主菜 210~660塞舌尔卢比；⏰周一至周六 19:15~22:00）Chez Plume仍然配得上西海岸餐厅鼻祖这个称号。这里提供各种本地特色菜，如克里奥尔黑布丁、搭配百香果酱的美味"白朗上尉"（capitaine blanc）。店内装修格调浪漫，流露着怀旧气息，服务也很优良。

Anchor Café – Islander Restaurant 各国风味 €€

（见303页地图；☎4371289；Anse à la Mouche；午餐主菜 150~295塞舌尔卢比，晚餐主菜 180~750塞舌尔卢比；⏰周一至周六 正午至21:00；📶🍷）这家一直精心烹制菜肴的家庭餐厅颇受好评。店里的招牌菜有熏鱼、各式克里奥尔咖喱（包括龙虾咖喱）、烤红鲷鱼，还有当天捕获的新鲜货。也有一些为素食主义者准备的菜肴。

★ Anse Soleil Café 海鲜 €€€

（见303页地图；☎4361700；Anse Soleil；主菜 250~400塞舌尔卢比；⏰12:00~15:00）不要错过这家朴素的小饭馆，它就位于阳光海滩的沙滩上，位置得天独厚。这里的菜品主要是简单的海鲜（如烤蟹或海鲜咖喱）和各式杂烩菜。这里不接受预订，而且一共就只有几张桌子——所以要么中午12:00准时到，要么就13:30之后再来。服务人员态度生硬，有时甚至有些粗鲁，但这对一些人来说也是一个有吸引力的地方。

★ Del Place　克里奥尔菜、欧洲菜 €€€

（见300页地图；☎2814111；Port Glaud；主菜 210～545塞舌尔卢比；⏲11:00～22:00）这家令人愉快的餐馆似乎将完美的厨艺融合进了时尚的咖啡馆。主要提供本地海鲜：刚刚从潟湖中捞起的章鱼、盛在蕉叶中的烤红鲷鱼、海鲜拼盘和克里奥尔咖喱，包括很少见的蟹咖喱。配上美味的沙拉、本地塔帕斯、酷炫的鸡尾酒和海滩美景，使这里成为我们在西海岸的最爱。

Chez Batista's　海鲜 €€€

（见303页地图；☎4366300；Anse Takamaka；主菜 180～450塞舌尔卢比；⏲周一至周六正午至15:30，18:30～21:00；周日 正午至15:30）这儿令人印象深刻的茅草檐篷、沙子地板，以及眼前一望无际的碧绿海湾，都会帮助你转换到"休闲模式"。比起这里的地理位置，食物稍显逊色，时而美味，时而普通。周日来这里吃一顿品种繁多的自助午餐（405塞舌尔卢比）是很好的选择。我们建议周末时提前预订。

Opera　海鲜 €€€

（见303页地图；☎4371943；www.opera-mahe.com；Anse à la Mouche；主菜 130～600塞舌尔卢比；⏲周二至周日 正午至午夜）与沙滩隔着一条公路（没有值得一提的景色），对面就是这家装饰现代的小餐馆。如果没有别的选择，这里算是一个可以接受的备选方案，提供意大利面食、比萨、帕尼尼和味道差强人意的海鲜烧烤。周日的自助餐有现场音乐，但服务不是一般的慢。

购物

对很多艺术家而言，风光旖旎的西南海岸是一个无尽的灵感之源，你会发现沿着海滩的一路都缀满了小画廊。

Michael Adams' Studio　艺术品

（见303页地图；☎4361006；www.michaeladamsart.com；Anse à la Mouche；⏲须预约）去参观一下米歇尔·亚当斯（Michael Adams）的工作室吧，他的丝网版画散发着森林的勃勃生机，让人无法抗拒，且有着很高的收藏价值。如果你打算购买，请带足钞票。如果没有预约，只一时兴起，就在门口碰碰运气吧——他们可能开门，但不要抱太大希望。

Lazare Gallery　古董

（见303页地图；☎2516577；Baie Lazare；⏲周二至周六 9:00～18:00）这里可以说是古董展厅和博物馆的组合，出售的展品也很值得一淘——我们造访时，这里有本地浮木、爱丁堡公爵（Duke of Edinbrugh）年轻时的镶框照片，以及各类本地小摆设。它就在阳光海滩岔道南边，紧邻加油站的北边。

Gerard Devoud's Studio　艺术品

（见303页地图；☎4381515；Baie Lazare；⏲10:00～19:00）杰拉德·德伍德（Gerard Devoud）让人瞠目结舌的画作也肯定能让你的卧室顿时充满生气。他的工作室位于Valmer Resort，不过营业时间不定。

Art Arc　艺术品、木雕

（见303页地图；☎2510977；Baie Lazare；⏲周三至周六和周一 10:00～20:00）Art Arc是（前文提到的艺术品家）安东尼奥·菲律宾古怪的工作室，它坐落在政府海滩和阳光海滩之间的山上，陈列着他露骨的木雕作品。

Tom Bowers　雕塑

（见303页地图；☎4371518；artworks@seychelles.net；Chemin Les Cannelles；⏲须预约）这位出生在英国的艺术家创作的青铜塑像着实让人称奇，他的作品越来越多地出现在公众场合，如维多利亚的自由纪念碑（见299页）等。

到达和离开

从维多利亚到西海岸有固定班次长途汽车。从卡特勒博尔纳返回维多利亚的最后一班车在19:30左右发车。

普拉兰岛（PRASLIN）

普拉兰岛像一位风情万种的蛇蝎美人，有很多诱人之处：时尚的住所等待你来享受，丝绒般茂密的丛林亟待探索，蜿蜒的山丘一直绵延到清透的海水里，柔滑的沙滩铺展成一袭华丽的绸缎，四周镶嵌着棕榈树，散发着慵懒悠闲的气息。不，这不是做梦，但这正是你对这个热带群岛的最初幻想。

它位于马埃岛东北部45公里处，是塞舌尔群岛的第二大岛屿，比起繁华热闹的马埃岛更靠近慵懒沉睡的拉迪格岛（La Digue）。和马埃岛一样，普拉兰岛也拥有花岗岩地貌，一个小山脉的山脊沿着岛中心横贯东西，狭长的内陆，尤其是马埃谷（Vallée de Mai）的花卉和鸟类格外吸引人。区域面积正适合游览（岛上任何地方之间距离都不会超过90分钟），观星奇景更使这里成为塞舌尔最适合度假的选择。

景点

普拉兰岛最迷人的景点在海滩，尤其是拉齐奥海滩，但不管以什么标准来说，布拉盖海滩（Anse La Blague）、Anse Consolation和沃尔伯特海滩也都称得上是世界级的。

拉齐奥海滩（Anse Lazio） 海滩

拉齐奥海滩位于马埃岛西北角上，任何一处都是堪称完美的风景，常被列为世界上最美的海滩之一。长长的海滩水天一色，矗立着棕榈树和塔卡玛卡树，点缀着花岗岩巨石。在海滩延展的岩丛中还有几处绝好的浮潜地，以及海滩餐厅。尽管这里相当出名，却不至于拥挤不堪，但是，在这里要注意看好你的贵重物品。

沃尔伯特海滩（Anse Volbert） 海滩

这片绵长的拱形沙滩沙质柔软，是马埃岛上最受欢迎的海滨。在这里可以放心游泳和晒日光浴，也很适合进行水上运动。这里有很多设施，包括酒店和餐厅。还有一个小岛——蝙蝠岛（Chauve-Souris），你可以游过去浮潜。

马埃谷 国家公园

（Vallée de Mai；见324页地图；www.sif.sc；成人/12岁以下的儿童 305塞舌尔卢比/免费；⏲8:30~17:30）全世界只有两个地方可以观赏到自然条件下生长的海椰子树（见329页），而普拉兰岛上被列为世界遗产的马埃谷便是其中一处（另一处是附近的屈里厄斯岛）。马埃谷还是一个热门的观鸟点。睁大你的眼睛去寻找一些本地特有的鸟类品种，包括可爱的蓝鸽、塞舌尔夜莺和怪异的黑鹦鹉，现存的野生黑鹦鹉可能只有500~900只了。这是一次体验伊甸园风貌的绝无仅有的机会。售票时间截止到16:30。

这里有3条徒步路线（还有一些连接的岔

在普拉兰岛和拉迪格岛潜水

- **Aride Bank** ——紧邻阿里德岛（Aride Island），可以从普拉兰岛来到这个未经开发的潜水地，如果你不介意要到达此处需要乘船度过沉闷的30分钟的话。这个潜水地点很受本地的潜水高手的欢迎，特色是蝠鲼、鲷鱼、护士鲨、狗鱼、梭鱼和拿破仑隆头鱼，以及华丽的海扇。
- **Booby Islet**（见324页地图）——差不多位于阿里德岛和普拉兰岛正中间，这个没有遮掩的海底山总是被鱼群包围着。在不到20米深的海水里，你会遇到鹦嘴鱼、拿破仑隆头鱼、海鳝、海龟、鹰魟和护士鲨。
- **Anse Sévère**（见324页地图）——一个轻松的潜水地，邻近拉迪格岛海岸。
- **科西涅岛**（Cousin，见324页地图）——一个轻松的潜水地，紧邻科西涅岛水域。
- **玛丽安娜岛（Marianne Island）**——位于拉迪格岛东的岛屿，以密集的鱼类（包括灰鲨、黄貂鱼、梭鱼、鹰魟和护士鲨）和独特的海景闻名。
- **White Bank** ——绝美的海景（隧道和拱门），鱼类丰富，包括成群的狗鱼，有时还有吉他鲨。
- **Ave Maria Rocks** ——位于拉迪格岛西北的海底山，以观鲨和丰富的海洋生物闻名。

Praslin 普拉兰岛

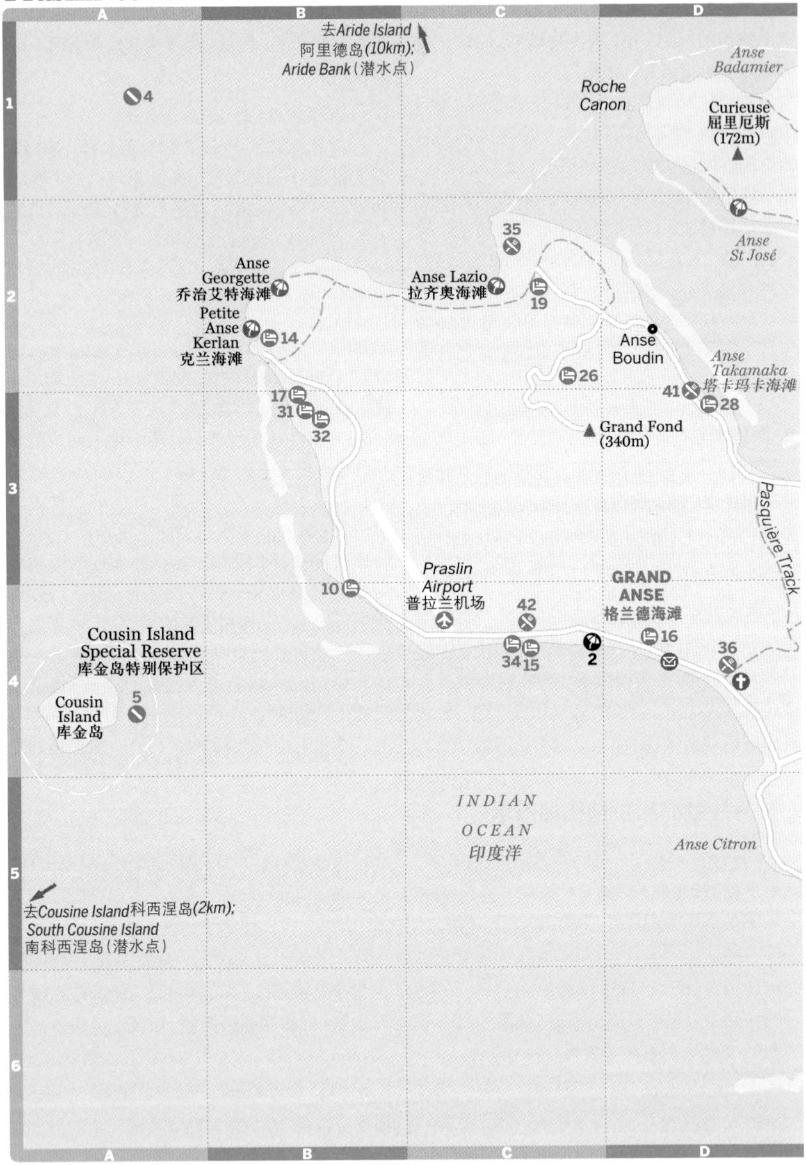

路)通往郁郁葱葱的原始森林,它们直到20世纪30年代还处于未开发状态。最短的徒步路程大约1公里,最长的则大约2公里,全部标识清晰,便于游览——对举家出游的人而言是个好去处。走在森林中会有一丝阴森的感觉,因为高达30米的海椰子树展开一片片巨大的树叶,支起阴沉沉的树冠遮住了天。可以留意一些树上的标签,上面注明了本地特有的树种(这里还有其他50多种当地土生土长的植物和树木),其中包括几种露兜科(旋叶

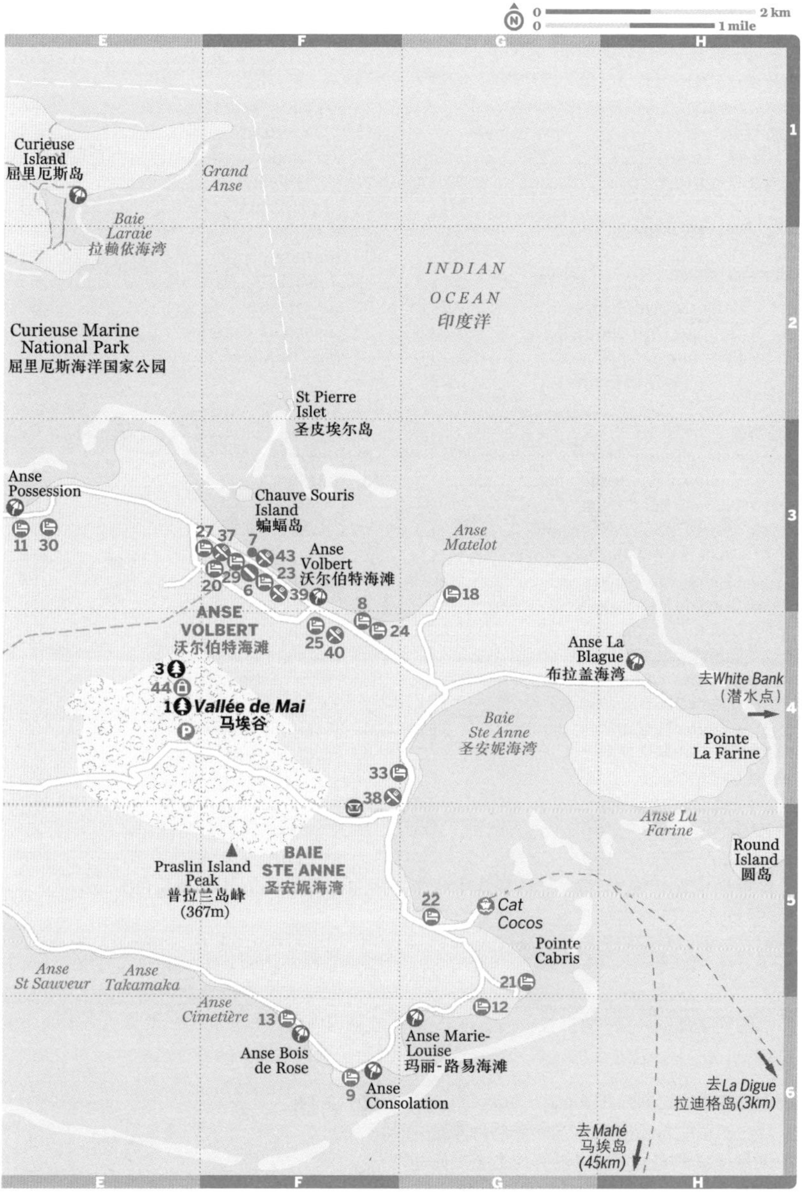

松类）和棕榈科树木。

9:00～14:00有免费导览，但我们推荐雇用私人导游花1.5或2小时穿越森林——自己一个人走一定会错过很多。

里面还有一个游客信息中心、咖啡店和一个不错的商店。

布拉盖海滩（Anse La Blague） 海滩

如果你想找一处僻静的地方野餐，就朝着位于东海岸的布拉盖海滩出发吧。很少有游客会到这个偏僻的沙滩上来——这里给人

Praslin 普拉兰岛

重要景点

1 马埃谷 E4

景点

2 格兰德海滩 C4
3 普拉兰国家公园 E4

活动、课程和团队游

4 Booby Islet A1
5 科西涅岛 A4
Lémuria Dive Centre （见14）
6 Octopus Dive Centre F3
7 Sagittarius出租船 F3
White Tip Dive Centre （见27）

住宿

8 Acajou Beach Resort F4
9 Bonnen Kare Beach Villa F6
10 Castello Beach Hotel B4
11 Chalets Anse Possession E3
Chalets Côté Mer & Le Colibri （见21）
12 Château de Feuilles G6
13 Coco de Mer Hotel & Black Parrot Suites F6
14 Constance Lémuria B2
15 Dhevatara Beach Hotel C4
16 Indian Ocean Lodge D4
17 Islander Guesthouse B3
18 L' Archipel G3
19 Le Chevalier C2
20 Le Duc de Praslin F3
21 Le Grand Bleu G5
22 Le Port Guest House G5
23 Les Lauriers F3
24 Les Villas D' Or F4
25 L' Hirondelle F4
26 Maison du Soleil C2
27 Paradise Sun Hotel F3
28 Raffles Praslin D3
29 Rosemary' s Guest House F3
30 Sea View Lodge E3
31 Seashell Self Catering B3
32 Sunset Cove Villa B3
33 Susan Self-Catering F4
34 Villas de Mer C4

就餐

35 Bonbon Plume C2
36 Breeze Garden D4
37 Café des Arts F3
Capricorn （见17）
38 Coco Rouge F4
39 Gelateria de Luca F3
40 La Goulue F4
La Pirogue （见39）
Le Chevalier （见19）
Les Lauriers （见23）
41 PK' s @ Pasquière & Gastropub D3
42 Restaurant Paradisier C4
43 Village du Pecheur F3

购物

44 Kreolor E4

一种世界尽头的感觉。除了参天的塔卡玛卡树，这里没有任何其他设施。或许你会偶然遇到几个渔民和他们捕获的短鳍笛鲷。

Anse Consolation 海滩

蜿蜒于岛屿一角，游客很少，Anse Consolation是一片闲度午后的美妙沙滩。

玛丽-路易海滩（Anse Marie-Louise） 海滩

位于马埃岛最南角的玛丽-路易海滩是一个风景优美的景点。这里没有什么人工设施也没有停车场，把车停在马路边，然后，你就到沙滩上了！继续沿着沿海公路向西，会发现很多小海湾和沙滩。

格兰德海滩 海滩

（Grand Anse；见324页地图）格兰德海滩是一片长长的美丽沙滩，不过游泳条件一般，因为这里水很浅，而且藻类很多。

普拉兰国家公园 森林

（Praslin National Park；见324页地图）这个国家公园覆盖普拉兰岛内陆的山地，中心是被列为联合国教科文组织世界遗产地的马埃谷，是塞舌尔最美的森林之一。

活动

普拉兰岛迷人的自然风光使得上岛可以获得许多令人难忘的体验，亮点从奇妙的马埃谷森林、离岛到水下礁石，应有尽有。

潜水和浮潜

不管你是一个资深的潜水者，还是一个第一次穿上蛙鞋的菜鸟，你在普拉兰岛沿岸都会找到超级棒的潜水场所。

你可以在拉齐奥沙滩、圣皮埃尔岛附近和屈里厄斯岛的拉赖依海湾沿岸找到最好的浮潜地点。

White Tip Dive Centre 潜水

（见324页地图；☎2514282，4232282；www.whitetipdivers.com；Anse Volbert）这个小而专业的潜水机构位于Paradise Sun Hotel（见330页）最东端，它在普拉兰岛和拉迪格岛周围的潜水地点已经有多年的经营经验，而且价格非常公道（按照塞舌尔人的标准）。潜水入门课需要75欧元，单次潜水50欧元起，也提供潜水套餐、认证课程和潜水旅行。

Octopus Dive Centre 潜水

（见324页地图；☎2512350；4232350；www.octopusdiver.com；Anse Volbert；⊙每天开放）这所潜水学校经验丰富，已经在海岛上经营了十多年。一次潜水入门课只需要70欧元，一次标准的潜水50欧元起。还提供潜水套餐、认证课程和浮潜旅行。

乔治艾特海滩（ANSE GEORGETTE）

坏消息：位于海岛西北角、白沙绵延的乔治艾特海滩拥有超乎寻常的美景，但是它已经被扩建的Constance Lémuria度假村（见328页）吞并了。好消息：它还留有一块公共沙滩对外开放。为了避免在度假村门前被拒之门外，需要提前通知前台——他们会通知门卫放行。进入度假村后，可以步行到乔治艾特海滩或者乘坐度假村每小时一趟的"穿梭巴士"（敞篷电车）前往——很不错吧？你也可以从沃尔伯特海滩乘坐出租船，**Sagittarius出租船**（见324页地图；☎2512137，4232234；Anse Volbert；⊙9:00~17:00）也可以安排往返接送服务（每人40欧元）。

乔治艾特海滩是个非常安静的地方。这里的海面风平浪静，海滩相当平静，眺望四周青山，景色如梦似幻。沙滩上没有便利设施，不过你可以在度假村里找到你所需要的一切。度假村就位于南面与之毗邻的海滩。

Lémuria Dive Centre 潜水

（见324页地图；☎4281281；www.constancehotels.com/en/experiences/diving；Anse Kerlan）这所豪华的潜水学校位于Constance Lémuria度假村内（见328页），也对非住客开放（须预约）。这里设有针对初学者的全套潜水课程，还提供潜水旅行。一次潜水入门课的费用高达150欧元，单次潜水为90欧元。

皮划艇

租一条皮划艇悠闲自在地探索一下沃尔伯特海滩，或是摇着船桨绕蝙蝠岛漫游，是个不错的主意。Sagittarius出租船（见327页）提供皮划艇。

住宿

普拉兰岛的住宿需求量很大。为了避免希望落空，尤其在旅游旺季，最好提前预订住处。

沃尔伯特海滩拥有自己的餐厅和其他旅游设施，是一个很好的根据地。格兰德海滩更为繁忙，但缺乏吸引力，不过商业味没那么重，距圣安妮海湾码头仅几步之遥的地方也有一些比较好的住处。

Anse Possession大约处于拉齐奥海滩和沃尔伯特海滩的中间地带，所以到这两个海滩都很方便。这里也是一个美好安静适合下榻的地方。这里有一条细长的沙滩，不过景致无法跟拉齐奥海滩和沃尔伯特海滩的沙滩相媲美。

格兰德海滩和克兰海滩（Grand Anse & Anse Kerlan）

Sunset Cove Villa 公寓 €€

（见324页地图；☎2513048；www.sunset-cove-villa.com；Anse Kerlan；房间 75~150欧元；P❄）掐一下自己——你不是在做梦，大海触手可及。好吧，因为海水的侵蚀，这里没有适宜的沙滩，不过环境着实很迷人。住所是两所舒适、设施齐全、光线充足的房子，不提供餐饮服务，不过附近有小型超市。

Seashell Self Catering 公寓 €€

（见324页地图；☎2513764；csetheve@hotmail.com；Anse Kerlan；标双 70欧元；P❄📶）这

所坚固的房子用花岗石建成，优势在于住宿价格合理、位置便利——离海只有100米远，但是因为海水侵蚀和海藻遍布，这里的沙滩不是很好。两间宽敞整洁的单人套间装修精美，铺有瓷砖地板。浴室洁净，床具舒适，还有一个阳台。每间房都附带一个小厨房，附近就有一家超市。

Islander Guesthouse 公寓 €€

（见324页地图；☎2781224，4233224；www.islander-seychelles.com；Anse Kerlan；标双112~218欧元，双房公寓177欧元起，别墅253欧元起；P ❄ 📶）厚道的Islander主人并不打算让这所公寓赢得任何“最佳奖项”，这里追求的是良好的维护以及给客人家一般的温馨。4所度假洋房（共8个房间）并不惹眼，但很整洁，而且直接通往克兰海滩。空调费另付（8欧元）。有一家公寓餐厅。

Villas de Mer 酒店 €€

（见324页地图；☎4233972；Grand Anse；标双 含早餐138欧元起；P ❄ 📶 ≈）经过全面装修后，Villas de Mer成了一个不错的中档酒店，有与其价格相应的住宿条件。10间客房位于两排面对面的低矮建筑中。亮点是他家的餐厅，餐厅前有一片无与伦比的沙滩，并提供新鲜海鲜。这儿的气氛非常友好轻松。

★ Constance Lémuria 度假村 €€€

（见324页地图；☎4281281；www.constancehotels.com；Anse Kerlan；双 含早餐580欧元起；P ❄ 📶 ≈）这是普拉兰岛最顶级的住所，占据了海岛的整个东北角。即便你没有被豪华的门厅和绝妙的水疗中心吓倒，也会被它那三层的无边游泳池、3片绚丽的沙滩以及在岩石和水域中隐现的别墅和开阔的庭院震撼。度假村内的设施包括3间餐厅、一个儿童俱乐部和一个庞大的18洞高尔夫球场（也对非度假村住客开放）。

Dhevatara Beach Hotel 精品酒店 €€€

（见324页地图；☎4237333；http://hermesretreats.com/en/dhevatara.aspx；Grand Anse；双 356欧元起；P ❄ 📶 ≈）Dhevatara Beach Hotel像精品店一样时尚而极具想象力，精致奢华，而且比岛上其他酒店都更酷。酒店里仅有的10个房间被分成两类（园景房和海景房），对夫妇而言这是一个极好的选择。房间不大但设计非常个性化。楼上的房间采光更好。设施中包括一个水疗中心。

Indian Ocean Lodge 度假村 €€€

（见324页地图；☎4283838；www.indianoceanlodge.com；Grand Anse；标单/双 含早餐211/242欧元起；P ❄ 📶 ≈）在2011年全新装修后，Indian Ocean Lodge上了一个档次，却依然保持着它公道的价格。这是一个不用花大价钱就可以享受中档度假村的好地方。客房融合了古典奢华和简约优雅，并设有阳台，可以观赏无敌海景。其他设施包括一个游泳池和一间餐厅。这里适合夫妇或家庭游客入住。

Castello Beach Hotel 酒店 €€€

（见324页地图；☎429 8900；www.castellobeachhotel.com；Anse Kerlan；标单/双 266/330欧元起；P ❄ @ 📶 ≈）这家四星级的套房酒店拥有宽敞的客房、高于平均水平的餐厅以及面向一片小型沙滩的日落美景。木地板和柳条家具塑造了舒适随性的氛围，不过并非所有套房都有海景。

Anse Consolation地区

Bonnen Kare Beach Villa 公寓 €€

（见324页地图；☎4322457；www.bonnenkare.com；Anse Consolation；双/四 140/250欧元）对于一群朋友或家庭游客来说，这里是一个不错的选择。这个僻静的4人间别墅面向一片田园风格的沙滩小海湾，满足了人们在私家沙滩度假的梦想。你不想下厨？侍者可以按照要求预备套餐。这里没有空调。

Coco de Mer Hotel & Black Parrot Suites 度假村 €€€

（见324页地图；☎4290555；www.cocodemer.com；Anse Bois de Rose；双 含早餐288欧元起；P ❄ 📶 ≈）独一无二的Black Parrot Suites提供远离喧嚣的绝妙享受。度假村位于一个海岬上，拥有仙境般的海景，12套套房精美时尚，相邻的高档水疗中心吸引着向往低调安静的蜜月新人（14岁以下的儿童禁入）。沿着海岸，度假村一样的Coco de Mer酒店拥有40间整修一新的房间、一个健身房、一个网球场、两个餐厅还有商店和酒吧。

圣安妮海湾和普安尼卡布里海湾(Baie Ste Anne & Pointe Cabris)

Susan Self-Catering 客栈 €

(见324页地图；☎2595569, 4232124；Baie Ste Anne；标单/双 含早餐35/70欧元；P ❄)由一位老妇人经营，位于圣安妮海湾的北部边缘，拥有家一般的感觉，气氛悠闲。这里只有一个房间，小巧玲珑，内部家具比较陈旧，不过功能良好。尽管环境毫无特别，但是这里干净整洁，服务热情，花园里盛开着五颜六色的花儿，餐食（晚餐15欧元）也颇受好评。

Le Port Guest House 客栈 €

(见324页地图；☎4232262；mapool.leport@gmail.com；Baie Ste Anne；双/四 60/100欧元；❄)距离码头不远，这家旅馆热情好客，有3个舒适自由的房间，其中的两个房间可以看到一部分海景。这里虽然不能给人一种度假的感觉，不过乘公共汽车可以轻松抵达沃尔伯特海滩。性价比很高。

Le Grand Bleu 公寓 €

(见324页地图；☎4232437；gbleu@seychelles.net；Pointe Cabris；双 65欧元；P ❄ 📶)这里很实惠！Le Grand Bleu拥有两套设施齐全的别墅，掩映在花香四溢的花园中。每套别墅有两个房间，都附带盥洗室和一个可以观赏壮丽海景的阳台（位于山坡上），还设有小厨房。无餐食服务，不过可以到他们同一家人经营的Chalets Côté Mer & Le Colibri就餐。

性感的椰子

这肯定是世界上最性感的水果。海椰子（海椰子树的果实）形态酷似——嗯——女性的美臀。它独特的外形使之成为许多民间故事和情色传说的灵感来源。这种罕见的棕榈树只生长在塞舌尔诸岛上。

只有雌树才会结出形似女性美臀的果实，果实的重量可以超过30千克。雄树的花茎可以长达1米甚至更长，可见海椰子树的情色之名可不是浪得虚名的。

海椰子的采摘由塞舌尔群岛基金会（见305页）严格控制，这是一家代表政府管理马埃谷的非营利组织。

★ **Château de Feuilles** 酒店 €€€

(见324页地图；☎4290000；www.chateaudefeuilles.com；Pointe Cabris；双 含早餐580欧元起；P ❄ 📶 🏊)在圣安妮湾附近一个美不胜收的海岬上，隐藏着这个小小的世外桃源，那里有一番天堂胜景正等着你来发现。9栋豪华别墅巧妙地排列在几英亩大的热带花园中，大地色调和自然纹理和谐统一，宛如一部宁静的自然交响乐。典雅的家具、摄人心魄的海景、高档的设施（包括免费用车）、一个超级浪漫的池畔餐厅和一个山顶别墅——这里的每一个细节都恰到好处。最少3晚起入住。

Chalets Côté Mer & Le Colibri 平房 €€€

(见324页地图；☎4294200；www.chaletcotemer.com；Pointe Cabris；双 含早餐150~193欧元；P ❄ 📶 🏊)十分合算的住处，位于圣安妮海湾东南角，A字形排列的度假洋房和别墅群躺在绿草如茵的山坡上，享有拉迪格岛海景。Colibri的洋房比只提供基本服务的Côté Mer木屋稍微新潮一些。瞄准入住Colibri、Magpie、Fairytern、Katiti或Kato，这些房间布置得最好。请注意，比较便宜的套间只配有风扇。最少3晚起入住。

沃尔伯特海滩地区

L' Hirondelle 公寓 €€

(见324页地图；☎4232243；www.seychelles.net/hirondelle；Anse Volbert；公寓 145欧元起；P 📶)这里的4间客房并不惊艳，不过它们非常舒适，并且设施完善，每间都带露台或阳台，可以欣赏到蓝绿色的环礁湖景观。缺点：不能屏蔽从沿海公路传来的噪音，无空调。早餐10欧元。

Rosemary' s Guest House 客栈 €€

(见324页地图；☎4232176；www.ile-tropicale.com/rosemary；Anse Volbert；房间 含早餐80欧元起；❄ 📶)没错，就是你看到的这个价格（我们问了两次）。这个轻松友好、居家气氛的住所有两种客房。4间只配备风扇的客房位于两栋旧房子中，略显陈旧，但很整洁；而另外4间空调房则在一栋现代化的可以俯瞰沙滩的建筑里。尽管住所让人感觉有点拥挤，但是地理位置优越。可以按要求提供膳食。

★ Le Duc de Praslin
酒店 €€€

（见324页地图；☎4232252；www.leduc-seychelles.com；Anse Volbert；标单/双 含早餐255/330欧元起；P ❄ 🛜 🏊）这家紧邻海滩的酒店散发着柔和的魅力，是普拉兰岛上最吸引人的住处之一。这里客房敞阔，家具精致，配有现代化的生活设备。客房环绕在一个诱人的游泳池和一个布局漂亮的热带花园周围。另一个加分的地方是，酒店餐厅Café des Arts（见332页）非常棒。要是这里能看见海景就完美了。

Acajou Bach Resort
度假村 €€€

（见324页地图；☎4385300；www.acajouseychelles.com；Côte D' Or；标单/双 289/335欧元起；P ❄ @ 🛜 🏊）这家靠近Anse Volbert的度假村坐落在郁郁葱葱的热带花园中，漂亮的房间由实木和白色亚麻装饰，非常可爱。面对景色迷人的海滩，还有很好的水疗中心和3家餐馆。度假村一半的供电来自太阳能，还有一系列的环保理念。

Raffels Praslin
度假村 €€€

（见324页地图；☎4296000；www.raffels.com/praslin；Anse Takamaka；房间 含早餐568欧元起；P ❄ @ 🛜 🏊）每座豪华的别墅都有独立的跳水池，许多都能看到不受打扰的天堂般的景色，这使其成为普拉兰岛最高档的度假村之一。这里有双层无边泳池、7个美味的餐馆、一个豪华水疗中心，服务极其周到。这里的海滩极美，但也很靠近拉齐奥海滩。

★ Les Villas D' Or
别墅 €€€

（见324页地图；☎4232777；www.lesvillasdorseychelles.com；Côte D' Or；双/四 252/495欧元起；P ❄ @ 🛜 🏊）这家设计精美的自炊别墅与海仅隔一个郁郁葱葱的棕榈树花园。共有10座别墅，其中两座适宜家庭居住。距离沃尔伯特海滩很近。

Paradise Sun Hotel
度假村 €€€

（见324页地图；☎4293293；www.paradise-sun.seychelleshotel24.com；Anse Volbert；双 含半餐380欧元起；P ❄ 🛜 🏊）如果你要寻找塞舌尔的经典景色，那么这个度假村的风格不会让你失望——蔚然成荫的棕榈树、环礁湖的美景、绚丽而细腻的白沙，一切就在你的门前。这里有80间舒适的客房、深色木质装修、大理石地面、充足的空间和大量的便利设施，其中包括一个潜水中心和一个水上运动中心。

L' Archipel
度假村 €€€

（见324页地图；☎4284700；www.larchipel.com；Anse Gouvernement；双 含早餐335欧元起；P ❄ 🛜 🏊）这个度假村位于政府海滩（沃尔伯特海滩的最东端），占据了沙滩边上一块宽大而美观的地皮。在宽敞独立的错层式房子之间有一个游泳池和一家餐厅。步行到最高处的房间，身体不好的人会累得气喘吁吁。度假村的常用设施这里都能找到。

Les Lauriers
别墅 €€€

（见324页地图；☎4232241；www.laurier-seychelles.com；Anse Volbert；标单 100~140欧元，双 125~175欧元，含早餐；P ❄ 🛜）这里是一处宜人的绿洲，尽管缺少海景，房屋周边的景观看着也有点别扭。老板艾德温（Edwin）和西比尔（Sybille）友好亲切。这里有6间客房，简单小巧，干净整洁，另外还有8间宽敞的洋房。阳台上的木雕是个亮点。附属的餐厅品质优良，在这里选择半餐（两人175欧元起）很划算。

Anse Possession

Chalets Anse Possession
公寓 €€

（见324页地图；☎4232180；www.chalets-anse-possession.com；Anse Possession；双 60~100欧元，四 100~130欧元，含早餐；P ❄ 🛜）4栋双卧室别墅矗立在沿海公路旁的绿茵丛中。尽管算不上奢华，但是整洁、舒适、宽敞，还很实用——对于不太挑剔的游客这是很好的选择。可以按照要求提供用餐（10欧元起）。店主可以在码头接送你。简直物超所值！

Sea View Lodge
公寓 €€

（见324页地图；☎2711965；www. seaviewlodge-praslin.com；Anse Possession；双 130~200欧元；P ❄ 🛜）这个地方有4套房子，其中包括两栋位于山坡上的别墅。从阳台上看出去景

色迷人，可以将海湾和屈里厄斯岛（Curieuse Island）尽收眼底。较小的“香蕉型”度假洋房感觉像是舒适的鸟巢，吸引着预算较紧的情侣们；而更靠近沿海公路的大一点的房子适合家庭类的游客。所有的房间都设备齐全，极其整洁。

Zimbabwe

★ Maison du Soleil 平房 €

（见324页地图；☎2576315，2562780；jeanlouis@seychelles.net；Zimbabwe；双 50~85欧元）这里好得几乎让人难以置信。这栋位于山顶的自助式别墅拥有梦想般的地理位置，可以坐拥屈里厄斯岛和普拉兰岛北海岸的无限风光。还有一栋别墅地势较低。虽然这两栋别墅都装修简单，没有空调（没有Wi-Fi），还需要开车到达，但也就这些不足之处了。

拉齐奥海滩（Anse Lazio）

Le Chevalier 公寓 €€€

（见324页地图；☎4232322；www.lechevalierbay.com；Anse Lazio；双 含早餐145欧元起；P ❄）拉齐奥海滩终于也有地方可供旅行者下榻了。这里的老板经营着另一家同名餐厅。8个对外出租的房间分别在两栋独立的建筑中——最好的客房位于后面的现代建筑中。这些房间都略显单调，不过所处的位置无可挑剔——世界上最著名的海滩之一就近在眼前。

就餐

由于大部分人都在酒店或客栈里吃饭，普拉兰岛没有几家独立的餐馆。大部分酒店的餐厅都很好，且对所有人开放（须预约）。

格兰德海滩和克兰海滩（Grand Anse & Anse Kerlan）

Restaurant Paradisier 海鲜、比萨 €€

（见324页地图；☎4237537；Grand Anse；主菜 150~425塞舌尔卢比；⏲正午至21:00）这是格兰德海滩上最好的餐厅之一，这里烹制克里奥尔经典菜肴、多种三明治，还有美味的比萨。你可以在露天花园中慢慢享用美食，当然也可以外带。要是毗邻海滩该有多好啊，这样就别无所求了。

值得一游

屈里厄斯岛（CURIEUSE ISLAND）

屈里厄斯岛拥有花岗岩地貌，距普拉兰岛北海岸1.5公里，1833~1965年曾是一个麻风病人隔离区。现在，屈里厄斯岛是阿尔达布拉象龟（Aldabra tortoises）饲养中心。**象龟饲养农场**里的工作人员会先带领游客们在饲养场到处参观，然后就可以在岛屿的其他部分自由探索。附近的**拉赖依海湾**（Baie Laraie）是游泳和浮潜的梦幻宝地。从拉赖依海湾有一条小路通向**乔斯海滩**（Anse José），在那里你可以参观**医生小屋**，里面还有一个小小的历史博物馆。如果野餐之后你想下水，就去美丽的**海滩**吧：高大棕榈树镶嵌在原始的浅金色沙滩上，外沿围着一圈巨大的花岗岩圆石。

大部分到屈里厄斯岛游玩的人都会选择团队游，通常与库金岛（Cousin）和圣皮埃尔岛（St Pierre Islet）组成一条旅游线路。你可以通过普拉兰岛的酒店或者其他旅行社安排团队游。成人/儿童一日游大约需要125/60欧元，其中包括了午餐、登陆费和海洋公园的门票。另外，你也可以从沃尔伯特海滩自己包船。Paradise Sun Hotel旁边沙滩上的**Sagittarius出租船**（见327页）去屈里厄斯岛收35欧元，其中包括了各种费用。屈里厄斯岛和圣皮埃尔岛一起则要40欧元的费用。你也可以在Anse Possession上找到出租船，或者联系Les Lauriers（见330页）的Edwin，他们安排的团队游广受好评。

Breeze Garden 简餐 €

（见324页地图；☎4237000；Grand Anse；主菜 205~350塞舌尔卢比；⏲13:00~21:30）这家餐厅位于西海岸主要教堂附近的一座被绿荫笼罩的建筑物里。供应沙拉、咖喱饭、意大利面、比萨、炒菜，推荐尝试天妇罗虾或克里奥尔鱼咖喱。可外带。

Capricorn 海鲜 €€€

（见324页地图；☎4233224；Anse Kerlan；250~425塞舌尔卢比；⏲周一至周六 午餐和晚餐

时段）Capricorn是位于克兰海滩的Islander Guesthouse（见328页）酒店餐厅，以其帕特里克风格（Patrick-style）的章鱼（藏红花汁拌章鱼）和自制甜点而闻名。

圣安妮海湾 (Baie St Anne)

Coco Rouge 克里奥尔菜 €€

（见324页地图；☎2581014；Baie Ste-Anne；主菜140~320塞舌尔卢比；⏰9:00~14:00，18:30~22:00）美味的克里奥尔菜是这家位于圣安妮海湾的怡人路边餐馆唯一的成功秘诀。这里有鲜鱼和不常见的本地特产，如面包果（breadfruit）。店内的装饰没那么吸引人，但餐馆也提供外卖，为什么不在你喜欢的海滩来一场野餐呢？仅收取现金。

沃尔伯特海滩 (Anse Volbert)

★ Les Lauriers 自助餐 €€€

（见324页地图；☎4232241；Anse Volbert；自助餐450塞舌尔卢比；⏰周四至周二 19:30~22:00）魅力非凡的埃德温（Edwin）和他的比利时妻子准备了丰盛的克里奥尔自助餐晚餐。惊喜从摆在船形餐桌上的爽口开胃菜开始（鳄梨沙拉好吃得要死），然后上来的是嗞嗞响的烤肉和专业水准的烤鱼块（通常是红鲷鱼、阔步鲹和短鳍笛鲷）。

★ PK's @ Pasquière & Gastropub 各国风味 €€

（见324页地图；☎4236242；Anse Boudin；主菜225~495塞舌尔卢比；⏰周一至周六 11:00~20:30，周日 9:00~16:00）由于餐厅位置非常独特，所以你可以从沿海公路上一眼就看到这个地方——在一座幽静的山坡上，这里有迷人的沿海风光。餐桌之间空间宽敞，菜品口味之清淡是许多同行餐厅所欠缺的。衷心推荐这里的肉类和海鲜类菜肴，不过我们对海鲜拼盘更情有独钟。绝对值得一去。

Gelateria de Luca 冰激凌、比萨餐馆 €€

（见324页地图；☎4232706；Anse Volbert；主菜160~375塞舌尔卢比；⏰9:00~21:30）普拉兰岛首推的冰激凌店，一定会让你垂涎欲滴。一定要点一份coppa tropicale，吃了你就知道为什么要推荐它了。午餐时间供应意大利面食、比萨和各种小吃，而晚餐则更正式，会有烤羊排、猪排和鱼排。

Village du Pecheur 海鲜、各国风味 €€

（见324页地图；☎2611111；www.thesunsethotelgroup.com；Anse Volbert；主菜180~330塞舌尔卢比；⏰11:00~21:00）典雅装潢、铺满沙子的地板与可爱的沃尔伯特海滩一脉相承，海鲜咖喱等菜肴用肉桂叶调味，佐以克里奥尔酸辣酱和米饭，使这里成为渴望在海边用餐的人们的首选。

La Goulue 欧洲菜 €€

（见324页地图；☎4232223；Anse Volbert；主菜150~295塞舌尔卢比；⏰周二至周日 12:00~21:30）这个小饭馆的前面没有海滩，但是露台上常有微风拂过。菜品主要以克里奥尔主食为主，还有多样的小吃。

★ Café des Arts 各国风味 €€€

（见324页地图；☎4232170；www.cafe.sc；Anse Volbert；主菜450~800塞舌尔卢比；⏰周二至周日 正午至14:30，18:00~21:30）这家普拉兰岛最有情调的餐厅位于Le Duc de Praslin酒店（见330页）。摇曳的烛光、艳丽的壁画、婆娑的棕榈、微风徐来的露台和海浪轻拍着沙滩的涛声，这样的氛围会重新点燃浪漫之火。这里的食材搭配得恰到好处，擅长调味的塞舌尔人最爱的是混搭美食。

La Pirogue 各国风味 €€€

（见324页地图；☎4236677；Anse Volbert；主菜160~680塞舌尔卢比；⏰正午至21:30；🖉）这家气氛欢快的咖啡餐厅菜品简单但都经过精心烹制，有让你埋头大吃的沙拉，也有精选的鱼肉菜肴，还有素食菜品和三明治。

拉齐奥海滩 (Anse Lazio)

Bonbon Plume 海鲜 €€€

（见324页地图；☎4232136；Anse Lazio；主菜285~485塞舌尔卢比；⏰正午至15:00）这是一家游客陷阱还是一处海鲜圣地？也许，两者都是吧。在这样的位置——拉齐奥海滩的沙滩上，棕榈叶的天然屋顶下——用餐，一桌难求，一点也不意外。想要踩着沙子用餐的话，一定要提前预约。

Le Chevalier 各国风味、海鲜 €€€

（见324页地图；☎4232322；www.lecheva

lierbay.com; Anse Lazio; 主菜 200~375塞舌尔卢比，套餐 400~850塞舌尔卢比；⏲8:00~15:30，晚餐须预约）没错，Le Chevalier并不位于海滩上，环境也很平淡（想象一个现代别墅的底层有一个开阔宽敞的露天房间），不过这里的菜品丰富多样，包括沙拉、汉堡和各种鱼类菜肴。早餐一直供应到10:30。

购物

Kreolor 艺术品、工艺品

（见324页地图；Vallée de Mai；⏲9:00~16:30）Kreolor可能是普拉兰岛最好的精品店，位于马埃谷入口，出售设计艺术的木雕（很多都是海椰子的形状）、珠宝和其他富于趣味性的纪念品。

实用信息

在格兰德海滩、圣安妮海湾和沃尔伯特海滩设有几家银行和外汇兑换处。每家银行都设有自动取款机和外汇兑换设施。

五月谷游客中心（Vallée de Mer Visitor Centre；☎4236220；www.sif.sc；Vallée de Mer；⏲9:00~17:00）提供信息的游客中心，位于通往五月谷的登山口，有信息板提供主要鸟类、植物种类及（通常有）可以解答疑问的在场员工。

到达和离开

普拉兰岛机场距离格兰德海滩3公里，和马埃岛之间每天最多有25班往返航班。

固定游船服务可往返普拉兰岛和马埃岛、拉迪格岛，码头位于圣安妮海湾。

当地交通

你可以从住处或**Maki Shop**（☎4277711；Anse Volbert；⏲9:00~18:00）租自行车，每日租金150塞舌尔卢比。

可以租船游览普拉兰岛外的小岛，通常酒店和旅行社都会安排这样的短途旅行。

普拉兰岛设有优质的公共汽车服务（7塞舌尔卢比），也有普通的出租车。从圣安娜码头打车到沃尔伯特海滩或格兰德海滩会花掉你300塞舌尔卢比。

开车是岛上观光最好的选择。你可以直接联系汽车租赁公司——旅游局有一张公司名单，或者可以通过酒店和旅馆安排租车。最小的车型每天租金大约50欧元。

拉迪格岛（LA DIGUE）

你记得那些在无数广告和旅游手册上出现的热带天堂吗？它就在这里：碧玉般的水波，妖艳的海湾镶嵌着让人心跳加速的华美沙滩，还有丛林参差茂密的青山。不止这些，拉迪格岛还是漫游其他周边岛屿的一块理想跳板，它们包括幸福岛（Félicité）、格兰瑟尔岛（Grande Sœur）和童话般的科科斯岛（Île Cocos）。

尽管这里美不胜收，拉迪格岛并没有像马埃岛和普拉兰岛那样过度发展旅游业。当然，这里并非没有开发，但是相比其他主要岛屿，拉迪格岛更具悠闲的气质，只有几条铺过的道路，而且几乎没有机动车（还是有很少的出租车）。比起那些高端旅游目的地，这里更有返璞归真的意味，并且依然有可能找到荒芜的海湾，那时你会感觉自己像是走进了天堂。

景点

拉帕斯 村庄

（La Passe；见334页地图）到拉帕斯小村一游会感觉像是钻进了时光隧道，回到了过去。这里确实会给人留下慵懒的热带小港的完美印象。除了很少的卡车和出租车，街道上几乎没有机动车，男男女女们一边在码头等候到岸的轮渡，边谈论着本行工作。孩子们在绿树成荫的公路上骑着自行车。周六晚上过来，你会发现大多数岛民会前往海滨，喝酒跳舞。

弗夫保护区 野生动物保护区

（Veuve Reserve；见334页地图；☎2783114；La Passe；⏲旅游中心 周一至周五 8:00~12:00和13:00~16:00）**免费** 拉迪格岛是黑绶带鸟（black paradise flycatcher）的最后避难所，当地人称这种鸟为"弗夫"（veuve，即寡妇之意）。这个小森林保护区是专门为保护它们的自然栖息地而设的，区内还有15对这种鸟。雄鸟长着长长的黑尾巴。这里有几条徒步路线，途中时常能看到挂着植物注解的牌子。

椰干联盟制造厂 古迹

（L' Union Estate & Copra Factory；见334页

La Digue 拉迪格岛

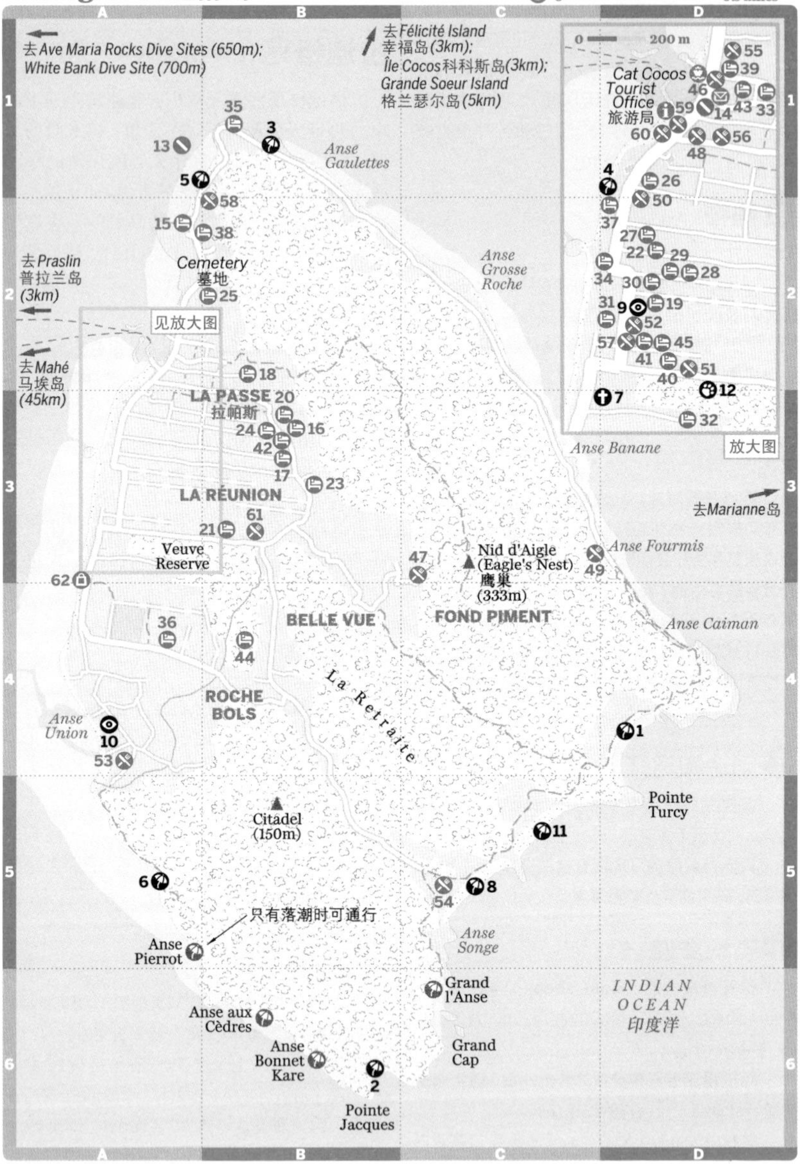

地图；门票 100塞舌尔卢比；⊙8:00~17:00）曾几何时，椰子种植业一度是拉迪格岛的主要产业。该产业主要集中在拉帕斯南部的椰干联盟制造厂。现在，椰干联盟制造厂也被当作一个非正式的主题公园来经营。这片土地上还有旧种植园宅邸、一个殖民时期的墓园、一个船坞和象龟义务养殖场。

教堂 教堂

（Church；见334页地图；La Passe）这座天主教堂的黄白墙面鲜艳夺目。很值得在周日早

La Digue 拉迪格岛

景点

1 科科斯海滩 D4
2 马隆海滩 B6
3 帕塔特海滩 B1
4 留尼汪海滩 D1
5 Anse Sévère A1
6 银色之源海滩 A5
7 教堂 D3
8 格兰德海滩 C5
9 拉帕斯 D2
10 椰干联盟制造厂 A4
11 小海滩 C5
12 弗夫保护区 D3

活动、课程和团队游

13 Anse Sévère A1
Azzurra Pro-Dive （见31）
14 Trek Divers D1

住宿

15 Anse Sévère Bungalow A2
16 Birgo Guest House B3
17 Bois d' Amour B3
18 Buisson Guesthouse B2
19 Cabane des Anges D2
20 Calou Guest House B3
21 Casa de Leela B3
22 Chalets d' Anse Réunion D2
23 Château St Cloud B3
24 Cocotier du Rocher B3
25 Domaine de L' Orangeraie Resort & Spa B2
26 Domaine Les Rochers D1
27 Fleur de Lys D2
28 JML Holiday Apartment D2
29 Kaz Digwa Self Catering D2
30 La Digue Holiday Villa D2
31 La Digue Island Lodge D2
32 La Diguoise D3
33 La Passe Guest House-Chez Marie-Anne D1
34 Le Repaire D2
35 L' Océan Hotel B1
36 Maison Charme de L' Île A4
37 Marie France Beachfront Apartments D2
38 O Soleil B2
39 Oceane' s Self Catering D1
40 Pension Hibiscus D2
41 Pension Michel D2
42 Sitronnelle Guest House B3
43 Veronic Guesthouse D1
44 Villa Veuve B4
45 Zegret D2

就餐

46 Bakery D1
47 Bellevue C3
48 Bon Lanmer Takeaway D1
49 Chez Jules Restaurant C3
50 Chez Marston D2
Domaine de L' Orangeraie Resort & Spa – Le Combava （见25）
51 Gala Takeaway D2
52 Gregoire' s Pizzeria D2
53 Lanbousir A4
Le Repaire （见34）
54 Loutier Coco C5
55 Mi Mum Takeaway D1
56 Refle de Zil D1
57 STC D2
58 Takamaka Café B2
59 Tarosa Takeaway D1
60 The Fish Trap Bar & Restaurant D1
61 Zerof B3

饮品和夜生活

Tarosa （见59）

购物

62 Barbara Jenson Studio A3

上到访——虔诚的教徒身着白衣，唱起激动人心的赞歌，不失为让人心神荡漾的场景。

海滩

银色之源海滩 海滩

（Anse Source d' Argent；见334页地图；100塞古尔卢比；⌚8:00~17:00）大部分初来乍到的人都会径直前往银色之源海滩的沙滩，原因显而易见——明晃晃的白沙滩背后是被天公之手凿刻而成的花岗岩巨石，环绕着碧绿的海水。但这里并不完美，银色之源海滩的空间相当局促，尤其是在涨潮时沙滩几乎会被海水吞噬得无影无踪。还有一点不足：虽然银色之源海滩风景优美，但是海水很浅，游泳条件欠佳（有时还有海藻）。

一定要来这里停留一天以上。等一日游的旅客离开后，你可以四处漫步，或靠坐在树荫下，独自感受这个人迹罕至的天堂。要照出

另辟蹊径

在拉迪格岛徒步

如果在享受了很多天沙滩阳光浴后，你感觉肌肉都快被晒干了，那就花点儿时间去探索岛屿深处那些只能由羊肠小道到达的地方吧——你会发现很多只有当地人才知道的秘密景点。小路并不明显，也很难找到并沿着走下去，所以最好找一位向导带路。徒步向导中包括罗伯特·艾格尼丝（Robert Agnes），我们调查到他的公司阳光小路向导（Sunny Trail Guide; 2525357; www.sunnytrailguide.net; La Passe; 须预约）信誉很好；还有亨利·毕比（Henry Bibi）经营的天堂旅行（Paradise Tours; 须预约），和杰拉德·尼奥勒（Gerard Niole）经营的椰子小路（Coco Trail, 2502396, 2535447; www.cocotrailguide.com; 须预约）。预计30~40欧元就能找到一位向导，具体价格取决于徒步行程。水果和小吃包括在费用里。

鹰巢

准备好大干一场了吗？那就来挑战鹰巢（Nid d'Aigle）吧。这里是拉迪格岛的最高点（333米），拥有让人叹为观止的景观。从拉帕斯出发，沿着内陆的水泥路一直走到Snack Bellevue快餐店（有路标），然后从快餐店后的狭窄小路走过去。15分钟后，你就到了一个山脊上的交叉路口。然后向右转，沿着这条小路再走10分钟就到鹰巢了（无标志）。你可以从鹰巢顺坡而下到科科斯海滩（还要90分钟），不过小路上荒草丛生，你必须找一位向导带路。

从格兰德海滩到科科斯海滩

如果你只有时间完成一条徒步路线，就选择这条吧，因为这条路线的风景最有看头。格兰德海滩和马隆海滩之间的海岸线相当迷人：一条难以触及的水湾簇拥着蔚蓝的海，沿岸镶嵌着田园诗般的沙滩和大片大片凌乱的花岗岩巨石。从Loutier Coco餐厅出发，花大约1.25小时就到了马隆海滩（见336页），这里宛如一块孤独的瑰宝。这里几乎没有任何标记，所以你肯定得找一位向导。到了马隆海滩以后，你还可以趁着潮水比较低时继续前行直到银色之源海滩。不过有一小段路，你得蹚过没过膝盖的水。如果你坚持到了银色之源海滩，离开椰干联盟制造厂（L' Union Estate）椰子种植园时可能要付100塞舌尔卢比的费用。

银色之源海滩附近

从银色之源海滩出发，你会经历一场难忘的冒险：翻过西南海岸若隐若现的花岗岩山丘，再往下走抵达皮埃罗海滩（Anse Pierrot）。从这里，你可以继续沿着海岸到雪松海滩（Anse aux Cèdres）和邦内特·卡雷海滩（Anse Bonnet Kare，再沿着海岸回到银色之源海滩）。这些让人惊叹的细长沙带之美在于它们是完全与外界隔绝的，这里根本没有公路。攀上花岗岩山丘的山顶是一段艰辛的旅程，但是站在山顶看到的全景会永远镌刻在你的记忆中。远足需要半天的时间。也可以一直走到马隆海滩，然后再到格兰德海滩。

最美的照片，最好下午近傍晚时来（带上门票），这时的景色色彩最鲜明。海滩是少有的朝西海滩之一，可以看到绝美的落日。

如果感觉有点饿，有几个棚屋出售水果和小食。

注意，通往银色之源海滩的小路要穿过老椰干联盟庄园的椰子园，也就是说，要想到这个沙滩上来，你得付上100塞舌尔卢比或10欧元的入园费（时限1天）。

马隆海滩

海滩

（Anse Marron；见334页地图）位于拉迪格岛最南端，鲜为人知的马隆海滩是一个宁静的秘密角落。这片充满了幻想的原生态沙滩只能徒步前往，不过这正增加了这片海滩隐秘僻静的美感。这里风景极美：白沙铺就的月牙海滩背靠巨大的粗犷花岗岩石山，在这里可找到一些具备保护措施的天然泳池。

科科斯海滩

海滩

(Anse Cocos；见334页地图)从小海滩出发，你可以带着沙滩浴巾向北走，沿着小海滩南端一个相当不清晰的小径直走下去，就到了风景同样迷人的科科斯海滩。这个海滩简直耀眼——绿松石色的海水拥着一条细长的雪白沙滩。沿岸遍布着木麻黄树和修长的棕榈树，这是一个晒太阳的好地方。由于强大的裂流，科科斯海滩不适合游泳。不过一直走到沙滩的最北端，会有具备保护措施的泳池，可以在那里泡一泡。

格兰德海滩

海滩

(Grand Anse；见334页地图)格兰德海滩位于东南岸，景色宜人，适合晒太阳。不过由于路途遥远，比起银色之源海滩，这里游人寥寥(你可以从拉帕斯轻松步行或骑行约4公里前往)。这是拉迪格岛最长的海滩。警告：4月至10月东南季风期间，海上水流猛烈，在这里游泳可能存在危险。除了成荫的木麻黄树，没有多少阴凉。

小海滩

海滩

(Petite Anse；见334页地图)位于格兰德沙滩北部，新月形的小海滩美轮美奂，只能步行前往。这里激流猛烈，游泳很危险。不过这是个放松休息、享受日光浴的好地方。从格兰德海滩沿清晰的小径步行15分钟即可到达。

留尼汪海滩

海滩

(Anse Réunion；见334页地图)确实，位于拉帕斯南部的留尼汪海滩几乎不能与拉迪格岛其他的海滩相提并论——沿岸常漂浮着藻类——不过从城镇可以轻松步行前往，而且是一个观看日落美景的好地方。

Anse Sévère

海滩

(见334页地图)Anse Sévère位于拉帕斯北部边缘，沙滩风光并不是最养眼的，但是坐在这里的塔卡马卡树下享受到的宁静可能是岛上最好的。海滩被碧玉般的海水环绕，仿佛在召唤你去游泳，普拉兰岛、幸福岛和科科斯岛都在不远处。这里恰好被礁石围绕保护着，对儿童来说很安全，南部有很棒的浮潜场地。

随潮汐涨落，可能会布满海藻。

帕塔特海滩

海滩

(Anse Patates；见334页地图)位于拉迪格岛的北角，这个沙滩被包围在倾斜的巨石中央，很诱人，美中不足是太小了。不过这里有一些很不错的浮潜场。

活动

拉迪格岛上除了性感的沙滩还有很多活动。等你充好电后，就可以迎接众多令人眼花缭乱(对于这么小的一个岛来说)的冒险选择了。

乘船游览

乘船到附近的**科科斯岛**、**幸福岛**和**格兰瑟尔岛**游览将是你到塞舌尔群岛旅行的主要亮点之一，这里非常值得一游。全日游通常会包括去科科斯岛、幸福岛沿岸浮潜和去格兰瑟尔岛野餐的内容。在风景宜人的科科斯岛沿岸，可以找到最好的潜水场。

拉迪格岛上的大多数住所和旅行社都能安排这样的旅行，价格大约是115欧元，其中包括一次户外烤鱼午餐，也可以安排半日游(55~65欧元)。

潜水和浮潜

拉迪格岛拥有一片很棒的潜水场地，其中包括潜水胜地White Bank，这里的浮潜条件也是出类拔萃的。岛屿周围浮潜的最佳地点包括Anse Sévère和帕塔特海滩，而科科斯岛和幸福岛就像是专门为浮潜爱好者量身定做的场所：依偎在绿松石一样透明的海水边，水中遍布生长繁盛的珊瑚，好似一个海底花园。所有的乘船游览都包括浮潜。

Azzurra Pro-Dive

潜水

(见334页地图；☎4292525；www.ladigue.sc；Anse Réunion；入门/单次潜水 95/66欧元；⏲8:00~17:00)这里是专业潜水教练协会认证(PADI-certified)的潜水中心，组织丰富多彩的潜水旅程和认证课程。6次或10次潜水套餐费用310/495欧元，含装备租金。位于La Digue Island Lodge(见341页)内。

Trek Divers

潜水

(见334页地图；☎2513066；www.trekdivers.com；La Passe；入门潜水 90欧元，2次海水潜水

120~135欧元；⏲须预约）这家小型潜水机构由富有经验的克里斯托弗（Christophe）经营，半日或一日潜水游含一个舒适的双体船。

住宿

拉迪格岛没有大型度假村，更多的是狭窄小巷里的自炊公寓、安静的别墅和家庭客栈。大部分住处仅称得上中等，但也能找到几家别致的酒店。所有的住所选择都在拉帕斯附近，住得越久折扣越高。客栈或小旅店可能不接受信用卡付款，预订时最好确认好。

Zegret 平房 €

（见334页地图；☎2602599；riciapat@hotmail.com；La Passe；双 60欧元）这家低调的旅店是拉迪格岛最好的住宿选择之一，这里的大平房有三间卧室、一个起居室和一个装备齐全的厨房，位于城镇中心不远处的一幢碧绿色建筑中。

Oceane's Self Catering 公寓 €

（见334页地图；☎4234553，2511818；www.oceane.sc；La Passe；标单/双 65/85欧元；❄📶）是的，这个位于新式别墅中的公寓确实有些狭窄，而且没有景观可看，不过这里设施完善，并且可以提供一些额外福利，如眺望台和花园里的按摩浴缸，这些都将它从“一般”变成了“很棒”。公寓由家庭经营，非常友好，每个房间里都有小厨房。

La Passe Guest House-Chez Marie-Anne 客栈 €

（见334页地图；☎4234391；lapasseguesthouse@gmail.com；La Passe；标单 含早餐40欧元，双 含早餐65~75元，平房双/四 90/110欧元；❄）这家旅馆简单低调，价格和竞争对手比相对较低——对那些精打细算的旅行者来说是找对了。这里的4间客房估计无法让你在明信片上写下“多么希望你也在这里”。不过，你可以省下寄明信片的钱，品尝一下由亲切的店主玛丽·安（Marie-Anne）准备的克里奥尔晚餐（15欧元）。对于需要隐私的家庭或情侣来说，一座装备齐全的独立平房应该已经可以满足你。贵一点的房间和平房有空调。

★Cabanes des Anges 公寓 €€

（见334页地图；☎4234112，2529115；www.cabnesdesanges.sc；La Passe；双/公寓 含早餐140/160欧元；❄📶🏊）这家精心维护的公寓含3个紧邻的房间和6个公寓，离主路稍有距离，可以保证安静。环境充满当代的简洁设计感，卧室很大，光照充足，地板铺着瓷砖，浴室光可鉴人。

★Chalets d'Anse Réunion 别墅 €€

（见334页地图；☎2564611，4235165；www.chaletsdansereunion.com；La Passe；双 125欧元；❄📶）这里的3座度假洋房实在很值得推荐：有瓷砖地板、可以看日落的阳台、一尘不染的浴室、带有夹层的宽敞房间、简单完善的设备、清新可爱的自然环境、温暖热情的待客之道，再加上让人惊喜的房费，你真是赚到了。这里的食物具有当地特色且非常美味（早餐/晚餐13/25欧元）。很划算。

★Anse Sévère Bungalow 别墅 €€

（见334页地图；☎4247354；clemco@seychelles.net；Anse Sévère；双/四 115/120欧元）这套自助式别墅位于Anse Sévère南端，临海而立，拥有相当自由的双卧室，非常适合家庭度假。在这里，你最大的困扰将是：是来一次浮潜（或游泳）还是在白沙滩上打个盹？这里没有空调，不过这里所处的位置恰好有海风，比较凉爽。一定要提前预订。

★Pension Hibiscus 公寓 €€

（见334页地图；☎4234029，2575896；www.hibiscusladigue.com；La Passe；标单/双 70/100欧元；❄📶）店主珍妮特（Jeanita）乐于助人，把Pension Hibiscus打理得非常好，这里远离主路，环境安适，两套现代化的房子共5间卧室，感觉非常干净体面，气氛轻松。房子间的热带植物保障了隐私。接待处附近有免费Wi-Fi。

O Soleil 公寓 €€

（见334页地图；☎2734890，2735311；www.osoleilchalets.com；Anse Sévère；双 135~150欧元；❄📶）这家美国人开的公寓有6间宽敞的平房，远离Anse Sévère，装备齐全，家具质量上佳，床铺舒适，浴室整洁，非常合算。

Pension Michel 别墅 €€

（见334页地图；☎4234003；www.pensionmichel.sc；La Passe；标单/双 含早餐100/120欧

元；❄📶）如果正对海滩的位置不算优势，那就来这个土路后的小别墅，它是一个独自享乐的好地方。这里有几栋色彩缤纷的别墅式小型公寓，带小阳台，浴室刚刚翻修，公寓环绕着一个安静的花园。别墅的内置餐厅名声在外（晚餐300塞舌尔卢比）。入住后24小时之内Wi-Fi免费。

Villa Veuve 别墅 €€

（见334页地图；☎2516608；www.villaveuve.com；La Passe；标双 含早餐100~120欧元，含半餐135~150欧元；❄📶）这座纯白的复合别墅位于拉帕斯南部郊区的土路上，有些没有生气，不过功能齐备，装备齐全，物有所值，附近鲜花盛开。额外优势：内置餐厅提供自助晚餐——选择半餐很值得。

Maison Charme de L' Île 公寓 €€

（见334页地图；☎2512542；www.maisoncharmedelile.com；L' Union，La Passe；标双 120欧元；❄📶🏊）Maison Charme de L' Île提供家一般的舒适、十分宁静的地理位置和实惠的价格。公寓距离水边2分钟自行车程，公寓有4间房，有点潮湿，但打理得很好。这里充满灵气，还有一个你会想在里面凉爽一下的小泳池。每幢公寓都有一个阳台和小小的后院。早餐10欧元。

Marie France Beachfront Apartments 公寓 €€

（见334页地图；☎4234018；www.ladigueapartments.com；La Passe；标双 含早餐135欧元；❄📶）是的，店主家楼上的3间公寓没什么海岛特色（白色调的配色看起来太像诊所了），但这里正对海岸（没有沙滩），提供绝佳的海景——这一点在拉迪格岛这个价位的住所中不常见。每间公寓都有阳台和配备冰箱、微波炉的小厨房，如住客要求，也提供晚餐（25欧元）。

Kaz Digwa Self Catering 别墅 €€

（见334页地图；☎2513684，2575457；kazdigwa@gmail.com；La Passe；标双 100欧元，四125~150欧元；❄）服务周到和舒适是这家热情住所的口号，这里有两间木屋式别墅，坐落在修剪有致的美丽花园中。设备齐全，轻松惬意，房间宽敞——大别墅有两间卧室——厨房装修靓丽。如果你不愿做饭，这里还提供餐饮服务。

JML Holiday Apartment 客栈 €€

（见334页地图；☎2524415；jml-apartments.com；La Passe；标双 含早餐90欧元，含半餐110欧元；❄）这家热情的客栈环境安静，提供装潢简单、物有所值的房间。友善的店主就住在隔壁，对当地信息了如指掌。可以提供丰盛的早餐和晚餐（按照要求），这也是旅馆值得加分之处。

Buisson Guesthouse 客栈 €€

（见334页地图；☎2592959；www.buissonladigue.jimdo.com；La Passe；标单/双 含早餐60/90欧元；❄📶）沿港湾南面一条泥泞的道路走下去，你会在一所维护良好、鲜花盛开的小建筑中找到这个可爱的住处。这里有两间简单整洁的房间——选择那间大的，它有一个休息室（两间价格相同）。

Domaine Les Rochers 公寓 €€

（见334页地图；☎4235334；www.domainelesrochers.com；La Passe；标双 130~170欧元；❄📶）这家由希腊-塞舌尔夫妇经营的住处设有6个宽大的公寓房间，装修考究，附带独立的卧室、整洁的套房和设备完善的厨房。这里真正的独特之处在于它葱茏的花园，极富私密感。店主有很多游览拉迪格岛的建议。早餐价格高达16欧元，提供免费Wi-Fi。

Veronic Guesthouse 客栈 €€

（见334页地图；☎4234743，2592463；seyladigue@yahoo.com；La Passe；标单/双/四 40/80/140欧元）这个住所坐落在一个修剪整齐的热带花园里，有3间舒适且装备齐全的房间，对于预算紧张的人来说是很好的选择，物超所值。

Cocotier du Rocher 别墅 €€

（见334页地图；☎4234489，2514889；www.cocotierdurocher.com；La Passe；标双 110~135欧元；❄📶）这个魅力四射的住所有4座洋房（共8间卧室），周围是一个鲜花盛开的热带花园。这里设备完善，装饰美观，干净整洁。别墅越新越贵。谦和的店主韦瑞纳（Verena）和她的儿子斯蒂芬纳（Stéphane）

不断寻求超越，他们周到的服务会确保你住得满意。可以按要求准备早餐（15欧元）和晚餐（25欧元）。

Casa de Leela 别墅 €€

（见334页地图；☎4234193，2512223；www.casa-de-leela.bplaced.net；La Passe；双 120~160欧元，四 220~250欧元，含早餐；❄📶🏊）距海滨路几百米，这家值得信赖的住所是一个很好的选择。4套设计精良、宽敞舒适、配备着现代化设施的公寓，完美地融入花园。这里还有一个小泳池——这在拉迪格岛很少见。

Bois d' Amour 别墅 €€

（见334页地图；☎4234490，2529290；www.boisdamour.de；La Passe；标双 110欧元）3座纯木质小木屋（共6间房）位于一个开满热带鲜花、长满热带果树，仿似伊甸园的花园里。公寓里生活设施齐全，房间宽敞，而且房屋间距充分，可能会让你想起瑞士布谷鸟钟表上的小房子。半餐人均另收30欧元（提供早晚餐）。不足：无空调，无Wi-Fi。

Calou Guest House 别墅 €€

（见334页地图；☎4234083，2781327；www.calouguesthouse.com；La Passe；标双 含半餐130欧元；❄📶）就在此时，正有人在这幢设计精良的房子里手持电钻，进行重大改建。新的Calou将提供错落有致的宽敞别墅。

Birgo Guest House 客栈 €€

（见334页地图；☎234518；www.birgo.sc；La Passe；标单/双 含早餐55/110欧元；❄🏊）这家可贵的客栈位于温暖惬意的花园中，8个房间干净整洁（提供空调、独立阳台、每日清洁），服务周到。这里还有一个小泳池。

Fleur de Lys 别墅 €€

（见334页地图；☎4234459；www.fleurdelysey.com；La Passe；标双 120欧元；❄📶）慵懒的花园，修剪整齐，为这里营造一片清凉世界。克里奥尔式洋房功能齐全，附带着无可挑剔的盥洗室和小厨房。早餐需要另外收费（12欧元）。

Sitronnelle Guest House 客栈 €€

（见334页地图；☎4234230；La Passe；标单/双 含早餐40/80欧元；❄）对于单人旅行者尤为划算，对夫妇来说稍差一些（尽管长住可以有优惠）。这家客栈位于拉帕斯内陆路边，院中的5间房虽称不上绝佳，也是可以小住的。环境不是这家客栈的亮点。晚餐15欧元。

★ **La Digue Holiday Villa** 度假屋 €€€

（见334页地图；☎2514047，4235265；www.ladigueholidayvilla.com；La Passe；标双 165欧元；❄📶🏊）这里有6间别致的公寓，布局精美，设计独到——完美融合了木头与石头，厨房光洁，设施优良，黄绿色调舒缓。此外最棒的是，花园中还有一个泳池。可以安排晚餐，费用200塞舌尔卢比。提供免费Wi-Fi，其乐无穷。

★ **Domaine de L' Orangeraie Resort & Spa** 豪华酒店 €€€

（见334页地图；☎4299999；www.orangeraie.sc；Anse Sévère；标双 含早餐300欧元起；❄📶🏊）最佳热带豪华酒店。坐落在布满云杉的苍翠山地上，Domaine de L' Orangeraie Resort & Spa仿佛一座人间天堂。酒店不惜成本打造各种铺天盖地的奢华来迎接游客——独具创意的地面景观、各种天然材料和高档设施（其中包括一个一流的水疗中心和两间餐厅）。每栋别墅以柔和的大地色为主基调，隐现出亚洲风格。信步走入，你会沉浸在禅意之中。这里也有一个缺点，就是靠近餐厅的人工沙滩毫无特点。

Le Repaire 精品酒店 €€€

（见334页地图；☎2530594，4234332；www.lerepaireseychelles.com；La Passe；标双 含早餐190~230欧元；❄📶🏊）这个类似于精品酒店的住处吸引着喜爱设计的游客们：时尚的家具、轻松的格调、干湿分开的淋浴间、巧妙的花园、小泳池，加上地处绝好的海滨位置（不过沿岸不适合游泳）。值得多付一点住高档的海景房，毕竟标准间更加昏暗，也没有什么好景色。免费使用Wi-Fi和皮划艇。

La Diguoise 民宿 €€€

（见334页地图；☎4234713，2510332；diguoise@seychelles.net；La Passe；标单 105~180欧元，标双 180~210欧元，含早餐；❄📶🏊）花园广阔繁茂，还有一个可爱的泳池，这些都是这家环境僻静、运营良好的民宿的优点。房间在两幢主屋内，十分干净，大小适中，不过装潢有些年头了。花园后的底层房子里还有两个比较小、没那么吸引人的房间。晚餐20欧元。接受信用卡付款，但要多收5%手续费。免费Wi-Fi。

La Digue Island Lodge 度假村 €€€

（见334页地图；☎4292525；www.ladigue.sc；Anse Réunion；标单 95~261欧元，标双 111~365欧元，含早餐；❄📶🏊）这个复合型度假村包括紧紧拢在一起的尖顶木屋，一座大气的庄园和标准客房，其中一些客房可以观看海景。公共区域稍微显旧，但位置紧邻海滩，还有一个充满异域风情的花园。设施齐备可靠，有两间餐厅、两个酒吧、一个潜水中心，还有一个泳池。

L' Océan Hotel 酒店 €€€

（见334页地图；☎4234180；www.hotelocean.info；Anse Patates；标单/双 含早餐165/200欧元；❄📶）酒店面朝大海，选择这里不会错！这里共有8间客房，私人空间感极好。每间卧室都能看到无敌海景，里面还装饰着浮木、贝壳和当地艺术家乔治·卡米尔的油画。提示：选择Petite Sœur和 Grande Sœur客房。没有沙滩，但是沿岸是很棒的浮潜地点。有一个酒店餐厅。

Château St Cloud 酒店 €€€

（见334页地图；☎4234346；www.chateaustcloud.sc；La Passe；标单 145~250欧元，双 200~350欧元，含早餐；❄📶🏊）岛上最可靠的住处之一，这个酒店提供三种房间，价位依据大小和位置而定。这个热带伊甸园中还有餐厅和可爱的泳池。可供选择的有掩映在绿荫覆盖的山坡上的高档客房，还有前殖民地时期建筑中的4间宽敞明亮、设计结合现代与克里奥尔风格的豪华客房。如果要选择标准间，记得选择楼上的（12~16号），这些房间自然光线更好。

就餐

拉帕斯有几家还不错的餐厅，其他值得一提的还有几个向公众开放的酒店餐厅，以及一些价格便宜的外卖店。自炊住客在拉帕斯能找到小杂货店和一家超市。

Mi Mum Takeaway 克里奥尔菜 €

（见334页地图；La Passe；主菜 50~75塞舌尔卢比；⏲周一至周六 11:30~14:00）位于主路边一幢毫无特色的建筑旁，大部分游客都没听说过这个可爱的小店，但深受本地熟客喜爱。物美价廉的炖菜、咖喱、三明治、炸鱼和薯条很能满足食客的胃，可以露天就餐，也可以外卖。记得寻找加油站对面的小标志。

Gregoire' s Pizzeria 比萨 €

（见334页地图；☎4292557；La Passe；主菜 90~180塞舌尔卢比；⏲11:00~14:30，18:00~21:30）拉迪格岛上的美味比萨？是的，这是有可能的。Gregoire' s提供砖炉烤制的薄脆比萨，热气腾腾，加以几种可选的简单配料，如熏鱼、芝士等。还提供美味的意大利面。除了彩色的墙面，装饰有些乏味，也没有好看的景色。提供外卖。

Takamaka Café 克里奥尔菜、三明治 €

（见334页地图；Anse Sévère；主菜 50~180塞舌尔卢比；⏲9:00~15:30）来这个Anse Sévère边上的小屋补充一下体能吧，吃一个水果拼盘或一个大份的三明治，还提供沙拉、炸鱼和薯条、鸡肉和三文鱼。

Gala Takeaway 克里奥尔菜 €

（见334页地图；☎2525951；La Passe；主菜 50~80塞舌尔卢比；⏲周一至周六 10:00~20:30）如果你想找一家定价无可匹敌的快餐店，就来这家在Veuve Reserve附近的欢快餐厅吧，这是一个诱人的选择。这里的实惠美味有炒鱼、猪肉咖喱、汉堡和沙拉。记得留一点肚子给美味的香蕉派。店内外都有座位。

Bor Lanmer Takeaway 快餐 €

（见334页地图；La Passe；主菜50~60塞舌尔卢比；⏲11:30~15:00，18:00~21:00）紧邻主路口，这个友好的店面极小的外卖店提供很棒的barquettes（盒饭）——有炒饭、鸡肉配蔬菜、鱼和其他很便宜的克里奥尔菜，还有几张摆在户外的餐桌。

Tarosa Takeaway 克里奥尔菜 €

（见334页地图；La Passe；主菜50~60塞舌尔卢比；⏲11:30~14:00，18:30~20:00）这家主路边的繁忙小店可以让你填饱肚子了，还不必掏空钱包。这里有一系列每日特餐，如猪肉咖喱、烤鱼、意大利面等。

Bakery 面包房 €

（见334页地图；La Passe；⏰周一至周六9:00~19:00，周日16:00~19:00）这个位于码头附近的小面包房及杂货店出售新鲜出炉的面包和蛋糕。记得要早点来，10:00蛋糕就销售一空了。

STC 超市 €

（见334页地图；☎4234024；La Passe；⏰周一至周五 8:30~18:00，周六 至14:00，周日 至13:00）STC是岛上货物最齐全的超市，几乎出售自炊住客需要的所有东西。

★ The Fish Trap Bar & Restaurant 各国风味 €€

（见334页地图；La Passe；主菜 150~290塞舌尔卢比；⏰正午至15:00，19:45~21:00，酒吧7:30~22:00；📶）这家时髦的餐厅地理位置优越，位于水边，是拉帕斯最有气氛的餐厅之一。菜品从海鲜到肉类，从沙拉到克里奥尔主菜，应有尽有。来这里坐坐，喝杯果香鸡尾酒（150塞舌尔卢比起）也不错，可以看到太阳缓缓沉下地平线。

★ Chez Jules Restaurant 克里奥尔菜、海鲜 €€

（见334页地图；☎4244287；Anse Banane；主菜 180~210塞舌尔卢比；⏰10:00~16:00）你一定要知道这家Anse Banane东岸的餐厅，不过好在现在你已经知道了。这个与世隔绝的地方提供的美味足以令你惊讶。烤鱼和章鱼沙拉十分美味，此外还有很多特色菜。最棒的一点：美丽的海景。

★ Lanbousir 海鲜 €€

（见334页地图；Anse Union；主菜 180~220塞舌尔卢比；⏰12:30~15:00）这个破旧的餐馆由几位和蔼可亲的女士经营。在附近的银色之源海滩晒完阳光浴后（或之前）来这里享用午餐，是件十分惬意的事。从熏鱼沙拉开始到松软的鱼片，最后再吃一块香蕉或香草蛋糕。餐后，再喝杯冰镇椰子汁助消化。餐馆位于椰干联盟制造厂（见333页）内。

Zerof 克里奥尔菜、自助餐馆 €€

（见334页地图；☎4234439；La Passe；主菜 200~250塞舌尔卢比，晚餐自助 420塞舌尔卢比；⏰正午至15:00，18:30~20:30）Zerof是去感受海绵般的沙滩前（或之后）品味传统克里奥尔菜的好地方。周三和周日晚上，这里还提供10种克里奥尔菜的美味自助餐。

Refle de Zil 各国风味 €€

（见334页地图；La Passe；主菜 160~275塞舌尔卢比；⏰11:30~21:30；📶）在这家本地人最爱的餐厅就餐，最困难的就是选择美味的肉还是鱼，沙拉还是比萨。还有精美的甜点。哦，还有免费Wi-Fi。

Bellevue 自助餐馆 €

（见334页地图；☎2527856；Belle Vue；主菜 150~200塞舌尔卢比，晚餐 500塞舌尔卢比；⏰正午至15:00，日落晚餐17:30，酒吧 10:00~18:00）徒步或骑车去这个"老鹰的巢穴"简直就是噩梦，不过露台上让人心跳加速的美景会让你觉得一切都是值得的。午餐时间，这里以非常合理的价格提供一些常见的美食。晚餐时间这里更有浪漫的气氛；价格包括去拉帕斯的路费。物有所值。

Chez Marston 各国风味 €€

（见334页地图；☎4234023；La Passe；主菜 120~250塞舌尔卢比；⏰11:30~21:30）说实话，这里的食物并不怎么出色，不过这里的气氛很轻松，菜单上的沙拉、三明治、对虾、鱼或咖喱蟹肉、比萨、意大利面、蛋卷和汉堡几乎涵盖了所有的口味，还有一些素食选择。甜品包括薄煎饼和冰激凌。

★ Domaine de L' Orangeraie Resort & Spa – Le Combava 各国风味 €€€

（见334页地图；☎4299999；Anse Sévère；主菜午餐 300~420塞舌尔卢比，晚餐 450~580塞舌尔卢比；⏰正午至15:00，19:00~21:15）这家优雅的餐厅位于Domaine de L' Orangeraie Resort & Spa（见340页）内，提供各色美食，还有浪漫的氛围、超酷的环境和周到的服务，这里的一切令人陶醉。亮洁的餐室就设在酒店泳池的边上，到了傍晚时刻分外瑰丽。还可以来点爽口的甜点（190塞舌尔卢比起）——巧克力布朗尼配上椰子冰激凌，回味悠长。

★ Loutier Coco 自助餐馆 €€€

（见334页地图；☎2514762；Grand Anse；自助餐 350塞舌尔卢比；⌚12:30~15:00，酒吧9:00~16:30）2016年年初的彻底整修把这家格兰德海滩上的休闲海滩小屋改造成了多功能餐厅，配上了清凉的瓷砖地板、混凝土墙和坚实的屋顶。然而，不变的是午间提供的丰盛自助餐（记得早些来）。这里还出售烤鱼、传统克里奥尔咖喱饭和沙拉，还有水果和咖啡。

Le Repaire 意大利菜 €€€

（见334页地图；☎4234332；www.lerepaireseychelles.com；La Passe；主菜 200~400塞舌尔卢比；⌚周三至周一 12:30~14:30，每天 19:00~21:30）Le Repaire因为其经典的意大利菜式别具一格，这里会颠覆你的世界观。主厨雷默（Remo）是意大利人，从意大利进口了很多重要原料，你的意大利面、意大利烩饭、比萨、鱼肉佳肴都将十分美味。餐室精致而随意，面对着一个繁花盛开的热带花园。提供种类丰富的甜品，其中包括让人欲罢不能的提拉米苏。

饮品和夜生活

餐饮兼备的Tarosa是镇上最热闹欢腾的地方。到了周六傍晚，这里会变成一个露天俱乐部。如果你只想感受一下氛围，可以去最大的几家酒店的酒吧。

Tarosa 夜店 €€

（见334页地图；La Passe；⌚周五和周六22:00至次日2:00）这家露天酒吧夜店是和当地人把酒言欢的好地方。

购物

在拉帕斯的码头附近，你会找到各种纪念品商店，还有几家艺术画廊。

Barbara Jenson Studio 艺术品

（见334页地图；☎4234406；www.barbarajensonstudio.com；Anse Réunion；⌚周一至周六9:30~18:00）芭芭拉（Barbara）的作品展现了塞舌尔群岛独一无二的自然风光和不同的民族风情。

实用信息

医院（☎4234255；La Passe）提供基本医疗服务。

旅游局（见334页地图；☎4234393；www.seychellesladigue.com；La Passe；⌚周一至周五 8:00至正午，13:00~16:30，周日 9:00至正午）提供基本旅游信息，帮助组织团队游。

到达和离开

从马埃岛和普拉兰岛乘船到拉迪格岛很方便。普拉兰岛仅在5公里外。

Inter-Island Ferry Pty（☎4232329，4232394；www.cat-cocos-seychelles.com；单程成人/儿童15/7.5欧元）公司经营普拉兰岛和拉迪格岛之间的游艇穿梭业务。每天7:00（周日9:00）~17:15（周五、周六、周日到17:45）之间有7班（周日5班）从普拉兰岛发出的船次，每天7:30（周日9:30）~17:45（周五、周六、周日到18:15）则有相应的船次从拉迪格岛发回去。整个行程不到20分钟。

Cat Cocos（见334页地图；☎4324843；www.cat-cocos-seychelles.com；La Passe；⌚6:30~17:00）经营拉迪格岛和马埃岛之间每日一次或两次的游艇穿梭业务（75欧元）。抵达拉迪格岛前会在普拉兰岛短暂停留。

当地交通

自行车

岛上有几条铺过的公路。因为岛上从南到北还不到5公里长，目前最好也是最享受的游览方式是徒步或骑行。岛上有很多自行车出租点。在码头附近有一些租车行，或者你也可以通过入住的酒店或客栈来预订。大多数地方的收费是每天100~150塞舌尔卢比。

出租车

拉迪格岛上只有很少的出租车，因为大部分人都是骑行或徒步游逛。从码头到格兰德海滩的单程车费大约250塞舌尔卢比。

其他内岛

除了马埃岛、普拉兰岛和拉迪格岛，其他内岛还有伯德岛、北岛、锡卢埃特岛、弗雷格特岛和德尼岛。这些岛屿位置分散，都提供与世隔绝的海岛体验。

除了独家尊享的感觉之外，环保精神让这些隐蔽之所更加特别。这些岛屿都参与了

Silhouette 锡卢埃特岛

一些开创性的保护项目，是各种稀有物种的保护区。

锡卢埃特岛（Silhouette）

从马埃岛的布法隆海滩，你能隐约看见地平线上有个形如金字塔的小岛，那就是锡卢埃特岛。它位于马埃岛以北仅20公里，美丽而隐蔽，棕榈树在沙滩上洒下幢幢绿荫，郁郁葱葱的峰峦在海面上叠起。岛上最高峰是岛班峰（Mt Dauban，海拔740米）。蒙东海滩（Anse Mondon）、拉斯卡海滩（Anse Lascar）、帕塔特海滩和格兰德海滩有着真正的原生态沙滩。锡卢埃特岛以其生物多样性而闻名，而且这里有很多独一无二的生物栖息地和生态圈。在拉帕斯村（La Passe）有一个小型研究站，致力于保护象龟，监测海龟和蝙蝠。

食宿

La Belle Tortue 别墅 €€€

（☎2569708；www.labelletortue.com；Silhouette；标单含半餐 260~400欧元，双含半餐320~600欧元；❄📶）这个高级住所更接近度假村，3栋现代别墅中拥有6个房间，四周有异域风情的花园环绕。空间宽敞，光照充足，装饰美观，布置着高雅的家具，配备了耐用的设施，正对一个可爱的沙滩。附近的沙滩并非全岛最好的，但很适合游泳和浮潜。

Hilton Seychelles Labriz Resort & Spa 度假村 €€€

（☎4293949；www.hiltonseychelleslabriz.com；Silhouette；双 含早餐350欧元起；❄📶🏊）这可能是塞舌尔群岛上最实惠的私家岛屿度假村。五星级的Hilton Seychelles Labriz拥有111栋别墅，鳞次栉比地排列在岛屿东部的狭长沙带上。度假村设施完善，配有7个餐厅、一个美妙的水疗中心和一个最先进的潜水中心。你还可以在大自然中自由信步。

到达和离开

大部分造访锡卢埃特岛的游客都是乘船从布法隆到马埃岛途经此处。交通直接由你选择的住处来安排，这是包含在膳宿服务中的。

北岛（North Island）

位于锡卢埃特岛以北6公里处的北岛拥有绝无仅有的奢华独享体验。岛上的酒店广受赞誉，被誉为在印度洋上体验奢华生活的典范。须乘直升机抵达即说明了一切：既洋溢着自我陶醉的慵懒，又有一丝詹姆斯·邦德式的诱惑力。

住宿

北岛是一个私人岛屿，所有游客都住在度假村中。

North Island 度假村 €€€

（☎4293100；www.north-island.com；双 含全餐6100欧元；❄@📶🏊）🍃欢迎来到世界上最奢华的酒店之一。这里满足你的一切想象，耀眼的白沙滩，屡获殊荣的水疗中心和美食，顶级的潜水中心，当然还有专属管家会为你安排好一切生活细节。11套超豪华套房，融合了木材、玻璃和石头等建筑材料，重新定义了“赤脚时尚”这个词。这里极具绿色天然风情，为拯救濒临灭绝的物种，生物栖居地正在重建中。驻留的生态学者会带领游客去沙滩上看海龟的栖居。这是一个你可以期待邂逅正在度假的商业大亨和电影明星的地方。

到达和离开

北岛的游客均从马埃岛乘直升机到达，会由

你入住的度假村来安排，这包含在提供的膳宿服务中。

德尼岛（Denis Island）

你到达的是一个海边的珊瑚带。华美温暖的海水拍打着白色的沙滩；一个闪闪发光的环礁湖，呈现出从天青石到绿松石色的斑斓色彩；沿岸还遍布着斜立的棕榈树和木麻黄树。欢迎来到德尼岛——一个位于马埃岛东北约95公里的珊瑚岛。

如果你晒够了日光浴，还可以在大自然中沿着景色迷人的小路漫步，或是去钓鱼、浮潜或潜水。野生动物爱好者也会喜欢这里；尽管德尼岛很小——长仅1.3公里，最宽处只有1.75公里——却是各种物种的避难所，其中包括象龟、鹊鸲、绶带鸟和塞舌尔啭鸟。7月至12月，你还有机会看到海龟在沙滩上产卵。

住宿

Denis Private Island 度假村 €€€

（☎4295999，4288963；www.denisisland.com；双 含早餐890欧元起；❄@📶）🍃这座迷人的度假村Denis Private Island简直就是小说《海角一乐园》（*Swiss Family Robinson*）和时尚旅游杂志的结合体。25栋现代别墅就紧挨着耀眼的白沙滩。这里的大量木材、高档的家具和考究的淋浴——更不用说户外的盥洗室了，都给人以华丽的感觉。潜水和钓鱼的地方很多，整个场地即便满员时也给人出奇的空旷感。食物是绿色有机食品，都来源于岛上的农场。各国旅行者还是以情侣为主，不过也有不少家庭来这里住宿。所有人都是骑行或者徒步游览。度假村里没有泳池，但门口就有一个绝美的沙滩，谁还需要泳池呢？

到达和离开

德尼岛有包机服务，从马埃岛出发。度假村可直接安排交通，包含在提供的膳宿服务中。

伯德岛（Bird Island）

伯德岛是生态游和观鸟的终极目的地。4月至10月，成百上千的乌燕鸥、仙女燕鸥和各类常见燕鸥会成群结队地来到这个位于马埃岛以北95公里处的珊瑚岛上筑巢。你只要坐在自己的阳台上，鸟儿就会飞来落到你的头上。11月至次年3月，玳瑁海龟在海岛的沙滩上繁殖，而它们的陆地近亲则慢慢移向岛内。绿蠵龟还会在沙滩上筑巢。

住宿

★**Bird Island Lodge** 度假屋 €€€

（☎4224925，4323322；www.birdislandseychelles.com；标单/双 含全餐323/411欧元起；📶）🍃无电视、无空调、无电话（但有Wi-Fi），只有你、大群的鸟儿、18头巨龟、深蓝色的大海和迷人的沙滩。24间木屋简易但非常环保，而且设计得赏心悦目，享受这片未遭破坏的人间天堂吧。

到达和离开

伯德岛距马埃岛北部约100公里，每天有航班从马埃岛出发。度假村可直接安排交通，包含在提供的膳宿服务中。

弗雷格特岛（Frégate Island）

从马埃岛乘直升机飞20分钟就到了童话般的弗雷格特岛，这是一个野生动物保护区，也是一个名流富豪的隐居之所，他们在弗雷格特岛的独家私家别墅找到了宁静。岛上至少有7个海滩，其中包括超赞的维克托林海滩（Anse Victorin）和青鱼海滩（Anse Maquereau），常被评为世界上最好的海滩。

住宿

Fregate Island Private 度假村 €€€

（☎德语+49（0）7221 900 8071；www.fregate.com；Frégate Island；双 含全餐4500欧元起；❄@📶🏊）作为欧特集团（Oetker group）的产业，这个专属休闲之地将“赤脚奢华”推向另一个境界。16栋临海别墅栖于山坡上，附带一个私家游泳池和一个露天按摩浴缸。通向别墅的蜿蜒小径在繁密的植物丛中若隐若现。3号至8号别墅可直达海滩。你在弗雷格特岛上绝不会无聊——在青鱼海滩宝石般清透的海水中游泳，在树冠下的小平台里享用早餐，来一场钓鱼、潜水或浮潜之旅……千万不要错过这儿的有机农场，找一位当地的环

阿方斯岛(ALPHONSE ISLAND)

阿方斯岛位于马埃岛西南400公里外，是世界闻名的飞钓地。这里海水清澈见底，潟湖四周的沙滩可作为与北梭鱼、珍鲹、鳞鲀(扳机鱼)等鱼类“战斗”的好地方。阿方斯岛还逐渐开始宣传它的潜水潜力，这在塞舌尔(如果不算在印度洋)是独一无二的。最好的是，这里还适合情侣和家庭度假。

阿方斯岛面积小，植被丰富，被巨大的潟湖和健康的珊瑚花园环绕。从天上俯瞰，像是一颗巨大的鲨鱼牙。这里有些很棒的海滩，不过不是最吸引人的地方。

境保护工作者，他会带你参观象龟孵卵处，如果你够幸运，还能看到玳瑁海龟在大海滩上筑巢。

到达和离开

大部分弗雷格特岛的游客均从马埃岛乘直升机到达。度假村可直接安排交通，包含在提供的膳宿服务中。

外岛

阿米兰特群岛(Amirantes Group)位于马埃岛西南250公里处。其主岛是德罗什岛(Desroches)。再向南200公里，是阿方斯群岛(Alphonse Group)，这个珊瑚岛屿群是世界上海上飞钓的最佳场所之一。这片群岛中最大的岛屿是宽1.2公里的阿方斯岛(Alphonse Island)，岛上提供基础旅游设施。

阿尔达布拉群岛(Aldabra Group)是外岛群中最遥远的，其中包括距离马埃岛1000多公里的阿尔达布拉环礁(Aldabra Atoll)，它是个自然保护区，已被联合国教科文组织列为世界遗产地。阿尔达布拉环礁栖居着15万只象龟，还有上千只候鸟会定期出现。直到现在，这片群岛也只向科研工作者、志愿者和极少数的游客开放。

很遗憾，由于海盗在这片海域出没的风险，阿尔达布拉群岛目前禁止外国人入内。可以联系塞舌尔群岛基金会(见305页)获取最新信息。

住宿

目前阿方斯岛上的度假村Alphonse Island Resort是外岛唯一提供住宿的地方。德罗什岛上的度假村因整修已停业。

★ **Alphonse Island Resort** 度假村 €€€

(☎南非语，+27 21 556 5763；www.alphonse-island.com；Alphonse Island；双 含半餐每人675~875美元；⏲11月至次年4月；❄@📶🏊)🍃这个休闲度假村用舒适的尖顶木屋和别墅吸引着住客，木屋和别墅面对花园，直达潟湖。木质装潢配上现代设备，这里完美地平衡了舒适、原始美丽和热带风情。提供钓鱼、潜水套餐，还可以安排浮潜。度假村潜水和钓鱼中心以服务和专业度声名在外，还可组织沿岛自然徒步之旅。餐厅提供Wi-Fi。

★ **Desroches Island Resort** 度假村 €€€

由于新的管理安排，这个私人岛上度假村已因整修停业，2017年重新开业。

到达和离开

唯一能够到达的阿方斯岛仅能从马埃岛乘坐每周一到两次的包机到达，航行约需1小时。

了解塞舌尔

今日塞舌尔

塞舌尔自独立之后有了长足发展，保障稳定和相当程度的繁荣足以令塞舌尔自豪。健康、教育和住房水平稳步上升，国内人均收入达非洲首位。经过共产主义者多年的管理，塞舌尔逐渐建立了自由市场经济，以吸引国外投资。还有一个好消息：作为海岸边的直接威胁，海盗已大规模减少。

经济发展

塞舌尔的经济发展势头良好。在全球经济增速普遍趋缓的大环境下，塞舌尔的国家经济在2015年增长了4.3%(2014年经济增长达6.2%之多)，这样的增长率让人肃然起敬。旅游业是国家的经济支柱之一。近年来，旅游业发展方兴未艾，前来塞舌尔旅游的人数持续增长，2015年的游客超过275,000人次(2009年为160,000人次，2012年为208,000

人次)。多数航空公司的总部设于海湾地区,其中包括阿联酋航空公司、卡塔尔航空和阿提哈德航空公司,它们从各自航班枢纽开通了前往塞舌尔的航线,班次频繁,质优价廉,并建立了直通世界重要首都的航线。国内航空公司,塞舌尔航空(Air Seychelles)也于2015年7月恢复了往巴黎的直飞航班(之前中断了4年)。

塞舌尔的另一大经济支柱是渔业,这是塞舌尔最大的出口创汇产业之一。三文鱼出口量很大。

2015年4月,塞舌尔终于在申请20年后成为世界贸易组织的成员。

然而,塞舌尔的国家经济易受外部因素影响。尽管其试图加强农业基础设施建设,并更多地使用当地制造产品,但是塞舌尔大部分必需物资仍需进口。因此,出口收益稍微下降都会造成国内经济的波动。

政治停滞?

在政治上,塞舌尔的形势40年来几乎没有什么改变。由詹姆斯·米歇尔(James Michel)总统领导的执政党塞舌尔人民进步阵线(SPPF)自1977年起就开始统治国家。竞选第三次连任后,詹姆斯·米歇尔于2015年12月再次以50.2%的投票率当选总统,仅胜出193票。他的竞选对手韦维尔·拉姆卡拉旺(Wavel Ramkalawan)为此不寻常的选举结果抱怨连连,指责政府贿赂选票。

尽管多年来勒内(René)饱受批判,但他毫无疑问地促进了塞舌尔的经济发展。不过,同一批人掌权几乎40年后,很多塞舌尔人渴求改革、民主政治和新闻自由。下届总统选举将在2020年举行。

天堂里的毒品

过去几年间,塞舌尔天堂般的形象也受到一个主要问题的干扰:毒品贩卖(和毒品使用)。尽管毒品走私还没严重到加勒比等地区的程度,但目前毒品已是塞舌尔国内的重要问题。根据联合国毒品和犯罪问题办公室(United Nations Office on Drugs and Crime,简称UNODC)调查,近年来海运到达非洲、欧洲和亚洲的海洛因等毒品已大量转移,改为通过南方海路运达,塞舌尔正是毒品走私的重要中转地。塞舌尔作为印度洋中孤立的群岛,海岸线众多,资源和基础设施却不足以监控,制止贩毒行为难上加难,即使国家药物执法机构(National Drug Enforcement Agency,简称NDEA)加大控制和扣押力度也无补于事。据称,毒品通过空运和船运均可进入塞舌尔。

塞舌尔不仅被作为中转站,海洛因等毒品在塞舌尔国内的消耗量也在增加。据塞舌尔健康部(The Seychelles Ministry of Health)估计,国内海洛因使用者超过1000人,对社会结构影响极其恶劣,也给国民健康带来极大的挑战。

打击海盗

随着21世纪第一个十年末整个西印度洋上海盗活动的猖獗,塞舌尔也遭遇了索马里海盗的袭击。政府呼吁国际社会的帮助,并与美国等西方国家签订条约共同打击塞舌尔领海内的海盗。行动卓有成效。由于战略性的地理位置,塞舌尔已成为打击索马里海盗的中心。2013年,与英国合作建立的区域打击海盗、起诉和情报协调中心(Regional Anti-Piracy,Prosecution and Intelligence Coordination Centre,简称RAPPICC)成立,旨在加大打击区域内海盗、跨国有组织犯罪力度,联合治安力量,促进情报服务协作。结果是什么?由于多国海军巡航队和货轮上装备精良的保安力量,近年来海上袭击已大幅减少。

历史

正如毛里求斯和留尼汪,塞舌尔群岛在欧洲殖民者到达前没有本地人口,直到18世纪仍处于无人居住的状态。这片群岛最初由葡萄牙探险家发现,不过首次有记载的登陆是在1609年由一艘英国东印度公司的船完成的。海盗和海盗船通常只把塞舌尔群岛作为他们掠夺静息期的临时基地。

殖民统治时期

1742年,马埃·德·拉布尔多内(Mahé de Labourdonnais)——也就是当时毛里求斯的统治者——派遣船长拉扎尔·皮考尔特

(Lazare Picault)前来调查这群岛屿。皮考尔特以其雇主的名字命名了主岛屿(所登陆的海湾则以自己的名字来命名),为12年后法国占领该岛做了铺垫。

过了相当长一段时间,法国人才开始了对该群岛的殖民。直到1770年,包括21位居民和7个奴隶的第一批移民才抵达圣安妮岛。几经周折,这批移民开始在岛上种植香料、木薯、甘蔗和玉米。

在18世纪,英国开始垂涎塞舌尔群岛。法国并没有誓死保卫自己殖民地的决心,而且也无法抵抗英国的袭击,塞舌尔群岛于是在1814年成为英国附属国。除了增加岛上的奴隶数量,英国并没有着手发展塞舌尔。1835年废除奴隶制以后,来自周边地区获得自由的奴隶们也被遣送至此。因为岛上几乎没有英国移民,所以法语和法国文化在岛上占主导地位。

1903年,塞舌尔群岛被伦敦方面认定为英国直属殖民地,之后迅速跌入了政治和经济的低迷期。直到1964年,年轻的律师弗朗西斯·艾尔伯特·勒内(France Albert René)建立了塞舌尔人民共和党(SPUP),另一个律师詹姆斯·曼卡姆(James Mancham)建立了新的塞舌尔民主党(SDP),这两个政党成立后才结束了塞舌尔的低迷局面。

独立

曼卡姆的塞舌尔民主党由商人和种植园主组成,在1966年和1970年竞选成功。勒内的塞舌尔人民共和党则为社会主义和自由独立而奋斗。1975年6月,两党联盟出现了联合领导争取独立的局面,塞舌尔于一年后获得了独立。曼卡姆成为塞舌尔共和国的首位总统,勒内出任总理。

光彩照人的吉姆阁下(即詹姆斯·曼卡姆,集诗人和花花公子于一身)把所有的赌注押在了一个宝上——旅游业。他成了一位交际名流,在全世界以自己出色的交际手腕与各界名流打交道,终于让世人对塞舌尔有了一定的了解。

于是,富豪和名流不断涌入塞舌尔度假或举办各种派对。艾南·卡修基(Adnan Khashoggi)和其他阿拉伯富翁大面积购买塞舌尔土地,影星和名流也纷至沓来,好让他们的形象更加耀眼。

不过,按照勒内和塞舌尔人民共和党的说法,塞舌尔存在财富分配不均的问题,导致整个国家成为了富人的游乐场。勒内曾称贫穷的克里奥尔人只能说比奴隶过得好一点而已。

勒内时期

1977年6月,塞舌尔独立还不到一年,趁着曼卡姆在伦敦参加联邦会议的间隙,勒内和一组在坦桑尼亚得到训练的反叛者发动了一场不流血的政变。在接下来的几年里,勒内又驱逐了被定为非法党派的塞舌尔民主党的众多拥护者以巩固其统治。一群白人地主在英国、南非和澳大利亚纷纷开展“抵抗运动”,反对勒内一党专政的社会主义国家。

国家跌入动荡之中,旅游业自然也渐趋凋敝。20世纪80年代又接连发生了由塞舌尔民主党支持者领导的民间破坏运动、两支军队叛变,还有更多被镇压的政变行动。

最终,面对越来越大的国际舆论压力和国外援助撤出的威胁,勒内在20世纪90年代初推行了一次政治大转折,放弃了一党专政的统治,宣布恢复多党民主执政。

在英联邦观察员的监督之下,塞舌尔于1992年进行了选举,勒内和其改旗易帜的塞舌尔人民进步阵线赢得了58.4%的选票。曼卡姆重返塞舌尔,代表塞舌尔民主党以33.7%的支持率落败,他声称该选举存在暗箱操作。

勒内继续掌握着国家大权,而塞舌尔民主党则继续衰退。甚至连曼卡姆本人也在1999年放弃了塞舌尔民主党,并支持中立的塞舌尔国家党(Seychelles National Party,简称SNP)。在2002年的总统竞选中,由英国国教牧师韦维尔·拉姆卡拉旺领导的塞舌尔国家党,通过42%的选票确定了其作为主要反对党的地位。

民主政治的漫长之路

2004年4月,勒内最终放弃了总统之职,让位给与他同甘共苦的前副总统詹姆斯·米歇尔。在与反对党的领导瓦维尔·拉姆卡拉旺展开激烈角逐后,米歇尔获得了53.3%的选票并最终赢得了2006年的总统大选。

米歇尔似乎并不想向任何对手转让其权

力，他于2007年3月提前解散了国民大会，引来了反对党通过集会活动进行的联合抵制。随后于2007年5月的议会选举中，塞舌尔人民进步阵线有18位成员入选，力压由瓦维尔·拉姆卡拉旺领导的反对党塞舌尔国家党的7位成员（其实和被解散前入选成员数目一样）。尽管是民主选举，但是反对派称其受政府操控。

经济方面，负债严重的塞舌尔2008年曾被迫向国际货币基金组织（IMF）寻求援助。通过一系列改革措施，包括卢比自由流通、废除外汇管制，还削减了巨额政府开支，塞舌尔的债务被冻结，经济迅速复苏。

文化

正如附近的毛里求斯和留尼汪，塞舌尔常被称为民族和宗教和谐的榜样，和任何国家相比都堪称如此。大部分塞舌尔居民都热情友善，乐于助人；没有明显的反殖民主义表现——目前已被独立后发展的国家自豪感代替。一些英国习俗甚至广受喜爱，如下午茶，但法国文化影响逐渐衰落，可能缘于前者的精英主义倾向。

生活方式

由于塞舌尔群岛和欧洲联系紧密，塞舌尔如今的面貌呈现出惊人的现代感。主岛马埃岛是一个相当时髦的地方，西式服装、新款汽车和手机以及现代化的住宅与各种醒目的克里奥尔传统文化标志并行存在。不过在强烈的西式外表之下，很多克里奥尔传统文化仍然得以保留至今，它们就在舞蹈、音乐、热情好客、古老的信仰、克里奥尔语言和达观的生活态度以及很多日常生活的举手投足中得以流传。

塞舌尔社会仍由男性主导。对妇女而言，旅游产业给予了她们平等的就业机会，这是件幸事。

大部分塞舌尔人是天主教徒，不过婚姻制度并不得人心。不结婚是奴隶制度的残存，因为奴隶社会没有结婚这种事，而且结婚开销很大。结果导致预计有75%的婴儿是非婚生育。当地对于非婚生子并无禁忌。

对游客而言，除了要尊重当地对裸体的态度和参观宗教场所之外，几乎没有什么必须遵守的规章制度。

塞舌尔人民

塞舌尔的居民比毛里求斯人或留尼汪人表现出更强的非洲特色。即便如此，这里还是能看到各种肤色和毛发的颜色，因为这里有法国和非洲的混合血统，还融合了印度、中国和阿拉伯血统。不过，印度和中国社区在各种混血中只占了很小的比例，剩下的主要是克里奥尔血统。而大部分白人在1977年的政变中被驱逐出境了。

与在毛里求斯和留尼汪岛的情况一样，塞舌尔的社会是借助克里奥尔的语言、饮食和文化凝聚在一起的。90%以上的人母语是克里奥尔语，尽管大部分人也讲英语（官方语言和商务用语），还有法语。

宗教

将近90%的塞舌尔人是罗马天主教徒，7%是英国国教徒，而2.5%则信奉正在迅速扩大的福音教派。剩下的极少数人口主要集中在维多利亚地区，他们是印度教徒，或者在穆斯林和中国社区。

大部分人对宗教充满了热情。到了周日，维多利亚的天主教和英国国教的教堂，还有分散在主要岛屿上的一些小教堂都人满为患。

还有一种对超自然力和古老的精神幻术的广泛信仰，比如gris gris。尽管1958年巫术被宣布为非法活动，不过少数巫师（bonhommes）和巫婆（bonnefemmes di bois）还在为爱情、好运和复仇施治、施咒、调制药剂。

艺术

由于这些岛屿最初都无人居住，克里奥尔人是塞舌尔最接近本土人口的群体。克里奥尔文化起源于非洲的很多方面都得以保存，包括塞加（séga）和穆蒂亚（moutia）舞蹈。

文学

使用克里奥尔语写作的主要本地作家有诗人、剧作家克里斯蒂安·赛维娜（Christian Sevina），短篇小说家、剧作家玛丽-特蕾莎·肖皮（Marie-Thérèse Choppy），诗人安托万·阿贝尔（Antoine Abel）和推理作家让-约瑟夫·玛德林(Jean-Joseph Madeleine)。不幸的是，他们的作品目前还没有英文译本。

实际上，关于塞舌尔群岛的英文小说少得出奇，大部分作家都选择了游记或自传等体裁。唯一的例外是长住此地的格林·柏里奇(Glynn Burridge)，他的短篇小说融合了事实与虚构。维多利亚书店有售本地出版的两卷《声音：塞舌尔短篇小说集》(*Voices: Seychelles Short Stories*)。

音乐和舞蹈

塞舌尔的印度、欧洲、中国和阿拉伯文化背景都在音乐中表现出来。帕特里克·维克多(Patrick Victor)和珍-马克·沃尔斯(Jean-Marc Volcy)是塞舌尔两位最知名的音乐人，他们主要演奏克里奥尔流行乐和民俗音乐。其他的本土明星还有以马内利·玛丽(Emmanuel Marie)和已去世的雷蒙德·勒邦(Raymond Lebon)，他的女儿塞拉·保罗(Sheila Paul)则以翻唱她父亲的浪漫情歌跻身当地明星排行榜。

视觉艺术

最近几十年，越来越多的艺术家已经定居在塞舌尔，在当地形成了一个产业，正好迎合了疯狂购买纪念品的游客们的需求。尽管商店里依然到处都是老套的棕榈树和落日风景画，岛上还是有一些有天分的艺术家的。

米歇尔·亚当斯(Michael Adams)是最负盛名也最与众不同的当代艺术家。乔治·卡米尔(George Camille)则是一位从大自然获取创作灵感而备受好评的艺术家。其他值得关注的艺术家还有芭芭拉·约翰逊(Barbara Jenson)，她在拉迪格岛有一个工作室；还有拉扎尔海湾的杰拉德·德伍德(Gerard Devoud)和布法隆海湾的奈杰尔·亨利(Nigel Henry)。

还可以关注莱昂·贡德(Leon Radegonde)的作品，他创新了抽象拼贴画；安德鲁·吉(Andrew Gee)专注于绢帛画和水彩垂钓图，还有克里斯汀·哈特(Christine Harter)的阳光沐浴图。画家和雕刻家埃格伯特·马蒂(Egbert Marday)创作了体现渔民和种植场工人的有力画作，不过他最知名的作品可能是那个放在维多利亚独立大道法院门前持手杖散步的男人雕像。洛佐伦·阿皮尼亚(Lorenzo Appiani)制作的雕塑被安放在了5th June Ave大街的两端。

饮食

塞舌尔菜肴的真正美妙之处在于新鲜和简单。钟爱肉食的人们来到这里要有心理准备：塞舌尔的菜肴深受海滨位置的影响，在他们的很多菜品中，鱼都是主要食材。文化的影响也使这里的饮食富有特色，欧洲(主要是法国和意大利)和非洲的美食风味被很好地融为一体。

主食和特色

鱼，鱼，还是鱼！当然还有米饭。这是塞舌尔最常见的搭配(克里奥尔土话叫pwason ek diri)，我们也没什么可抱怨的——鱼保证是最新鲜的，入口即化。你可以品尝到川纹笛鲷(bourgeois)、长棘毛唇隆头鱼(capitaine)、鲨鱼、绿短鳍鱼(job)、鹦嘴鱼、鲹类(caranx)、石斑鱼和金枪鱼等。为了丰富品种，菜肴采用多种烹制方法——烤、蒸、碎、熏、炖、腌、烘焙，还可以裹在香蕉叶里，可谓花样百出。

海鲜爱好者会在塞舌尔找到他们的精神乐园：龙虾、螃蟹、贝类(特别是当地的两种贝类，trouloulou和teck teck)和章鱼，无所不有。

塞舌尔到处都有热带水果，其中包括芒果、香蕉、面包果、木瓜、椰子、葡萄柚、菠萝和杨桃。加上调味料，它们可以制成绝妙的配菜。香草、肉桂和肉豆蔻常用来做风味大杂烩和其他调味剂。

你也会找到肉类，主要是牛肉和鸡肉，不过都是进口的。

素食

尽管塞舌尔的餐厅菜单上以鱼类、海鲜和肉类为主，但还有少量沙拉和不带肉的意大利面。如果你要自炊，会有更多蔬果可供选择。

去哪吃

餐厅类型齐全，从路边小店、快餐店到豪华餐厅，无所不有。大酒店的餐厅也可供选择，其中总有一家会提供自助餐（通常是克里奥尔菜或海鲜）。在塞舌尔，没有很多街边快餐店可选择，不过街上的小贩出售新鲜水果和鱼——如果你要自炊就可以在这里采购。食品杂货店也到处可见。维多利亚市场是另一个获取新鲜食品的好地方。

很多到塞舌尔的游客在下榻的酒店中选择套餐服务，包括早餐和晚餐。如果你更喜欢品尝当地特色的菜品，享受塞舌尔诸多雅致的小餐馆，边吃边欣赏美景，和当地人在沙滩上野炊，你会发现仅带早餐的住宿会让你的旅行更加随意。

饮品

新鲜的榨果汁和椰子汁是最天然解渴的饮料。如果你想来点飘飘欲仙的感觉，到处都有当地品牌的啤酒Seybrew可买。当地另一种啤酒品牌Eku，有点难买到。大部分餐厅都可以喝到葡萄酒。

环境

塞舌尔群岛距离非洲东海岸1600公里，就在赤道南侧。这么小的国家却生活着多种花卉和动物。因为海岛地理位置偏僻，与世隔绝，而且人类进入较晚，这里的许多物种都是塞舌尔所特有的。这里是野生动物的天堂，对鸟类和热带鱼来说尤其如此。

陆地

塞舌尔由115座岛屿组成，其中中央岛屿（包括马埃岛、普拉兰岛及拉迪格岛）是花岗岩地质，而离岛则是环状珊瑚礁。花岗岩地质岛屿和毛里求斯、留尼汪的火山地貌不同，它们可能是在6500万年前大陆漂移时从非洲板块分裂出来的一部分，即一个已经沉没了的巨大高原的顶面。

野生动植物

动物

这里有一些常见的哺乳动物和爬行动物，包括果蝠或飞狐、壁虎、石龙子和马岛猬科动物（一种从马达加斯加进口的刺猬样的哺乳动物）。也有一些小蛇，但它们并不危险。

更加值得一提的是，被印在塞舌尔国徽上的象龟现在只生活在塞舌尔群岛和厄瓜多尔的科隆群岛（加拉帕戈斯群岛）上。法国人和英国人曾经消灭了塞舌尔群岛上除了亚达伯拉地区以外的所有象龟，不过让人欣慰的是，现在该地区还存活着10万多只象龟。很多象龟被带到了中央岛屿，在那里它们可以在酒店的花园里悠闲地散步。在屈里厄斯岛也有一个象龟放养场。

几乎每个岛上都有一些珍稀的鸟类物种：在弗雷格特岛、库金岛、科西涅岛（Cousin）和阿里德岛有鹊鸲（克里奥尔语中被称为pie chanteuse）；在库金岛、科西涅岛和阿里德岛你会发现塞舌尔莺；而在拉迪格岛和丹尼岛有弗夫（绶带鸟）；普拉兰岛有黑鹦鹉。塞舌尔猫头鹰（bare-legged scops owl）和塞舌尔红隼住在马埃岛，而伯德岛上则生活着成千上万的乌燕鸥（sooty terns）。

植物

椰子树和木麻黄是塞舌尔最常见的树木，还有几种榕树也很常见。除此以外，你也可能看到旋叶松、竹子和乌龟树（如此命名是因为树的果实长得像以此为食的乌龟）。

这里大约有80种岛上特有植物物种。原始森林现在仅存于锡卢埃特岛和马埃岛地势较高的部分，还有普拉兰岛的马埃谷。世界上只有两个地方拥有野生海椰子树，普拉兰岛就是其中之一。另一个地方则是附近的屈里厄斯岛。

国家公园

塞舌尔目前拥有两个国家公园，7个海洋国家公园，还有几个在政府和NGO管理下的保护区。总体来说，塞舌尔大约46%的国土陆地面积和45平方公里的海洋面积是受到保护的。

环境问题

总体来看，塞舌尔在保护自然环境方面做出了很多努力。早在1968年，国际鸟盟（Birdlife International）就开始了环保活动，当时他们买下了库金岛，并着手研究当地的濒危物种。紧接着在20世纪70年代，塞舌尔通过立法建立了国家公园和海洋保护区。

这并不是说政府的记录就是完全无瑕疵的。1998年，政府授权在马埃岛的东北海岸上进行了大面积的土地开垦项目，为急需的住房提供用地。而最近，伊甸园岛的建设也引起了关注——这是一座在马埃岛东海岸的人工岛屿，上面布满了豪宅。这两个工程都造成了广泛的泥沙淤积，永远破坏了海岸线的自然美景，但是不这样的话就必须砍伐大片森林。

旅游业给塞舌尔带来的影响也是把双刃剑。每年都有更多的度假酒店和旅馆拔地而起，它们主要分布在那些原始沙滩和僻静隔绝的岛屿上。另外，旅游业收入为急需费用的自然保护项目提供了资金。现在当地人的态度也有了改变，人们已经懂得去珍惜自己的生存环境了。

进一步改革的动力来自于社区和政府层面运营的非政府组织。他们已经取得了一些引人注目的成就，比如，由英国皇家鸟类保护学会和国际鸟盟赞助支持的鹊鸲（magpie robins）恢复计划。1990年，弗雷格特岛只生活着23只鹊鸲，而现在有近250只鹊鸲生活在弗雷格特岛、库金岛、德尼岛和科西涅群岛。库金岛、科西涅群岛和阿里德岛上的塞岛苇莺保护也取得了类似的成果。

作为这些项目的一部分，本地品种被用来代替外来动植物物种，在苦心经营下，很多岛屿也得以恢复到它们原来栖息地的状态。一些岛屿也被用来发展生态旅游业，特别是弗雷格特岛、伯德岛、德尼岛、北岛、锡卢埃特岛和阿方斯岛。游客们不仅仅为生态保护工作提供了资金，如果岛上有人居住的话，也能起到保护岛屿不受偷猎者和捕食者侵扰的作用。让我们相信环境保护与旅游业的这种结合会为塞舌尔岛的未来指出一条明路。

生存指南

出行指南

签证

- 中国公民持护照（6个月以上有效期）可直接免签进入塞舌尔，停留时间不超过30天。
- 在塞舌尔国际机场入境时，需要提供已确认的住宿安排，和有效的回程或续程机票。
- 如计划停留时间超过30天，需要在塞舌尔入境时办理落地签。

货币

- 货币单位是塞舌尔卢比（Rs），1卢比等于100分（¢）。钞票的面值有10卢比、25卢比、50卢比、100卢比和500卢比；硬币的面值有1卢比、5卢比、1分、5分、10分和25分。
- 最好携带欧元。大多数旅游服务的价格，包括住宿、游览、潜水、汽车租赁和交通等，都是用欧元标注并可以用欧元支付（少数情况下可以用美元），现金和信用卡都可以。不过，你也可以用卢比支付。在餐厅，价格是用卢比标注的，但是你也可以用欧元支付。
- 四家最主要的银行是巴克莱银行、塞舌尔储蓄银行（Seychelles Savings Bank）、Nouvobanq和毛里求斯商业银行（MCB）。它们在马埃岛、普拉兰岛及拉迪格岛都有分行。你还可以找到众多的货币兑换处。兑换现金没有佣金。
- 在机场和维多利亚几乎所有的大型银行都有ATM机，可以接受主要几种国际信用卡。你也可以在布法隆、马埃岛上的Anse Royale、普拉兰岛和拉迪格岛找到ATM机。然而，要记住可能会有银行手续费，有时还很高。去往塞舌尔前先和本国银行确认下。
- 主要的信用卡，包括维萨卡和万事达卡，可以在大多数酒店、餐厅和旅游商店中使用。许多旅馆仍然要求支付现金。少数地方会在结账时加上一个额外的费用，一般为账单的3%，用来支付银行手续费。
- 在当地贴有银联标志的MCB（毛里求斯商业银行）ATM机，可以使用仅带银联标识的借记卡以及62开头的银联信用卡。

汇率

当下汇率见www.xe.com。

人民币	CNY1	SCR1.96
港币	HKD1	SCR1.72
澳门币	MOP1	SCR1.67
新台币	TWD1	SCR0.44
美元	USD1	SCR13.44
欧元	EUR1	SCR15.11
英镑	GBP1	SCR17.19

预约服务

塞舌尔旅行（Seychelles Travel；www.seychelles.travel）提供住宿选择列表。

Seyvillas（www.seyvillas.com）酒店和自炊别墅，别有本地风情，热情真挚。

Seychelles Bons Plans（www.seychellesbonsplans.com）提供一系列运营良好、价格实惠的服务。

Seychelles Resa（www.seychelles-resa.com）可以寻找优惠。

Holidays Direct Seychelles（www.holidays-direct-seychelles.com）特色是小酒店和别墅，有最后秒杀价。

小费

塞舌尔付小费的地方不多，也没有这个习惯。顶级酒店或餐厅有时会加收10%~15%的服务费。

电源

塞舌尔使用220伏、50赫兹电源；英标三插插座以及欧标两插插座在此均广泛使用。

使领馆

中国驻塞舌尔共和国大使馆（☎266588；chinaemb_sc@mfa.gov.cn；St. Louis, Victoria, Mahé）

海关条例

➡ 以下物品可以免税带入塞舌尔：400支香烟、2升烈酒、2升红酒及200毫升香水。

➡ 超过限额必须在抵达时报关。进口动植物也有限令，必须获得进口许可。

➡ 出口海椰子需要获得特殊许可，出售者必须获得执照。

旅游信息

管理有序的**塞舌尔旅游局**（Seychelles Tourism Bureau；www.seychelles.travel）是塞舌尔唯一的旅游信息机构。总部（见306页）设在维多利亚，在普拉兰岛上有两个办事处，在拉迪格岛也有一个办事处。

营业时间

银行 通常周一至周五8:30~14:00，周六8:30~11:00

政府办公室 周一至周五8:00~16:00或17:00

餐厅 每日11:00~14:00或15:00和18:00~21:00

商店和企业 通常周一至周五8:00~17:00，周六8:00~12:00

节假日

新年（New Year）1月1日和2日

耶稣受难日（Good Friday）3月或4月

复活节（Easter Day）3月或4月

劳动节（Labour Day）5月1日

自由日（Liberation Day）6月5日

基督圣体圣血节（Corpus Christi）6月10日

国庆节（National Day）6月18日

独立日（Independence Day）6月29日

圣母升天节（Assumption）8月15日

诸圣日（All Saints' Day）11月1日

圣母无染原罪瞻礼（Immaculate Conception）12月8日

圣诞节（Christmas Day）12月25日

住宿

住宿须提前预订，尤其是旅游高峰期（圣诞节到新年、复活节的这段时间）。

旅馆和自炊式住宿

是的，如果你住在便宜一点儿的旅馆或自炊式住所，你不需要抵押房子来塞舌尔旅游，因为马埃岛上的这类旅馆越来越多。自炊式的住所包括设备齐全的私人住房、别墅、住宅、单身公寓或公寓套房，这些地方可以按天租用。自炊式住所和客栈的区别很小。通常，客栈的房间没有厨房，但提供早餐。而在大部分自炊式住所，早餐和晚餐是按需求供应。这些地方的住宿标准都很高——即使是在最便宜的客栈，你也可以获得一间带有私人浴室的房间，而且配有空调，并提供每日的清洁服务。一般情况下，这两种选择都很超值，特别是对家庭和一起出游的朋友来说。大部分地方的收费是80~190欧元。长期住宿者可以打折。

网上预订

了解更多Lonely Planet作者的推荐，请登录hotels.lonelyplanet.com。你可以找到完全客观的推荐意见，包括最佳住宿地点。最好的一点是，你还可以在线预订。

住宿价格范围

在本章中，住宿列表的顺序是按价格从低到高排列的。每一个住宿的地方伴有以下符号（价格是按一间设有私人浴室的双人房的标准）。价格包括所有政府税收。除非特别说明，不含早餐费用。

€ 低于75欧元

€€ 75~150欧元

€€€ 高于150欧元

这两种住宿选择都可以让你有很好的机会感受当地文化——它们几乎都是由家庭经营的，和酒店相比，可以提供更加个性化也更特别的体验。

度假村和酒店

对于那些"不差钱"的游客，这里从来都不缺少时尚摩登的住所。它们简直就是从精美的杂志上跳出来的：既有风格又能彰显地位的豪华别墅，还有装饰炫丽奢侈的水疗中心。

对那些预算不是很多的游客，马埃岛、普拉兰岛和拉迪格岛也有质优价美的中档酒店，价格大概是250欧元一个标准间。

注意：酒店通常会提供网上预订特价，远低于广告上的门市价。也可以确认下旅行社的机酒套餐，通常会便宜些。

通常每人每晚（含半餐）180欧元是最低价，价格可能升至1000欧元每人每晚。实际上旺季所有的酒店收费都会更高。

配备全面而成熟的娱乐设施和项目全包式的度假村在塞舌尔很少见。

私人岛屿度假村

如果你既想远离喧嚣又想体验奢华，塞舌尔也提供了一些尊贵独享的私密空间，美得让人难以言表。这些地方包括阿方斯岛、伯德岛、德罗什岛、幸福岛（Félicité Island）、锡卢埃特岛、北岛、弗雷格特岛和丹尼岛——都是可以让你美梦成真的地方。这些岛屿提供了各种现代化便利，也同时保留了热带岛屿的完美气质——鲁滨孙漂流记元素——让浪漫、活力与异域风情融为一体。每一个私人岛屿度假村都有自己的独特风格和它的追随者，不过住在这样的地方就很少会有与当地人接触的机会了。住在这里少则450欧元/晚，多则4500欧元/晚，含全餐。

地图

群岛的精确地图很少，最好的就是谷歌地球（Google Earth）的卫星地图。你也可以在马埃岛、普拉兰岛和拉迪格岛旅游局获得三个主要岛屿的旅游地图——《塞舌尔地图》（*Map of Seychelles*）。

电话

➡ 塞舌尔的通信系统高效可靠。可以从**Cable & Wireless**（www.cwseychelles.com）购买电话卡。主要岛屿上和岛屿之间的本地通话费用及国际长途费用约为每分钟4塞舌尔卢比。当从国外打电话到塞舌尔时，你需要拨打塞舌尔的国际代码（☎248），其次是7位本地号码。没有区号。从塞舌尔拨打国际长途的话，如向中国打电话，须先拨中国的国际接入码☎00，再拨国际代码☎86，再拨区号，最后是固定电话号码；如拨打手机号码，则无须拨区号。

手机

➡ 许多外国移动服务商的网络可以覆盖塞舌尔，但漫游费很高。马埃岛、普拉兰岛、拉迪格岛和锡卢埃特岛都有移动接收信号。如果你有一个解锁的GSM手机，你可以从**Cable & Wireless**（www.cwseychelles.com）或**Airtel**（☎4610615；Huteau Lane, Victoria；⏲周一至周五 8:30~16:00）那里购买一张本地的SIM卡（50塞舌尔卢比），同时购买流量（300塞舌尔卢比/1GB）。购买SIM卡需要携带护照。

➡ 充值卡被广泛使用，也可以通过电话或网络用信用卡充值。

➡ 国际长途的话，以Cable & Wireless公司为例，打到北美、澳大利亚和英国的收费为每分钟大约10塞舌尔卢比。

就餐价格范围

本指南使用以下价格范围，参考的是一个标准主菜的价格。价格包含服务费。

€ 低于150塞舌尔卢比

€€ 150~300塞舌尔卢比

€€€ 高于300塞舌尔卢比

➡ 中国移动、中国联通和中国电信三大运营商均已开通塞舌尔的国际漫游服务。中国移动和中国电信的漫游资费并不贵，具体资费标准可查阅各运营商网站。

上网

➡ 在维多利亚有几个网吧。在首都之外则很难找到网吧。

➡ 很多中档、所有高档酒店均提供Wi-Fi，自炊公寓和一些餐厅、咖啡店也提供。最常见的Wi-Fi连接是限定在公共区域内，而且不免费。

➡ 在本书中，有无线网的地方标有📶图标。

➡ 如果你要在塞舌尔待一阵子，可以考虑从本地移动服务商Cable & Wireless（www.cwseychelles.com）那里购买一个USB上网卡（dongle），插在笔记本电脑上就可以获得上网流量了。

➡ 按照中国的标准，网速还是相当慢的。

时间

塞舌尔是格林尼治标准时间加4小时，比中国晚4小时。维多利亚12:00就是北京时间16:00，伦敦时间8:00，巴黎时间9:00，纽约时间凌晨3:00和悉尼时间18:00。塞舌尔不采取夏令时，由于靠近赤道，这里的日出日落时间全年变化很小。

法律问题

外国人受旅行目的地国家法律约束，不会因为游客的身份受到特别待遇。如果你发现自己面临严重的法律困境，联系当地使领馆。

所有城镇、大部分村庄都有自己的警察局。通常，游客不必害怕警察，他们很少骚扰游客，如果你需要和他们谈话，他们也很礼貌。

持有违禁品、使用毒品严重违法，处罚也很严苛。

儿童

➡ 塞舌尔是一个非常适合儿童和家庭旅游的地方。

➡ 大多数酒店可以满足所有年龄层的游客的需求，提供保姆服务、儿童俱乐部还有专门为青少年量身打造的活动。

➡ 可能孩子们会很乐意一整天都泡在环礁湖戏水，乘船绕着岛屿游览对他们也会充满诱惑力。

➡ 他们肯定会喜欢和象龟玩耍，参观一些自然保护区也会十分有趣。

➡ 特殊食品和其他婴儿用品不容易找到，特别是在维多利亚以外的地区就更难了。所以，你最好随身带着你喜爱的物品。

残障旅行者

大多数豪华酒店都符合国际残疾人无障碍通道标准，如果你想远足游览，也可以聘请一位助手。除此之外，塞舌尔残疾人专用设施很少见。没有海滩配有轮椅通道。

同性恋旅行者

一般情况下，只要情侣们不过分张扬，塞舌尔人对同性恋关系还是很包容的，不过这里还没有看到公开的同性恋。同性恋游客来这里其实没有什么可担心的。我们从来没有听说过同性情侣因为度假时同房而引起麻烦。即便如此，公开表现亲密还是可能会引人侧目。

女性旅行者

一般说来，女性游客单独在塞舌尔旅行不会有什么问题。在任何一个国家，女性单独前往偏僻的沙滩和内陆地区时，都应该有一定的常识，提高警惕。

志愿服务

想要标记海龟、观测鲸鲨或是研究某些动物物种吗？**自然塞舌尔**（Nature Seychelles；见300页地图；☎4601100；www.natureseychelles.org；Roche Caiman）、塞舌尔群岛基金会（见305页）和**塞舌尔海洋保护协会**（Marine Conservation Society Seychelles；MCSS；www.mcss.sc）都有志愿者项目。

ℹ 到达和离开

大部分游客乘飞机到达，有些乘自己的游艇或航船。

可通过lonleyplanet.com/bookings在线预订航班、车和旅行。

飞机

塞舌尔有直达航班往返中国、法国、德国、肯尼亚、印度、马达加斯加、毛里求斯、留尼汪、南非、斯里兰卡和阿联酋。如需要往返更远的地方，可能需要从南非、欧洲或中东转机到达。

机场和航线

塞舌尔国际机场（Seychelles international air port；见300页地图；☎4384400；www.seychellesairports.travel）在维多利亚以南8公里处，是塞舌尔唯一的国际机场。

塞舌尔航空（Air Seychelles；☎4391000；www.airseychelles.com；Independence Ave, Victoria；⏲周一至周五 8:00~16:00，周六 8:00~12:00）是国家航空公司，安全记录良好，国际网络较有限，但和阿提哈德航空有代码共享协议。

塞舌尔航空于2016年1月27日正式开通北京—塞舌尔（维多利亚）的直飞航线。采用空客A330-200飞机，每周三往返一班，全年执行，飞行时间约为11.5个小时。

或者在迪拜转机，可以选择乘坐阿联酋航空公司、埃塞俄比亚航空公司的航班。香港已开通塞舌尔航空的直飞航班，国泰航空已达成与塞舌尔航空的代码共享协议，游客也可通过国泰航空（Cathay Pacific；☎400-888-6628；www.cathaypacific.com）预订前往塞舌尔的直飞航班。

海路

塞舌尔到印度洋上其他地区没有海运服务。

当地交通

飞机

塞舌尔航空负责所有岛屿之间的航班，无论是计划航次还是包机。唯一的固定航次是马埃岛和普拉兰岛之间的航班，每个方向每天都有约25个班次。15分钟短途飞行的机票往返约132欧元。行李限重是20公斤。塞舌尔航空也飞往伯德岛、德尼岛、弗雷格特岛和德罗什岛。不过这都需要包机，而且是由岛上的酒店直接打理。

拉迪格岛和锡卢埃特岛（及其他岛屿）可通过直升机往返。

需要注意的是，马埃岛是塞舌尔国内航班的唯一枢纽。

自行车

骑自行车是拉迪格岛上的主要交通方式。在普拉兰岛，你可以通过你住宿的旅馆或直接去沃尔伯特海滩租借自行车。而马埃岛的坡地有点多，对于一般骑自行车的人来说比较困难，大多数游客会选择租汽车，所以这里很难租到自行车。

船

在马埃岛、普拉兰岛和拉迪格岛之间乘船很容易，这里有固定而高效的轮渡服务。要前往其他岛屿，你必须得租船或跟团旅行。

马埃岛至普拉兰岛

Cat Cocos（☎4324842，4324844；www.cat-cocos-seychelles.com）游艇每天在马埃岛和普拉兰岛之间往返三次。从维多利亚出发，整个旅行持续约1小时（如果你把登机的时间算上，也不比坐飞机的时间长），价格是单程60欧元，12岁以下的儿童半价。在旅游旺季，建议你至少提前一天通过轮渡公司或旅行社订票。

马埃岛至拉迪格岛

Cat Cocos每天都有一至两班船从马埃岛（75欧元）发往拉迪格岛。在抵达拉迪格岛之前，船会在普拉兰岛短暂停留。

普拉兰岛至拉迪格岛

Inter-Island Ferry Pty（见343页）公司经营普拉兰岛和拉迪格岛之间的游艇穿梭业务。每天7:00（周日9:00）~17:15（周五、周六、周日到17:45）之间有7班（周日5班）从普拉兰岛发出的船次，每天7:30（周日9:30）~17:45（周五、周六、周日到18:15）则有相应的船次从拉迪格岛发回去。整个行程不到20分钟。

公共汽车

好消息：如果你时间充裕，其实并不需要租车来游览岛屿。

马埃岛

公共汽车服务覆盖马埃岛全岛。目的地和线

气候变化和旅行

任何使用碳基燃料的交通工具都会产生二氧化碳，这是人为导致气候变化的主要原因。现代交通以飞机为主，耗费燃料以每公里人均计算或许比汽车少，但其行驶的距离却远很多。飞机在高空所排放的气体（包括二氧化碳）和颗粒同样对气候变化造成影响。许多网站提供“碳排量计算器”，以便人们估算个人旅行所产生的碳排量，并鼓励人们参与减缓全球变暖的旅行计划，以抵消个人旅行对环境所造成的影响。Lonely Planet会抵消其所有员工和作者旅行所产生的碳排放影响。

实用信息

- **本地报纸** 主要包括由政府控制发行的日报*Seychelles Nation*（www.nation.sc）和*Today in Seychelles*（www.today.sc）。
- **广播** 塞舌尔广播电视公司（Seychelles Broadcasting Corporation，SBC；www.sbc.com）负责运营主要的广播电台和24小时音乐台Paradise FM。在马埃岛上可以收听到BBC World Service和Radio France International（RFI）。
- **吸烟** 室内公共场所、工作场所和公共交通禁止吸烟；室外餐厅、海滩和一些酒店房间允许吸烟。
- **电视** SBC播放英语、法语和克里奥尔语的节目。卫星电视可以播放BBC World，France 24和CNN的节目。
- **度量衡** 塞舌尔使用公制。

路通常被标记在公共汽车前面。无论行程长短，公共汽车的固定收费是5塞舌尔卢比，上车的时候直接付钱给司机。公共汽车站有标记和站台，路上也有标记。

每条路线的时刻表和地图贴在维多利亚的终点站。在维多利亚，你也可以在塞舌尔公交公司办公室（见304页地图）购买打印出来的时刻表（5塞舌尔卢比）。岛上的所有地方都通公共汽车。但大部分旅途需要在首都转车。

普拉兰岛

普拉兰岛拥有比较高效的公交服务。基本路线是从Anse Boudin至Mont Plaisir（前往克兰海滩），途经沃尔伯特海滩、圣安妮海湾、马埃谷、格兰德海滩和机场。6:00~18:00，每个方向的路线上每隔1小时都有一班公共汽车（圣安妮海湾和Mont Plaisir之间每隔半小时就有一班）。Anse Consolation和布拉盖海滩也通公共汽车。去拉齐奥海滩的话要在Anse Boudin下车，然后走路去海滩（约20分钟，1公里路程）。岛上的两个游客中心里有时刻表。公共汽车固定票价7塞舌尔卢比。

小汽车和摩托车

如果你想掌握自己的命运，你最好的选择就是租一辆车。马埃岛和普拉兰岛大部分公路网络都是密封的，而且路况都不错。你更需要担心的是狭窄的弯道和车速，一些司机，特别是公共汽车司机，开车速度很快。

车辆左侧行驶，要注意那些喜欢开快车和昏昏沉沉的司机，特别是在周五和周六的晚上。在内城区车辆限速是40公里每小时，外城区是65公里每小时，而在维多利亚和机场之间的双车道上则是80公里每小时。在普拉兰岛，全岛的车辆限速都是40公里每小时。

拉迪格岛和其他岛屿没有租车公司——游客须步行或骑自行车。

租车

在马埃岛上有很多租车公司，普拉兰岛上也有一些。各公司之间竞争良好，所以你在马埃岛上租一辆两厢小型车的最低价格是40~45欧元一天。普拉兰岛上贵5~10欧元。你可以通过酒店或客栈旅馆租车。大多数公寓和旅馆的业主和汽车租赁网点有合作，可以为他们的客户争取到一些折扣。很多租车公司在机场也设有办事处。

必须满23周岁，并且持有驾照的时间要长于一年，才可以租车驾驶。大部分公司接受国家授权的驾照，包括中国驾照（需要附上译文与公证件）。

出租车

马埃岛和普拉兰岛有出租车，拉迪格岛上也有一些。不按里程表收费，在出发之前要谈好价钱。

生存指南

健康指南

及时接种新的疫苗，采取基本的预防措施，只要做好这些，想在旅行途中患病恐怕也是相当困难的。在留尼汪旅行者会遇到一定量的热带流行病毒，但比起那些外来的疾病，通常给旅行者带来麻烦的都是腹泻或踝关节扭伤这种常见伤病。

基孔肯尼亚病（Chikun-gunya）过去曾在毛里求斯与留尼汪扩散流行，所以出行前最好再次确认最新情况。

出发前

出发前做些准备，特别是应对现存疾病的处理方案，会在之后的旅途中为你省去不少麻烦。如果你需要按期服药，或是患有高血压、哮喘等慢性疾病，那么在长途旅行开始前，最好先去医院检查身体。除此之外，你还应准备好备用的隐形眼镜和框架眼镜（随身带好眼疾处方），以及急救箱和医药箱，并事先接种必要的疾病疫苗。

旅行者可以在**国际旅行者医疗救助协会**（International Association for Medical Assistance to Travellers; www.iamat.org）注册。这个网站能帮助旅行者找到已获培训认证的医生。如果你有兴趣，也可以去了解一下相关的急救课程（联系红十字会或圣约翰急救中心），或是参加偏远地区医疗急救课程，由**皇家地理学会**（Royal Geographical Society; www.wildernessmedicaltraining.co.uk）等提供。中国旅行者可以从**中国红十字会**官方网站下载急救知识手机应用（www.redcross.org.cn/hhzh/zh/sy/zl/app）。

此外可以准备一些常用药，例如晕车药、清凉油、藿香正气水、健胃消食片、黄连素等，且由于岛国地形复杂，时常下雨，建议携带创可贴及跌打损伤药品。如果你携带了药品，请使用原有容器盛放，并明确贴好相应的标签。另外，让医生写信留言也不失为一个好主意。信上可以详细描述你需要的所有医疗条件，以及包括药品英文名在内的药物信息，最后签字，注明日期。如果需要携带注射器或针筒，请确定留有医生的信件，并注明其为医疗必须设备。

推荐接种的疫苗

无论旅行目的地是哪儿，**世界卫生组织**（World Health Organization; www.who.int/en）都建议旅行者适当接种以下疾病疫苗：白喉、破伤风、麻疹、腮腺炎、风疹、小儿麻痹症和乙肝。

尽管官方并未要求旅行者必须接种哪一种疫苗，但为防万一，许多医生都会建议接种甲肝和乙肝疫苗。如果旅行者来自疫点地区，那么根据入境要求，旅行者必须在接种黄热病疫苗后才能入境。

保险

旅行者可事先通过正规保险公司购买覆盖旅行天数的境外旅游保险，基础保单的保障内容通常包括意外、医疗和紧急医疗救援，全面的保单将涵盖旅行延误、托运行李延误或损失、旅行票证损失、出行期间家财险。根据目的国实际情况，若随身携带的物品较多或较贵重，也可选择包含随身财产保障的出境险；若水上活动较多，可选择水上项目意外险种。

请注意保存所有票据，例如医疗收据、登机牌等，以便事后理赔。由于各保险公司服务不同，更详细的出境险保单及理赔介绍，须咨询保险公司相关业务人员。

常备药品清单

携带药品急救包不失为一个非常好的主意。有了它，旅行者可以在遇到小病或受伤时进行简单的自我救助。以下是我们为你列出的应打包携带的药品清单。

- 止泻药（例如氯苯哌酰胺）
- 对乙酰氨基酚（扑热息痛，退烧药，例如泰诺）或阿司匹林
- 消炎药（例如布洛芬）
- 抗组胺药（针对枯草热与过敏反应）
- 针对割伤与擦伤的抗菌软膏（例如百多邦）
- 类固醇软膏或氢化可的松软膏（针对过敏性皮疹）
- 绷带、纱布、纱布卷
- 橡皮膏或纸带
- 剪刀、安全别针、镊子
- 体温计
- 小折刀
- 含驱虫成分的避蚊胺
- 防晒霜
- 口服补液盐
- 碘片（净水用）
- 注射器与无菌针筒（在偏远地区旅行时备用）

网络资源

你可以在网上找到许多有用的旅行健康建议。**中国疾病预防控制中心官网**（www.chinacdc.cn/lxjk）提供旅行健康信息，此外www.lonelyplanet.com无疑也是个不错的选择。另外，世界卫生组织出版的《国际旅行与健康》（*International Travel and Health*）也很不错。这本书每年都会进行修订与改进，你可以在www.who.int/ith网站上选择免费在线阅读。以下是其他与健康相关的大众流行网站：

Centers for Disease Control and Prevention（www.cdc.gov）

Fit for Travel（www.fitfortravel.scot.nhs.uk）

MD Travel Health（www.mdtravelhealth.com）

如果需要，你也可以查阅政府的旅游健康网站：

中国领事服务网安全提醒（cs.fmprc.gov.cn/gyls/lsgz/lsyj）

香港卫生署旅游健康服务（www.travelhealth.gov.hk/cindex.html）

中国国家旅游局（www.cnta.gov.cn）

卫生部（wsb.moh.gov.cn）

在毛里求斯、留尼汪和塞舌尔

医疗服务及费用

毛里求斯与留尼汪的医疗服务普遍很出色；塞舌尔的医疗条件按照非洲标准来看相对不错，但部分旅行者仍旧对当地的公共卫生系统感到不满。一般情况下，公立医院能够为患者提供最便宜的服务，但没有最新的设备与药物。私人医院与诊所虽然费用相对较高，但却拥有更先进的药物、设备和训练更有素的医务人员。

传染性疾病

以下列表虽然看起来可怕，但正如我们前面所说，任何简单的预防措施都能起到非常大的帮助作用。

基孔肯尼亚病

这种病毒性传染病主要由几种特定的蚊子叮咬而传播。2005年以前，该传染病在印度洋地区一直鲜有出现。然而随后不久，流行病席卷了整个留尼汪、毛里求斯和塞舌尔。基孔肯尼亚病（这个罕见的名字在东非马孔德人的语言里意为"蜷曲的东西"，意指关节痛和疾病对患者身体造成的扭曲）虽然很少致命，但却可以而且能一直让患者感到全身不适。患病症状通常与感冒类似，其中关节痛、高烧、身体起疹几种情况最为常见。

应对这种病，重点在于不要将它和登革热弄混。如果你被确诊为基孔肯尼亚病，则需要卧床至少一周，甚至可能更久。该病所引发的关节痛十分可怕，而且没有任何治疗的方法；被感染的病人能做的事情就只有在室内休息（为防止重复感染，最好待在蚊帐内），并轻度活动身体，以免关节硬化到无法承受的程度。当然，避免患病的最佳方法就是避免蚊虫叮咬。所以要带上足够多的防护剂，无论在哪里，只要可以就尽量携带驱蚊器。为防万一，你还可以带上蚊帐。

甲型肝炎

甲型肝炎的传播途径为食物污染（尤其是贝类食物）和水污染。感染后会引发黄疸病，尽管很少致命，但会使患者出现长期嗜睡的症状，并延长康复时间。患有甲型肝炎的病人虽然6个月内不能饮用任何酒精类饮料，但完全康复后，便不会再有任何长期遗留的问题。甲肝首发症状包括尿色深、眼白泛黄，有时还会出现发烧和腹痛的情况。现有的甲肝疫苗（灭活疫苗、维康特、贺福立适）均以注射形式接种：注射一次可保障身体一年不受病毒侵害，一年后再次注射则能为身体提供10年的保护。另外，甲肝疫苗还可以与伤寒疫苗合并接种（甲型肝炎和伤寒联合疫苗或维他姆疫苗）。

乙型肝炎

乙型肝炎通过被感染的血液、被污染的针头和性传播，还能通过被感染的母体传染腹中的婴儿。乙肝会直接对肝脏造成影响，引发黄疸病，偶尔还会导致肝功能衰竭。虽然大部分患者都能完全康复，但也有少数患者会成为长期病毒携带者，并最终发生肝硬化或肝功能衰竭。那些长期走访高危地区的人，或是社会活动或职业风险较高的人，应该接种疫苗。如今，多数国家都已将乙肝疫苗列为幼儿例行接种疫苗。人们可以选择单独接种，或是和甲肝疫苗（甲型肝炎和伤寒联合疫苗）同时接种。一整套接种程序至少可以为身体提供5年的保护。旅行者可以隔4周或6个月去接种一次。

HIV（艾滋病病毒）

人体免疫缺损病毒（HIV）这种引发获得性免疫缺陷综合征（AIDS，艾滋病）的病毒虽然一直是整个非洲的大问题，但在撒哈拉以南非洲的状况最为尖锐。这种病毒的传染途径包括接触感染的血液与血液制品、与已感染对象性交，以及受感染的母亲传染给腹中的胎儿或哺乳期的婴儿。病毒可以通过“血对血”来传播，例如在医疗、治牙、针灸和文身过程中接触到被污染的器械，与他人共享使用过的静脉输液针头。

目前，艾滋病无药可医。尽管可以靠药物控制病情，但对绝大多数非洲居民来说费用实在过于昂贵，对旅行者而言也并非能够轻易获得。如果你认为自己可能感染上了HIV，则需通过验血进行确定。为确定血液中抗体的出现情况，从接触后到检查前，一般需要3个月的时间等待观察。

细螺旋体病

留尼汪曾有出现细螺旋体病病例的报道。这种病毒靠受感染的啮齿类动物排泄物进行传播，特别是老鼠的粪便。可能会引发肝炎和肾衰竭，严重可致死。患病症状包括类似感冒的发烧、头痛、肌肉酸痛与红眼。所以，请避免走进死水或在其中游泳。

疟疾

在毛里求斯和留尼汪患疟疾的风险极低，在塞舌尔则完全没有任何患病的危险。

狂犬病

破损皮肤被受感染动物咬伤或舔舐后，狂犬病毒会由此感染人体。在毛里求斯、留尼汪和塞舌尔，这种疾病的威胁主要来自狗。由于一旦出现临床症状（也许是被感染咬伤几个月后），结果往往致命，所以被咬后应尽快接种疫苗。狂犬疫苗（无论你在被咬前是否接种过）可以阻止病毒扩散到中枢神经系统。一个多月内，患者需要接受3次预防注射。如果你以前从未接种过狂犬疫苗，请在被咬伤后24小时内或尽早去医院就诊，治疗期间需要接受5次注射。如果你曾接种过疫苗，则只需要接受较少注射，并拥有更多时间寻医就诊。

旅途腹泻

虽然你在旅行时并非一定会出现腹泻的情况，却很有可能遇到这种事。有时候饮食变化，诸如摄入过多调味料与食用油，都会成为腹泻的原因。想要避免腹泻，就要注意只食用经过烹饪或剥皮的新鲜的蔬菜与水果，同时谨慎地选择当地的乳制品，因为其中很可能含有未消毒的牛奶。尽管新做的食物一般都是安全而可靠的，但盘子或盛放的餐具并不一定卫生。所以，在路边摊吃东西的时候，你应该慎重做出选择（确保食物是刚出锅的）。

如果你开始腹泻，一定要多喝水，最好服用含水的口服补液（多喝），并补充盐分与糖分。只有少量稀便的情况一般不需要治疗，但如果一天需要去四五趟厕所，则应该开始服用抗生素（通常喹啉类药物即可，例如环丙沙星或诺氟沙星）。如果你所在的地方附近并没有厕所，则需要开始服用止泻药（例如洛哌丁胺）。不过，如果开始便血，腹泻持续时间超过72小时，或是伴有发烧、寒战或腹痛，则应该马上寻医就诊。

黄热病

虽然黄热病在毛里求斯、留尼汪和塞舌尔早已不成问题，但如果你最近去过受感染的国家，则仍需要携带疫苗接种证明。你可以访问**世界卫生组织**（www.who.int/ith）或**疾病预防控制中心**（www.cdc.gov）的官方网站查看该类国家名单。如果旅行者没有最近的法律要求的证明，则可能需要在当地接种疫苗，或是在入境地接受长达10天的隔离，甚至有可能被遣返回国。

潜水健康和安全

健康要求

理论上，医生应该在你开始潜水课程前为你做一次全身检查，并填好潜水健康问答表。实际上，只要你完成潜水学校派发的医疗问卷，大部分学校都会允许你下水或展开学习课程。但事先检查一下身体仍不失为一件好事，特别是在你的呼吸、耳朵或鼻窦可能存在问题的情况下。如果你有哮喘、任何其他慢性呼吸问题或任何耳内问题，则不应进行深水潜水。

在留尼汪，想潜水必须出示简单的健康证明（引导潜水不需要）。你可以从本国的医生那里获取，或是以电子邮件的形式将证明发送给潜水中心，也可以从留尼汪的医生手上获取一份证明。

减压病

这种病症非常严重——虽然不都是，但一般均与潜水操作错误有关。最常见的症状包括身体不同寻常的疲惫或虚弱，皮肤瘙痒，手臂、腿（关节或四肢中间）或躯干疼痛，头晕，局部麻痹、刺痛或瘫痪，以及呼吸急促。

最常见的引发减压病（或常说的“潜水病”）的原因包括潜水过深，以及在深处滞留时间过长和上浮过快。这些行为会导致人体血液中的氮气从溶解状态分离，形成气泡。最常出现这种症状的地方是骨头，尤其是关节和虚弱的地方，例如有过旧伤的部位。

请注意，潜水后24小时才可乘坐飞机，以减少血液中残留氮气的风险，避免减压伤害。

治疗减压病的唯一办法是将病人放入减压舱内。毛里求斯、留尼汪和塞舌尔均为旅行者设置了减压舱。

保险

由于滑雪、潜水、骑马等属于高风险运动，经济型的境外险保单会标注该类运动不予承保，旅行者在选择保险产品时需要注意相关条款细节。建议选购包含高风险运动在内的保单，以保障在进行这类运动遭受意外伤害时可获得理赔。

环境引发的疾病和不适

热衰竭

大量排汗、水分过度流失、水分与盐分补充不足时，人体将出现热衰竭现象。炎热天气下，旅行者如果在身体完全适应前展开尚未习惯的运动，则尤其容易发生此类情况。热衰竭症状包括头痛、头晕与疲劳。等你开始感觉口渴的时候，身体早已出现脱水状况——请补充足够水分，确保排泄的是浅淡的稀释尿液。自我治疗方法包括补充水分，饮用水和/或果汁，再用冷水和风扇降低体温。而应对盐分流失的方法包括饮用含盐液体，如汤，并在饮食里比平常多加一点盐。

中暑

热衰竭之后，人体将出现更为严重的中暑症状。在这种情况下，随着病人体温的过度上升，人体排汗系统会受到损害，接着病人开始失去理性、行为异常，最后失去意识，直至死亡。理想的急救方法是向人体表面喷洒水雾，然后以扇风的形式迅速冷却身体。通常，紧急补充水分与电解质的

自来水

罗德里格斯岛的自来水是不能直接饮用的——还是喝瓶装水吧。通常，留尼旺、塞舌尔和毛里求斯其他地区的自来水是可以直接饮用的，但旋风或飓风过后须格外留意，因为主要水源供给可能会被死亡的动物和冲入供水系统的其他残渣污染。不要直接从河流中饮水，这可能导致通过水传染的疾病。

方法为静脉注射。

蚊虫叮咬

这一地区很少有蚊子携带基孔肯尼亚病毒与登革热病毒，但它们（和其他昆虫）仍会对人体造成刺激性与感染性叮咬。想避免叮咬，就要采取和预防疟疾相同的措施。具体内容包括穿长裤、长袖衬衫，使用驱蚊器，避免过度喷洒有气味的香水或刮胡水等。蜜蜂与黄蜂蜇伤造成的主要麻烦，仅针对那些对蜂针过敏的人。针对这种情况，旅行者请随身携带肾上腺素注射液以防万一。

潮湿的雨林里可能会出现水蛭。它们会把自己附着在你的皮肤上，然后吸取血液。盐和点燃的烟头都可以让它们脱落。扁虱能造成皮肤感染和其他更为严重的疾病。如果在皮肤上发现了附着的扁虱，可以用镊子按压扁虱头部四周，然后夹住其头部，轻轻向上拔起。

海洋生物

印度洋里的许多生物都有毒，会刺伤人或咬人。旅行者尤其需要注意海胆类生物。其他较为罕见却也需要注意的生物包括外表华丽的狮子鱼和擅长伪装的石鱼。狮子鱼有含毒带刺的鳍，石鱼通常会伪装自己，生活在珊瑚丛中，但它蕴含的毒性却异常猛烈。部分贝类，如鸡心螺，会向潜水者射出致命的有毒倒钩。另外，这里还有一些外表看起来像刷子的淡黄色珊瑚丛。一旦碰触这类火珊瑚，便会被里面强而有力的毒针刺伤。

鲨鱼袭击冲浪者一直是留尼汪近几年遇到的大问题，在布坎·加诺特（Boucan Canot）、圣吉尔-莱班（St-Gilles-les-Bains）、特鲁瓦巴桑（Trois-Bassins）和伊唐-萨累-莱班（Étang-Salé-les-Bains）尤为严重。一定要在有保护设施的海滩、在有人看管的情况下入水。2011年，塞舌尔曾报道过两起鲨鱼袭击游泳者的致命事件，且都发生在拉齐奥海滩。

语言

除了本土的克里奥尔语，本书介绍的三个地方还使用法语（官方用语）。在这里，你会发现岛上餐馆里的菜单大部分使用的是法语，有些会有英语。

克里奥尔语（CREOLES）

在毛里求斯、留尼汪和塞舌尔，人们所使用的克里奥尔语是一种混合了法语和非洲语的语言，而且有地区差异。塞舌尔使用的克里奥尔语虽然与毛里求斯使用的相似，却和留尼汪的截然不同。除此之外，还有一点需要大家注意。对法语国家的人来说，相较于留尼汪，毛里求斯和塞舌尔的克里奥尔语更好理解一些，虽然留尼汪本身已经彻底法国化了。

毛里求斯

法语和英语是毛里求斯的官方语言。英语主要用于政府部门和商业活动。教育与文化领域则都是用法语交流，报纸和杂志期刊也都是法语的。你可能会发现这里大多数人开始的时候都会先对你说法语，等意识到你是说英语的人，才会改用英语。另外，大部分印度裔毛里求斯人还会说博杰普尔语，那是一种从印度语中的比哈尔方言衍化而来的语言。

想知道更多？

想知道更深入的语言知识以及实用短语，可以查阅Lonely Planet出品的*French Phrasebook*。你可以在**shop.lonelyplanet.com**找到这本书，也可以在苹果应用商店购买Lonely Planet的iPhone版本。

克里奥尔语与标准法语的差异主要体现在发音和用法上。以下是一些日常使用的基本短语。

你好吗？	*Ki manière?*
很好，谢谢。	*Mon byen, mersi.*
我没听明白。	*Mo pas comprend.*
好的。	*Correc.*
不好。	*Pas correc.*
他/她/它	*li*
你有……？	*Ou éna ...?*
我想要……	*Mo oulé ...*
我渴了。	*Mo soif*
干杯！	*Tapeta!*
太棒了！	*Formidabe!*

留尼汪

法语是留尼汪的官方用语，但克里奥尔语却应用得更为普遍。不过，这里很少有人会说英语。

切记，在法语里表示某一东西的单词，在克里奥尔语里可能拥有完全不同的含义。即使是拥有相同含义的单词，在克里奥尔语里通常发音也会有所不同。除此之外，克里奥尔语还有一些妙语警句和巧妙的成语。这些语句一般来自当地人对原法语单词的误解，或是受北印度语、阿拉伯语和马达加斯加语影响而来。例如，*conserves*（蜜饯）指的是“墨镜”，*cœur d'amant*（爱人）指的是“小豆蔻籽”。*coco*是“头”，*caze*是“房子”，*marmaille*是“孩子”，*baba*是“婴儿”，*band*的意思是“家庭”，*le fait noir*的意思是“夜晚”，*mi aime jou*的意思是“我爱你”。

克里奥尔语有两项基本发音准则：r通常不发音（发音也是清音）；法语里的清辅音j和ch，在克里奥尔语中分别读作“z”和“s”。例如，克里奥尔语的*manzay*发音等同于法语的“manger”（吃），*zamais*等同于“jamais”（从不），而“chanter”听起来则是*sontay*（唱）。

塞舌尔

英语和法语是塞舌尔的官方用语。虽然法式克里奥尔语（一般称为塞舌尔克里奥尔语）是当地的通用语，但大部分人都会说英语和法语。塞舌尔克里奥尔语得到了复兴，并在1981年成为半官方语言，广泛应用于报纸和文学作品中。如今，绝大多数塞舌尔人在面对游客时会说英语，在商业活动中说法语，而在家中说克里奥尔语。

塞舌尔使用的克里奥尔语虽然和毛里求斯、马提尼克使用的相似，却和留尼汪的截然不同。在塞舌尔，某些法语清辅音被强化，某些音节则被完全忽略。例如，清辅音j变成了“z”。你可以从下面的克里奥尔语句开始：

早上好/下午好	*Bonzour.*
你好吗？	*Comman sava?*
很好，谢谢。	*Mon byen, mersi.*
你叫什么名字？	*Ki mannyer ou appel?*
我的名字是……	*Mon appel...*
你住在哪里？	*Koté ou resté?*
我没听明白。	*Mon pas konpran.*
我喜欢。	*Mon kontan.*
在哪？	*Ol i...?*
那个多少钱？	*Kombyen sa?*
我渴了。	*Mon soif.*
能给我来杯啤酒吗？	*Mon kapa ganny en labyer silvouplé?*

法语

对会说英语的人来讲，法语发音非常简单。几乎所有法语里用到的发音都能在英语里找到。当然，还有几点例外：鼻化元音（在我们的发音指南里，鼻化元音表示元音o或u和一个几乎不发音的鼻辅音m、n或ng组成的音），“funny”的u（我们指南里的ew），以及用喉咙深处发声的r。如果你是说英语的旅行者，只需在心里牢记这几点，并阅读我们的发音指南，便可以将自己的意思表达清楚。

在随后介绍的短语中，必要的地方我们会分别列出某些单词的阳性与阴性形式，并用斜线分开，用缩写词“m/f”表示。

基础用语

你好。	*Bonjour.*	bon·zhoor
再见。	*Au revoir.*	o·rer·vwa
打扰了。	*Excusez-moi.*	ek·skew·zay·mwa
对不起。	*Pardon.*	par·don
是/不是。	*Oui./Non.*	wee/non
请。	*S'il vous plaît.*	seel voo play
谢谢。	*Merci.*	mair·see
不用谢。	*De rien.*	der ree·en

你好吗？
Comment allez-vous? ko·mon ta·lay·voo

很好，谢谢。
Bien, merci. Et vous? byun mair·see ay voo

我的名字是……
Je m'appelle... zher ma·pel...

你叫什么名字？
Comment vous appelez-vous? ko·mon voo·za·play voo

你会说英语吗？
Parlez-vous anglais? par·lay·voo ong·glay

我没听明白。
Je ne comprends pas. zher ner kom·pron pa

住宿

有空客房吗？
Est-ce que vous avez es·ker voo za·vay

	des chambres	day shom •
	libres?	brer lee • brer

单人一晚多少钱?

Quel est le prix	kel ay ler pree
par nuit/personne?	par nwee/per • son

包含早餐吗?

Est-ce que le petit	es • ker ler per • tee
déjeuner	day • zher •
est inclus?	nay ayt en • klew

露营地	camping	kom • peeng
宿舍	dortoir	dor • twar
客栈	pension	pon • syon
酒店	hôtel	o • tel
青年	auberger	o • berzh
旅舍	de jeunesse	der zher • nes

一个……	une	ewn shom •
房间	chambre	brer...
单人	à un lit	a un lee
双人	avec un	a • vek un
	grand lit	gron lee
双床	avec des	a • vek day
	lits	lee
	jumeaux	zhew • mo

有(一个)……	avec...	a • vek...
空调	climatiseur	klee • ma • tee • zer
浴室	une salle de	ewn sal der
	bains	bun
窗户	fenêtre	fer • nay • trer

方位

在哪……?

Où est ...?	oo ay ···

地址是?

Quelle est l'adresse?	kel ay la • dres

能请你写下地址吗?

Est-ce que vous pourriez	es•ker voo poo•ryay
écrire l'adresse,	ay • kreer la • dres
s'il vous plaît?	seel voo play

你能帮我(在地图上)指一下吗?

Pouvez-vous	poo • vay •
m'indiquer	voo mun • dee • kay
(sur la carte)?	(sewr la kart)

在拐角处	au coin	o kwun
在交通灯处	aux feux	o fer
在……后面	derrière	dair • ryair
在……前面	devant	der • von
(离……)远	loin (de)	lwun (der)
左	gauche	gosh
(离……)近	près (de)	pray (der)
在……对面	en face de...	on fas der ...
右	droite	drwat
一直向前	tout droit	too drwa

餐饮

你有什么推荐吗?

Qu'est-ce que vous	kes • ker voo
conseillez?	kon • say • yay

那道菜是什么?

Quels sont les	kel son lay
ingrédients?	zun • gray • dyon

我是素食主义者。

Je suis	zher sweevay •
végétarien/	zhay•ta•ryun/vay•
végétarienne.	zhay•ta•ryen (m/f)

我不吃……

Je ne mange pas...	zher ner monzh pa ...

干杯!

Santé!	son • tay

那个很好吃。

C'était	say • tay
délicieux!	day • lee • syer

请把账单拿过来。

Apportez-moi	a • por • tay • mwa
l'addition,	la • dee • syon
s'il vous plaît.	seel voo play

我想		
(8)点	Je voudrais	zher voo • dray
预订	réserver une	ray • zair • vay ewn
一张	table pour...	ta • bler poor...
(2)人	(vingt) heures	(vungt) er
的桌子	(deux)	(der)
	personnes	pair • son

关键词

前菜	entrée	on • tray
瓶	bouteille	boo • tay

早餐	petit déjeuner	per • tee day • zher • nay
儿童菜单	menu pour enfants	mer • new poor on • fon
冰的	froid	frwa
熟食	traiteur	tray • ter
晚餐	dîner	dee • nay
盘	plat	pla
食物	nourriture	noo • ree • tewr
叉子	fourchette	foor • shet
玻璃	verre	vair
杂货店	épicerie	ay • pees • ree
高脚椅	chaise haute	shay zot
热	chaud	sho
餐刀	couteau	koo • to
本地特色菜	spécialité locale	spay • sya • lee • tay lo • kal
午餐	déjeuner	day • zher • nay
主菜	plat principal	pla prun • see • pal
市场	marché	mar • shay
菜单（用英语）	carte (en anglais)	kart (on ong • glay)
碟	assiette	a • syet
匙	cuillère	kwee • yair
酒水单	carte des vins	kart day vun
有/没有	avec/sans	a • vek/son

肉类和鱼类

牛肉	bœuf	berf
鸡肉	poulet	poo • lay
螃蟹	crabe	krab
羊肉	agneau	a • nyo
牡蛎	huître	wee • trer
猪肉	porc	por
蜗牛	escargot	es • kar • go
鱿鱼	calmar	kal • mar
火鸡	dinde	dund
小牛肉	veau	vo

水果和蔬菜

苹果	pomme	pom
杏	abricot	ab • ree • ko
芦笋	asperge	a • spairzh
豆	haricots	a • ree • ko
甜菜	betterave	be • trav
卷心菜	chou	shoo
樱桃	cerise	ser • reez
玉米	maïs	ma • ees
黄瓜	concombre	kong • kom • brer
葡萄	raisin	ray • zun
柠檬	citron	see • tron
生菜	laitue	lay • tew
蘑菇	champignon	shom • pee • nyon
桃	pêche	pesh
豌豆	petit pois	per • tee pwa
（红/绿）辣椒	poivron (rouge/vert)	pwa • vron (roozh/vair)
菠萝	ananas	a • na • nas
李子	prune	prewn
土豆	pomme de terre	pom der tair
梅干	pruneau	prew • no
南瓜	citrouille	see • troo • yer
葱	échalote	eh • sha • lot
菠菜	épinards	eh • pee • nar
草莓	fraise	frez
西红柿	tomate	to • mat
蔬菜	légume	lay • gewm

其他

面包	pain	pun
黄油	beurre	ber
奶酪	fromage	fro • mazh
鸡蛋	œuf	erf
蜂蜜	miel	myel
果酱	confiture	kon • fee • tewr
扁豆	lentilles	lon • tee • yer
意大利面/面条	pâtes	pat
胡椒	poivre	pwa • vrer
米饭	riz	ree
盐	sel	sel
糖	sucre	sew • krer
醋	vinaigre	vee • nay • grer

饮品

啤酒	bière	bee • yair
咖啡	café	ka • fay
果汁（橘子）	jus (d'orange)	zhew (do • ronzh)
牛奶	lait	lay
红酒	vin rouge	vun roozh

茶	*thé*	tay
水	*eau*	o
（矿泉）	*（minérale）*	（mee·nay·ral）
白葡萄酒	*vin blanc*	vun blong

紧急情况

救命！
Au secours! o skoor

别过来！
Fichez-moi la paix! fee·shay·mwa la pay

我迷路了。
Je suis perdu/perdue. zhe swee·pair·dew（m/f）

请医生。
Appelez un médecin. a·play un mayd·sun

报警。
Appelez la police. a·play la po·lees

我生病了。
Je suis malade. zher swee ma·lad

这里疼。
J'ai une douleur ici. zhay ewn doo·ler ee·see

我对……过敏。
Je suis allergique ... zher swee za·lair·zheek ···

厕所在哪？
Où sont les toilettes? oo son ley twa·let

购物和服务

我想买……
Je voudrais acheter... zher voo·dray ash·tay...

我能看看吗？
Est-ce que je peux le voir? es·ker zher per ler vwar

我只是随便看看。
Je regarde. zher rer·gard

我不喜欢这个。
Cela ne me plaît pas. ser·la ner mer play pa

这个多少钱？
C'est combien? say kom·byun

太贵了。
C'est trop cher. say tro shair

能便宜点吗？
Vous pouvez baisser le prix? voo poo·vay bay·say ler pree

账单有误。
Il y a une erreur dans don la note. eel ya ewn ay·rer la not

自动柜员机	*guichet automatique de banque*	gee·shay o·to·ma·teek der bonk
信用卡	*carte de crédit*	kart der kray·dee
网吧	*cybercafé*	see·bair·ka·fay
旅游局	*office de tourisme*	o·fees der too·rees·mer

时间和日期

几点了？
Quelle heure est-il? kel er ay til

（8）点。
Il est (huit) heures. il ay (weet) er

（10）点半了。
Il est (dix) heures et demie. il ay (deez) er et ay day·mee

早上	*matin*	ma·tun
中午	*après-midi*	a·pray·mee·dee
晚上	*soir*	swar

昨天	*hier*	yair
今天	*aujourd'hui*	o·zhoor·dwee
明天	*demain*	der·mun

周一	*lundi*	lun·dee
周二	*mardi*	mar·dee
周三	*mercredi*	mair·krer·dee
周四	*jeudi*	zher·dee
周五	*vendredi*	von·drer·dee
周六	*samedi*	sam·dee
周日	*dimanche*	dee·monsh

1月	*janvior*	zhon·vyay
2月	*février*	fayv·ryay
3月	*mars*	mars
4月	*avril*	a·vreel

5月	*mai*	may
6月	*juin*	zhwun
7月	*juillet*	zhwee • yay
8月	*août*	oot
9月	*septembre*	sep • tom • brer
10月	*octobre*	ok • to • brer
11月	*novembre*	no • vom • brer
12月	*décembre*	day • som • brer

交通

船	*bateau*	ba • to
公共汽车	*bus*	bews
飞机	*avion*	a • vyon
火车	*train*	trun

首班	*premier*	prer • myay
末班	*dernier*	dair • nyay
下一班	*prochain*	pro • shun

我想去……

Je voudrais aller à... zher voo • dray a • lay a...

可以在……停一下吗?

Est-ce qu'il s'arrête à...? es • kil sa • ret a...

几点出发/抵达?

À quelle heure est-ce qu'il part/arrive? a kel er es kil par/a • reev

你能告诉我，我们什么时候去……吗?

Pouvez-vous me dire quand nous arrivons à...? poo • vay • voo mer deer kon noo za • ree • von a...

我想在这里下车。

Je veux descendre ici. zher ver day • son • drer ee • see

一张……票	*un billet ...*	un bee • yay ···
头等舱	*de première classe*	der prem • yair klas
二等舱	*de deuxième classe*	der der • zyem las
单程	*simple*	sum • pler
往返	*aller et retour*	a • lay ay rer • toor
靠道座位	*côté couloir*	ko • tay kool • war

延误	*en retard*	on rer • tar
取消	*annulé*	a • new • lay
站台	*quai*	kay
售票处	*guichet*	gee • shay
时刻表	*horaire*	o • rair
火车站	*gare*	gar
靠窗座位	*côté fenêtre*	ko • tay fe • ne • trer

我想	*Je voudrais*	zher voo • dray
租……	*louer ...*	loo • way ...
四轮驱动车	*un quatre-quatre*	un kat • kat
汽车	*une voiture*	ewn vwa • tewr
自行车	*un vélo*	un vay • lo
摩托车	*une moto*	ewn mo • to

儿童座椅	*siège-enfant*	syezh • on • fon
柴油	*diesel*	dyay • zel
头盔	*casque*	kask
技工	*mécanicien*	may • ka • nee • syun
汽油/煤气	*essence*	ay • sons
加油站	*station-service*	sta • syon • ser • vees

这是去……的路吗?

C'est la route pour ...? say la root poor ...

我可以把车停在这里吗（多长时间）?

(Combien de temps) Est-ce que je peux stationner ici? (kom • byun der tom) es • ker zher per sta • syo • nay ee • see

汽车/摩托车（在……）出故障了。

La voiture/moto est tombée en panne (à...). la vwa • tewr/mo • to ay tom • bay on pan (a...)

我有一个轮胎爆了。

Mon pneu est à plat. mom pner ay ta pla

汽油用完了。

Je suis en panne d'essence. zher swee zon pan day • sons

我把车钥匙丢了。

J'ai perdu les clés de ma voiture. zhay per • dew lay klay der ma vwa • tewr

术语表

anse —— 海滩

auberge —— 农场客栈

baba figue —— 香蕉树开花期

baie —— 海湾

bassin —— 小湖泊

Cafre —— 黑人后裔

case créole —— 传统的克里奥尔住宅

cavadee —— 印度教节日上自残的信徒

cerfs —— 牡鹿

chambre d' hôte —— 民宿

cirque —— 冰蚀作用形成的峭壁山谷

CMAS —— 水下活动联合会

écart —— 殖民

ferme-auberge —— 农场餐厅

filaos —— 木麻黄树

forêt —— 森林

GAB —— 自动柜员机

gare routière —— 汽车站

gîte —— 小屋

gîte d' étape —— 徒步者小屋

gîte de montagne —— 山间小屋

grand(e) —— 大的

grands blancs —— 富有的白人

gris gris —— 黑魔法

guichet automatique de banque —— 自动柜员机

hauts —— 高原地区

hôtel de ville —— 市政厅；参见mairie

île —— 岛

îlet —— 小村庄，用于留尼汪

îlot —— 岛

lambrequins —— 装饰性垂饰

lontan —— 很久以前

mairie —— 市政厅

maloya —— 留尼汪传统舞蹈音乐

Malbar —— 泰米尔人后裔，用于留尼汪

marmite —— 传统烹饪器具

marrons —— 从奴隶主手上逃跑的奴隶

Mascarene Islands —— 马斯克林群岛，西印度洋上的一组火山岛，由留尼汪、毛里求斯和罗德里格斯岛组成

menu/menu du jour —— 当日套餐

métro/métropole —— 留尼汪对法国本土的称呼

MWF —— 毛里求斯野生动植物基金会

office du tourisme —— 旅游局

PADI —— 专业潜水教练协会

petit —— 小的

pirogue —— 树干制成的独木舟

piton —— 山峰

route forestière —— 林业公路

séga —— 赛加，源于非洲的舞蹈

seggae —— 雷鬼与传统赛加音乐的结合

sentier botanique —— 自然小路

SSI —— 国际潜水学校

sud sauvage —— 南部荒野（留尼汪岛南部）

table d' hôte —— 私房菜

teemeedee —— 印度/泰米尔渡火仪式供奉的神明

vacoa —— 旋叶松，也被称为露兜树

varangue —— 走廊

Zoreilles —— 留尼汪对法国本土人的称呼（字面意思为"耳朵"）

幕后

说出你的想法

我们很重视旅行者的反馈——你的评价将鼓励我们前行，把书做得更好。我们同样热爱旅行的团队会认真阅读你的来信，无论表扬还是批评都非常欢迎。虽然很难一一回复，但我们保证将你的反馈信息及时交到相关作者手中，使下一版更完美。我们也会在下一版特别鸣谢来信读者。

请把你的想法发送到**china@lonelyplanet.com.au**，谢谢！

请注意：我们可能会将你的意见编辑、复制并整合到Lonely Planet的系列产品中，例如旅行指南、网站和数字产品。如果不希望书中出现自己的意见或不希望提及你的名字，请提前告知。请访问lonelyplanet.com/privacy了解我们的隐私政策。

声明

气候图表数据引用自Peel MC, Finlayson BL & McMahon TA (2007) ‘Updated World Map of the Köppen-Geiger Climate Classification’, *Hydrology and Earth System Sciences*, 11, 1633–44。

封面图片：大海湾，普拉兰岛，塞舌尔；Davide Erbetta/4Corners©。

本书部分地图由中国地图出版社提供，其他为原书地图，审图号GS（2017）1706号。

关于本书

这是Lonely Planet《毛里求斯、留尼汪和塞舌尔》的第9版。本书的作者为安东尼·汉姆（Anthony Ham）和让-伯纳德·卡里（Jean-Bernard Carillet）。上一版亦由他们撰写。

本书为中文第二版，由以下人员制作完成：

项目负责 关媛媛
项目执行 丁立松
翻译统筹 肖斌斌 王玫珺
翻　　译 吕国斌 朱禹欣
内容策划 董驰迪 熊毅 沐昀
视觉设计 李小棠 佟雪莹
协调调度 高原 沈竹颖
责任编辑 于佳宁
地图编辑 马珊
制　　图 田越
流　　程 孙经纬
终　　审 朱萌
排　　版 北京梧桐影电脑科技有限公司

感谢苗卉、周喻、朱琳、洪良、李天怡、罗霄山对本书的帮助。

索 引

缩略语

M Mauritius 毛里求斯
R Réunion 留尼汪
S Seychelles 塞舌尔

000 地图页码
000 图片页码

E

F

G

H

I

L

M

N

P

000 地图页码
000 图片页码

R

S

T

V

W

记事本

地图图例

景点

- 海滩
- 鸟类保护区
- 佛教场所
- 城堡
- 基督教场所
- 孔庙
- 印度教场所
- 伊斯兰教场所
- 耆那教场所
- 犹太教场所
- 温泉
- 神道教场所
- 锡克教场所
- 道教场所
- 纪念碑
- 博物馆/美术馆/历史建筑
- 历史遗址
- 酒庄/葡萄园
- 动物园
- 其他景点

活动、课程和团队游

- 人体冲浪
- 潜水/浮潜
- 潜水
- 皮划艇
- 滑雪
- 冲浪
- 游泳/游泳池
- 徒步
- 帆板
- 其他活动

住宿

- 住宿场所
- 露营地

就餐

- 餐馆

饮品

- 酒吧
- 咖啡馆

娱乐

- 娱乐场所

购物

- 购物场所

实用信息

- 银行
- 使领馆
- 医院/医疗机构
- 网吧
- 警察局
- 邮局
- 电话
- 公厕
- 旅游信息
- 其他信息

地理

- 棚屋/栖身所
- 灯塔
- 瞭望台
- 山峰/火山
- 绿洲
- 公园
- 关隘
- 野餐区
- 瀑布

人口

- 首都、首府
- 一级行政中心
- 城市/大型城镇
- 镇/村

交通

- 机场
- 过境处
- 公共汽车
- 缆车/索道
- 自行车路线
- 轮渡
- 地铁
- 单轨铁路
- 停车场
- 加油站
- 出租车
- 铁路/火车站
- 有轨电车
- 其他交通方式

路线

- 收费公路
- 高速公路
- 一级公路
- 二级公路
- 三级公路
- 小路
- 未封闭道路
- 广场
- 台阶
- 隧道
- 步行天桥
- 步行游览路
- 步行游览支路
- 小路

境界

- 国界
- 一级政区界
- 未定国界
- 地区界
- 军事分界线
- 海洋公园
- 悬崖
- 墙

水文

- 河流、小溪
- 间歇河
- 沼泽/红树林
- 暗礁
- 运河
- 水域
- 干/盐/间歇湖
- 冰川
- 珊瑚礁

地区特征

- 海滩/沙漠
- 基督教墓地
- 其他墓地
- 公园/森林
- 运动场
- 一般景点(建筑物)
- 重要景点(建筑物)

注：并非所有图例都在此显示。

我们的故事

一辆破旧的老汽车，一点点钱，一份冒险的感觉——1972年，当托尼（Tony Wheeler）和莫琳（Maureen Wheeler）夫妇踏上那趟决定他们人生的旅程时，这就是全部的行头。他们穿越欧亚大陆，历时数月到达澳大利亚。旅途结束时，风尘仆仆的两人灵机一闪，在厨房的餐桌上制作完成了他们的第一本旅行指南——《便宜走亚洲》（*Across Asia on the Cheap*）。仅仅一周时间，销量就达到了1500本。Lonely Planet 从此诞生。

现在，Lonely Planet在都柏林、富兰克林、伦敦、墨尔本、奥克兰、北京和德里都设有公司，有超过600名员工和作者。在中国，Lonely Planet被称为“孤独星球”。我们恪守托尼的信条：“一本好的旅行指南应该做好三件事：有用、有意义和有趣。”

我们的作者

安东尼·汉姆（Anthony Ham）

毛里求斯；罗德里格斯岛；塞舌尔 安东尼是一位富有经验的旅行和自然作家，编写了100余本Lonely Planet的全书或部分章节，包括《马达加斯加》《毛里求斯、留尼汪和塞舌尔》及二十多个非洲国家旅行指南。不为Lonely Planet写作时，安东尼还在全球报刊杂志上发表了很多关于非洲、中东、西班牙及斯堪的纳维亚半岛的文章。他对野生动物、荒野之地及探索地球上的偏远角落十分钟情。更多关于安东尼的信息参见www.anthonyham.com。

让-伯纳德·卡里（Jean-Bernard Carillet）

留尼汪；塞舌尔 作为一名生活在巴黎的新闻记者兼摄影师，让-伯纳德曾多次前往印度洋周游旅行，并写下了大量与留尼汪和塞舌尔有关的游记文章。作为一位潜水教练，他非常乐意亲身体验指南中本地区的最佳潜水地，还很乐于穿上登山鞋探索留尼汪崎岖的圆形峡谷。在塞舌尔，他四处寻找最令人满意的沙滩、最美味的烤鱼、最浪漫的地点和最物美价廉的酒店。让-伯纳德编写了多本法语及英语Lonely Planet指南。

毛里求斯、留尼汪和塞舌尔

中文第二版

书名原文：*Mauritius, Réunion & Seychelles*（9th edition，Dec 2016）

本中文版由中国地图出版社出版

图书在版编目（CIP）数据

毛里求斯、留尼汪和塞舌尔 / 澳大利亚 LonelyPlanet 公司编；吕国斌等译 . -- 2 版 . -- 北京：中国地图出版社，2017.8
书名原文：Mauritius; Réunion & Seychelles
ISBN 978-7-5204-0099-2

Ⅰ.①毛… Ⅱ.①澳… ②吕… Ⅲ.①旅游指南－毛里求斯②旅游指南－留尼汪（法）③旅游指南－塞舌尔 Ⅳ.①K948.49 ②K948.59 ③K942.99

中国版本图书馆 CIP 数据核字 (2017) 第 187751 号

出版发行	中国地图出版社
社　　址	北京市白纸坊西街 3 号
邮政编码	100054
网　　址	www.sinomaps.com
印　　刷	北京华联印刷有限公司
经　　销	新华书店
成品规格	197mm × 128mm
印　　张	12
字　　数	653 千字
版　　次	2017 年 8 月第 2 版
印　　次	2017 年 8 月北京第 2 次印刷
定　　价	79.00 元
书　　号	ISBN 978-7-5204-0099-2
审 图 号	GS（2017）1706 号
图　　字	01-2014-0659

如有印装质量问题，请与我社发行部（010-83543956）联系